중소기업이 반드시 알아야 할

융합경영전략

중소기업이 반드시 알아야 할

융합경영전략

저자 이진성 류재한 이길원 이용섭 이병섭
윤도영 김계철 홍동숙 주기동 양영종 (집필순)

BIOSCIENCE (주)바이오사이언스출판

중소기업이 반드시 알아야 할

융합경영전략

인쇄일 | 2013년 11월 28일
발행일 | 2013년 12월 06일
저 자 | 이진성 류재한 이길원 이용섭 이병섭
윤도영 김계철 홍동숙 주기동 양영종 (집필순)
발행처 | (주)바이오사이언스출판
발행인 | 문정구
등록번호 | 제22-3079호
주 소 | 137-060 서울시 서초구 방배동 479-4번지 호산빌딩 201호
전 화 | TEL: (02)581-4057~8 FAX: (02)581-4059
편집부 | edit@biobooks.co.kr
영업부 | sales@biosciencepub.com
주 문 | order@biosciencepub.com
홈페이지 | http://www.biobooks.co.kr
ISBN: 978-89-6824-008-9 93320

값 19,000원

BIOSCIENCE (주)바이오사이언스출판

머리말

융합이라는 말들이 자주 회자되고 있는 이때에 기업들은 지금, 과거와 다른, 그리고 변화된 새로운 제품과 기술 그리고 사업을 고객들로부터 계속해서 요구받고 있다. 이러한 상황에서도, 특히 중소기업들은 자본과, 인력 등 여러 면에서 부족한 자원을 가지고 우리 경제의 큰 버팀목이 되어 하루하루를 힘겹게 이겨내고 있다.

현대는 아이디어의 시대다. 자본과 자원, 인재와 기계장비가 풍족하지는 않더라도 미래를 읽는 통찰력, 틈새시장을 볼 수 있는 관찰력 그리고 제품 간 또는 기술 간 융복합을 구현할 수 있는 창의력과 상상력은 현재의 불안한 기업경영을 타개할 수 있는 새로운 동력을 제공한다.

본서는 2012년에 중소기업에게 융복합을 이해시키고 융복합 기술 혹은 제품개발에 필요한 다양한 실무지식을 자문할 수 있게 (사)중소기업융합중앙회의 융합전문가 양성교육을 수료한 8명의 융합전문가와 1명의 경영지도사 그리고 1명의 기술분석 전문가들에 의해서 집필되었다. 2년여 동안에 일선 현장에서 중소기업의 융복합에 대한 다양한 자문활동을 통해 얻은 경험을 가지고 앞으로 우리나라 중소기업이 융복합 사업, 기술 및 제품을 기획하고, 개발하여 사업화하는 데 도움이 될 수 있는 내용과 함께 중소기업청의 중소기업융복합기술개발사업과 관련된 규정과 서식 등을 부록으로 수록하였다.

본서가 출판되는 데에 있어서 전폭적인 지원을 해 주신 (주)바이오사이언스 문정구 대표이사님 및 임직원 여러분께 감사의 말씀을 전한다. 그리고 융합전문가의 교육과 일선 현장의 자문활동에 대해 물심양면으로 지원을 아끼지 않는 (사)중소기업융합중앙회 김은호 회장님을 비롯해 성보현 사무처장님, 윤치훈 팀장님, 한해숙 과장님을 포함한 모든 임직원 여러분께 무한한 감사를 표한다.

이 책에서 기술한 내용은 필자들의 경험과 학습 그리고 기업자문 활동에 기초한 것으로 많은 부분에서 부족한 것들이 많다. 독자 여러분의 의견에 항상 귀 기울이고, 부족하고 필요한 내용을 계속해서 보완, 추가함으로써 양서로 거듭나도록 노력할 것이다.

끝으로, 저자들은 이 책이 우리 중소기업의 경영개선과 강소기업이 되는 데에 작은 보탬이 되어 주길 희망한다.

저자를 대표해서
융합전문가/이학박사,
경기대학교 생명과학과
교수, 이 진 성 드림

저자 프로필

1장

이진성은 성균관대학교에서 유전공학 전공으로 이학박사 학위를 취득한 후, 성균관대학교 생명공학부, 한서대학교 식품생명공학과, 경기대학교 생명과학과에서 겸임교수를, 그리고 코아바이오시스템(주) 연구소장, (주)바이오닉스 상무이사, 농촌진흥청 전문위원, 한국학술진흥재단 경영자문위원과 (주)나래바이오테크 CTO 및 (주)마이크로인사이트 대표이사를 거쳐 현재는 경기대학교 생명과학과의 교수로 재직 중이다. 중소기업청 등록 생명공학분야 국내1호 기술지도사이자 지식경제부 등록 기술거래사를 동시에 보유한 현장 기술전문가이도 한 저자는 2012년부터 (사)한국기술거래사회 부회장으로서 산학협력, 기술이전 및 기술지도를 통한 강소기업의 육성과 지원에 열정을 다하고 있다. (사)중소기업융합중앙회에서 배출한 1기 융합전문가로서 중소기업의 협업사업과 융합기술 지도에 많은 관심을 가지고 본서의 대표저자로 출간을 총괄하였다. 『강소기업 17가지 경영노하우』, 『최신 생명공학의 이해』 등의 저서가 있다.

lejis@daum.net

2장

류재한은 연세대학교 언론홍보대학원에서 광고홍보로 석사학위를 취득하였다. (주)대교에서 근무하였고 현재는 (주)다연에서 활발한 활동을 펼치고 있다. 주 업무로는 중소기업의 경쟁력 제고를 위한 경영 전략, 기술사업화 전략, 마케팅과 브랜드 전략, 광고커뮤니케이션 전략 등을 수행하고 있다. 경영지도사, 기술평가사, 브랜드관리사, (사)중소기업융합중앙회의 융합전문가, ISO9001 심사원, 지식경제기술혁신 평가위원, 중기청 비즈니스지원단, (재)장애인기업종합지원센터 원스탑 창업지원 전문위원으로 활동하고 있다. 『강소기업, 17가지 경영노하우』, 『기업경영 실전 가이드북 - 마케팅』의 공저가 있다. 중소기업의 융합을 통한 미래 발전 전략에 많은 힘을 쏟고 있다.

dayon1109@naver.com

3, 6장

이길원은 한국외국어대학교에서 경영학을 전공하였으며, 현재 서울벤처대학 원대학교에서 R&D기획과 융복합기술사업화를 전공으로 박사과정 중에 있다. 2003년까지 약 10여 년간 한국씨티은행과 하나은행에 근무했으며, 재무관리와 경영전략 기획분야에서 풍부한 실무경험을 쌓았다. 2003년부터 중소기업 경영컨설팅을 시작하였으며, 현재 (주)중소기업생산성진흥원을 운영하면서 10년 이상을 기업현장에서 실무를 지도하고 있다. 주된 컨설팅영역으로는 경영전략, 마케팅전략, 원가분석 및 절감, 생산성 향상, 창업경영전략, 사업타당성 분석 그리고 R&D기획과 기술사업화 등에 특화되어 있으며, 최근에는 정부지원사업과 정책자금 조달을 테마로 '창업경영신문사'에서 강의를 진행하고 있다. 경영학 박사(전공:R&D기획과 기술사업화)와 함께 경영지도사, 기술거래사, 창업지도사, 마케팅관리사, 싱글PPM 인증심사원, 기술평가사, 기술경영사, 원산지관리사 등의 자격과 기술보증기금 및 중소기업청 건강관리진단위원, 산업기술평가관리원 R&D과제 평가위원, 중소기업청 비즈니스지원단 상담위원 등으로 활동하고 있다.

4장

이용섭은 경기대학교를 졸업한 후 한양대학교에서 인사조직을 전공하고, 건국대학교 경영학박사과정을 수료했다. 한전베트남초대지사장과 (주)지엘피홀딩스회장을 거쳐 중앙대학교 산업교육원 외래교수로 재직 중이다. 또한 경영지도사, 창업지도사, 아태경제연구원부원장, 지식경제R&D평가위원, 한국창업진흥원부원장, 융합(교류)전문가, 제30대 고려대교우회상임이사, ISO 14001, PMS심사원, 한경포럼부회장이며 고려대AMP, 서울대GLP, KAIST-AIC과정을 이수했다. 한국경영기술지도사회 25기회장이기도 한 저자는 중소기업 경영컨설팅은 물론 경기대학교와 소상공인진흥원주관교육과정의 인적자원관리 및 마케팅전략강사로도 활동하며 저서로 "강소기업17가지경영노하우"가 있다.

5장

이병섭은 중앙대 회계학과를 졸업하고, 명지대에서 산업공학 석사, 산업공학 박사학위를 취득하였으며, 주택은행(현 국민은행)에서 21년간 근무한 경력을 바탕으로 경영지도사(재무관리)와 물류관리사를 취득하여 현재 (주)이노월드컨설팅 대표이사를 맡고 있다. 주요업무로는 정책자금, 투자유치, M&A, IPO, 기술거래 등이다. (사)중소기업융합서울연합회에서 2009년부터 2012년까지 4년간 사무총장을 역임한 후 융합전문가로 활동하고 있으며, 대 · 중소기업협력재단에서도 협업관리자로 활동하고 있어, 융합 및 협업에 관하여 많은 지식과 경험을 가지고 있다. 지식융합과 협업을 통한 기업경쟁력 제고를 위해 태율회계법인 고문, 일조디지털법무법인 고문, 삼일노무법인 고문, 다솔특허법인 고문 등으로 활동 중이며, 중소기업경영지원센터 G밸리지사를 운영하고 있다.

7장

윤도영은 성균관대 전자공학과를 졸업하고 동 대학원 전자공학석사학위를 받고 현재 전남대학교 일반대학원에서 e-Biz 전공 박사과정을 이수 중에 있다. 엘지데이콤(상무이사 및 계열사 사장 역임) 및 한신평네트웍스(대표이사)에서 정보통신 및 IT관련분야 대기업에서 27년여 년간 쌓은 풍부한 경험을 가지고 있고, 아울러 정보통신특급기술사와 정보통신특급감리원, 그리고 중소기업융합중앙회의 융합전문가, 전자기사1급을 보유하고 현재는 전경련 중소기업협력센터에서 기업들에 대해 이비즈니스와 및 IT분야에 자문위원으로 활동을 하고 있다. 최근에는 IT분야에서 대한민국 산업현장교수(노동부장관 임명)로 임명되어 후진양성을 위해 폭넓은 활동을 하고 있다. 또한 2009년부터 성균관대 정보통신대학원 초빙교수로 재직하면서 IT융합 및 이비즈니스 등과 관련하여 강의하고 있다.

yoondy56@gmail.com

7장

김계철은 중앙대학교 회계학과를 졸업하고 서울과학기술대학원 컴퓨터공학 석사학위를 받고 현재 전남대학교 일반대학원에서 e-Biz 전공 박사과정을 이수 중에 있다. 제조(동양정밀공업), 유통(삼보컴퓨터), IT 전문(동부그룹 정보통신본부: 현 동부정보기술) 분야 대기업에서 20여 년간 쌓은 풍부한 실무 경험을 가지고, 아울러 정보처리부문 기술지도사와 IMS 심사원, 그리고 중소기업융합중앙회의 융합전문가, 한국정보통신기술사협회의 IT-EAP와 한국녹색산업진흥협회의 온실가스진단사 자격증을 보유하고 기업 및 정부 공공기관을 대상으로 경영과 IT의 융합 분야인 정보화전략(ISP), BPR, 정보기술아키텍처(EA) 컨설턴트로 활동을 하고 있다. 후진 양성을 위해 협성대학교 경영정보학과 외래교수를 거쳐 현재 남서울대학교 경영학과 겸임교수로 재직하고 있으며, 최근 하이테크정보지에서 수상하는 IT 전문가 대상을 수상하였다. 한편, 대외 활동으로는 한국 IT 전문가협회 산하의 정보통신시스템 기술원 원장을 역임하였으며, 현재 한국디지털정책학회, 한국디지털콘텐츠학회, 한국정보기술응용학회, 한국녹색산업진흥협회의 이사 등으로 활동 중이다.

kkckim@hanmail.net

8장

홍동숙은 건국대학교 정보통신대학원 컴퓨터공학으로 박사학위를 취득하였고 현재 KISTI 기술사업화분석실에서 근무하고 있다. 주로 신제품/신사업발굴, 신기술 사업성평가 등 중소기업의 신사업기획 및 전략 수립을 지원하는 다수 프로젝트에 참여하여 중소기업을 대상으로 기술 사업화 컨설팅을 수행해오고 있다.

현재 한국산업기술평가관리원의 기술혁신 평가위원, TTA 기술평가표준화포럼 분과전문위원, 한국발명진흥회의 특허기술평가 자문위원으로 활동하고 있으며 370여 명의 기술, 시장, 산업전문가와의 네트워크를 기반으로 기술 경영 컨설팅 영역을 넓혀가고 있다. 앞으로는 ICT/융합 분야 기술거래 및 산업 활성화에 기여하고자 하는 사명감과 목표를 가지고 연구영역을 넓혀가고 있다.

hongds@kisti.re.kr, dongsuk.hong@gmail.com

9장

주기동은 경북대학교 전자공학과를 졸업하고 삼성전자에서 R&D와 품질관리 분야 그리고 해외법인 주재원으로 근무하였으며, 중견기업에서는 공장운영 임원과 대표이사를 지낸 융합형 경력을 가지고 있다. 현재는 용인송담대학교에서 산학협력중점 교수와 경기중소기업융합지원센터 부센터장을 맡아 중소기업의 융복합기술개발사업을 활발히 지원하고 있다. 융합전문가로서 융복합관련 기술개발을 지원하는 기업들의 자문활동과 경기지역의 융합전문가 모임인 경기융합전문가회 회장으로 융합전문가와 지원센터의 가교역활을 하고 있다.

jookd@daum.net

10장

양영종은 연세대학교 신문방송학과를 졸업하고, 연세대학교에서 경영학 석사, 중앙대학교에서 경영학 박사학위를 받았다. 한양사이버대학교 교수로 재직하면서, 기업의 자문활동을 30여 년 해온 이론과 실무를 겸비한 전문 경영컨설턴트로 활동해 오고 있다. 또한 호남대학교 교수와 Texas State University 연구교수, University of Texas 교환교수를 역임하였으며, 현재 경영지도사와 생산성본부의 PMS 심사원, ISO 9001 · ISO 14001 심사원, 중기청 건강진단 전문가, 녹색경영 전문가로 활동 영역을 넓히고 있다. 한국의 컨설팅 선진화에 앞장서서 생태컨설턴트(Eco-consultant)로 자리를 굳건히 지키고 있다. 저서로는 『강소기업 17가지 경영노하우』 등이 있다.

yyj5302@gmail.com

차례

5장 지식융합과 협업을 통한 강소기업의 가치 극대화 전략 85

8장 미래유망기술:정보통신·정보통신융합 분야미래기술 189

9장 융합기술개발사업의성공 노하우 213

1장

기술, 제품 및 비즈니스 융합의 전개와 사례

과거에 우리나라는 모방과 응용을 통해서 추격형 성장(fast follow)을 그리고 이러한 성장은 성장 최우선의 경제 정책과 맞물려 양과 하드웨어 성장을 이끌었고 이는 중소기업보다 대기업 중심의 경제였음을 우리는 익히 잘 알고 있다. 또한 과거에 기업은 원가중심의 경영과 열심히 일하는 인재를 최고로 여겼다. 하지만 현재는 어떤가? 과거와 비교해 보면 지금은 창의성을 바탕으로 하는 선도형(first mover) 성장을, 질과 소프트웨어에 중점을 두는 그리고 대중소기업간의 상생과 협업, 가치중심의 창의형 인재가 선호되는 기업경영 환경으로 급격히 변화하고 있다. 이러한 생각의 틀에 대한 변화, 즉 페러다임의 변화는 융복합이 주도하는 새로운 경제 환경 속의 시대적 요구가 아닌가 싶다. 여기서는 융복합의 시대에 융복합 기술, 제품 그리고 비즈니스 전개를 위해서 요구되는 것이 무엇인지를 살펴보고자 한다.

기술 융복합의 정의와 범위

융합은 특정 산업의 영역이나 기술영역 그리고 비즈니스 영역을 개별적으로 지칭하는 것이 아닌, 즉 서로 다른 분야의 기술, 학문, 제품 및 산업 등을 서로 혼합하는 현상과 활동이다. 이때 혼합은 물리적인 혼합이 아니라 화학적인 혼합을 말하는 것으로 쉽게 말하면 2개 이상의 대상(기술, 제품, 비즈니스)이 혼합되었을 때 그 실체와 유형을 확인할 수 없는 형태가 가장 바람직한 융합이 아닐까 생각된다.

R&D 기술개발에서 융합의 범위는 산업기술분류표, 과학기술분류표의 중분류 단계에 포함된 두 가지 이상의 기술들이 포함되어야 한다. 예를 들면, 과학기술표준분류표의 대분류 E인 생명과학은 E01의 분자세포생물학을 포함하여 11개의 중분류 기술로 구분되어 있는데 이들 중분류 중에서 E02의 유전학/유전공학과 E07의 E08의 생물공학에 속하는 기술이 두 가지 이상 포함된다면 융합기술이라고 할 수 있다. 하지만 동일한 중분류인 유전학/유전공학 안에서의 기술이 두 가지 이상 포함될 경우는 융합기술로 보지 않는다. 따라서 정부의 R&D 연구과제를 수주하기 위해서는 과학기술 또는 산업기술표준분류표 상의 중분류 간 또는 그 상위 단계인 대분류 사이의 두 가지 이상의 기술이 적용되도록 해야 한다.

2. 생명

E. 생명과학

중분류	소 분 류	중분류	소 분 류
E01 분자세포 생물학	E0101. 신호전달 E0102. 세포구조/운동 E0103. 세포분화/사멸 E0104. 막 생물학 E0105. 유전자 발현조절 E0199. 달리 분류되지 않는 분자세포 생물학	E07 융합 바이오	E0701. 바이오칩 E0702. 바이오센서 E0703. 나노바이오소재 E0704. 바이오이미징 E0705. 시스템생물학 E0706. 생물정보학 E0799. 달리 분류되지 않는 융합바이오
E02 유전학/ 유전공학	E0201. 분자유전학 E0202. 세포유전학 E0203. 집단/인류유전학 E0204. 유전체학 E0205. 형질전환 생물모델 E0206. 유전자 치료 E0299. 달리 분류되지 않는 유전학/유전공학	E08 생물공학	E0801. 발효공학 E0802. 생물분리/정제 E0803. 탄수화물공학 E0804. 효소공학 E0805. 생물공정 E0806. 대사공학 E0807. 세포/조직공학 E0808. 생물청정기술

그림 1.1 과학기술표준분류표의 예

융합을 구현하는 네 가지 기술 분야

융합을 구현하는 기술 분야는 크게 네 가지로 나눌 수 있다. 첫째로 흔히 말하는 IT(Information Technology), BT(Bio Technology), CT(Culture Technology), NT(Nano Technology)기술을 기반으로 한 기술간 융합으로 예를 들면, 바이오와 정보기술의 융합을 말하는 BIT 융합은 기술융합의 범주에 속한다. 둘째는 학문융합이다. 쉽게 말하면 철학 + 물리학, 전자공학 + 예술, 경영학 + 컴퓨터공학과 같은 학문영역 간의 융합이다. 셋째는 제품 간의 융합이다. 예로는 내비게이션(전자지도 + GPS), 스마트자동차(자동차 + 전기전자 기술), 스마트 운동화(신발 + 전자칩) 등을 들 수 있다. 마지막으로는 산업간의 융합으로 안마기 렌탈비즈니스는 제조업과 서비스업의 융합이라고 할 수 있다.

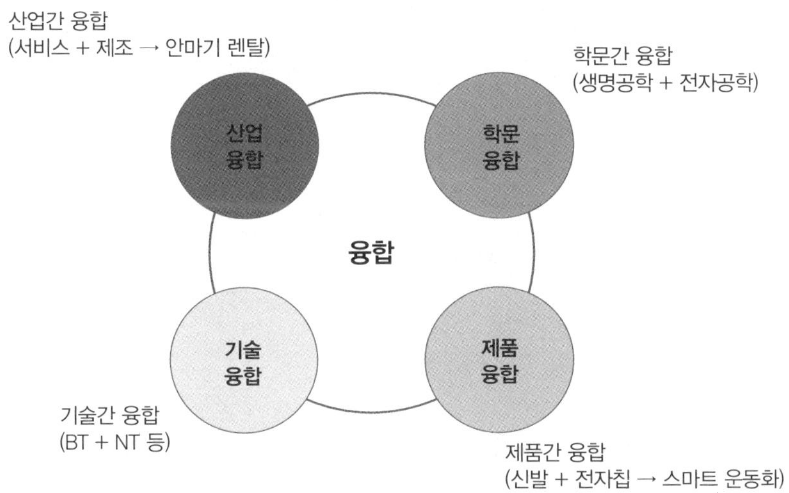

그림 1.2 융합의 4가지 범주

융합기술은 상술한 네 가지의 범주를 통해 새로운 그리고 창조적 가치를 창출함으로써 미래의 사회와 문화 그리고 경제변화를 주도하는 핵심가치를 제공하기 때문에 선진 각국을 포함한 많은 국가에서 이들 융합기술개발에 전력을 다하고 있는 것이다.

기술 융합의 유형

2007년 이후로 우리나라 정부는 융합의 유형을 세 가지로 분류하고 있다. 유형1은 신기술과 학문 간의 융합으로 융합형 콘텐츠, 지식서비스 기술, 뇌인지 과학 등을 예로 한다. 유형2는 신기술과 신기술 사이의 융합으로 그 예로는 나노바이오 소재, IT 나노 소자기술 등을 들 수 있다. 마지막으로 유형3은 그 정의가 신기술과 전통/주력산업과의 융합이며 지능형 자동차 기술, 미래 첨단도시 건설기술 등을 사례로 설명하고 있다.

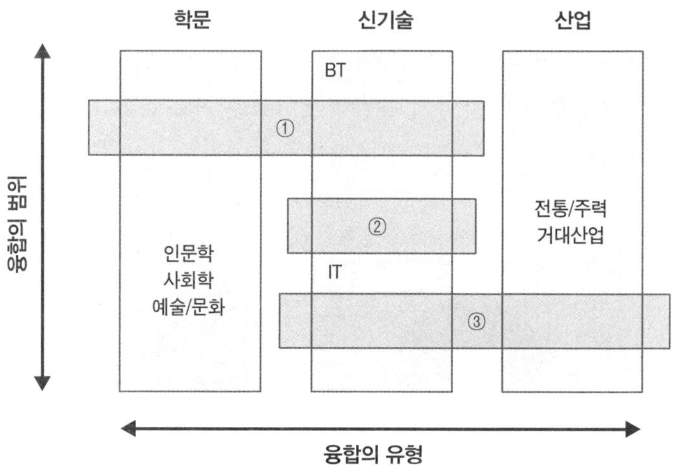

그림 1.3 융합의 세 가지 유형(국가융합기술 발전 기본방침, 2007. 4)

기술 융합화 분야

앞서서 융합은 단독으로 실시하거나 구현할 수 없는 창의적인 기술에 의거함을 볼 수 있었다. 예를 들어 컴퓨터, 반도체, 무선이동통신, 디스플레이, 인터넷 및 IT관련 기술과 유전체학, 단백질체학, 분자생물학, 생명공학, 세포공학, 암생물학 등의 BT 기술과의 융합을 통해 바이오인포메틱스, 휴먼인터페이스, 바이오컴퓨팅, 바이오닉스라고 하는 IBT 혹은 BIT 융합기술을 개발할 수 있다. BT와 NT 기술의 융합으로 탄생하는 융합기술로는 약물전달시스템, 나노바이오소재 기술이라고 하는 BNT(혹은 NBT) 융합기술을, 그리고 NT와 IT 기술의 융합으로는 양자정보처리, 나노포토닉스, 나노일렉트로닉스라고 하는 INT(또는 NIT) 융합기술을 창출할 수 있다. 또한 두 가지의 기술이 아닌 세 가지의 기술 융합도 가능하여 IT+BT+NT의 융합은 IBNT(혹은 BINT 또는 NBIT)라고 하는 새롭고 독창적인 나오바이오칩, 나노바이오센서, 바이오메카트로닉스, 분자이미징과 같은 현존하지 않는 새로운 융합기술이 개발될 수 있다. 결국, 이와 같은 방법으로 융합기술은 기술의 범위, 산업의 범위, 제품의 범위 및 학문의 범위를 상상 이상의 무한대로 확대, 적용할 수 있다.

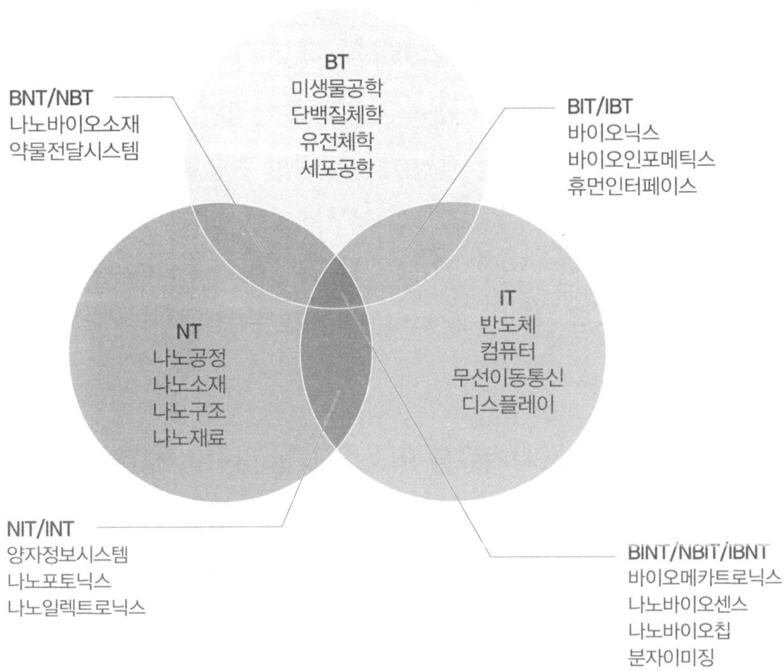

그림 1.4 기술간 융복에 의해 창출되는 융합기술의 예

융합기술 도출하는 방법

상술한 융합기술들은 아래의 방법을 통해서 보다 쉽고 구체화하기가 용이하다. 즉, 융합하고자 하는 분야를 정하고 여기에 포함된 기술을 나열한 후 이 기술을 통해 개발하고자 하는 분야를 설정한 다음에 융합하고자 하는 최종적인 목표를 추출하게 되면 한눈에 이해할 수 있는 융합 제품, 기술 및 서비스의 컨셉을 도출할 수 있다.

기술 융합의 전개

기술간 융합을 통해 산업화(비즈니스)로 전개하는 것은 융합 이외의 다양한 요소들이 필요하다. 하지만 기술간 융합 후, 이의 전개는 비즈니스를 위한 창의적인 아이템을 탐색하는 데 반드시 선행되어야 하는 중요한 단계다. 일례로 보건과 의료의 융합기술은 기존 제품 및 서비스의 온라인화가 촉진되는 분야로 전개할 수 있고, 또한 IT와 유사한 분야에 적용할 수도 있을 것이다. 이러한 융합기술의 전개는 전개의 관점을 온라인화가 가능한지의 여부와 디지털기술 적용 가능성 여부를 통해서 아이템의 컨셉이 달라질 수 있다. 이처럼 융합기술의 전개는 세부적인 비즈니스 아이템이 어떤 측면에서 부여되는냐에 따라서 파생되는 시장의 종류와 가치가 크게 달라질 수 있다.

다양한 미래기술 조사자료를 이용한 융합 아이디어 발굴

과거 1960년대 주요 수출품(비중)은 철광석(13%), 중석(12.6%), 생사(6.7%)이었는데 불과 20년 후인 1980년대에는 의류(11.7%), 철강판(5.4%), 영상기기(5.6%)로 그 종류가 모두 바뀌었고 20년이 지난 2000년대에는 반도체(15.1%), 컴퓨터(8.5%), 자동차(7.7%)로 다시 20년 만에 주요 수출품목이 모두 바뀌었다. 현재 우리나라는 앞선 주요 산업을 토대로 디스플레이, LTE 무선통신기술, 선박제조기술, 메모리반도체 제조기술, 오토바이 헬멧 분야에서는 세계 최고의 기술을 자랑하고 있다.

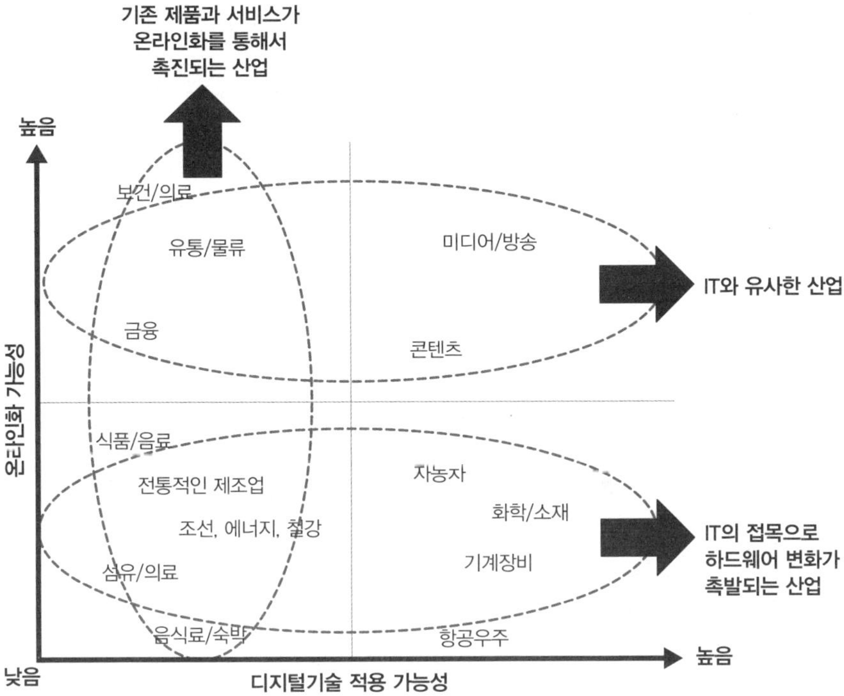

그림 1.5 기술융합의 전개 유형

과거의 모방과 추격형 산업기술에서 선도, 주도형 그리고 창조형 산업과 기술개발로 탈바꿈해야 하는 현재에 융합이라는 핵심키워드는 다양한 매체로부터 발표되는 미래기술 혹은 미래 유망기술 자료가 비즈니스 아이디어 발굴에 좋은 촉매제가 된다. 일본의 경제산업성은 스마트 커뮤니티, 의료기기/서비스, 로봇, 농업, 자동차/교통시스템, 전자서적 등 콘텐츠 분야 등을 미래 유망기술로 선정하였고, 우리나라의 한국과학기술정보연구원(KISTI)은 활기찬 건강사회, 인간중심의 스마트 사회, 걱정없는 안전사회, 창의적 성장사회, 지속가능한 청정사회 등 5대 핵심목표에 대한 미래기술 54대 아젠다를 발표하였다. 이러한 미래 유망기술을 토대로 우리는 새로운 시장에 대한 융합제품(기술)의 혜안을 얻을 수 있을 것이다.

예측된 미래 유망기술을 토대로 한 융합제품 개발의 궁극적인 목표는 무엇보다도 환경변화를 예측하기 위한 지식과 통찰력을 얻기 위한 것이다. 결과적으로 이러한 환경변화 예측에 기술혁신과 융합적 사고를 더하면 다른 어떤 방법보다 고객만족을 이끌 수 있는 제품을 개발하는 데 효과적인 방법이 될 것이다. 결국 미래 기술과 산업의 예측을 통해 기존 기술을 융합함으로써 융합제품을 도출하는 것이 중소기업의 전략적 지향점이다.

〈표 1.1〉 KISTI 미래기술 지식베이스-54대 미래 아젠다

5대 목표	미래사회 니즈	아젠다
활기찬 건강 사회	난치성 질병 정복	• 난치성, 노인성 질환 등의 예방, 진단, 치료 • 스트레스, 우울증, 과잉행동장애 등 정신질환 예방, 진단, 치료 • 뇌 기능 규명 및 뇌질환 예방, 진단, 치료
활기찬 건강 사회	맞춤형 보건 · 복지	• 신종 질병, 전염병 대응 시스템 • 성인병 예방, 노화지연 등 기능서 식의약품 개발 • 의료 서비스 고도화 • 인간의 신체 기능 보완 • 사회적 약자를 위한 생활지원 기술
인간 중심의 스마트 사회	편리한 지능형 생활 공간	• 편안하고 지능화된 생활/업무 환경 • 가상지능공간 • 안전하고 쾌적한 주거 · 도시환경 구축
인간 중심의 스마트 사회	풍요로운 지식창조 및 활용	• 교육, 문화, 과학기술 등 디지털 미디어/컨텐츠 구축 및 활용 • 시공간상의 원활한 정보교환 • 언어장벽의 극복
인간 중심의 스마트 사회	효율적이고 안전한 교통	• 교통 수단의 발달 • 물류 및 교통시스템의 고도화
걱정없는 안전사회	사회 안전 확보	• 자연재해 감시/대응 • 사회 기반시설 안전성 확보/감시/대응 • 범죄/테러 감시 및 보안 • 국가안보, 국방력 강화 • 사이버 안전 및 정보보호 • 유해 동식물, 미생물, 신물질 관리 및 대응
걱정없는 안전사회	식량자원 확보 및 안전성 향상	• 식량자원 확보, 보존, 생산 • 식품위생 및 안전성 확보 • 유전자 변형작물의 신뢰성 확보

창의적 성장사회	미래 융합 신산업 창출	• 나노/생명/IT/인지과학간의 융합 • 첨단 기능 소재 • 친환경 소재
	미래 스마트 소재	
	거대과학기술에 대한 도전	• 우주 감시 및 탐사 • 물질의 미세구조 규명
	산업고도화	• 지능화된 생산 및 정보시스템 • 선도산업의 신부가가치 창출
지속 가능한 청정사회	에너지 효율화	• 건축, 산업, 교통, 가정 등에서의 에너지 절감 • 에너지 재활용 • 에너지 저장
	신 · 재생 에너지 개발	• 수소에너지 • 연료전지 • 바이오에너지 • 태양에너지 • 조력, 풍력 등 기타 대체에너지
	안전한 원자력/핵융합	• 차세대 원자력, 핵융합 • 원자력 안전성 확보 및 환경 복원
	자원의 안정적 확보와 활용	• 석유, 가스에너지 등 자원확보 • 광물 및 생물자원 개발, 활용
	기후변화 대응	• 온실가스 저감 • 기후 변화에 의한 생물/자연 재해 예방
	물 환경 개선	• 대체 수자원 확보 • 수자원 오염방지/정화
	대기환경 개선	• 대기 유해 오염물질 및 악취물질 감지/제거
	국토보전 및 재생	• 생물다양성 보존 • 폐기물 처리, 재활용 • 해양오염 방지/복원 • 토양오염 방지/복원 • 사막화 방지/복원

기술변화를 예측하자

사회변화는 기술의 변화와 깊은 관련성을 가진다. 따라서 사회의 변화를 이해하고 그리고 그 변화의 구조를 파악할 수 있다면 앞으로 고객들이 필요로 하는 제품과 기술 그리고 미래에 유망한 비즈니스의 밑그림을 그릴 수 있을 것이다.

고객만족 제품 = 환경변화 예측 + 융합적 사고 + 기술혁신

기술의 변화는 다양성, 공간, 시간들이 한데 어우러진 하나의 생태계에서 나타난다. 좀 더 깊이 들어가면 인간의 기본적 욕구가 구체화된 욕구로 그리고 최종적으로 이들은 기술, 제품, 트랜드, 비즈니스 등으로 나타나게 된다.

과거의 특정시점에서 현재까지의 제품, 기술들의 변화 추이를 이해하는 것은 기술의 변화를 예측하고 이해하는 데에 매우 중요하다. 과거에서부터 현재까지의 특정한 기술과 제품의 추이, 즉 기술의 변화를 현재 시점의 잣대로 재어 보면 미래에 이 기술과 제품이 어떠한 기술변화를 겪을지를 이해하고 예측할 수 있을 것이다. 하지만 〈그림 1.6〉에서처럼 과거에서부터 현재까지 확인된 기술변화를 가지고 현재의 관점에서 미래의 기술예측이 A, B, C처럼 그 변화와 속도가 올바르게 예측될 수도 있지만 D처럼 현재를 기점으로 확연하게 예측한 바와 다를 수도 있음을 간과해서는 안 된다.

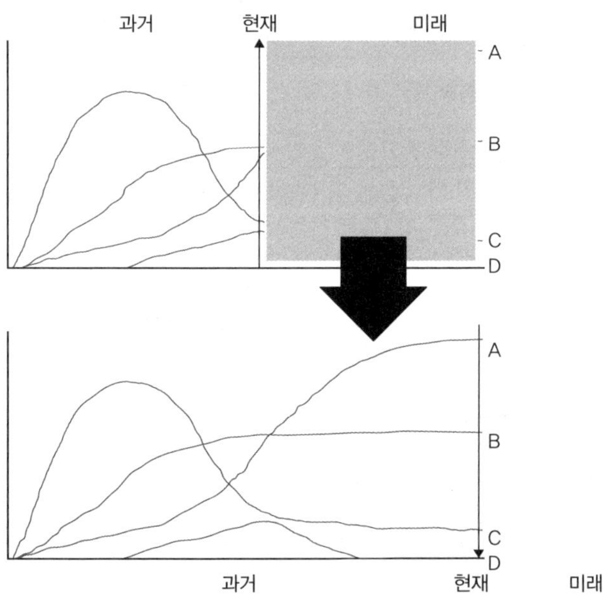

그림 1.6 현재 관점에서의 기술변화 예측

예측 + 경영 그리고 메가트랜드를 조합해 보기

10대 주요 산업에 IT 기술을 융복합 이슈로 하며 10대 메가트랜드(고령화, 영리한 단순화, 개성화, 글로벌화, 디지털화, 일상적 안심, 환경과 윤리, 도시화, 아시아로의 부의 이동, 신뢰자본)와 관련지어 볼 수 있는 능력이 필요하다.

즉 거시적 환경변화(자연, 인간, 사회, 기술, 경제, 정치)와 미시적 환경변화(목표, 기술, 경쟁사, 공급자, 소비자)를 추적하여 미래 기술이 지향하는 공통점인 개인사회, 경제, 정치, 환경, 기술 및 소비자 관점을 통해 불확실한 미래에 대한 예측을 자원화하여 지속 가능한 기술경영을 통해서 미래, 즉 향후 5년 이내에 현실 속에 다가올 융복합 기술개발의 전개에 대한 통찰력을 가져야 할 것이다.

〈표 1.2〉 주요 산업별 IT 기술기반 주요 융복합 이슈

10대 주요 산업		주요 융복합 이슈
자동차	+ IT	차고없는 깨끗한 지능형 자동차
조선		고부가가치 high-end 선박 건조
건설		삶의 질 향상을 위한 스마트 시티 구축
의류		심신을 지켜주는 스마트 의류
항공기		안전하고 신뢰할 수 있는 개인, 무인 항공기
제철		고효율, 친환경 스마트 제철소
인쇄/출판		새로운 미디어와 결합된 창조산업
에너지		지구를 구하는 스마트 그리드
기계		스스로 생각하고 동작하는 인공지능 로봇
의료		개인 맞춤형 스마트 케어 서비스

시장과 고객을 동시에 생각해 보기

융합기술, 융합제품 그리고 융합 비즈니스를 개발하는 데 있어서 우리는 시장과 고객을 반드시 고려해야 한다. 즉, 시장(market)은 시장의 한계와 수익의 한계로 나눠보고, 고객(consumer)의 관점에서는 새로운 니즈가 있는가와 고객의 인식변화로 나눠보면 전체적으로 4가지의 메트릭스를 도출

그림 1.7 10대 메가트랜드

할 수 있다. 세탁기를 예로 하여 이 4가지의 메트릭스를 이해해 보자. 첫째, 시장의 한계와 새로운 니즈의 존재에서는 제품혁신을 통해 시장을 세분화하는 것이다. 1인용 세탁기가 여기에 해당될 수 있다. 두 번째는 시장의 한계와 소비자 인식변화 메트릭스로 여기는 시장혁신을 통해 비즈니스, 기술 혹은 영역의 정의를 바꿔야 하는 영역이다. 여기의 예는 로봇세탁기가 해당될 것이다. 이제 수익의 한계측면에서 보자. 수익의 한계와 소비자 인식변화 메트릭스를 갖는 세 번째 메트릭스는 가치혁신을 통해 소비자에게 새로운 가치를 제공하는 것이 필요한 영역으로 친환경 세탁기가 해당될 수 있

Tip! 융복합 전략: 창조와 혁신을 위한 준비

- 혁신과 창조는 세 끼 식사처럼 습관화 해라.
- 효과적으로 정보를 입수하는 방법을 가져라.
- 최신 정보에 대한 입수 채널을 확보해라.
- 혁신과 창조는 실행하고, 실행하고, 또 실행해라.
- 구성원에게 좋은 인생관을 갖게 하라.
- 구성원에게 신념을 갖게 해라.

(2011년 중소기업융합중앙회 융합지도사 양성교육 자료집)

그림 1.8 시장과 고객 메트릭스

다. 새로운 니즈의 존재와 수익의 한계에 대한 네 번째 메트릭스는 공정혁신에 의한 새로운 기술과 프로세스를 통해 신제품을 개발하는 것이다. 예를 들면 공기방울 세탁기가 여기에 해당 될 수 있다. 소비자, 고객에게 어떤 변화가 있는가? 이것이 융합의 기회일 것이다.

글로벌 시대에 대한 전략적 사고가 필요하다

세계의 경제중심이 유럽과 미국 등의 서구권에서 아시아로 이동하고 있는 것은 명약관화하다. 이는 상술한 10개의 메가트랜드 중의 하나인 "아시아로의 부의 이동"에서도 엿볼 수 있다. 2009년을 기준으로 우리나라를 중심으로 한 동북아시아를 예로 들면, 전 세계 GDP의 21%, 전 세계인구의 32%, 연평균 경제성장률은 8.7%(OECD 평균은 2.7%)로 세계에서 가장 경제활동이 핫(hot)한 지역이다. 월드뱅크는 2050년 세계경제의 Top 10에 중국, 인도, 인도네이사, 일본 등 4개의 아시아 국가가 포함되어 60~65%의 경제력을 가질 것이라고 예측하고 있다. 이러한 지표는 전 세계의 그 어떤 지역, 상권, 그리고 경제권보다 더 매력적인 글로벌 지역상권이 우리나라에 인접하고 있음을 쉽게 이해할 수 있게 해 준다. 이처럼 세계경제가 지역적으로 편중되고 그리고 집중되는 현실에서 우리 기업들은 이러한 지표를 근거로 한 신기술과 신제품 개발에 집중해야 할 것이다. 보다 세부적으로 중국이라는 시장의 보건의료 현황에 대한 지표를 살펴보자. 중국의 60세 이상 인구는 2040년대가 되면 미국의 전체인구를 상회하는 4억 명 이상이 될 것으로 예측된다. 현재의 기준으로 보면 매년 30만 명이 간암으로 사망하고 있는데 이는 미국보다 24배나 많은 수치다. 또한 전 세계 흡연자 13억 명 중에서 1/3이 중국인이며 3천만 명 이상의 당뇨환자가 있다. 2020년 기준으로 중국을 보게 되면 도시인구의 에너지 섭취 중 지방의 비율이 WHO 기준치를 5% 초과하는 35%가 될 것이라는 총계를 보면 분명히 중국은 향후 가까운 미래를 시작으로 만성질환(비만, 고혈압, 고지혈증, 당뇨 등)의 화학고가 될 것으로 보인다. 베이어 차이나는 2020년 중국에는 2,000조 원대의 헬스케어 시장이 열린다고 보고하고 있다.

앞으로 얼마 남지 않은 시간에 우리의 바로 옆 지근거리에 있는 나라인 중국의 보건의료 시장 진출을 대비한 융합기술, 제품 그리고 비즈니스의 개발 전략은 무엇일까? 이러한 전략적 사고는 상술한 글로벌 환경변화를 정확히 이해하고 예측하는 것으로부터 출발해야 할 것이다.

Tip! 융복합 전략: 융합기술 경영전략

- 선두주자(first mover)가 되어라. 이는 빠른 추종자(fast follower)보다 앞선다.
- 시장/고객에게 꾸준한 가치를 제공하는 차별화된 비즈니스 목표와 모델을 개발해라.
- 창의성, 목표지향성, 소통능력, 네트워크 능력 등을 갖춘 그리고 융합기술을 이해하고 구현이 가능한 인재를 확보해라.
- 상하의 갑을 관계가 아닌 신뢰를 바탕으로 협력업체와의 네크워크를 구축해서 다양성에 대한 외부 원천을 확보해라.
- 부품, 소재, 콘텐츠, 솔루션, 서비스 등도 부가가치가 높다면 좋은 비즈니스 대상이다. 따라서 완제품에만 몰두하거나 집중하지 마라.

융합제품, 기술, 비즈니스의 사례

융합에 대해서 좀 더 쉽게 이해하기 하기 위해서 현재 시장에 진출한 제품들 중에서 앞서 기술한 융합적 특성을 갖춘 제품(기술, 서비스)이 어떤 것이며 여기에 어떤 핵심성공 요인이 있는지를 파악함으로써 융합제품의 성공 포인트에 대한 보다 쉬운 이해와 함께 향후 어떻게 이들 융합제품이 기업의 생존부등식에 걸맞게 자리매김하게 될지를 가늠해 보자.

하라스의 업계 1위 시저스 인수

미국의 종합 엔터테인먼트 그룹인 하라스는 2004년부터 매년 고객 3천명의 방문빈도, 거주지까지의 거리, 참여한 게임, 게임 시간, 베팅액 등 행동패턴 빅데이터를 통합적으로 관리, 분석을 통한 자료로부터 핵심고객이 누구인지를 확인하였다. 이를 통해서 고객별 맞춤형 마케팅을 적용하여 업계 만족도 1위를 그리고 2005년에는 업계 1위 시저스 호텔을 인수하여 호텔업으로까지 비즈니스영역을 확대하였다. 이는 고객의 빅데이터를 이용한 새로운 융복합 비즈니스 창출에 대한 사례다.

그림 1.9 하라스 엔터테인먼트

사진 출처: 하라스(www.harrahs.com)

버려지는 감자를 화장품으로

(주)감자의 엄현준 대표는 버려지는 감자를 이용하여 천연감자 화장품

그림 1.10 버려지는 감자를 이용해서 만든 (주)감자의 천연 화장품, 사진 출처: 비단생(http://www.vidan.co.kr)

"비단생"을 출시하였다. 감자의 유용성을 화장품에 적용한 것으로 우리 주위에서 흔히 볼 수 있는 것들을 고부가가치의 기능성 소재로 개발, 상품화한 사례이다. 비단생은 남녀노소를 가리지 않고 트랜드화되고 있는 웰빙소재를 아무도 관심을 갖지 않는 것으로부터 새롭고 부가가치가 높은 제품으로 개발된 트랜드에 기초한 융합 제품의 좋은 사례이다.

예전처럼 화장품을 손으로 발라도 되지만 분사한다?

지금까지 화장품은 손에 묻혀 얼굴이나 피부에 바르는 것으로 인식되었고 그런 제품들이 거의 전부였다. 하지만 피부에 대한 적용의 관점을 바르는 것에서 뿌리는 것으로 생각의 전환을 통해서 개발된 제품이 있다. (주)내추럴웍스의 김형운 대표는 에어브러시라고 하는 화장품 분사용 기기와 이 기기에 맞춘 전용 화장품을 개발해서, 바르는 메이크업에서 뿌리는(분사하는) 메이크업으로 사용자의 편의성을 혁신한 융합제품을 출시하였다. 이 제품은 고객에게 손에 묻은 화장품을 세척하는 번거로움을 개선시켜 주고, 또한 미

그림 1.11 (주)내추럴웍스사의 화장품 분사용 에어브러시

세 분말을 분사함으로써 피부에 골고루 화장이 가능하며, 메이크업의 강도도 조절할 수 있다는 장점을 제공한다는 점에서 경쟁이 치열한 화장품업계에 신선한 충격을 주고 있다.

맺음말

융합기술, 제품 그리고 비즈니스는 최근에 등장한 용어이기는 하지만 그렇다고 우리에게는 낯설은 용어는 아니다. 사실, 예전에도 융합기술과 제품은 우리 주변에서 흔히 찾아볼 수 있었다. 그 대표적인 것이 비빔밥이 아닌가 싶다. 밥과 반찬을 따로 준비해서 먹는 것과 함께 섞어 먹는 것은 분명 그 내용은 같으나 맛과 풍미는 비교할 수 없는 차별점을 갖고 있다. 백세주를 소주와 반반 섞으면 50세주가 되어 순한 소주맛을 음미할 수 있었던 것도 어떻게 보면 융합제품이자 융합 비즈니스가 아닌가 싶다.

기술, 제품 그리고 비즈니스를 융합해야만 한다는 생각으로만 몰두하고 집중할 때에는 비즈니스적 성공을 이루기가 어려운 부가가치가 낮은 제품이 출현할 가능성이 높다. 왜냐하면 여기에는 소비자, 즉 고객의 니즈와 시장의 상황 등, 앞으로 5년 이후에 시장환경이 어떻게 변할지를 고민하지 않았기 때문이다.

다양한 융합의 정의 중에서 "비교적 단기간 내(~5년 이내)에 상용화를~"이라는 문구가 있다. 이처럼 현재의 기술과 제품 그리고 비즈니스는 그 수명주기가 과거 어느 때보다 짧고 빠르기 때문에 시장환경과 고객의 니즈 파악을 토대로 향후 5년 이내에 수용성이 높은 융합제품을 개발하는 것은 현재의 우리나라 중소기업의 숙명이자 목표가 아닌가 싶다.

참고문헌

1. 마케팅 불변의 법칙/박길부/십일월출판사/2001년
2. 융합지도사 양성교육 자료집/중소기업융합중앙회/2011년
3. 비즈니스의 맥/이홍/삼성경제연구소/2013년
4. 강소기업 17가지 경영노하우/양영종외/청목출판사/2012년
5. 트랜드 워칭/김경훈/(주)웅진씽크빅/2009년
6. 창조경제와 중소기업 정책방향/경기중소기업종합지원센터/2013년
7. 2012년 경인지역 ASTI 지식세미나/한국과학기술정보연구원/2012년
8. 2013년 경인지역 ASTI 지식세미나/한국과학기술정보연구원/2013년
9. 의료 IT 융합기술 동향/김승환/한국전자통신연구원/2011
10. IT 융합의 국내외 동향 및 국내 산업 역량 강화 방향/김문구외/한국전자통신연구원/2010
11. 중소기업 융합기술의 이해와 흐름/윤치훈/(사)중소기업융합중앙회/2012
12. 융합경영/김덕현/글로세움/2011
13. 중소기업 융합활동 실태 및 활성화 방안/양현봉외/산업연구원/2012
14. 트랜드 워칭/김경훈/(주)웅진씽크빅/2009년
15. 기술경영의 이해/신용하/도서출판 남양문화/2011
16. 융합인재의 조건: 미래기업의 성장엔진/김영록외/티핑포인트/2012

2장

융합 비즈니스모델에 의한 신사업 개발

융합은 미래사회 변화를 주도하는 keyword

요즘 사회 전반에 걸쳐 많이 언급되는 용어로 융합(Convergence), 스마트(Smart), 소셜미디어(Social Media), 플랫폼 등을 들 수 있다. 특히 산업계에서는 기술융합, 산업융합, 디지털융합, 융합 비즈니스 등 융합과 관련된 다양한 키워드가 사용되고 있다. 정부에서는 산업융합 촉진법을 통해 기술과 제품, 산업간의 융합을 국가와 기업 성장의 새로운 모멘텀(momentum)으로 삼고 다양한 정책과 제도적 지원을 펼쳐가고 있다. 그 동안 융합기술에 대한 성과로는 스마트폰, 유헬스(U-Health), e-Learning, IPTV, 방카슈랑스, U-City 등으로 일부 산업부문에서 나타나고 있지만 융합제품이나 융합 서비스가 사업화로 연결되어 시장에서 높은 성과를 창출하고 있는 경우는 그리 많지가 않다. 이는 융합에 대한 전문 연구 인력의 부족, 기업과 연구소·대학과의 협력체제 구축 미흡, 융합에 대한 기업의 인식 부족, 융합에 대한 체계적인 자료 축척과 융합에 대한 종합적이고 전략적인 지원 부족 등에서 그 원인을 찾을 수 있겠다.

그렇다면 융합의 의미가 무엇인가? 정보통신정책연구원(2005)은 기존 가치의 저항없이 새로운 가치를 창출하고, 영역이 확대되고 기능이 통합되는 현상이라고 정의하고 있다. 지식경제부(2009)에서는 기존 산업의 기술, 제품, 서비스를 창의적으로 재조합하여 새로운 가치와 시장을 창출하는 활동으로 보고 있다. 한국산업기술평가관리원(2012)에서는 융합을 인간 창조성의 결과로 한 경험의 영역에서 다른 영역으로 아이디어를 적용하는 것이며, 김덕현(2012)은 독립적으로 존재하던 개체들의 화학적 결합을 통해 가치가 커진 새로운 개체를 창조하기 위한 생산 공정이라고 정의하고 있다. 이에 융합은 기술 · 제품 · 서비스 분야 등이 결합되어 새로운 가치와 시장을 창출하는 활동이라는 포괄적인 용어라고 할 수 있다. 기술의 융합이 2개 이상의 기술이 하나로 발전되거나 서로 결합하여 새로운 기술로 창출되는 것을 의미하는 것이라면, 산업 융합은 2개 이상의 산업이 시장이나 고객의 니즈에 부응하기 위해 하나의 새로운 산업을 구성하는 것을 의미한다고 하겠다. 이에 융합기술이라 함은 신기술간 또는 타 분야와의 상승적 결합을 통해 새로운 창조적 가치를 창출하는 미래의 사회변화를 주도하는 Convergence Technology[7]라고 할 수 있다. 기술의 융합화가 개별 요소들의 기술적 특성들이 화학적 결합으로 상실되고 전혀 새로운 특성을 갖는 기술로 창출되는 것이라면, 기술의 복잡화는 개별 요소기술들의 물리적 결합으로 기존의 문제나 한계를 극복해가는 과정의 기술혁신 현상[7]이라고 할 수 있다. 융합기술은 기술의 물리적 결합에 의한 기술의 복합화보다는 화학적 결합에 의한 기술이라는 의미라는 것이다. 융합은 기술, 제품, 서비스 , 산업 등이 서로 연관되어 효율적으로 추진되어야 시너지 효과를 얻을 수 있다. 단일 기술이나 제품 · 산업 등에서 얻지 못하는 새로운 기술과 제품 · 서비스를 융합을 통해 제공함으로써 국민 생활의 편의를 제공하는 것은 물론 새로운 부가가치를 창출하도록 한다. 미래의 기술은 단일의 신기술보다는 다수의 신기술 또는 기존 제품이나 서비스 등이 융복합되어 주도할 것으로 전망된다[10]. IT · BT · NT · CT 등의 첨단기술과 환경과학, 사회과학, 인문학까지 포함하는 광범위한 융합이 경제발전의 근간을 이루는 핵심요인이 될 것이다. 융합이 혁신 수단으로 그 중요성이 커지고 있는 것은 기업간의 경쟁이 심화되고, 소비자의 기대나 욕구는 무한대로 커지고 있는데 반해 기업이 제공할 수 있는 제품이나 서비스, 생산 및 유통에 쓰이는 기존 기술은 대부분 한계에 직면하고 있기 때문이다.

딜로이트 컨설팅사는 세계 융합시장 규모를 2012년 약 17.7억 달러에서 2018년에는 약 68.1억 달러로 성장률이 약 285%에 이를 것이라고 전망하고 있다. 세계 주요 국가들은 융합을 지속적인 경쟁력을 확보하고 고부가가치를 실현할 수 있는 핵심 수단으로 삼고 있다. 이에 각 기업들은 자국의 산업환경 특성에 맞춰 여러 분야에서 다양한 사업 기회를 창출해야 한다.

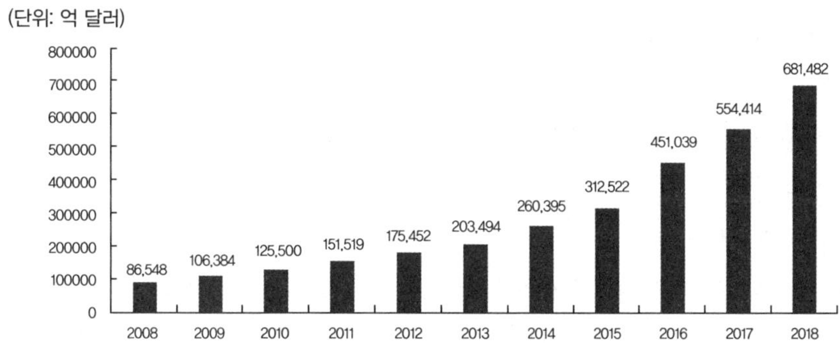

그림 2.1 세계 융합시장 규모

세계는 융합을 통한 신사업 창출에 적극적

미국은 2002년 발표한 국가융합기술발전 전략에서 융합기술을 나노, 바이오, 정보기술과 인지과학을 바탕으로 이른바 NBIC(Nano, Bio, Information, Cognitive Science)라는 융합기술의 틀을 도출하고, 미국과학재단(NSF)과 국가나노사업(NNI)이 주체가 되어 융합사업을 추진하고 있다. 미래의 과학기술은 NT, BT, IT, CS 등의 신기술을 중심으로 연구되고 응용되어야 한다며 각 분야별로 국가차원에서 최우선적으로 추진해야 할 사항을 분류하고 이를 집중 육성하고 있다. 특히 NT 주도의 융합기술 정책에 많은 초점을 두고 있다. 이러한 미국의 융합기술 개발 전략을 Technology Push 방식[9]이라고 한다. 기술개발 목표를 정부가 설정해 놓고 이를 산학연이 수행해가도록 하는 방법이다. EU는 2004년에 지식사회 건설을 위한 융합기술 발전 전략을 수립하고 경제적 측면뿐 아니라 사회 · 문화적 측면의 영향을 고려한 정책을 추진하고 있다. 과학기술과 사회과학, 인문학의 융합을 강조하고 있다. 융합기술 추진 주체는 CTEKS(Converging Technologies for the European Knowledge Society)와 FP7(Framework Program)이다. CTEKS에서는 유럽의 지식사회 건설을 위한 융합기술 발전 전략을 수립하고 융합기술 발전 아젠다 개발과 과학 기술에 대한 연구를 장려하는 것이 산업의 경쟁력을 강화시키는 것이며, 유럽사회와 국민들의 욕구를 충족시키는 것이라고 본다. FP7은 자율적인 R&D 수행을 통해 창의적이고 개방적인 기술 개발에 초점을 두고 이종 분야의 연구와 기술개발을 추진하고 있다. 유럽의 융합기술은 건강, 교육, 정보, 통신, 환경, 에너지 등 사회적 문제 해결을 목표로 NBIC 기술은 물론 사회과학, 문화인류학, 철학 등의 결합을 추진한다. 이러한 EU의 융합기술개발을 Society Pull 방식[9]이라 한다. 국가나 사회 차원의 문제를 해결하기 위해 산학연민관이 협업하여 기술을 개발하도록 하는 것이다. 일본은 2004년 발표한 "FOCUS 21"에서 융합이 출발하고 있다. 경제산업성과 문부과학성이 주체가 되어 융합기술 개발을 주도하고 있는데 일본에서는 경제를 이끄는 7대 전략산업(연료전지, 정보가전, 로봇, 콘텐츠, 건강 · 복지기기 및 서비스, 환경 · 에너지 기기 및 서비스, 비즈니스 지원서비스)을 선정하고 새로운 가치와 시스템 창출을 위한 융합 신기술 개발을 진행하고 있다. 건강, 의료, 정보통신, 환경, 신기술 재료 등의 분야에서 향후 10~15년 후 세계를 선도할 수 있는 이노베이션을 통해 새로운 시장을 창출할 수 있는 융합 연구를 강조하고 있다. 일본의 융합기술 개발전략은 미국의 Technology Push 방식과 유사한 것으로 경제산업성과 문부과학성을 중심으로 연구 과제를 제시하고 이를 수행해 가도록 하는 연구 중심의 융합이 추진되고 있다.

우리나라의 융합기술은 2008년의 융합기술에 관한 기본 계획에서 찾을 수 있다. 2008년 융합기술에 대한 연도별 계획을 세우고 녹색기술 · 첨단융합 · 고부가서비스 등 17개 신성장동력 산업 육성 계획을 수립하였고, 2010년부터는 IT 산업의 성과를 타 산업에 확산시키기 위한 IT 융합 확산 전략을 꾀하고 있다. 우리나라는 정부의 여러 부처에서 나름의 융합기술 개발 관련 정책들을 추진해 가고 있는데 크게 미래과학창조부와 교육부 산업통상지원부로 나눌 수 있다. 산업통상자원부는 융합 확산을 통해 성장 동력을 창출하고 협력생태계 조성으로 글로벌 전문기업을 육성하는 데 목표를 두고 있다. 미래과학창조부는 방송통신융합서비스 활성화, 융합기술 및 두뇌집약적 창조과학 등 미래선도 연구에 초점을 두고 있으며, 교육부는 융합 분야의 기초와 원천기술 개발, 인력 양성에 초점을 두면서 인문학을 기술에 접목하려는 융합을 추진하고 있다. 2011년 10월, 산업융합촉진법이 국회를 통과하면서 향후 융합기술에 바탕을 둔 새로운 제품과 서비스 출시는 더욱 활성화될 것이다. 융합기술은 국민 생활의 편의성을 증진시키고 기업에는 경쟁력 강화와 제품의 상용화를 통해 보다 높은 성과를 이뤄내도록 함으로써 국가 산업 발전을 더욱 활성화시킬 것이라고 기대된다. 우리나라의 융합산업은 아직은 본격적인 성장 단계에 접어들지 못한 시장 형성 초기 단계라고 할 수 있다. 기초과학과 원천 기술의 부족으로 융합기술에서 선진국과의 격차가 있으며 선진국 대비 약 50~80% 수준으로 낮은 편이다[7]. 우리나라 융합기술 개발 방식은 국가나 사회 차원의 니즈에 부응하기 위한 방식보다는 단기간 내에 선진국 수준에 근접하는 기술력을 확보하려는 전략[9]이라고 할 수 있다. 국가 융합기술 발전 기본계획에 맞춰 수립된 기술개발로드맵에 따라 정부 출연연구소, 대기업, 대학 등이 이를 분담해 수행해 가는 방식이 주류를 이루고 있다. 정부 차원에서 융합 산업을 활성화하기 위한 제반 제도나 정책들 많이 지원되고 있지만 기술이나 제품, 서비스, 산업 간의 융합이 상호 시너지 효과를 내지 못한 것 같다. 그러나 보다 체계적인 지원과 각 기업들의 융합에 대한 새로운 인식 전환이 이뤄진다면 지금까지와는 다른 새로운 제품과 서비스로 새로운 부가가치를 창출하며, 산업의 성장과 함께 고용을 창출하고 경제적 소득 증가에 큰 기여를 할 것으로 전망된다.

융합은 산업 패러다임의 변화를 촉진

고객의 다양한 니즈를 반영하고 기술과 산업 환경 변화에 따른 융합트렌드는 산업 패러다임의 새로운 변화를 가져오고 있다. 융합트렌드에 의한 산업 패러다임의 변화는 산업구조의 변화, 산업가치 사슬의 변화, 기존 산업에서 게임 룰의 변화 산업경쟁구도의 변화[6]로 나타나고 있다. 각 산업간 독립적으로 형성되었던 제품간 · 산업간 영역의 경계가 융합기술로 무너지면서 새로운 시장이 생겨나고, 경쟁구도가 새롭게 형성되고 있다. 전자정보 통신 분야에서 디지털화를 통한 융합이 대표적인 그 예다. 통신과 방송, 미디어, 가전제품, 엔터테인먼트 등이 기술융합을 통해 새로운 제품과 서비스를 창출하는 경우다. 쌍방향 커뮤니케이션의 IPTV나 홈쇼핑, 언제 어디서나 자유롭게 독서가 가능한 e-Book, VOD 게임기 등은 기존 제품과 달리 고객에게 새로운 가치를 제공하며 신시장을 형성하면서 산업 구조를 변화시켜 가고 있다. 각각의 개별적인 제품이나 서비스들이 융합되면서 가치 사슬이 수정되거나 또는 전면 재구성되는 변화가 일어나고 있다. 제품개발에서 고객 니즈가 최우선적으로 고려되면서 기존 가치 사슬의 해체, 역류, 통합 그리고 전혀 새로운 가치 사슬이 만들어지고 있다. 증권사 사무실에 직접 가지 않고 집이나 사무실 또는 이동 중에도 주식거래가 가능한 PC나 모

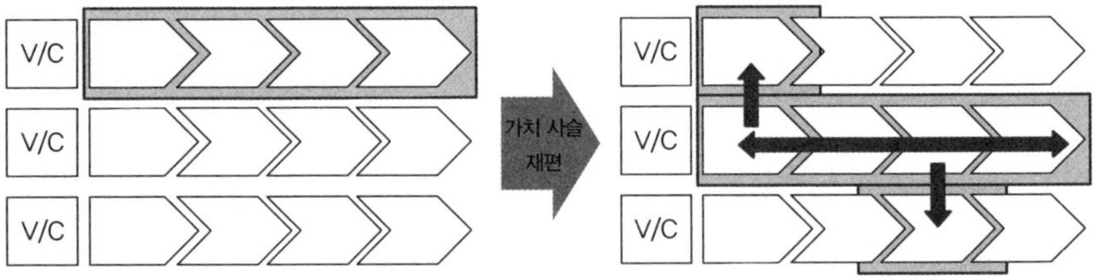

그림 2.2 가치 사슬의 분해 및 재편

출처: 이낙규, 융합패러다임의 발전방향, 제2회 융합경영심포지움. 2012.

바일을 통한 주식거래 시스템, 맞춤형 제품을 48시간 이내에 배송하는 델컴퓨터의 유통 채널 축소의 판매 방법 혁신, 가정용 정수기나 비데의 경우 제품의 판매에 의한 것보다 도우미 서비스에 의한 수익 구조 창출, PC나 모바일의 온라인뱅킹, 교통카드 등은 기존 제품이나 서비스에 대한 가치 사슬이 해체되거나 새롭게 변화된 대표적인 것이라고 할 수 있다.

경쟁의 룰에서도 기존 산업과 다른 새로운 변화가 일어나고 있다. 교육서비스의 경우 이전에는 콘텐츠 사업자, 네트워크 사업자, 단말기 사업자 등으로 구분되어 산업 내 경쟁을 펼쳐왔다. 그러나 융합의 시대에는 교육서비스라는 단일 콘텐츠 분야에만 국한되지 않고 종합적인 콘텐츠 사업자로서 네트워크와 단말기, 포탈 사업자 등과의 융합을 통해 최종 사용자를 대상으로 경쟁을 펼치고 있다. 이전에는 전방사업과 후방사업이 수직적 라인으로 형성되었다면 이제는 가치 사슬 변화에 따라 수직적 · 수평적 라인이 크로스(Cross)되면서 기존 산업 내의 경쟁에만 머무르지 않고 자신의 산업 경계를 초월하는 범위에서 경쟁이 이루어지고 있다. 기업의 경쟁 구도 역시 시장간의 경쟁이 아니라 기업군간의 경쟁으로 나타나고 있다. 융합기술을 통해 제품과 서비스간의 새로운 사업 영역이 창출되면서 다양한 비즈니스 형태의 경쟁 구도가 일어나고 있다. 이의 대표적인 것으로 플랫폼(Platform)을 들 수 있다. 기존 산업에서는 자신의 시장 내에서 신기술 개발이나 혁신에 의한 품질이나 서비스로 경쟁을 벌였다면 융합의 시대에는 여러 참여자가 공통된 사양이나 규칙에 따라 경제적 가치를 창출하는 플랫폼을 기반으로 기업군간의 경쟁을 벌이고 있다. 애플의 웹스토어와 구글의 안드로이 마켓이 콘텐츠와 어플리케이션 제공의 네트워크를 통한 경쟁구도가 대표적이다. 이러한 네트워크 플랫폼은 애플과 구글만의 경쟁이 아니라 이 플랫폼에 참여하고 있는 기업들 간의 경쟁이라고 할 수 있다. 생활가전용품을 판매하는 기업들 역시 "제품 관리서비스 도우미"라는 플랫폼으로 경쟁을 하고 있다. 웅진의 경우 제품관리전문가 코디를 통해 정수기 사업에서 구축한 배송망과 고객망을 자산으로 정수기는 물론 공기청정기, 연수기,

비데 등에서 나아가 금융, 통신, 보험에까지 확대하고 있다. 여기에 대응하는 청호나이스는 청호플래너, 교원웰스는 리빙플래너라는 도우미 플랫폼을 통해 생활가전뿐 아니라 다른 분야로까지 비즈니스 기회를 확장함으로써 단순히 웅진, 청호, 교원웰스만의 경쟁이 아니라 여기에 제품을 납품하고 있는 여러 기업들까지 참여하고 있는 기업군간의 경쟁구도라고 하겠다. 융합기술은 IT에서 시작하여 동종기술간의 융합에서 이종기술간의 융합으로 변해 가고 있다. 의료, 건강, 안전, 에너지, 환경 등에 대한 미래의 사회적 문제를 해결할 수 있는 혁신적 기술[8]로 발전해 가고 있다. 하지만 최신 기술에 의한 최고의 제품이라도 고객의 가치를 창출하지 못한다면 고객들로부터 외면당하기 쉽다. 이에 각 기업들은 자신의 사업이 기존 사업과 어떻게 다르고, 수익을 어떻게 창출할 것인가에 대해 정의를 내려야 한다. 기업이 지속적인 생존과 성장을 추구해 가려면 자신만의 중요한 수익 창출의 툴(tool)을 가지고 있어야 한다. 그렇지 못하면 현재의 경쟁력은 물론 미래 비전까지 불투명하게 된다.

융합 비즈니스모델은 기업 수익창출의 효과적인 툴

융합 비즈니스(Convergence Business)는 융합기술이 제공하는 기회를 활용해 새로운 시장과 고객을 창출하기 위한 신사업 또는 기존 사업을 새로운 방식으로 전환한 사업[9]을 말한다. 비즈니스적인 관점에서 기술과 제품, 서비스라는 여러 이질적인 융합 자원들을 고객 가치를 창출하고, 새로운 시장을 형성하여 어떻게 지속적으로 성장해 나아갈 것인가에 관한 방법이라고 할 수 있다. 그러기 위해선 공급자 관점이 아니라 수요자 측면에서 새로운 기술이나 제품, 서비스에 대해 가치를 어떻게 부여하고 수익을 확보할 것인가에 관한 연구가 필요하다. 기존 기술과 신기술, 서비스 모델 등의 결합을 통해 수요자의 니즈를 충족시키면서 새로운 시장 기회를 창출할 수 있어야 한다. 기술 자체만을 업그레이드시킨 제품보다는 시장과 고객의 니즈에 맞춘 제품과 서비스 아이디어로부터 출발한 융합기술의 개발과 이를 상용화하려는 전략이 필요하다. 국내 중소기업들은 융합 비즈니스를 기업의 경쟁력을 강화시키고 제품을 차별화하며, 신시장을 창출하는 새로운 기회라고 생각하고 있다. 국내 중소기업들의 융합활동에 대한 실태조사에서 국내 중소기업들은 융합활동을 통해 얻은 성과로 사업아이템의 다양화(22.5%), 기업 경영여건 개선(18.0%), 기술과제 극복(15.0%), 신제품 획득(12.0%), 기업경영에 대한 사고 개선(11.5%)이라고 하고 있다[4].

〈표 2.1〉 신기술의 상용화 시기 예측

연대	실현 가능 기술(예시)
~ 2010	인터넷 컨버전스(AI IP), 스마트폰, 바이오매트릭스, 정밀농업, 스마트센서, 웹 2.0, 주문형 오락
~ 2015	그리드 컴퓨팅, 전자정부, 녹색경영, 지구온난화, 원격진료, 연료전지 자동차, 우주여행, 매스 커스터마이제이션
~ 2020	광학컴퓨터, 바이오컴퓨팅, 조립식 주택, 나노기술 확산, 대체에너지, 수산양식, 맞춤진료, 초음속 항공기, 개인용항공기
~ 2025	양자 컴퓨팅, 인공지능, 사람 · 사물통신, 담수화, 유기농업(예: 유전자 조작 식품), 지능형 로봇, 인공장기, 유전자치료, 달기지
~ 2030	가상현실, 장기배양, 맞춤아기, 자기부상열차, 화성탐사
~ 2035	핵융합에너지, 인간의 평균수명 100세, 외계탐사

출처: 한국산업기술진흥협회(koita) 2011 산업기술백서, 2011. 12

융합기술에 기반을 둔 비즈니스모델(BM)을 정의하기 위해서는 그 동안의 비즈니스모델에 관한 연구를 살펴볼 필요가 있다. 비즈니스모델에 관한 연구는 아직도 많은 연구자들에 의해 연구가 진행되고 있으며, 그에 대한 정의도 다양하게 내리고 있다. 비즈니스모델에 대해 Timmers(1998)는 다양한 비즈니스 참여자와 역할을 포함하고 있는 제품 · 서비스 · 정보가 흐르는 구조로 다양한 참여자들의 잠재적인 이익을 설명해 주는 청사진이라 정의하고 있다. Teece는 기업이 고객을 위한 가치를 어떻게 창조하고 전달할 것이며, 어떤 방법으로 수익을 획득하는가를 설명하는 "하나의 스토리"[1]라고 정의하고 있다. Amit & Zott(2001)는 비즈니스모델을 가치 창출을 위해 마련된 거래의 내용(Contents) · 구조(Structure) · 지배(Governance)를 묘사한 것, Rappa(2001)는 비즈니스모델을 사업을 운영하는 방식으로 가치를 창출하는 핵심논리라고 정의하고 있다. Shafer et al.(2005)는 가치네트워크 내에서 가치를 창출하고 획득하기 위한 특정 기업의 핵심 논리와 전략적 선택의 집약적 표현이라고 하고 있다. 김덕현은 특정 사업의 가치창출 방법, 대상 고객, 유통 방식, 고객관리, 활동/자원계획, 핵심역량, 협력업체, 수익 모델 등을 기술한 것[3]이라고 정의하고 있다. Osterwalder & Pigneur는 비즈니스모델 캔버스에서 비즈니스모델을 하나의 조직이 가치를 어떻게 포착하고 창조하며 전파하는지, 그 방법을 논리적으로 설명한 것이라고 정의[5]하고 있다.

비즈니스모델 구성요소의 기존 연구들은 생산자 역량, 목표시장 및 고객, 수익창출 방법, 원가/판매가, 제품/서비스 또는 가치제안 등을 들고 있으며 [3], Osterwalder & Pigneur는 비즈니스모델의 구성 요소를 4개의 핵심영역과 9개의 구성요소로 설명하고 있다. 비즈니스모델의 4대 핵심영역으로 공급측면(경영기반, 가치 사슬)은 핵심파트너십(KP = Key Partnership) · 핵심활동 (KA = Key Actities) · 핵심자원(KR = Key Resources)이며, 수요측면(고객 접점/시장)측은 세분시장(CS = Customer Segments) · 고객관계(CR

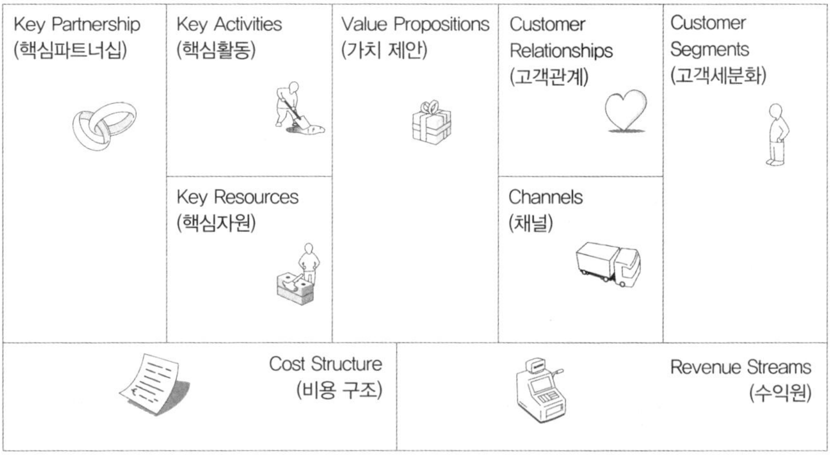

그림 2.3 비즈니스모델 캔버스

출처: 유효상 옮김, 비즈니스모델의 탄생, 타임비즈, 2011

= Customer Relationship) · 채널(CH = Channels)이다. 제품과 서비스 측면은 가치제안(VP = Value Propositions), 재무 측면은 비용구조(CS = Cost Structure) · 수익원(RS = Revenue Streams)으로 나누고 있다[5]. 이러한 비즈니스모델을 분석, 평가하고 개선 방향을 제시하는 것은 목표로 하는 시장이나 고객에게 제공할 제품이나 서비스를 만들어 적합한 수익구조와 원가구조를 설정함으로써 이윤을 극대화하고자 하는 데 있다.

모델을 구성하는 9개 요소인 핵심파트너십(KP)은 공급자와 파트너 간의 네트워크로 비즈니스모델을 원활하게 운영하려는 필요에 의해 구축한다. 비즈니스모델의 최적화나 리스크 감소 또는 자원을 얻기 위한 연합은 외부와의 파트너십을 통해 수행한다. 핵심활동(KA)은 비즈니스모델 유형에 따라 기업을 성공적으로 운영하기 위한 가장 중요한 행동을 말한다. 제품 생산, 문제해결, 플랫폼이나 네트워크, 고객관계 등과 관련하여 어떤 핵심 활동이 필요한 것인가를 정의하고 이를 실행하여 수익을 창출하도록 한다. 핵심자원(KR)은 비즈니스를 원활하게 수행하기 위한 가장 중요한 자산을 말한다. 공급채널, 고객관계, 수익원을 위해 어떤 자원이 필요한 것인가를 정의하는 것이다. 핵심자원으로는 물리적인 것, 재무적인 것, 지적이나 인적 자원 영역 등이 있으며 내부에서 얻거나 외부의 핵심파트너들로부터 획득할 수도 있다. 고객관계(CR)는 고객 세그먼트별로 어떤 방식의 고객 관계가 만들어지고 유지되며, 고객 관계 확립에 따른 비용, 모델에서 요소들과의 통합, 채널 유지 비용의 효율성 등에 초점을 둔다. 고객을 어떻게 확보하고 유지하며, 고객들을 대상으로 판매를 어떻게 촉진할 것인가에 관한 것이다. 채널(CH)은 고객 세그먼트에게 가치를 제안하기 위한 커뮤니케이션에 관한 것으로 상품이나 서비스를 전달하는 방법을 의미한다. 어떤 채널을 통해서 가치를 전달하는 것이 가장 효과적이며, 비용의 효율성이 높은 채널이 어느 것인가? 어느 채널이 고객과 잘 통합되어 있는가를 분석하여 수익을 최대한 끌어올릴 수 있는가를 파악하는 것이다. 고객세분화(CS)는 하나 이상의 고객 세그먼트에게 상품이나 서비스를 제공하는 것으로 누구를 위해 가치를 창조하고, 누가 우리의 가장 중요한 고객인가를 파악하는 것이다. 가치제안(VP)은 고객이 처한 문제를 해결해 주고 욕구를 충족시켜주는 특별한 상품이나 서비스 제공을 가리킨다. 특정 고객 세그먼트가 필요로 하는 가치를 창조하기 위해 상품이나 서비스의 조합을 제공하는 것으로 디자인, 브랜드 지위, 가격, 비용절감, 리스크 절감, 접근성과 유용성을 고려한다. 비용구조(CS)는 비즈니스모델 운영에서 발생하는 모든 비용을 의미한다. 모델 운영에 따른 가장 중요한 비용, 핵심자원의 확보나 수행에 드는 비용 등을 말한다. 비용구조는 크게 비용주도적인 것과 가치주도적인 것으로 나뉜다. 비용주도적인 모델은 비즈니스모델의 설계를 주로 비용 절감에 초점을 둔 것이며, 가치주도적인 모델은 비즈니스모델의 설계를 비용보다 가치 창조에 더 초점(럭셔리한 고도의 맞춤 서비스-호텔)을 두고 개발한다는 것이다. 수익원(RS)은 고객들이 어떤 가치를 위해 돈을 기꺼이 지불할 것인가? 에 관한 것이다. 조직은 고객에게 가치를 성공적으로 제공했을 때 수익을 얻는다.

비즈니스모델이 성공하려면 경쟁력과 지속성을 보유해야 하며 가치제

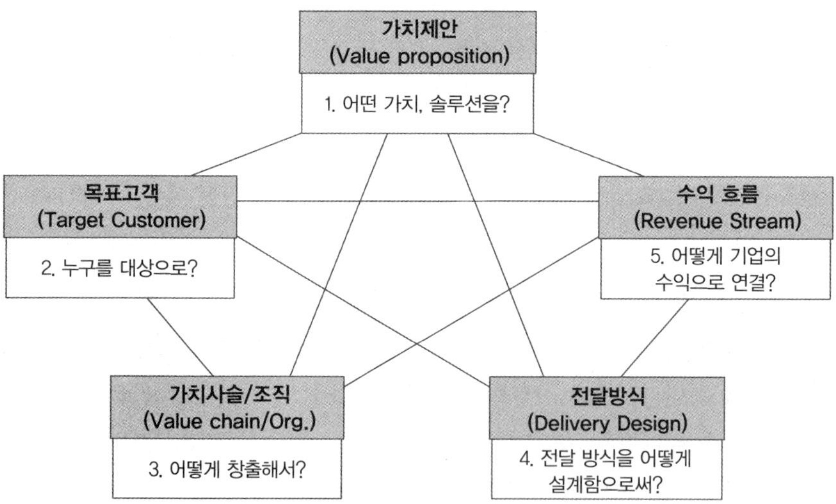

그림 2.4 비즈니스모델의 구성요소

출처: 강한수, 성공적인 비즈니스모델의 조건, SERI 경영노트, 2011. 6. 23(제 108호)

안, 목표고객, 가치사슬 및 조직, 전달 방식, 수익흐름이라는 5가지 요소[1]로 구성해야 한다.

비즈니스모델이 경쟁력을 가지려면 고객에게 가치를 명확하게 제시하고, 이를 통해 많은 고객을 많이 유치하고 수익과 연결시킬 수 있어야 한다. 지속성을 유지하려면 모델이 생성되고, 가치 창출을 위한 활동들이 선순환 구조를 형성하며, 경쟁자의 모방이 불가능하도록 설계하여야 한다. 즉, 성공적인 비즈니스모델은 명확한 고객가치제안(Customer Value Proposition)과 수익메커니즘(Revenue Mechanism)의 경쟁력을 갖추고, 선순환구조(Virtuous Cycle)와 다른 기업들에게 모방이 불가능(Inimitability)하도록 하여 지속성을 유지하는 것이다. 명확한 고객 가치 제안은 고객의 문제를 해결하고 니즈를 충족시키는 솔루션을 제공하는 것을 의미한다. 고객의 일을 해결하는 데 도움을 주는 방법을 말한다. 고객의 가치는 시간의 흐름에 따라 변한다. 이에 고객을 가격과 품질 등의 이유로 현재 제품이나 서비스를 이용하지 않고 있는 잠재고객과 비(非)고객들로 분류해 새로운 고객가치를 제안하고 이를 통해 자사의 고객으로 끌어들일 수 있어야 한다. 최근 IT 발달에 따라 고객들이 중요하게 생각하는 핵심가치는 "편의성과 낮은 가격" 등이다. 이러한 적절한 사업 아이템으로 의류나 가방 등의 명품대여점, 장난감 대여점, 소셜커머스 기업인 티켓몬스터와 쿠팡의 쿠폰 구매를 들 수 있다. 고객의 편의성과 낮은 가격을 핵심가치로 제시하여 고객 니즈를 충족시키고, 만족도를 높이면서 기업은 수익을 창출한다는 비즈니스모델이다. 수익은 고객가치를 기업의 수익 메커니즘과 효과적으로 연결시켰을 때 일어난다. 아무리 좋은 비즈니스모델이라도 수익을 창출할 수 없다면 효용성이 떨어진다. 인터넷 전화 업체의 무료 국제전화는 낮은 가격으로 쉽게 이용할 수 있다는 고객 가치를 창출했지만 이를 수익으로 연결하지 못한 경우다. 인터넷을 사용하려면 PC가 있어야 되고, 그러면 장소의 제약이 따른다. 화상을 통해 서로 보면서 즐겁게 전화를 할 수 있는 장점을 가지고 있지만 다른 사람과 전화 통화 시 자유롭게 움직이면서 통화를 하고 싶은 사람에게는 이동에 대한 제약이 심리적으로 불편함을 초래할 수 있다. 이에 사용자의 가치와 제품의 라이프사이클에 따른 가치를 비교 분석하여 고객에 대한 접근 방법 등을 재검토하여 모델을 설계하여야 한다. 선순환 구조는 고객의 가치를 창출하기 위해 기업 내부와 외부간의 가치 네트워크 설계에 관한 것이다. 고객 가치를 위한 활동들이 비즈니스모델의 경쟁력을 강화할 수 있도록 설계되어야 한다. Zara와 Gap 같은 SPA 기업들은 고객의 취향을 빠르게 반영하여 제품을 신속하게 출시하기 위해 공급망을 통합하고 있다. 유기농 식당의 경우 유기농 농수산물을 생산하는 농가와 후방라인화를 통해 고품질의 유기농산물을 신속하고 지속적으로 제공받는 네트워킹을 형성하는 선순환구조를 이루고 있다. 경쟁기업의 도전을 차단하고 경쟁우위를 지속적으로 확보해가기 위해서는 모방이 불가능한 비즈니스모델의 설계가 필요하다. 다른 기업들이 알면서도 따라할 수 없게 방어벽을 설치하거나 경영진의 전략적 결정을 어렵게 하는 경우다. 수소연료 자동차 개발은 기술력뿐 아니라 막대한 투자와 상용화에 이르기까지 많은 시간을 필요로 한다. 현대자동차는 현재 수소연료 자동차 개발의 선도에 있다. 다른 자동차 기업들이 이러한 기술개발에 쉽게 달려들지 못하는 것은 기술력뿐만 아니라 많은 자본과 시간을 필요로 하기 때문이다. 자본력이 약한 기업에게 있어 기술개발에 대한 대규모 투자는 곧 자산의 부채화라는 부담이 된다. 다른 기업들이 멈칫거리는 수소연료자동차에 대한 현대자동차의 과감한 투자와 기술 개발은 기업의 경쟁력 강화와 함께 업계를 선도하는 리더십, 치열한 경쟁을 이겨내고 지속적인 매출 성장을 일으키는 신사업 모델을 구축하기 위한 것이다. 지속적인 진화를 통해 다른 기업보다 한 발 앞서가는 전략으로는 반도체 회사들의 치킨게임을 들 수 있다. 반도체 회사들은 누가 한 발 앞서 대용량의 D램을 생산하느냐에 따라 시장을 지배할 수 있기 때문에 대용량의 반도체 제품의 런칭 시기에 온 역량을 집중하며 다른 기업보다 한 발 앞서가는 전략을 취하고 있다.

융합 비즈니스는 기업환경과 고객 니즈를 먼저 고려해야

융합 비즈니스란 융합을 기술자의 시각이 아닌 비즈니스 관리자의 관점에서 접근[8]하는 것이다. 여러 가지 서로 다른 자원들을 결합해 가치가 커진 새로운 제품이나 서비스로 고객의 다양한 욕구를 충족시키고 각 개인의 개성을 표출하도록 하는 것이다. 융합 비즈니스를 실행하는데 있어 주의해야 할 점은 융합만능주의와 소비자의 니즈를 제대로 파악하지 못한 경우다. 사람들은 생산하는 제품에 융합이라는 이름으로 많은 신기능을 삽입하면 소비자의 니즈를 충족시키고 수용성도 높아질 것이라고 한다. 그러나 이는 오히려 소비자의 불편을 초래하게 되어 외면받게 된다. 제품이 다양한 기능을 갖고 있다면 여러모로 사용할 수 있다는 장점이 있지만 그 사용 기능의 복잡함으로 고객들은 그 제품을 멀리하게 된다. 단순하면서도 쉽게 사용할 수 있는 제품이어야 한다. 닌텐도 게임기 wii가 기존에 출시된 게임기들을 누를 수 있게 된 것은 어린이나 어른, 남녀에 관계없이 누구나 쉽게 사용할 수 있다는 단순함 때문이었다. 제품 개발도 소비자의 니즈 관점에서 기획되고 개발되어야 한다. 시장의 니즈를 제대로 파악하지 않은 채 공급자 관점만의 제품이 개발된다면 실패가 뒤따른다. 세계적인 가전회사 월풀(Whirlpool)이 전자레인지 앞면에 LCD TV를 부착한 TV-전자레인지 콤보를 출시했으나 시장 진입에 실패한 것이 그 예다. 사람들이 음식을 조리하기 위해 전자레인지를 사용하는 가치를 깊게 고려하지 않은 채 단지 전자레인지를 사용할 때의 짧은 시간 동안만이라도 즐거움을 주겠다는 일면만을 고려했기 때문이다. 많은 사람들이 전자레인지를 이용하는 것은 식품을 짧은 시간 안에 신속하게 조리할 수 있다는 점이다. 그러나 TV 시청은 일반적으로 여유있는 시간에 이루어진다는 점에서 신속성과 여유가 서로 배치되는 것이다. 전자레인지를 이용하는 소비자의 우선가치를 미처 파악하지 못했음을 알 수 있다.

융합 비즈니스가 필요하게 된 것은 기업 환경의 변화와 고객의 니즈 변화에서 찾을 수 있다[8]. 2008년 글로벌 경제위기 이후 지속되고 있는 저성장, 저소비, 고실업의 환경에 대응하기 위해 각 기업들은 새로운 시장을 발굴하고 신성장 동력을 찾기 위해 부단한 노력을 기울이고 있다. 최근의 기업 환경은 산업 고속 성장 시대에서 산업의 성장이 둔화되고 있는 시기로 선진국 중심의 글로벌 경제에서 인도, 인도네시아, 브라질 등의 신흥시장이 주목을 받고 있다. 또한 기술과 감성 · 콘텐츠가 어우러진 디지털 노마드(Digital Nomad) 시대로 제품 가치보다는 고객 가치가 더 중시되고 있다. 이에 각 기업들은 기술과 제품, 서비스가 다양한 형태로 융합되는 제품이나 서비스로 미래 성장의 동력을 찾으려 하고 있다. 고객의 니즈 역시 갈수록 복잡화, 다양화, 고도화해지고 있다. 2000년대 초기 원가우위와 차별화를 통한 고객의 맞춤형 니즈를 강조하는 매스커스터마이제이션(Mass Customization)이었다면 이제는 니즈 자체를 융합하려는 고도화, 다양화, 복잡화 경향을 보인다. 니즈만을 충족시키는 단순함에서 나아가 니즈간의 융합을 통해 다양화된 욕구를 충족시키고 자신의 개성과 가치를 창출하는 트렌드로 변화되고 있다. 융합 비즈니스는 기존 기술이나 신기술의 결합을 통해 새로운 시장 기회를 창출할 수 있으므로 기술개발 동향, 관련 기술의 안정화 내지 상품화 가능 시기, 필요한 기술의 확보 가능성에 주목할 필요가 있다[9].

융합 비즈니스모델은 고객가치에 기반한 전략에서 출발

융합 비즈니스모델 유형은 기업의 핵심역량이 무엇이며, 이를 어떻게 키울 것인가에 따라 생산중심형, 판매중심형, 플랫폼서비스형, 브로커서비스형[9]으로 나눌 수 있다. 생산중심형 모델은 제품이나 서비스의 생산을 직접 담당하는 경우다. 수직적 통합이나 수평적 연계가 가능한 핵심 파트너를 확보하고 유지하는 모형으로 자동차 · 조선 · 기계 · 전자 등의 제조업과 금융 · 의료 · 호텔 · 수송 · 통신 · 교육 등의 서비스업이 여기에 속한다고 할 수 있다. 판매중심형 모델은 제품 및 서비스 생산 기반을 갖고 있지 않지만 유통 채널과 고객 기반을 활용해 제품과 서비스를 판매하고 사후 지원하는 유형이다. 생산 기반을 갖고 있지 않은 유통·물류 등의 e-비즈니스, u-비즈니스 사업모델 등이 해당된다. 플랫폼서비스 모델은 자신이 제품이나 서비스를 생산하거나 판매하지는 않지만 생산, 판매, 중개 등을 수행하는 기업에 필요한 지식, 장비, IT 인프라, 고객 정보, 전문인력 및 기업 정보 등을 제공함으로써 수익을 추구하는 유형이다. 자동차나 전자제품의 제조·판매·서비스 네트워크, 온라인 쇼핑몰, 애플이나 구글의 앱 운영체제, 앱스토어 등이 여기에 해당된다. 브로커 서비스 모델은 기업간의 협업에 의해 공동 사업을 창출하고 이를 운영, 관리함으로써 수익을 얻는 유형이다. 부동산이나 지식거래의 전문 중개업, 합자회사, 사업조합, 가상기업 등의 형태로 사업의 기획·운영·관리를 전담하면서 수익을 추구한다.

김덕현은 자크만 프레임워크의 IT 아키텍처 또는 전사적 아키텍처에 기반한 4W1H 모형으로 융합 비즈니스모델 유형[3]을 제시하고 있다. 4W1H는 비즈니스모델의 구성요소는 고객가치(why), 가치제안(what), 운영방식(how), 목표시장(whom), 공급역량(who)의 5가지로 이루어진다. 비즈니스모델의 구성요소인 Why는 고객가치(customer value)를 달성하고자 하는 전략적 수단을 의미한다. 즉, 고객이 가치있다고 여기는 건강·즐거움·안전 등을 달성하기 위한 집중화, 차별화, 원가우위 등의 전략적 수단을 말한다. What은 가치제안(customer proposition)으로 제품, 서비스, 제품 + 서비스 등에서 제안하고 있는 실체가 무엇인가에 관한 것이다. 제품, 서비스, 제품 + 서비스 등에서 제공하는 기능·성능·브랜드·디자인·가격·편의성·접근성 등을 가리킨다. How는 운영방식(operation)으로 물리적·디지털·가상적 제조·서비스 공정, 경영관리·사무·비즈니스 프로세스 등을 말한다. Who는 공급역량(capability of suppliers)이다. 개별 기업 또는 기업군 전체가 보유한 핵심적 기술이나 자산 등을 말하는 것으로 제품과 서비스의 생산 및 판매·문제해결, 플랫폼, 네트워킹, 자산 등에 관한 능력이다. Whom은 목표시장(target market)으로 상품을 판매할 기존 또는 신시장, 일반시장, 세분시장, 틈새시장, 앙면 시장 등을 말한다.

김덕현은 4W1H의 구성요소들 간의 상호작용에 따라 융합 비즈니스모델을 역량혁신형, 상품혁신형, 시장혁신형, 운영혁신형, 가치혁신형이라는 5가지 유형으로 나누고 있다.

역량혁신형(Capability Innovation Type) 모델은 고부가가치의 제품이나 서비스(what)를 생산할 수 있는 신기술이나 개별기업, 기업군 차원에서 확보 가능한 새로운 자원 · 활동을 기반으로 추진되는 융합 비즈니스다. 텔레매틱스, IPTV, DNA 칩, 유전자 치료제 등 IT 융합, BT 융합, NT 융합, 전략적 제휴, 수직적 통합 및 수평적 협력, 가상 기업, 조직 혁신 등으로 실행되는 조직 융합 등이다. 비즈니스모델의 구성요소는 ① 고객가치 → ② 가치제안 → ③ 운영방식 → ⑤ 공급역량 → ④ 목표시장 순으로 설계하며 역량 자체에 대한 혁신 방안 모색에 앞서 고객가치와 가치제안, 운영 방식 등에 대한 탐색을 필요로 한다.

상품혁신형(Product Innovation Type) 모델은 과거와는 다른 새로운 형태, 구조, 재질, 속성, 가격 등을 갖는 가치 제안(what)을 만들어 시장에서 높은 성과를 내려는 융합 비즈니스 유형이다. 자동차와 의료기기의 리스, 프린터 복합기, 의료관광, 스마트폰 등이 이 유형에 속하는 것으로 기업이 생산 또는 판매하는 제품이나 서비스 자체에서 경쟁우위를 확보하고 있을 때 선택한다. 수익은 시장을 제품 융합, 서비스 융합, 제품 + 서비스 융합, 제품의 서비스화, 서비스의 제품화, 가격혁신, 디자인 혁신 등으로 세분화하여 각 시장 특성에 맞는 가치를 제안을 통해 창출한다. 비즈니스모델의 구성요소는 ① 고객가치, ③ 운영방식, ④ 목표시장, ⑤ 공급역량 중 어느 하나를 설계하고 난 후에 ② 가치제안을 설계하는 순으로 진행한다. 시장혁신형(Market Innovation Type) 모델은 시장(whom) 자체를 통합하거나 재편성함으로써 경쟁우위를 얻으려는 유형이다. 도심에서 즐기는 스크린 골프, 애플의 아이튠즈를 통한 컴퓨터 · 가전기기 · 음원판매 시장의 통합, 아마존의 킨들을 통한 일반도서 · 전자책 · 전자책 리더 시장의 통합, 구글의 검색광고 플랫폼이 개발자나 광고주뿐 아니라 소비자들까지도 대상으로 하는 양면시장 등이 그 예다. 기업이 기존 시장에서 높은 점유율을 갖고 있거나 기존 고객 또는 비고객을 대상으로 새로운 시장을 창출하고자 할 때 선택한다. 비즈니스모델의 구성요소는 ① 고객가치 → ② 가치제안 → ③ 운영방식 → ④ 목표시장 → ⑤ 공급역량 순으로 설계한다. 새로운 고객가치를 식별하는 작업이 먼저 수행되고 이어서 새로운 가치 제안, 이를 뒷받침할 수 있는 새로운 공정, 프로세스가 설계된다.

〈표 2.2〉 융합 비즈니스모델 유형

구 분	특 징	비즈모델 구성요소 설계	사 례
역량혁신형 (Capability Innovation Type)	고부가가치 제품, 서비스 생산	① 고객가치 → ② 가치제안 → ③ 운영방칙 → ⑤ 공급역량 → ④ 목표시장 순	텔레매틱스, IPTV, DNA 칩, 우전자 치료제품 등
상품혁신형 (Product Innovation Type)	과거와 다른 가치 제안으로 성과 추구	① 고객가치, ③ 운영방칙, ④ 목표시장, ⑤ 공급역량 → ② 가치제안	자동차 • 의료기 리스, 프린터복합기, 의료관광, 스마트폰
시장혁신형 (Market Innovation Type)	시장의 통합, 재편성으로 경쟁우위 확보	① 고객가치 → ② 가치제안 → ③ 운영방칙 → ④ 목표시장 → ⑤ 공급역량 순	스크린골프, 애플의 아이튠스, 아마존의 킨들, 구글의 검색광고 등
운영혁신형 (Operation Innovation Type)	운영 방식 변화로 기업 내부 효율성, 성과 창출, 고객만족도 제고	④ 목표시장 → ② 가치제안 → ⑤ 공급역량 → ③ 운영방칙 → ① 고객가치 순	Zara 중앙집중식 정보 시스템, Li and Fung의 생산-유통시스템
가치혁신형 (Value Innovation Type)	공공 또는 미래 지향적 가치 창출	④ 목표시장 → ② 가치제안 → ⑤ 공급역량 → ① 고객가치 → ③ 운영방칙 순	u-City, 인공장기, 스마트, 그리드, 신재생 에너지, 탄소배출권 등

운영혁신형(Operation Innovation Type) 모델은 운영방식(how)을 변경하거나 새롭게 정의해서 기업 내부의 효율성과 효과를 높이고, 외부 파트너와의 협업 성과와 고객 만족도를 높이려는 유형이다. 프로세스의 디지털화, 가상화, 스마트화 등이 해당되는 것으로 Zara의 중앙집중식 정보 시스템을 이용한 글로벌 공급망의 통합 등이 그 예다. 향후에는 바이오 · 나노기술, 인지과학 기술 등과 결합된 친인간 · 친환경, 초미세화 등이 포함될 것

으로 보인다. 비즈니스모델의 구성요소 설계는 ④ 목표시장 → ② 가치제안 → ⑤ 공급역량 → ③ 운영방식 → ① 고객가치 순으로 개발한다. 이는 기업이 조직구조나 문화, 인재, 리더십, 내부 프로세스, 그리고 이들을 연계·지원하는 IT 인프라 등의 측면에서 수월성을 갖고 있을 때 선택한다. 원자재, 부품, 재료 등의 조달로부터 제품이나 서비스의 수명주기 활동까지 전과정을 대상으로 한다.

가치혁신형(Value Innovation Type) 모델은 공공(public) 또는 미래 지향적 가치(why) 창출에 중점을 둔 융합 비즈니스를 가리킨다. u-City, 식품공장, 인공장기, 스마트, 그리드(Grid), 신재생에너지, 탄소배출권 등 공공서비스 혁신형, 인간가치 구현형을 들 수 있다. 비즈니스모델의 구성요소 설계는 ④ 목표시장 → ② 가치제안 → ⑤ 공급역량 → ① 고객가치 → ③ 운영방식 순으로 한다. 이 모델은 기업이 이윤추구라는 목적을 넘어 지구환경, 사회, 직원 등에 대한 책임을 포함하는 지속가능경영, 공공서비스의 혁신, 인간가치 구현을 추구하게 될 때 사용하며 기술개발, 인재양성, M&A, 전략적 제휴 등을 단기보다는 장기적 측면에서 추진한다.

	기술기반 융합 (Technology Driven Convergence)	제품·서비스 융합 (Maket Demand Driven)
기존가치 제고 (Value-Added)	〈기술진화형 융합〉 2개 이상의 기술이 융합하여 기존 기술 분야 적용 : 유비쿼터스 컴퓨팅, LED TV, 터치폰, 디지털 카메라, e-Book	〈시장고도화형 융합〉 2개 이상의 제품·서비스가 융합하여 기존시장 확장 : 스마트폰, 스팀청소기, 진동칫솔, 찜질방, 크루즈선
새로운 가치 창출 (Value-Created)	〈돌파기술형 융합〉 2개 이상의 기술이 융합하여 기존 기술의 한계 극복 : AMOLED폰, 생체보안기술, DNA 칩, 굿바이키보드	〈신시장 창출형 융합〉 2개 이상의 제품서비스가 융합하여 시장 창출 : 유헬스, 닌텐도, 전기자동차, 의료용 수술로봇, 스크린골프

그림 2.5 융합기술의 유형

출처: 지식경제부, 제1회 융·복합 국제컨퍼런스, 2009.

지식경제부에서는 융합 유형과 가치를 두 축으로 하여 융합기술을 기술진화형 융합, 시장고도화형 융합, 돌파기술형 융합, 신시장창출형 융합의 4개 유형을 제시하였다. 기술진화형 융합은 2개 이상의 기술이 융합하여 기존 기술 분야에 적용되는 것으로 LED TV, 유비쿼터스 컴퓨터, 디지털카메라 등을 들 수 있다. 시장고도화형 융합은 2개 이상의 제품과 서비스가 융합하여 기존 시장을 확장하는 것으로 스마트폰, 스팀청소기, 진동칫솔, 크루즈선 등이 대표적이다.

돌파기술형 융합은 2개 이상의 기술이 융합하여 기존 기술의 한계를 극복한 것으로 AMOLED폰, 생체보안기술, DNA 칩 등이 이에 속한다. 신시장창출형 융합은 2개 이상의 제품 · 서비스가 융합하여 신시장을 창출한 것으로 이에 속하는 제품으로 유헬스, 닌텐도, 전기자동차, 스크린 골프 등이 있다.

최근에는 제조기업이 서비스 기능을 활용하여 제품과 서비스로 연결되는 비즈니스모델로 경쟁력을 갖추고 지속성장 가능성을 확보하려고 한

	Product only	Embedded Innovator	Solutionist	Aggregator	Synergist
사업 역량	제품판매 목적	• 제품을 많이 팔기 위해 서비스 제공	• 제조사가 제품 전체 PLC에서 제조제품과 관련있는 분야로 서비스 확대	• 사업자(Aggregator)가 다수의 협력사 정보를 수집하여 분석, 가공하여 재분배	• 다수의 벤더가 협업을 통해 각자 제공 서비스를 부가가치화
특징	제품	• 제품 지능화 • 커뮤니케이션 • 원격 모니터링	• Embedded Innobator + 부가서비스 • 고객업무 프로세스 개선, 타협력사와 협업 등 복합서비스 추가	• 사업자(Aggregator) 중심 정보수집 가공 • 네트워크 폐쇄적	• 협력사 각자 정보 수집, 공동공유, 각자 사용 • 네트워크 Open
파트너십	단독	• 제조기업 단독	• 제조 + 협력기업 (주종관계)	• 사업자(Aggregator) + 다수 • Aggregator와 협력사간 협업관계	• 제조(시너지자) + 다수 • 수집된 정보 공유하여 각자 서비스제공 • Aggregator와 협력사간 동등 관계
사례	대다수 제조 기업	• 힐티 (건설용 공구) • 롤스로이스 비행스케쥴링 관리(항공 엔진 임대 및 판매)	• MPS - HP 프린터 (프린터 + 토너 + 카트리지 + 종이) • GE MRI 스캐너	• Eaton Eletrical사의 홈(home)관리서비스	• 지능형 빌딩시스템 - IBS (조명+냉난방+공조+시설 등)

그림 2.6 제조업의 Product Servitization 진화단계

출처: 김덕현 외, 융합경영, 글로세움 2011. P100 재구성

다. 제품에 서비스를 새로운 사업영역으로 융합시켜 가치를 창출한다는 것이다. 고객의 관점에서 시장을 재정의하고, 고객의 핵심 활동에 새로운 서비스를 추가하여 사업 기회를 확장하고 새로운 가치를 창출함으로써 성장을 추구하는 것이다. 단순한 제품 단계에서부터 지능화 및 네트워크 연계, 고객의 제품 활용과 관련된 추가 요구 사항 반영, 협력 관계의 강화 등으로 제품과 서비스의 결합 모델이 단계별로 발전하고 있다[2]. 제조기업들은 〈그림 2.6〉과 같이 4개의 전략(Embedded Innovator, Solutionist, Aggregator, Synergist)에 따라 제품과 서비스를 결합한 사업모델로 고객가치를 창출해 가고 있다.

융합에 의한 비즈니스모델의 특성을 살펴보면[2] 먼저, 융합 비즈니스는 기술적인 면에서 IT를 기반으로 하며 새로운 고객가치를 창출하는 서비스나 제품 개발을 제공하고 있다. 두 번째는 산업별 가치 사슬이 각 서비스로 통합 혹은 제공되는 형태로 표적 고객에게 필요한 서비스나 제품을 중심으로 고객의 범위와 서비스가 결정된다는 것이다. 세 번째는 비즈니스 환경 변화에 따른 유연한 전략과 대응 체계가 요청되고 있어 비즈니스 환경을 지속적으로 모니터링하고 개선하는 노력이 뒤따라야 한다. 이러한 특성의 이해를 높일 때 신사업 개발의 시행착오를 줄이고 전략적인 비즈니스모델을 개발해 시장에 성공적으로 런칭할 수 있다.

세계 경제의 패러다임은 통신기술과 IT 인프라에 기반을 둔 정보화 시대를 지나 기술과 산업 간의 창조적 결합으로 새로운 가치를 창출하는 융합의 시대로 급속하게 재편 중에 있다[7]. 이러한 융합의 시대에 융합 비즈니스가 성공하기 위해서는 개별 기업만의 폐쇄적 접근에서 벗어나 기업생태계 차원의 개방적 접근(Open Innovation)이 필요하다. 제품의 수명주기가 점점 짧아지고, 경제도 규모의 경제에서 속도의 경제로 바뀌고 있기 때문에 기업 내부뿐 아니라 외부와도 경계를 낮춘 C&D(Connect & Develop) 전략이 필요하다. 남보다 당연히 앞서는 차별화된 품질보다는 네트워킹을 통해 시장에 먼저 출시하는 것이 경쟁에서 우위를 차지할 수 있고 생존의 확률을 높일 수 있다. 고객 역시 소유보다는 사용이라는 개념이 확산되고 있기 때문에 융합 제품의 비즈니스모델을 설계할 때는 이 점을 가장 먼저 고려해야 한다.

융합을 통한 신제품의 사업 모델은 기술 자체보다는 시장 및 고객의 니즈와 본원적 가치에 부응하는 제품, 서비스에 대한 아이디어로부터 시작해서 이를 만들어낼 수 있는 융합기술을 확보하는 접근방법이 필요하다[9]. 기존의 비즈니스모델을 개선·조합·혁신하여 새로운 비즈니스모델을 창출하여 First Mover가 되는 것이 필요하다. 기업환경 변화에 따라 가치 창출의 아이디어를 구체화하고, 기존 제품과 서비스의 문제점을 분석하여야 한다. 고객을 세분화하고 목표 고객을 설정하며, 선정된 고객의 속성과 니즈를 분석하여 고객에 대한 서비스 실행 방향 등을 검토하고 이에 적절한 비즈니스모델을 도출해야 한다. 비즈니스모델에 맞는 구성요소를 설계하고 고객 서비스와 고객 가치, 제공할 비즈니스모델의 플랫폼을 정의하는 것이다.

사업 비즈니스모델은 제품을 개발하고 시장에 런칭하려는 기업에 매우 중요한 의제다. 남보다 차별화되고 쉽게 따라할 수 없는 모델의 설계가 그렇게 쉬운 것은 아니다. 그러나 융합기술과 융합 비즈니스에 의한 융합 시대에는 남보다 한 발 앞서가는 전략이 필요하다. 편의성과 신속성, 확장성, 창의성, 문제 해결 등을 지닌 비즈니스모델은 다른 어느 것보다 강력한 경쟁력을 지닌 미래 성장의 기반이 될 것이기 때문이다.

참고문헌

1. 강한수, 성공적인 비즈니스모델의 조건, SERI 경영노트, 2011. 6. 23(제108호)
2. 김덕현 외 9명, 융합경영, 글로세움, 2011
3. 김덕현, 융합 비즈니스모델링 프레임워크에 관한 연구, 한국전자거래학회지 제7권 제 4호, 2012
4. 양현봉·박종복, 중소기업 융합활동 실태 및 활성화 방안, 산업연구원(keit), 2011

5. 유효상 옮김, 알렉산더 오스터왈더 & 예스 피그니누어 저, 비즈니스모델의 탄생, 타임비즈, 2011
6. 이낙규, 융합패러다임의 발전 방향, 2010 제2회 융합경영심포지움, 한국전자거래학회, 2012.12
7. 이승관 외 4명, 융합기술 R&BD 추진 전략, PD ISSUE REPORT, JUNE, 2012 VOL 12-5
8. 최윤정, 융합 비즈니스 실행 사례, 2010 제2회 융합경영심포지움, 한국전자거래학회, 2012.12
9. 한국산업기술진흥협회, 2011 산업백서, 2012
10. 현대경제연구원, 신성장 동력의 발굴 '융합산업', 12-05, 2012. 2. 2.

3장

융합코드에 적합한 비즈니스모델 창출과 신사업 추진전략

융합 비즈니스모델 개요

융합이란

현재 논의되는 융합이란 단순한 혼합과 전혀 새로운 화합의 개념으로 구분되어야 하며, 단순 혼합이란 본래의 속성을 그대로 유지한 상태에서의 융합(Fusion), 즉 "섞기"의 수준으로 그 대상이 광범위하고 목표지향성이 부족하며, 혁신 정책/전략이라 할 수 없다. 전혀 다른 속성을 가지는 새로운 화합을 의미하는 융합(Convergence)이란 정반합의 수렴적 개념으로, 그 대상과 목표가 상대적으로 분명하며, 이질적인 지식/기술/제품/서비스/산업 등의 화학적 결합 또는 "기술변화에 의한 시장/산업의 재편성"(J. Lind, 2005)의 수준으로 정책/전략적 수단, 즉 차별화와 집중화전략이라고 할 수 있겠다.

비즈니스모델

① 정의

비즈니스모델이란 비즈니스 경영에 핵심이라 할 수 있는 대상 고객, 유통방식, 고객관리, 활동/자원계획, 핵심역량, 협력업체, 수익모델 등의 속성을 기준으로 특정 사업의 가치 창출 방법을 기술한 것을 말한다.

〈표 3.1〉 비즈니스모델의 정의

연구자	비즈니스모델의 정의 및 구성요소
Timmers, 1988	제품/서비스와 정보 흐름에 대한 아키텍처로서 액터, 역할, 잠재된 이득, 수익원천
Amit & Zott, 2011	비즈니스 기회의 포착을 통해 가치를 창출하기 위한 거래 콘텐츠, 구조, 지배구조 등에 대한 기술
Cesbrough & Rosenbloom, 2002	기술적 잠재력을 경제적 가치로 연결하기 위한 경험적 규칙, "connect technical potential with the realization of economic value"
Margetta, 2002	기업이 어떻게 활동하는가를 설명하는 스토리; 바람직한 BM은 피터 드러커의 age-old question인 whom(고객), what(상품), how(생산/유통, 수익모델 등)에 대해 설명해야 함
Johnson et al., 2008	가치제안, 이익구조/수익모델, 핵심자원, 핵심 프로세스
Teece, 2010	가치제안, 고객, 수익/비용, 생산-유통구조 등

출처: C. Zott et al., The Business Model~, IESE Biz School, WP-862, p.6, 2010

② 프레임워크(틀)

이러한 비즈니스모델의 프레임워크는 유형과 구성요소로 구조화될 수 있다. 유형의 예로는 e-쇼핑몰, 전자조달, e-MP, 가치 사슬 통합, 정보중개 등과 같은 e-비즈니스모델(Timmers, 1998), 컨시어지형, 지식자산관리형, 광역계측형과 같은 u-비즈니스 사업모델(노무라종합연구소, 2002)을 들 수 있으며, 구성요소의 예로는 고객/시장, 기술, 자원, 수익/비용 등을 들 수 있다.

③ 구성요소

비즈니스모델을 구성하기 위한 필수요소로는 핵심파트너, 핵심활동, 핵심자산, 가치제안, 고객관계, 유통채널, 목표(세분)시장, 원가구조, 수익구조 등이 있으며, 다음의 그림과 같다.

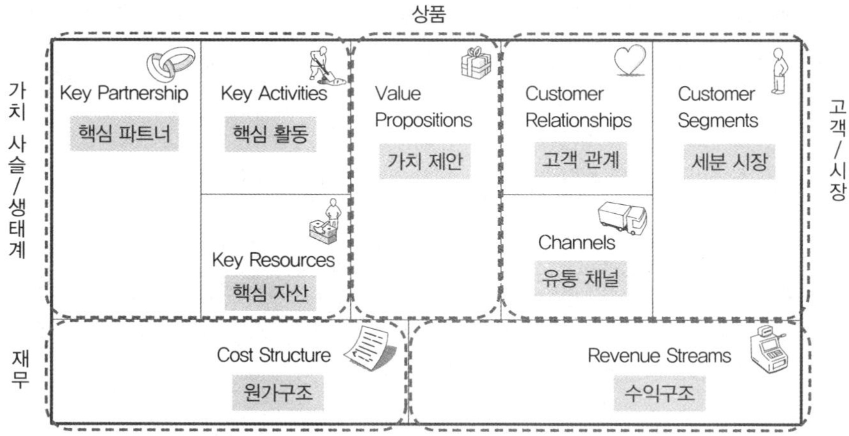

그림 3.1 비즈니스모델의 구성요소

출처: Osterwalder, www.businessmodeldesign.com

비즈니스모델 구성요소들은 가치제안과 운영형태를 기준으로 구분될 수 있는데, 목표시장(taregt segments), 제품/서비스(product/service), 수익모델(revenue model)은 가지제안의 속성을 가지며, 가치 사슬(value chain), 비용모델(cost model), 조직(organization)은 운영모델링의 속성으로 분류할 수 있다.

〈표 3.2〉 가치제안과 운영형태에 따른 비즈니스모델 유형

Value proposition	**The product as servoice and outcome** *General Electric*	**The product as an experience** *Apple*	**Trust premium** *whole Foods*	**Free (or nearly free)** *Google vélib' JC Decaux*
Operating model	**Deconstruction** *Li & Fung Limited*	**Integration/ acceleration of the supply chain** *Zara*	**Low cost** *TaTa Morors*	**Direct distribution** *Nestlé Nespresso*
Business system architecture	**Open** *Facebook*	**Person to person** *PayPal*	**Adjacency** *Ikea's Mega Mall division*	**Serial** *Virgin Group*

출처: BCG, Business Model Innovation, 2009

이러한 비즈니스모델의 구성요소들은 비즈니스의 유형에 따라 그 프레임이 달라질 수 있다.

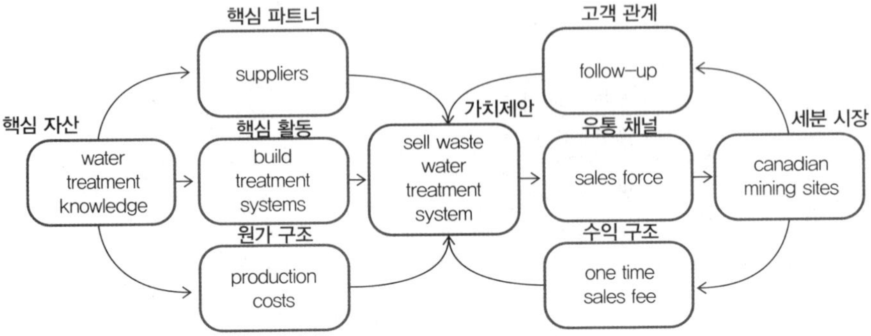

그림 3.2 특정 비즈니스모델에 적용된 핵심 구성요소

출처: Arvetica社, 40 Minutes on BM Innovation, 2007

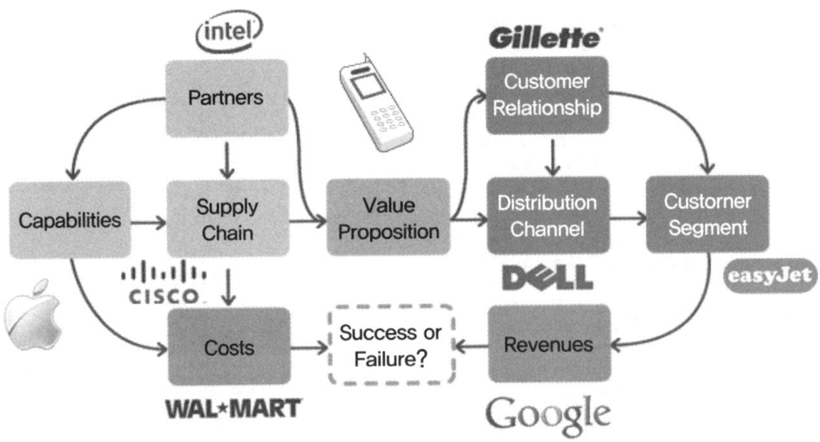

그림 3.3 핵심 구성요소를 활용한 비즈니스모델 유형화 사례

출처: STL Partners, www.telco2.net

〈표 3.3〉 핵심 구성요소와 비즈니스모델

핵심요소	성공 비즈니스모델
가치제안	넥스텔(워키토키), 모토로라(공공안전망), WSJ(독립적/분석적 기사)
파트너십	인텔(칩 설계/제조, PC 제조, 유통-MS), 루카스 필름(스타워즈 제작)
개발역량	애플(디자인), AT&T(전자광학), 퀄컴(CDMA), 픽사(CGI 애니메이션)
공급망	시스코, 스프린트 PCS, 노키아, 야후
원가우위	월마트, 보다폰, 무비뱅크(자동화된 셀프서비스 DVD 렌탈)
유통채널	델(build-to-order), 버라이존, 뉴스코프(무가지)
고객관계	질레트(면도기-면도날), 버진/디즈니(광범위한 상품, 브랜드 신뢰)
수익모델	구글(광고)
세분시장	이지젯(단거리 저가 항공), BBC(라디오 & TV로 전체 시장 분할)

출처: STL Partners, www.telco2.net

④ 비즈니스모델 개발절차

현재까지 제시된 비즈니스모델 개발프로세스는 몇 가지가 있으나 대부분 대동소이하다고 할 수 있다. 대체로 컨설팅 프로세스와 유사하다고 볼 수 있으며, 현상파악 및 진단-문제정의-개선방안 도출-목표설정-개선방법 정의-개선수행-평가-사후관리 등의 절차로 정리할 수 있다.

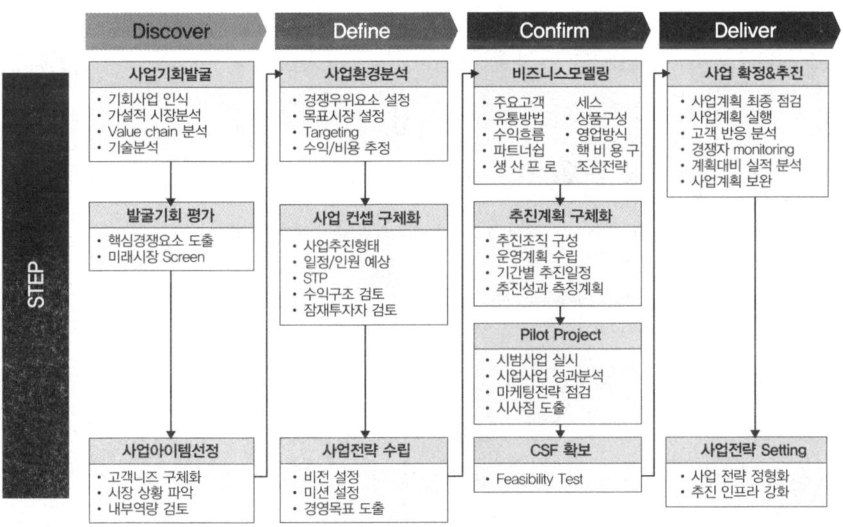

그림 3.4 비즈니스모델 개발프로세스

융합 비즈니스모델

융합 비즈니스모델의 정의

융합 비즈니스모델이란 융합과 비즈니스모델을 합한 개념으로서, 기술의 수명주기가 짧아지고 기술노하우가 쉽게 공유되며, 그에 따라 갈수록 격해지는 경쟁환경과 높아지는 시장과 고객의 요구에 대응하고 시장을 선점하기 위한 전략으로서, 서로 다른 기술 또는 산업 간의 융합(convergence, 화합)을 기반으로 융합 신기술을 비즈니스의 핵심 구성요소화함으로써 새로운 시장/고객을 창출하고 새로운 수익을 창출할 수 있는 신사업의 형태(기존 사업의 전환 포함)를 말하며, 그 단적인 예로 e-비즈니스, m-비즈니스, u-비즈니스 등을 들 수 있다.

융합 비즈니스모델의 유형

비즈니스모델의 유형을 정의할 때 핵심 구성요소 중 가치제안과 운영모델에 따라 그 프레임이 달라진다고 설명한 바 있으며, 융합 비즈니스모델도 그와 동일하다고 할 수 있다.

가치제안의 이동에 따라 **신규사업**(예: 신재생 에너지 생산)과 사업전환(예: 하이브리드 카)으로 구분할 수 있으며, 핵심역량을 기준으로 **플랫폼 서비스**(예: 위성영상정보센터, 시뮬레이션 랩), **재화 생산**(예: 조립용 로봇 제조, 식물공장), **재화 유통**(예: 홈 네트워크 판매, 의료관광 판매), **브로커 서비스**(예: 모바일 앱 센터, 신제품 기획생산) 등으로 구분할 수 있다.

융합 비즈니스모델의 CSF

융합 비즈니스모델은 기업이 위기에 직면하거나 신규사업을 계획할 경우에 선택할 수 있는 유용한 경영전략 중의 하나로써, 경쟁이 심화되고 불확실성이 높은 환경 변화에 대한 대응전략, 침체된 산업이나 기업이 활로를 찾고 재도약할 수 있는 전략, 제품/서비스의 혁신을 능가하는 더 도전적(즉, High Risk, High Return)인 전략이라고 할 수 있으며, 특히 성격이 다른 여러 가지 요소들(기술, 디자인, 인적자원 등)이 결합된 새로운 비즈니스모델로써 단기간에는 모방이 어려워 시장에서의 우위를 점할 수 있는 데 장점이 있다.

또한 전략의 수단인 실천과정이 체계성과 목표지향성을 갖는다는 점도 강점요인이라고 할 수 있겠다.

융합 비즈니스모델의 포지셔닝

일반적으로 포지셔닝이란 마케팅전략 수립 시 시장분할 방법으로서 시장을 구분하는 차별지표 2가지에 근거하여 목표시장을 구분하고 그 중에서 공략해야 할 타겟시장을 설정할 때 활용하는 대표적인 분석도구이다. 경영전략으로서의 융합 비즈니스모델의 효율과 효과를 극대화하기 위해 목표시장과 타겟고객을 구분설정할 필요가 있으며 그 방법으로써 포지셔닝은 충분히 융용하다고 할 수 있다. 포지셔닝을 활용하여 융합 비즈니스모델의 목

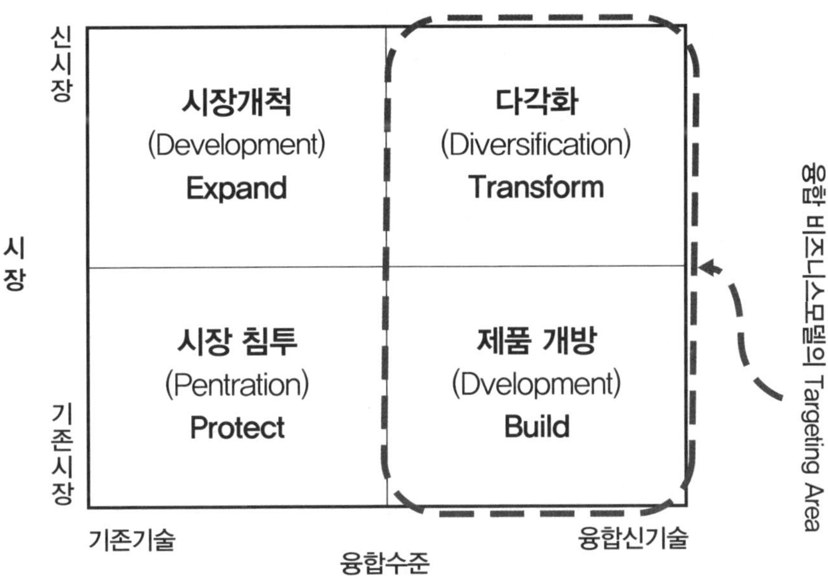

그림 3.5 융합 비즈니스모델의 포지셔닝

* Ansoff (1965)의 제품-시장 매트릭스에 융합 비즈니스모델을 응용함.

표시장을 설정하면 다음과 같다.

융합 비즈니스모델의 프레임워크

융합 비즈니스모델은 비즈니스모델의 프레임워크 구성방식을 그대로 적용하여 프레임(틀)을 만들 수 있다.

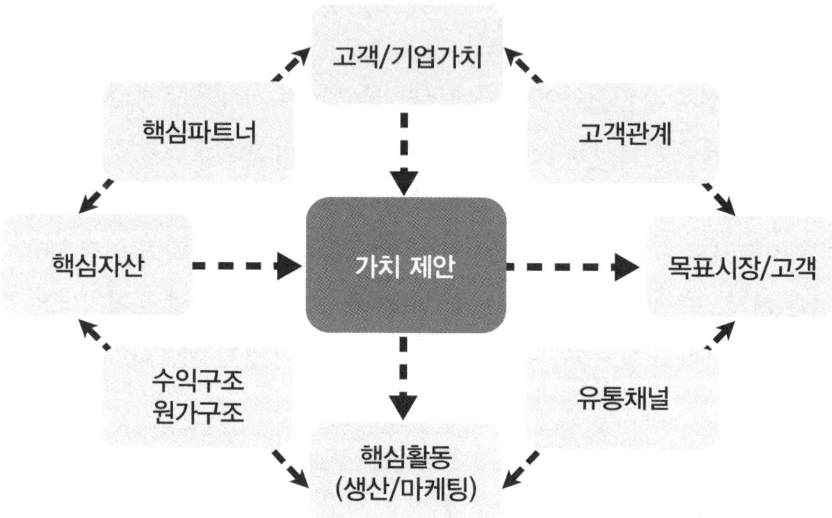

그림 3.6 융합 비즈니스모델의 프레임워크

융합 비즈니스모델링의 추진단계 요약

융합 비즈니스모델을 수립하는 과정에서 추진해야 할 중요이슈를 요약하면 다음과 같다.

• 1단계. 사전준비

본격적인 융합 비즈니스모델 수립에 앞서 사전에 인식되어야 할 내용으로, 첫째, 융합과 융합 비즈니스모델에 대한 올바른 이해가 필요하고; 둘째, 융합 비즈니스모델의 관련 산업 분야와 시장에 대한 이해가 필요하며; 셋째, 사업추진에 따른 강한 경영의지가 필요하다.

• 2단계. 융합 비즈니스모델 디자인

융합 비즈니스모델을 설계하는 단계에서는 첫째, 미래 기업환경 변화에 대한 예측과 대응시나리오 작성; 둘째, 융합환경에서의 새로운 시장수요 발굴; 셋째, 비즈니스모델로서의 아이디어 또는 아이템 도출; 넷째, 사업 대상으로서의 융합 비즈니스모델링이 필요하다.

• 3단계. 융합 비즈니스모델의 사업화 전략수립

새로 발굴된 융합 비즈니스모델의 사업화 전략을 수립하는 과정에서는 첫째, 비전 및 사업포트폴리오 재검토 및 재설정; 둘째, 융합대상 제품 또는 서비스의 기획; 셋째, 융합핵심요소간의 물리적 결합형태 구체화; 넷째, 융합 비즈니스모델의 본원활동(개발-생산-마케팅) 설계; 다섯째, 지원 인프라 선정 및 계약; 여섯째, 융합운영주체의 운영형태(이윤 및 비용 분담 구조 등) 결정 등이 필요하다.

• 4단계. 융합 비즈니스모델의 일상화

plan-do-see-action 사이클을 통해 미래 핵심사업으로의 자리매김을 달성한다.

기업의 융합신사업추진전략

인터넷으로 대변되는 IT기술은 전자상거래 또는 e-비즈니스라고 부르는 새로운 비즈니스 패러다임을 구축하고 이를 통해 기업 내부는 물론 기업을 둘러싼 외부환경에서 발생하는 물리적 한계를 극복할 수 있게 됨으로써 기업경영의 부가가치와 경쟁력을 제고시키고 e-마켓플레이스 같은 새로운 비즈니스모델을 창출할 수 있었다. 이와 유사하게 최근 이슈가 되고 있는 융합 비즈니스모델은 기술 + α의 형태로 새로운 패러다임을 생성하고 그 결과물로, ① 기존 비즈니스나 기술의 가치향상에 초점을 맞추는 시스템의 전환(즉, Transformation of Value-Network), ② 새로운 시장수요 창출에 초점을 맞춘 신제품 또는 신서비스의 창출(즉 Creation of New Business)을 만들어냈다. 여기서 시스템의 전환이란 기존 공정의 혁신(예: OFF라인 공정관리에 무선 네트워크기반의 관리 모듈 도입을 통한 공정 단축 등)이나 기존 제품이나 서비스의 탈부착을 통한 기능 재편(예: 프린터 복합기, 스마트폰 등)으로 생각할 수 있다. 또한 신제품 또는 신서비스의 창출이란 전혀 이질적인 분야로의 새로운 개념의 수요를 창출할 수 있는 융합상품이나 서비스를 생각할 수 있다.

한편 신사업으로서의 융합 비즈니스모델을 사업화시키기 위해서는

첫 번째, 향후 중장기적으로 기업경영에 영향을 줄 수 있는 외부환경 요인에 대한 주시 · 분석

두 번째, 시장에 잠재하는 틈새 수익기회의 탐색 · 발굴

세 번째, 향후 달성해야 할 기업의 비전과 사업영역의 재설정

네 번째, 융합기반의 새로운 비즈니스모델 유형의 선정

다섯 번째, 구체적인 추진전략의 수립 및 실행

등이 절대적으로 필요하다. 이러한 일련의 과정을 구체적으로 설명하면 다음과 같다.

외부환경요인에 대한 주시·분석

융합 비즈니스의 사업화 방향을 결정하기 위한 사전작업으로 사업모델에 영향을 줄 수 있는 정치 · 경제 · 사회 · 문화 및 기술의 발전 추이 등 기업의 외부환경 요인과 조직 · 인력 · 기술 등 기업 내부역량 요인을 분석한다.

특히 기술에 기반을 두고 있는 기술융합형 비즈니스모델은 핵심기술 + 기술/서비스/ 산업 등의 결합을 통해서 새로운 수익창출의 기회를 만들 수 있으므로, 기술과 관련된 개발동향, 개발수준 및 상용화 가능성 및 시기, 핵심기술의 확보 가능성 등을 분명하게 파악하여야만 한다.

시장에 잠재하는 틈새 수익기회의 탐색·발굴

다음으로는 융합 비즈니스의 수익원천인 신제품이나 신서비스가 창출

할 수 있는 수익 기회를 찾아내어야 한다, 즉 순간적인 수요공급의 불일치에서 발생하는 단기적 · 임시적인 돌발수요를 뛰어넘어, 미래 기업의 지속성장과 직결된 수익원천으로서의 기회를 융합 비즈니스모델을 활용하여 중장기적 관점에서 탐색하고 발굴하여야 한다,

이미 국내외 많은 기업들과 국가들이 건강 · 의료, 식량, 교육, 에너지 · 환경, 국방 · 안전 분야를 중심으로 기술과 비즈니스 측면에서 융합모델을 통한 신사업발굴과 신시장개척을 도모하고 있다. 그 선두에 미국과 EU가 있으며 우리나라도 그 대열에 합류한 상태다.

다만 아직까지는 고객이나 시장에서의 수요보다는 생산의 관점, 즉 기술의 관점에서 개발과 개선에 무게를 두고 있어서 융합 비즈니스모델의 수익성이 낮은 한계를 보이고 있다. 따라서 향후로는 기술 자체보다는 시장니즈와 및 고객가치에 부합하는 시장중심형 융합 비즈니스모델의 비중을 더 키워야 할 것이다.

기업의 비전과 사업영역의 재설정

시장에서의 수익기회를 탐색 · 발굴하게 되면, 기업은 핵심사업의 방향을 융합 비즈니스 영역에 맞추고 진출에 필요한 투자규모의 증가와 사업전략의 우선순위를 융합 비즈니스에 설정하고 이를 기업의 새로운 비전으로 재정의하게 된다.

일반적으로 사업영역은 Ansoff 교수가 주장한『제품 및 시장 성장 매트릭스모델』또는 리뉴얼모델에 의해 구분할 수 있으며, 이를 활용하여 융합 비즈니스의 포지션을 설정해 보면, 융합 비즈니스원천인 새로운 제품 또는 서비스로 기존 시장 또는 새로운 시장에 진출한다는 관점에서 고위험 · 고수익 사업영역으로 설정할 수 있겠다.

〈그림 3-7〉은 제품 및 시장 성장 매트릭스에 리뉴얼 모델을 결합한 것으로서 융합 비즈니스(그림의 점선 부분)는 결국 기존 시장을 대상으로 한 신제품 개발이나 신시장을 대상으로 한 사업 다각화가 주된 영역이 된다. 따

라서 새로운 역량의 구축(Creation)과 기존 역량의 전환(Transform)을 필요로 한다. 역량은 유형(예: 기술, 설비, 인력 등) 또는 무형(예: 문화, 노하우) 자산이 포함된다. 또 다각화한 경우에는 제품과 시장을 모두 새롭게 개발하게 되므로 기회와 위험이 동시에 증대된다.

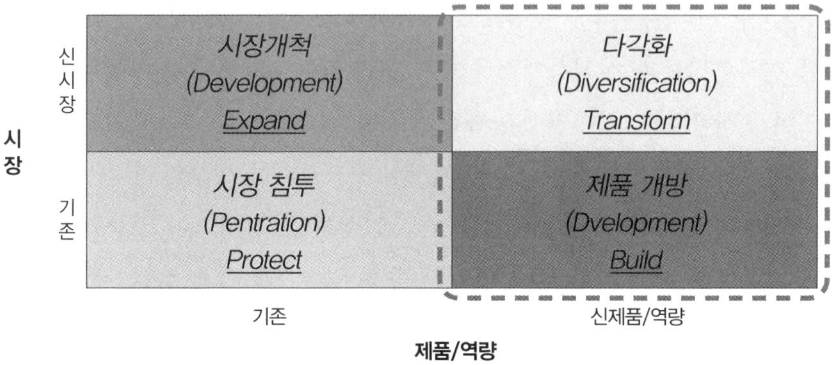

그림 3.7 제품/역량-시장 매트릭스

융합기반의 새로운 비즈니스모델 유형의 선정

일반적으로 비즈니스모델 또는 사업모델이란 사업의 핵심요소라고 할 수 있는 목적사업의 수익창출 방법, 핵심 고객, 유통방식, 고객관리, 운용·자원계획, 핵심역량, 협력인프라, 수익모델 등의 총체적 결합을 의미한다. 기술기반 융합 비즈니스도 하나의 비즈니스모델로써 기존 비즈니스의 핵심 구성요소 중 일부를 혁신한 새로운 비즈니스모델을 창출한다는 속성을 갖는다고 할 수 있다.

비즈니스 유형은 해당 기업이 비즈니스모델을 구성하는 핵심요소들 중에서 어떤 것에 경쟁우위를 갖고 있는가에 따라 사업의 방향과 전략의 수행이 달라진다고 할 수 있으며, 통상 기업의 사업유형은 생산중심형(예: 제조 및 공장우위), 판매중심형(예: 판매 또는 영업우위), 플랫폼 서비스형(예: 서비스센터나 플랫폼), 브로커 서비스형(예: 앱스토어, 네트워크 중개자) 등으로 구분된다.

이와 같은 비즈니스모델의 유형별 특징을 살펴보면 다음과 같다.

• **생산 중심형**

- R&D, 설계, 기술, 인력, 장비 등 제조에 필요한 인프라를 갖추고 제품이나 서비스를 직접 생산
- 수직적 통합이나 수평적 연계가 가능한 핵심 파트너들을 확보, 유지
- 자동차, 조선, 기계, 전자 등의 전통 제조업과 금융, 의료, 호텔, 수송, 통신, 교육 등의 서비스업이 여기에 속함

• **판매 중심형**

- 제품 등의 생산인프라는 없으나 유통채널이나 고객 DATA를 활용해서 제품 및 서비스의 판매와 사후지원을 수행
- 유통, 물류 등 전통 서비스업과 e-비즈니스 사업모델의 대부분, 그리고 u-비즈니스 사업모델 중 생산기반을 갖고 있지 않은 경우가 여기에 속함

• **플랫폼 서비스형**

- 자신이 직접 생산 또는 판매를 수행하지 않는 가운데 생산, 판매, 중개 등을 수행하는 기업이 필요로 하는 지식, 장비, IT 인프라, 고객정보, 전문인력 및 기업정보 등을 제공함으로써 수익을 얻음
- ① 다양한 상품을 생산하거나 판매하기 위해 공통적으로 사용하는 기본구조, 예를 들면 자동차나 전자제품의 (제조 · 판매)플랫폼, 방문 서비스 네트워크, ② 상품거래나 응용프로그램을 개발할 수 있는 인프라, 예를 들면 온라인 쇼핑몰, 운영체제, 앱 스토어 등이 여기에 속함. 위 ①에는 금융자산, 특허, 원격탐사용 위성 영상정보 등의 지식자산을 종합, 분석, 가공해서 다른 사업자에게 제공하는 서비스업이, ②에는 슈퍼컴퓨팅 또는 그리드컴퓨팅 서비스나 기업간 설계 · 제조 · 판매 · 물류 등을 위한 협업 플랫폼 서비스도 포함될 수 있음

• **브로커 서비스형**

- 자신은 생산이나 판매는 물론 플랫폼에 해당되는 기반이 없는 가운데 기업간 협업에 의한 공동 사업을 창출하고 이를 운영 및 관리함으로써 수익을 얻음. 플랫폼 서비스와 브로커 서비스를 함 께 제공할 수도 있음
- 부동산 중개업이나 지식거래 중개업 같은 전문 중개업과 기업 간 전략적 제휴나 공동투자(Joint Venture)에 의해 만들어지는 합자회사, 사업조합, 가상기업(Virtual Enterprise) 등의 형태로 생산 또는 판매하는 인프라나 서비스를 위한 플랫폼을 갖고 있지 않은 가운데 사업의 기획, 운영, 관리(지원)만을 전담하는 서비스가 여기에 속함

구체적인 추진전략의 수립 및 실행

융합 비즈니스는 (기존 기업 입장에서는) 기존 사업의 전환과 신사업의 착수를 병행하는 것이므로 앞 단계의 분석, 검토결과를 전사 차원의 사업전략, 생산운영전략, 마케팅전략, 재무전략 등에 반영한 가운데 구체적인 실행에 들어가야 한다. 또한 융합 비즈니스는 고수익 · 고위험 사업인 점에서 법 · 제도, 기술, 자금, 인력, 설비, 전략 · 운영 파트너 관계, 지식재산권 등 관련 위협요인을 식별하고 대응방안을 마련해 두어야 할 것이다.

융합 비즈니스의 실행은 신제품 및 서비스 아이디어 발굴, 융합상품 기획, 공급 사슬 내지 기업생태계(Business Ecosystem) 설계, 전략 또는 운영(Strategic or Operational) 측면의 협력 파트너 선정과 계약, 융합상품 개발 · 생산 · 판매, 이윤 및 지식자산 배분 등의 과정을 거치게 될 것이다. 융합 비즈니스는 전통적으로 특정 산업의 울타리 내에서 구축해 온 기존 역량과 제품 및 서비스를 갖고 시장에 진입하기 위한 전략이 아니라 산업간 경계나 국가 · 지역의 경계를 넘어서 구축된 새로운 역량에 의해 만들어진 신제품, 신서비스, 신산업 등이 시장에서 성공적 성과를 내도록 하기 위한 것이므로 개별 기업 차원의 폐쇄적 접근이 아닌 기업생태계 차원의 개방적 접근이 필요하다. 이미 등장한 IPTV, 홈네트워크, u-City, 의료관광 등에서 볼

수 있는 것처럼 융합산업은 상대적으로 안정된 기업가치 사슬을 갖고 있는 전통산업과는 달리 기업간 경쟁과 협력이 혼재하는 가운데 멤버들이 역동적으로 이합집산하면서 생성, 발전, 유지, 소멸되는 생태계로 인식해야 할 것이다.

맺음말

융합기술과 융합 비즈니스가 경제, 사회, 문화 등을 획기적으로 변화시키는 융합시대는 이미 시작되었다. 많은 전문가들은 그 발전속도가 지난 수 세기 동안의 변화를 단 몇 년 내에, 또 지난 40~50년 동안의 변화를 향후 10년 이내에 만들어 낼 수 있을 정도로 빠르다는 것을 지적하고 있다. 미국, EU 등과 글로벌 기업들은 기술력이나 시장지배력, 또는 기술과 고객을 뛰어넘는 창의적 접근을 통해 본원적 인간가치(Human Value)를 높임으로써 융합시대를 열어 가고 있다. 이와 같은 상황에서 우리나라는 기술우위 또는 시장우위를 유지하고 있는 산업을 더욱더 확고히 하고 새로운 가치를 창출할 수 있는 융합 제품 및 서비스를 발굴하여 융합 신산업의 태동과 성장을 위한 생태계를 조성함으로써 적극 대응해 가야 할 것이다.

기업 입장에서 융합은 융합기술의 개발이나 획득은 물론 융합기술을 활용한 기존 사업의 전환이나 신사업 창출, 즉 융합 비즈니스 전략의 수립과 실행을 의미한다는 점을 인식해야 한다. 융합은 상식이 아니라 치밀한 전략과 실행력을 통해 그 속에서 지속적으로 성장하거나 최소한 살아남아야 할 새로운 전장인 것이다.

참고문헌

1. 융합 비즈니스모델

   융합 비즈니스모델(주희엽)

   융합 비즈니스모델 혁신(김덕현)

   산업융합 서비스모델(권혁인)

   첨단 융합 비즈니스모델 개발방법론(조현보)

IBM의 융합제품(시장지향형제품) 개발혁신 성공사례

2. 융합전략

산업간 융합과 기업전략(김덕현)

IT기반의 융합전략(NIPA)

불황극복을 위한 기업의 성공전략-산업기술과 IT의 융합(조형식)

3. 신사업추진전략

융복합기술산업화를 통한 신시장 창출전략(이낙규)

융합기술 가속화와 신사업 추진전략

융합기술인프라 구축(정보통신부)

융합 비즈니스 실행사례(최윤정)

중소기업간 지식기술융합화와 신사업창출 촉진방안

4장

환경변화와 융합경영

글로벌 시대의 환경변화

환경변화를 알면 미래사회가 보인다. 환경변화의 흐름을 제대로 읽지 못하고 사라져가는 것들을 미련을 가지고 끝까지 가지고 있던 사람들은 몰락했다. 부채가 선풍기에서 에어컨으로 변하였고, 이 에어컨도 나노기술로 간단히 벽에 나노물질 붙여서 온도나 습도를 조절할 수 있다고 한다.

세상은 가히 빛의 속도로 변하고 있다. 앞으로 다가오는 10년은 더욱더 빠른 속도로 변할 것이다. 농경시대를 거쳐 산업시대, 오늘날의 정보화시대 다음엔 2015년부터 후기정보화시대와 기후에너지산업시대가 온다는 주장도 있다. 이 같은 변화를 요인을 살펴보면 다음과 같다

먼저, 고령화를 들 수 있다. 한국은 OECD 국가 중 가장 빠른 속도로 진행되고 있는 고령화, 최저출산율 등으로 시달리고 있다. 둘째, 바이오혁명과 함께 나노 인포 코그노 융합이다. 셋째, 기후변화다. 넷째, 디지털화의 완성이다. 머지않아 홈네트워크를 통해서 일하러 도심으로 나가지 않고 집에서 근무하는 스마트워크 환경이 된다.

이어서 세계의 문화가 하나로 통합되고 융합되는 현상인 글로벌화, 똑똑한 개개인이 권력을 잡고 똑똑한 개개인이 자신의 불만을 표현하는 시대인 개인화 추세 등의 환경변화가 가속화할 것이다.

특히 디지털기술 발전에 따라 IT 산업은 변화의 중심에 서서 우리사회와 산업을 획기적으로 바꾸고 있으며, 소셜 네트워크 서비스의 확산으로 많은 정보를 가진 소비자의 기대와 욕구수준을 높여 경영자들을 긴장시키고 있다.

이와 같이 경영환경은 놀라울 정도로 급격하게 변화하고 있다. 개방화, 투명화, 디지털화, 네트워크화는 물론 정부와 기업의 벽, 조직 부서간의 벽, 조직과 환경 간의 벽이 없어지고 있다. 이런 변화는 창의성을 촉발하고 기술과 지식의 융합을 가져온다.

자연생태계 속에서 환경에 적합한 유전자를 가진 개체는 자연선택(Natural Selection)적으로 살아남을 수 있고, 그렇지 못한 개체는 도태한다고 진화론을 완성한 찰스 다윈(1809~1882)이 제기하였다.

이러한 급격한 환경변화의 소용돌이에 휩쓸려 생존의 위협을 받을 것인가? 아니면 글로벌 경제 환경의 거대한 변화의 흐름을 꿰뚫어 보고 미래를 준비할 것인가?

이에 대한 대답을 융합에서 찾을 수 있지 않을까 하며 아래에서 환경변화와 융합과 관련하여 몇 가지 살펴보고자 한다.

기업 환경의 변화

환경의 이해

환경이라 하면 일반적으로 공해나 소음 등 자연환경을 생각하게 되는데 현대사회에서 환경이라고 하면 자연환경은 물론 경제적, 기술적, 사회문화적, 정치적 환경을 망라한 환경을 의미하는 경우가 많다.

왜냐하면 자연환경도 자세히 살펴보면 인간사회에 경제, 기술, 사회, 문화에 영향을 끼치게 되며 어떤 사람이나 기업도 이러한 환경과 전혀 무관하게 지낼 수 없기 때문이다.

특히 기업경영과 관련된 환경을 기업 환경(Business Environment)이라 한다. 기업 환경의 개념은 광의와 협의의 두 가지 측면에서 설명할 수 있다. 즉 넓은 의미의 기업 환경이란 "기업이 영향을 미치는 제요인과 기업에 대하여 영향을 미치는 상황 전체"를 지칭하며, 좁은 의미로는 "하나의 시스템으로서 기업을 둘러싸고 있는 외재"로 한정하여 기업의 외적 환경만을 그 대상으로 간주한다.

그러나 기업 환경은 일반적으로 협의인 "특정기업을 둘러싼 모든 환경 요인과 상황 또는 조건"으로 정의한다.

최근 예측할 수 없을 정도로 복잡해지고 급격하게 변화하는 환경으로 경제적, 기술적, 사회문화적 환경의 변화는 기업의 경쟁 환경을 송두리째 바꿔놓고 있다. 글로벌화가 가속되고 있는 가운데 환경에 대한 정확한 이해와 환경변화에 대한 적절한 대응력 강화가 그 어느 때보다 중요시되고 있다.

기업 환경의 변화

기업 환경(Business Environment)은 우리가 상상하는 이상의 속도로 변화를 거듭하고 있다. 환경이 변하면 산업도 변하고 기업도 변할 수밖에 없다.

18세기 산업혁명을 계기로 촉발된 산업화의 진행으로 기술과 환경의 변화는 인류생활은 물론 기업경영에 심각한 영향을 미치고 있다.

사람들의 욕망을 충족시키기 위하여 무분별하게 경제생활을 추구해온 결과 기후변화, 오존층 파괴 및 생물 다양성 손실 등 환경문제는 기업의 문제를 넘어 전 세계적인 과제로 다가왔다. 그 결과 이제까지 지나친 자원소비에 의존해온 산업시대의 물질적 성장 지상주의에서 삶의 질을 추구하는 지속가능한 발전으로 경제활동의 패러다임이 변하고 있다.

또한 국제사회의 환경 규제 역시 점차 강화되고 있다. 어린이와 여성 등 사회적 약자를 유해환경과 위험으로부터 보호하기 위한 각종 규제와 제조과정은 물론 제품내 유해물질에 대한 규제가 강화되어 무역장벽으로까지 이용되고 있다.

이러한 환경 규제에 대한 대처는 기업 경쟁력을 좌우하는 주요한 과제가 되었으며, 환경을 고려하여 전사 차원에서 체계적으로 대응하지 않는 기업은 이제 글로벌 시장에서 도태할 수밖에 없게 되었다.

이처럼 환경과 경제가 밀접한 연계 속에 급격하게 변하는 기업 환경을 올바르게 바라보고 앞으로 지향해야 할 방향을 정하는 일이 매우 중요해지고 있다.

기업 환경은 결국 경쟁 환경으로 연결되게 되는데 경쟁 환경 변화를 살펴보자. 기업경영에 있어 경쟁 환경은 큰 영향을 끼치는 주요한 요인 중 하나이다. 경쟁 환경의 변화로서 세 가지를 들 수 있다.

먼저, 기술혁신의 가속화를 들 수 있다. 과학기술의 급속한 발전에 따라 제품의 수명주기가 짧아지고 있다. 스마트폰의 경우만 보더라도 현재 신제품이 몇 개월만 지나면 구형 기술이 되어 버리고 새로운 신제품이 속속 출시되고 있는 것을 볼 수 있다. 기술의 혁신 범위 또한 과거와 달리 광범위하게 진행되고 있다.

단순히 제조상의 혁신뿐만 아니라 제품의 설계 시부터 혁신적인 사고 아래 진행됨으로써 총체적인 기술 혁신을 보여주고 있다. 이런 현상은 소비자의 요구가 다양화되고 개성화되는 소비자 환경과 기술 환경의 변화와 무관하지 않다.

두 번째, 경쟁 환경 변화로서 정보혁명을 들 수 있다. 인터넷을 비롯한 정보통신 수단의 발전은 정보혁명을 가속시켰다. 정보혁명은 전자상거래 시장을 만들었고 확산시키는 등 상거래 패턴을 완전히 바꿔 놓고 있다.

통계청이 발표한 '2012년 전자상거래 · 사이버쇼핑 동향'에 따르면 지난해 전자상거래 총액은 전년보다 14.5% 늘어난 1144조7000억 원으로 집계됐다. 이는 물가 변동 등을 반영한 지난해 실질 국내총생산(GDP) 규모(1103조5000억 원)를 앞지르는 수치다. 2007년 516조5000억 원이었던 전자상거래 규모는 5년 만에 두 배 넘게 불어났다(한국경제 2013.02.28). 정보혁명은 소비 수요의 질적 변화를 가져왔으며 기업 입장에서 보면 생산성 향상과 거래비용 절감 등 경영성과에도 많은 기여를 했다.

마지막으로, 경쟁 환경의 변화는 기업에게 위기인 동시에 기회이다. 경쟁 환경의 변화는 기업이 무한경쟁의 환경에 노출되어 생존의 위협을 받는 위기가 될 수 있다. 무한경쟁의 환경 속에서 환경변화에 적절히 대응하여 경쟁 우위를 갖추지 못한 기업은 생존을 위협받는 상황에 빠지게 될지도 모른다.

그러나 이 위기는 새로운 기회가 될 수 있다. 글로벌 시장에서 경쟁력을 유지할 수 있도록 끊임없는 혁신활동 노력을 통해 새로운 시장에 진입할 수 있는 기회를 갖게 될 수 있으며 이를 기반으로 성장의 디딤돌로 삼을 수 있을 것이다.

기업 환경의 중요성

환경변화와 기업의 적응

전 세계가 다양하고 불확실하며 급격한 환경 변화를 맞고 있다. 예측할 수 없는 환경변화에 따라 국가는 물론 기업 등이 글로벌적인 무한경쟁에 노출되면서 지속적인 성장 · 발전에 위협을 받고 있다.

특히 기업을 둘러싸고 있는 경영환경은 숨 가쁠 정도로 하루가 다르게 급변하고 있다. 산업 및 시장의 변화, 새로운 기술의 개발의 등장 등 경제적 변화, 정치적 변화, 사회 · 문화적 변화 등의 외부 환경의 변화는 물론 경영의 다각화, 조직구조 및 사업구조의 개편과 같은 조직 내부의 변화도 끊임없이 일어나고 있다. 기업은 이러한 변화를 지속적으로 주시하고 분석하고 적절한 대응을 하도록 노력해야 한다.

찰스 다윈(1809~1882)도 말하길 "살아남는 종은 강한 종도 머리 좋은 종도 아닌, 변화에 적응할 수 있는 종이다"라 했다. 자연 속에서도 환경에 적합한 유전자를 가진 개체는 자연선택적으로 살아남을 수 있고, 그렇지 못한 개체는 도태하기 마련이다. 이제는 환경의 문제가 생존의 문제로 다가오고 있다.

아무리 위대한 기업도 환경변화를 읽지 못하고 현실에 안주하는 순간 날개가 꺾이고 추락할 수 있다는 것이다.

따라서 기업은 신제품 개발이나 새로운 공장 건설을 추진할 경우 경제환경이나 기술 환경만 챙기기 말고 이에 못지않게 사회 환경이나 자연환경에의 배려도 기업의 사회적 책임의 하나로서 이해하고 추진계획에 반영하여야 할 것이다.

기업 환경의 중요성

기업의 세계는 생각의 속도로 변화하고 있다. 기술, 제품 및 서비스 등 모든 면에서 속도 전쟁이 붙고 있다. 경영 환경이 따라잡기 힘들 정도로 빠르게 변화하고 있다. 개방화, 투명화, 디지털화, 네트워크화는 물론 정부와 민간기업의 벽, 조직 부서간의 벽, 조직과 환경 간의 벽이 없어지는 환경변화를 맞고 있다.

이런 가운데 기업이 성공하고 지속적으로 성장하려면 국경 없는 무한경쟁시대에서 급격한 환경변화에 적응을 잘하는 것이 기업의 가장 중요한 과제다.

왜냐하면 기업은 기업 그 자체와 기업 경영에 중대한 영향을 미칠 수 있는 내·외부 환경 한가운데 존재하기 때문이다.

이와 같은 세계 환경변화에 적응하는 것은 매우 중요하며, 적절히 대응하려면 환경변화를 주시하고 이에 대한 체계적인 분석과 효과적인 대응전략이 필요하다.

어떤 기업이든지 현재의 상황에 안주하고 지속적인 혁신 아래 끊임없이 변화를 수용하며 경쟁 환경에 적응하지 못한다면 못하면 그 기업은 머지않아 큰 시련을 겪게 될 것이다.

일례로 과거 대우그룹이나 한보철강 등을 보더라도 그 당시 환경변화를 제대로 파악하지 못하고 환경 적응에 실패함으로써 도산한 경우가 있었는데 이는 해당 기업뿐만 아니라 국가적인 손실로서 안타까운 사실이 아닐 수 없다.

글로벌 기업 환경변화

글로벌 기업 환경은 기업에게 끊임없는 변신을 요구하고 있다. 변화하는 새로운 흐름에 잘 적응하고 변신해야 기업은 지속적으로 생존할 수 있다(이덕훈 2012).

기업을 둘러싼 기술적, 사회 문화적, 정치적 환경 및 지구환경문제 등은 기업경영에 직접적인 영향을 미치게 되며 기업이 이를 적절히 대응하지 못하면 생존의 위협을 받게 된다. 일례로 코닥, 노키아 몰락 사례를 들 수 있겠다.

또한 미국의 최근 10년간 기업 순위 내용을 보면 글로벌 기업들의 부침을 볼 수 있는데 이 역시 환경변화를 제대로 읽고 적절히 대처한 기업은 지속적인 성장을 한 반면, 그렇지 못한 기업들은 순위가 밀리거나 명단에서 사라진 것이다.

〈표 4.1〉 미국의 최근 10년간 기업 순위 변동(순위=주식시가총액 기준)

순위	1989년	1999년	2007년
1	IBM	마이크로소프트	엑슨모빌
2	엑슨	GE	GE
3	GE	IBM	마이크로소프트
4	AT&T	엑슨	시티그룹
5	필립모리스	월마트	AT&T
6	머크	AT&T	뱅크오브아메리카
7	듀폰	인텔	P&G
8	GM	시스코	Altria Group
9	벨사우스	코카콜라	American Intl. Group
10	포드	머크	존슨앤드존슨
11	아모코	MCI월드컵	제이피모건
12	코카콜라	시티그룹	Berkshire Hathway
13	월마트	루슨트테크놀로지스	Chevron
14	모빌	아메리칸인테네셔널그룹	시스코시스템스

(계속)

〈표 4.1〉 미국의 최근 10년간 기업 순위 변동(순위=주식시가총액 기준)(계속)

순위	1989년	1999년	2007년
15	애틀렌틱리치필드	화이자	IBM
16	셰브론	브리스톨 마이어스	Wells Fargo
17	시어스 로벅	아메리카 온라인	필립스
18	P&G	존슨앤드존슨	코카콜라
19	GTE	P&G	Verizon Communication
20	벨 애틀렌틱	뱅크오브아메리카	인텔

출처: 기업과 환경, 이덕훈,2012

환경변화와 경영전략

기업은 기업의 외부 환경과 지속적 상호작용 하면서 경영활동이 이루어진다.

기업은 내 · 외부 환경의 현황을 분석하고 자사의 비전과 전략적 위치를 감안하여 전략 방향을 수립하게 된다. 이를 바탕으로 경영전략을 수립하고 실행과제를 도출하고 이행하게 된다. 이 경우에서 모든 과정이 중요하겠지만 전략의 기본이 되는 내 · 외부환경 분석이 올바르지 못하다면 그 이후의 모든 것들이 무용지물이 될 것이며, 기업은 매우 어려운 지경에 빠지게 될 수밖에 없다. 이와 같이 환경변화를 정확히 파악하고 분석, 대응하는 것은 아무리 강조해도 지나치지 않을 것이다.

기업과 기업이 속한 경쟁 환경 간의 적합성(fit) 또는 일치를 달성할 수단을 찾는 것은 경영전략 수립에서 결정적으로 중요한 과제이다(강영철 외 2008).

따라서 경영환경 변화에 대응하는 조직이나 체계는 경영자가 경영전략 차원에서 직접 챙겨야 한다. 조직의 비전과 경영방침, 전략 수립 시에 경영환경 변화를 어떻게 분석하고 대응해 나갈지 등에 대한 사항을 반영하고 시의 적절한 조치를 취할 수 있어야 한다.

지금까지 기업 환경의 변화와 환경의 중요성을 살펴보고 글로벌 시대에서 급격하고 변화무쌍한 환경변화에 대하여 살펴보았다. 경제적인 환경, 기술적인 환경 및 사회, 문화적인 환경 등의 변화에 따라 라이프스타일이 바뀌고 소비자의 기대수준과 요구사항은 고급화되고 있으며 글로벌 경쟁은 더욱 심해지고 있다. 이런 변화는 급기야 융합에 대한 활발한 논의를 불러왔으며 산업의 융합을 촉진하기에 이르렀다. 이어서 미래의 메시지인 융합에 대하여 살펴보기 한다.

융합 시대의 도래

융합경영의 개요

생활 속의 융합

바야흐로 융합 시대다. 그 동안 전문 분야별로 고도화로 분화해가는 사회에 익숙한 우리에게 융합은 어렵고 멀게만 느껴진다. 그러나 융합이 시대의 화두가 되기 전부터 우리는 이미 삶에서 융합의 정신을 실천해왔다.

생활 속의 융합사례는 다양하겠지만 몇 가지만 소개하면 다음과 같다.

요즘 많은 사람들이 즐겨 찾는 찜질방을 보자.

우리는 찜질방에서 호텔처럼 휴식과 취침을 할 수 있고, 식당에서처럼 다양한 음식을 먹을 수 있다. 또한 다양한 영상물에 빠져들 수 있는가 하면 사우나처럼 목욕과 사우나를 즐길 수 있다. 때로는 그곳에서 각종 게임을 하는가 하면 카페처럼 다른 사람들과 즐거운 대화를 나누기도 한다. 일부 젊은이들은 찜질방에서 연인과 데이트까지 한다고 하니 어찌 한국인의 융합비즈니스 마인드에 놀라지 않겠는가.

이어 스마트폰 사례를 보면 한마디로 스마트폰으로 안되는 것이 없을 정도다. 전화기, 컴퓨터, TV, 카메라, 시계, 영화감상, 교육, 게임, 금융거래,점보기, 계산기, 거울, 전자상거래, 내비게이션, 지도, 헬스케어 등 이루 나열하기도 힘들 정도로 여러 가지의 기능이 복합적으로 들어 있다.

최근에는 스마트폰을 통하여 실시간 운동량을 체크하고 문자로 잔소리까지 듣는 세상이 되었다. 더 나아가 5년 안에 웨어러블 컴퓨터(wearable computer, 입는 컴퓨터)가 대중화된다고 영국의 시장조사업체 ABI리서치가 이런 분석을 내놨다(조선일보, 2013.3.8).

이렇게 융합이 우리 생활 속에 깊이 다가오고 있는 것은 현대인들이 당면하고 있는 문제들이 매우 복잡하고 다양하기 때문에 하나의 수단으론 해결이 어렵고, 소비자의 욕구가 다양화, 고급화되어 이를 충족시킬 수 있는 새로운 제품이나 서비스가 요구되기 때문이다.

미래 희망의 메시지, 융합

근대산업사회가 진행되면서 산업과 사회의 필요에 따라 수많은 갈래로 학문이 전문화 · 세분화되었다. 21세기 들어 정보화 사회에 진입하면서 산업사회에서 해결하지 못한 많은 문제점들이 노출되고 있다. 이 문제들을 해결하기 위해 인접 학문 분야 간의 공동연구가 활발히 진행되었고, 나아가 세분화된 학문의 통합 필요성이 제기되었다. 이 통합은 단순히 물리적 통합을 의미하는 것이 아니라 학문의 화학적 · 생물학적 융합을 요구하는 만큼 패러다임의 전환이 이루어졌다(김광웅, 2012).

최근 융합이 대세가 되고 있다. 왜 융합인가? 융합의 확산은 산업 분야는 물론 학문 분야에까지 이르러 기존의 프레임을 뛰어넘는 새로운 세상을 열고 있다. 일찍이 세계적인 미래학자 엘빈 토플러는 21세기를 융합의 시대로 규정하였으며, 미래학자 대니얼 핑크 역시 21세기를 융합과 컨셉트의 시대라고 지적했다.

융합은 미래 한국 사회를 먹여 살릴 핵심 이슈로 지식, 과학, 기술, 교육 등 전방위에 걸친 개념으로 이해되고 있다. 신제품 개발과 새로운 마케팅전략을 추구하는 기업은 물론이고, 과학기술 분야와 인문사회과학 분야 등 학문 분야에까지 미래를 개척할 새로운 돌파구로서 융합의 필요성이 강조되고 있다.

페이스북이 사무실 벽을 개조해 칠판으로 바꾸었다고 한다. 이는 직원들이 좋은 아이디어가 떠오를 때마다 그때그때 기록으로 남기도록 한 것이다.

어떤 직원이 한 아이디어를 칠판에 기록해 놓으면 오고가는 직원들이 그 아이디어를 보고 이를 바탕으로 또 다른 아이디어를 기록한다. 다른 직원이 그 아이디어를 보고 또 다른 아이디어를 창출해 낸다면 이미 그 아이디어는 많은 사람들의 아이디어가 결합 내지 융합되어 전혀 새로우며 진전된 아이디어로 탄생하게 된다.

이와 같이 융합이란 서로 다른 요소들의 물리적 · 화학적 결합에 의해 획기적인 성과를 내는 것이라 할 수 있다.

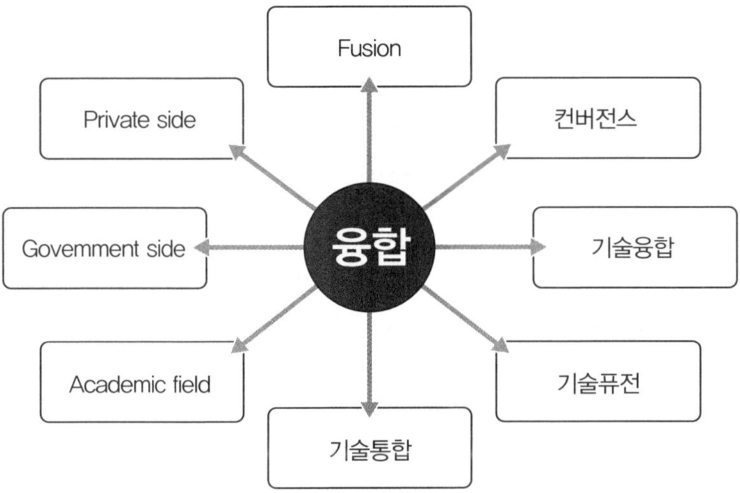

그림 4.1 융합에 대한 다양한 정의
출처: 중소기업청 산업융합전문가과정, 2012

'융합'의 사전적 의미는 '서로 다른 종류의 것이 녹아서 서로 구별이 없게 하나로 합해지거나 그렇게 만듦, 또는 그런 일' 이다. 또한 '융합하다'는 다른 종류의 것이 녹아서 서로 구별이 없게 하나로 합하여지다. 또는 다른 종류의 것을 녹여서 서로 구별이 없게 하나로 합한다는 의미다.

융합의 개념을 좀 더 산업의 측면에서 살펴보면 '융합(Fusion, Convergence)' 의 Fusion은 서로 다른 두 개 이상의 것이 모여 구별 없이 합쳐지는 것을 말하며, Convergence(수렴)는 독립적으로 존재하던 개체들(예: 학문,

기술, 산업, 제품/서비스, 문화 등)의 화학적 결합을 통해 가치가 커진 새로운 개체를 창조하는 것을 뜻한다.

융합은 결합이 진행된 정도에 따라 패키지, 하이브리드, 퓨전으로 구분할 수 있으며, 이를 포괄하는 용어로 융합(Convergence)이라 부른다(김덕현, 2010).

융합이 추구하는 바는 기후 변화, 노화 문제, 신소재의 개발, 적정 기술, 합성 생물학같이 진정으로 중요한 문제를 해결하는 것이다. 그것이 인문학이나 예술의 영역이건 혹은 과학 기술의 영역이건, 그것이 학문의 경계에 존재하건 한 분과 내에 존재하건, 융합의 목적은 우리에게 중요한 문제를 해결하는 것이다. 미해결의 어려운 문제를 해결하기 위해서 필요한 것은 그 문제와 관련된 전문성인데, 지식 융합이 추구하는 것은 '융합을 통한 전문성' 혹은 '융합을 통한 창의성'인 것이다.

우리가 지식 융합이라고 부르는 과정은 상이하다고 알려진 두 분야의 지식, 통찰, 경험, 방법 등의 요소들을 결합해서, 자신이 해결하려는 문제의 실마리를 잡아서 이것을 풀어내는 과정이다. 창의적 융합은 이러한 이질적인 지식들이 고민의 '용광로' 속에서 융해되어 하나로 합쳐지는 과정이다(홍성욱, 2012).

융합은 더 새롭고 더 혁신적인 것을 추구함으로써, 세상을 더 살 만한 가치가 있는 곳으로 만드는 활동과 그 궤를 같이 한다. 현재의 융합은 우리 미래에 대한 희망의 메시지인 것이다(홍성욱, 2012).

기업 현장에서는 융합기술이나 산업 융합을 통하여 시장 지배력을 강화하고 경쟁우위 역량 확보를 위하여 파괴적 혁신이 필요하며 더 나아가 하드웨어를 넘어 감성을 기반으로 한 종합적인 융합경영이 필요하다.

전쟁 때 여러 나라의 군대를 하나의 사령부 아래 묶어 연합국 또는 통합군을 만들어 보았지만 병사들 간의 완벽한 소통은 기대하기 어렵다. 통합보다 더 강한 단계가 통폐합인데 껄끄럽기는 마찬가지다. '융합'은 핵융합이나 세포융합에서 보듯이 아예 둘 이상 녹아서 하나가 되는 걸 의미한다. '통합'이 물리적 합침이라면 '융합'은 다분히 화학적 합침이다.

이와 달리 '통섭'은 생물학적 '합침'이다. 합침으로부터 뭔가 새로운 주제가 탄생하는 과정을 의미한다. 남남으로 만난 부부가 서로 몸을 섞으면 전혀 새로운 유전자 조합을 지닌 자식이 태어나는 과정과 흡사하다(최재천, 2009).

현재 우리 사회는 서로 다른 학제, 세력 간 소통과 교류, 통합을 요구하고 있다. 그리고 그런 공존의 철학 속에서 소통, 교류, 통합의 길에 미래가 있는 것도 사실이다. 조선 성리학의 역사적인 사례는 다른 사상에 대한 소통과 교류, 통합을 거부할 때 결국 그 자신도 소멸하고 만다는 사실을 보여주는 사례로서 의미가 있다(김광웅, 2012).

〈표 4.2〉 융합에 대한 다양한 정의

융합의 동인		융합의 결과물: Substitutes	융합의 결과물: Complementaries
Technologies (Enablers)	정의	· 하나의 기술이 등장, 여러 분야에서 쓰이던 기수을 대체하는 경우(대체로 범용 기술)	· 두 기술이 새로운 기술로 융합하여 제 3의 기술화한 경우
	예시	· IT 기술이 가전, 소비재, 금융, 통신 등 산업의 백본으로 활용	· Mechatronics · Bio infomatics
Private Needs (Market)	정의	· 하나의 제품이 다른 카테고리의 제품을 Merge한 경우 (잠식한 경우)	· 기존에는 분리되어 있던 제품, 서비스가 합쳐지는 경우, 또는 어떤 기술로 인해 상호보완성이 강화되는 경우
	예시	· PC와 IPTV · 미니컴퓨터와 메인 프레임 컴퓨터	· iPod + iTunes, HW/SW 융합, 방카슈랑스 등

출처: 중소기업청 산업융합전문가과정, 2012

융합경영의 정의

융합경영은 한 마디로 '융합기술(즉, 정보-나노-바이오 기술 등이 결합된 신기술)을 활용한 경영' 또는 '융합시대의 경영'이라 정의할 수 있다. 여러 가지 신기술, 즉 IT, BT, NT, CT, HT, RT, ET 등의 융합, 제품, 서비스 융합, 산업간 융합 등을 통해 고객 및 기업의 가치를 혁신하기 위한 전략과 이를 효과적으로 실행하기 위한 기업경영체제(김덕현, 2010)라 할 수 있다.

융합 패러다임 시대 도래

환경변화와 기술발전을 바탕으로 소비자의 기호가 다양화, 고급화 되었으며 인문과 예술가치가 부각되고 산업계의 글로벌 경쟁 우위 역량이 강조되면서 기존의 한 가지 기술이나 기능 등으로는 제기된 문제를 해결하는 데 한계를 보이면서 융합의 중요성이 자연스럽게 대두되었다. 급속한 기술의 발전, 고도화된 소비자 욕구 및 심화된 기업 간 경쟁 등으로 환경변화의 복잡성과 변동성에 대응하여 융합화가 대두되었다.

급변하는 경쟁 환경 하에서 글로벌 시장 주도권을 확보하여 선도기업으로 자리매김하기 위하여 융합 대응이 중요하게 되었으며 융합 대응이 미흡한 기업은 결국은 도태될 수밖에 없는 시대가 된 것이다.

따라서 융합 시대에 적극적으로 대응하여 미래 산업사회 선도자가 되고 친환경 · 건강 · 복지 · 문화 예술 등 다양한 사회적 수요를 감당하기 위한 해결수단으로 융합은 필수적이라 하겠다.

왜냐하면 소비자 요구 수준은 지속적으로 고급화, 다양화되어가고 있으며 사람들은 보다 즐거운 생활을 추구하고 있는데 과거와 같은 획일적인 서비스를 가지고 소비자의 욕구를 충족시키기엔 한계가 있기 때문이다.

또한 건강, 편리, 안전 등 소비자 요구수준의 향상과 다양화로 서로 다른 기술 융합의 필요성이 증대되고 있으며 융합기술을 통한 쾌적한 생활환경을 조성하는 감성융합이 요구되고 있다. 이와 같이 기술 · 산업 간 융합 확산으로 융합혁명 시대는 급속히 다가오고 있다.

이런 차원에서 기업 생존의 필수요소이며 글로벌 경쟁에서 경쟁자를 이길 수 있는 유일한 기회인 융합의 패러다임 잘 이해하고 창의적 융합으로 대처해야 기업의 지속적인 성장 · 발전이 가능하다는 점은 부인할 수가 없다.

천재적 창조자들이 열정과 기술력으로 인류 사회를 바꾸는 것도 결국은 융합에서 시작된다고 하겠다.

융합을 중심으로 한 글로벌 경쟁 사례 하나를 보자.

그건 바로 IT와 인문학적 통찰이 융합에 기초해 개발된 스티브 잡스의 스마트폰이다. 스마트폰으로 세상을 바꾼 스티브 잡스도 전혀 새로운 기술을 개발하여 고객을 사로잡은 것이 아니라 기존 기술과 인문·인간 감성을 융합하여 전혀 새로운 서비스를 내놓은 것이다. 이를 계기로 애플은 스마트폰의 세계시장을 차지하였으며 최근에는 삼성 vs 애플의 새로운 경쟁구도로 형성되고 있다.

〈표 4.3〉 융합메커니즘

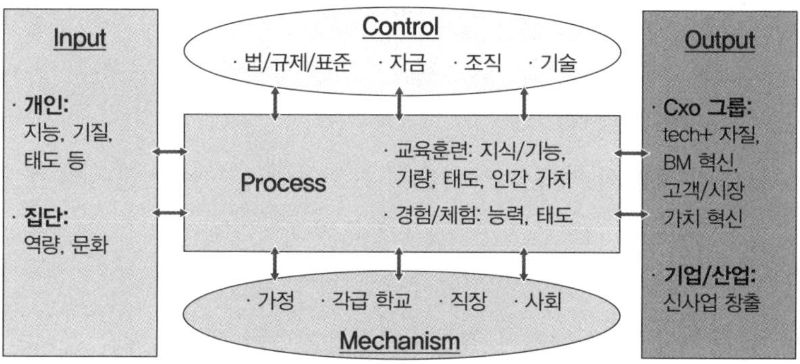

출처: 김덕현, 2010

산업 융합의 시대적 변화

산업 융합의 개념

최근 들어 산업 융합, 기술 융합, 서비스 융합 및 콘텐츠 융합이 가속화되고 있다. 특히 경영 환경변화에 따라 국내외 시장에 표출되는 소비자들의 다양한 수요에 부응하는 제품과 서비스가 창조되고 있는 등 산업 융합이 빠르게 진행되고 있다.

'산업 융합'이란 산업 간, 기술과 산업 간, 기술 간의 창의적인 결합과 복합화를 통하여 기존 산업을 혁신하거나 새로운 사회적·시장적 가치를 창출하는 활동을 말한다고 산업 융합촉진법에서 기술하고 있다.

여기서 '가치창출'이란 서로 다른 기술 및 기능 간의 단순한 결합이 아닌 융·복합의 결과물이 다음과 같이 사회적 또는 경제적으로 충분한 고부가 가치를 창출해야 한다는 것을 의미한다. 경제적 가치로는 유망 신기술·신시장 창출, 고용창출 효과, 중소기업 육성 등에 기여함을 말하며, 사회적 가치로는 건강·복지·안전 등 사회적 니즈 충족, 친환경, 에너지 문제 등에 기여함을 의미한다.

산업 융합의 개념과 범주는 기술의 발달, 시대적·사회적 환경 등에 따라 다음과 같이 유동적으로 변화하고 있다. 첫째, 기능 복합의 시대로서 대표적인 제품으로는 프린터 복합기라든지 냉난방기 등이다.

둘째, 기술결합의 시대로서 이 시대에는 나노기술과 IT 반도체기술이 결합된 나노 반도체기술 그리고 나노기술과 로봇기술이 결합된 미세 나노 로봇 등이 대표적인 기술이다.

셋째, 가치 융합의 시대로서 기술적 요소와 인문·예술 분야의 상승적 결합을 통해 수요자 니즈를 반영한 새로운 사회·경제적 가치창출을 의미한다.

최근에는 수요자의 니즈가 복잡·다양해지면서 인문·예술 분야를 포괄하는 개념으로 "산업 융합"의 범주가 확장되고 있다. 즉, 산업 융합의 범주는 안전, 즐거움, 편안함, 건강, 친환경 등으로 확산되고 있는 것이다.

국내외 산업 융합 현황

주요 선진국들은 융합 산업을 미래의 차세대 성장동력으로 인식하고 융합기술 개발과 육성을 위한 신산업정책을 강화함으로써 산업 융합 트렌드를 주도하려고 한다.

한 예로 미국은 "인간수행능력 향상을 위한 융합기술발전전략"을 통해 융합기술의 지속적인 발전을 위한 산·관·학 권고사항을 제시하고 융합기술 및 융합 산업을 적극 활용하여 국가 혁신 및 경제 불황을 극복하여 국가 경쟁력 강화를 위한 산업정책을 추진하고 있다

국내의 경우, 최근 산업 융합에 대한 관심이 높아지면서 산업 융합 포럼,

산업 융합 국제컨퍼런스 등이 개최되고 있다. 또한 산업 융합촉진법이 제정되고 산업 융합 지원센터가 개소되었다.

그러나 우리의 융합기술은 선진국에 비하면 낮은 수준이며 산업 융합에 대한 비전과 전략 및 추진체계가 미흡하다(손웅희, 2012).

그럼에도 불구하고 기업에 새로운 기회인 산업 융합은 기존산업의 성장 둔화, 핵심요소 기술의 혁신, 가치관 및 생활패턴의 변화를 배경으로 그 중요성이 인식되어 글로벌하게 확산되고 있다.

먼저 산업 융합의 글로벌 확산 배경으로 기존 산업의 성장 둔화를 들 수 있다. 2012년 유럽 재정 · 금융위기 이후 수출주도형 국가인 우리나라는 유럽 등 선진국의 경기침체 확산으로 교역이 정체되어 경제적인 어려움이 예상되고 있으며 글로벌 경제위기가 확산되고 있다.

둘째, 가치관과 생활패턴의 변화다. 고령화 확산에 따라 건강관리와 질병치료에 대한 관심이 증대하고 있으며 웰빙 문화의 확산 및 건강관리에 대한 개개인의 관심이 증대되고 있다. 이에 따라 스마트하고 편리한 생활을 위한 맞춤형 서비스를 요구하고 있다.

셋째, 감성적인 면과 체험을 중시하는 문화의 확산이다. 인간 감성이 적용된 소비자 친환경 제품과 서비스 개발이 확산되고 있으며 개인적 체험의 양과 질을 높여 즐거움을 얻는 문화가 확산되고 있다.

마지막으로 세계적인 글로벌화, 기술보호주의 팽배, 기술간 융 · 복합화 가속, 기술혁신주기의 단축 등에 편승하여 IT 산업이 향후 5~10년간 세계경제를 주도할 것으로 예상된다.

산업 융합 전략

융합경영의 현실 조명

미래사회는 우리에게 인문 · 기술 · 문화 · 예술 등의 전방위적인 융합화를 요구한다.

그러나 우리는 이런 추세에 대한 준비가 아직은 부족한 면이 적지 않다.

현재 우리의 모습을 돌아보고 미래 융합창조 역량 배양에 대한 관심도 높지 않았다.

그간 정부는 미래 대융합 사회 도래에 대응하기 위해 법과 제도적 기반을 구축하고, 부문별 · 업종별 융합정책과 전반적인 산업 융합을 위하여 노력해왔으나 성과 수준은 아직 미흡한 실정이고 융합 확산을 위한 정부간 추진 체계 등 인프라 역시 취약한 게 사실이다.

특히 NBICs 융합 및 인문-기술 간 융합이 아직은 낮은 수준에 머물러 있는 등 미흡한 상황이다. 그리고 이제까지는 주로 공학기술간 융합화를 통한 첨단기술 개발에 중점을 두고 있어 인문학, 디자인, 콘텐츠 등과의 소프트 융합은 더 취약한 실정이다.

최근 제조업은 인문학적 상상력과 디자인을 통해 고도화되는 추세이나, 기술 · 인문 융합의 지원 인프라는 부족한 상황이며 사회적 요구 해결을 위한 융합전략 또한 미흡한 것으로 보인다. 또한 이종 또는 다종 간 융합제품 및 서비스가 지속 출시되면서 기존 칸막이형 법과 제도 시스템으로는 지원에 한계점을 보이는 등 전반적인 융합화 전략 수립이 요구되는 실정이다(산업 융합발전기본계획, 2012).

산업 융합 전략

미래사회와 융합

미래사회는 급격한 환경변화와 사람들의 요구수준의 고도화로 인하여 한두 가지의 기술이나 방법 등에 의하여 제기되는 문제를 해결하고 요구사항을 제때 해결해주는 것은 점점 어려워질 것이다.

NT, BT, IT, CS 등 기술과 문화, 예술 등 인문학이 융합, 산업, 개인, 사회가 유기적으로 소통하는 대융합사회로 발전할 것이다. 바야흐로 기술과 산업간 칸막이가 없어지는 융합 시대가 도래하고 있다.

따라서 사회 각 분야에서 산업 융합, 기술 융합, 서비스 융합 및 콘텐츠 융합 등 전반적으로 융합화 추세로 가는 글로벌 경제 패러다임 변화에 적극

대응해야 할 것이다. 현재 직면한 도전과제를 극복하고 사회경제적 혁신과 신성장 모멘텀 창출을 위한 기업 및 국가 차원의 융합화 전략이 필요한 시점에 와 있다.

박영숙(2012)의 “유엔미래보고서 2030: 생존과 소멸의 갈림길, 당신은 어느 쪽을 선택할 것인가?”에서도 우리가 마주칠 미래사회의 세계 정세, 비즈니스와 경제, 건강과 의료, 사회와 문화, 로봇과 컴퓨터, 식품과 농업, 주거와 생활, 직업, 에너지 및 환경 문제에 대하여 기술하고 있는데 이런 과제들이 결국은 상당부분 융합화로 접근해야 할 것으로 생각된다.

산업 융합 전략

정부차원의 전략

인문학과 기술 분야 연구 인력의 교류 활성화로 창의적이며 열린 융합 인프라를 조성하고 기술 중심의 융합화 R&D사업이 성공적으로 정착할 수 있는 토대를 마련해야 한다.

글로벌 융합 시대를 선도하며 인문, 기술, 예술과 철학을 바탕으로 다양한 시각으로 다각적으로 사물을 바라볼 수 있는 창의적 · 융합형 인재 양성을 위한 융합 교육을 제도화해야 한다.

미래는 인문, 기술, 문화 및 예술 등 전방위적인 융합화를 요구하는 시대로서 현재 모습을 돌아보고 미래 융합창조 역량을 배양하며, 전반적인 산업 융합 수준을 끌어올리고 융합 확산을 위한 정부간 지원체계 등 인프라를 확충해야 한다.

핵심융합 기술을 고도화하고 이업종 기업 간, 인문 · 기술 간 융합화 촉진을 기반으로 기존 산업을 혁신하고 미래 유망 신산업을 창출하고 육성해야 한다.

산업 융합 확산 기반 조성을 위하여 산업 융합 관련 지역별, 분야별, 기능별, 유관기관 간 상호연계 협력 네트워크를 구축 및 활성화하고 융합과제 기획 단계부터 인문학과 예술 등 다양한 융합적 관점이 반영되도록 융합정책을 추진해야 한다.

치열한 글로벌 경쟁에 대응하여 우리만의 경쟁력을 확보하고 새로운 먹거리 창출을 위해 범국가적 역량 집중이 필요하다.

그림 4.2 기술 · 인문융합포럼

출처:기술 · 인문융합포럼(서울, 플래툰 쿤스트할레, 2012.11.30)

산업차원의 전략

인문 · 기술 융합형 미래 신산업을 창출하여 모든 산업의 경계를 없애고 소비자가 요구하는 가치를 만들어주는 산업으로 발전하여 소비자의 생각대로 이루어지는 생활이 되도록 노력해야 한다. 이를 위해 주력산업의 고부가가치를 창출하는 바이오신약, 지능형 로봇 등 미래 유망 분야 핵심기술을 조기에 확보하여 핵심 융합기술을 개발해야 한다.

오픈 이노베이션을 통한 다양한 협력체게를 구축하고 전반적인 NBICs 융합과 인문 · 기술 간 융합으로 시너지를 내는 시장창출을 촉진해야 할 것이다.

공학기술간 융합화 첨단기술 개발은 물론 인문학, 디자인 및 콘텐츠 등과의 소프트 융합을 추진해야 한다. 기술과 인문의 융합을 통해 인문학적 상상력과 디자인 고도화를 추구하여 융합제조업으로 거듭나야 한다.

홍상표 한국콘텐츠진흥원장도 "창조경제는 과학기술과 산업이 융합하고, 문화와 산업이 융합하고 산업 간의 벽을 허문 경계선에 창조의 꽃을 피우는 것"이라며 융합을 강조하고 있다. 이와 같이 독립적으로 개발 · 활용되어온 여러 기술들이 하나로 합쳐져 새로운 기술로 되는 융합기술이 창조경제와 사회 문화를 주도해야 한다.

이와 같이 사회 각 분야가 소통과 교감을 전제한 융합은 새로운 기술과 가치를 생성하게 된다. 이 기술은 감정이 없는 차가운 기술이 아니라 사람을 위한 따뜻한 기술이어야 하며 그 가치는 나만의 것이 아닌 전체를 위한 가치가 되어야 진정한 의미의 융합이라 하겠다.

사회차원의 전략

융합화를 통하여 일상생활의 정보기반, 언제 어디서나 개인 욕구를 충족시켜 줄 수 있는 편리하고 즐거운 생활 환경을 제공하여 걱정 없는 안심사회를 만들어야 한다.

다양한 소비자 욕구를 충족하는 인간중심의 스마트 융합을 확산하여 "보다 건강하고, 보다 편리하고, 보다 즐거운 삶"의 실현에 기여해야 한다.

사회적으로는 재해, 범죄, 환경오염, 에너지부족 등 걱정 없는 안전하고 지속가능한 사회 환경 조성이 필요하다.

인문-과학기술 간 융합기반을 조성하여 창조적 아이디어를 발굴하고 사업화 지원을 위한 인문, 기술 융합의 창작 연구체의 활성화 및 인문-기술간 개방형 융합을 촉진하는 융합 연구 환경을 구축해야 한다.

개인차원의 전략

현대 사회를 사는 사람은 누구나 한 가지 분야 이상의 전문가라 할 수 있다.

우리는 일상생활을 하다 보면 많은 지식이 필요함을 느낀다. 그런데 우리가 필요로 하는 지식은 대부분 다양한 지식을 융합한 것이다. 어느 한 가지 영역의 지식만으로는 고객의 기대와 욕구를 만족시키기 어렵다. 그래서 부각되는 것이 다양한 지식이 하나로 융합된 '융합 지식'이다.

새로운 패러다임으로 자리 잡고 있는 '융합 지식'과 '융합기술' 시대에서 개인적인 차원에서도 지식 융합의 거대한 물결과 세세한 줄기를 모두 담아내는 지적 도전이 요구된다.

최근 지식 · 정보의 흐름은 서로의 경계가 희미해지고 지식 · 정보의 융합이 새로운 패러다임으로 인식되고 있다. 이제까지의 분야별 전문화된 개별 지식만으로는 복잡하고 다양한 현실 문제 해결이 어려워지면서 나타난 시대적 흐름이다. 현실 문제 문제를 올바로 인식하고 해결방법을 고안하기 위해서는 열린 마음으로 다양한 가치를 수용하고 창의력 넘치는 융합화 능력을 배양하는 접근방법이 필요하다.

이를 위해 학문 간 영역을 넘나드는 공동연구가 필요하며, 산 · 학 · 연 간의 지식 및 정보의 통합과 융합의 필요성이 강조되고 있는 것이다.

"서로 다른 학문 영역 사이의 경계를 넘나들며 새로운 연구 주제에 도전하는 융합 학문은 첨단지식 창조의 원동력이 되고 있다. 21세기 들어 학문 융합 현상이 시대적 흐름으로 자리 잡게 된 까닭은 상상력과 창조성을 극대화할 수 있는 지름길로 여겨지기 때문이다. 융합 지식이야말로 우주 속에서 인간의 위치를 재발견하고 인류사회의 미래를 설계하기 위해 절차탁마하는 젊은이들에게 가장 든든하고 확실한 길라잡이가 될 것임에 틀림없다"(이인식, 2008).

소비자의 기대사항과 요구사항을 해결해 줄 수 있는 새로운 지식을 만들어 내기 위해서, 기술 위험이나 기후 변화와 같은 학제적 성격의 문제를 해결하기 위해서, 창의적인 혁신을 위해서 학문 영역을 넘나드는 융합에 대한 연구가 꼭 필요하다.

이와 같이 서로 다른 학문 영역을 넘나드는 학문 융합은 미래사회를 밝게 할 성장 동력이자, 다종다양한 분야의 상상력과 창조성의 원동력으로서 학계는 물론 개인적인 차원에서도 차근차근 준비해야 할 것이다.

융합 시대의 시사점

융합 시대를 맞아 정부, 산업계, 학계 및 개인 모두 새로운 시험대에 서 있다.

거대한 글로벌 환경변화의 큰 물줄기로 다가온 융합 시대의 흐름에 맞추어 정부를 비롯한 사회 모든 분야에서는 proactive하게 대응함으로써 글로벌 리더의 위치를 확고히 할 수 있는 기회로 삼아야 하겠다.

따라서 정부, 산업계, 학계 및 개인은 자신의 전문 분야에서의 역할은 물론 분야 간 벽을 허물고 서로 유기적인 협조와 체계적인 통합시스템 하에 새로운 가치 창출을 위한 융합에 지혜를 모아야 한다.

정부는 부처간 칸막이를 없애고 실질적인 협업체계를 구축하고 융합 관련정책을 시기를 놓치지 않고 시행해야 한다. 또한 융합관련 인프라를 조성하고 산업계와 학계가 유기적인 협조체제 속에서 융합기술개발이 효과적으로 추진될 수 있는 기반을 마련해 주어야 한다. 융합 시대에 글로벌 선도국가로의 도약을 위해 정부가 리더십을 발휘할 때다.

기업은 산업 간, 기술 간, 제품 및 서비스 간에 다양한 융합을 통하여 글로벌 경쟁력을 확보하여 앞서가는 글로벌 기업으로 자리매김할 수 있는 좋은 기회로 삼아야 하겠다.

특히 소비자들의 기대수준과 요구사항이 고급화 · 다양화되고 있는 경향에 대응하여 이에 걸 맞은 제품과 서비스를 제공해야 한다. 이를 위해 감정이 없는 차가운 기술이 아닌 사람을 위한 따뜻한 기술 개발을 하는 등 치밀한 융합전략이 요구된다.

학계는 정부 및 산업계와 유기적인 협조 아래 융합발전을 위한 기초 연구와 글로벌 융합인재 육성을 위하여 노력함으로써 국가 및 기업이 융합 시대를 성공적으로 이끌어 갈 수 있는 바탕을 마련해 주어야 할 것이다. 즉, 새로운 산업 융합 트랜드에 대응하는 다학제적인 융합화 역량을 갖추고 산업현장의 창조경제, 융합 경영 등을 주도해 나갈 핵심인재를 양성해야 한다.

개인도 앞에서 설명한 환경변화를 면밀히 분석 대응하여 융합 시대에 걸 맞는 역량을 갖추기 위해 자신의 전문 분야의 역량 강화는 물론 연관 분야에 대한 지식도 받아들여 나의 새로운 지식으로 재창조할 수 있어야 한다. 이와 같이 벽을 허물고 새로운 가치를 창조하는 등 융합시대에 융합적 사고를 지닌 글로벌 인재로 거듭날 수 있도록 끊임없는 준비와 노력이 요구된다.

산업 융합이나 융합 경영은 새로운 성장 엔진을 만들어 이를 통해 국민의 삶의 질과 만족감을 높이고 비용과 불편은 줄일 수 있어야 한다. 또한 양질의 일자리도 만들고 경제성장에도 큰 기여를 하는 등 성장과 복지를 동시에 추구할 수 있어야 한다. 즉 융합의 중심에 사람이 자리 잡고 새로운 가치를 창출하는 경제 패러다임으로 자리매김해야 할 것이다.

참고문헌

최선(2007) 『환경경영의 이해』, 두남

이병욱 외(2005) 『환경경영』, 에코리브르

양창삼(2012) 『기업환경의 변화와 경영혁신』, 한국학술정보

육근효(2007) 『하이브리드 경영의 실천』, 부산외국어대학교

홍성욱 외(2012) 『융합이란 무엇인가』, 미래융합아카데미

신동희(2011) 『스마트 융합과 통섭 3.0』, 성균관대학교출판부

김영환 역(2005) 『경영전략』, 21세기북스

기획재정부외(2012) 『제1차 산업 융합발전기본계획』, 관계부처합동

김덕현 외(2011) 『융합경영』, 글로세움

김덕현(2012) 『융합비즈니스 모델링 프레임워크』, 전자거래학회

김영록 외(2012) 『융합인재의 조건』, 티핑포인트

삼성그룹(2013) 『사내교육교재』, 삼성그룹

이덕훈(2012) 『기업과 환경』 비엔엠북스

황종서(2010) 『글로벌기업 환경분석』 형설출판사

김종철(2011) 『경영전략 수립방법론』 시그마인사이트

강영철 외(2008) 『전략. 경쟁분석』 3mecca.com

이인식(2008) 『지식의 대융합』, 고즈윈

편집부(2012) 『나노융합산업과 기술개발전략』, 데이코D&S
김광웅(2012) 『융합학문, 어디로 가고 있나?』, 서울대학교출판문화원
첨단신기술정보분석연구회(2012) 『미래 핵심전략 분석』, 진한엠앤비
BIR Research Group(2012) 『뿌리산업과 산업 융합 동향과 기술개발 전략』, BIR
서동혁(2007) 『융합시대의 IT산업 발전비전과 전략』, 산업연구원
이상문(2006) 『첨단경영정보론: 디지털 융합과 신지식 창조』, 형설출판사
윤태성(2013) 『지식 비즈니스가 뜬다!』, 매일경제신문사
박미용 역(2013) 『디지털시대의 마법사들: 융합과 혁신으로 미래를...』, RHK
이인식(2012) 『인문학자, 과학기술을 탐하다』, 고즈윈
첨단신기술정보분석연구회(2009) 『신성장동력산업 비즈니스전략2』, 진한엠앤비
이인식 외(2010) 『기술의 대융합』, 고즈윈
김용근(2013) 『기술은 예술이다』, 금요일
김영록 외(2012) 『융합인재의 조건: 미래기업의 성장엔진』, 티핑포인트
이순종 외(2008) 『창조와 융합: 제6회 국제디자인문화 컨퍼런스』, 안그라픽스
이병욱(2011) 『융합의 이해: 미래 디지털 사회를 위한』, 생능출판사
박영숙(2012) 『유엔미래보고서 2030』, 교보문고
한국경제(2013.02.28), 조선일보(2013.3.8)
지식경제부(2012) 『제1차 산업 융합발전 기본계획』, 지식경제부
김한주(2007) 『IT기반 융합전략』, 정보통신연구진흥원
손웅희(2012) 『융합산업 정책현황 및 대응전략』, 산업경제연구원
최중석(2012) 『비즈니스 경영전략』, 두남
중소기업청(2012) 『산업 융합전문가과정교재』, 중소기업청

5장

지식융합과 협업을 통한 강소기업의 가치 극대화 전략

이업종교류와 융합

우리나라의 이업종교류는 1989년을 전후하여 일본에서 처음 도입된 이후 중소기업진흥공단과 금융기관, 그리고 경제단체의 홍보 노력과 참여기업의 적극적인 활동으로 짧은 시간 내에 정착이 되었다. 특히 1990년대 초 지방자치단체의 전면적인 실시로 지역경제에 대한 관심이 높아지고, 정부의 이업종교류 지원에 대한 법적 근거가 신속히 마련되면서 도입 초기에 이미 많은 신규 그룹이 결성되었다. 이업종교류의 국가적 · 사회적 기능과 기업경영에 미치는 경영전략적 가치를 인식한 선구자들의 노력으로 이업종교류 도입 초기에 성공적인 교류활동의 기반이 조성된 것이다.

2011년 10월 산업융합촉진법이 발효되면서 "중소기업이업종중앙회 및 지역연합회"가 "중소기업융합중앙회 및 지역연합회"로 바뀌었다. "이(異)업종 교류"란 사업상 경쟁상대가 아닌 서로 다른 업종의 중소기업이 교류회를 조직하여 회원사 간의 신뢰를 바탕으로 각 사가 보유하고 있는 경영 Know-How, 전문기술, 인적자원, 판매력 등 경영자원을 상호 교환하여 기업경쟁력 향상과 신비즈니스 창출을 목적으로 하는 네트워킹 경영교류활동이다.

"빨리 가려면 혼자 가고, 멀리 가려면 함께 가라"는 격언이 있다. 이 격언은 이업종교류 활동을 하는 중소기업 CEO에게 왜 다른 업종의 CEO들을 만나야 하는지에 대해 시사하는 바가 크다. 지금은 Knowledge Networking의 시대이다. 예전에는 새로운 고객을 창출하기 위해서 많은 노력을 기울였지만 지금은 기존 고객과의 관계구축을 얼마나 잘하느냐에 따라 기업의 성장이 좌우된다고 볼 수 있다. 실제로도 중소기업 CEO들의 모임이다 보니 회사의 애로사항들이 가감 없이 전달되어 서로의 생각을 공유하고 있으며 새로운 대안을 제시하기도 하고 협업을 통하여 새로운 제품이 탄생하기도 한다.

우리 중소기업이 과거와 달리 전문화되고 세분화된 특정기술이나 지식만으로는 글로벌 시대에 지속성 있는 경쟁력을 유지할 수 없는 시대가 되었다. 대부분의 중소기업 현실은 자금과 인력의 한계, 한정된 설비능력과 기술력의 한계 등으로 어느 특정 분야에 대한 강력한 경쟁력이나 차별화된 핵심역량을 자체적으로 확보하기 매우 어려운 환경에 놓여 있다. 따라서 우리 중소기업들은 전략적 인맥을 통해 새로운 도약을 준비해야 한다. 특히 이업종교류 등을 통해 다른 중소기업의 실패사례와 성공사례를 교훈 삼아 자신의 기업체를 성장시켜야 한다.

이제는 중소기업 CEO들이 전략적 인맥을 통해 회사의 부족한 부분은 보충하고 강점은 널리 알려야 한다. 수년간에 걸쳐 개발해야 할 기술도 전략적 인맥을 통하면 빠른 시간 안에 개발할 수 있기 때문이다. 또한 효과적인 지식융합 및 기술융합을 탄생시키기 위해서는 중간 역할을 할 수 있는 융합전문가가 반드시 필요하다. 현재 융합전문가의 육성은 중소기업융합중앙회에서 하고 있다. 융합전문가가 필요한 이유를 예를 들면, 개발을 전문으로 하는 회사가 매출은 작지만 이익은 클 수가 있고, 생산을 전문으로 하는 업체는 매출은 많지만 이익은 작을 수 있는데, "초기 개발비용을 어떻게 부담할 것인가?" 또는 "판로개척 비용을 어떻게 산출할 것인가?"에 따라서 비용과 위험에 대한 리스크를 제3자 입장에서 객관적으로 판정해 줘야 하기 때문이다.

기업을 경영하는 CEO들은 전략적 인맥을 관리하기 위해 신뢰를 바탕으로 새로운 영역을 구축하려고 노력해야 한다. 그런데 이런 노력이 짧은 시간 안에 이루어지지 않는다는 것이 문제다. 성공적인 비즈니스를 하기 위해서는 "누구를 아느냐" 즉, 어떤 회사의 CEO가 강점을 가지고 있느냐를 알기 위해서는 상호 방문과 만남이 중요하다. 이런 문제점의 대안이 바로 이업종교류이다. 이업종교류는 자주 만나서 허심탄회한 이야기를 나누기 때문에 상대의 기술과 능력을 알고 있어 서로에 대한 탐색할 시간을 절약할 수 있다. 중소기업 CEO들은 혼자 있을 때 매우 외롭다고 말한다. 자금과 판로에 대한 고민, 회사 성장에 대한 고민은 누구나가 가지고 있는데 쉽게 애로사항을 이야기하지 못한다. 전략적 인맥이란 이러한 고민을 터놓고 이야기할 수 있는 사이라 할 수 있다.

이업종교류가 유익한 월례모임이 되게 하려면 어떻게 해야 하는지 필요한 원칙에 대해서 설명하고자 한다. (1) 월례회는 회원사 순방이나 회의실에서 개최함을 원칙으로 한다. (부득이 식당에서 모임을 가질 때에는 회의가 완전히 끝난 뒤에 음식을 반입하도록 한다.) (2) 참여의식을 높이기 위하여 회원 모두에게 발언 기회를 준다. (발언자는 최근 근황과 도움을 받고자하는 내용 또는 최근 자신이 체득한 정보 중 유익한 내용을 이야기한다.) (예: 3분 스피치 등) (3) 총무는 회의내용을 요약 기록 보고한다. (불참자에 대하여는 총무가 그 사유와 근황을 대신 보고한다/전 회 모임의 중요내용을 간단히 설명한다.) (4) 이업종교류의 근본 취지를 이해하도록 한다. (GIVE & TAKE가 아니라 GIVE & GIVE 정신으로 임해라.) (5) 부정적인 언어, 비판하는 언어 등은 가급적 피하고 건설적이고 진취적인 이야기를 한다. (한 사람이 부정적인 이야기를 하면 자칫 회의 분위기가 잘못 흘러가기 쉬우므로 각별히 신경을 써서 말한다.) (6) 회비는 가능한 자동이체하고 부득이 개별적으로 낼 때에는 총무에게 미리 낸다. (공식회의에서는 가급적 회비에 대한 논의는 삼가고 회비를 인상하거나 사용내역을 보고할 때만 하도록 한다.) (7) 공동 주제를 가지고 함께 추진하라. (예를 들면 즐거운 일터 만들기를 위한 친절운동, 기술융합화 사업추진 등의 공동 관심사를 만든다.) (8) 매회 모임에는 본인이 직접 서명하도록 하여 친필을 남기는 것이 좋고, 가능하면 매번 기념사진을 한 장씩 찍어 둔다. (참석자 명단에 사인을 한다/연 개근 출석회원에게는 인센티브를 준다. (예: 기념품이나 특별상 등) (9) 가능한 작은 이벤트를 만들어 모임을 축제처럼 한다. (금월 생일파티, 수상축하 등) (10) 정보교환 자체가 중요한 성과이다. 기술개발에 대한 성급한 기대는 금물이다. (11) 회장단의 헌신적인 희생정신과 역할이 중요하다. (12) 해외견학이나 여행, 스포츠, 등산 등을 함께 추진하라. (부부동반 모임이나 때로는 회원사의 전체행사(종업원 포함)도 갖는다. (예를 들면 단위교류회 합동 등반대회 등) (13) 참석률을 높이기 위한 방법으로 회원간 짝꿍을 정한다. (연간 참석률이 50% 미만인 경우와 모임에 계속해서 3회 이상 무단 불참할 경우는 회칙에 의거 제명 처리한다.)

이업종교류와 관련이 깊은 융·복합을 설명해 본다. **융합의 사전적 정의**는 "서로 다른 두 개 이상의 것이 모여 구별 없이 합쳐지는 것"으로 화학적 결합이나, 경쟁력 확보차원에서 근본적인 차별화된 형태를 말한다. **개념**을 설명하면 "업종이 다른 중소기업이 서로 다른 경영·기술 등을 결합하여 신기술·신제품·신서비스를 개발함으로써 부가가치를 제고함은 물론 새로운 분야로 사업화 능력을 높이는 것"을 말한다. **복합의 사전적 정의**는 "둘 이상이 거듭 합쳐지거나 그것을 합쳐 하나를 이루는 것 또는 합쳐지거나 섞여 하나로 만들어지게 되는 것"으로 물리적 결합이나 모방 용이 또는 일시적, 순간적인 형태를 말한다. **중소기업 융합**을 정의하면 "2개 이상의 기술주체가 2가지 이상의 상이한 기술 또는 제품을 효과적으로 결합하여, 비교적 단기간 내(~5년 이내)에 상용화를 이루며, 기술사업화 全단계를 통하여 신기술·신사업·신시장을 창출하는 것을 말한다.

신기술·신사업을 창출하기 위해서는 중소기업은 5%의 여유인력을 별도로 구성해서 2~3년간 준비하는 것이 바람직하다. 중소기업은 여유인력이 부족한 관계로 중소기업대표가 이업종교류 및 융합전문가 등을 통하여 新시장을 개척할 수 있는 네트워크를 만드는 것도 중요한 활동이다.

중소기업 융합의 필요성

산업융합은 중소·중견기업에게 혁신적 성공기회를 제공할 수 있다. 첨단기술과 대규모 자본 투입이 어려운 중소기업에도 창의적인 컨셉과 융합 아이디어만으로 성공사례를 만들 수 있다는 장점이 있다. "Facebook"은 소셜네트워크에 대한 융합적 아이디어에서 출발하여 기업가치 85조원 이상의 세계적인 기업으로 성장하였으며 "스팀청소기"도 진공청소기와 스팀기능(다리미)을 결합한 창의적 융합제품 개발로 한경희 생활과학은 연 731억 원 매출을 기록하고 있다.

혁신적 융합제품·서비스는 대규모 장치나 고도 기술보다는 잠재적 소비자 니즈에 대한 고찰에서 출발하고 있어 신규 창업 등이 용이하다. "You tube"도 저녁 파티에서 찍은 비디오를 친구들과 공유하기 어려워 "온라인 공유서비스모델"을 착안하여 이를 비즈니스화하여 글로벌 기업으로 성공한 것이다.

융합으로 촉발되는 다양한 신규 시장은 중소기업에게 기회다. 수요자의 니즈의 다변화와 함께 다양한 융합제품·서비스 시장이 창출·확장됨에 따라 중소기업의 창업 및 신규시장 선점기회도 확대되고 있다. 지능형 로봇(제조·의료·국방 등 로봇 다각화), u-헬스 및 s-네트워크기반의 융합제품·서비스, 스마트폰 콘텐츠·서비스 등 다양한 신융합시장이 촉발되고 있다. 특히 융합시대에는 다양한 융합형 신시장이 폭발적으로 창출되면서 일부 글로벌 대기업들이 신시장 모두를 선점·주도하기 어려운 구조이다.

중소기업은 산업융합 생태계에서 핵심역할을 수행할 수 있다. 융합화가 진전될수록 대·중소기업간, 중소기업간 다양한 협력관계가 요구되어 중소기업에 새로운 기회를 제공한다. 스마트폰의 경우 대기업의 비즈니스 플랫폼을 기반으로, 중소기업이 다양한 융합서비스를 제공한다. 첨단기술보다 다양한 이종기술과 창의적 아이디어가 강조되면서 대기업의 주도권이 약화, 생태계 내 중소기업 역할이 증가되고 있다.

지식융합과 협업의 정의

지식융합과 협업의 개념을 일본과 국내법을 인용하여 설명하여 본다.

일본의 "기술" 및 "지식"을 정의하면, 다음과 같다.

- "지식"과 "기술"을 상호 구분 않고 지식으로 통합 · 적용

> 제2조제3항 이 법률에서 '이분야 중소기업가의 지식융합에 의한 신분야 개척'이라 함은 이분야 중소기업가가 협동하여 그 생산, 판매 또는 업무의 제공기술 또는 경영관리에 관한 지식, 기타 다른 사업분야에 관한 지식을 결합하여 일체적으로 활용하여 새로운 제품 또는 업무의 개발을 위한 시험연구, 기타 연구개발, 그 성과의 이용 또는 해당 성과의 이용을 위해서 필요한 수요의 개척을 실행함으로써 신사업 분야를 개척하는 것을 말한다.

국내법의 "기술"을 정의하면 다음과 같다.

- 산업기술혁신 촉진법

> 제2조(정의) 이 법에서 사용하는 용어의 뜻은 다음과 같다.
>
> 1. "산업기술"이란 「산업발전법」 제2조에 따른 산업, 「광업법」 제3조제2호에 따른 광업, 「에너지기본법」 제2조제1호에 따른 에너지와 관련한 산업, 「신에너지 및 재생에너지 개발 · 이용 · 보급 촉진법」 제2조제1호에 따른 신 · 재생에너지와 관련한 산업 및 「정보통신산업 진흥법」 제2조제2호에 따른 정보통신산업의 발전에 관련된 기술을 말한다.

- 중소기업기술혁신 촉진법

> 제2조(정의) 이 법에서 사용하는 용어의 정의는 다음과 같다.
>
> 3. "기술혁신"이라 함은 기업경영개선 및 생산성을 높이기 위하여 새로운 기술을 개발하거나 활용중인 기술의 중요한 부분을 개선하는 것을 말한다.

• 기술개발촉진법

> 제2조(정의) 이 법에서 사용하는 용어의 정의는 다음과 같다.
> 1. "기술개발"이라 함은 산업기술의 연구 및 그 성과를 이용하여 재료 · 제품 · 장치시스템 및 공정 등에 적용할 수 있는 새로운 방법을 찾아내는 활동을 말하며, 시범제작 및 공업화 중간시험의 과정까지를 포함한다.

• 기술의 이전 및 사업화 촉진에 관한 법률

> 제2조(정의) 이 법에서 사용하는 용어의 뜻은 다음과 같다.
> 1. "기술"이라 함은 다음 각 목의 어느 하나에 해당하는 것을 말한다.
> 가. 「특허법」 등 관련 법률에 따라 등록된 특허 · 실용신안 · 디자인 · 반도체집적회로의 배치설계 및 소프트웨어 등 지적 재산
> 나. 가목의 기술이 집적된 자본재
> 다. 가목 또는 나목의 기술에 관한 정보
> 라. 그 밖에 가목 내지 다목에 준하는 것으로서 대통령령이 정하는 것

※ 기술의 이전 및 사업화 촉진에 관한 법률 시행령

제2조(기술의 정의) 「기술의 이전 및 사업화 촉진에 관한 법률」(이하 "법"이라 한다) 제2조 제1호 라목에서 "그 밖에 가목 내지 다목에 준하는 것으로서 대통령령이 정하는 것"이란 이전 및 사업화가 가능한 기술적 · 과학적 또는 산업적 노하우를 말한다.

• 기술에 대한 정의

"기술"이라 함은 「특허법」 등 관련 법률에 따라 등록된 특허 · 실용신안 · 디자인 · 반도체집적회로의 배치설계 및 소프트웨어 등 지적재산과 이들 지적재산이 집적된 재료 · 제품 · 장치시스템 및 공정 등 유형적 가치를 가진 것을 말한다.

국내법의 "지식"을 정의하면 다음과 같다.

• 지식정보자원관리법(2009.5.22 폐지)

> 제2조(정의) 이 법에서 사용하는 용어의 정의는 다음과 같다.
>
> 1. "지식정보자원"이라 함은 국가적으로 보존 및 이용가치가 있고 학술 · 문화 또는 과학기술 등에 관한 디지털화된 자료 또는 디지털화의 필요성이 인정되는 자료를 말한다.

• 산업입지 및 개발에 관한 법률

> 제2조(정의) 이 법에서 사용하는 용어의 정의는 다음과 같다.
>
> 2. "지식산업"이라 함은 컴퓨터소프트웨어개발업 · 연구개발업 · 엔지니어링서어비스업 등 전문분야에서의 知識을 기반으로 하여 창의적 정신활동에 의하여 고부가가치의 지식서어비스를 창출하는데 기여할 수 있는 산업을 말한다.

• 대 · 중소기업 상생협력 촉진에 관한 법률

> 제2조(정의) 이 법에서 사용하는 용어의 정의는 다음과 같다.
>
> 9. "기술자료"란 물품 등의 제조방법, 생산방법, 그 밖에 영업활동에 유용하고 독립된 경제적 가치를 가지는 것으로서 대통령령으로 정하는 자료를 말한다.

※ **대 · 중소기업 상생협력 촉진에 관한 법률 시행령**

제1조의2(기술자료) 「대 · 중소기업 상생협력 촉진에 관한 법률」(이하 "법"이라 한다) 제2조제9호에서 "대통령령으로 정하는 자료"란 다음 각 호의 어느 하나에 해당하는 것을 말한다.

1. 특허권, 실용신안권, 디자인권 등의 산업재산권과 관련된 정보
2. 제조 · 생산방법과 판매방법 등 그 밖의 영업활동에 유용한 기술상 또는 경영상의 정보

• 지식에 대한 정의

"지식"이라 함은 새로운 기술 개발, 신사업 개척 및 수요 창출을 위해 개별 기업이 보유한 물품 등의 제조방법, 생산방법, 그 밖에 판로개척을 위한 활동에 유용한 기술상 또는 경영상 정보 및 노하우 등 무형적 가치를 가진

것을 말한다.

• 협업에 대한 정의

협업이란 중소기업진흥법상의 개념으로 보면 여러 개의 기업이 제품개발, 원자재 구입, 생산, 판매 등에서 각각의 전문적인 역할을 분담하여 상호보완적으로 제품을 개발 · 생산 · 판매하거나 서비스를 제공하는 것이라고 규정하고 있다. 즉 기업경영 측면에서 원가절감, 공동제조와 생산라인의 확보, 신제품개발 및 해외마케팅에서 협력을 통해 기업의 매출증대와 기업성장을 도모하는데 목적을 두고 있다. 즉 기업경영프로세스상에서 각 기업이 보유한 전문적이고 특화된 우위 분야에서 선도기업을 중심으로 일괄적이고 협력적이며 체계적인 협력시스템이 이루어져 경영의 효율화를 이룰 수 있으며, 주관형태로는 R&D 중심형, 생산중심형, 마케팅중심형, 지식서비스중심형이 있다.

핵심역량을 통한 지식융합 및 협업 활동 사례

핵심역량이란 기업이 보유하고 있는 내부역량, 경쟁사와 차별될 뿐 아니라 사업성공의 핵심으로 작용하는 경쟁우위의 원천으로서 지속적인 학습과 공유를 통해 더욱 향상되며: 첫째, 핵심기술: 기업이 잘 알고 있는 것(Konws, Skill); 둘째, 핵심자산: 기업이 보유하고 있는 것(Owns, Assets); 셋째, 핵심프로세스: 기업이 수행하고 있는 것(Does, Activities)으로 구분된다.

핵심역량의 4가지 조건으로는 첫째, inimitable(모방불가능성); 둘째, Organization Fit(조직적합성); 셋째, Valuable(가치창조에 기여), 마지막으로 Rare(경쟁사대비 희소성)가 있다.

하워드 가드너 박사의 다중지능이론에 의하면 인간은 (1) 언어지능 (2) 음악지능 (3) 논리수학지능 (4) 공간지능 (5) 신체운동지능 (6) 인간친화지능 (7) 자기성찰지능 (8)자연친화지능으로 구분된다고 한다. 다중지능이론에 의하면 8가지 지능 중에서 본인이 가장 잘할 수 있는 영역을 선택하여 전문화 및 차별화하는 것이 개인의 성공 가능성이 높다고 한다.

중소기업 CEO도 본인이 근무했던 경험 및 전공을 토대로 회사를 창업하게 된다. 중소기업 CEO의 다중 영역을 구분하면 개발, 생산, 영업, 마케팅, 재무 및 관리지원 등이 있는데, 이러한 부분들이 포괄적으로 중소기업의 핵심역량이 될 수 있는데 주의해야 할 것은 대부분의 경영자들이 한 분야의 베테랑인 경우가 많아 내부 시스템 부족으로 경영의 실수 등에 노출되어 있다.

본인은 (주)이노월드컨설팅을 경영하면서 21년간의 국민은행 기업금융심사역의 경험을 살려 **정책자금, 투자유치, M&A, IPO, 기술거래 등을 핵심역량으로 컨설팅을 하고 있으며, 네트워크를 통하여 중소기업의 판로개척을 도와주고 있다.** 본인도 과거에 사업을 하면서 감성적인 사업계획으로 경영의 실수를 많이 하여 지금은 전문가의 네트워크 역량을 활용하고 있다. 특히 회계와 법무는 업무상 밀접한 관계를 가지고 있으며, 노무와 특허 및 경영진단서비스도 많은 지식과 협업이 요구된다. 본인의 핵심역량에 필요한 지식융합 및 협업에 대한 사례를 들어본다. 다른 경영지도사 및 경영컨설턴트와 달리 협업관계에 있는 회사와 함께 영업플랫폼 역할을 담당하면서 지식융합과 협업 활동을 하고 있다. 또한 중소기업이 애로사항이 발생할 경우 신뢰할 수 있는 파트너를 통하여 적극적으로 문제해결을 도와주고 있어 순서대로 지식융합 및 협업 활동에 대하여 소개하고자 한다.

일조디지털법무법인(송무/공증/등기)과 협업 활동

융합서울연합회 행정위원장을 맡고 있는 일경교류회 일조디지털법무법인 나국주 대표변호사는 서울디지털산업단지 경영자협의회에서 진행하는 MBA 5기 과정을 같이 수료하면서 지식융합 및 협업을 통한 판로개척에 공감을 하여 매주 1회씩 고문자격으로 미팅을 하고 있다. 나국주 변호사는 "소송없는 경영(2012.6월 출판, 21세기북스)"을 출간하여 <u>20년 경력 기업 전문변호사가 알려주는 소송하지 않고 이기는 경영노하우</u>를 중소기업 CEO

에게 전달하여 법률경쟁력의 강화에 노력하고 있으며, 최근에는 SERICEO에 기업생존법률의 제목으로 강의를 하고 있는데 소제목은 다음과 같다. (1) 지금은 법률 경쟁력 시대: 법률경쟁력이 없으면 기술경쟁력도 지켜낼 수 없는 변화된 기업환경에서 사전에 문제를 예방할 수 있는 법률정보에 대해 알아본다(2012.12.17). (2) 법률전쟁 승리의 기본, 계약서: 계약서 안에 반드시 기재되어야 하는 "권리"와 "의무"사항과 좋은 계약서의 조건에 대해서 알아본다(2013.1.7). (3) 외국기업과의 계약, 이것만은 명심: 외국기업과의 계약은 국내 계약과 달리 신경써야 할 점이 많다. 그 중 가장 주의해야 할 두 가지 사항을 알아본다(2013.1.29). (4) 페널티 조항을 활용하라: 계약위반 사실만으로도 손해배상을 받을 수 있는 계약금, 위약금, 위약벌금, 지연이자에 대해 알아본다(2013.2.19). (5) 소송 없이 승소효과를! 공정증서!: 한번쯤을 활용해봤을 공증! 공증의 한 종류인 공정증서를 작성하면 소송 없이도 승소효과를 볼 수 있다(2013.3.4). (6) 모르면 당하는 법률지식, 채권수명: 내가 가진 채권이 10년 후에도 유효할까? 채권 종류에 따라 상이한 채권수명과 채권수명을 연장하는 방법에 대해 알아본다(2013.3.25). (7) 영업비밀을 지켜라: 기업의 핵심정보가 경쟁기업에 넘어간다면? 영업비밀을 법적으로 보호받기 위한 사전 장치들에 대해 알아본다(2013.4.8). (8) 경영진의 법적 책임은 어디까지?: 권한이 많은 만큼 책임도 막중한 경영자들의 민사상, 형사상 법적 책임에 대해 알아본다(2013.4.22). (9) 회사 정관을 아시나요?: 회사의 성장 방향을 제시하고, 경영자들에게 경영의 기본 방침을 제공하는 "기업의 헌법! 정관에 대해서 알아본다(2013.5.6). (10) 적대적 M&A, 이렇게 대비하라: 힘들게 키운 회사를 적대적 M&A로 빼앗긴다면? 정관을 활용한 경영권 방어전략을 알아본다(2013.5.20). (11) 혹시 보증 서셨나요?: 인간관계를 단절시키고, 한 가정을 파탄으로 몰고 갈 수도 있는 연대보증! 현명한 기업인이라면 꼭 알아야 할 보증시 유의사항을 알아본다(2013.6.10). (12) 내 주장의 근거! 내용증명: 법적 분쟁에서 가장 중요한 것은 증거를 남겨 놓은 것! 내 주장을 가장 객관적으로 증명해준 내용

증명에 대해 알아본다(2013.6.24). (13) 교묘한 탈법행위를 응징하라!: 법의 사각지대를 이용해 탈법 행위를 일삼는 자들에게 어떻게 대응할 수 있을까(2013.7.11)? (14) 법에도 괘씸죄가 있다!: 실손 배상 중심인 우리나라에도 최근 도입 움직임이 일고 있는"징벌적손해배상제도"에 대해 알아본다(2013.7.22). (15) 법률전쟁에서 승리하는 실전 소송팁: 가능하면 피해야 하는 소송을 어쩔 수 없이 해야 한다면 무엇이 가장 중요할까? (2013.7.29) 일조디지털법무법인과의 협업활동을 보면 법률자문이 필요한 거래처의 소개, M&A업체에 대한 계약서 작성, 융합 및 협업 활동을 할 경우 분쟁을 방지하기 위해 사전에 꼭 필요한 협약서 작성, 공증 및 등기가 필요한 업체 소개와 전화상담 등 중소기업의 법률경쟁력을 위해 많은 도움을 받고 있다.

삼일노무법인(노무관리/임금체불/부당해고)과 협업활동

삼일노무법인 변완석 대표노무사와는 서울디지털산업단지 경영자협의회 부회장직을 같이 맡고 있는 관계로 사무실을 같이 사용하고 있다. 특히 실무를 맡고 있는 최문학 노무사와 고문자격으로 노무 전반에 관한 많은 정보를 교환하고 있다. 삼일노무법인과의 협업 활동을 보면 노무관리, 임금체불 상담, 부당해고 상담 등 많은 도움을 받고 있다.

현재 모든 사업장에서는 세무사 또는 회계사 사무실에 기장대리를 맡기고 있는데 이는 세무에 대한 필요성을 인식하고 있기 때문이다. 이에 반하여 인사노무에 대해서는 소속 인사부서나 경리부서에서 완벽하게 업무처리를 하고 있을 것이란 생각 때문에 노무법인 또는 노무사 사무실의 전문적인 자문 필요성을 느끼지 못하고 있는 것이 보통이다. 노동관계법에는 근로자의 많은 권리들에 대하여 규정하고 있는데 사업주는 월급만 밀리지 않고 제대로 주면 문제없다고 생각한다. 그러나 분명히 월급을 지급했음에도 불구하고 노동관계법에서 규정하고 있는 특정 권리를 부여하지 않았기 때문에 재차 지급해야 하는 억울한 상황이 발생한다. 즉 실질적으로는 모든 권리를 부여한 것이나 그 형식이 잘못 되었기에 재차 지급해야 하는 이러한 억울한 상황이 발생하게 되는 것이다. 삼일노무법인에서는 인사규정 전반을 진단하여 이러한 억울한 상황이 발생하지 않도록 개선하고, 고용노동청 임금체불진정 사건 및 체당금 신청 업무, 노동위원회 부당해고 및 부당노동행위 사건, 노동사건 관련 각종 행정심판, 노동사건 관련 행정소송 등 노동사건 발생의 사전예방 및 사후 권리구제 서비스를 제공하고 있다.

다솔특허법인(특허/상표/소송)과 협업 활동

상승교류회 다솔특허법인 오영균 대표변리사는 서울디지털산업단지 경영자협의회에서 진행하는 MBA 5기 과정을 같이 수료하면서 협업을 통한 판로개척에 공감을 하여 수시로 고문자격으로 미팅을 하고 있다. 특히, 오영균 변리사는 처가 변호사인 관계로 특허법인을 같이 운영하고 있어 특허소송에 있어 차별화된 경쟁력을 가지고 있다. 다솔특허법인과의 협업활동을 보면 특허 및 상표 등록 그리고 특허 소송 등 많은 도움을 받고 있다.

다솔특허법률사무소는 2003년도에 설립된 이래, 지적재산권과 관련한 특허출원, 상표출원, 디자인 등록업무는 물론 특허심판, 지적재산권 관련 소송 등에서 폭넓은 경험과 전문성을 겸비하고 있으며, 일반 민・형사사건, 가압류, 가처분, 법인등기, 계약서 작성 및 검토 등 기업에게 필요한 모든 법률 서비스를 제공하고 있다. 특히, 일반 특허사무소나 법률사무소와 달리 지적재산 관련 법률 사건에 있어 변리사와 변호사의 협업을 통해 고객에게 종합적인 전문적인 원스톱 서비스를 제공하고 있다.

태율회계법인과 협업 활동

융합서울연합회 감사를 맡고 있는 FOR1교류회 태율회계법인 이희동 대표회계사는 본인이 사무총장(2009년~2012년)을 역임할 때 이산산악회 산행 등 다년간의 신뢰를 바탕으로 태율회계법인과 협력사로서 인연을 맺고 있다. 특히, 이희동 대표가 공동출간한 "독립컨설턴트를 꿈꿔라(2011.3월 출판, 새로운 제안)"에 본인이 정책자금과 관련된 내용을 소개하기도 하였다. 태율회계법인과의 협업활동을 보면 태율회계법인의 기장 및 회계감사 업체 중 정책자금 및 투자유치가 필요한 업체에 대한 안내를 하고 있으며, 당사가 의뢰한 M&A업체에 대한 재무실사, 중소기업의 재무활동에 대한 여러 가지 애로사항 등을 지식 융합 및 협업으로 해결하고 있다.

중소기업경영지원센터(신용평가관리/부채관리 분석)와 협업 활동

중소기업경영지원센터는 독자적인 관리시스템 구축이 어려운 중소기업에게 경영진단서비스를 제공하는 회사로서 고문 및 G밸리지사로서 장준서 대표와 매주 1회 미팅을 하고 있다. 경영진단서비스는 기업의 현재 위치를 파악하고 여러 가지 재무/회계/세무적 위험요소들을 표준화된 기준으로 분석해서 향후 관리포인트와 중장기 경영전략을 수립하는 데 필요한 기초자료를 제공한다. 제공되는 리포트는 2가지가 있는데 첫째, **기업경영분석리포트**는 1. 경영성과분석(재무제표와 관리비율분석, 동일업종 평균 재무상태표와 비교분석, 동일업종 평균 손익계산서와 비교분석, ROE TREE 분석, 경제적 부가가치(EVA)분석, 미처분이익잉여금 분포도분석) 2. 신용평가관리분석(신용등급별 주요재무비율과 비교분석, 18종의 재무비율분석, 현금흐름분석) 3. 부실지수관리분석(알트만 Z'-SCORE 분석, 알트만 K2-SCORE 분석, 알트만 SCORE 시뮬레이션) 4. 기업가치평가분석(시장가치분석 EV/EBITDA, 상증법상 기업가치평가) 5. 중장기 리스크 분석(기업 성장률 대비 재무데이터 추이, 연도별 기업가치 변화, 연도별 기업가치 및 상속/증여세, 연도별 이익잉여금 예측) 등을 제공하며 둘째, **세무감사 분석리포트**는 세무감사 위험도 종합분석, 매출총이익 분석, 판매비와 관리비 분석, 영업손익분석, 소득율 분석, 재료비/노무비분석, 경비율분석, 당기공사총비용분석, 부가율석차율분석, 연도별 재무상태표 추이분석, 연도별 부가세신고 추이분석, 종합분석표 등을 제공한다.

비주얼로 제공되는 리포트의 장점은 (1) 중장기 경영전략 수립 (2) 기업의 신용평가 관리 (3) 세무감사 사전 대응 (4) 차입자본(부채) 관리 (5) 재무/회계/세무 관리시스템 구축 (6) 기업의 시장가치와 세법상의 가치를 비교 관리 (7) 향후 기업승계가 어려울 경우 15년간의 세무적 위험요소를 분

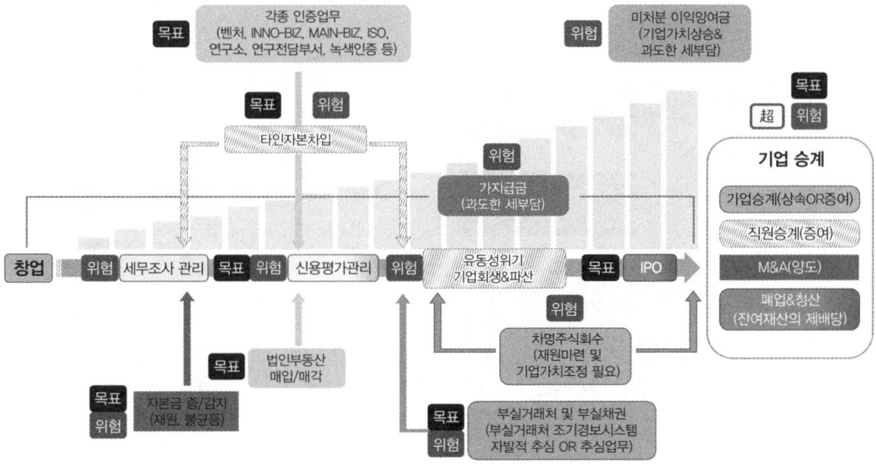

그림 5.1 법인재무설계 컨설팅 분야 도해

석할 수 있게 된다. 제공되는 혜택을 받고자 할 경우 일반회원사와 VIP회원사 중 선택하여 신청하면 된다.

- 일반회원사: 100만 원/1년(VAT 별도)

1. 기업경영분석리포트(2회/년) 제공
   (경영성과분석, 신용평가관리분석, 부실지수관리분석, 기업가치평가분석, 중장기 리스크분석)
2. 세무감사분석리포트(5회/년) 제공

- VIP회원사(일반회원사 혜택 포함): 300만 원/1년(VAT별도)

1. 전담 컨설턴트 배정
2. 예비신용평가 서비스(나이스신용평가정보(주) 제공): 횟수 무제한
3. 부실거래처 조기경보시스템 서비스(나이스신용평가정보(주) 제공): 할인서비스(정가: 360만 원/년) → 50만 원/년, 20개 업체까지 관리가능
4. 무료 컨설팅 분야: 기업승계(가업, 직원, 양도, 폐업&청산), 이익잉여금 관리, 차명주식관리, 가지급금관리, 자본금 증/감자 관리 자문 및 상담
5. 실비 유료컨설팅 분야: 각종 인증서비스, 정책자금, 모의세무조사, M&A, IPO, 투자유치 등

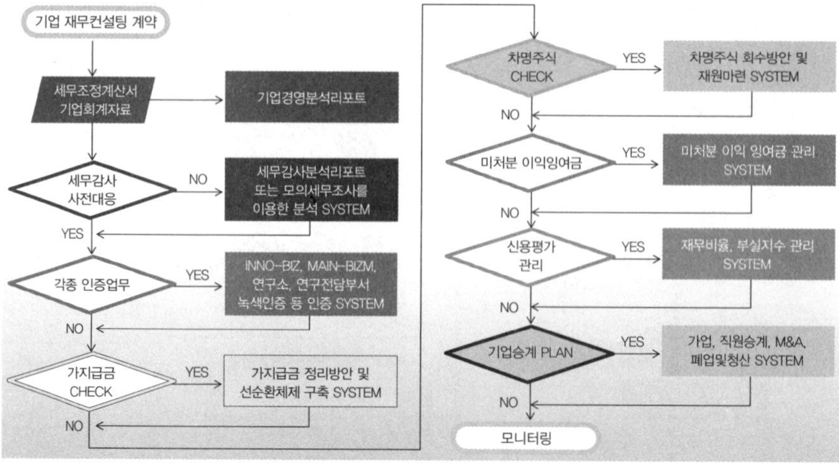

그림 5.2 법인재무설계 컨설팅 FLOW CHART

융합서울연합회 다른 교류회 회원사간의 협업 활동

다른 교류회 회원사간의 협업 활동을 서울연합회 회원 입회순에 따라 소개해 본다.

1. 강소교류회 (주)에스테크 정일화 대표 (주생산품: 무선통신기기(KCC) 인증시험, UC인증시험)

(주)에스테크는 1993년 설립하여 20년간 시험 인증산업의 전문적, 선도적 역할을 담당하는 회사로서 아래와 같은 차별화 역량을 갖추고 있다.

1) 국내 시험, 인증산업 초창기에 설립하여 20년 이상의 연구 개발 노하우 및 조직 역량을 갖추고 있음
2) 국제 공인시험기관으로 전자파, 무선통신, 유선통신, 전기안전, SAR 시험 등의 국내, 국제 규격(KCC ,FCC, CE, CB, UL, VCCI … 등)의 시험 자격 보유
3) 각 산업의 국제화에 부응하여 세계 각 국가 규격별 시험에 대한 시설 및 평균 10년 이상의 연구개발 및 시험 능력을 갖춘 유능한 인적자원 보유

4) 빠르게 변화하는 IT 산업의 추세에 발 맞추어 과감하고 신속한 시설 및 장비의 투자로 항상 첨단 시험 환경 유지
5) 경영진의 활발한 대내외 활동으로 시험, 인증업계의 정보 및 시험에 대한 선도적 역할

2. 우리교류회 (주)코리아헤드 정철호 대표 (주생산품: 고급인재추천, 평판조회)

(주)코리아헤드는, 전문컨설턴트 35명이 근무하며, 20여만 명의 전 산업분야 우수 경력인재 DB와 업계 최고효율의 자체 전산시스템을 완비하고 있다. 또한 유명 대학 및 동창회 홈페이지 내에 헤드헌팅 사이드를 운영 중인 각 부문에서 균형적인 경쟁력을 갖춘 업력 11년의 국내최대 써치펌이다. (사례로, 서울대 총동창회 홈페이지를 방문해서 우측에 "동문경력관리" 배너를 클릭하면 (주)코리아헤드가 만들어서 운영 중인 서울대 동문 헤드헌팅 서비스 홈페이지(www.snua.or.kr)를 볼 수 있다.)

차별화 역량은 사업의 중심인 인재추천(헤드헌팅)업무 이외에 평판조회, 채용대행, 아웃플레이스먼트를 진행하고 있습니다. 나날이 그 중요성이 주목받고 있는 평판조회 서비스는 국내 최고 품질을 인정받고 있다. 또한 2009년부터 고용노동부에서 써치펌의 재무건전성, DATA 시스템, 조직운영실태, 회사문화, 고객만족도 등을 실사하여 "고용서비스 우수기관"으로 인증하고 있는데 5년간 1,000여 개의 써치펌 중에서 아직 5개사 밖에 선정되지 못했으며, 코리아헤드(주)는 2009년에 1차 선정되었고, 인증유효기간이 만료되는 2011년 말에도 심사를 통과해 재선정되어 고용서비스 최우수기업으로 인정받고 있다.

3. 2NE2교류회 (주)다원피플 김근택 대표 (주생산품: 인재파견)

(주)다원피플은 아웃소싱 전문회사로써 현재 500여 명의 도급사원들이 경

남지역과 수도권에서 근무하고 있다. 물류센터 및 배송업무 도급운영을 전문으로 하고 있으며, 판매직 및 인재파견업무도 병행하여 수행하고 있다. 2005년 창업 이후 현재까지 CJ대한통운, (주)한진, 글로비스와 거래를 유지해오고 있으며, 제약회사 물류센터도 인력을 파견하고 있다.

(주)다원피플은 현재 계속해서 성장해가고 있는 회사로 한번 계약을 맺으면, 책임감과 신뢰를 바탕으로 계속해서 계약이 유지되고 있다. 차별화 역량은 고객사의 경영효율화를 위해 최선을 다하며, 문제점을 미연에 방지함으로써 아웃소싱도입의 효율성제고와 안정적인 운영을 책임지고 있는 우수한 아웃소싱 전문기업이다.

4. 숭실융합교류회 비전테크 김우성 대표
(주생산품: 프린터, 복사기 렌탈, 사무용품 판매, 재생잉크, 토너 제조)

비전테크는 20여 명의 종합사무서비스(office total service)의 전문가들로 이루어져 모든 기업의 사무환경을 저렴한 비용과 그 비용과는 비교할 수 없는 높은 서비스 만족도를 위해 사무기기 판매 및 렌탈, 재생토너 직접 제조 판매, 컴퓨터 리스 판매, 사무용품(드림오피스 매장 운영) 판매, 자체 서비스 센터 운영 등을 통해 최저 가격! 최고의 서비스!를 실현하고 있는 업력 10년의 종합 사무 서비스 전문 기업이다.

차별화 역량은 전문화되고 체계적인 시스템과 끊임없는 교육과 투자를 통해 기업의 종합사무 애로사항을 해결하면서 함께 발전해온 젊은 기업이다. 평균 연령 30세 미만의 열정으로 눈앞의 이익보다는 같이 함께 성장하는 동반자적인 기업가정신으로 전국 80개의 파트너점과 대기업, 중소기업 및 관공서와 거래하면서 종합사무의 비용절감에 많은 일익을 감당하고 있다. www.vtrental.kr의 홈페이지를 통해 비전테크의 서비스를 볼 수 있으며 기업의 비용 절감을 위해 최선을 다하고 있다.

융합서울연합회 서울포럼교류회 회원사간의 협업 활동

본인이 속해 있는 서울포럼교류회는 2003년 창립되어 현재 19명의 회원으로 운영되고 있다. 이종태 회장(브레인넷)과 김관택 총무(케이엘피코리아)가 2012년에 이어 교류회를 이끌어 가고 있다. 수평적인 조직인 관계로 돌아가면서 회장 및 총무를 맡고 있으며 서울포럼교류회의 연간 회비는 60만원으로 30만 원은 연합회 사무국에 기본회비(사무국 직원 급여 및 서울연합회 주관 행사 비용 등)로 30만 원을 납부하고, 나머지 30만 원은 교류회 경비로 사용하고 있다. 회원자격은 2010년부터 강화되어 3년 이상의 업력과 10억 원 이상의 매출액 또는 10명 이상의 종업원을 기준으로 하고 있으며, 매월 모임은 정기적으로 셋째 주 월요일에 개최하고 있다. 특히 이종태 회장께서 서울포럼회원사의 융합 및 협업 활동을 극대화하고자 회원사 소개서를 직접 만들어 공유하고 있다. 주요 내용은 일반현황, 회사소개, 핵심역량소개, 보유기술 및 생산품목, 필요로 하는 기술 또는 관련 사업 분야(융복합 및 협업이 필요한 분야), 당사가 소개 가능한 고객, 당사가 신규로 개척하고 싶은 고객으로 분류하여 각자의 정보를 공유하고자 노력하고 있다. 명예회원이신 이의준 광주전남 중기청장은 태율회계법인 구로지사 개업식 때 서울포럼교류회원과 저녁 식사를 나누면서 명예회원을 수락하였으나 고위직 과정 교육이 끝나자마자 지방으로 발령을 받아 서울포럼교류회에서는 회원들에게 증정하는 도서 및 사은품이 있을 경우 우편으로 전달하고 있다.

서울포럼교류회 19명과 명예회원 1명 및 간사 1명의 회원현황(주식회사명 생략)은 다음과 같다.

- 이종태 대표(브레인넷): IT SW개발, ERP구축, 유비쿼터스
- 김관택 대표(케이엘피코리아): 시계디자인 및 제조/종합판촉물 제조 유통
- 강민철 대표(노블러스컴퍼니): 광고기획,제작,대행,세일즈 프로모션, CI/BI

- 김기종 대표(애니파이브시스템): R&D, 지식재산서비스 IT솔루션 전문기업
- 김봉철 대표(노무법인 유앤): 인사노무컨설팅
- 김현기 대표(도서출판 교육개발연구원): 공무원수험서, 동영상강의 제작
- 라복남 대표(대양롤랜트): 컨베어, 컨베어 롤러
- 박병칠 대표(선명시스템): 편직기 선침기, 컨트롤러 박스, 양말셋팅기
- 박상하 대표(케이앤피코리아): 전도성 플라스틱 유기물
- 엄정훈 대표(아이리녹스): Smart Toilet
- 이권용 대표(메디파인코퍼레이션): Medical Devices
- 이병섭 대표(이노월드컨설팅): 정책자금, 투자유치, M&A, IPO, 기술거래
- 이준표 대표(시터스): 루센 내비게이션 SW
- 장근수 대표(원앤원에프에스): 소방안전관리, 소방설비의 종합정밀 및 작동기능 점검, 소방공사
- 장세민 대표(이유코라그룹): 드라이아이스세척기, 워터샤워 방식 공기 청정기, 환원이온수기(정수기)
- 장위덕 대표(성재아이엔씨): LED 안전용품, 농식물 재배용 등기구, 가정용 건강 채소재배기
- 정광균 대표(미르나인넷): 홈페이지 제작
- 정준학 대표(지엘머천트마린): 해상운송
- 정철영 대표(디지털원): SI, SM, SW개발, 교육사업(한국소프트웨어인재 개발원)
- 명예회원: 이의준 청장(광주전남 중기청장)
- 간사: 김낙언 부장(중소기업진흥공단 서울지역본부)

기타 지식융합 및 협업 활동

기타 활동으로는 ▲(사)벤처기업협회 M&A금융자문위원 활동 ▲(사)중소기업융합중앙회 교류/융합전문가 활동 ▲(사)대·중소기업협력재단 협업관리자 활동 ▲한국과학기술정보원(KISTI) ASTI 서울협의회 활동 ▲(사)서울디지털산업단지 경영자협의회 활동 ▲(사)한국키움경제포럼 운영위원회 활동 ▲김덕현 교수의 융합경영연구회 활동 ▲연구개발서비스 전문가 활동 ▲이원모 원장의 KMI 지식경영원 강남경제인포럼 활동 ▲(사)녹색물류학회 활동 ▲대한상공회의소 물류위원회 활동 ▲물류21포럼 활동 ▲서울시녹색산업상생발전협의회 활동 ■한국발명진흥회 기술이전 등의 협업 ■(주)TQCSI인증원 이무성 원장과의 협업 ■경영컨설팅 회사로 2011년11월부터 상임이사로 있는 (주)제타플랜에프앤인베스트(M&A, 투자유치, 기술거래 등) 홍현권 대표와의 협업 ■경영컨설팅 회사와의 협업 ■유통 및 마케팅 단체와의 협업 ■다수 엔젤투자클럽 및 투자조합과의 협업, 그리고 금융기관 및 정책금융기관과 벤처캐피탈 등 지인을 통한 네트워크 활동 등이 있으며, 이외에 중소벤처기업 전문미디어인 DVN 디지털밸리뉴스 편집위원으로서 온오프라인 신문에 융합과 협업에 대한 자문과 기고를 활발히 하고 있다.

기업가치 극대화 전략

기업가치란 기업이 현재 보유하고 있는 유·무형 자산들의 미래 수익창출 능력을 현재 시점에서 평가한 가치를 말한다. 상품으로의 기업가치는 기업인수 및 합병 시 기업을 매입하기 위해 지불하는 가치와 기업공개 시 공모주식을 매입하기 위해 지불하는 가치가 있다. 기업가치를 결정하는 요인에는 기업내적 요인과 기업외적 요인이 있다. 기업내적 요인으로는 (1) 질적 요인: 경영자의 자질, 주주현황, 입지조건, 기존 노하우(Know-how), 연구개발투자역량, 기술인력구성, 노사관계, Life Cycle 등 (2) 양적 요인: 수익성, 재무구조, 배당성향, 재무제표에 관한 사항 등이 있다. 기업외적 요인으로는 (1) 시장내적 요인: 시장규제, 부양조치, 투자자의 심리 및 동향 등 (2) 시장외적요인: 경기순환, 물가동향, 금리수준, 통화신용, 재정정책, 환율 등이 있다.

1. 기업가치 평가의 필요성

가치창조경영이라는 새로운 경영환경을 전제로 기업들은 기존의 외형성장 목표에서 내실위주의 경영패러다임으로 전환해야 한다. 즉 주주가 요구하는 최소한의 수익률을 보상해 줄 수 있는 내실 있는 투자를 통해서 기업가치의 창출에 주력해야 할 것이다.

기업가치는 미래의 기대되는 현금흐름의 크기가 클수록, 현금흐름 할인에 사용되는 자본비용이 낮을수록 기업가치는 크게 평가된다. 보다 구체적으로는 기업이 앞으로 언제, 얼마만큼의 현금흐름을 얼마나 오랫동안 창출할 수 있으며 현금흐름에는 어느 정도의 불확실성이 내포되어 있는지에 따라 기업가치가 결정된다.

기업가치 평가의 필요성은 강소기업의 경영자와 종업원에게 어떤 활동이 기업가치를 증대시키는지를 제시하며 기업가치를 구성하는 요소들을 분해하면 어떻게 기업가치를 증대시킬 수 있는지에 대한 전략을 도출할 수 있다. 첫째, 현대 기업 활동의 근본적인 목표인 주주가치의 극대화 방안과; 둘째, 기업경영에 관한 의사결정을 개선하기 위한 틀로서 이용하는 방법을 제시하며; 셋째, 경쟁이 날로 격화되는 상황에서 생산의 향상은 단순히 가치창출의 원천에 그치지 않고 기업의 생존을 좌우하는 관건이 되며; 넷째, 경영자들이 왜 기업가치의 관리에 최선을 다해야 하는지에 대한 설명이다.

2. 재무흐름(Cash Flow)과 기업가치 평가(Valuation)

기업가치 평가를 위한 접근방법에는 동태적 개념(dynamic concept)과 정태적 개념(statistic concept)으로 구분된다.

먼저 동태적 개념으로 접근하면 다음 식과 같다.

$$V = f(P \cdot R)$$

여기서 기업가치(V)는 수익성(Profitability)과 위험(Risk) 간의 함수 값으로 정의할 수 있다. 수익성(profitability)은 회계학적 개념의 이익(profit)과는 엄연히 구분되는 개념이다. 회계학적 개념의 이익(profit)은 우선 설득력이 부족하다. 그 이유 중 하나가 회계학에서는 수익(revenue)에서 비용(expense)을 차감한 결과 값이 이익(profit)이다. 그러나 수익은 실현주의에 의해 평가되어 현재가치를 나타내고 비용은 발생주의(accrual basis)에 의한 과거 값으로 평가되기 때문에 현재가치로 평가되는 수익과 역사적 원가주의에 의한 비용 간에는 시간적 대응의 불일치라는 문제가 따르기 마련이다. 그리고 두 번째 이유인즉, 이익은 모호하다는 것이다. 다시 말하면 중요성에 따라 구분하여 접근해야 할 이익의 종류가 너무 많다는 뜻이다. 예를 들어 이익에는 매출총이익, 영업이익, 경상이익, 법인세차감전순이익, 당기순이익 등이 있다. 즉, 수익과 비용을 단계적 대응으로 평가한다는 것이 그리 쉽지만은 않다는 뜻이다. 그러므로 재무흐름의 관점에서는 이익(profit)을 얻을 수 있는 가능성(ability), 즉 수익성(profitability)을 강조하게 된다.

다음은 정태적 평가방법이다.

이에 관한 식을 간단히 나타내면 다음과 같다.

$$V = P(\text{부채}) + K(\text{자본})$$

위의 식에서 기업 가치는 타인자본인 부채와 자기자본인 자본가치의 단순한 합으로 평가하는 방법이다. 채권자 지분인 부채와 주주 지분인 자본을 확충하기 위한 이자와 배당이라는 자본비용의 코스트를 통해 자금을 운용한 결과 값인 자산 가치로 기업을 평가하는 방법이 있다.

3. 기업가치 측정방법

기업가치 평가를 위해 기업이 소유한 자산가치를 측정하려 할 때 어떤 자산, 예를 들면 당장에는 별로 가치가 없으나 미래에 가치창출 잠재력을 포함하는 투자안의 가치는 DCF, FCF 및 EVA 등 전통적인 방법에는 NPV 개념이 기초하고 있다. NPV는 투자안의 현재가치에서 투하자본을 차감한 것으로서 경영자는 NPV가 양인 자산에 투자함으로써 기업가치를 투자안의 NPV만큼 증가시키려 한다. 반면에 음인 투자안을 회피함으로써 기업가치 훼손을 방지하려 할 것이다.

NPV 기준으로 의사결정을 연기할 수 있는 권리가 부가된 경우, 즉 투자를 연기할 수 있는 기회가 주어진 자산의 가치를 평가할 경우, 투자 집행을 미룰 수 있다면 투하자본에 대한 기회비용이 절감될 수 있을 뿐 아니라 미래에 자산가치의 변동에 따라 유리한 결정을 선택할 수 있기 때문에 상호보완적으로 옵션모형을 적용할 수도 있다.

4. 기업가치 극대화 방안

기업은 사업에 필요한 자금을 자본시장으로부터 조달하여 이를 투자 사업에 효율적으로 운용함으로써 최대한의 수익을 얻으려 한다. 이때 자금을 제공해준 투자자의 투자자금에 대한 기회비용인 자본비용 대비 투자자금의 생산성이 커야만 이익을 얻는다. 이러한 이익은 경제적 이익(EP: economic profit) 또는 부가가치인데 일시적이 아니라 지속적으로 그리고 안정적으로 확보되어야 한다.

가치창조를 중시하는 경영자는 기업의 주요 의사결정 시 여러 전략적 대안들 중 부가가치창출효과가 가장 큰 것을 선택해야 하는데, 이를 위해서 경영자는 각 사업영역의 가치창출 요인들과 그 원천을 충분히 인식하고 있어야 한다.

기업가치 극대화 방안은 4가지로 구분된다. 첫째, **매출증대**는 (1) 판매

량 관리: 신규고객 확보, 기존고객유지 및 관계강화, 생산량 증대 (2) 최적가격실현: 가격경쟁력 강화 등이 있다. 둘째, **수익력 향상**은 (1) 판매, 경영관리: 고객 교류 효율성 향상, 경영 staff 효율 향상 등 (2) 원가관리: 생산 및 관리 효율 증대, 제품군 최적화 등 (3) 신제품 개발: 연구개발력 강화가 있다. 셋째, **효율적 자산관리**는 (1) 건물, 공장 및 장비: 사업장 및 인프라, 장비 및 시스템 효율 증대 등 (2) 재고 관리: 완제품, 원자재 및 재공품 재고관리 등 (3) 매출채권 및 매입채무: 채권 및 채무관리 효율 증대 등이 있다. 넷째, **목표 달성능력**은 (1) 기업역량: 운영능력 및 통제력, 사업계획수립, 사업성과관리 등 (2) 기업외부 요인: 파트너십 및 협업, 이해관계자 관계강화, 민첩성 및 유연성, 기업자산의 전략적 활용 등이 있다.

5. 기업가치의 결정요인

기업의 가치는 기업이 각종 비용과 세금을 제하고 나서 순수하게 벌어들인 미래의 모든 현금흐름을 현재가치로 할인하여 구할 수 있다. 기업의 가치창출요인으로는 미래의 현금흐름에 관한 여섯 가지 속성(크기, 위험도, 성장성, 내용, 지속성, 자금조달방법)을 들 수 있다. 그리고 부가가치는 기업이 자본비용보다 높은 수익률을 제공하는 사업에 투자할 때 창출될 수 있다.

이러한 기업가치의 결정요인은 EVA의 구성요소를 바탕으로 하고 있다. 기업은 매출을 증대하고 생산과 판매과정에서 발생하는 각종 원가를 최소화하는 등 손익계산 관련항목을 관리함으로써 영업부문의 수익성을 확보하여야 함은 물론이며, 아울러 운전자본과 고정자산등 대차대조표상의 좌변항목들에 대한 효율적 관리로 투하자본의 생산성을 높여야 한다. 또한 대차대조표의 우변항목인 자금조달의 합리화로 최적 자본구조를 달성함으로써 자본비용 절감을 위해 노력해야 할 것이다. 무엇보다도 중요한 사실은 내일의 성장이 오늘의 투자에 따라 좌우되기 때문에 가치창조를 위해서 경영자는 의사결정 시 장기적 안목을 갖춰야 한다.

6. 기업가치 극대화를 위한 전략과 평가방법

(1) 기업가치 극대화 전략

기업가치 극대화 전략은 크게 세 가지로 구분할 수 있다.

첫째, 현행 사업구조 하에서 일상적인 업무프로세스 개선 혹은 리엔지니어링을 통해 사업 가치를 창출하는 것이다.

둘째, 기업의 재무구조를 개편하여 최적 자본구조를 달성함으로써 평균자본비용을 최소화하는 것이다.

그리고 셋째, 신규투자 시 최적 자본배분과 기존의 사업구조조정이다.

(2) 평가방법

기업가치 극대화를 위한 평가방법으로는 다음과 같은 내용이 있다.

1) 현재 주주의 부, 즉 주식시가총액의 분석

2) 현상가치(value as is)의 분석

3) 각 사업단위가 현재의 사업계획보다 좀 더 적극적인 계획과 전략을 추진할 경우 달성할 수 있는 가치 측정

4) 외부적 잠재가치의 분석

5) 최적의 리스트럭처링을 실시하였을 경우의 가치 분석 등이다.

고객가치 극대화 전략

기술과 마케팅 관점에서 고객가치 방안을 어떻게 제고해야 하는지에 대하여 알아보고자 한다. 마케팅의 개념을 보면 "소비자의 구매 의사결정에 영향을 미치는 기업의 모든 활동"이라고 정의하고 있다. 기업의 존재이유는 **가치창출**에 있다. 중소기업이 신기술 · 신사업을 추진하는 것도 생존하려면 환경변화에 적응해야 하고, 강한 경쟁력이 필요하기 때문이다. 즉 **주력사업**이 **한계사업**으로 하락하게 되면 몇 년 후에 생존이 불투명하기 때문에 **미래사업**을 준비하는 것이다. 신상품 개발 과정을 보면 기술개발을 통해 상품개발이 이루어지고 제품과 서비스를 통하여 **시장개발**이 이루어진다. 제품 개

발에 대한 비즈니스 프로세스를 정의하면 1) **혁신 프로세스**는 시장파악과 제품개발이 있는데 고객 욕구의 파악이 중요하다 2) **운영 프로세스**는 마케팅과 영업, 제품생산, 제품판매가 있다. 3) **판매 후 서비스**는 고객 서비스로 이루어지는데 고객 욕구의 만족이 필요하다. 이는 기술개발에 의해 생산된 것과 고객이 지각하는 가치 사이에 큰 차이가 존재하기 때문이다.

고객가치는 시장가격보다 높아야 고객만족이라는 부가가치가 생성되어 기업의 이익이 확보될 수 있다. **기술사업화 성공전략**은 신뢰를 바탕으로 이업종교류를 통한 2개 이상의 중소기업이 **응용기술**로 제품 및 서비스를 구현한 후 어떻게 파는 것이 아니라 어떻게 사게 할 것인가를 Market Research를 통하여 **틈새시장**을 개척하는 것이다. 중소기업의 융합기술사업화가 성공하기 위해서는 **자금조달** 및 **판로개척**에 대한 정부지원이 필요하다. 자금조달 측면에서는 현재 기술신용보증기금에서 보증서가 발급되고 있으나 특례 보증 등 확대가 요구된다. 중소기업은 융합기술사업을 상품화를 하기 위해 연구투자 및 기술에 대한 자금이 상당히 소요되기 때문이다. 융합기술사업의 성공화와 중소기업의 지속적인 성장을 하기 위해서는 정부에서 융합기술 사업이 투자연계 사업으로 이어질 수 있는 단계별 사업을 발굴, 확대하는 것이 필요하다. 투자연계 사업이 성공적으로 이어지기 위해서는 더욱더 특례 보증에 대한 확대가 절실히 요구된다. 시장개척 분야에서도 시제품 제작시 정부지원이 없어 실질적으로 중소기업에 도움이 되는 국내 및 해외거래처를 찾아 주는 대행 서비스 등이 요구된다. 시장과 기술이 불확실성한 하이테크 제품의 성공적인 마케팅을 위해서는 경쟁자보다 큰 가치를 제공해야 한다. **가치**(또는 효용)는 획득하는 **혜택**에서 지불하는 **비용**을 빼면 된다. 혜택(Benefit)을 정의하면 혜택의 크기는 객관적일 수도 있고, 주관적일 수도 있으며, 따라서 지각하는 가치의 크기도 지극히 주관적이라고 판단될 수 있다. 비용(Cost)을 정의하면 상품가격(금전적 비용)이 비용의 전부는 아니며, 심리적 비용(지각된 위험 포함)도 매우 중요하다. 고객가치 극대화를 위해서는 혜택을 높이거나 비용을 줄이거나 동시에 진행해야 한다.

『비즈니스의 맥』 저자 이홍교수는 **고객가치**는 고객이 느끼는 즐거움을 고통으로 나눈 것으로, **즐거움**이란 고객이 제품이나 서비스를 통해 얻는 편익을 말하며, **고통**이란 고객이 얻는 편익의 대가로 지불하는 모든 것을 말한다. 구매에 들이는 시간과 에너지, 경제적 비용 등 제품이나 서비스를 소비하는 동안 고객을 짜증나게 하는 것들의 총칭이다라고 정의하고 있다. 또한 비즈니스와 기업의 곤경은 외부의 환경적 요인보다는 이것을 잘못 읽고 오판하는 **경영의 실수**에서 비롯되는 경우가 많다고 강조하고 있으며 비즈니스모델에는 기본적으로 4가지 영역이 있다고 한다. 첫 번째는 고객과 어떤 관계를 맺어야 하는지를 알기 위한 영역(**고객관계 모델**)이고, 두 번째는 고객에게 제공할 가치를 어떻게 창출해야 할지 알기 위한 영역이다(**가치생성 모델**). 세 번째는 고객과의 관계를 만들고 가치를 생성할 때 발생하는 비용구조를 이해하고 통제하기 위한 영역(**비용 모델**)이고, 네 번째는 기업 생존의 원천인 수익을 어디서 얻어야 하는지를 찾기 위한 영역(**수익 모델**)이

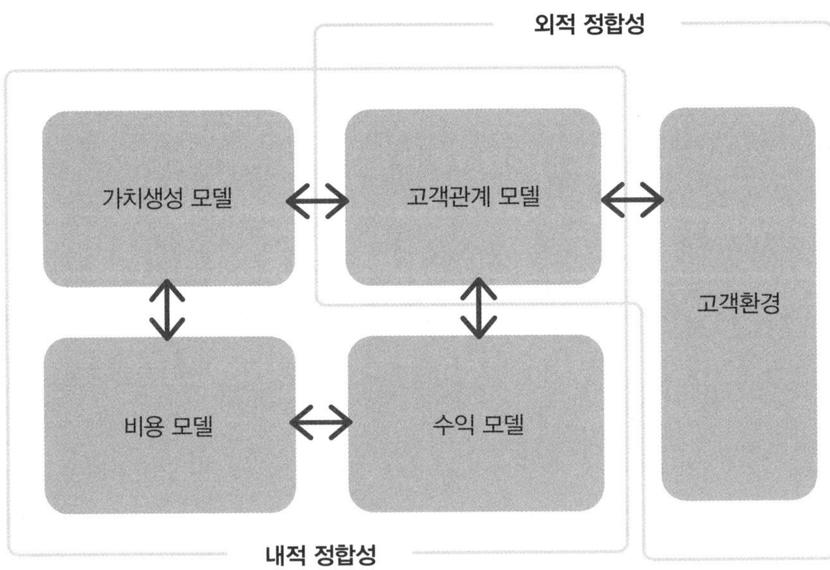

그림 5.3 비즈니스모델과 정합성(비즈니스의 맥 참조)

다. 우선 고객과 고객관계 모델 간의 궁합이 좋아야 한다. 이것을 **외적 정합성**이라고 하는데 이를 잘 갖추려면 다음 세 가지 질문에 답해야 한다.

(1) 타킷 고객이 누구인가? (고객정의)

(2) 고객은 어떤 즐거움과 고통을 느끼고 있는가? (고객정의)

(3) 우리는 고객에게 어떤 즐거움을 더해주고 어떤 고통을 줄여줄 것인가? (가치제안)

고객가치를 높이기 위해서는 소비자들이 민감하게 반응하는 즐거움의 요소와 고통의 요소를 볼 줄 아는 것이 비즈니스의 출발이자 맥을 읽는 시작점이다. 그리고 즐거움과 고통이라는 관점에서 고객에게 어떤 즐거움을 더해주고 어떤 고통을 줄여줄지를 고민하는 것, 이것이 외적 정합성을 맞추는 방법이며 이렇게 해서 외적 정합성이 높아진 기업을 가리켜 "효과성이 높다"고 말하며 이렇게 되면 돈을 벌 수 있는 가능성, 즉 수익모델이 좋아질 가능성이 높다고 한다.

차별화 역량은 혁신과 함께

『적의 칼로 싸워라』의 저자 이명우 교수는 늘 남과 다르게 일에 접근하고, 기존의 습관에서 의도적으로 벗어나려고 노력하지 않으면 우리에게 미래는 없으며, 경영을 성공적으로 수행하기 위한 키워드는 "다름"이다 라고 강조하고 있다. "다름경영"이란 성과를 내기 위해 무엇을 다르게 할지, 어떻게 다르게 할지, 언제 다르게 할지, 누구와 다르게 할지를 고민하고 실행하는 것을 말한다. 즉, **창조와 창의**란 "**기존**"과는 다른 것을 의미하며, **차별화**란 "**남**"과 다른 것, "**혁신**"은 "**지금까지**"와 다른 것을 뜻하며, 결국 가장 중요한 것은 "**달라야 한다**"는 차별화 경영을 이야기하고 있다.

또한『창조경제』의 저자 이민화 교수와 차두원 박사는 창조경제란 창조성이 가치창출의 중심이 되고, 그러기 위해서는 창조성이 쉽게 발현되고 구현될 수 있도록 해야 된다고 강조하고 있으며 내용은 다음과 같다. 혁신은

무에서 유를 창조하는 **창조적 혁신**과 유와 유를 결합하는 **융합적 혁신**이 있다. 어떤 형태가 되던 새로운 가치를 창출하는 것이 **혁신**이다. 창조성과 도전성이 결합된 기업가 정신이 혁신을 이끌게 된다. 혁신에는 두 가지 요소가 있다. **창조적 아이디어**와 **강인한 실천력**이다. 지금까지 혁신에서 이 두 가지 요소 중 대체로 실천력이 더 중요한 자리를 차지했다. 새로운 실험을 하기 위해서는 실험 설비를 구비해야 하고, 이를 시험 생산하기 위한 파일럿 플랜트가 필요하고, 이어서 대규모 생산시설과 이를 판매하기 위한 판매조직이 필요했다. 비즈니스 세계에서는 창조적인 아이디어보다는 현실적인 실천력이 더 높은 평가를 받고 있었다. 창조적인 아이디어를 구현하기 위해서는 숱한 실험을 해야 하고, 시제품을 만들고 생산 공장을 구축해야 한다. 아무리 잘 만들어도 글로벌 유통은 또 하나 넘기 힘든 과제다. 그런데 세상

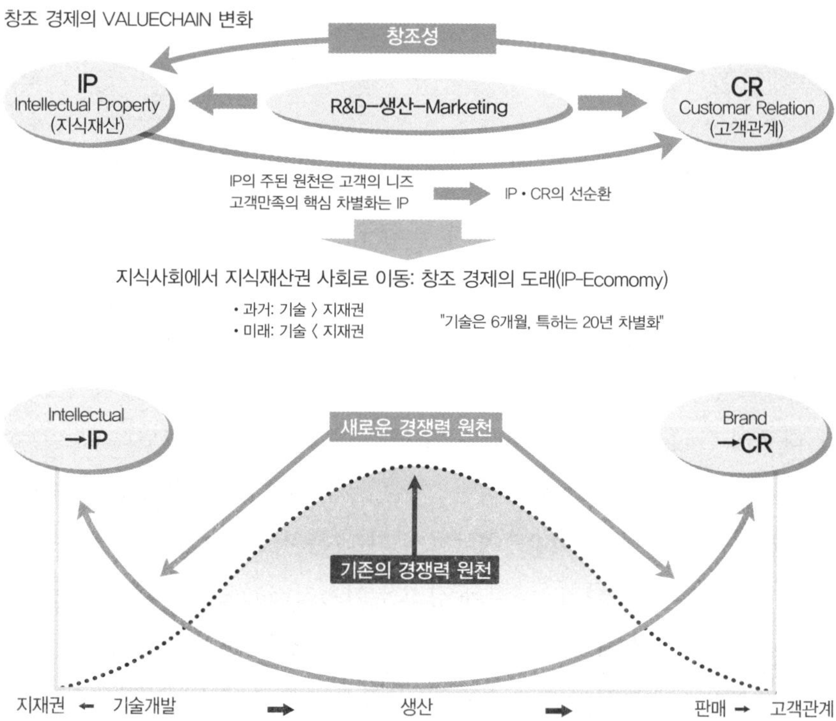

그림 5.4 창조경제의 가치사슬의 변화와 빅 스마일 커브(창조경제 참조)

이 바뀐 것이다. 창조적인 아이디어를 구현하는 비용과 시간이 극적으로 감소하기 시작했다. 생태계 중심의 새로운 창조경제가 등장한 것이며 그 이유는 3가지 요인으로 설명한다.

1) 기술을 만드는 기술, 즉 **메타기술의 발전**이다. 대표적인 메타기술인 소프트웨어는 이제 아이디어가 구현 능력보다 중요한 위치를 점하게 되었다. 소프트웨어를 만드는 소프트웨어, 즉 메타 소프트웨어의 발전이 극적으로 생산성을 향상시켰다. 소프트웨어 생태계에서 수많은 오픈 소스 프로그램들이 공유되고 있다. 이들 오픈 소스를 활용하면, 과거 IBM의 방대한 연구진들이 하던 수준의 제품을 개인이 단기간에 만들 수 있다. 뿐만 아니라 수많은 소프트웨어 외주 개발업체들이 전문화된 영역의 아웃소싱을 제공하고 있다. 소프트웨어의 개발 플랫폼이 생태계 형태로 진화된 것이다. 메타기술의 발달로 하드웨어의 상황도 돌변하고 있었다. 과거에는 사업의 핵심 아이디어를 구현하는 것보다 비핵심 분야를 구현하는데 훨씬 더 많은 돈과 시간이 투입되었다. 그런데 이제는 하드웨어의 개발 플랫폼이 형성되어 있어, 수많은 기업들이 필요한 요소기술들을 제공한다. 3D 프린터와 같은 차세대 개발 수단은 프로토타입을 신속히 만들어 준다. 또한 만들어 보지 않고도 성능을 검사할 수 있는 시뮬레이션 기술들이 극적으로 발달하고 있다.

2) **혁신생태계의 형성**이다. 선진국일수록 직업의 종류가 많은 이유는 바로 생태계 중심의 경제로 전환하고 있기 때문이다. 한국은 선진국의 사업군과 비교하면 지식서비스 산업 분야가 상당히 취약하다. 지금은 핵심기술을 제외하고 외부에서 대부분의 기술을 가져올 수 있다. 바로 혁신생태계(Innovation Ecology)의 등장이고, 이러한 과정을 개방혁신(Open Innovation)이라고 한다. 개방혁신은 한계에 다다른 대기업의 혁신 역량에 새 피를 제공하고, 창업 기업들에게는 시장을 열어 주고, 엔젤투자가들에게는 투자 회수의 기회를 제공하는 창조경제의 핵심 인프라다.

창조경제는 혁신이 쉬어지는 경제라 정의하였다. 혁신이 쉬어지는 창조경제 다리에 메타기술, 혁신생태계, 개방 플랫폼 중 개방혁신은 혁신생태계의 핵심 개념이다. 개방혁신이란 정부, 대기업, 중소기업, 대학, 연구소 등 경제 및 연구적 주체들이 개방된 기술혁신과 협력 네트워크를 형성하여 융합과 혁신의 시너지를 극대화시키는 것을 의미한다. 바로 이러한 패러다임 안에서 이뤄진 혁신생태계가 창조경제의 기본 인프라가 될 수 있다. 즉 개방혁신은 혁신을 개방협력을 통해 쉽게 만들어 주고 있는 것이다. 개방혁신의 장점을 보면 첫째 기업 내부와 외부의 기술 및 아이디어가 양방향으로 흐르도록 한다. 둘째 기업이 스스로의 핵심역량이 무엇인지 깨닫게 해주는 측면이 있다. 셋째 기업들은 그 동안 개별 기업들의 R&D 그룹이 자신들의 인적 혹은 사회적 네트워크에서 해결책을 찾던 데서 크게 벗어나, 세계 구석구석 참신한 아이디어를 접할 수 있는 강력한 채널을 확보할 수 있게 된 것이다. 마지막으로 지역 거점 연구소와 협력해 해당 지역의 대학이나 연구기관, 기업의 인적자원들이 가지고 있는 기술과 아이디어를 교류, 흡수하려는 노력 또한 매우 중요하게 다룰 수 있게 된다.

3) **시장 플랫폼의 등장**이다. 창조경제에서 혁신이 전 세계로 전파되는 데 개방 플랫폼(Open Platform)의 역할은 결정적이다. 유트브가 없는 싸이는 상상하기 어렵고, 카카오 없는 애니팡도 존재하기 어렵다. 과거에는 혁신이 전 세계 시장으로 확산하는데 중소벤처가 감당하기 어려운 비용이 투입되었다. 이제는 개방플랫폼에 올리면 된다. 플랫폼은 중복되는 요소를 통합해 효율을 올린다. 플랫폼 자체는 다양한 형태를 가진다. 온라인상에서도 수많은 형태의 플랫폼이 생태계를 형성하고 있다. 오프라인에서는 세계 시장 판매망을 구축한 대기업의 영업 역량이 플랫폼이다. 이런 플랫폼을 통해 다품종 대량생산이 가능해진다. 개방 플랫폼을 통해 혁신이 대량으로 창발되어야 창조경제로의 진입이 가능해진다. 한국의 문제는 플랫폼이 제대로 개방되지 않은 데에 있다. 플랫폼 개방은 국가의 경쟁력이다. 창조경제의 3대 동인에 대해서 정리를 하면 메타기술의 발전이 극적으로 연구 생산성을 향상시켰으며, 혁신생태계에서는 나만의 창조적 아이디어만 구현하면 나머지

는 협력으로 해결되고 있으며, 시장 플랫폼은 창조적 혁신의 전파를 극적으로 쉽게 만들고 있다. 결과적으로 이제는 창조성이 국가 경쟁력을 좌우하게 된 것이다. 창조경제는 혁신 과정이 쉬어지는 경제라는 점에서 과거의 혁신 경제와는 분명한 차별성을 가진다. **창조경제의 다리**라고 명명한 **메타기술**과 **혁신생태계**가 죽음의 계곡을 쉽게 넘게 해주고, **시장 플랫폼**이 다윈의 바다를 건너는 비용을 줄이고 있다. 창조경제는 창조성인 과학기술과 창조성의 다리를 만드는 ICT, 그리고 창조성의 원천인 사회문화가 결합하여 창조사회로 진입하는 완전히 새로운 경제인 것이다.

헨리 세스브로 메사추세츠공과대학 교수가 말한 『대부분의 혁신은 실패

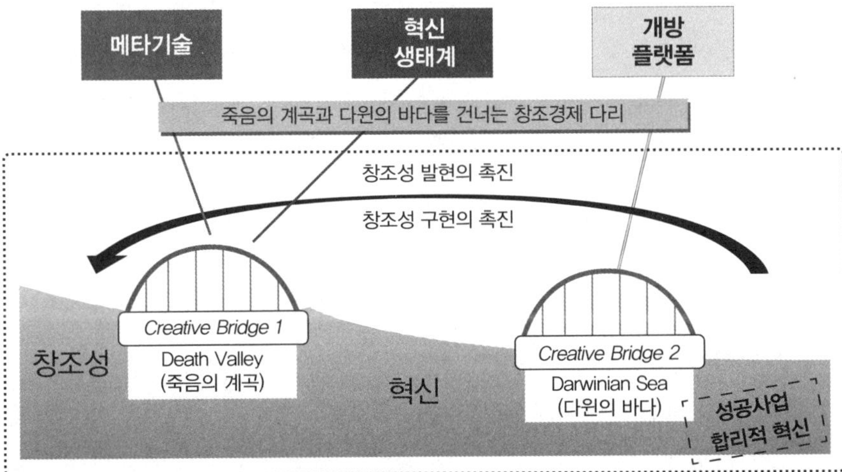

그림 5.5 창조성의 발현과 구현의 촉진(창조경제 참조)

한다. 하지만 혁신하지 않은 기업은 사라진다』 그리고 소니기술연구소의 마사히로 후지타 사장은 『혁신을 하지 않는 위험이 혁신을 하는 위험보다 더 크다』라고 말했다. 중소기업이 차별화 역량을 키우기 위해서는 혁신이 필요하다. 따라서 중소기업 대표는 지속성장을 위해 이업종에 대한 교류와 융합

및 협력마인드가 절실히 요구된다.

저성장시대에 중소기업의 생존 및 성장전략은?

현재 중소기업들은 여러 가지 애로사항에 직면하여 있다. 매출액 하락, 금융권에 담보 제공하고 있는 아파트형 공장 및 거주하고 있는 아파트 등의 부동산 가치하락, 영업이익률 하락, 거래하고 있는 재벌기업회장의 구속으로 인한 사업 불투명 등으로 운전자금 부족을 호소하고 있다. 또한 창업 기업 및 성장을 준비하는 중소기업들은 극심한 투자부진에 시달리고 있다. 현재 코스닥이 거의 유일한 투자 회수시장인데 , 상장은 창업에서 평균 14년이 소요되고 있으며, 벤처캐피탈의 Pre-IPO(상장 전) 투자는 특성상 기술검증이 되어 시장 진입을 앞둔 단계에 주로 투자되는 관계로 대체로 5년 이내에 회수를 원칙으로 운영되고 있어 중소기업에 도움을 주지 못하고 있다. 초기 창업기업에 대한 엔젤투자클럽이 중기청의 매칭펀드와 함께 투자를 하고 있으나 종자기술 부족 및 M&A를 통한 중간 회수시장이 형성되지 않아 투자활성화가 미흡한 실정이다. 자체 시장을 개척하는 B2C 중소기업은 글로벌화 미흡 등으로 고전하고 있으며, B2B 중소기업도 대기업과의 관계 등으로 거래조건에 크게 좌우되고 있어, 일방적인 납품단가 인하 등 불공정 거래로 위기에 직면해 있는 경우가 많다.

향후, 중소기업이 생존하기 위해서는 기술융합도 중요하지만 기업가치를 극대화하기 위해서 경쟁사의 모방 혹은 환경변화가 있을 경우에도 경쟁우위를 지속시킬수 있는 핵심역량을 이업종교류를 통한 융합형 협업으로 만들어 가야 된다고 생각된다. 따라서 지속 가능한 경쟁우위를 창출하기 위해서는 모방하기 힘든 차별화의 원천이 될 수 있는 핵심역량을 갖추어야 될 것이다. 이제 많은 중소 · 벤처기업들은 공장이 없다. 과거 산업사회에는 품질, 납기, 원가의 경쟁력을 바탕으로 하는 **생산능력**이 차별화 역량이었는데 생산은 아웃소싱하고 있으며, 지금은 지식경제의 차별화 역량인 **연구개발과 마케팅역량**으로 이동하였다. 미래는 기술을 만드는 기술인 메타기술의 발달에 따라 기술의 차별성도 희석되어 가고 있으며 생산에 이어 기술도 아웃소싱을 하는 개방혁신이 혁신의 새로운 패러다임으로 자리를 잡아가고 있다. 선도 기업들은 이미 내부 R&D가 아니라 외부에서 혁신 결과를 획득하는 인수 · 개발(A&D: Acquistion & Development) 또는 혁신개발을 제휴하는 연계 · 개발(C&D: Connect & Development)로 혁신의 패러다임이 변화되고 있다. 기업마케팅 역량도 마케팅 전문기업의 출현으로 아웃소싱의 대상이 되고 있다. 기업 경쟁 차별화의 근본 패러다임이 생산에서 기술개발과 마케팅을 거쳐 **지식재산권**(IP)과 **고객관계**로 바뀌고 있어, 중소기업도 이에 대한 대책이 요구되고 있다.

중소기업이 신기술과 신사업의 핵심역량을 배양하기 위하여 경영자가 가져야 할 **전략적 사고**(저자 박남규 교수)를 보면 첫째, 단기적 성과보다는 장기적 성과를 우선하는 미래지향적인 사고; 둘째, 개별 제품의 시장 성과보다는 핵심역량의 관점에서 제품을 인식하는 사고; 셋째, 기업은 개별 사업부의 총합이 아닌 핵심역량의 결집체라고 인식하는 사고가 필요하다. 또한 핵심역량을 구축할 때 주의사항으로는 첫째, 차세대를 이끌어 갈 주요 기술이나 핵심제품이 아웃소싱을 통해 외부로 쉽게 노출되어서는 안 되며; 둘째, 특정 제품 및 사업부에 대한 철수와 핵심역량을 포기하는 것을 명확하게 구분해야 하며; 셋째, 핵심역량은 연속성을 가지고 있어서 한 번 포기하면 돌이키기 힘든 특성을 가지고 있으며; 넷째, 전사적 차원에서 실시하는 다양한 통합 노력이 핵심역량을 확보하는 데 상당히 중요한 역할을 하며 마지막으로, 경영자는 기업을 단순히 사업부의 포트폴리오를 볼 것이 아니라 핵심 역량의 포트폴리오로 인식해야 한다.

중소기업이 지속적으로 성장하기 위한 성장 전략은 크게 세 가지 유형으로 구분하는데 첫째, 기존사업부를 중심으로 사업을 다각화하는 경우와; 둘째, 기존사업을 중심으로 원재료와 유통채널의 양방향으로 사업을 확장해 나가는 수직적 통합전략의 경우; 셋째, 기존 사업을 해외로 확장해 나가는 세계화 전략이 있다. 성장 전략을 실행하는 방안으로 융합 및 협업을 통한 전략적 제휴나 M&A를 활용하는 방안 등이 있다. 마지막으로 "내 밥그릇 챙기기"가 발생하는 동업종교류보다는 "GIVE & GIVE"와 "존중과 배려"가 함께하는 이업종교류를 통하여 **응용기술과 틈새시장**을 Open Mind와 함께 연구/개발/사업화에 이르는 일련의 과정을 외부에 개방하여 혁신비용을 줄이고 부가가치를 극대화하는 Open Innovation으로 중소기업간의 협력과 상생을 바탕으로 하는 **기업가정신**이 요구되고 있다. 세계경영연구원 전성철 회장은 강의에서 **창조**는 지식의 융합에서 출발하며, 21세기에는 끊임없이 창조하는 기업만이 살아남는다. 또한 창조는 재능의 문제가 아니라 프로세스의 문제로 정의하며, **창조프로세스**는 1) 팀구성 2) 관찰 3) 토론, 질문 4) 실험 5) 창조로 구성되며 누구나 쉽게 **네트워킹과 소통**을 통해 융합적 **혁신**을 할 수 있다고 강조하고 있다.

참고문헌

1. 이재하(2000)『네트워크 디지털경제』, 한국경제신문
2. 이병섭외인맥경영연구원(2010) 인맥특강,『서울경제경영』
3. 중소기업융합중앙회(2012)『중소기업 융합 실전전략』
4. 윤치훈(2009)『법률상 "기술" 및 "지식"의 정의 검토』중소기업융합중앙회
5. 대 · 중소기업협력재단(2011)『협업 DNA, 중소기업 성장을 위한 KEY WORLD』
6. 제해진(2011)『M&A와 기업구조조정전략』
7. 박남규(2007) 전략적 사고,『아코바』
8. 이홍(2013) 비즈니스의 맥,『삼성경제연구소』
9. 이명우(2013) 적의 칼로 싸워라,『문학동네』
10. 이민화외1인(2013) 창조경제『북콘서트』

6장

개방형 혁신을 위한 R&D 융합인프라 설계 및 구현

서론

경제가 발전하고 정보통신이 발달함과 동시에 시장에서의 소비자 Needs가 더욱 다양화되고 기대수준도 높아진다. 이에 반하여 시장수요에 부응하는 기술과 제품의 수명 주기는 급속도로 단축되어지고 있다. 이러한 시장변화에 대하여 기업들은 변화된 소비행태를 분석하고 기술예측을 통하여 변화된 수요에 걸맞은 기술이나 제품을 개발하거나 새로운 틈새시장을 발굴하기 위해 막대한 R&D과 시장개발 비용을 투자하고 있지만 상당한 기업경영의 리스크를 부담하게 된다. 기업경영에 부담으로 작용하는 시장수요의 변화에 대응하기 위한 방법으로 여러 가지가 있으며, 그 중의 한 가지 방안으로 기술이전 및 거래를 이용하거나 이종 산업 간의 기술을 융합하는 등 기술사업화의 전략이 활용되고 있다.

기술이전을 통한 기술사업화는 개방형 혁신의 개념으로부터 발전된 경영기법이라고 볼수 있는데, 개방형 혁신이란 2003년 하버드 대학의 Chesbrough 교수에 의해서 처음 그 개념이 도입된 것으로, 통상적 방식인 R&D 전 과정을 단일 기업에서 기획하고 운영하는 폐쇄형 혁신과는 달리 전략적으로 기업의 가치를 증대시킬 수 있다고 판단되는 기술이나 사업아이템 또는 비즈니스모델이라면 그 소유자가 내부, 외부 및 경쟁사 등 어디에 있든지에 상관없이 빨리 획득하여야 하고, 이를 제품개발과 사업화시키는 과정에서도 기업내외를 구분하지 않고 인력과 인프라를 활용해야 하며 또한 내부의 기술과 아이디어를 외부에 이전 또는 판매함으로써 기업가치를 제고할 수 있는 새로운 기술 경영 기법이라고 정의하였다. 그러나 우리나라의 중소기업들의 상황은 이러한 시대적 흐름에 따라 개방형 혁신의 유용성을 인식함에도 불구하고 현장에서의 도입에는 한계가 있어 국가적 차원에서 보다 현실적인 지원이 필요한 실정이라고 할 수 있다.

R&D에 초점을 맞춘 융합시스템은 개방형 혁신을 활용하여 기술혁신을 통한 기업의 가치증대와 지속성장을 도모한다. 하지만 현재의 R&D 융합시스템은 불특정 사람들이 하나 이상의 프로젝트에서 일정 비율 또는 일정 부분의 개념으로 독립적으로 일을 진행하는 수준으로서 융합을 위한 커뮤니케이션이 매우 부족한 실정이다.

또한 외부지원 인프라 측면에서 융합 비즈니스모델의 사업화지원을 위한 전문가의 컨설팅 등 다양한 지원을 얻을 수 있는 체계적인 지원체계가 미흡한 상태라고 할 수 있다. 따라서 여기에서는 이러한 문제점을 해결하기 위한 하나의 방법으로 의사전달채널과 전문가 매칭시스템을 적용한 개방형 R&D 융합인프라를 설계하고 구현한 사례를 제시한다.

관련 연구

집단 융합

집단 융합(Mass Convergence)은 다수의 사람들이 하나의 프로젝트에 독립적으로 참여하는 방식으로, 이 방식을 통해 수행되는 프로젝트는 의사전달채널을 확보하기 위해 주로 인터넷 기반의 소셜 소프트웨어(Social Software) 또는 위키페디아(Wikipedia) 기술과 같은 컴퓨터기반의 커뮤니케이션 채널을 활용한다. 위키페디아는 품질보증(Quality Assurance)을 제공함은 물론 많은 사용자가 사용하고 있어 양적인 측면에서 다양한 작성자(Editor)의 참여로부터 방대한 콘텐츠(Contents)를 제공받을 수 있다.

집단 융합은 개방형 혁신 패러다임을 그대로 따르고 있으며, 그에 수반한 다양한 비즈니스 엔지니어링, 운영체계, 기술의 가치평가, 기술보호 등의 문제가 복잡하게 얽혀지게 된다. 성공적인 융합인프라는 복잡하고 얽혀있는 개발형 혁신 패러다임의 운영모델과 프로세스를 체계화하고 정형화한 시스템이라고 할 수 있으며 이러한 시스템은 모듈성(Modularity)이 부여된 효율적 시스템이라고 할 수 있다.

소셜 네트워크

소셜 네트워크(Social Network)란 일반적으로 속성을 같이하는 친구, 직장 동료 등 일정 그룹간의 정보나 지식을 공유하거나 교환을 목적으로 하는 관계의 조직 또는 개체의 집합을 의미한다.

또한 온톨로지(Ontology)의 활용이 늘고 있는데, 온톨로지란 단어와 관계들로 구성된 일종의 사전의 기능을 하는 것으로, 이러한 온톨로지를 이용한 소셜 네트워크의 분석은 소셜 네트워크의 개체와 개체 간의 사회적 관계 명세성과 온톨로지의 개념들 간의 관계 명세성의 분석목적이 부합되며, 최근에는 이들 간의 관계를 분석하려는 다양한 연구가 활발하게 진행되고 있다.

R&D 융합 인프라 구축(설계 및 구현)

WikiTrails

개방형 R&D 융합인프라를 구축하기 위한 유용한 커뮤니티 수단의 하나가 Wiki 스타일의 솔루션으로서 간단한 텍스트 에디터를 지원하여 솔루션 작성을 용이하게 하고, 등록 시 코멘트를 남길 수 있어 편집에 대한 간단한 메시지를 공유할 수 있다. 또한 커뮤니케이션을 통하여 솔루션을 도출하고 저장하였을 때 저장 시점의 기록(버전별)을 관리할 수 있으며 롤백

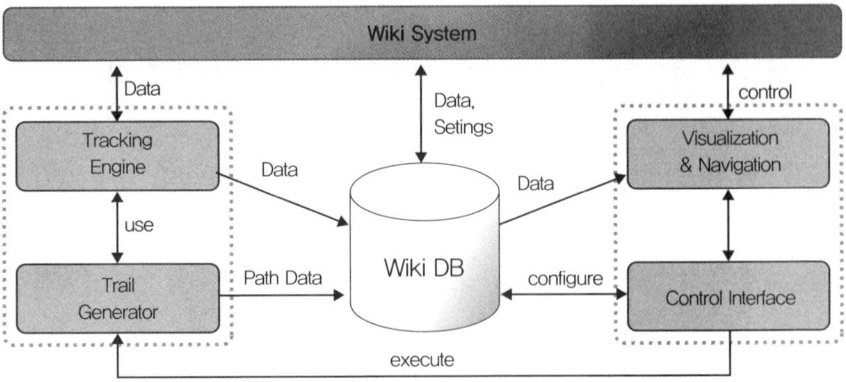

그림 6.1 WikiTrails 개념의 구조

(Roll Back)기능을 통해 이전 버전으로의 복구도 가능하다. 〈그림 6.1〉은 WikiTrails 개념 구조를 설명하고 있다.

전문가 Finding & Matching 시스템

융합을 지원하기 위한 전문가 Finding & Matching 시스템의 하나로 시맨틱 전문가 Finding & Matching 시스템을 들 수 있는데, 이를 활용하기 위해서는 온톨로지 모델링 및 개념을 바탕으로 하여 텍사노미, 시맨틱 레파지토리, 메타 데이터 변환기술 등 다양한 구현기술이 필요하다. 이렇게 구축된 시맨틱 전문가 Finding & Matching 시스템은 R&D 전문인력 및 사업지원인력 간의 네트워크 구성하고 있으며 〈그림 6.2〉와 같은 체계를 갖는다.

시맨틱 소셜 네트워크는 연구인력들의 산출물, 소속조직, 프로젝트 실적 등의 다양한 속성들을 인식값으로 규정하여 연결Tree를 만들어 낸다. 그림 6.3은 시맨틱 전문가 Finding & Matching 시스템에서 검색 키워드 입력시 어떻게 해당 전문가를 찾아내는지를 실례로 보여주고 있다. 〈그림 6.3〉에 시맨틱 전문가 Finding & Matching 시스템은 〈그림 6.2〉에서 설명한 시맨틱 전문가 네트워크 정보를 기반으로 검색작업을 수행하게 된다.

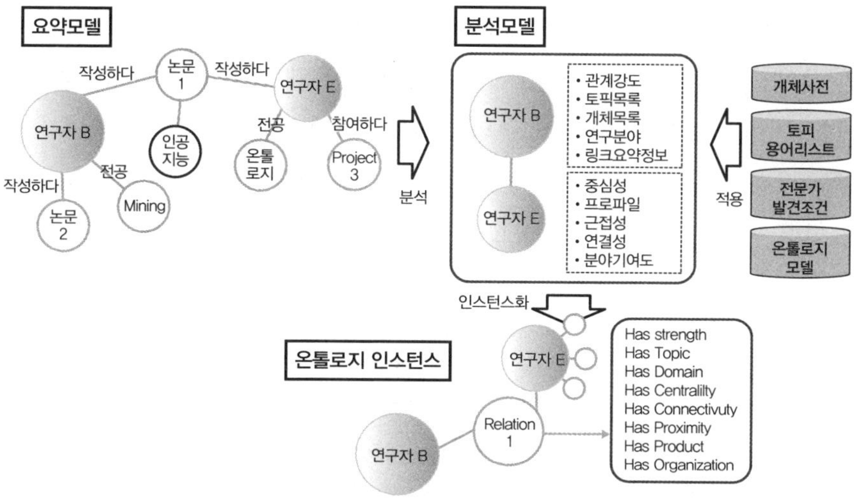

그림 6.2 시맨틱 전문가 Finding & Matching 시스템

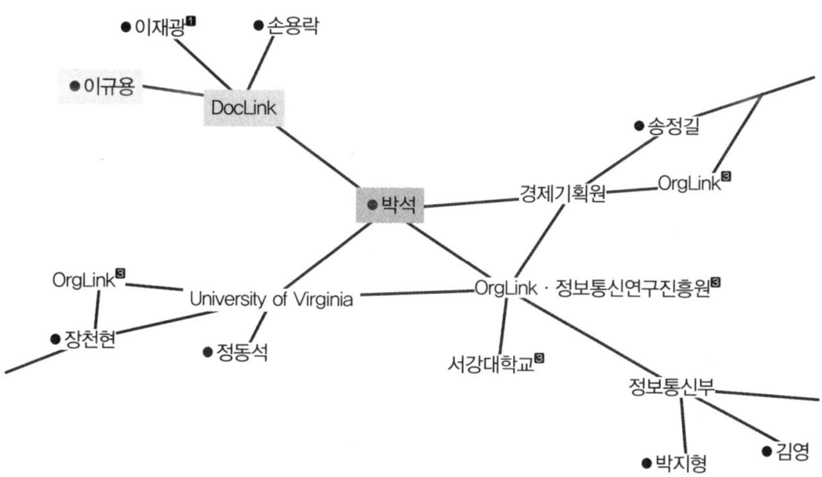

그림 6.3 시맨틱 전문가 검색 사례

개방형 R&D 융합 인프라는 개방형 혁신을 추진한다는 관점에서 사용자의 아이디어 발굴을 위한 탐색채널로서, 또 사용자의 행동 예측과 정보 및 기술의 매칭 등을 지원하고 기존의 기술거래자의 역할과 개방형 혁신을 지원하는 시스템을 결합함으로써 새로운 형태의 R&D 융합인프라를 구현하고 있다. 〈그림 6.4〉는 R&D 융합인프라를 구현한 사이트 사례를 소개하고 있다.

그림 6.4 R&D 융합안프라 시스템

결론

이상에서 개방형 혁신을 위한 개방형 R&D 융합인프라의 내용을 소개하였으며, 융합사업 추진 시에 수반되는 참여자간의 원활한 의사 소통을 하기 위한 Wiki 스타일의 의사전달 수단과 커뮤니티 내의 전문가 검색 및 컨설팅을 위한 전문가 Finding & Matching 시스템에 대해서 간략히 안내하였다.

기존의 개방형 혁신시스템에서도 부분적으로 구현된 부분도 있으나, 편리성과 다양성 그리고 통합적 관점에서 시맨틱 기법을 도입함으로써 기존의 지원인프라와는 차별성이 있으며 R&D, 교육, 기업의 지식관리시스템, 검색시스템 등 다양한 분야에서 적용할 수 있을 것으로 판단된다.

따라서 R&D 융합시스템은 다양한 기술이 요구되며 다양한 비즈니스 아키텍처, 운영 모델, 기술의 가치평가, 기술보호 등 고려요소가 많고 복잡하게 얽혀 있다. 그래서 향후 성공적인 개방형 R&D 융합시스템을 위한 다양한 연구가 필요할 뿐만 아니라 집단지성 융합을 위한 방법에 많은 변화가 필요하다. 향후 연구로는 새로운 융합구조를 개선하고 실험하기 위한 연구를 계속적으로 진행하는 것이다. R&D 융합시스템이 전 산업 분야에 응용되어 사용될 경우 산업 전반에 경제적 파급 효과는 상당히 클 것으로 예상한다.

참고문헌

1. H.W. Chesbrough, "Open Innovation: The New Imperative for Creating and Profiting from Technology," Boston: Harvard Business School Press., pp.32-45, 2003

2. H.W. Chesbrough, "Open Innovation: A New Paradigm for Understanding Industrial Innovation," in Henry W. Chesbrough et. al.,(Eds.) Open Innovation: Researching a New Paradigm (Oxford: Oxford University Press), pp.1-12, 2006

3. Dutton, W . H. "The Wisdom o f collaborative network organizations: capturing the value of networked individuals." Prometheus, 26(3), pp.211~230. 2008

4. Rafaeli, S. et al. "Knowledge building and motivations in Wikipedia:participation as 'Ba'."in Ricardo, F.J. (Ed.). Cyberculture and New Media, pp.52~69, 2008
5. Shim, J. P. & Yang, J. "Why is Wikepedia not more widely accepted in Korea and China Factors affecting knowledge-sharing adoption." Decision Line, pp.12~15, 2009
6. Aleman-Meza, B., M. Nagarajan, C. Ramakrishnan,L. Ding, P. Kolari, A. P. Sheth, I.B. Arpinar, A. Joshi, and T. Finin, "Semantic Analytics on Social Networks : Experiences in Addressing the Problem of Conflict of Interest Detection" , In Proceedings of the 15th International Conference on WWW, pp.407-416, 2006
7. P. Mika, "Flink: Semantic Web Technology for the Extraction and Analysis of Social Networks," Journal of Web Semantics, 2005
8. S. Wasserman and K. Faust, "Social Network Analysis: Methods and Applications," Cambridge, Cambridge University Press, 1994

7장

IT 컨버전스

IT융합의 개요

IT융합을 향한 패러다임의 변화

기술과 기술의 소통, 융합이 세상을 바꾸고 있다. 융합의 확산은 기존의 상식을 뛰어넘는 혁신을 바탕으로 우리 앞에 새로운 세상을 열고 있다. 특히 융합은 의료 · 건강, 안전, 에너지 · 환경 등 미래의 사회적 문제를 해결해 나갈 수 있는 가장 효과적인 해법이라는 점에서 더 주목된다. 이 때문에 일각에서는 융합을 "제3차 산업혁명"으로 일컫는다.

세계적인 미래학자 엘빈 토플러는 21세기를 "융합의 시대"로 규정하고 "한국의 미래는 융합기술에 달려 있다"고 조언했다.

토플러의 뒤를 잇는 미래학자로 평가받는 대니얼 핑크 역시 21세기를 융합과 컨셉트의 시대라고 정의했다. 그는 "융합이란 1+1이 2가 아니라 3이상의 가치를 창조하는 것"이라며 "융합 시대에 성공하기 위해선 여러 재료를 섞어 더 훌륭한 맛을 내는 비빔밥 요리사가 돼야 한다"고 설명했다.

세계 경제의 패러다임이 단순한 기술의 고도를 넘어서 융합을 통해 새로운 가치를 창출하는 시대로 급속히 전환하고 있다. 18세기 노동자본 중심의

농경시대, 19세기 산업화시대, 20세기 통신과 정보기술(IT) 기반의 정보화 시대를 거쳐 21세기는 IT를 기반으로 서로 다른 2개 이상의 기술과 산업이 소통하는 융합시대에 접어든 것이다.

이를 반증하듯 세계 곳곳에서는 융합시장의 주도권을 잡기 위한 총성 없는 전쟁을 벌어지고 있다. 산업발전과 국민의 삶의 질 향상을 위해 융합 원천기술 개발 및 신산업 육성, 생활밀착형 융합 확산을 국가 차원에서 전략적으로 추진하고 있다.

미국은 IT융합의 원천기술 개발을 위한 연구개발(R&D)을 공격적으로 확대하고 있다. 국가과학기술위원회(NSTC)는 융합 SW, 고성능 컴퓨팅, 로봇 등 IT융합의 기반이 되는 원천기술에 대한 R&D 투자를 늘리고 있으며 기후변화대응, 에너지, 의료, 교육, 물류, 보안 등 사회 전반에 IT융합을 촉진할 수 있는 신규 R&D 영역을 발굴하는데도 역량을 기울이고 있다.

유럽연합(EU)은 지난 2000년대 중반부터 범유럽 차원에서 지식사회 촉진을 위한 IT융합기술 발전전략(EIPKIS)을 추진하고 있다. 회원국 R&D 프로그램인 제7차 프레임워크 프로그램(FP7)을 통해 환경, 에너지, 의료, 복지, 제조업 등 IT융합 도전과제를 설정하였다.

일본의 경우 IT융합을 통한 신산업 육성과 생활밀착형 기술개발에 주력하고 있으며 에너지, 의료, 로봇, 자동차, 농업, 콘텐츠 등 IT융합 기반의 시스템형 신산업 육성을 위해 6대 중점 분야 선정하고 육성전략을 추진하고 있다. 안전, 환경, 의료를 중심으로 한 27개 분야의 인간생활 지원형 IT 융합기술 개발도 오는 2030년까지 정부 차원에서 집중 지원한다.

"세계의 공장" 중국도 단순 제조업에서 탈피해 산업고도화를 이루기 위한 전략으로 IT융합 활성화를 추진하고 있다. 중앙정부 차원에서 차세대 정보기술, 바이오산업, 에너지절약 및 환경보호, 고성능 장비제조, 신에너지, 신소재, 신에너지 자동차 등 7대 전략적 신흥산업 및 서비스산업 육성 전략을 제시하고 강한 드라이브를 걸고 있다.

융·복합의 개념

융합의 사전적 의미

- Fusion: 서로 다른 두 개 이상의 것이 모여 구별 없이 합쳐지는 것

  생물학: 식물의 기관끼리 합쳐지는 현상, 세포의 경우는 생식세포의 융합, 즉 접합 또는 수정이 대표적인 예, 동물 융합, 이류융합(adnation)

  원자력: 원자핵과 원자핵 또는 원자핵과 입자가 결합하여 한 개의 원자핵이 되는 것

  의학: 좌우 눈의 망막에 찍혀진 동일 목표의 상을 하나로 합쳐서 단일시하는 동작

- Convergence(수렴): 독립적으로 존재하던 개체들(예: 학문, 기술, 산업, 제품/서비스, 문화 등)의 화학적 결합을 통해 가치가 커진 새로운 개체를 창조하는 것

융합의 정책상 정의: Convergence

- 산업 융합촉진법: "산업 융합"이란 산업간, 기술과 산업 간, 기술간의 창의적인 결합과 복합화를 통하여 기존 산업을 혁신하거나 새로운 사회적·시장적 가치가 있는 산업을 창출하는 활동
- 국가융합기술발전 기본계획: "융합기술"이란 NT(Nano Technology), BT(Bio Technology), IT(Information Technology) 등의 신기술간 또는 이들과 기존 산업·학문 간의 상승적인 결합을 통해 새로운 창조적 가치를 창출함으로써 미래경제와 사회, 문화의 변화를 주도하는 기술

복합의 사전적 의미

둘 이상이 거듭 합쳐지거나 그것을 합쳐 하나를 이루는 것 또는 거듭 합쳐지거나 섞여 하나로 만들어지게 되는 것으로, 대표적인 예로서 프린터와 복사기 그리고 팩시밀리의 기능을 합친 복합기를 들 수 있다.

〈표 7.1〉

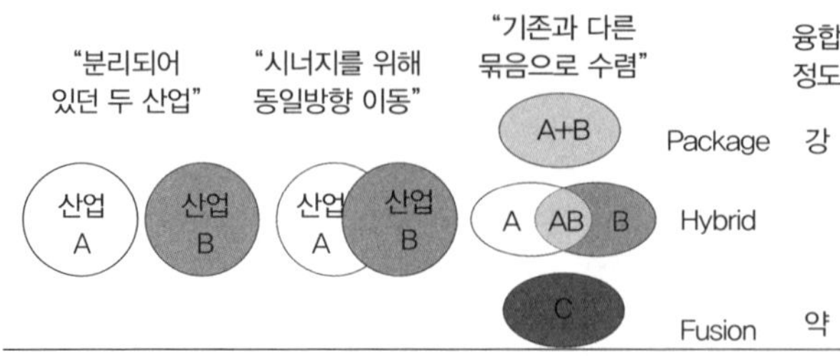

· 패키지 상품(렌트카 + 호텔 + 항공 + 관광지)
· 하이브리드 자동차 (기존엔진과 하이브리드 엔진 간 기계적 융합)
· 스마트 폰(인터넷, 통신, 컨텐츠간의 화학적 융합)

융 · 복합의 일반적인 형태

융합은 결합이 진행된 정도에 따라 패키지, 하이브리드, 퓨전으로 구분할 수 있으며, 이를 포괄하는 용어로 융합(Convergence)이라 부른다.

산업 융합

산업 융합의 개념

우리나라 산업 융합촉진법 제2조 1항에서 정의한 바와 같이 "산업 융합"이란 산업간, 기술과 산업 간, 기술간의 창의적인 결합과 복합화를 통하여 기존 산업을 혁신하거나 새로운 사회적 · 시장적 가치를 창출하는 활동을 말한다.

여기서 가치창출이란 이종 기술 · 기능 간의 단순한 결합이 아닌 융 · 복합의 결과물이 다음과 같이 사회적 또는 경제적으로 충분한 고부가가치를 창출해야 한다는 것을 의미한다.

- 경제적 가치: 유망 신기술 · 신시장 창출, 고용창출 효과, 중소기업 육성 등에 기여
- 사회적 가치: 건강 · 복지 · 안전 등 사회적 니즈 충복, 친환경, 에너지 문제 등에 기여

산업 융합의 시대적 변화

산업 융합의 개념과 범주는 기술의 발달, 시대적 · 사회적 환경 등에 따라 다음과 같이 유동적으로 변화하고 있다.

- 첫째: 기능 복합의 시대로서 대표적인 제품으로는 프린터 복합기라든지 냉난방기 등이다.
- 둘째: 기술결합의 시대로서 이 시대에는 나노기술과 IT 반도체기술이 결합된 나노반도체기술 그리고 나노기술과 로봇기술이 결합된 미세 나노로봇 등이 대표적인 기술이다.
- 셋째: 가치 융합의 시대로서 기술적 요소와 인문 · 예술 분야의 상승적 결합을 통해 수요자 니즈를 반영한 새로운 사회 · 경제적 가치창출을 의미한다. 예를 들면 건강 · 웰빙 수요증대, u-IT 기술과 BT · 의학기술 등이 결합하여 u-Health 서비스가 나타나고, LED 조명기술과 도시건축설계 그리고 감성예술이 결합되어 도시경관의 감성조명시스템 기술이 탄생하는 것 등이다.

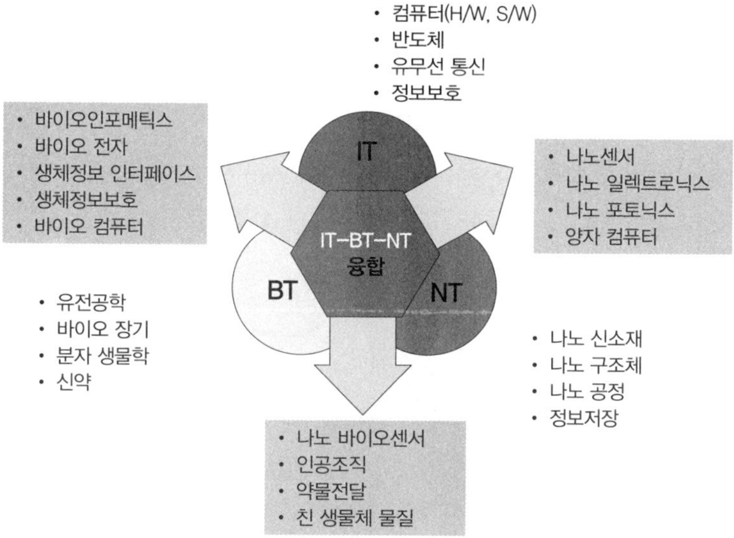

그림 7.1

최근에는 수요자의 니즈가 복잡 다양해지면서 인문 · 예술 분야를 포괄하는 개념으로 상기 그림과 같이 "산업 융합"의 범주가 확장되고 있다. 즉, 산업 융합의 범주는 안전, 즐거움, 편안함, 건강, 친환경 등으로 확산되고 있는 것이다.

국내외 산업 융합 현황

국내 산업 융합의 요인과 정부의 정책 비전

산업 융합은 "기존산업의 성장 둔화", "핵심요소 기술의 혁신", "가치관 및 생활패턴의 변화"를 배경으로 글로벌하게 확산되고 있다.

1) 기존산업의 성장 둔화

- 글로벌 경제위기 확산: 2012년 유럽 재정 · 금융위기 이후 수출주도형 국가인 우리나라는 유럽 등 선진국의 경기침체 확산으로 교역이 정체되어 경제적인 어려움이 예상되고 있다.
- 우리나라의 5대 주력산업이 전 세계적으로 공급과잉 품목에 해당되고 있어 국가에서도 새로운 먹거리를 창출해야 하기 때문에 새로운 산업 융합 정책이 필요하다.
  - 자동차 · 철강 · 석유화학 · 조선 · 반도체
  - 자동차산업 공급과잉률 56.7%, 철강 37.7%,

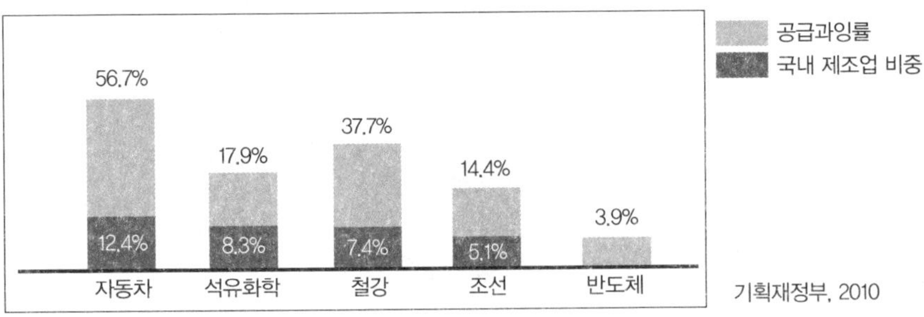

그림 7.2

2) 핵심기술요소의 혁신

- 정보통신 인프라 확산 및 기술 고도화
  - 스마트 IT 인프라 구축으로 게임, 커머스, 보안, 광고 등 분야의 서비스 활성화 및 자동차/조선/금융 인프라 등에서 ICT 융합 가속화
    * Wibro 조선소, u-City, 모바일 뱅킹, 스마트 카 개발 등
  - 저전력 소모기술 개발, 디바이스 용량 확대, 클라우드 서비스 도입 등으로 하이브리드 서비스의 지속적 발전
    * 저전력 IT 인프라 구축, 감성기반서비스 제공, 스마트 그리드 구축
- 초미세 공정 제어기술 발달
  - 나노물질의 개발 및 환경, 에너지, 정보통신기술 등 다양한 분야에의 응용을 통해 나노기반 시장이 확대되고 있다.
  - 나노기술은 5년 이내에 디스플레이, 나노소재 제조, 에너지 소자 등의 분야에서 산업화가 기대되고 있다.
    * IT: 자유로운 정보의 활용을 통한 편의성과 안전성 증진
    * BT: 생명의 비밀을 탐구하여 누구나 건강한 삶을 구현
    * NT: 나노제어를 통해 원하는 특성을 갖는(작고 가볍고 강한) 재료 개발

3) 가치관 및 생활패턴의 변화

- 고령화 확산에 따라 건강관리 및 질병치료에 대한 관심 증대
  - 웰빙 문화의 확산 및 건강관리에 대한 개개인의 관심이 증대되고 있다.
    * u-health: 일상생활에서 건강관리의 용이성을 높이기 위해 원격진료 서비스 제공
  - 안전하고 정확한 진단 · 치료를 위해 의료 서비스 영역에서 신기술 적용 사례 증가하고 있다.
    * 로봇 수술: 정밀한 제어기술을 바탕으로 수술의 안전성 향상

* 개인맞춤 의료: 개인의 유전적 특성에 맞추어 치료효과가 높은 치료제 개발

• 스마트하고 편리한 생활을 위한 맞춤형 서비스 요구

- 필요한 기능을 선제적으로 제공해 주는 지능형 서비스가 확산되고 있다.

* 지능형 자동차: 자동 주차기능, 차선 이탈방지 기능 등 운전자 맞춤형 기능 제공

- 시간적 · 공간적 제약을 넘어 필요시 즉각 제공되는 서비스 요구가 증가하고 있다.

* 스마트 콘텐츠: 스마트 폰, 스마트 패드 등의 단말기와 통신 서비스를 활용하여 e-book, 게임, 음악, 동영상 등의 콘텐츠를 언제 어디서나 다운로드 가능

• 감성적인 면과 체험을 중시하는 문화의 확산

- 인간 감성이 적용된 소비자 친환경 제품 · 서비스 개발이 확산되고 있다.

* 감성제품: 오감을 통해 분위기 및 문화를 공유하는 제품 · 서비스 확산

- 개인적 체험의 양과 질을 높여 즐거움을 얻는 문화가 확산되고 있다.

* 3D/4D 영화: 가상적인 체험의 현실성을 높여 개인이 느끼는 재미 증가

* 소셜 네트워크: 다수의 사람들과 관심사와 정보를 공유, 공간의 제약이 없는 인적 네트워크의 확대를 통해 사회적 즐거움 획득

4) 국내 산업 융합촉진법의 정책 비전 및 방향

이 목표를 달성하기 위해서 크게 3가지 정책방향이 있다. 3가지 정책방향이라는 것은 첫째 더불어 풍요로운 산업강국을 견인하겠다는 것으로 이것은 기존산업을 융합을 통해서 고도화하고 성장을 촉진하겠다는 의미이며, 둘째 창의적이고 열린 융합 인프라 조성은 기존 산업의 경쟁력 강화와 신산업의 창출을 이루어 낼 수 있도록 어떤 인프라를 조성하겠다는 것이며,

〈표 7.2〉

비전	융합으로 함께 여는 행복 대한민국
목표	**행복소득 4만 불(삶의 질 1위) 견인** ① (융합강국) 융합 중소 중견기업 육성 '10년 7,000개 ~ '17년 20,000개 ② (융합기반) 창의형 융합인재 '17년 10,000명 ③ (융합사회) 융합서비스 시장 창출: '10년 94조 원 → '17년 430조 원

셋째로 건강하고 살기 좋은 사회 구현은 신산업 창출을 통해서 성장을 견인하겠다는 의미다.

이 3대 정책방향에 대한 정책과제는 다음 표와 같다.

〈표 7.3〉

3대 정책방향	10대 정책 과제
① 더불어 풍요로운 산업강국 견인	① 산업 융합을 통한 산업강국 실현 ② 인문 · 기술 융합형 미래 신산업 창출 ③ 기업간 산업 융합 촉진기반 조성
① 창의적이고 열린 융합 인프라 조성	① 융합사회에 부응하는 법 · 제도 활성화 ② 창의 · 융합형 인재양성 기반 조성 ③ 융합형 R&D 혁신역량 강화
① 건강하고 살기 좋은 사회 구현	① 헬스케어 융합을 통한 건강 100세 사회 촉진 ② 스마트 융합을 통한 편리 · 안전 생활 구현 ③ 감성 융합에 기반한 즐거운 문화 확산 ④ 녹색 융합을 통한 지속성장 역량 강화

세계 산업 융합 현황

산업 융합은 "기존산업의 성장 둔화", "핵심요소 기술의 혁신", "가치관 및 생활패턴의 변화"를 배경으로 글로벌하게 확산되고 있다.

1) IT 융합기술과 융합산업

차세대기술혁명은 IT, BT, NT 등 어느 한 분야에 국한되지 않는 신기술간 융합이 주도할 것으로 예측된다. 그 가운데서 1차적으로 IT 기반융합이 확산될 것으로 전망된다. 차세대 신성장 동력산업 중 IT산업비중이 2010년 78%에 달할 것으로 보인다. 그 중에서 디지털컨버전스 및 INBT 컨버전스를 거쳐 서비스 컨버전스로 이어지는IT 기반 컨버전스를 통해 메가 컨버전스 패러다임이 정착될 것이 기대된다

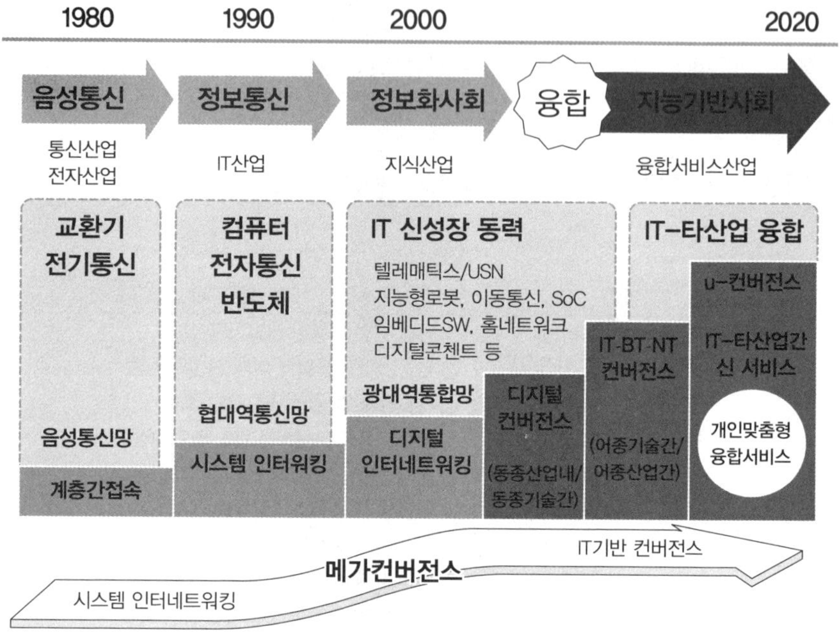

그림 7.3 시대에 따른 메가 컨버전스의 전개

세계적으로 글로벌화, 기술보호주의 팽배, 기술간 융·복합화 가속, 기술혁신주기의 단축 등에 편승하여 IT 산업이 향후 5~10년간 세계경제를 주도할 것으로 예상된다.

또한 디지털화가 급진전되면서 전 산업 분야에 걸쳐 광범위하게 확대 적용됨에 따라 전통산업 및 식·의약품, 유통·물류, 농업을 포함한 산업전반의 생산성 향상 및 경쟁력 강화를 위한 첨단 IT 기술적용이 확대되고 있다.

뿐만 아니라 자동차·조선·항공 등 국내 주요산업들도 다양한 형태로 IT와의 융합을 통해 제2의 도약을 준비하고 있다. IT 산업은 '01년 IT 버블

붕괴에도 불구하고 우리나라뿐만 아니라 전 세계적으로도 경제성장에 있어서 GDP 제고, 수출경쟁력강화, 물가안정, 기술 리더쉽 제고 등 성장엔진으로서의 역할을 꾸준히 수행하고 있다.

2) 산업 융합 시장 전망

- 세계 산업 융합 시장은 IT 기반의 융합을 중심으로 '08년 약 8.4조 달러에서 '11년 약 12.5조 달러 규모로 연 평균 약 14% 성장하고 있다.
- 국내시장의 경우, '08년 약 98.6조 원에서 '11년 147조 원으로 연평균 약 14.3%로 성장하고 있다.

주요 분야별 세계 산업 융합 시장의 현황 ('11년 기준)

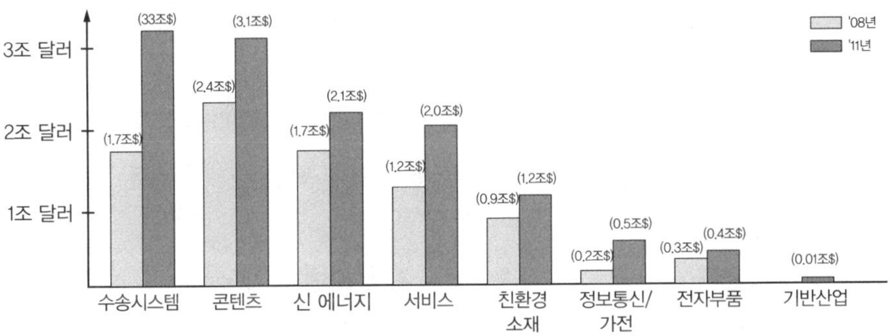

▷대표적인 8개 분야, 63개 품목을 기준으로 시장 분석('12.6, 딜로이트)

그림 7.4

- 향후 융합시장은 건강 · 편의 · 안전 등 새로운 수요자 니즈에 부합하는 융합제품 · 서비스 품목을 중심으로 급격히 성장할 것으로 전망된다.
  - 편의 · 안전: 스마트 센싱, SW 기술 등이 결합된 "지능형 제품 · 서비스" 부각
  - 건강 · 웰빙: IT · BT 기반의 원격의료, 바이오메디컬 분야 등
  - 소통 · 즐거움: IT 기술과 인문 · 예술적 결합을 통한 융합 서비스 지속 성장

- 친환경 · 에너지: 국제적 이슈화와 함께 친환경 · 신 에너지분야 융합 가속화

〈표 7.4〉 주요 분야별 시장 전망

단위: 억원

분 야	항 목	2011년	2020년
편의 · 안전	지능형 자동차	1,764	3,029
	지능형 로봇	462.8	3,448
	u-Security	500	1,248
소통 · 즐거움	융복합 콘텐츠	28,000	47,000
	e-러닝	300	1,316
건강 · 웰빙	u-Health	129	2,310
	바이오메디컬 진단 시스템	179	833
친환경 · 에너지	친환경 융합소재	12,000	93,000
	신 에너지 융합	21,000	53,000

3) 주요국의 정책동향

우리나라를 비롯하여 주요국에서는 2000년대 이후 IT융합을 산업육성과 사회적 인프라 및 자본축적, 사회문제 해결을 위한 차세대 성장동력으로 선정하고 있다.

특히 최근에는 녹색성장의 중요성이 부각되면서 각국에서 IT와 녹색기술의 융합이 강조되고 있다. 이를 상술하면 다음과 같다.

- 미국

미국은 2002년 6월 차세대 융합기술의 선점과 삶의 질 개선, 인간의 수행능력 향상을 목표로 NBIC 전략을 수립하였다. 본 전략은 Nano, Bio, Info, Cogno의 4개 핵심기술을 기반으로 인간의 인지능력과 통신능력의 확장, 인간의 건강과 물리적 가능성 증대, 사회의 물리적 장벽제거와 사회구성원의 경제적 효율성 향상, 과학과 교육의 연결을 적극적으로 추진하고 있다.

2004년 수립된 Innovation America를 통해 미국은 IT 활용촉진을 국가혁신전략으로 설정하고 IT를 활용하여 제조부문과 서비스부문의 연계를 적극 추구하고 있다.

또한 미국은 2006년 2월 국가경쟁력 강화 계획(ACI)을 수립하였다. 융합 분야를 중심으로 연구개발 확대, 기술혁신, 세제혜택 등을 주요 내용으로 하고 있으며 특히 이를 통해 2006년의 100억 달러에서 2016년의 200억 달러로 과학기술 및 혁신기업에 대한 기초연구 투자를 확대할 계획이다.

그린 IT에 대한 중요성을 강조하여 미국은 신정부 등장 이후 그린뉴딜을 적극 추진하고 있으며 그린산업을 육성하고 그린 IT 촉진을 위한 인프라 보급 및 확산에 주력하고 있다.

• EU

EU는 2004년 7월 지식사회 건설을 위한 융합기술 발전전략 수립인 CTEKS를 발표하고 적극 추진하고 있다. CTEKS은 융합기술 투자를 통한 과학기술 연구의 장려, 산업경쟁력 강화, 유럽사회 및 국민의 요구 충족을 적극 추구하고 있다.

또한 2006년 수립된 Shaping Europe Future thought ICT를 통해 경제 사회 전반에 걸쳐 ICT와 ICT 융합의 중요성을 강조하였으며, 2006년에 입안된 제7차 FP를 통해 융합기술개발 확대계획 및 집행전략을 구체화 하였다. 이를 통해 IT, BT, 교통, 에너지 등의 융합부문을 중심으로 2007년부터 2013년까지 총 727.6억 유로의 투자를 집행하고 있다.

EU 집행위원회는 2008년에는 미래 융합산업 경쟁력 강화 및 조기 글로벌 경쟁력 확보를 위해 의료, 섬유, 건설, 바이오 등 6대 선도시장 육성 전략을 발표하고 부문간 융합을 촉진하기 위한 다양한 프로그램과 투자를 집행하고 있다.

2009년 수립된 Future Internet 2009를 통해 EU는 IT 기반 융합의 중요성을 역설하고 집중적인 연구개발 투자를 권장하고 있다. EU의 개별국가에서 IT 융합을 적극 추진하고 있는 나라로 영국(Building Britain's Future, 2009; Digital Britain, 2009), 프랑스(Digital France 2012, 2008), 독일(IKT 2020, 2007; Shaping the Digital Future in Germany, 2008)을 들 수 있다.

EU와 역내 주요 국가는 그린 IT를 적극 추진하기 위한 전략을 설정하고 집행하고 있으며 특히 덴마크는 2007년 Green IT Action Plan을 수립하고 녹색전략의 핵심으로 IT와의 융합을 적극 추진하고 있다.

• 일본

일본은 2001년 제2차 과학기술기본계획을 통해 IT, BT, NT, ET를 4대 전략부문으로 설정하였으며 일본이 강점을 지니는 제조기술과 융합기술과의 결합을 통해 상용화 전략을 추진하였다.

또한 일본 경제산업성은 2004년 신산업 창조전략을 수립하고 IT, BT, NT 등 신기술간 융합 혁신을 통해 7대 신성장 산업을 집중 육성하는 산업전략을 실행하였다. 일본은 본 전략을 통해 연료전지, 정보가전, 로봇, 콘텐츠, 보건의료, 환경에너지, 비즈니스 지원 서비스의 7개 분야를 단기간 실용화가 가능한 기술 융합 분야로 선정하고 기술개발과 상용화를 위한 집중투자를 집행하였으며 일부 분야에서는 세계 최고의 기술선점이라는 성과를 이룩하였다.

2006년에 제3차 과학기술기본계획과 총리실 산하의 IT 전략본부 주관으로 IT와의 융합을 통해 의료, 환경, 안전 등의 분야에서 구조개혁과 사회문제 해결을 위한 IT 신개혁 전략을 수립하였다.

일본은 본 과학기술기본계획을 통해 기술 융합의 중요성을 강조하고 신흥영역과 융합영역을 중심으로 연구개발을 촉진하는 계획을 수립하였다. 또한 IT 신개혁 전략을 통하여 연구개발 중점 추진분야로 세계를 선도하는 IT와 다른 분야의 융합을 촉진하는 IT로 구분하고 각각 집중적인 투자를 실행하였다.

2007년 총리주관으로 수립된 이노베이션 25를 통해 2025년 일본사회의 5대 목표를 설정하고 이를 달성하기 위한 기술전략과 기술로드맵으로 IT 기반 융합기술을 선정하였다.

본 총무성은 2008년 일본의 국제경쟁력 강화를 위한 ICT 연구개발 표준화 전략을 핵심으로 하는 UNS II 전략을 수립하고 집중 실행하고 있다. 유니버셜 커뮤니케이션 기술(U), 신세대 네트워크 기술(N), ICT 안심안전기술(S) 등을 중점으로 연구개발하며 UNS를 기반으로 융합산업 촉진 및 국민의 디지털 사회 실현 추구를 목표로 하고 있다. 본 전략은 동년도에 발표된 ICT 성장력 강화플랜과 연계되어 ICT 활용을 통한 기존 산업의 혁신 및 디지털 역량 강화 추구로 이어지고 있다.

특히 일본은 2009년도에 스마트 u-Network 사회실현계획, i-Japan 전략 2015를 국가 발전전략으로 설정하고 경제산업성을 중심으로 미래기술전략지도 2025를 발간하였다. 이 전략들은 IT를 기반으로 융합의 촉진을 골자로 한다.

IT 융합을 통한 그린전략의 핵심으로 일본은 2007년 그린 IT 이니셔티브(Cool Earth 50)와 2008년 저탄소사회 비전을 통해 그린전략을 중점 추진하고 있다. 그린 IT를 통해 탄소 배출 감축효과를 극대화하고 환경보호와 경제성장이 양립하는 사회를 목표로 IT 분야 에너지 절약과 IT를 활용한 에너지 절약을 추진하고 있으며 산 · 학 · 관 · 연이 중심이 되어 그린 IT 추진협의회를 운영하고 있다.

• 대한민국

우리나라는 2008년 IT 융합 전통산업 발전전략을 수립하여 세계 최고 수준의 IT 인프라를 활용하여 주력산업의 르네상스화를 추구하고 있으며 2008년 11월 국가과학기술위원회 및 교육과학기술부를 중심으로 국가융합기술발전기본계획을 확정하였다.

본 계획은 차세대 기술혁명을 주도할 융합기술을 체계적으로 발전시켜 의료 · 건강, 안전, 에너지 · 환경문제의 해결뿐만 아니라 신성장동력인 융합 신산업 육성을 목표로 하고 있다. 이를 위해 원천융합기술의 조기확보, 창조적 융합기술 전문인력 양성, 융합 신산업 발굴 및 지원 강화, 융합기술 기반 산업고도화, 개방형 공동연구 강화, 부처간 연계 · 협력 · 조정체계 강화 등의 6대 추진전략을 설정하였다.

또한 지식경제부는 2009년 1월 IT 융합시스템을 신성장동력으로 선정하고 융합기술관련 신산업 및 신서비스를 발굴하며 융합기술에 의한 기존산업의 고도화, IT 기반 융합기술 및 융합부품 소재 육성과 인프라 확충, 융합기술의 기술이전 및 사업화 촉진, 표준화 제도 확립에 주력하고 있다. 우리나라는 2008년 저탄소 녹색성장을 국가비전으로 설정한 이래, IT를 통한 그린전략(Green of IT), IT의 그린전략(Green by IT)을 적극 추진하고 있다. 녹색성장위원회를 중심으로 2020년 세계 7대 녹색강국을 목표로 설정하고 기후변화 적응 및 에너지 자립, 신성장동력 창출, 삶의 질 개선 및 국가위상 강화를 위한 10대 정책을 달성하기 위해 그린 IT를 적극 활용하고 있다.

이종 산업간 융합

IT 융합 R&D 전제 조건

융합기술이 NT, BT, IT 등 신기술간 또는 이들과 기존 제품 · 산업 · 학문 · 문화간의상승적인 조합 · 결합을 통해 경제 · 사회적 파급 및 미래수요 충족을 위한 창조적 가치를 창출하는 기술로 새로이 정의됨에 따라 기존의 IT, BT, NT 등의 첨단 신기술간 물리 · 화학적 결합의 의미를 확장하게 되

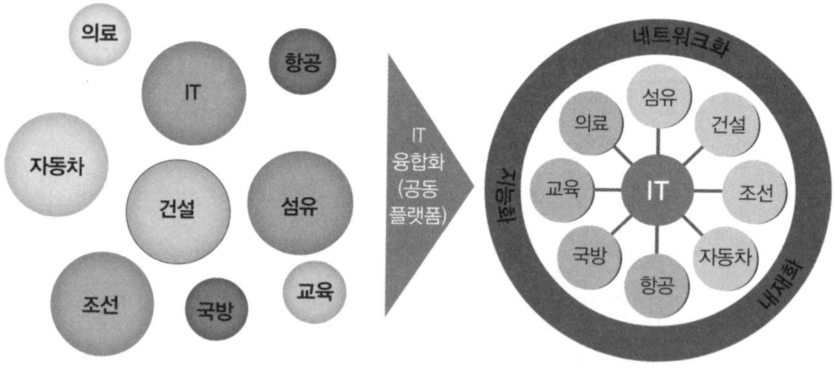

그림 7.5 IT와 산업 간 융합 개념도

었다.

새로운 정의에 의한 범위 확장은 다음 그림과 같이 IT 융합에서 그 진면목을 잘 볼 수 있다.

최근들어 원천기술력을 확보한 선진기업이 유형제품의 생산·판매에서 지재권 등 무형 자산을 활용한 수익창출로 비즈니스를 변화함에 따라 전략적 지재권확보의 중요성이 증대되고 있으며, 공공부문 R&D가 민간부문 R&D 및 설비투자를 견인하는 중요한 수단이 되기 때문에 공공 및 민간부문간 역할분담을 통한 시너지 창출을 위해서는 체계적 기획에 의한 R&D가 필수적이다.

IT와 자동차 산업의 융합

1) IT-자동차 융합의 정의

- IT-자동차 융합은 첨단 IT 신기술을 기반으로 자동차의 센서 및 전자장치가 기능적, 유기적으로 상호 작용하여 운전자의 안전 및 편의성을 증대시켜 최적의 운전환경을 제공하는 것에 목적을 두고 있다.
- 자동차에 IT를 접목하여 편의성과 안전성 등을 높인 자동차의 고부가가치화에 기여하고, 자동차 IT라는 새로운 IT 시장을 개척하여 IT 산업의 지속적 발전에 기여할 수 있다.
- 또한 차량공간의 편의성과 오락성, 주행의 안전성 등에 초점을 맞춰 휴먼친화적인 자동차의 고급화를 달성할 수 있다.

2) IT-자동차 융합의 범위

- IT-자동차 융합의 범위는 다음 표에서 보는 바와 같이 전장 분야 중 인포테인먼트, 안전 시스템, 차체 및 섀시 시스템, 편의 장치, 자동차 가전 분야를 포함한다. 그러나 자동차 관련 콘텐츠, 파워 트레인 및 엔진, 네트워킹, 파워 매니지먼트는 해당되지 않는다.

〈표 7.5〉 IT-자동차 융합의 범위

영 역	구 분	내 용
IT-자동차	Automotive	Navigation, Multimedia, Driver assistance
	Consumer device	Cockpit, Multimedia, Information, Navigation, HMI(Human-Machine Interface)
	Safety system	Driver assistance, Driver environment Information, Predictive systems
	Comfort electronics	Driver comfort, Automation, Seat comfort, Closure systems, Climate control
	Body system / Chassis systems	Exterior electronics, Steering/ Breaking/ Lighting system
비 IT-자동차	Automotive-related content	Traffic Information, Consumer-binding
	Networking & power management	Energy management, Communication network, IT-비 자동차 Central control unit
	Power train electronics	Engine control, Drive train control, Hybrid & electrical device

• IT-자동차 융합은 대표적인 선진국 주도형 융합산업이며 교통, 물류, 보험 등 타 산업으로의 파급효과가 큰 선도 산업이다. 미국, 일본, EU 등에서 국가 및 산업 경쟁력 향상을 위해 전략적으로 추진하고 있는 산업으로서 새로운 산업 창출을 견인할 것으로 예상된다.

3) 기술적 특성

• 안전 시스템

- 자동차 안전 시스템은 자동차 사고를 능동적으로 방지하는 액티브 세이프티 시스템(Active Safety System)과 사고 발생 시 부상 정도를 경감 시키는 패시브 세이프티 시스템(Passive Safety System)으로 구분할 수 있다.
- 안전 시스템은 자동차의 전자화와 더불어 지능형으로 발전되고 있으며, 능동형 사고방지 시스템인 액티브 세이브티 시스템이 고급 자동차들 중심에서 최근에는 중소형 모델까지 채용이 확대되고 있다.

- 최근의 안전 시스템은 충돌 감지 및 경고, 차선이탈 경고, Adaptive Cruise Control 등이 중심이지만, 점차 Fail mode 분석을 통한 fail safe 자동차 중심으로 자율 조향 시스템, 운전자 생태 감지 및 경고 시스템, 센서-통신 융합 경고 시스템 등의 방향으로 진화하고 있다.

• 편의 시스템

- 자동차는 이미 대중화 되면서 단순한 이동 수단을 넘어서 업무와 생활 공간으로서의 기능면이 강조되고 있기 때문에 편의성에 대한 소비자 의욕구와 관심도도 증가하고 있다. 따라서 자동차 업체들은 안전 분야 뿐만 아니라 편의 분야에서도 IT와 결합된 전장 기술과 소재의 연구/개발에 투자를 확대하고 있다. 자동차의 편의 시스템은 다양한 텔레메틱스 서비스를 넘어서 자동 주차 시스템까지 상용화되고 있다.
- 최근의 편의 시스템은 Firmware 기반의 독립적이고 고정적인 편의 기능을 제공하고 있으나, 향후 유무선 방 · 통신망에 연결된 편의 자동차 중심으로 HMI, 운전부하경감 운전자 맞춤형 주행안내, 안락한 이동 수단 등의 방향으로 진화하고 있다.

• 친환경 시스템

- 향후 자동차 메이커의 성장과 생존을 좌우할 친환경/지능형 자동차를 글로벌 자동차 메이커와 세계 각국 정부는 신성장 동력으로 설정하고 막대한 R&D 투자를 집중하고 있으며 시장 선점을 위해 치열한 경쟁이 전개되고 있다. 이에 따라 우리나라 최대 자동차 메이커인 현대기아자동차 그룹도 안전성, 연료효율, 고객요구 만족, 비환경적 요소 최소화를 목표로 품질과 신뢰도를 높여 생산 비용을 최소화하는데 주력하고 있으며, 하이브리드 전기자동차/수소연료전지/전장기술/소재기술 등 다양한 분야에 대한 연구개발을 진행하고 있다.
- 최근까지만 해고 친환경 시스템은 기계적인 자동차 성능 극대화처럼 소극적인 친환경 자동차에 머물렀지만, 이제는 연료 절감에 기반을 둔

HEV, EV 등의 자주적인 친환경 자동차로 진화하고 있다.

IT와 건설산업의 융합

1) IT-건설산업 융합의 정의

- IT-건설 융합은 기존 건설산업에 통신, 환경 친화적 건축 소재기술, 첨단 건설공정관리 기술, 공정과 연계된 최적 물류관리, 에너지 절감 및 효율적 이용기술 등을 포괄하는 큰 개념이다. IT 기술의 접목을 통해 이용자는 편의성을 높이고, 사업자 측면에서는 무가가치를 높이는 스마트 건설 산업을 이룰 수 있다.
- IT-건설 융합은 크게 기존 건설상품에 IT 기술을 적용하여 u-City, u-Building 등 새로운 부가가치를 창출하는 상품을 생산하는 것과 기존 건설산업의 프로세스에 IT 기술을 활용하여 건설 생산성을 향상시키는 것으로 나눌 수 있다,

2) IT-건설산업 융합의 정책

- 국내정책

최근 우리나라는 정부주도의 IT-건설 융합기술 개발 및 시장 창출을 위한 노력을 다각적으로 시도, 건설산업은 국가 경제에서 차지하는 비중이 큰 반면 부가가치 창출이 미흡한 전통저긴 아날로그 산업으로 인식되어 왔다.

그러나 2000년대 초반 홈 네트워크 산업을 차세대 10대 성장 동력 산업으로 선도하여 정부주도의 융합형 첨단 기술 개발, 표준화, 시장기반 조성을 위한 다양한 정책 지원을 시도, 건설산업 분야에서는 1998년에 제정된 CALS 계획을 발전시켜 CALS 시스템을 고도화하고 유비쿼터스 기반의 실시간 건설정보서비스 체계를 구축하는 등 IT 부문의 선진 기술을 활용한 국제적 수준의 건설사업 정보화 달성을 주진하였다.

- 해외정책

최근 세계적으로 건설산업의 첨단화가 추진되면서, 설계화 시공을 비롯

하여 유지관리까지 건설 전 분야에서 정책적으로 첨단 IT 기술의 융복합 기술개발을 적극적으로 추진하고 있다. 주요 선진국들은 건설산업 전 과정에서의 경비절감, 높은 정확도, 현장 안전도 향상 등의 방향으로 IT + 건설 융합기술을 개발, 적용하고 있다. 건설산업은 대형 국책 사업에 영향을 받는 산업이며, 미국과 EU, 일본 등 주요국은 정부 주도로 건설산업에 IT를 접목시키려는 시도를 진행하고 있다.

3) IT-건설산업 융합 관련 기술

4) 적용 분야

- 건설산업은 IT의 활용 및 접목을 통해 산업의 고도화 및 생산성 향상을 기대할 수 있는 분야이다.
- IT + 건설 융합 산업은 공사 현장관리, 자재공급, 관리를 위한 정보시스템의 활용에서 최근 u-City의 형태로 발전하고 있다.
  * u-City는 주택, 경제, 문화, 교육, 환경 등 각종 도시 구성 요소에 유비쿼터스 IT 인프라를 접목시킨 지능화된 미래형 첨단 도시로 정의한다.

〈표 7.6〉 IT-건설 융합의 범위

구 분	주요 내용
친환경/저에너지 스마트 건축자재	· 에너지 절감/친환경건설 소재/소자기술 - 주거자 친화형 자재기술
친환경/지능형 스마트 건설 설비	· 친환경 에너지 절감건설설비기술(물 순환관리, 컴퓨넌트형 건축 기술 등)
스마트 건설 시공	· IT 기반 스마트 시공기술(레이저 스캐닝 기반 공사현황 모니터링, 지능형 스마트 작업복, 현장 청소 로봇, 도로에 센서 및 인터넷 설치 GPS 활용 등)
스마트 에너지 제어 및 관리를 위한 건설 IT 융합	· 에너지 인지 기반 건물에너지관리 기술(스마트 그리드) - 지능형 서비스 기술(범죄예방 기술 등) - 지능형 건물관리 미들웨어 기술 - 에너지 자급자족 기술(건물 일체형 태양광 시스템)
스마트 도시 건설	· IT 융합 인간 친화형 감성주거환경 구축기술(u-City와 홈네트워크 연동 기술)

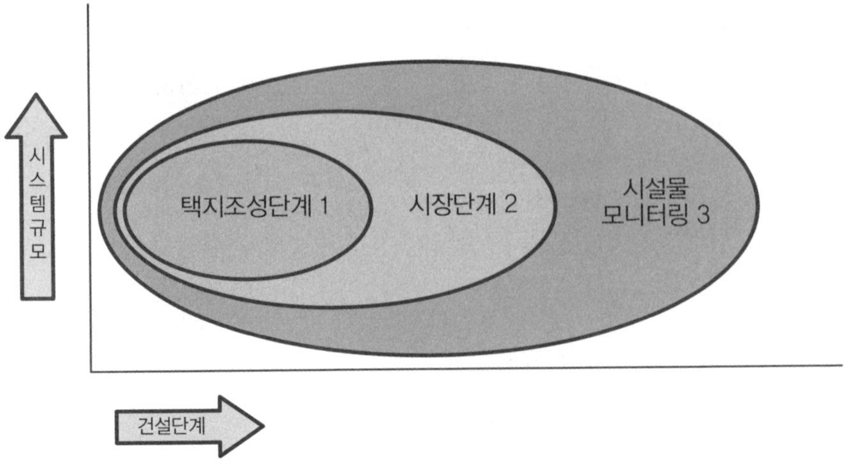

U-IT 건설 인프라 LifeCycle 모니터링 패키지

그림 7.6

IT와 국방·항공 산업의 융합

1) IT-국방 · 항공 산업 융합의 정의

• 최근 들어 IT 산업의 비약적인 성장을 바탕으로 IT 산업의 지속적인 발전 뿐만 아니라 다른 산업의 성장을 도모하는 IT 융합에 대한 다양한 노력이

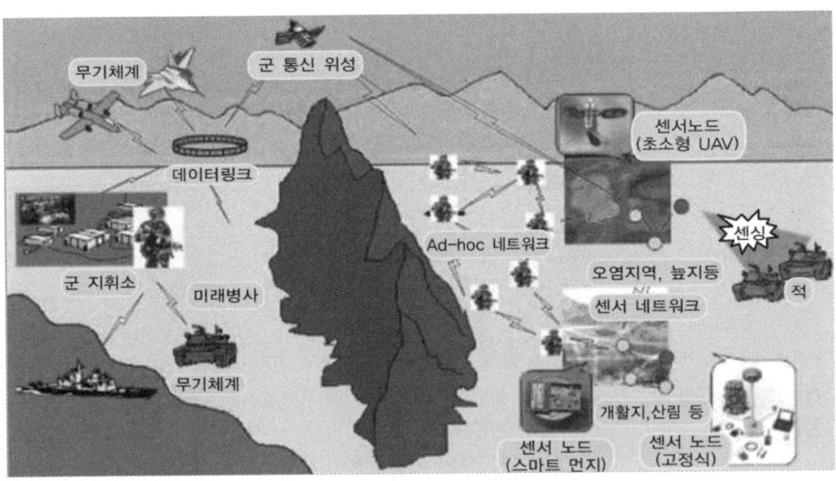

그림 7.7

출처: 김철호, 국방과학연구소, IT SoC Magazine, 2013년

범국가적 차원에서 이루어지고 있으며, 그 중 하나가 바로 국방 분야이다.

• 미래의 전장은 지상에서 공중 및 해상 나아가 우주에까지 영역이 대폭 확대되고 고도의 정보전과 미사일전 그리고 전후방 동시 입체 고속기동전 수행이 불가피하다.

2) 관련 기술

• 차세대 웹: 국방 메가센터 환경 및 사용자 단말 환경에 유비쿼터스, 모바일 웹, 시멘틱 웹 기술을 적용한다.

• VnR(Virtual & Real World)

- 워게임 시뮬레이션이나 모의 전술훈련에 활용되고 있으며, 한번의 실수로 큰 인명 피해가 날 수 있는 전장상황이나 실제 상황에서 일어날 수 있는 실수를 예방 가능한 기술이다.

• 차세대 DRM(Digital Rights Management)

- 디지털 콘텐츠의 생성에서 이용까지 유통 전 과정에 걸쳐 디지털 콘텐츠를 안전하게 관리/보호하고, 부여된 권한정보에 따라 디지털 콘텐츠의 이용을 제어/통제하는 기술이다.

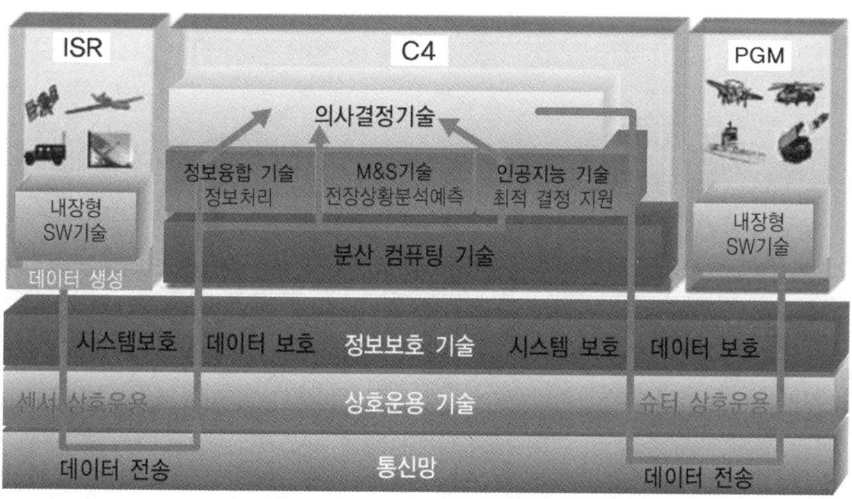

그림 7.8

출처: 김철호, 국방과학연구소, IT SoC Magazine, 2013년

• 인공지능

- 인간의 두뇌와 같이 컴퓨터 스스로 추론, 학습, 판단하면서 작업하는 시스템이다.

• SOA(Service Oriented Architecture)

- 대규모 컴퓨터 시스템을 구축할 때의 개념으로 업무상 일처리에 해당하는 소프트웨어 기능을 서비스로 판단하여 그 서비스를 네트워크상에 연동하여 시스템 전체를 구축해 나가는 방법을 말한다.

3) 적용 분야(기술 및 제도)

• 전장예측 기술 분야

- 네트워크 중심전의 가속화 되는 작전 속도와 전 전장영역에서의 동시다발적 적 위협에 대하여 모든 전투요소들이 전장예측과 협업을 통해 작전을 계획하고 수행함으로써 지휘결심 우세, 정밀 교전 및 전 차원 방호를 실현하도록 지원하는 기술이다.
- 전장예측 기술은 전략 및 전술체계별로 지휘통제체계를 운용하여 전장상황을 모델링하고 있으나, 다차원 전장상황 통합 모델링 및 공유로 발전하고 있다.

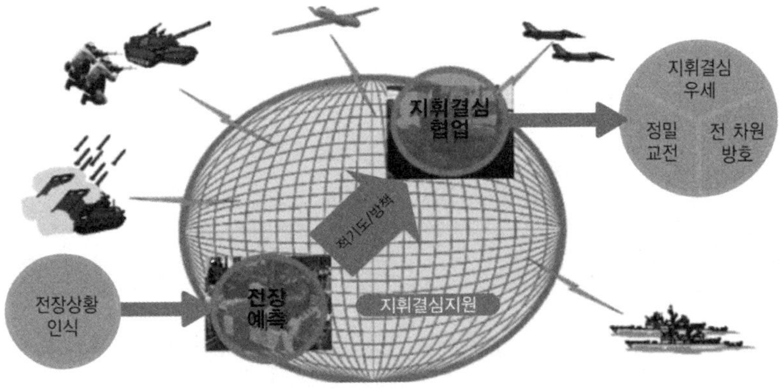

그림 7.9

출처: 김철호, 국방과학연구소, IT SoC Magazine, 2013년

- 현재는 입력된 상황정보를 단순 저장 및 관리하고 예측 및 추론은 사람이 수행하는 수준이나, 미래에는 모델링 및 시뮬레이션을 통해 미래 전장을 예측하는 수준으로 발전할 것이고 지능형 소프트웨어를 통해 맞춤형 상황 정보가 자동으로 제공될 수 있도록 발전할 것이다.

• 모델링 및 시뮬레이션 분야

- 효율적인 전장 훈련과 비용을 절감하기 위해서 평시에 실 전장과 같은 환경에서 다양한 전투/전술을 훈련할 수 있는 군 가상 모의 기반 기술 분야를 연구한다.
- 군사훈련은 많은 비용과 넓은 훈련부지, 대규모의 인력 등을 필요로 하며, 훈련 자체의 위험성으로 인해 다양한 훈련을 반복적으로 실행하기에는 어려움이 있다. 향후 실전을 제외한 대부분의 군사 훈련은 컴퓨터 시뮬레이션을 활용한 모의 전투를 실시할 것이며, 컴퓨터 가상환경 기술과 네트워크 발달로 점차 실전에 가까운 다양한 전투 훈련이 가능할 것이다.

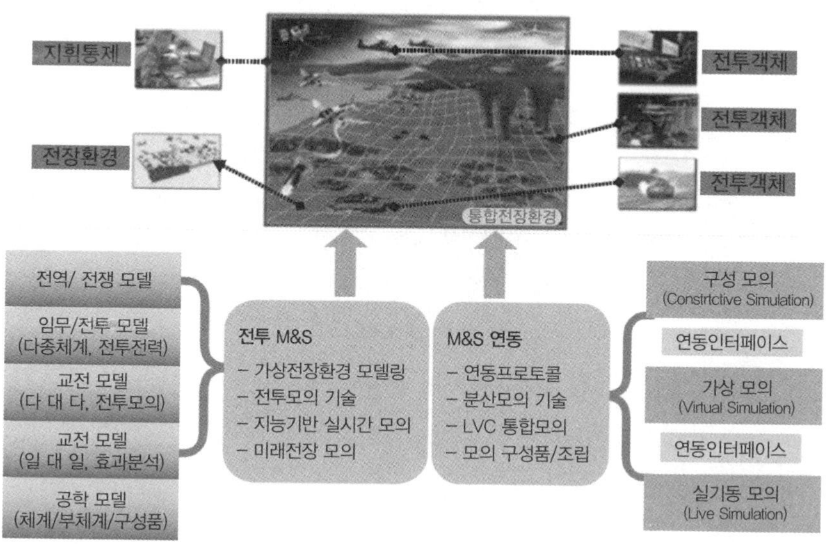

그림 7.10

출처: 김철호, 국방과학연구소, IT SoC Magazine, 2013년

- 이와 같은 다양한 전투훈련 기능을 수행하기 위해서는 모델링 및 시뮬레이션 연동 기술과 전투 모델링 및 시뮬레이션 기술 등이 요구된다.

• 전술 데이터 링크 분야
  - 네트워크 중심전 환경 하에서 근 실시간 정보공유에 의한 공통상황인식의 개선을 통한 정보우위를 제공하기 위해 요구되는 네트워크기반의 데이터 링크를 개발하기 위한 기술이다.
  - 모든 지휘통제체계와 무기체계가 통신환경에 적응적이고 융통성 있는 망을 구성하여 합동작전 수행에 필요한 무기체계간 전술자료 교환, 상황정보 공유 및 안정적이고 지속적으로 전파하는 기능을 제공한다.

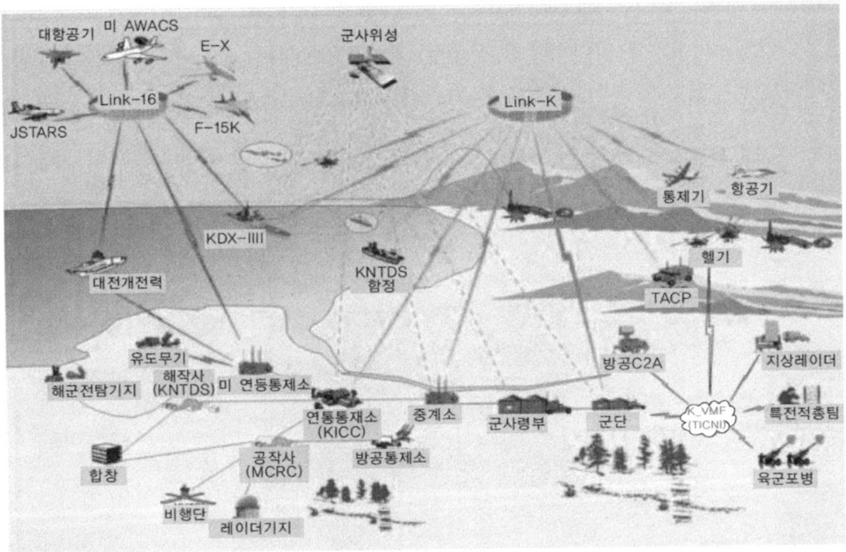

그림 7.11

출처: 김철호, 국방과학연구소, IT SoC Magazine, 2013년

IT와 의료·u-헬스 산업의 융합

1) IT-의료 · u-헬스산업 융합의 정의

• 급속한 인구 고령화로 의료비 급증과 전문인력 부족현상이 가속화되고 있는 가운데, IT가 이 같은 의료환경에 새로운 길을 제시해 주고 있다.

RFID(전자태그)와 센서 등 IT 관련 기술이 비약적으로 발전함에 따라 IT는 의료 서비스와 융합해 “언제 어디서나” 의료 서비스를 제공할 수 있는 환경을 조성하고 있다.

- 또 의료 패러다임도 과거 치료 중심에서 예방 및 건강관리 중심으로 전환되면서 IT 융합 의료 서비스에 대한 요구는 더 높아지고 있다. 이에 따라 개별 밀착형 서비스 중요성도 커지고 있으며 이에 따라 u-헬스 등 IT 기반 새로운 의료 서비스가 다음과 같이 속속 등장하고 있다.
  - 집에서 진료 받고 약까지 받는다.
    고혈압이나 당뇨병 환자가 가정에서 생체정보를 측정해 병원으로 보내고 원격상담과 진료를 받는다. 이후 집에서 택배로 약까지 받을 수 있다.
  - 환자 진료기록 언제 어디서나 확인
    병원 등 의료기관에서는 첨단 IT 도입으로 차트와 종이가 사라지고 있고, 모바일 병원도 점차 현실화되고 있다. 스마트폰, 태블릿 PC 등 각종 모바일 단말기 보급 확대로 의료정보 솔루션의 모바일 시대가 본격 열리고 있기 때문이다.

2) IT-의료 · u-헬스산업 융합의 등장배경

- 일반적으로 의료 서비스는 병원에서 제공된다. 몸이 아프거나 건강에 이상이 생기면 병원을 찾아가서 의사를 만나 진료를 받고 치료 등 의료 서비스를 제공받는다.
- 기술의 발전, 특히 정보통신기술의 발전은 이러한 전통적인 의료 서비스의 형태를 바꿔나가고 있다. 1990년대에 이미 국내에서 통신망을 이용하여 의료진 간에 의료영상 등 의료정보를 주고받으며 협진을 하는 원격진료(telemedicine)가 등장하였고, 인터넷을 통해 다양한 의료정보를 검색할 수 있는 시대가 되었다.
- 또한 각종 초소형 센서의 개발은 언제 어디서나 건강과 질병에 관련된 정보를 손쉽게 측정할 수 있는 도구를 제공하고 있다. 정보통신기술과 센서

기술의 발전은 질병의 진단과 치료에서 예방과 관리로 의료 서비스의 패러다임을 바꾸는 유헬스를 실현시켜 나가고 있다.

- u-헬스에 대한 관심은 고령인구의 증가로 인한 여러 가지 문제를 해결하려는 노력에서 나타나고 있다. 우리나라의 65세 이상 고령인구는 2000년에 이미 전체인구의 7%를 넘어 고령화 사회에 진입하였고, 2010년에 11%, 2015년에 13%에 이르고 2020년에 15%를 넘어 고령사회에 진입하고, 2025년에는 20%에 달해 초고령사회가 될 것으로 전망되고 있다.
- 이러한 고령인구의 증가는 전 세계적인 추세로 선진국의 경우 2025년에 60세 이상 인구가 전체 인구의 25%를 넘고, 2050년에는 35%를 넘을 것으로 전망되고 있다.
- 우리나라 고령인구에 의한 의료비는 2009년에 이미 전체 의료비의 30.5%에 이르렀으며 선진국의 경우 고령인구에 의한 의료비가 전체 의료비의 40~50%에 이르고 있다. 고령인구의 비율은 10%이지만 의료비의 비율은 30%로 노인 의료비가 평균의료비의 3배가 된다는 것을 알 수 있다. 그렇기 때문에 노인 인구의 증가는 의료비의 급증을 야기한다.
- 노인 의료비 중 70~80%가 당뇨병, 고혈압, 심장질환, 뇌혈관질환 등 만성질환에 의한 것으로 나타나고 있으며, 의료비의 부담은 우리나라의 경우 GDP의 6%를 넘었고, 미국은 이미 15%에 이르러 사회적 부담으로 나타나고 있다. 우리나라도 2020년에는 GDP의 11.4%를 의료비가 차지할 것으로 전망되고, 2030년에는 16.8%를 차지할 것으로 예상된다.
- 급증하는 의료비의 부담을 노인 의료비 중 가장 큰 부분을 차지하는 만성질환을 u-헬스를 통해 효율적으로 관리함으로써 완화시킬 수 있을 것으로 기대되고 있으며, 2007년 삼성경제연구소 자료에 따르면 2006년도 국민건강보험 의료비 자료를 이용하여 원격 환자모니터링을 통한 의료비 절감효과를 분석한 결과 전체 의료비의 약 7.2%인 1.5조 원의 의료비 절감효과가 있을 것으로 예측됐다.
- 의료비 절감효과는 노인 인구의 증가에 따라 더욱 커질 것으로 예상된다.

또한 u-헬스는 효율적인 의료 서비스를 제공할 뿐만 아니라 양질의 의료 서비스를 제공할 수 있어 시장전망 또한 매우 밝으며, 아직은 시장이 활성화되어 있지 않으나 2012년을 고비로 급격한 시장 성장이 예상되고 있다. Forrest Research의 미국의 홈 및 모바일 헬스케어 시장규모 전망에 따르면 2012년 약 300억 달러로 급격한 시장 확대를 예상하고 있다.

- 국내시장 규모도 만성질환 관리 서비스 수요를 추산한 결과 2012년 약 1.1조 원에 이를 것으로 전망되었다. 이와 같이 u-헬스는 인구구조 변화에 따른 여러 가지 사회문제를 해결해 줄 수 있을 것으로 기대되며, 초소형 센서와 정보통신기술의 발전으로 등장하게 되었다.

3) IT-의료 · u-헬스산업 융합의 적용 분야

- 일상에서 만나는 의료와 게임같은 운동으로 건강을 챙기는 u-헬스
  - IT 융합 분야 중에서 일반 국민이 가장 쉽게 체감하는 분야가 의료와 u-헬스 분야다. 의료 분야는 날이 갈수록 IT에 의존하고 있다. 건강보험관리나 환자관리는 수작업에서 벗어나 컴퓨터로 관리한지 오래다. 병을 진단하기 위해 사용하는 초음파나 MRI, X레이 등은 결과를 자동으로 이미지 파일로 저장하고 환자정보에 연결시킨다. "뇌파, 근전도, 심전도, 맥파" 등의 많은 생물학적 신호가 IT 기술을 통해 정보로 추출

그림 7.12 PC에 연결해 사용자 운동량을 관리하는 USB 만보기

출처: 김중태, IT 융합 현황과 사례, 지역정보화 2009년 7월호

되고 저장된다. 바이오기술(BT)과 IT가 결합되는 분야가 바로 의료 분야인 것이다. 초기에는 단순하게 측정된 자료를 수치화하는 수준이었으나 지금은 감성을 분석하고, 거짓말을 탐지하며, 학습능력 검사 및 자율신경계 검사까지 가능해졌다.

- 개인에게는 u-헬스 분야가 빠르게 보급 중이다. 가장 간단한 장비로는 건강용품인 만보기를 들 수 있다. 국내에서 판매되는 만보기인 USB 만보기 워키는 사용자의 걸음을 시간대별로 기록한다. 이 만보기를 PC에 연결하면 사용자가 지금까지 걸은 운동량과 시간대별 움직임 및 다양한 정보를 표시해준다. 이를 통해 개인의 건강을 관리하게 해준다.

그림 7.13 운동의 지루함을 이겨내고 동기부여를 해주는 S2u 자전거머신

출처: 김중태, IT 융합 현황과 사례, 지역정보화 2009년 7월호

- 헬스 장비도 하루가 다르게 발전하고 있다. 엑스프레소 피트니스가 개발한 "S2u 자전거"는 IT 기술을 활용하여 추격 메뉴를 추가했다. 사용자는 목표물을 잡을 때까지 쉬지 않고 페달을 밟아야 하는데, 8개의 기구가 연결될 경우에는 다른 사람과 실제로 경주를 하는 것 같은 느낌이 든다. 비행 시뮬레이션을 도입해 친구들과 함께 편을 나누어 공중전을 펼치는 자전거머신도 있다. 지루하게 페달만 밟아야 하는 기존 자전거머신의 단점을 IT 기술로 보완한 제품이다.

그림 7.14 개인 특성에 따라 체중 압력을 조절해주는 러닝머신인 지트레이너

출처: 김중태, IT 융합 현황과 사례, 지역정보화 2009년 7월호

- 러닝머신의 한 종류인 지트레이너(G-Trainer)는 제품 하단에 설치된 공기압조절기를 통해 중력을 조절할 수 있어 체중을 80%까지 낮출 수 있다. 관절이 약한 노인이나 부상자, 환자들의 경우 달리기가 무리를 줄 수 있는데, 지트레이너는 압력을 줄일 수 있어 개인별 맞춤식 달리기가 가능하다.
- 이런 식으로 운동을 한 개인의 운동량은 몸에 달린 장비를 통해 모두 컴퓨터에 기록된다. 폴라 플로우링크(Polar FlowLink)는 자동으로 개

그림 7.15 개인의 운동량을 무선으로 송신하는 폴라 플로우링크

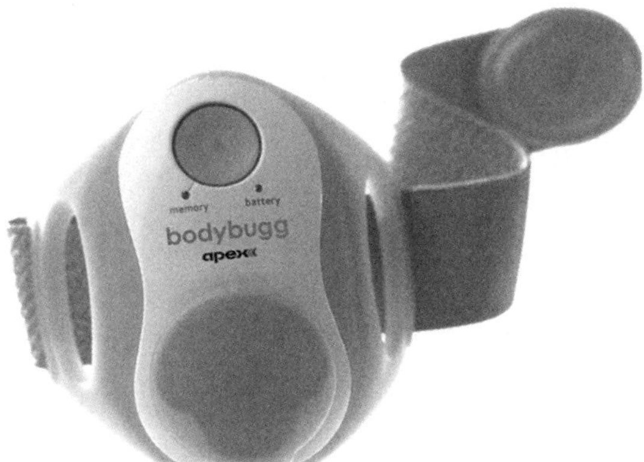

그림 7.16 팔에 차고 다니면 하루 칼로리 소모량을 측정해주는 바디버그
출처: 김중태, IT 융합 현황과 사례, 지역정보화 2009년 7월호

인의 운동량을 기록했다가 무선으로 PC에 전송해주는 시계다. 만보기의 한 종류인 바디버그(Bodybugg)는 팔띠(암밴드)를 이용해 몸에 차고 있으면 센서가 알아서 하루 칼로리 소비량을 측정해 준다. 바디버그는 걸을 때는 물론이고 쉬거나 잠잘 때의 칼로리 소비까지 계산해준다.

- 과거에는 헬스기구가 운동을 하는 기능 외에는 없었지만 최근의 u-헬스분야에서 IT 기술 접목을 통해 사용자의 운동량 및 각종 생체정보 측정과 체계적 관리까지 책임진다. 나아가 지겹고 지루해질 수 있는 운동을 즐거운 오락과 레저로 바꿈으로써 좀 더 즐겁게 운동에 참여할 수 있도록 해준다.

IT와 조선산업의 융합

1) 조선산업의 개요

- 조선산업은 기간산업으로 전방산업의 성격과 후방산업의 성격을 가지고 있다. 전방산업의 역할로는 해운과 수산, 해양방위, 해양자원의 개발 등에 필요한 각종 선박과 수중장비 및 해양구조물 등의 개발과 생산을 포괄하며, 이는 대부분 주문에 의해 생산하는 수출 전략형 산업이다.
- 이에 따른 후방산업으로는 철강과 기계, 전기, 전자, 화학, 소재 등의 산업이다. 이러한 조선산업은 산업 전반에 미치는 파급효과가 크고, 노동 집약형이면서도 기술 집약적인 성격을 동시에 지닌다.
- 또한 대규모의 산업으로써 용도에 따라 다양한 기능과 형태가 요구되므로 건조공정이 복잡하고 다양하여 자동화 제작에 한계가 있다. 대량 생산이 불가능한 주문생산이고, 단일시장이므로 국제경쟁력의 확보가 매우 중요하며, 해양이라는 특수환경에서 사용되고 종류에 따라 건조비용이 고가일 뿐만아니라 인명과 직결되므로 고도 의안전성과 신뢰성, 정밀성이 필수적으로 요구되는 특징을 지니고 있다.
- 2008년 이후 글로벌위기에 따른 전세계적인 조선산업의 불황에도 불구하고 현재 한국은 글로벌 리더로서의 지위를 누리고 있으나, 향후 5~10년 후에도 현재의 상태를 유지할지는 불확실한 상황이다. 특히 정부의 과감한 투자와 저렴한 노동력을 앞세운 중국과, 조선산업의 수성탈환을 꿈꾸는 일본의 도전은 점점 더 거세지고 있다.
- 전략적으로는 그 동안 원가 우위의 양적성장전략에서 고부가가치 선박제

조를 위한 질적 성장으로의 전환이 필요하며, 기술 대안으로는 최근 기술 트렌드의 중심에서 있는 IT 기술과의 융합이다.

- IT 융합은 서로 다른 기술과의 접목을 통해 새로운 고부가가치를 창출할 수 있는 원천이 된다는 점에서 새롭게 주목받고 있다. 특히 우리나라 조선산업의 경우 선박 수주량과 선박 건조량에 있어 세계 1위를 유지하고 있으며, 우리 IT 산업의 경우에도 휴대전화 보급률과 초고속 인터넷 보급률, 그리고 메모리 반도체 생산 등 다양한 IT 분야에서 1위를 유지하고 있으나, 정작 조선산업의 IT 분야에서는 고부가가치 기자재와 선박통신장치기술 등 핵심 기술에 대한 국산화율이 매우 저조한 실정이다.
- 세계적인 경제침체에도 불구하고 꾸준히 세계 1등을 유지하고 있는 한국 조선 산업의 1위 수성을 위해 IT 융합이라는 새로운 전략과 기술대안 개발이 필요하다.

2) IT-조선산업 융합의 필요성

- 우리나라는 선박건조 분야에서는 설계 및 신 건조공법을 개발하여 세계 1등으로 발돋움하였으나, Gyro Compass, Autopilot, Radar System 등의 항해운항시스템과 BMS, DPS 등의 자동화시스템의 고부가가치 기자재는 국내생산이 안되고 외국에 의존하고 있는 형편이다.
- 최근들어 정책적으로 융합이 강조되고 있는 이유는 기존에 발생하였던 점진적 융합과는 달리 급격한 속도와 광범위한 영역에서 일어나는 혁신적, 광역적 융합의 성격을 띠고 있으며, 이 융합의 공통점은 IT를 기반으로 하고 있다.
- 특히, 조선산업은 현재 세계최고의 경쟁력을 갖추고 있는 것으로 나타나고 있으나, IT와의 접목은 상대적으로 느리게 진행되고 있는 분야다. IT 융합을 활성화시키기 위한 방안으로 디지털 선박(digital ship)으로의 선박개념 진화, 초대형 선박 등장 등으로 선박 내 통신을 위한 주파수 자원의 확보와 무선통신기술의 적용도 제고 및 선박 내 무선통신을 위한 각종 기기의 개발이 필요하다.

- 특히, 선박 내 통신을 위한 주파수자원의 확보는 국제표준 기구에서의 표준화가 중요한 문제이므로 CDMA 및 MWiBro, DMB 등의 국제표준을 관철시킨 경험을 조선산업 분야에 십분 활용할 필요가 있다.
- 또한 우리나라는 조선 세계 1위의 조선국가로 일반선박은 90% 이상의 국산화율을 유지하고 있으나, 최근 수주되고 있는 LNG선, 호화 여객선, 석유 시추선 및 셰이빙선 등의 고부가가치 선박의 경우 60% 이하의 낮은 국산화율을 유지하고 있는 반면, IT 융합장비의 비중은 선박가격 대비 15%까지 증가할 것으로 예상되고 있다.

3) 국내 IT-조선산업 융합의 연구사례

- 국내에서는IT 융합을 통한 조선산업 초일류화를 위한 디지털 선박 인프라를 조성하기 위해 2008년부터 3년간 ETRI는 현대중공업 및 울산대학교와 공동으로 선박건조의 생산성을 향상시키기 위한 통신 인프라인 WiBro 망을 구축하고 이를 기반으로 그룹 통신시스템을 개발하며, 조선소 선박블록/자재 및 이동 객체에 대한 실시간 모니터링기술을 개발하고 있다.
- 또한 선박 내 각종 장치에 대한 육상에서의 원격 모니터링 기술을 할 수 있는 유무선 통합 SAN 기술개발을 수행하고 있다.
- 조선소의 선박건조현장에서 사용하도록 개발하는 WiBro 통신망 기반 그룹통신시스템에 대한 연구는 현재 조선산업 현장에서 사용되는 주파수 기반 그룹 통신시스템의 한계를 극복하고, 차세대 All-IP 기반 네트워크 통합 환경을 대비하는 WiBro 기반 그룹통신시스템을 개발하는 것이다.
- 그룹통신시스템 개발에 적용되는 기술은 현재 그룹통신에 일반적으로 사용되고 있는 무전기의 동일 채널 이용으로 발생하는 혼신 및 간섭과 보안성이 취약하다는 문제점과 TRS의 경우 다수 사용자가 공동의 여러 주파수를 이용함으로써 접속이 지연되는 문제점을 극복하는 IP 기반 음성 서비스 기술로 무전기와 TRS, 휴대폰의 기능을 하나의 무선 복합단말기로 제공하도록 한다.

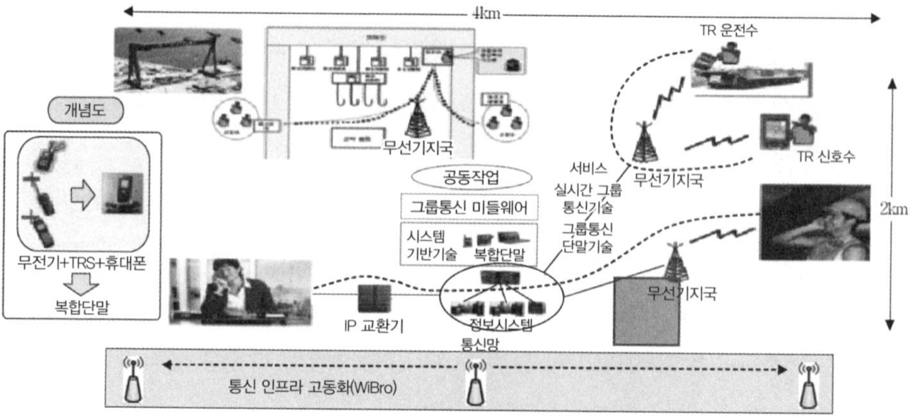

그림 7.17 조선소를 위한 그룹통신시스템 구성

출처: 박정호, 한국전자통신연구원, ETRI 저널, 2010년

- 그룹통신시스템은 열악한 조선소의 무선통신환경에서 복합단말을 활용하여 작업자 간에 원활한 통신환경을 제공하고 조선소 및 선박 내 공동작업 환경을 개선함으로써 선박건조 생산성을 향상시킨다. 다음 그림은 그룹통신시스템 구성도이다.
- 선박블록/자재 및 이동객체에 대한 실시간 모니터링 기술개발에는 조선소 야드 현장에서 IDGPS 기술 및 RFID 기술기반으로 이동체에 대한 위치정보 추적 인프라를 구축하고, 이동객체(즉 선박블록 및 트랜스포터)와 조선소 야드 모니터링을 위한 시스템개발을 포함하고 있다.
- 이동체 위치추적기술은 LOS 지역에서는 GPS 기술과 음영지역에서 RFID 기술을 적용하여 중단없는 위치추적이 가능하도록 하고, 철재구조물로 인해 전파의 난반사가 심한 작업환경에서 위치정보 오차를 줄이기 위해 IDGPS 기술을 적용한다.
- 이러한 인프라 기술을 적용하여 개발하는 응용 서비스인 선박블록/자재 및 트랜스포터 모니터링 기술은 다음 그림과 같이 GPS 기술 및 RFID 기술을 적용하여 조선소 야드에 적재된 선박블록을 자동인식하고, 이를 운반하는 트랜스포터를 실시간 추적하며, 이동 객체 데이터베이스를 기반으로 선박블록 및 트랜스포터를 실시간 원격으로 통합관리, 모니터링하는 기술이다.

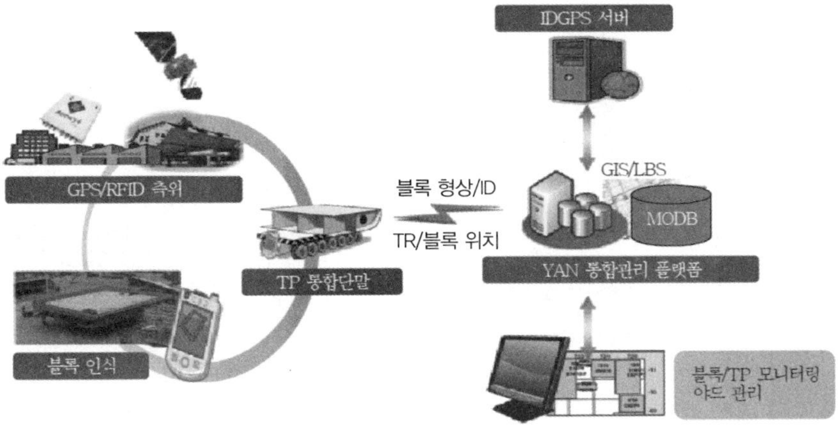

그림 7.18 조선소 블록/TP 실시간 모니터링 시스템 개념도

출처: 박정호, 한국전자통신연구원, ETRI 저널, 2010년

- 이로써, 선박블록 및 트랜스포터의 수동관리로 인해 발생되는 블록배치의 오류를 줄일 수 있으며, 트랜스포터와 같은 이동객체에 대한 최적관리 및 운용으로 인해 작업공정 효율을 높일 수 있어 결과적으로 선박건조 생산성을 향상시키는 효과를 얻을 수 있을 것이다.
- IT 기반 유무선 통합 SAN 기술은 460종에 달하는 선내 기자재를 하나의 네트워크로 연결하고, 선내 시스템 간의 통신을 가능하게 하는 기술이며, 통신영역을 육상까지 확대하여 선내시스템을 육상의 서비스에 활용할 수 있는 소프트웨어 프레임워크를 제공하여 선내에서 뿐만 아니라 육상에서도 모니터링 서버를 통해 원격으로 선박의 상태관리, 유지보수, 관제/감시 등 통합적 선박관리 기술을 포함한다.

IT와 기타 산업의 융합

1) 실버 IT

- 고령화의 진전과 더불어 IT 부문에서도 실버 시장이 크게 열리면서 실버 IT가 새로운 정보화 이슈로 떠오르고 있다. 실버 IT란 노인을 상징하는 은색(Silver)과 정보기술(IT)의 합성어로 협의적으로는 "노인이 사용하기 편리한 IT"를 의미하지만 보다 광범위한 정의로는 "노인 생활을 지원하는

IT"를 포함 한다. 여기서 "노인의 생활을 지원하는 IT"란 노인들이 편안한 생활, 안전한 생활, 건강한 생활, 즐거운 생활을 누릴 수 있도록 도와주는 IT 제품 및 서비스를 의미한다.

• 이제까지 실버 IT는 노인들이 사용하기 편리한 IT 기기나 노인들의 건강 상태를 체크하거나 응급상황 시 신속한 대응을 위한 모니터링 및 호출용 제품이 주류를 이루어 왔다. 화면과 자판이 크고 조작이 쉬운 실버폰과 떨어뜨릴 경우 응급신호를 전송하는 다음 그림 낙상폰 등을 예로 들 수 있다.

• 그러나 향후 실버 IT는 노인의 독립적 생활을 보장하고 경제 및 사회 활동 참여 확대를 지원하는 제품 및 서비스로 영역을 확대해 나갈 것으로 예상된다. 저출산 고령화로 전체 인구에서 노인이 차지하는 비율이 점차 증가하면서 노인을 돌보는 인력이 부족하고 노인복지 비용 증대에 따른 사회적 부담이 증가함에 따라 노인의 건강과 더불어 경제적 자립이 중요한 이수가 되고 있기 때문이다.

• 일반적으로 노인의 노동시장 진출은 해당사회의 사회보장제도 성숙도와 밀접한 상관관계를 지니고 있다. 특히 국가의 노령 연금 재정이 부족하여 소득을 얻기 위한 수단으로 일자리를 원하는 노인이 많은 국내 실정을 감

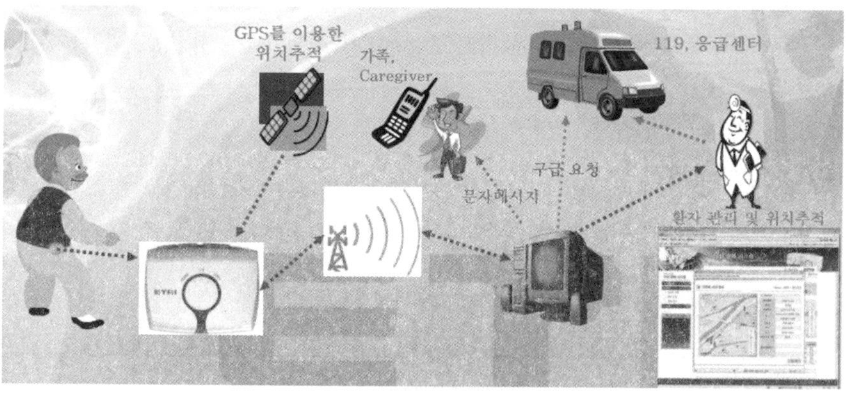

그림 7.19 낙상폰 서비스 구성도

출처: 박준수, 한국전자통신연구원, ETRI 저널, 2009년

안할 때 노인의 경제활동은 복지 측면에서도 검토가 필요하다. IT를 통하여 노인의 육체적, 정신적 능력이 향상된다면 노인의 노동가치가 증대되어 일할 수 있는 기회가 증가할 수 있다.

• 이와 관련된 미래 IT 기술로는 다음 그림에서 보는 바와 같이 입는 로봇(Wearable Robot)을 들 수 있다. 입는 로봇은 거동이 어려운 노인의 이동성을 보장해 주며 근력을 10배 이상 증대하여 육체적 노동도 쉽게 수행할 수 있게 도와준다.

그림 7.20 입는 로봇 HAL 시연 모습

출처: IDG, 연합뉴스

• 이미 일본에서는 상용화 단계에 접어들었다. 쓰쿠바 대학의 교내 벤처로 출발한 사이버다인은 근력 강화용 로봇 "HAL(Hybrid Assistive Leg: 하이브리드 보족 수족)"을 출시하였다. 이 로봇은 사용자가 움직일 때 발생하는 미세한 근육 신호를 감지하는 센서가 내장되어 큰 힘을 들이지 않고도 같거나 무거운 물체를 들어 올릴 수 있게 도와준다.

• 한편에선 생각만으로 생활에 필요한 작업을 할 수 있도록 도와주는 기술도 개발되고 있다. 미국 브라운 대학과 사이버키네틱스 뉴테크놀러지 시스템 등은 다음 그림에서 보는 바와 같이 몸을 자유롭게 사용할 수 없

는 노인이나 장애인들이 생각만으로 기계장치를 작동하는 브레인게이트(Brain Gate)를 개발하였다. 브레인게이트는 머리카락 굵기의 전극 100개로 구성된 전자 칩으로 뇌의 운동피질에 1mm 깊이로 이식해서 뇌에서 나오는 전기적인 신호를 컴퓨터로 전송하면 컴퓨터가 데이터를 분석하여 명령을 실행한다.

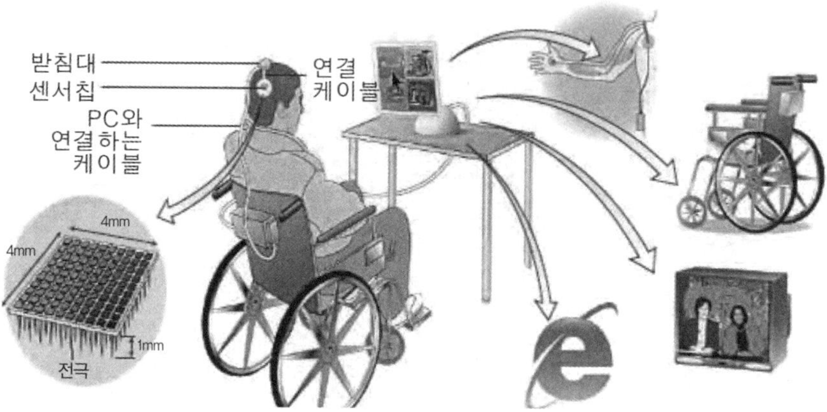

그림 7.21 브레인게이트 서비스 구성도

출처: 박상현 한국정보사회진흥원, 삶의 질 관련 산업의 미래전망과 IT 활용과제 연구 2007

- 최근 미국 피츠버그대 연구진은 원숭이의 뇌와 연결된 로봇 팔을 움직여 간식을 집어 먹도록 하는 실험이 성공하기도 하였다. 이러한 기술은 인공손 또는 로봇 팔을 움직여 물건을 집거나 휠체어를 운전하고 컴퓨터를 이용하여 문서작업을 하는 것도 가능하게 한다.
- 특히 서비스 로봇은 노인들의 독립적인 생활을 지원하는 데 유용하다. 네트워크를 통해 로봇을 원격관리하고 노약자나 장애인을 비롯한 모든 사람들이 간단하고 안전하게 로봇을 사용하게 되면서 다양한 실버 서비스가 종합적으로 제공될 수 있다.

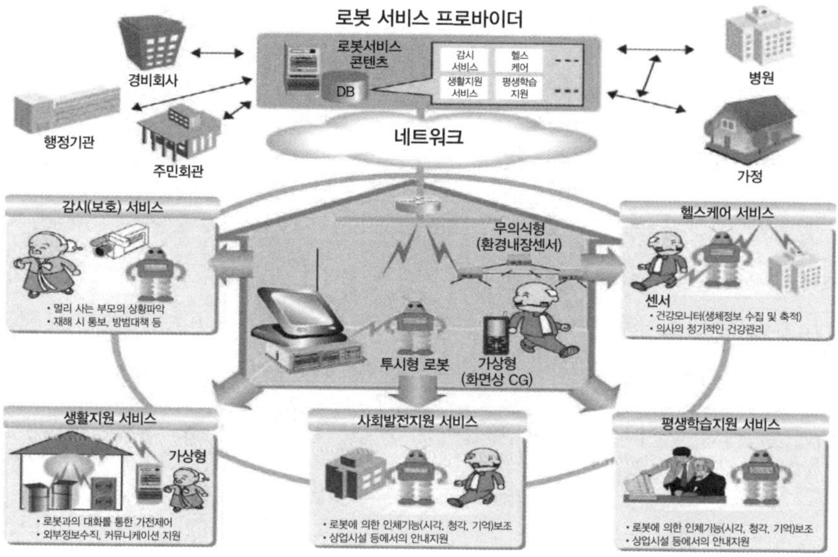

그림 7.22 로봇을 이용한 다양한 실버 서비스 결합 모습

출처: 한국정보사회진흥원, 일본 xICT 비전: 모든 산업 및 지역과 ICT의 융합을 위하여, 2008

2) 그린 IT

- "그린 IT"는 환경을 의미하는 녹색(Green)과 정보기술(IT)을 합성한 용어로 "IT 제품 및 서비스의 라이프 사이클 전반에 걸친 녹색화(Green of IT)'와 "IT를 활용한 국가사회 전반의 녹색화(Green by IT)"를 포괄하는 개념이다. 기존에는 기후변화와 고유가가 글로벌 이슈로 떠오르면서 IT 부문의 에너지 절감과 CO_2 감축 활동을 뜻하는 용어로 사용되었으나 최근에는 IT를 활용한 기후변화 대응 방안을 포함하는 개념으로 확장되고 있다.
- 저탄소 사회로의 전환을 위해서는 근본적으로 화석에너지의 사용을 줄이고 이를 대체할 신재생 에너지 개발이 중요하다. 그러나 신재생 에너지 개발 및 보급에는 상당한 시간이 소요되며 선진국과 비교하여 아직은 기술 수준이 낮은 우리나라는 더욱 많은 시간이 필요하다.

- 따라서 신재생 에너지 개발뿐만 아니라 사회 전반의 에너지 효율성을 향상하여 낭비요인을 제거하고 신재생 에너지의 원활한 이용을 지원하는 기반 구축을 함께 추진해야 한다.
- 이러한 접근에서 향후 그린 IT는 IT 부문의 그린화보다는 IT를 활용한 그린화에 초점이 맞춰질 것으로 전망된다.
- IT는 건물관리, 교통체계, 전력시스템 등을 지능화하여 에너지의 효율적 이용을 극대화하고, 물리적 제품의 디지털화로 자언 소비를 절감하며, 원격근무 · 화상회의 · 전자상거래 등을 통해 기후변화 대응 역량을 강화하는 등 저탄소 사회 전환을 촉진하는 녹색 기반으로서 중요한 역할을 할 것이다.
- 글로벌 환경보호 민간단체인 세계자연보호기금(WWF: World Wide Fund for Nature)은 세계 자연보호를 통해 전 세계 CO_2 배출량을 최소 7%에서 최대 26% 감축할 수 있다고 주장하면서 〈표 7.7〉에서 보는 바와 같이 대표적인 10대 자연 솔루션을 제안하였다.
- WWF는 이들 10대 세계자연솔루션 보급을 통해 유럽에만 2020년까지 10억 톤의 CO_2를 감축할 수 있을 것으로 전망하고 있다.
- 한편 포레스터 리서치에 따르면 IT 부문 그린화를 위한 기술로는 클라우드 컴퓨팅, 서버 및 클라이언트 가상화, IT 에너지 측정, 서버 파워 매니지먼트 소프트웨어 등 16가지 기술이 주목될 것으로 전망된다.
- 아울러 세계 각국은 IT 제품의 소비 전력 및 환경 기준을 대폭 강화하여 비관세 무역장벽으로 활용하는 한편, 친환경 제품에 인센티브를 제공하는 등 자국 시장보호와 그린 IT 시장 창출을 위해 노력하고 있다.
- 우리나라는 세계적 수준의 IT 인프라를 보유하고 있으며, UN, ITU 등이 발표하는 주요 IT 국제지수에서 높은 순위를 유지하는 등 국제사회로부터 IT 강국으로 평가받고 있다.
- 따라서 IT 부문의 녹색 경쟁력을 강화하여 그린 IT 시장을 주도한다면 IT 산업에 새로운 활력을 불어넣어 중국 등 후발 국가와의 격차를 벌리고 선진국을 따라잡기 위한 기회를 잡을 수 있을 것으로 기대된다.

〈표 7.7〉 2020년까지 CO_2 10억 톤을 감축하기 위한 10대 IT 솔루션

No	솔루션	주요 조치 내용	CO_2 감축효과
1	스마트 도시계획	첨단 시뮬레이션 및 분석 SW를 배치하여 에너지 효율을 최적화하도록 도시 설계 / 계획 개선	건물과 기반시설의 CO_2 배출량 2.3% 감축
2	스마트 빌딩	건물에 센서를 사용하여 에너지 효율을 높이고 에너지 사용을 적절 필요량에 맞추도록 통제	향후 10년 동안 신축건물의 CO_2 배출량 4.6 감축
3	스마트 가전	가전제품에 IT를 내재하여(마이크로프로세서 및 ASICs) 효율성을 높이고 에너지 사용량을 적정 수준으로 통제	기존 건물에서의 에너지 사용에 따른 평균 CO_2 배출량의 약 1% 감축
4	탈 물질화 서비스	실제 제품 및 소통을 대체한 '서비스 제공' 형태의 IT 활용, 즉 벽돌을 비트로 대체	현재의 종이 사용량 13% 감축
5	I-최적화	개별 생산 프로세스 내에서 IT 기간 통제 및 지식관리 시스템을 사용하여 운영을 개선하고 에너지를 절감하여 효율성 제고	산업 발생 CO_2의 1% 감축
6	스마트 산업	플랜트와 프로세스의 저탄소 설계를 위해 생산 프로세스의 에너지 사용량을 예측, 시뮬레이션. 분석하기 위한 설계 툴과 소프트웨어 배치	산업 발생 CO_2의 1% 감축
7	스마트 그리드	전력 공급자와 사용자간의 쌍방향 소통이 가능하도록 하고 '사용시간 계측'이나 '원격 수요관리' 등의 선진 서비스를 제공하기 위한 송전망 내의 스마트 계측 및 통신 기술 배치	10년 내 건물에서 사용되는 전기관련 CO_2 배출량의 약 1.25% 감축
8	통합 재생 솔루션	포괄적인 재생 에너지 배치가 가능하도록 시뮬레이션, 분석 및 관리 툴 활용	글로벌 에너지 시스템에 75GW의 재생 에너지 용량 추가
9	스마트 워크	원격근무가 가능하고 출장이나 업무 교대를 피할 수 있도록 인터넷을 비롯한 선진 통신 툴 활용	자동차 통근자의 5%가 원격 근무자가 되고 항공 출장의 q5%가 가상회의로 대체
10	지능형 교통	오염이 적은 교통이 가능하도록 해당 정보를 제공하기 위한 선진 센서와 제어, 분석 모델, 관리 툴 및 유비쿼터스 통신 배치	승용차 전체 주행거리의 6%가 대중교통으로 대체

출처: wwF, Becoming a winner in a low-carbon economy: IT solutions that help business and the planet, 2008

IT 융합관련 신서비스 및 기술

클라우드 컴퓨팅

1) 클라우드 컴퓨팅의 정의

- 클라우드 컴퓨팅은 PC, 휴대폰, TV 등 다양한 세트 기기 이용자들이 네트워크 접속을 통해 자신이 필요로 하는 만큼의 프로세서, 스토리지, S/W를 유틸리티 서비스 형태로 제공받는 방식이다.
- 세계적인 IT 리서치 그룹인 가트너는 클라우드 컴퓨팅을 "인터넷 기술을 활용하여 다수의 고객들에게 높은 수준의 확장성을 가진 IT 자원들을 서비스로 제공하는 컴퓨팅"으로 설명하고 있다. 또 시장조사기관 포레스터 리서치(Forester Reacher)는 "표준화된 IT 기반 기능들이 인터넷 프로토콜(IP, 네트워크간 데이터 전송을 가능하게 하는 규약)로 제공되고, 언제나 접근이 허용되며, 수요가 변함에 따라 가변적이고, 사용량이나 광고에 따라 과금 모형을 달리하고 있다"며 클라우드 컴퓨팅을 소개하고 있다.
- 클라우드(CLOUD)라는 명칭은 작업에 필요한 컴퓨팅 서비스를 구름 저편으로부터 받아와서 작업한 문서를 S/W와 함께 다시 구름 저편으로 보내어 저장한다는 의미에서 지어졌다. 사실 이러한 개념은 새로운 것이 아니다. 이미 1990년대 중반 오라클, IBM, 애플을 포함한 5개 IT산업 거대

〈표 7.8〉 다양한 클라우드 컴퓨팅의 정의

기관명	정 의
가트너	인터넷 기술을 활용해 많은 고객에게 수준 높은 확장성을 가진 자원들을 서비스로 제공하는 컴퓨팅의 한 형태
포레스터 리서치	표준화된 IT기반 기능들이 IP로 제공되고, 언제나 접근이 허용되며, 수요변화에 따라 가변적이다. 사용량이나 광고를 기반으로 비용을 지불하고, 웹 또는 프로그램적인 인터페이스를 제공하는 형태
위키피디아	인터넷에 기반을 두고 개발하는 것으로 컴퓨터 기술의 활용을 의미한다. 인터넷으로 자원들이 제공되는 형태
IBM	웹 기반 응용 소프트웨어를 활용해 대용량 데이터베이스를 인터넷 가상공간에서 분산 처리하고, 이 데이터를 컴퓨터나 휴대전화, PDA 등 다양한 단말기에서 불러오거나 가공할 수 있게 하는 환경

기업들이 사업화하려고 했던 NC(네트워크 컴퓨팅) 개념과 대동소이하다.

- 그러나 당시에는 초고속인터넷 망은 고사하고 전화선을 통한 네트워크가 일반적이었다는 점, 넷북, 스마트폰을 비롯한 다양한 단말기 보급이 보편화되지 않았다는 점, 주요 IT업체들이 관련 OS(운영체계) 및 어플리케이션의 보급에 미온적이었다는 점 등으로 그야말로 "뜬 구름 잡는 이야기"로 여겨졌다.
- 이에 따라 NC는 참여 기업들의 노력에도 불구하고 상용화되지 못하고 사람들의 관심사에서 멀어졌다. 그러나 최근 들어 유무선 통신 네트워크의 확산 및 고속화, 세트 기기의 다양화, 무료 S/W의 보급 확대 등 IT인프라가 급속히 발전되면서 클라우드 컴퓨팅의 실현이 현실로 다가오고 있다.

2) 클라우드 컴퓨팅의 분류

- 운영주체에 따른 분류
  - 클라우드 컴퓨팅은 데이터 센터를 어디에 두고 서비스하는지에 따라 개인 클라우드(Private Cloud), 공공 클라우드(Public Cloud), 혼합형 클라우드(Hybrid Cloud)로 구분된다.

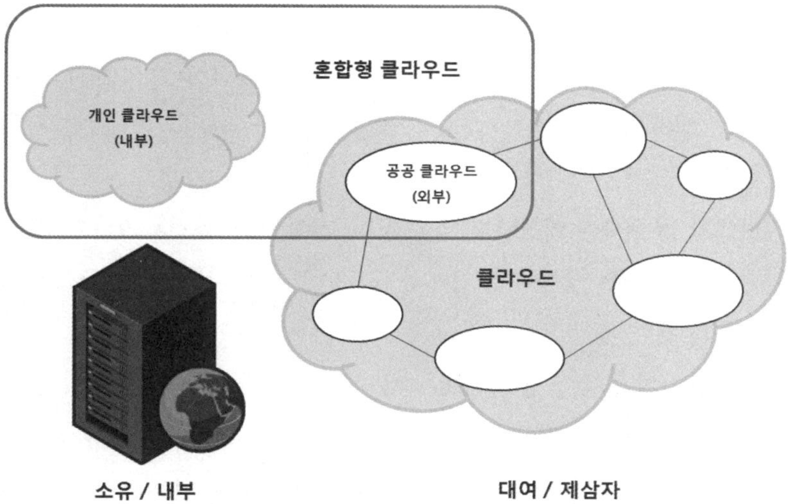

그림 7.23 클라우드 컴퓨팅의 여러 타입

- 개인 클라우드(Private Cloud)는 기업 내에 클라우드 데이터 센터를 운영하면서 내부 사원들이 개인 컴퓨터로 클라우드 데이터센터의 자원을 사용하도록 하는 개념이다. 이 경우 지금까지 강조해 온 "기업의 시스템 유지보수로 부터의 해방" 측면은 해소되지 않는다. 그러나 기업 구성원들 각각의 시스템 관리 부담은 해결될 수 있고, 기업 내 자료를 통합 · 관리할 수 있다는 장점을 지닌다.
- 공공 클라우드(Public Cloud)는 포털 사이트처럼 외부 데이터 센터를 이용하는 형태다. 클라우드 컴퓨팅의 궁극적인 목표는 공공 클라우드에 있다고 볼 수 있다.
- 개인 클라우드와 공공 클라우드를 함께 사용하는 형태가 혼합형 클라우드(Hybrid Cloud)이다. 혼합형 클라우드 방식에서는 문서별로 다른 보관 장소를 택할 수 있다. 기업의 기밀 서류를 외부 데이터 센터(공공 클라우드)에서 운영하는 것이 불안하다면 개인 클라우드에 보관하면 된다.
- 두 가지 방식의 클라우드를 운영하면서 개인 클라우드에 자료와 응용 소프트웨어를 보관하고 공공 클라우드에 데이터를 백업할 수도 있다.

• 클라우드 컴퓨팅 서비스의 수익모델에 따른 분류
  - 클라우드 컴퓨팅 시장에서의 역할은 시스템 공급자(Vendors), 제공자(Providers), 사용자(User)로 분류할 수 있다. 그리고 이들 간의 역할 관계는 〈그림 7.24〉와 같다.
  - 시스템 공급자는 이동단말기기, 서버, 스토리지, 네트워크와 같은 하드웨어 장비들을 납품하는 업체와 SaaS서비스를 위한 응용 소프트웨어를 제공하는 솔루션 기업들이 포함된다.
  - 하드웨어와 솔루션 업체는 납품을 통하여, 응용업체는 사용자들이 사용하여 얻어진 수익금을 배분하는 방식으로 수익을 얻는다. 클라우드 솔루션 업체들은 사설 클라우드(Private Cloud or Enterprise Cloud)를 구성하거나 공공 클라우드(Public Cloud)를 구성하는 솔루션을 제

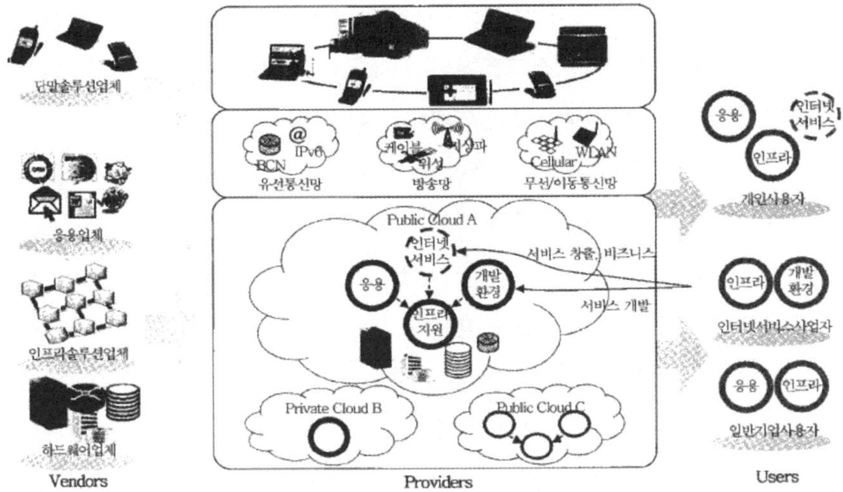

그림 7.24 클라우드 컴퓨팅 생태계

공하는 수익모델을 가진다.

- 제공자로서 IDC 운영 기업은 시스템 공급자로부터 시스템, 응용서비스, 솔루션들을 구매하고 클라우드 컴퓨팅을 운영하는 주체가 된다. 컴퓨팅 지원 및 서비스 제공 플랫폼을 제공 받아 개인 및 기업을 대상으로 인터넷 기반 서비스를 제공하고 사용한 시간 용량에 따른 과금 수익모델을 가진다.
- 개인 사용자 또는 기업 사용자는 제공자의 인터넷 서비스를 통하여 컴퓨팅 자원을 할당받아 사용하고, 이에 대한 비용을 지불하는 주체이다. 그러나 사용자 중에서는 클라우드 컴퓨팅 서비스가 제공하는 PaaS를 이용하거나 독자적으로 창출한 비즈니스를 클라우드 컴퓨팅 플랫폼에서 운영하면서 제 3의 사용자를 대상으로 비즈니스 주체가 되기도 한다.

• 클라우드 컴퓨팅 서비스 형태에 따른 분류

- 클라우드 컴퓨팅에서 제공하는 서비스는 제한적인 것은 아니지만 〈그림 7.25〉와 같이 SaaS , PaaS, IaaS 세 가지를 가장 대표적인 서비스로 분류한다.

- 어플리케이션을 서비스 대상으로 하는 SaaS는 클라우드 서비스 사업자가 인터넷을 통해 소프트웨어를 제공하고, 사용자가 인터넷 상에서 원격 접속을 하여 해당 소프트웨어를 활용하는 모델이다.
- 클라우드 컴퓨팅의 최상위층에 해당하는 것으로 다양한 어플리케이션을 다중 임대방식을 통해 온디멘드 서비스 형태로 제공한다. 여기서 다중 임대방식은 공급업체 인프라에서 구동되는 단일 소프트웨어 인스턴트 조직에 제공하는 것을 말한다.
- 즉, 우리가 흔히 사용하는 e-Mail 관리 프로그램이나 문서관련 소프트웨어에서 기업의 핵심 어플리케이션인 전사적 자원관리(ERP), 고객관계관리(CRM) 솔루션 등에 이르는 모든 소프트웨어를 클라우드 서비스를 통해 제공받는다.

그림 7.25 클라우드 컴퓨팅 서비스의 종류

〈표 7.9〉 SaaS 서비스의 분류

구 분	설 명	예 시
단순 OA 기능	데이터 계산, 워드 프로세서 등 단순 사무를 위한 소프트웨어	· OA · 자료관리
기업 단일 기능	회계, 급여, 재고관리와 같은 단일 기능을 처리하기 위한 소프트웨어	· 회계 패키지 · 고객관리 · 재고관리 · 생산관리 · 영업관리 등
기업내 통합	ERP와 같이 회계, 급여, 고객관리 등의 기능을 연계 처리할 수 있는 통합 솔루션	· 그룹웨어 · ERP
기업간 통합	SCM, 연구개발 등 기업 간 협업 및 공동 거래를 처리할 수 있는 솔루션	· SCM · 자동부문/납품

- 그러나 SaaS는 클라우드 컴퓨팅이 IT업계의 화두로 부상하기 이전에 독립적인 영역으로 이미 상용화된 기술로 다른 서비스에 비해 인지도가 높으며, Salesforce.com에서 수행하는 서비스가 대표적이다. SaaS는 〈표 7.9〉와 같이 어플리케이션 종류에 따라 분류할 수 있다.
- PaaS는 사용자가 소프트웨어를 개발할 수 있는 토대를 제공해주는 서비스다. 클라우드 서비스 사업자는 PaaS를 통해 서비스 구성 컴포넌트 및 호환성 제공 서비스를 지원한다. 컴파일 언어, 웹 프로그램, 제작 도구, 데이터베이스 인터페이스, 과금 모듈, 사용자 관리 모듈 등을 포함한다.
- 응용 서비스 개발자들은 클라우드 서비스 사업자가 마련해 놓은 플랫폼 상에서 데이터베이스와 어플리케이션 서버, 파일 시스템과 관련한 솔루션 등 미들웨어까지 확장된 IT 자원을 활용하여 새로운 어플리케이션을 만들어 사용할 수가 있다. 구글의 AppEngine 서비스가 대표적일 수 있다.
- IaaS는 서버 인프라를 서비스로 제공하는 것으로 클라우드를 통하여 저장장치(Storage) 또는 컴퓨팅 능력(Compute)을 인터넷을 통한 서비

스 형태로 제공하는 서비스다.

- 사용자에게 서버나 스토리지 같은 하드웨어 자체를 판매하는 것이 아니라 하드웨어가 지닌 컴퓨팅 서비스의 대표적인 사례로 알려진 아마존 웹 서비스(AWS)의 스토리지 서비스 S3 및 EC2가 IaaS에 해당된다.

3) 기존 컴퓨팅 방식과 클라우드 컴퓨팅 방식의 차이

• 클라우드 컴퓨팅의 개념은 이전부터 있었던 그리드 컴퓨팅이나 유틸리티 컴퓨팅 등에서 유사한 기술이나 개념을 발견할 수 있다.

• 먼저 그리드 컴퓨팅은 인터넷에 흩어져 있는 컴퓨팅 자원을 연결해 가상의 슈퍼 컴퓨터와 함께 활용하는 모델이다. 주로 수학, 과학, 물리 등 학술 분야에서 쓰이고 있다. 그리드 컴퓨팅은 분산된 IT자원을 통합해 사용한다는 점에서 클라우드 컴퓨팅의 분산 컴퓨팅 환경과 비슷하다.

• 그러나 그리드 컴퓨팅은 인터넷으로 서버와 컴퓨터 등 남는 컴퓨팅 자원

〈표 7.10〉 클라우드 컴퓨팅과 다른 컴퓨팅 방식의 비교

구 분	주요 개념	클라우드 컴퓨팅과의 관계
그리드 컴퓨팅 (Grid Computing)	많은 IT 자원을 필요로 하는 작업을 위해 인터넷 상의 분산된 다양한 자원들을 공유하여 가상의 슈퍼 컴퓨터처럼 활용하는 방식	그리드 컴퓨팅이 인터넷 상의 모든 컴퓨팅 자원을 통합해 쓰는 데 반해, 클라우드 컴퓨팅은 서비스 제공 사업자의 사유 서버 네트워크를 빌려서 활용
유틸리티 컴퓨팅(Utility Computing)	서버 · 스토리지 등 컴퓨팅 자원을 보유하지 않은 채 가스나 전기처럼 사용량에 따라 과금되는 방식	클라우드 컴퓨팅의 과금 방식은 유틸리티 컴퓨팅과 동일
서버기반 컴퓨팅 (Server Base Computing)	서버에 응용 소프트웨어와 데이터를 저장해 두고 필요할 대마다 접속해서 쓰는 방식. 모든 작업을 서버가 처리	클라우드 컴퓨팅은 서비스 제공자의 가상화된 서버를 이용하고, 서버기반 컴퓨팅은 특정 기업내 서버를 이용한다는 차원에서 구분되는 개념이었지만, 서버기반 컴퓨팅이 발전하면서 구분이 모호해짐
네트워크 컴퓨팅 (Network Computing)	서버기반 컴퓨팅처럼 응용 소프트웨어를 서버에 두지만, 작동은 이용자 컴퓨터의 자원을 이용해 수행하는 방식	클라우드 컴퓨팅은 이용자 컴퓨터가 아니라 클라우드 상의 IT자원을 사용

을 활용하는 개념인데 비해, 클라우드 컴퓨팅은 개별 서비스 사업자의 가상화된 서버 네트워크를 이용한다는 점에서 차이가 난다. 곧 그리드가 인터넷의 모든 IT 자원을 연결하는 그물망을 의미한다면, 클라우드는 사업 주체인 서비스 제공자가 제공하는 사유화된 컴퓨팅(서버) 네트워크를 가리킨다고 볼 수 있다.

- 유틸리티 컴퓨팅은 사용자가 컴퓨팅 자원을 전기나 수도처럼 필요할 때마다 연결해 사용하고, 사용량에 따라 대가를 지급하는 과금 모형이다. 클라우드 컴퓨팅 역시 사용량을 기준으로 비용을 지불한다는 측면에서 유틸리티 컴퓨팅의 요소를 담고 있다.
- 하지만 유틸리티 컴퓨팅이 단순히 컴퓨팅 지원 과금방식을 담고 있는 데 비해, 클라우드 컴퓨팅은 그 과금 방식을 포함해 좀더 당양한 특징을 지닌다. 따라서 클라우드 컴퓨팅은 그리드의 분산 컴퓨팅 모형과 유틸리티 컴퓨팅의 과금 모형을 채택하는 컴퓨팅 개념으로 볼 수 있다.
- 이와 함께 서버기반 컴퓨팅은 모든 처리가 100% 서버에서 이루어지고, 사용자의 단말기는 단순히 입출력만을 처리하는 씬 클라이언트(Thin Client) 역할을 한다. 클라우드 컴퓨팅은 사양이 낮은 단말기로도 서버에서 처리되는 높은 수준의 서비스를 이용할 수 있다는 점에서 서버기반 컴퓨팅이 가지는 특성을 포함하고 있다.

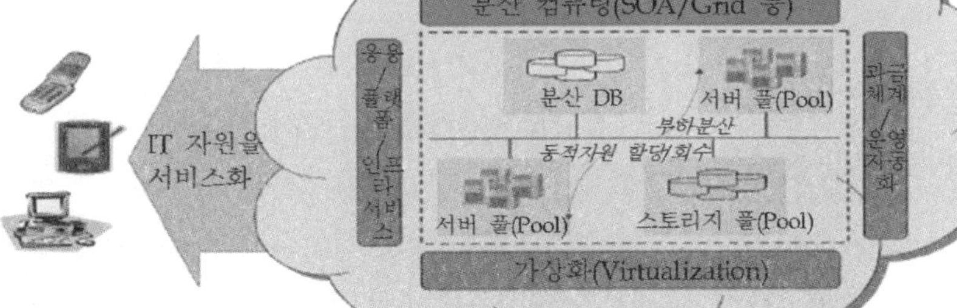

그림 7.26 클라우드 컴퓨팅 개념도

- 그러나 서버기반 컴퓨팅은 사용자를 위한 물리적인 서버를 제공하고, 이것에 대한 활용 권한도 사용자가 가지고 있지만, 클라우드 컴퓨팅에서 사용자는 가상화된 서버 네트워크로 서비스를 받을 뿐 물적인 서버에 대한 정보나 권한을 가지지 못한다. 따라서 컴퓨팅 용량이 더 필요할 경우 서버기반 컴퓨팅에서는 물리적인 서버를 추가해야 하지만, 클라우드 컴퓨팅에서 더 많은 사용량에 대한 대가를 서비스 사업자에게 지불하면 된다.
- 서버에 응용 소프트웨어를 저장해 두고 사용하는 네트워크 컴퓨팅 역시 클라우드 컴퓨팅과 개념이 비슷하다. 하지만 네트워크 컴퓨팅은 서버에 있는 응용 소프트웨어를 다운로드해 사용자의 단말기에서 실행하기 때문에 개별 컴퓨팅 자원을 상당부분 사용한다는 점에서 차이가 난다.
- 또 네트워크 컴퓨팅에서 응용 소프트웨어나 문서는 단일 기업의 서버에 존재하기 때문에 기업 네트워크에서 한정적으로 접근할 수 있지만, 클라우드 컴퓨팅은 그보다 훨씬 큰 개념이다. 여러 기업, 여러 서버, 여러 네트워크를 포괄한다. 또 네트워크 컴퓨팅과 달리 클라우드 서비스와 스토리지는 인터넷으로 연결되어 있으면 세계 어디서나 접근이 가능하다.
- 일각에서는 서비스로서의 소프트웨어(SaaS: Software As a Service)를 클라우드 컴퓨팅의 전부로 오해를 하기도 하지만, 클라우드 컴퓨팅은 SaaS를 가능하게 하는 기반 컴퓨팅 환경이자, SaaS를 포함한 광범위한 IT 자원에 대한 아웃소싱 모형이다. SaaS는 클라우드 컴퓨팅이 태생하기 이전부터 서비스되고 있었지만, 현재는 클라우드 컴퓨팅 서비스 중 하나로 분류된다.

RFID/USN

1) Ubiquitous Sensor Network 개요

- USN은 태그와 센서로부터 사물이나 환경정보를 감지하거나 이를 저장, 가공, 통합해 상황인식 정보와 지식콘텐츠를 만들어 활용하는 것으로 언제, 어디서, 누구나 원하는 지식과 서비스를 이용할 수 있는 첨단 지능형

사회의 정보기술 핵심 인프라가 되는 것이다.

- 모든 사물에 컴퓨팅 기술이나 통신 기능을 부여하게 되면 사람 중심의 정보화 사회가 사물 중심의 정보화 사회로 변화할 것으로 기대하고 있다. USN의 적용 분야는 무궁무진하다고 하겠다. 특히, 공공성이 강한 교통이나 기상, 환경, 행정정보 외에도 개인특화 서비스를 위한 각종 위치 정보나 상황정보, 사무환경 등에서 핵심기술을 응용할 수 있는 것이다.
- 무선 센서 네트워크 기술은 미국의 스탠포드 대학에서 구조물의 실시간 무선 계측이 가능한 시스템을 개발하였고, 상용화된 제품으로는 미국 Berkely 대학에서 개발한 Berkely Mote라 불리는 소형 무선 센서 플랫폼으로서 하드웨어와 소프트웨어가 공개되어 있다. 또한 무선 센서 네트워크를 위한 운영체제는 미국 Berkely 대학에서 개발한 TinyOS가 대표적이며, 국내에서는 전자통신연구원에서 개발한 Qplus가 정보가전, 로봇, 텔레메틱스 운영 체제로 이용되고 있다.
- 해외 적용 사례를 보면 알 수 있듯이 이스라엘 공군은 팔레스타인 교전지역의 지형탐사를 위한 USN 기술을 적용한 무인 무선데이터 전송 비행물체를 개발했고, 일본에서는 지진으로 인한 진동이나 충격 및 화재로 인한 온도 상승을 감지하기 위한 건물 모니터링 시스템을 개발했으며, 미국 하버드대학은 환자 몸에 착용해 심장 박동수나 산소포화 심전도 등을 체크해 이상이 발생하면 병원이나 의사에게 위험신호를 발신하는 센서를 개발하여 활용하고 있다.

2) USN(Ubiquitous Sensor Network) 정의

- 센서 네트워크는 통상적으로 특정 지역에 소형의 센서 노드를 설치하여 주변 정보 또는 특정 목적의 정보를 획득하고, Base-Station이 정보를 수집하여 이를 활용하기 위한 서비스 네트워크 환경을 말한다. 센서 네트워크가 기존의 네트워크와 구분되는 점은 기본 목적이 상호간의 정보 전달보다는 자동화된 원격정보의 수집에 있다는 것이다.

• 즉, 각 센서노드가 특정 목적을 위해 필요한 주변정보를 센싱하고, 센싱된 정보를 센서노드 간의 무선통신을 이용하여 특정 지점으로 자동화된 방식으로 전달함으로써, 사용자가 센서필드 주변의 정보를 원격으로 수집하여 활용할 수 있다는 것이다.
• 이러한 센서 네트워크의 전통적인 개념은 무선방식의 센서 인프라를 활용하는 개념을 중심으로 불특정 공간에 배포된 센서로부터 수집된 정보를 일괄적으로 활용하는 무선 센서 네트워크(WSN: Wireless Sensor Network)를 의미하며, 국내에서는 이러한 WSN과 RFID를 통칭하여 USN이라고 부르기도 한다.

3) RFID/USN 기술 개념

• RFID(Radio Frequency Identification) 기술은 정보통신 기술의 발달과 더불어 초소형, 저비용, 다기능을 지향하고 있으며, 기존의 대표적인 인식수단이었던 바코드에 비해 원거리 동시식별, 반영구적인 사용 등의 큰 장점을 가지고 있어 사물 자동식별과 대량 통합 정보관리 체계에 대표수단이 될 것으로 전망된다. 유통, 물류뿐 아니라 항공, 보안, 센서분야 등 다양한 사업 모델이 적용될 것이며, RFID 적용 분야는 점점 넓어지는 추세로 전력산업 등 분야에서 관심이 고조되고 있는 상황이다.
• USN(Ubiquitous Sensor Network) 기술은 필요한 모든 곳에 센서를 부착하고 이를 통하여 사물의 인식정보는 물론 주변의 환경정보까지 탐지하여 이를 실시간으로 네트워크에 연결하여 정보를 관리하는 것을 의미한다. 궁극적으로 모든 사물에 컴퓨팅 및 정보통신 기능을 부여하여 언제(anytime), 어디서나(anywhere), Network, Device, Service에 관계없이 통신이 가능한 환경을 구현하기 위한 것이다, 결국 USN 목표는 유비쿼터스 환경을 구현할 수 있는 수단으로 인간 생활에 폭넓게 활용하는 최상의 센서 네트워크인 것이다.

4) USN(Ubiquitous Sensor Network) 핵심기술

- USN의 핵심 요소기술로는 크게 사물과 환경 인지에 사용되는 센서관련 기술과 정보전달을 위한 네트워크 기술, 전달된 정보를 서비스하기 위한 응용 기술 등 3가지로 구분할 수 있다.
- 센서관련 기술 분야는 온돈, 압력, 빛, 습도, 화학적 센서 등 다양한 센서들이 개발, 이용되고 있다, 센서 노드는 하드웨어 플랫폼 모듈을 말하며, 모듈 연결부, 센서, 전원부, 무선 모듈부로 구성되고, 주요 업체로는 국외의 Crossbow, Moteiv와 국내의 맥스포, 옥타컴 등이 있다.
- 네트워크 기술 분야의 USN에 적용 가능한 무선 프로토콜로는 802.11a/b/g와 UWB, Bluetooth, ZigBee 등이 있으며, 센서 네트워크 표준은 Ad-hoc 망을 기반으로 센서 네트워크를 구축하는 것이 대부분이며, 여기에는 Bluetooth, IEEE 802. 15.4, ZigBee 등이 존재한다. 이들 세 프로토콜은 WPAN(Wireless Personal Area Network)에 관한 표준으로 IEEE 802. 15.4를 다양한 상위 응용에 적용하기 위한 표준이다.
- 응용 기술 분야는 네트워크 상의 정보를 응용, 서비스하기 위한 기술로는 대표적으로 미들웨어와 응용 시스템을 들 수 있다. 미들웨어는 일반적인 미들웨어처럼 센서 노드의 하드웨어와 운영체제 상에 존재하면서 센서 네트워크의 변화를 지원하여 다양한 응용에 적합한 데이터 운용 및 관리 기능을 수행한다. 현재 센서 네트워크를 위한 미들웨어 기술은 아직 초기 단계이며, 주로 대학 연구소를 중심으로 개발되고 있다. 주요 센서 네트워크 미들웨어로는 코넬대학의 Cougar, 델라웨어대학의 SINA, 로체스터 대학의 MILAN, 프린스턴대학의 Impala 등이 있다.

5) Ubiquitous Sensor Network 구성

- USN은 많은 수의 작고 이질적인 센서 노드들 간의 네트워크를 의미하는데, 각 센서 노드들은 전원, 센싱, 컴퓨팅, 통신 유니트를 포함하고 있다. 이질적인 노드들 간의 무선통신을 지원한다는 측면에서 Ad-hoc 네트워크

와 유사한 성격을 가진 센서 네트워크는 Ad-hoc 네트워크와 비교하여 각 노드들이 제한된 리소스의 단순한 구조를 가졌다는 점과 범용의 목적을 위한 네트워크가 아니라는 점, 그리고 통신에 있어서 데이터 중심(Data Centric)이라는 점에서 차이점을 가지고 있다.

• Ad-hoc 네트워크의 경우는 리소스의 제한이 없는 범용 목적을 위하여 구성되었으며, 통신에서 노드 중심(Node Centric)의 특징을 가지고 있다. 유비쿼터스 컴퓨팅 환경에서 강력한 힘을 발휘할 것으로 예상되는 USN 구성은 제한된 리소스, 센서 노드들의 이질성, 센서 네트워크의 확장성, 그리고 무인 운용 등의 독특한 특징들을 가지고 있다.

• 센서 노드 기술
  - 센서 노드에서의 제한된 리소스는 USN의 가장 중요한 특징 중의 하나로서, 센서 노드들은 크기 및 가격 면에서의 경쟁력을 위하여 컴퓨팅 능력, 메인 메모리, 통신 대역폭 그리고 배터리 용량에서 제한된 성능만을 가지게 된다. 특히 배터리 용량은 센서의 동작 및 중지와 관련이 있으므로 매우 중요한 제한 요건이라 할 수 있다. 이밖에도 센서 노드의 크기 및 가격을 고려할 때, 센서 노드들이 컴퓨팅 능력 및 통신 대역폭에서도 저성능의 CPU, 작은 용량의 메모리, 그리고 적은 용량의 통신 대역폭을 가질 것으로 예상된다.
  - 그러므로 USN에서는 이러한 센서 노드들의 제한된 리소스를 최소로 활용하고 최대의 결과를 얻기 위한 노력이 절대적으로 요구된다고 볼 수 있다. 현재 센서 데이터베이스 분야에서는 이러한 센서의 제한요건을 고려하면서 사용자가 원하는 정보들을 어떻게 효율적으로 제공할 것인가에 대한 많은 연구들이 진행되고 있다.

• 미들웨어 기술
  - USN 미들웨어는 사용자에게 통합된 서비스 정보를 제공하는 역할을 한다. 이 기종 센서 네트워크로부터 수집한 센싱 데이터를 필터링/통

합/분석하여 의미 있는 상황정보를 추출/저장/관리/검색하고, 응용서비스로 전달 및 서비스 간 연계 통합하는 역할을 담당한다. 또한 센서 노드 미들웨어는 다양한 센서 응용 소프트웨어와 운영체제 및 네트워크 기능 사이에 존재하며, 유지보수/설치, 배포/응용수행에 필요한 제반 사항을 지원한다.

- 센서노드 및 싱크 노드에 탑재되어 센서 네트워크의 프로그램 갱신, 응용 변화에 따른 프로그래밍 조정을 수행한다. 센서 노드 및 싱크 노드에서 측정되는 센싱 데이터에 대한 데이터베이스, 데이터 보관관리, 다양한 응용에 적합한 데이터 운영 및 처리 기능, 데이터 융합 기능을 수행한다.
- 미들웨어 기술에는 센서 네트워크 공통인터페이스 기술인 이 기종 센서 네트워크로부터 수집된 센싱 데이터들을 응용 프로그램 수정 없이 같은 방식으로 전달하기 위한 공통인터페이스 기술이 있으며, 센서 모니터링 기술로 센서 네트워크의 신뢰성을 향상시키기 위해 센서 네트워크를 구동, 모니터링, 제어, 진단, 복구하기 위한 관련 기술이 있다.

• 센서 네트워크 통신 기술

- Bluetooth(IEEE 802. 15.1)

Bluetooth는 가정이나 사무실 내에 있는 컴퓨팅, 프린터, 휴대폰, PDA 등 정보통신기기는 물론 각종 디지털 가전제품을 물리적인 케이블 접속 없이 무선으로 연결해 주는 무선접속기술로 최대 데이터 전송속도가 1Mbps에 최고 전송거리 10m의 무선데이터 통신 실현을 우선 목표로 하고 있다. 1Mbps는 사용자가 면허 없이 이용할 수 있는 2.4Ghz의 ISM 주파수 대역을 사용해 비교적 손쉽게 동시에 저렴한 비용으로 실현할 수 있는 전송속도다. 전송거리 10m는 사무실 내에서 사용자가 휴대하고 있는 기기와 책상 등에 설치해 둔 기기 간의 전송거리로는 충분하다고 판단에 따른 결정이다. 전 세계 어디에서나 사용이 가능하고, 음성 및 데이터의 송수신이 가능하다는 장점이 있다. 또한 주파수 도약방식으로 간섭에 강하며, 최소의 전력소모와 작고 저렴한 송수신기 사용이 가능한 세계적으로 표준화된 무선통신 기술로 다양한 어플리케이션 구현이 가능하다.

- UWB(IEEE 802. 15.3a)

UWB(Ultra Wideband - 초 광대역) 무선기술은 기존의 스펙트럼에 비해 매우 넓은 대역에 걸쳐 낮은 스펙트럼 밀도의 신호를 수신하여 기존 시스템의 주파수 대역에 간섭을 주지 않고 통신이 가능한 무선 전송방식이다. 초광대역 통신 방식은 이미 점유되고 사용되고 잇는 주파수 대역을 공유하여 사용할 수 있는 장점이 있어 물류 추적, 텔레메틱스 등의 서비스에 적합한 저속 UWB 기술과 HDTV, 캠코더, 영상전송, 디지털 카메라 등에 이용될 수 있는 고속 UWB 기술 등 다양한 응용 서비스에 적용이 가능하다. 소위 WPAN(Wireless Personal Area Netwirk)이라 불리는 노드 사이에 연결을 제공할 수 있는 수단으로 Ad-hoc 통신에 핵심적인 역할을 할 것으로 전망되고 있다.

- Zigbee(IEEE 802. 15.4a)

지그비(Zigbee)는 가정, 사무실 등의 무선 네트워킹에서 10~20m 내외, 최대 100m 이내의 근거리 통신시장과 최근 주목받고 있는 유비쿼터스 컴퓨팅을 위한 기술로, 무선통신 분야에서 무선 LAN(IEEE 802.11)이나 다른 WPAN(IEEE 802.15) 기술과 달리 단순 기능이 요구되는 매우 작은 크기, 저전력, 저가격 시장을 목표로 하고 있다. 이런 지그비 기술은 지능형 홈네트워크, 빌딩과 산업용기기 자동화, 물류, 환경 모니터링, 휴먼 인터페이스, 텔레매틱스, 군사 등 다양한 유비쿼터스 환경에 응용될 수 있다.

지그비는 지그비 얼라이언스에서 IEEE802.15.4의 PHY/MAC 계층을 기반으로 네트워크 구조, 라우팅, 시큐리티, 애플리케이션 프로파일 등을 추가해 지그비 표준 규격을 완료했다. 지그비는 IEEE 802.15.4에서 정의하고 있는 868/915Mhz와 2.4Ghz 두 개의 주파수 범위에서 동작한다.

6) Ubiquitous Sensor Network 응용 서비스

- 유비쿼터스 시대가 열리면 센서 기술과 결합된 무선통신 기술은 건강관리나 안전 분야 등에 유용하게 적용할 수 있기 때문에 무선통신 기술을 개발하는 많은 업체가 관심을 갖고 있다. 우선 집안 곳곳에 거주자의 생체 상태나 변화를 감지하는 센서를 설치하면, 센서를 통해 수집된 각종 생체 정보를 곧바로 의료기관으로 전송하는 환경을 구축할 수 있다. 안전 분야에선 교량이나 터널 등 구조물 안전 유지에 응용이 가능하다.
- 수 km에 달하는 교량이나 터널에 균열 충격 감지 지그비 센서 수천 개를 일정 간격으로 배치한 뒤, 센서에 들어오는 정보를 바로 바로 중앙처리장치로 무선 전송하면 교량이나 터널의 안전 상태를 실시간으로 점검할 수 있다. 사람이 직접 교량의 안전 상태를 눈으로 확인하려면 수개월로도 부족할 수 있는 한계를 극복하게 되는 셈이다. 또 온도 움직임 감지 지그비 센서를 빌딩 곳곳에 설치하면, 빌딩의 전체 난방이나 조명을 원격 제어할 수 있어 에너지 효율성을 높일 수 있다.

참고문헌

1. 윤치훈(2012)『중소기업 융합기술의 이해와 흐름』, 사단법인 중소기업융합 중앙회
2. 홍재범(2012)『제1차 산업 융합발전계획』강의 교안, 부경대학교
3. 정명애(2012)『IT 융합기술과 융합산업』, 물리학과 첨단기술
4. 데이코산업연구소(2010)『융합산업 동향과 개발전략』, 데이코산업연구소
5. 김승환(2011)『의료 IT 융합기술 동향』, 한국전자통신연구원
6. 김문구 외(2010)『IT 융합의 국내외 동향 및 국내 산업 역량 강화 방향』, 한국전자통신연구원
7. 최 성(2010)『클라우드 컴퓨팅 서비스 플랫폼 기술동향』, 정보통신산업진흥원
8. 김중태(2009)『IT 융합현황과 사례』, 지역정보화(KLID)

9. 민옥기 외(2009)『훤히 보이는 클라우드 컴퓨팅』, 전자신문사
10. 한국정보사회진흥원(2007)『일본 xICT 비전』, 한국정보사회진흥원
11. 한국정보사회진흥원(2007)『삶의 질 관련 산업의 미래 전망과 IT 활용과제 발굴 연구』, 한국정보사회진흥원

8장

미래유망기술: 정보통신·정보통신융합 분야 미래기술

서론

미래기술예측의 의미

미래기술을 예측한다는 것은 크게 국가차원과 기업차원에서 그 의미를 찾아볼 수 있다. 국가적 관점에서는 미래기술의 실현 · 보급시기, 중요도, 정부투자 · 지원의 필요성, 우선 시행 여부 등 국가 과학기술정책 수립의 기초자료를 제공하기 위한 목적을 가진다. 따라서 정부는 예측결과를 바탕으로 국가의 지속 발전을 위해서 무엇을 언제 어떻게 준비해야 하는지 등에 대한 이정표를 세우게 된다.

국가차원의 미래기술예측이 20년 이상의 중장기 미래에 대한 예측과 10~20년 후 실현 가능한 유망기술에 대한 연구로 진행되는 반면 기업의 경우 주로 3년 혹은 5년 이내에 필요할 신기술을 개발하고 경쟁력 있는 제품을 생산하기 위한 기술, 즉 가까운 미래에 실현될 기술에 더 관심이 있다. 기업의 관점에서 미래기술예측은 기술혁신의 속도가 빨라지고 불확실성은 커지는 상황에서 기업 생존과 이윤창출의 극대화를 위한 전략적 기획과 의사결정을 위한 것이다.

〈표 8.1〉 미래 예측에 관한 생각

오늘날의 기업은 안개 속에서 질주하는 자동차와 같다. 표면상 건재한 기업들이라도 변화를 인식하여 그에 맞게 재빨리 대응하지 못하면 도태되고 말 것이다. (Harris, 2002)	정부가 미래예측프로그램에 투자하는 가장 큰 이유는 '새로운' 정책 도전 과제를 위해서는 '새로운' 정책도구를 사용할 필요를 인식했기 때문일 것이다. (Loveridge, 2004)
불확실성과 급속한 변화에 직면한 기업들은 전략과 관련된 업무과정을 재조정해 선택가능한 미래전략의 포트폴리오를 구축해야 한다. 기회활용을 통합해야 한다. (Williamson, 1999)	정부 주도의 전략적 미래예측활동은 정책개발과 결정에 있어서 두 가지 중요한 기여를 하고 있다. 첫째, 조직의 외부환경변화에 대한 체계적인 데이터와 정보를 수집, 기록하는 정보의 축적이다. 두 번째로는 대안적 정책개발을 견인할 수 있는 조직의 지적능력 및 창의성 배양에의 기여이다. (출처: 미래연구백서, 한국정보화진흥원, 2011)
미래에 대한 준비를 끝마쳤다는 것은, 앞으로의 발전과정을 예측하고 있다는 것은 선택과 가능성의 공간이 그만큼 넓어지고 적극적으로 영향력을 행사할 수 있다는 것을 뜻한다. 기업이 사전에 트렌드를 형성하고, 그리하여 기업의 미래도 만들 수 있다는 뜻이다. (Ulf Pillkahn, 2009)	미래를 예측하는 가장 좋은 방법은 미래를 발명하는 것이다. (Alan Kay)

미래기술은 국가와 기업의 생존과 지속가능한 성장을 위해 요구되는 것으로 특히 국가적 차원에서는 올바른 과학기술정책 개발 및 수립이라는 의사결정을 위한 기초자료로서의 의미를 지니며, 기업 차원에서는 불확실성을 천성적으로 함축하고 있는 미래를 준비하기 위해 급속한 변화에 대응하여 도태되지 않기 위해, 더 나아가 변화와 미래를 보다 적극적으로 주도하기 위해 필요한 기초자료로서의 의미를 지닌다.

〈표 8.2〉 미래의 불확실성과 그 대응에 관한 생각

미래의 불확실성을 인정하고, 그 불확실성 하에서 장래 일어날 가능성이 있는 환경 요인을 분석해 여러 가지의 설득력 있는 미래상들을 그려보고, 그러한 미래상에 따라 최적의 대응전략을 수립 · 실천하는 일련의 과정, 시나리오 플래닝이 필요하다. (Peter Schwartz, 2004)	불확실성이 만연한 시기에 비즈니스 환경에서 부닥치는 도전에 대처하거나 극복하기 위해서는, 아울러 그러한 환경에서 새로이 창출되는 기회를 활용하기 위해서는 '불확실성에 기반을 두고 미래를 생각하기', 즉 시나리오와 전통적인 전략적 기획의 방법을 통합한 고도의 전략적 사고가 필요하다. (Mats Lindgren, 2009)

왜 정보통신·정보통신 융합 분야의 미래기술을 살펴보는지?

최근 5년간 국내외 유수 기관에서 발표한 미래기술은 7,300건 이상이라고 한다. 기업은 미래사회의 메가트렌드를 탐색하기 위한 목적으로 혹은 새로운 미래기술을 발굴하기 위한 목적으로 이미 발표된 미래기술과 관련 정보를 활용할 수 있다는 뜻이다. 급변하는 환경에서 미래기술에 대한 발굴과 모니터링이 신속히 그리고 지속적으로 이루어질 수 있도록 기존에 발표된 미래기술을 효율적으로 검토할 필요가 있는 것이다.

여기에서는 특히 정보통신 및 정보통신 융합 산업분야에 관련되는 미래기술을 살펴보고자 한다. ICT는 기존 주력산업의 고부가가치화, 신성장 동

〈표 8.3〉 정보통신산업, 정보통신융합산업에 대한 정의와 산업구조

정보통신산업은 (1) 정보통신서비스산업 (2) 정보통신기기산업 (3) SW 및 컴퓨터 관련 서비스 산업으로 분류할 수 있으며 각각은 다시 다음과 같이 나눌 수 있다. 즉, (1) 정보통신서비스산업은 통신서비스, 방송서비스, 정보서비스 (2) 정보통신기기산업은 통신기기, 방송기기, 정보기기, 부품(반도체, 디스플레이패널, 범용부품, 기타 부품) (3) SW 및 컴퓨터 관련 서비스 산업은 SW산업과 디지털 콘텐츠산업 등이다.	정보통신융합산업은 IT의 네트워크화, 지능화, 내재화의 특성을 자동차, 조선, 기계, 항공, 건설, 에너지, 의료, 섬유, 조명 등의 다양한 산업과 융합하여 기존 주력산업의 고부가가치화 및 융합 신산업을 창출하는 산업이다.
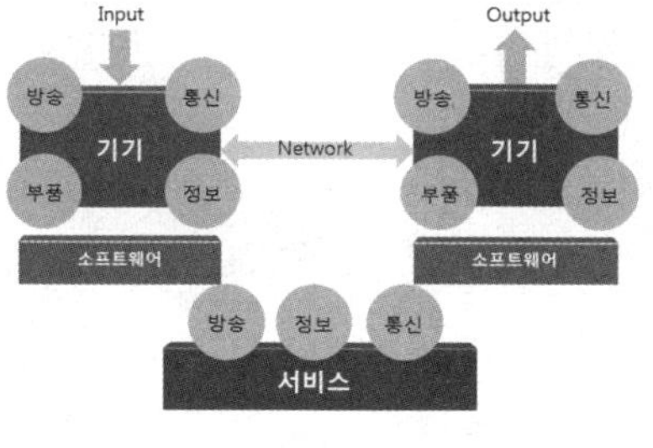 **그림 8.1** 정보통신 산업구조	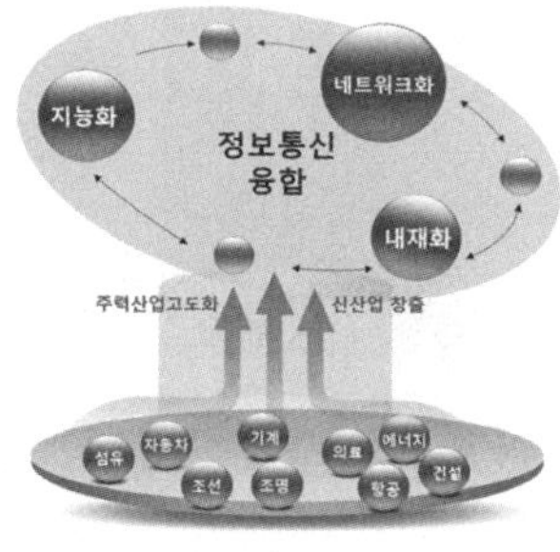 **그림 8.2** 정보통신융합 산업구조

출처: 산업기술비전 2020(정보통신, 융합신산업), 지식경제부, 2011

력 확보와 신산업 창출을 위해 요구되는 "융합"의 기반기술이다. 기반 기술로서의 미래 정보통신기술에는 어떤 것이 있는지, ICT 기반의 유망제품(즉, 융합시스템)에는 어떤 것이 있는지, 그러한 융합시스템의 요소기술인 미래 기술에는 어떤 것이 있는지에 대한 힌트를 얻을 수 있기를 기대한다.

2012년 ICT 발전지수 평가 결과 우리나라는 155개국 중 1위를 기록하였다. ICT 발전지수란 국가 ICT에 대한 접근성, 이용도, 활용력 등을 종합평가하여 한 나라의 정보통신 발전 정도와 국가간 정보격차를 종합적으로 나타내는 지수다. 즉, 우리나라는 ICT에 있어 해외 각국과 비교했을 때 경쟁력을 보유하고 있다는 것을 알 수 있다.

ICT 경쟁력은 국가경쟁력과 명확한 正의 상관관계가 있다(출처: 이연우, "ICT와 국가경쟁력: 하드파워, 소프트파워, 그리고 스마트파워전략", 한국정보화진흥원, 2010). 또한 ICT는 기존 주력산업의 고부가가치화, 신산업 창출을 위해 요구되는 "융합"의 기반기술이다. 정책적으로도 ICT는 신성장

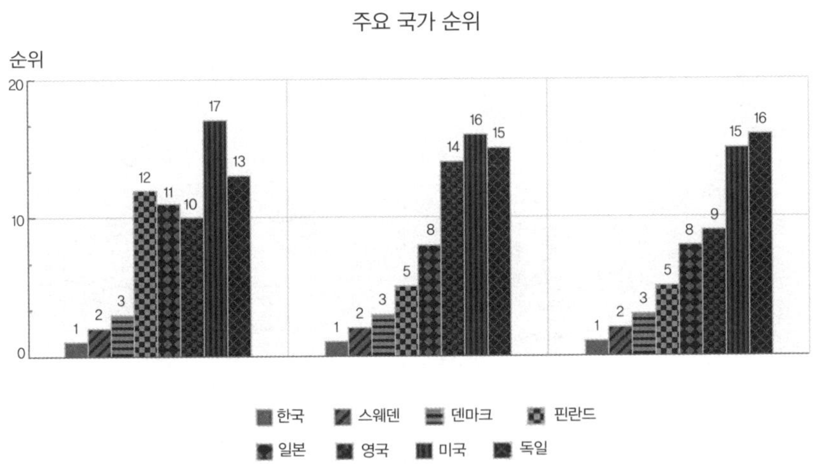

그림 8.3 주요국가 ICT 발전지수 순위

출처: 정보사회측정보고서, ITU(국제전기통신연합), 2012

〈표 8.4〉 신성장동력산업 분야에서의 중소기업 사업현황[주1]

	전체 기업 수 (개)	친환경 생산/ 신소재 (비중, %)	LED 응용 (비중, %)	IT융합 (비중, %)	첨단 그린 도시 (비중, %)	콘텐츠/ SW (비중, %)	방송통 신융합 (비중, %)
중소 제조업	27,532	5.6	5.6	5.0	1.9	1.1	1.0
수출 기업	2,513	4.4	10.0	6.2	0.3	2.4	2.4
내수 기업	25,019	5.7	5.2	4.9	2.1	1.0	0.9

출처: 중소기업 기술통계조사(신성장동력분야), 중소기업중앙회, 2012, http://stat.kbiz.or.kr

동력 산업을 위한 기반 기술로써 포함되어 왔다. 〈표 8.4〉는 신성장 동력 산업 분야에서의 중소기업 사업 추진현황을 나타낸 것으로, 2010년 기준, 신성장 동력 산업 각 분야에서 실제 사업을 추진하고 있는 중소기업 수를 알 수 있다. IT융합 산업의 경우 전체 중소기업의 약 5%(1,377개 기업), 방송통신융합 산업의 경우 약 1%(275개 기업) 정도가 사업을 추진하고 있다고 파악되고 있다. 2013년 현재, 그리고 향후에 더욱 많은 기업들이 미래 ICT 기술에 주목할 것으로 예상된다.

2040년의 과학기술

"2040년의 과학기술"은 일본 문부과학성 과학기술정책연구소에서 2011년에 발표되고 한국과학기술정보연구원에서 번역한 미래 과학기술 트렌드를 담은 예측 보고서다. 본 보고서에서는 자연과학계뿐만 아니라 인

주1. 신성장동력산업 분야 중 기업비중으로 Top3 분야(친환경생산/신소재, LED 응용, IT융합)와 첨단그린도시, 콘텐츠/SW, 방송통신융합 분야 발췌하여 재구성.

문 · 사회과학계를 포함한 약 3,000여 명의 전문가[주2]를 대상으로 12개 분야 832개 과학기술 과제에 대하여 2040년까지의 미래전망을 조사 · 분석[주3]하고 있다.

여기에서는 전체 12개 분야(전자 · 통신, 정보, 바이오, 의료, 우주 · 지구, 에너지, 자원, 환경, 재료, 제조, 매니지먼트, 인프라) 중 정보통신 · 정보통신융합 분야에 해당되는 전자 · 통신 분야(분과1), 정보 분야(분과2)의 미래 과학기술에 관하여 소개하려 한다. 특히, 향후 5년까지(2013~2018년) 기술적 실현이 예측되는 56개 기술로 한정하여 “정보통신 · 정보통신 융합 분야 미래기술”을 본다.

2013 중소기업 기술로드맵

중소기업청 “2013 중소기업 기술로드맵”은 중소기업의 기술개발환경 및 정책 변화를 분석하여 기술개발 지원정책의 비전을 제시하고 중장기 목표 및 지원방향을 설정하기 위한 목적으로 2013년 발간된 보고서다. 본 보고서는 국가 성장동력 분야로써 중소기업에게도 성장동력이 될 수 있는 유망한 기술 분야를 발굴하여 제시하고 있다. 중소기업에게 집중 지원해야 할 ① 중소기업 전략 분야 ② 전략제품 ③ 이에 대한 로드맵 기획 ④ 단기적인 기술개발과제를 담고 있다. 따라서 본 보고서에서 도출된 미래 기술이 타 기관에서 제시한 미래 기술과 갖는 차별성은 중소기업형에 적합한 유망 제품이 전략 제품으로 선정되었고 그 제품의 핵심 요소기술 역시 중소기업의 수준에 적합한 핵심기술로 선정되었다는 점이다.

주2. 조사 대상 후보로 참여한 전문가는 ‘해당조사대상인 과학기술과제에 관하여 전문적인 지식을 가진 연구개발종사자, 연구관리자 또는 이에 상당하는 사람’일 것이라는 조건을 만족하는 전문가로 과학기술 분야 전문가 혹은 과학기술정책전문가 등이다.

주3. 본 조사는 다수의 전문가를 응답자로 하는 델파이법을 활용하여 실시되었다. 델파이법이란 다수의 사람에게 동일 내용의 질문을 여러 차례 반복하여 응답자의 의견을 수렴해 나가는 설문조사 방법으로, 본 조사에서는 같은 질문을 2회 반복한 뒤 응답을 수렴하고 2번째 설문조사 결과를 최종 결과로 삼았다.

여기에서는 전체 16개 분야(고부가식품, 그린도시, 그린조명, 나노융합, 로봇응용, 바이오, 서비스, 에너지 생산, 에너지 자원, 유무기 소재, 의료기기, 제조기반, 차세대디스플레이, 친환경 생산, 콘텐츠, IT융합) 중 IT융합분야에서 도출된 전략제품의 핵심요소기술에 관하여 소개하려 한다. 본 보고서는 향후 3년까지(2013~2015년) 기술적 실현이 예측되는 유망기술을 제시하였으며 각 전략제품에 대한 기술 로드맵의 형태로 담고 있다.

미래유망기술 살펴보기

"2040년의 과학기술(ICT 관련)"에서 도출된 미래유망기술

"2040년의 과학기술" 보고서에서 도출한 35개 미래 기술(전자 · 통신분야, 2013~2018년 실현예측 기술)은 다음 〈표 8.5〉와 같다. 전자 · 통신분야 관련 35개 미래 기술은 제 1분과에서 도출된 것으로 제 1분과의 명칭은 "유비쿼터스사회에서 전자 · 통신 · 나노테크놀로지 활용"이다. 언제 어디서나 상황에 따라 원하는 정보를 제공받을 수 있는 유비쿼터스 사회의 실현을 위해 요구되는 다양한 미래 기술들을 (A) 컴퓨팅, 시스템 (B) 통신 (C) I/O(가전 포함) (D) 에너지 (E) 디바이스 (F) 메카트로닉스 분야로 분류하여 제공하고 있다. 또한 각 분야별 니즈와 각 기술의 적용 분야 혹은 기술의 목표성능, 제품 등도 언급되고 있다. 앞서 언급한 것과 같이 여기에서는 2018년까지 기술적 실현이 가능한 기술만 발췌하였으므로 2019년 이후 실현이 예측

〈표 8.5〉 전자 · 통신 6개 분야별 니즈와 미래기술

No1 분과	유비쿼터스 사회에서 전자 · 통신 · 나노테크놀로지 활용	분야별 전망 (니즈)	미래 기술 (총 35개)
전자 · 통신	A분야: 컴퓨팅, 시스템	사용하기 쉬운, 고신뢰시스템, 저전력컴퓨팅	1. 건강유지/증진 지원 소프트웨어 2. 유비쿼터스 환경 스캐너기술 3. 언제 어디서나 자신의 정보환경에서 안전하고 자유롭게 접근할 수 있는 유비쿼터스 환경

〈표 8.5〉 전자 · 통신 6개 분야별 니즈와 미래기술(계속)

No1 분과	유비쿼터스 사회에서 전자 · 통신 · 나노테크놀로지 활용	분야별 전망 (니즈)	미래 기술 (총 35개)
전자 · 통신	A분야: 컴퓨팅 시스템	사용하기 쉬운, 고신뢰시스템, 저전력컴퓨팅	4. 정보가전시스템을 평가하는 기술 5. 미디어 및 언어를 동시 검색하는 시스템 6. 네트워크온칩을 구사한 계층형 시스템 LSI 7. 무인 · 무정지로 시스템 내부나 외부의 동작 상황과 환경 상태에 동적으로 적응하여 원하는 서비스를 고신뢰도로 제공할 수 있는 네트워크 시스템 8. 실행환경에 자동적으로 적응하여 원하는 서비스를 실현하는 소프트웨어를 최적 방법으로 제공할 수 있는 네트워크 서비스 기술 9. 저소비전력이면서 고속처리(전력당 속도가 100배)로 제공이 가능한 광역분산처리 · 가상화 기술 10. 일주일 이상 무충전으로 동작 가능한 휴대용PC
	B분야: 통신	대규모화/초대용량화, 고속화, 서비스의 다양화, 가용성 향상	11. 지역주민 통신네트워크로 영상센서로부터 얻은 지역영상정보를 사용한 노약자 지킴이 지원 등 주민서비스 12. 복수의 무선정보 단말기끼리 서로 직접 접속되어 multi-hop으로 정보를 전달하는 통신기술 13. 발신자의 위치나 주변정보 및 상황을 전송하는 개인 맞춤형 서비스 제공 시스템 14. 복수의 무선시스템을 자동적으로 검출하여 최적 네트워크를 자동으로 검출, 이용하는 인지무선기술 15. 가정용 10Gbps 광통신시스템 16. 빌딩 사이의 10Gpbs 이상인 밀리파 통신 17. 다수 이동수단의 정보를 일괄적으로 관리하는 네트워크 제어 및 운용기술 18. 다종 · 다양한 통신방식의 차이를 은폐하는 무결절성 통신 19. 전력공급을 최적화하는 마이크로그리드 기술

〈표 8.5〉 전자 · 통신 6개 분야별 니즈와 미래기술(계속)

No1 분과	유비쿼터스 사회에서 전자 · 통신 · 나노테크놀로지 활용	분야별 전망 (니즈)	미래 기술 (총 35개)
	B분야: 통신	대규모화/초대용량화, 고속화, 서비스의 다양화, 가용성 향상	20. 인지통신에 의해 멤버끼리 필요에 따라 능동적으로 접속하는 네트워크의 구축 · 운용 기술21. 1Tbps를 초과하는 대용량 통신기술 22. 다수 센서를 생활공간에 배치하여 실용적인 보안을 보증하면서 실시간으로 사람의 활동을 강력하게 지원하는 센서네트워크 23. 도청 · 감청의 자동검출, 전파간섭에 의한 방해 회피 등으로 보안이 담보되어 안심하고 사용할 수 있는 무선 통신
	C분야: I/O(가전포함)	비접촉형 인터페이스, 사용하기 쉬운 시스템, 인간 오감, 지성, 감성 활용	24. 유연한 휴대용 전자 디스플레이 25. 인텔리전트 건축재료 유닛으로 구성된 주택 · 오피스빌딩 26. 소유자의 경험을 기억하여 동일 상황 여부를 판단할 수 있는 상황인식 기술에 의해 기억을 상기시키는 휴대용 어시스트 디바이스 27. 운동능력을 보조할 수 있는 액추에이터 기술 28. 자가발전형 무선통신센서
	D분야: 에너지	저소비전력화 (에너지절약/창출/저장)	29. 무선으로 전력을 공급하는 모바일기기 30. 주정차 시에 전기자동차, 하이브리드자동차에 충전하는 비접촉 충전인프라기술 31. 전기자동차를 실현하는 고에너지 밀도(현행 약 3배)를 가진 수명이 길고 신뢰성이 높은 자동차용 2차전지기술
	E분야: 디바이스	저소비전력화, 고속, 고밀도/정보의 집적화, 저전압 디바이스	-(2018년까지 실현 예측 기술 없음.)

계속

〈표 8.5〉 전자 · 통신 6개 분야별 니즈와 미래기술(계속)

No1 분과	유비쿼터스 사회에서 전자 · 통신 · 나노테크놀로지 활용	분야별 전망 (니즈)	미래 기술 (총 35개)
	F분야: 메카트로닉스	기계공학과 전지전자공학의 융합 분야(연계) 확대, 정보처리 이외의 다른 다양한 기능 집적 (통신, 빛, 센서, MEMS/NEMS, 바이오화학 등)	32. 자동차 내에 각종 센서가 배치되어 고장을 예측하여 사고를 회피하는 시스템 33. 자동차-자동차간 통신시스템을 활용한 자동차 접촉사고를 확실히 방지할 수 있는 시스템(차량, 인프라 모두 포함) 34. 추종주행, 자동운전 등을 위한 자동차-기지국-자동차 통신에서 고속(100Mbps이상)이고 실시간이면서 동시에 통신두절이 없고 만일 장애가 발생해도 백업기능을 가진 신뢰성 높은 통신기술 35. 가정에서 사람의 생활, 행동을 지원하는 로봇(간병, 가사 등)

출처: 2040년의 과학기술(제 1분과), 한국과학기술정보연구원, 2012, http://www.reseat.re.kr

되는 미래 기술 등 좀 더 자세한 내용은 "2040년의 과학기술" 원문을 다운받아 확인하기 바란다.

제 2분과에서 도출한 (2013~2018년 실현) 21개 미래 기술은 다음〈표 8.6〉과 같다. 제 2분과의 명칭은 "정보처리기술을 미디어나 콘텐츠까지 확대하여 논의"인데 정보처리기술, 미디어, 콘텐츠 서비스, 소프트웨어, 정보의 사회화, 정보의 적절성 확보, 인간의 운동능력 지원 등 다양한 관점에서 요구되는 미래 기술들을 제시하고 있다. 세부적인 분야로 (A) 클라우딩컴퓨팅 (B) 정보통신신원리 (C) 공간공유통신 (D) 정보의 사회화 (E) 다문화교류 (F) 지능지원 (G) 운동지원 (H) 정보의 적절성 확보 (I) 유비쿼터스 네트워킹 (J) 초대규모 소프트웨어 (K) 콘텐츠서비스 (L) 기타 분야가 있다.

〈표 8.6〉 정보 12개 분야별 니즈와 미래기술

No2 분과	정보처리기술을 미디어 콘텐츠까지 확대하여 논의	분야별 전망 (니즈)	미래 기술 (총 21개)
정보	A분야: 클라우딩 컴퓨팅	대규모 클라우드(광대역통신망, 대용량정보통신, 정보보안) 서비스 다양성	36. 개인정보 누설의 위험성이 없고, 신뢰성이 확보된 환경에서 사회적 공익성이 높은 정보를 활용할 수 있는 기술 37. 개인의 생활, 건강상태, 노동상황 등을 개인마다 상시 종합적으로 파악하여 일상 행동에 적절한 어드바이스를 하는 시스템 38. 1억대 이상의 컴퓨터를 유연하게 결합하여 다양한 사용자에게 다양한 서비스를 제공하는 시스템에서 항상 안정된 서비스를 반자동 · 효율적으로 구축하는 기술 39. 실세계 및 가상세계의 다양한 정보를 저장하고 그 정보를 연결 · 동기화시킴으로써 개인의 생활이나 기업활동의 실질적인 시뮬레이션을 실현하는 서비스
	B분야: 정보통신 신원리	소비전력감축에 최적화된 네트워크(광기술), 신뢰성&실시간성, 신세대인터넷, 새로운커뮤니케이션	40. 센서 네트워크를 통해 현실 공간 전체의 정보를 검색할 수 있게 되어, 검색키로 지정한 임의 지점의 기상 상황, 풍경 등을 전국에서 알 수 있는 기술
	C분야: 공간공유통신	여러 감각요소의 복합작용을 통한 높은 현장감(포위감)	41. 방송에서 자유롭게 위치를 정하여 시청할 수 있도록 하는 기술(예를 들어, 축구 중계에서 선수를 지정하여 영상 시청) 42. 군중 속에 있는 사람의 영상으로부터 얼굴을 인식하여, 개인을 확인할 수 있는 영상인식 · 분석기술 43. 전 회사원 업무의 80%가 원격으로 가능하게 되는 시스템(다른 사무실에 있는 동료와 항상 같은 사무실에 있는 것처럼 커뮤니케이션하면서 협력 가능) 44. 가상사무실시스템(마치 한 장소에서 함께 작업을 하고 있는 것처럼 현장감을 갖게 하는 기술)

계속

〈표 8.6〉 정보 12개 분야별 니즈와 미래기술(계속)

No2 분과	정보처리기술을 미디어 콘텐츠까지 확대하여 논의	분야별 전망 (니즈)	미래 기술 (총 21개)
	D분야: 정보의 사회화		45. 정보의 발생원에서 콘텐츠에 부여된 ID를 유지함으로써 도난당한 정보나 지워진 정보를 추적할 수 있는 정보추적가능시스템
	E분야: 다문화교류	국제간 인적/물적 자원 이동의 효율성, 외국어 커뮤니케이션 지원	46. 여권없이도 외국 여행이 가능한 생체측정 인증기술
	F분야: 지능지원	인간 삶의 질 향상. 인간을 대신하는 지식처리	-(2018년 까지 실현 예측 기술 없음.)
	G분야: 운동지원	인간 삶의 질 향상	47. 운전자에게 보이지 않는 보행자 · 차량 · 장애물 등의 정보를 운전자 또는 운전하는 차량에 전달하는 도로-차량 공조시스템이 대부분의 사고다발지점에 설치
	H분야: 정보의 적절성 확보	정보가 사회적으로 신뢰받아야 함	48. 각종 정보를 증거로 삼아 소송가능한 수준으로 데이터가 변조되어 있지 않은 것을 제시할 수 있는 전자서명시스템 49. 비방, 중상 등의 문제가 있는 정보를 인터넷 상에서 감지하여 개인이나 집단에 대해 자정 작용을 촉구하도록 개입하는 인공에이전트기술 50. 인터넷 상의 정보를 누가 언제 저술했는지, 어느 정도 확실한지, 그 후 어떻게 개정되었는지 등을 저자의 자진신고에 의하지 않고 관리하여 비변조성을 보증하는 에이전트 기술 51. 감시카메라, 길거리 디스플레이 등과 연계한 유비쿼터스 정보시스템 형성

〈표 8.6〉 정보 12개 분야별 니즈와 미래기술(계속)

No2 분과	정보처리기술을 미디어 콘텐츠까지 확대하여 논의	분야별 전망 (니즈)	미래 기술 (총 21개)
	I분야: 유비쿼터스 네트워킹	사용자가 안심하고 사용할 수 있는 시스템(개인정보유출의 안전성), 저비용화, 무선특수통신망의 고도화	52. 백색가전(냉장고, 세탁기, 전자레인지, 밥솥, 에어컨 등)의 반 이상이 홈네트워크에 접속 53. 식료품이나 일상용품에 (RFID) 태그의 부착이 폭넓게 실현 54. 공공 교통기관에서 구입한 승차권의 내용이 역 구내 등의 지원수단에 근접통신으로 전달됨으로써 목적지까지 도달하는 것을 돕는 개인별 안내 · 유도 서비스 보급 55. 감시카메라, 길거리 디스플레이 등과 연계한 유비쿼터스 정보시스템 형성
	J분야: 초대규모 소프트웨어	소프트웨어 개발기술의 진화, 품질 및 신뢰성 보장	-(2018년까지 실현 예측 기술 없음.)
	K분야: 콘텐츠서비스	글로벌 정보 콘텐츠를 구사한 시뮬레이션 · 예측	56. 소액콘텐츠관리 · 결제시스템(저작권 관리데이터베이스가 통합적으로 운용되어 검색 · 매칭시스템이나 소액결제시스템과 연동하여 권리처리가 반자동으로 또는 사실상 무시할 수 있는 수준의 비용으로 실시할 수 있게 됨)
	L분야: 기타		

출처: 2040년의 과학기술(제 2분과), 한국과학기술정보연구원, 2012, http://www.reseat.re.kr

"2013 중소기업 기술로드맵(IT융합)"에서 도출된 전략 제품과 미래기술

"2013 중소기업 기술로드맵(IT융합)" 보고서에서 도출한 15개 전략 제품과 그에 대한 시장 니즈는 다음 〈표 8.7〉과 같다. 차세대 무선통신 제품으로 FMC 기반 단말 및 시스템을 포함한 5개 전략제품이 제시되었고, 차세대 융합네트워크 제품으로는 차세대 통합서비스 플랫폼을 포함한 4개 전략제품이 제시되었다. 센서네트워크 응용시스템 제품으로는 재난재해 및 조기예보 시스템을 포함한 6개 전략제품이 제시되어 있다. 이러한 15개 전략 제품은 시장성(시장규모, 시장성장성), 기술성(기술수준, 기술성장성), 중소기업적합성(중소기업참여정도, 진입장벽)에 의해 선정된, 중소기업형 유망제품이다.

〈표 8.7〉 15개 유망제품과 제품별 환경/시장 니즈

대분류	유망제품	환경/시장 니즈
차세대 무선통신 제품	1. FMC 기반 단말 및 시스템	- 스마트폰의 급격한 증가를 통한 FMC 단말의 필요성 증대 - 브로드밴드와 이동통신 융합 - 유무선 단일 통합서비스에 대한 요구
	2. 차세대 이동통신 중계 시스템	- LTE, WiBro, WiFi 등의 데이터 트래픽의 폭증 - 경량화 및 소형화 이동통신 중계 시스템 - 고효율의 이동통신 중계시스템
	3. 차세대 WLAN	- 다양한 용도에 적용 가능한 기술 - 초고속, 다수 사용자 동시접속 가능 기술
	4. NFC/M2M 통신모듈	- 표준화 및 서비스 다양화 - 고성능, 저가격 NFC 모듈 확보 - NFC/M2M 통신모듈의 기술 경쟁력
	5. 초저전력 무선통신	- 스마트폰의 대중화로 인한 다양한 모바일 콘텐츠의 증가 - 모바일 데이터통신을 이용한 정보공유 - 고속 대용량, 개인중심의 네트워크
차세대 융합 네트워크 제품	6. 차세대 통합서비스 플랫폼	- 사용자의 취향에 맞는 맞춤형 미디어 서비스 - 미디어 서버 및 미디어 클라우드 - 통합 서비스 지원 전략 가속화
	7. 네트워크 보안성, 생존성, 고도화 시스템	- 무선네트워크 가입자 접속을 위한 인증/암호화 기술 요구 - 통합 보안제어 제품 개발 요구 - 국내외 보안 시장에서의 기술경쟁력 확보
	8. 개인 맞춤형 서비스 플랫폼	- 위치찾기서비스를 확대한 포탈 연계를 통한 융합서비스 - 위치정보법 제도 장치 활성화 기대 - 개인별 모니터링 및 개인별 의료정보 관리

계속

〈표 8.7〉 15개 유망제품과 제품별 환경/시장 니즈(계속)

대분류	유망제품	환경/시장 니즈
차세대 융합 네트워크 제품	9. 스마트 그린 서비스	- 급증하는 데이터 트래픽의 효율적 관리 - 고성능, 저에너지 소비의 네트워크 인프라 구축
센서네트워크 응용시스템 제품	10. 재난재해 및 조기예보 시스템	- 재난재해 센싱/정보 수집과 예경보의 연계를 통한 시너지 효과 기대 - 다양한 무선 통신 기술의 등장으로 인한 경보 시스템 다양화
	11. 스마트랙 시스템	- 탄소배출량, 수요 예측 기술 요구 - 에너지 절감
	12. 에너지관리게이트웨이 (EMG)시스템	- 스마트화 및 사용의 편의성 제공 - 보급형 국산 EMG
	13. 지능형 지반구조물 모니터링 시스템	- 지능형 지반구조물 모니터링 시스템을 이용한 장비 시장 확대 - 유비쿼터스 융합기술을 통한 새로운 시장 창출
	14. 그린환경을 위한 차량 IT융합시스템	- 차량운행에 따른 에코 드라이빙 및 주행분석 서비스 필요 - 차량운송에 따른 이산화탄소 배출량 관리 필요 - 그린환경용 인프라 정보 및 차량정보 수집을 위한 센서정보 필요
	15. U-Health 기반의 개인 맞춤형 건강관리 및 서비스 지원시스템	- 건강관리에 대한 요구가 증가하면서 U-Health용 산업의 확대 - 선진 사회 진입에 따른 웰니스/유헬쓰 서비스 수요 증가

출처: 2013 중소기업 기술로드맵(IT융합), 중소기업청, 2012

"2013 중소기업 기술로드맵(IT융합)"보고서에서 도출한 (2013~2015년 실현) 109개 미래 기술은 다음 〈표 8.8〉과 같다. 앞서 언급한 것과 같이 본 보고서는 15개 유망제품을 개발하는 데 필요한 핵심요소기술을 도출한 것이므로 제품 단위의 사업화를 위한 기획 및 의사결정 등에 활용하는 데 용이하다.

예를 들어, 15번째 전략 제품인"U-Health 기반의 개인 맞춤형 건강관리 및 서비스 지원시스템"을 개발하기 위해 필요한 핵심요소기술을 살펴보면,

콘텐츠 및 서비스(메디컬, 실버, 웰니스), 플랫폼(모바일 플랫폼 등), 네트워킹(생체신호측정 센서류 기술 등), 디바이스(홈헬스케어 기기) 관련 기술을 포함하고 있다.

〈표 8.8〉 15개 유망제품의 핵심요소기술

대분류	유망제품	핵심요소기술 (총 109개)
차세대 무선통신 제품	FMC 기반 단말 및 시스템	1. 무선랜을 위한 고주파 반도체 칩 기술 2. FMC 단말 및 시스템을 위한 PA/FEM 기술 3. 사용자 기반 멀티미디어 접속 기술 4. 차량용 다중 안테나 기술 5. 대기모드의 에너지 소비량 감시 기능을 갖는 무선 단말 기술 6. 노이즈 저감 중계 기술 7. 이종 네트워크간 연동 및 중계기술
	차세대 이동통신 중계시스템	8. 이동통신 중계기 고주파 반도체칩 기술 9. 소형기지국용 광대역 안테나 시스템 기술 10. 광대역 가변 필터 기술 11. 이동통신 중계기를 위한 고속 광증폭기 기술 12. 차세대 이동통신 단말기 PA/FEM 기술 13. LTE 대출력 중계기 기술 14. 신호 강도에 따른 최적 중계국 검색 시스템 기술 15. 이종망간 간섭 제거 시스템 기술
	차세대 WLAN	16. 스마트 안테나 기술 17. 멀티채널 MAC기술 18. 차세대 WLAN을 위한 고주파 반도체 기술 19. 무선랜을 위한 단말기 FEM 기술 20. Gbps급 환경 적응형 DTC(Digital Turning Capacitor)모듈 기술 21. 멀티유저 MIMO 시스템 기술 22. 트래픽 분산 및 트래픽 차별화 서비스를 위한 스마트 게이트웨이 시스템
	NFC/M2M 통신모듈	23. NFC 및 무선충전 겸용 안테나 24. 고속 데이터 전송용 NFC 통신칩 25. NFC 기술을 활용한 콘텐츠 전송 기술 26. M2M기반 양방향 공조제어 기술 27. M2M기반 침입차단 기술

〈표 8.8〉 15개 유망제품의 핵심요소기술(계속)

대분류	유망제품	핵심요소기술 (총 109개)
차세대 무선통신 제품	NFC/M2M 통신모듈	28. M2M 기반 조명제어 기술 29. M2M 기반 사용자 위치추적기술 30. M2M 기반 재난통신 기술
	초저전력 무선통신	31. WPAN용 저전력 MAC 프로토콜 32. 인체 착용용 저전력 무선 센서 33. 저전력 UWB 센서 네트워크 34. 저전력 고주파 반도체칩 35. 저전력 생체신호 무선센서
차세대 융합 네트워크 제품	차세대 통합서비스 플랫폼	36. 멀티플랫폼을 위한 미디어 클라우드 서버 37. 시멘틱 웹 기반의 융합 미디어 검색기술 38. 유무선 통합망 환경에서의 플로우 기반 이동성 지원 기술 39. 맞춤형 서비스를 위한 스마트 게이트웨이 시스템 40. IPTV 방송 콘텐츠 사용자 맞춤형 서비스 기술
	네트워크 보안성, 생존성, 고도화 시스템	41. 상황인지 기반 능동형 통합보안 관제기술 42. 인가된 사용자를 위한 차세대 인증 및 접근 통제 기술 43. 실시간 보안 모니터링 및 지능형 통합 DDoS 공격 대응 시스템 기술 44. 경량화된 인증서를 활용한 접근제어 기술 45. 디지털 포렌식을 위한 복구기술 46. 모바일 디바이스를 위한 악성코드 대응 기술 47. 모바일 불건전 콘텐츠 접근 방지 기술
	개인 맞춤형 서비스 플랫폼	48. 스마트폰 환경에서의 컨텍스트의 판단 및 컨텍스트 별 개인화 서비스 기술 49. 사용자의 멀티모달 휴먼인터페이스 기술 50. 지능형 위치 및 상황기반 텔레매틱스 통합 서비스 기술 51. 실내, 실외 통합 위치인식 기술 52. 개인별 헬스정보 모니터링 및 헬스플랫폼 기술 53. 양방향 통신을 위한 텔레매틱스용 게이트 웨이 54. 개인별 감성정보 판단 및 감성 모니터링

계속

〈표 8.8〉 15개 유망제품의 핵심요소기술(계속)

대분류	유망제품	핵심요소기술 (총 109개)
차세대 융합 네트워크 제품	스마트 그린 서비스	55. 다중 펨토셀 기반 분산 자원 할당 기술 56. WLAN 무선 부하 분산을 위한 엑세스 컨트롤러 기술 57. MPLS, WDM 기술의 Traffic Engineering을 응용한 동적 네트워크 구성 기술 58. 클라우드 서비스 대응형 네트워크 동적 할당 및 가상화 기술 59. 전력 절감형 동적 데이터 전달 경로 제어 기술 60. 전력 절감을 위한 절전형 네트워크 포트 관리 기술
센서 네트워크 응용 시스템 제품	재난재해 및 조기예보 시스템	61. 지진 감시를 위한 센서 및 데이터 로거 설계 기술 62. 붕괴 및 화제에 따른 인명조난을 위한 위치 인지 기술 63. 복수의 통신방식을 포함하는 M2M 통신 모듈 설계기술 64. 인적재난 피해 예측 시뮬레이션 및 소프트웨어 기술 65. 자연재난 피해 예측 시뮬레이션 및 소프트웨어 기술 66. 화재/가스누출/교량/교각붕괴/홍수 조기 예경보 통합 관제 시스템 설계기술 67. 사면붕괴/태풍/해일/산불 조기 예경보 통합 관제 시스템 설계기술
	스마트랙 시스템	68. 센싱모듈 및 센서노드 설계기술 69. 학습 기술을 이용한 센서네트워크의 전력 소비 절감 기술 70. 공조기 제어 S/W 71. 하이브리드 전력제어시스템 72. T/R 가습기 기술 73. 에너지소비분석 S/W 74. 모바일 센서 네트워크를 사용하는 에너지 절감형 목표물 추적 시스템 75. 차세대 센서 네트워크를 이용한 양방향 냉난방 공조 제어 시스템 76. 에너지관제시스템기술

〈표 8.8〉 15개 유망제품의 핵심요소기술(계속)

대분류	유망제품	핵심요소기술 (총 109개)
센서 네트워크 응용 시스템 제품	에너지관리게이트웨이(EMG) 시스템	77. 지능형 에너지 관리 시스템을 위한 무선 센서네트워크 제어기술 78. 에너지 제어 및 에너지 측정 시스템 기술 79. IHD(양방향 통신, 자체전략소비최적화, CO2환산) 기능 단말기 기술 80. 에너지 사용량 분석 알고리즘 81. 전력 분산 네트워크의 제어 시스템 82. 센서 네트워크 기반의 실시간 에너지 감시 및 제어 시스템
	지능형 지반구조물 모니터링 시스템	83. 침하계, 간극수압계, 토양수분계, 경사계등의 센서 설계기술 84. 신뢰성 기반 통신 이중화 모듈 설계기술 85. 복수통신모듈을 위한 통신 프로토콜 기술 86. 산업용 임베디드 게이트웨이 설계기술 87. 지반정보 분석 및 서비스 전달망 설계기술 88. 무선센서네트워크를 이용한 구조물 건전성 모니터링 시스템 89. 고속도로 다리의 구조물 건전성 모니터링을 위한 센서네트워크 90. 무선 센서 네트워크를 이용한 지하 구조물 모니터링 기술
	그린환경을 위한 차량 IT융합 시스템	91. 무선기반차량정보수집장치 92. 온실가스 측정 센서기술 93. 무선 센서네트워크를 이용한 차량 식별 및 자동차분류 기술 94. 최적 연비경로 제공 내비게이션 SW(알고리즘) 95. 도로정보, 고도정보 수집 SW 96. 순간연비, 평균연비 추정 SW 97. 운전자의 주행패턴 분석 SW 98. 차량의 탄소배출량 통계 정보 제공서비스 기술
	U-Health 기반의 개인 맞춤형 건강관리 및 서비스 지원시스템	99. 산소포화도, 혈당, 혈압, 체중 등 각종 생체 신호 측정 센서류 기술 100. U-Health 케어용 BAN(Body Area Network) 통신모듈

계속

〈표 8.8〉 15개 유망제품의 핵심요소기술(계속)

대분류	유망제품	핵심요소기술 (총 109개)
	U-Health 기반의 개인 맞춤형 건강관리 및 서비스 지원시스템	101. 안드로이드 폰에서 복수의 환자들을 감시하는 무선 헬스케어시스템 102. 무선 생체의학 센서네트워크를 이용한 홈 헬스케어 기기 103. 홈게이트웨이 및 U-Health용 모바일 플랫폼 104. 다이어트건강관리 플랫폼 105. 노인들을 위한 헬스 스마트 홈 서비스기술 106. e-헬쓰 네트워킹, 응용 서비스 관련 기술 107. 개인맞춤형 분석 패키지 SW 108. SNS를 이용한 의료상담시스템 109. 휘트니스센터용 건강관리시스템

출처: 2013 중소기업 기술로드맵(IT융합), 중소기업청, 2012

여기에서는 IT융합 분야의 유망 기술만 발췌하였으므로 그린도시, 그린조명, 차세대디스플레이 분야 등 타 분야에서의 미래 기술을 검토하기 위해 "2013 중소기업 기술로드맵" 각 산업 분야별 원문을 다운하여 확인하기 바란다. 보고서 원문은 핵심요소기술에 대한 2015년까지의 연차별 기술 개발 목표(핵심 성능지표에 대한 구체적인 성능목표 포함)를 담고 있으며 기술개발 로드맵의 직접적인 활용이 가능하다.

기업은 이 정보를 어떻게 활용할 것인가?

지금까지 기존 주력산업의 고부가가치화, 신성장 동력 확보와 신산업 창출을 위해 요구되는 "융합"의 기반기술인 정보통신기술을 중심으로 기업이 3년 혹은 5년 이내에 필요할 신기술을 개발하고 경쟁력 있는 제품을 생산하기 위해 필요할 미래 기술[56개(표 8.6 참조) + 109개(표 8.8 참조)]을 정리해 보았다. 살펴본 "정보통신 · 정보통신 융합 분야 미래기술"이 정보통신 · 정보통신 융합 분야 미래 유망기술의 전부도, 정답도 아니지만 급변하는 환경에서 미래기술에 대한 발굴과 모니터링이 신속히 그리고 효율적으로 이루어지기 위해 기존에 발표된 미래기술을 검토할 수 있다는 데 의미를 지닌다.

기업의 관점에서 기술혁신의 속도가 빨라지고 불확실성이 커지는 상황에서 불확실성을 최소화하고 미래 변화에 적극적으로 대응하기 위해 미래기술이 필요하다. 국내외 선진 대기업들은 자체적인 미래기술예측 방법론을 가지고 있으며 지속적인 미래기술예측 활동을 통해 중장기 먹거리를 준비해오고 있다. 그러나 실제로 대부분의 중소기업은 그러한 역량과 자원을 갖추기 어렵기 때문에 기존에 발표된 미래기술의 효율적인 검토 및 활용은 중소기업에게 더욱 중요하다.

미래에 유망할 정보통신기술에는 어떤 것이 있는지, ICT 기반의 유망제품에는 어떤 것이 있는지, 그러한 융합시스템의 요소기술인 미래기술에는 어떤 것이 있는지에 대해 대략적인 이해가 되었다면 개별 중소기업에서 구체적으로 어떻게 미래 기술을 전략적으로 활용할 것인지에 대해 고민하기를 바란다.

대략적으로 (1) 미래기술 활용 전략의 목적 정의 (2) 미래기술의 특정 범위 정의(산업 분야, 응용 분야, 목표시기, 기술 분야 등에 따른 범위 정의 가능) (3) 기존에 발표된 공개된 미래기술 후보군 수집 (4) 미래기술 후보군의 선별평가, 자사 미래기술 선정 (5) 미래기술 활용의 절차가 필요하다.

예를 들어, 미래기술은 현재 기업에서 보유하고 있는 기술의 대체기술 위협을 감지하거나 기술개발의 혁신전략을 수립하거나 신기술에 의한 신규 시장을 창출하기 위한 목적 등으로 활용된다. (1) 기업에서 신기술에 의한 신규 시장 창출을 목적으로 미래기술을 발굴하고자 가정한다면 (2) 먼저 타게팅하는 산업 분야, 응용 분야, 목표시기에 따라 미래기술의 범위를 한정할 수 있다. 경우에 따라 기업의 여건이나 역량에 따라 특정 기술 분야로 한정할 것인지를 결정한다.

(3) 정의된 범위에 해당되는 예측, 공개된 미래기술을 수집하여 미래기술 후보군을 구축한다. (이때 수집된 미래기술은 이후 자사의 미래기술로 선정된 미래기술과 구분하기 위해 "미래기술 후보군"이라 명명함.) 미래유

망기술 후보군을 추가로 확보하기 위해서는 〈표 8.9〉에서의 추가 자료들을 검토할 수 있다. (4) 자사의 목적과 여건에 맞는 미래기술을 발굴하기 위해서는 수집된 미래기술 후보군을 평가하여 선별해야 한다. 즉 개별 기업에 의미 있는 미래유망기술을 선별하고자 할 때에는 몇 가지 선별 기준을 정의하여 미래기술을 평가하고 우선순위화할 수 있다. 선별 기준은 개별 기업의 상황과 여건에 맞는 것으로 정의해야 할 것이다. 참고적으로 "KISTI 미래유망기술 500선"[주4]에서 공개된 미래기술 세부정보(500개 미래기술의 기술성, 시장성, 기술개발동향 등)와 미래기술 선정 기준 등을 활용하는 방안이 있겠다. (5) 미래기술 후보군의 평가 후 선정된 미래기술에 대한 신기술, 신제품 개발 전략을 수립한다.

〈표 8.9〉 ICT · ICT 융합 분야 미래유망기술을 검토할 자료 목록

본 장에서 수록한 자료	그 외 자료
- 2040년의 과학기술(분과1, 분과2) (2013~2018년) - 2013 중소기업 기술로드맵 (IT 융합) (2013~2015년)	- Techcast, http://www.techcast.org/ (Information Technology, E-Commerce 등) (~2028년) - Gartner, http://www.gartner.com/technology/research/top-10-technology-trends(2013년) - KISTI 미래유망기술 500선 (~2023년) - 대한민국 산업 · 기술 비전 2020(정보통신, 융합신산업) (~2020년) - 미래사회 메가트렌드로 본 10대 미래기술 전망 (~2020년) - IT 기술예측조사 2025 (~2025년) - 제 4회 과학기술예측조사(정보 · 전자 · 통신) (~2035년) - 2040년의 과학기술(분과1, 분과2) (2019~2040년) - 2013 중소기업 기술로드맵(그린도시, 그린조명, 차세대디스플레이 등) (2013~2015년)

주4. 'KISTI 미래유망기술 500선'은 KISTI 미리안 웹사이트(http://mirian.kisti.re.kr)에서 회원가입 후 로그인하면 무료로 다운로드할 수 있으며 또한 미리안 웹사이트의 미래기술지식베이스(아젠다 분류)에서 건강한 사회, 스마트한 사회, 안전한 사회, 창의적 융합사회, 지속가능한 자연과 사회라는 5대 아젠다와 관련된 미래기술들을 확인할 수 있다.

물론 자체적인 역량을 보유한 기업이라면 공개 발표된 미래 기술만을 검토할 것이 아니라 국내외 유수의 미래기술예측 기관들이 미래 기술 발굴을 위해 활용한 미래 기술 선정 프로세스, 미래 사회 트렌드 · 니즈 등을 검토하여 나름대로의 프로세스를 개발, 적용하여 미래기술을 예측할 수 있다. 궁극적으로 모든 중소기업이 미래기술의 예측과 전략적 활용이 가능한 미래가 곧 오기를 바란다.

참고문헌

1. 미래연구백서, 한국정보화진흥원, 2011
2. 산업기술비전 2020(정보통신, 융합신산업), 지식경제부, 2011
3. 정보사회측정보고서, ITU(국제전기통신연합), 2012
4. 이연우, 'ICT와 국가경쟁력: 하드파워, 소프트파워, 그리고 스마트파워전략', 한국정보화진흥원, 2010
5. 중소기업 기술통계조사(신성장동력분야), 중소기업중앙회, 2012, http://stat.kbiz.or.kr
6. 2040년의 과학기술(제 1분과), 한국과학기술정보연구원, 2012, http://www.reseat.re.kr
7. 2040년의 과학기술(제 2분과), 한국과학기술정보연구원, 2012, http://www.reseat.re.kr
8. 2013 중소기업 기술로드맵(IT융합), 중소기업청, 2012

9장

융합기술개발사업의 성공 노하우

우리나라 기업체의 약 97%가 중소기업이며, 많은 기업들이 산학협력을 갈망하고 있으나 어떻게 어떠한 방법으로 추진하는 것인지를 잘 모르고 있으며, 현재의 업무를 처리하기 급급한 현실에서 내일을 위한 개발기획과 과제 발굴은 아직도 중소기업에는 어쩌면 사치스러운 일인지 모르지만, 성장발전 동력을 찾고자 하는 의지를 가진 중소기업들에 개발 아이디어를 타 업종의 기술과 융합하여 개발하고 사업화함으로써 매출확대를 통한 기업의 성장 동력으로, 중소기업 기술개발 지원 사업을 효과적으로 활용하는 방안을 제시하고자 한다.

융합과 중소기업의 융합에 대한 정의와 각 종 기술개발 지원 사업을 알아보고, 융합기술지원사업의 성공적인 추진 노하우를 사업계획서 작성법, 평가를 잘 받는 방법과 발표기술에 대한 비법을 공개하며, 마지막으로 융합지수 산출하는 방법으로 길라잡이를 마무리하고자 한다.

융합이란?

융합의 일반적 개념

융합(Convergence)의 사전적 의미는 "서로 다른 두 개 이상의 것이 모여 구별 없게 하나로 합쳐지는 것"으로 볼 수 있으며, 광학적으로는 빛의 3원색인 R(빨강) G(초록) B(파랑)가 한 점에서 만나서 흰색을 정확하게 만들어 냈을 때를 컨버전스가 맞았다라고 표현하기도 한다.

이처럼 서로 다른 요소들이 하나로 합쳐져서 전혀 다른 새로운 것을 창출해내는 것을 의미한다. 융합은 과학기술, 인문학, 사회학 등 전 분야에 걸쳐서 진행되고 있지만, 기술혁신 분야에서 보다 구체적으로 나타나고 있다.

우선, 기술융합은 미래사회와 국가공통의 목표를 달성할 수 있도록 과학기술적 한계를 극복하기 위한 IT, BT, NT 등의 첨단 신기술 간의 화학적, 상승적 결합으로 정의되고 있으며, 연관된 개념으로 산업융합은 산업간, 기술과 산업 간, 기술간의 창의적인 결합과 복합화를 통하여 기존 산업을 혁신하거나 새로운 사회적 시장적 가치가 있는 산업을 창출하는 활동으로 정의되고 있다.

융합의 다른 개념들

융합과 함께 비슷한 용어들을 사용하고 있는데 번들(Bundle), 오버랩(Overlap), 하이브리드(Hybrid), 퓨전(Fusion)들이며, 융합의 진전되는 정도를 나타내는 용어로 이해되어야 할 것이다.

(1) 번들

복수의 제품에서 제공되던 기능을 묶어서 하나의 패키지로 제공하는 것을 의미하며, iPod + iTunes나 토털여행상품(렌트카 + 숙박 + 항공 + 관광)이 번들상품이다.

(2) 오버랩

서로 다른 기능을 제공하던 제품들 간에 동일한 기능이 추가되면서 영역이 중복되는 것을 말하며, 온라인 주식거래(증권회사와 온라인비지니스)와 전자사전과 전자수첩이 해당된다.

(3) 하이브리드

기존에는 여러 제품에서 얻을 수 있었던 기능을 하나의 제품에 결합한 것으로, 복합기능 OA기기와 스마트폰을 들 수 있다.

(4) 퓨전

기존에 여러 개의 제품/서비스로부터 제공 받던 기능들이 합쳐져서 새로운 가치를 제공하는 것으로 MP3 플레이어(음악 + 데이터 저장기능), iPod와 PMP(음악 + 영상 + 게임)가 퓨전형 제품이라 할 수 있다

융합의 영역별 개념

융합으로 발생된 현상을 서로 다른 거리에서 관찰하면서 나타난 구분으로 상호 연계된 개념으로 기술 융합, 제품 융합, 시장 융합, 산업 융합의 관계를 보면, 기술 융합과 제품 융합은 공급자 측면인 산업 융합, 제품 융합과 비즈니스 융합은 소비자 측면인 시장 융합의 영역이라 할 수 있다

(1) 기술 융합

미래 사회 및 국가공통의 목표를 달성할 수 있도록 과학 기술적 한계를 극복하기 위한 IT, BT, NT 등의 첨단기술 간의 화학적 상승적 결합으로 정의되며, 새로운 수요나 사업기반 창출을 위한 기술 자체의 컨버전스로 기술발전으로 상이한 기술로부터 유사한 가치가 제공되거나, 유사한 기술이 다양한 가치를 제공하는 곳에 적용되는 것을 말하며, IT/BT/NT 결합으로 새로운 기기 및 의약품을 개발하거나, Bio Chip(DNA/ 단백질 Chip) 등이 해당된다.

(2) 제품 융합

제품 및 기술의 융합에 따른 새로운 offering의 출시, 기존 offering의 복합적 결합을 통한 신규 offering 창출과 On/off line 채널 통합을 통한 신규 offering이 해당되며, 홈쇼핑이나 온라인 쇼핑, Multitainment, 즉 IT를 활용한 의료 + 정보 + 교육서비스의 일원화를 들 수 있다.

(3) 시장 융합

제품, 서비스 유사화 및 복합화에 따라 사업자간 사업 영역이 중첩되어 더 큰 가치를 창출하기 위하여 가치 사슬 재조합화를 본격화하고 있다.

Apple(Device 제조 + Contents 유통)과 Sony의 전방위 계열화 사례를 들 수 있다.

(4) 산업 융합

산업간, 기술과 산업 간, 기술간의 창의적인 결합과 복합화를 통하여 기존산업을 혁신하거나 새로운 사회적, 시장적 가치가 있는 산업을 창출하는 활동으로 정의하고 있다. 특히 IT의 활용이 조선, 건설, 자동차 등 전 산업에 확대되는 산업간 융합이나 활용을 의미한다.

스마트 자동차는 IT산업의 산물인 인베디드 소프트웨어, 센서, 텔레매틱스 등을 결합한 것이며, 크루즈선박은 조선, 건축, 호텔, 관광, IT 등 다양한 산업의 융합 결과라 할 수 있다.

외국의 융합 정책

(1) 미국

미국은 2002년 Nano, Bio, Info, Convergence (NBIC) 전략을 수립하였고, NSF는 『NBIC 혁신창출: 기술사회』를 주제로 연례 컨퍼런스를 개최하고, 2008년에는 NNI(국가나노기술전략)융합기술 R&D예산 14.5억 달러를 투입하여 융합기술 선점을 통한 신성장 동력 창출 및 안보기술 확보를 추진하고 있다.

(2) 유럽연합

유럽연합은 2004년 유럽지식사회 건설을 위한 융합기술발전전력을 수립하였고, 2005년에는 i2010전략『경제사회 전반에 IT활용의 확산』을 추진하였으며, 2006년에는 Shaping Europe Future through ICT를 통한 경제 전반에 IT 역할을 강조하고 있다.

(3) 일본

일본은 2006년 종합과학기술회의에서 제3차 과학기술기본계획인『이노베이션25』를 발표하여 문부성에서는 2006년부터 10년간 첨단융합영역 이노베이션 창출거점 형성사업을, 2008년 경산성은 이노베이션프로그램 하의 융합기술 사업을 추진해 오고 있으며, 융합을 촉발하는 환경조성 및 신흥영역, 융합영역에 능동적으로 대처하고 있다.

국내 융합사업의 현황

우리나라는 2011년 10월『산업융합촉진법』이 제정, 시행되어 정부차원의 본격적인 융합사업이 추진되고 있으며, 각 부처별 지원 사업을 간략하게 소개한다.

정부부처별 융합기술 개발지원 사업

(1) 교육과학기술부

원천기술 중심의『나노융합 2020 사업』은 나노 원천기술의 기술적 역량을 활용하여 사용화를 지향하는 나노융합기술 상용화 R&BD를 3년간 지원하고 2012년은 총 61억 원 예산이었으며, 한국연구재단(www.nrf.re.kr)을 통하여 사업 공고하고 있다.

(2) 지식경제부

산업원천기술 중심의『산업원천융합기술개발사업』과『글로벌전문기술개발사업』을 한국 산업기술 평가관리원(www.keit.re.kr)에서 사업공고를 하고 있다.

• 산업융합원천기술개발사업

국가 성장전략에 기반한 전략기술 분야의 핵심 · 원천기술 개발지원을 통해 주력산업의 경쟁력을 제고하고 미래 신산업을 육성하고 있으며, 로봇, 바이오/의료기기, 지식서비스/USN, 산업융합기술, 수송시스템, 산업소재, 제조기반, 플랜트 엔지니어링 사업에 총 5,556억 원을 과제당 1차 연도 평균 15억 원 지원되었다.

• 글로벌 전문기술개발사업

World Class 300사업(5년 이내, 연간 15억 원), 섬유패션 스트림 간 협력 생활 산업, 해양레저장비사업에 지원하고 있다.

(3) 문화체육관광부

콘텐츠 기술 중심사업인 『콘텐츠산업 기술지원 사업』은 기술수요조사(RFP)에 의한 지정공모를 통하여 지원하고 있으며, 한국콘텐츠진흥원(www.kocca.kr)에서 공고하고 있다.

(4) 농림수산식품부

농림수산식품 R&D 통합 정보시스템(www.fris.go.kr)에서 사업 공고하며,

• 고부가가치 식품기술개발

농수산물 연계 품목 가공 및 기능성 소재 개발 기술 지원을 통하여 농수산업과 식품산업의 동반 성장을 도모하고 있다.

• 생명산업 기술개발

농림 분야 사업의 민간 R&D 기반을 구축 및 투자 활성화 촉진을 위해 위탁생산 기술 · 시설 · 서비스를 제공할 수 있는 민간 위탁생산 조직(CMO) 육성을 지원하기 위한 시범 사업을 추진하고 있다.

중소기업의 융합

융합이 왜 필요한가?

현재 중소기업은 동종부문에서 과당경쟁 전개와 대기업의 종속적인 생태계 구조로 인하여 수익성, 경쟁력이 약화되어 있는 현실이며, 생산요소를 공동 활용하여 다양한 기능과 서비스를 결합한 융합제품을 생산하고 추가 생산 비용 없이 복수 제품을 결합 판매하는 상품 결합 효과로 비용절감 및 수익개선을 추구할 수 있다.

또한 상품결합을 통해 편의성과 가격할인 제공 등 소비자 효용을 증대시키고, 성장의 한계에 직면한 기업이 타 기술 분야와 결합하면서 성장의 라이프 사이클을 이동 또는 연장시켜주는 가교 역할을 수행할 수 있다.

전국적으로 7,000여 중소기업들이 소속되어 있는 중소기업 융합연합회를 중심으로 중소기업의 고유역량을 상호 협력하여 역량강화를 통한 기술개발과 새로운 제품으로 신시장 창출을 해 나간다면 정부의 중소기업 지원 정책과 호흡을 맞추어 갈 수 있다고 본다.

중소기업의 융합이란?

중소기업의 융합의 개념은 "업종이 다른 중소기업이 서로 다른 경영, 기술 등을 결합하여 신기술, 신제품, 신서비스를 개발함으로써, 부가가치를 제고함은 물론 새로운 분야로의 사업화 능력을 높이는 것"이라고 정의하고 있다.

중소기업의 융합 활동은 발굴 단계 → 개발 단계 → 사업화 단계 → 시장전개 단계를 거치게 되는데 중소기업은 융합 활동을 통하여 매출성과, 연구효율성과, 비용절감 성과, 융합과제 발굴 및 기술개발, 제품개발의 성과를 창출할 수 있게 된다.

〈표 9.1〉 중소기업 융합과 유사개념 간 비교

	중소기업 융합	기술 융합	산업 융합
주체	중소기업	제한 없음	제한 없음
대상	경영자원(기술, 지식 등)	기술, 산업, 학문	산업, 기술
차원	기업(Firm)차원	학문(Discipline)	부문(Sector)
결과	신사업 분야 개척	경제, 사회적 수요 해결	기존산업 혁신 또는 신산업 창출

출처: 산업연구원(2011), 중소기업 융합활동 실태 및 활성화방안

중소기업의 융합추진 실태

(1) 융합추진의 필요성과 동기

양현봉, 박종복의『중소기업 융합활동 실태 및 활성화 방안』에 의하면, 중소기업의 87.2%가 필요성을 갖고 있으며, 신규사업 발굴 및 장래진출 분야 모색 등 융합사업을 통해서 새로운 돌파구를 찾겠다는 의식이 매우 높게 나타나고 있다. 그러나 현실적으로는 융합 활동 추진 업체의 81%가 융합과제 발굴 단계와 기술개발 단계로 아직은 추진 또는 진행 중인 상태에 머물러 있다.

자사의 부족기술에 대한 보완 능력을 융합사업의 파트너 선정의 중요 고려사항으로 여기고 있기 때문에, 중소기업과 연구기관의 연구원 및 대학교수가 공동으로 수행하는 것이 성과를 높일 수 있다.

융합 활동의 추진과정에서는 중소기업의 융합 추진여건, 즉 인력이나 자금 등으로 인한 문제와 융합추진의 경험부족 등 중소기업 내적요인이 더 큰 애로요인으로 작용하고 있다.

융합 활동 결과 융합 발굴 과제 성공률은 37% 수준이며, 기술개발 성공률은 27%, 융합기술 사업화 성공률은 23% 수준으로 나타나고 있으며, 이는 융합과제는 많은 노력과 의지가 필요함을 알 수 있다.

중소기업이 다른 기업 등과의 융합 활동을 통해 획득한 가장 큰 성과는 사업 아이템의 다양화와 매출 증대와 수익 개선 등 기업경영여건 개선이라는 응답이 40%를 차지하고 있다.

중소기업 융합추진을 확대 발전하여 성공적인 사업화 모델이 되기 위해서는 다음과 같은 방안을 추진할 필요가 있다.

첫째, 융합 활동을 통한 중소기업의 신제품 개발 및 신규 사업 발굴 등을 위해서는 무엇보다 융합과제 발굴을 촉진시켜야 한다. 중소기업의 CEO들이 적극적으로 융합 활동과 추진방법 교육에 참여하고, 중소기업 융합전문가(카탈라이저) 파견요청 및 활용도를 극대화하여야 한다. 2012년 배출된 융합전문가들을 적재적소의 중소기업과 매칭하는 방안이 도입되었으며, 2013년에는 확대될 전망이다.

둘째, 융합 활동 수행 파트너로 대학 및 연구기관의 참여 방안을 중소기업융합지원센터와 관계기관과 협의하여 전문가를 매칭하여 중소기업의 부족기술을 보완하여야 한다.

셋째, 융합추진을 위한 인력과 자금 등의 부족은 정부 및 관계기관에서 주관하는 각 종 지원제도를 적극 활용할 필요가 있다.

중소기업 기술개발사업

중소기업 기술개발사업이란?

중소기업청에서 중소기업의 신기술, 신제품개발 및 제품 · 공정혁신 등에 소요되는 기술개발 관련 비용을 지원하여 기술경쟁력 향상을 도모하는 사업을 말한다.

즉, 정부가 기술개발과제의 수행을 조건으로 기업에게 개발자금 일부를 지원하며, 기업은 1~3년 내에 개발완료가 가능한 신기술, 신제품 등의 개발과제를 신청하면, 전문기관을 통하여 신청과제의 기술성과 사업성을 평가하여 지원기업을 선정한다.

중소기업청의 R&D 지원 사업은 2012년 7,150억 원에서 2013년에는 7,836억 원으로 9.5% 증액되었으며, 사업의 구조도 8개 사업 56개 세부과제에서 8개 사업 14개 과제로 유사사업을 통폐합하여 사업구조를 단순화하였다.

지원 사업으로 선정되어 개발지원금으로 기술개발을 성공하면 정부 출연금의 10% 해당금액을 기술료로 납부해야 하고, 기술 개발 완료 후 1~2년 이내 상용화하여 3년간 매출이 정부 출연금액의 5~10배 정도이면 양호한 사업으로 평가하고 있다.

2013년 기술개발 지원 사업 신청

중소기업청의 R&D 지원사업의 신청절차는 일반형과 건강진단 연계형으로 구분되어 있으며, 일반형에는 선택집중의 기술혁신개발, 융복합 기술개발, 상용화 기술개발사업이 해당되며, 건강진단 연계형은 저변확대의 창업성장 기술개발, 산학연 공동기술개발, 제품공정개선 기술개발사업이 속한다.

정부는 특정업체가 계속적으로 지원받거나, 능력을 초과한 지원 신청을 하지 않도록, 중소기업은 각 사업의 세부과제별로 1개의 과제만 신청가능하고 저변확대의 창업성장, 산학연협력, 공정개선사업은 1개과제만 신청 가능하도록 하였다.

그리고 주관기관(공동개발기관, 산학연협력기술사업의 경우 참여기업)으로 해당연도에 중소기업 기술개발사업에서 이미 수행 중인 과제를 포함해서 2개 과제까지만 지원받을 수 있도록 중소기업의 혁신역량과 성장단계별로 지원하고 있다.

2013년부터는 참여횟수 제한제도를 단계별로 시행하고 있으며, 2013년의 경우는 2008년부터 총 4회 이상 참여한 기업이 재차 신청하는 경우 감점제를 적용하고 있다.

〈표 9.2〉 2013년 중소기업 기술개발 지원사업 현황 (단위: 억원)

구분	사업명		지원규모	개발기간	지원한도	출연금 비중	사업공고	신청 접수	평가 선정
선택집중	중소기업 기술혁신 개발	글로벌전략기술개발	576	2년	10	60%	2월	2~3월	4~5월
		혁신기업기술개발	1,621	2년	5	75%	1월 6월	1~2월 6~7월	3~4월 8~9월
		기업 서비스연구개발	155	1년	2	75%	2월	2~3월	4~6월
	중소기업 융·복합 기술개발	융·복합기술개발	585	2년	6	60%	2월 6월	3~4월 7~8월	4~5월 8~9월
		센터연계형기술개발	180	2년	6	60%	4월	5~6월	7~8월
	중소기업 상용화기술개발	구매조건부신제품개발	619	2년	5	75%	2월	3~9월	4~10월
		민관공동투자기술개발	500	3년	10	75%	1월	2~10월	3~11월
저변확대	창업성장 기술개발	창업기업기술개발	1,117	1년	2	90%	12월	매월 1~10일(1~7월)	1~8월
		1인 창조기업 기술개발	96	1년	1	90%	3월	4월	6월
	산학연협력기술 개발	첫걸음기술개발	390	1년	1	50%(지자체 25%)	12월	매월 1~10일(1~9월)	1~10월
		도약기술개발	944	1년	1	75%			
	제품·공정개선기술개발		400	9월	0.5	75%	12월	매월 1~10일(1~9월)	1~10월
인프라	중소기업 R&D기획역량 제고		55	1년	0.22	75%	1~5월	2~6월	3~8월
	연구장비공동활용지원		184	1년	0.5	70%	1월	1~12월	연중
	중소기업 기술개발 인력활용 지원	초중급기술개발인력지원	50	2년	0.24	50%	3월	3~4월 6~7월	5월 8월
		취업연계교육센터운영	20	6월	-	100%	3월	3~4월 6~7월	5월 8월
		이공계전문가기술개발서포터즈	15	1년	0.2	75%	3월	4~5월	6월

* 지원규모는 신규과제 및 계속과제 사업을 합산한 금액이며, 개발기간·지원한도·출연금 비중은 "최대"를 의미함

4회 지원받은 기업이 추가 신청시: -1점

5회 이상 지원받은 기업이 추가 신청시: -2점

2014년부터는 2005년부터 기술개발 지원사업에 주관기관, 공동개발기관, 참여 기업(산학연사업에 해당)의 자격으로 참여하여, 개별 중소기업당 저변 확대사업은 총 3회까지, 선택집중 사업은 총 4회까지 과제를 수행한 경우는 이후 사업 참여를 할 수가 없고, 2005년 이후 선택집중 사업을 1회 이상 주관기관으로 수행한 기업은 저변확대 사업에 참여할 수 없게 하였다.

중소기업 융복합기술 개발사업

〈표 9.2〉의 중소기업 기술개발지원사업의 선택 · 집중분야의 융 · 복합기술 개발지원사업의 자세한 내용은 다음과 같다.

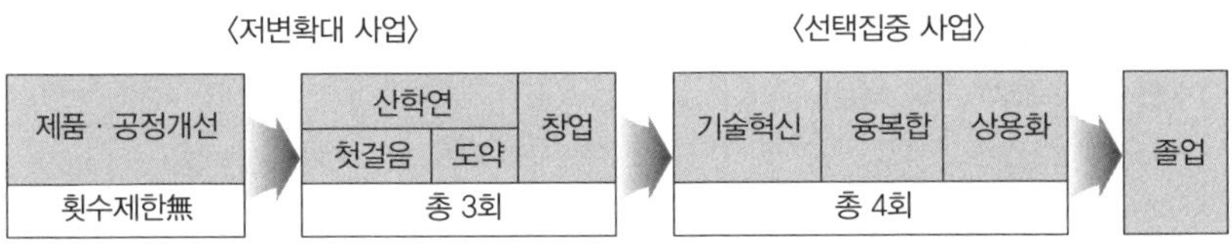

그림 9.1

• 사업개요: 중소기업과 연구기관(산-연) 또는 중소기업간(산-산) 공동기술개발을 지원함으로써 중소기업의 융 · 복합형 신제품개발 촉진, 융 · 복합기술 개발역량 강화 및 개방형 R&D 활성화를 지원하는 사업이다.

• 지원규모: 765억 원(신규 355억, 계속 410억)

• 지원내용

① 융 · 복합기술개발(239억 원): 개발기간 2년, 최고 6억 원 이내

- 산연협력(180억 원): 기술수요조사, 연구용역, 융합지원센터 등에서 발굴 · 기획된 첨단 융합기술 분야 과제

- 이전기술(59억 원): 공공연구기관이 보유한 융 · 복합과 관련하여 상용화되지 않은 이전기술 과제

② 센터연계형 기술개발(116억 원): 개발기간 2년, 최고 6억 원 이내

- 중소기업 융합지원센터를 통해 발굴 · 기획된 첨단 융합기술 분야 과제

• 지원조건

구 분	개발기간 및 지원한도	총사업비			지원방식
		정부출연금 비중	민간부담금		
			현금	현물	
산연협력	최대 2년, 6억원	60%이내	20% 이상	20%이내	지정공모
이전기술	최대 2년, 6억원	60%이내	20% 이상	20%이내	지정공모
센터연계형	최대 2년, 6억원	60%이내	20% 이상	20%이내	자유응모

* 단, 민간부담금 중 현금(자부담금+보증(융자)금)은 민간부담금의 50% 이상

• 추진일정

구 분	공 고	신청 · 접수	선정평가	협약체결
산연협력	2월	3~4월	4~5월	6월
이전기술	6월	7~8월	8~9월	10월
센터연계형	4월	5~6월	7~8월	9월

융.복합 기술개발사업 지원 절차

융복합 기술개발 사업 지원

중소기업 융 · 복합 기술개발 지원사업에 참여하고자 하는 중소기업을 위하여 지원센터에서는 전문가 매칭과 역량강화 프로그램 등 R&D기획 지원 사업을 통하여 사업계획서 작성을 지원하고 있다.

2013년도 센터 연계형 융 · 복합 기술개발사업에 지원하고자 한 경우, 2012년 7월경 융합중앙회에서 사업 공고한 R&D 멘토링 기획사업은 각 지역별 지원센터에 지원하여 자체 평가를 통과하여 지원 대상으로 선정되면, 1,500만 원(2013년은 2,000만 원) 범위에서 기술전문가와 특허전문가, 시

장분석전문가 등과 워크샵을 통한 자문을 받을 수 있고 관련 세미나와 필요한 사업 기획활동을 하였다.

2회 이상의 CEO 역량강화 연수 프로그램을 통한 사업계획서 작성에 필요한 노하우와 심사위원과 동등한 평가위원들로 부터 사업계획서 평가 및 지도를 받을 수 있으며 기술보증기금의 기업 평가와 사업성 평가를 받게 된다.

2013년 1월에 완성된 사업계획서를 융합중앙회에 제출하면 기획지원사업은 종료하게 되고 융합중앙회에서 평가를 하여 우수과제로 선정되면 2013년 융・복합 기술개발사업에 신청, 평가를 통하여 최종 선정 여부가 결정되게 된다.

〈표 9.3〉 2012년 지원센터 사업의 진행일정

일 자	R&D멘토링 기획사업	R&D연구회	비 고
	진행 사항	진행 사항	
'12 7/26	사업 설명회		융합중앙회
8/1~20	사업 제안서 제출		지원센터
8/22~27	평가 (서면 및 대면평가)		지원센터
8/23	CEO역량강화 연수		중앙/지원
9/10	주관기관 선정 통보		지원센터
9/14	선정기관 오리엔테이션		지원센터
~9/20	지원사업 협약 체결		지원센터
9/10~	전문가 매칭 및 과제 진행		주관기관
11/15		연구회중간평가	융합중앙회
11/27	멘토링 중간평가		융합중앙회
11/29		RFP 결과물 제출	융합중앙회
11/30~1	CEO 역량강화 연수		중앙/지원
12/7		RFP 1차 평가	융합중앙회
'13 1/7	최종 워크숍		수도권 3센터
1/15		기획위원회 평가	융합중앙회
1/25	사업계획서 제출		융합중앙회
1/31 - 2/1	CEO역량강화 연수		중앙/지원

사업계획서 작성요령

사업계획서는 평가의 기준이며, 가장 중요한 부분이므로 심혈을 기울여서 충실도를 높여 심사위원들에게 기술개발 완료 후 사업화 가능성에 대한 확신을 주어야 한다. 다음은 사업계획서 작성할 때 기준으로 삼아야 할 사항들을 정리하였다.

(1) 기술성, 사업성, 융합지수를 전문가의 진단을 받고 산정하여 확실하게 제시하여야 하며, 표를 작성하여 설명하는 것도 효과적이다.

(2) 기술성에서는 객관적 입증이 중요하다.
- 3P의 분석 제시 및 그 객관적 증거 제시
- 선행연구 등의 근거제시
- 기존 시장 또는 경쟁사 제품과의 기술적 차별성 제시
- 기존 시장 진입자들과의 기술적 유사성과 차별성을 확실하게 제시

(3) 사업의 목표와 정성적 및 정량적 목표 그리고 사업예산을 긴밀히 연계 한다.

(4) 사업성의 경우 해당품목에 대한 사업의 타당성 검토를 미리 전문가의 도움 받아서 철저히 준비한다.

(5) 기술개발목표 및 내용은 사업기간 내에 할 수 있는 것을 최종목표에 맞게 구체적이고 핵심적인 사항만 표기한다.

(6) 산-산의 경우 해당 기업들 간의 역할분담, 예산분배, 기관의 역할 등이 명확하고 참여연구원 등의 학력, 경력, 이력 등이 본 과제수행의 역할과 연관성이 되어야 한다.

(7) 시장성자료는 너무 주관적이어서는 안되며, 명확한 시장제시 및 그 근거를 구체적으로 제시하여야 한다.

(8) 자료는 가능한 최근 자료를 제시한다.

(9) 제조원가는 원료비, 수율, 노무비 등 구체적인 수치를 제시하여 원가 경쟁력을 나타내어야 한다.

(10) 사업비 작성시 구성 비율을 꼭 맞추어야 한다.

(11) 사업주제 선정 후 반드시 중복성 여부를 확인한다.

- 기존시장에 나와있는 제품은 아닌가?
- 타 부처 등에서 이미 지원받은 과제가 아닌가?

대면평가시 주의사항

(1) 대면평가란?

기술 분야별 외부전문가로 평가위원회를 구성하여 주관기관의 발표 및 질의응답을 통하여 심사하며, 사업선정에 있어 전체 점수의 60%를 차지하는 가장 중요한 평가이다.

평가는 기계소재, 전자, 화학, 바이오의료, 정보통신 등의 분과별로 7~8개 과제가 하루에 심사가 이루어지며, 평가위원은 해당과제 전문가 5~7인 및 전문기관 간사로 구성되며, 평가위원장의 진행으로 과제 책임자가 사업계획서를 참조하여 15~20분 발표하고, 질의응답 15~20분으로 하게 된다.

신청기업에서 제출한 자료 특히 사업계획서 위주로 평가하므로 계획서에는 핵심내용을 모두 포함하고 있어야 한다.

심사위원들은 평가 당일 사업계획서를 사전 검토하였기 때문에 세부적인 사항보다는 기술성과 시장성에 대한 필요성과 가능성 위주로 핵심적인 사항을 스토리 텔링하는 것이 필요하다.

(2) 대면평가 주요 체크 포인트(평가위원)

- 연구개발 사업의 취지와 부합성: 융복합 취지 이해도와 융복합 정도
- 기술 개발의 내용 타당성: 기술개발의 시급성은 국내외 환경 분석과 정부지원 필요성 판단하고, 기술 개발의 독창성은 도출될 개발 결과물의 구체적 목표 수준으로 판단한다.
- 기술 개발 능력: 최근 관련기술 개발 내용, 기술개발 추진 체계, 업체간 업무 분장 및 융합방안, 기술인력과 장비 확보 현황으로 판단

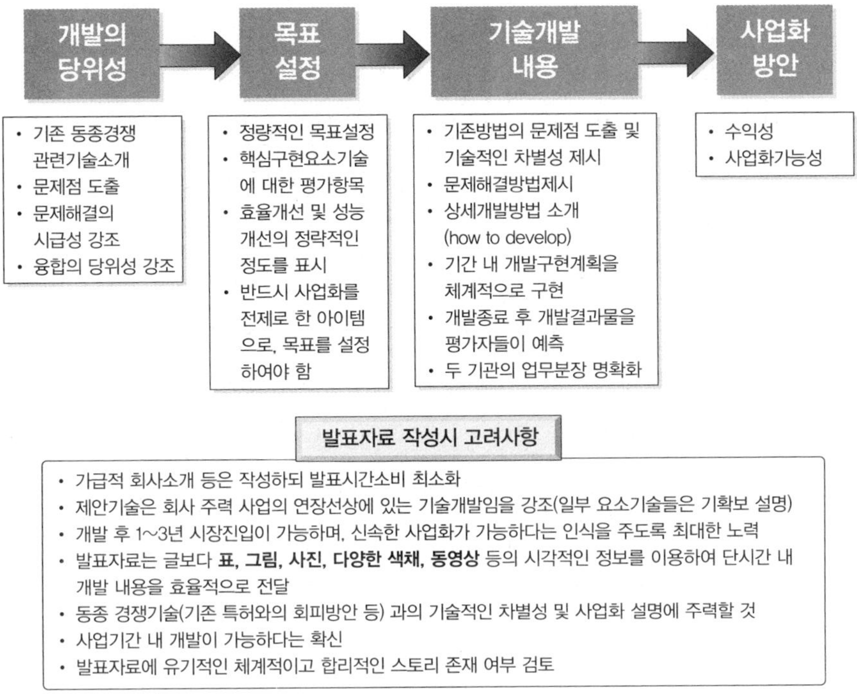

그림 9.2

출처: 용인송담대학교(2012), 중소기업CEO역량강화연수 자료

- 검증방법의 타당성: 평가방법의 지표제시, 정량목표치 항목의 적정성과 측정 가능성, 공인성적서, 세계적 수준 달성도가 판단의 기준이다.
- 사업비 항목의 구성: 고가 장비 · 장치 구입여부, 사업과 관련 있는 재료항목과 적정량 구입, 사업계획서의 flow와 사업비 항목 연동, 인건비, 연차별 사업비 집행규모 적정성의 합리성 판단
- 사업성 유무: 상품화 가능성, 국내외 시장 규모 분석, 시장의 성장 가능성 시장구조 및 진입장벽, 사업화 계획의 구체성과 실현 가능성, 중소기업 적합성으로 판단

(3) 대면 평가 주요사항

- 산업기술분류: 중기청 7대 산업분류 중심으로 대면평가위원회를 구성

하므로 제대로된 기술산업분류로 가는 것이 유리하다.

- 과제명: 개발내용의 전체적인 내용을 핵심적으로 한 줄로 요약한다.
- 관련기술 현황 및 개발 방법의 구체성: 현황을 설명과 문제점을 제시하고 해결하기 위한 방안을 체계적이고 구체적으로 설명한다.
  기술개발관련 특허보유 현황과 선행연구에 대한 현황도 설명한다.
- 사업계획서, 대면평가, 사업화가 유기적이고 체계적으로 연결되어야 한다. 연차별 목표 및 개발내용, 특히 융합지수에 대한 충분한 설명과 연차별 추진 일정 및 사업비 구성, 최종목표를 확인할 수 있는 정량적 평가항목과 객관적 측정방법, 최종목표 달성을 위한 연구진과 추진체계 등을 상호 연관성 있게 설명하여야 한다.
- 결과 활용 및 사업화방안: 제품화 및 사업화 과제 지원이 우선이므로 기술성에 이어 사업화의 성공 가능성에 대하여 평가위원들의 공감을 얻어 낼 수 있도록 집중적으로 설명하고 설득하여야 한다.

(4) 발표시 유의 사항

- 심사위원과는 논쟁을 피하고 설득하여 최고기술에 대한 인정을 받는 것이 중요하다.
- 예상질문을 준비하여 최대한 간결하고 자신감 있게 자료를 제시하고 답변한다.
- 과제 책임자와 기관책임자가 참여하여 과제 수행의지를 표명한다.

기술 융합지수

측정방법

기술 융합지수측정은 사업화 가능한 제품(기술, 서비스)을 창출하는데 적용한 기술의 수와 해당 기술이 이러한 창출에 기여한 정도를 통해서 계산되며 이때 적용되는 기술의 이질성은 과학기술표준분류체계를 따르며 계산방법은 다각화 지수로 사용되는 Berry Herfindahl 지수를 활용한다.

〈표 9.4〉

산연기술개발사업(융복합기술개발) 대면평가표

사 업 명			
과제번호		평 가 일	20 . . .
과 제 명			
주관기관		과제책임자	
참여기업		위탁연구기관	

평 가 항 목		평 가 지 표	평 점				
			탁월	우수	보통	미흡	불량
기술성 검토 (40)	1. 기술개발의 필요성	1-1 기술개발의 필요성, 시급성 및 사전 준비성	5	4	3	2	1
		1-2 개발과제의 독창성 및 차별성, 권리확보 가능성 (신규성, 진보성 충족 여부)	5	4	3	2	1
		1-3 모방 가능성(기술적 난이도)	5	4	3	2	1
	2.기술개발 과정 및 방법	2-1 핵심기술개발 방법의 적정성 (협력연구 수행시, 협력연구의 필요성)	5	4	3	2	1
		2-2 기술개발 수행팀 구성의 적정성 (협력연구 수행시, 역할분담방안의 적정성)	5	4	3	2	1
		2-3 사업비 규모의 적정성 및 집행계획의 합리성	5	4	3	2	1
	3. 목표달성도 평가방법	3-1 최종개발 목표 수준의 적정성 및 정량적 측정 가능성	10	8	6	4	2
사업성 검토 (60)	4. 특화지표	4-1 투입기술의 융복합 정도	10	8	6	4	2
		4-2 산출기술의 융복합 정도	10	8	6	4	2
	5. 시장규모	5-1 착수시점(평가시점)의 국내의 목표시장 규모	5	4	3	2	1
	6. 시장의 성장성	6-1 목표시장의 성장가능(시장의 성장률)	5	4	3	2	1
		6-2 개발제품의 정부 정책방향 및 기술트렌드 부합성	5	4	3	2	1
	7. 시장진입 가능성	7-1 시장구조 및 경쟁상황	5	4	3	2	1
		7-2 진입장벽 극복방안 및 시장진입 가능성 (시장경쟁력, 중소기업 적합성)	5	4	3	2	1
	8.사업화 계획의 타당성	8-1 사업화 계획의 경제성 – 정부지원금 대비 예상매출규모 – 경제적 파급효과(수출 및 수입대체효과, 고용창출효과 등)	5	4	3	2	1
		8-2 사업화 실행계획의 실현가능성	5	4	3	2	1
합 계							
평가 의견	□ 우수한 점 : □ 미흡한 점 : □ 보완할 점 :						
현장 평가 확인 사항							

평가위원 (인)

$$TFI(Technology\ Fusion\ Index) = 1 - \sum_{i=1}^{n} x_i^2$$

x_i: 특정제품(기술,서비스)의 개발에 기여하는 i기술의 기여도

다음 예시는 서로 다른 4가지 기술이 적용되어 하나의 융합 R&D가 이루어진 경우를 예로 설정하여 사례를 만들어 본 것이다.

Step1: 국가연구개발과제에 적용할 기술을 국가과학기술표준분류체계에 따라 정리하고 그 기여도를 산정한다.

대분류		중분류		소분류		기술 기여도	H_소분류		H_중분류		H_대분류	
							기술 기여도 (A)		기술 기여도 (B)	B*B	기술 기여도 (C)	
ED	전기/전자	ED05	전기전자 부품	ED0506	복합부품	0.3						
		ED10	디스플레이	ED1008	3D	0.1						
EE	정보/통신	EE10	U컴퓨팅	EE1002	서버 기술	0.25						
				EE1099	기타	0.1						
NC	화학	NC08	전기화학	NC0805	부식/표면 처리	0.2						
HE	문화/예술	HE03	디자인 일반	HE0304	디자인 공학	0.05						
합계 Herfindahl						1.0						
Berry-Hefindahl												
융합지수												

Step2: 기술기여도를 산정한 후 국가과학기술표준분류 대, 중, 소기준에 따라 기여도를 합산한다.

대분류		중분류		소분류		기술 기여도	H_소분류		H_중분류		H_대분류	
							기술 기여도 (A)	A*A	기술 기여도 (B)	B*B	기술 기여도 (C)	C*C
ED	전기/ 전자	ED05	전기전자 부품	ED0506	복합부품	0.3	0.3		0.3		0.4	
		ED10	디스플레이	ED1008	3D	0.1	0.1		0.1			
EE	정보/ 통신	EE10	U컴퓨팅	EE1002	서버 기술	0.25	0.25		0.35		0.35	
				EE1099	기타	0.1	0.1					
NC	화학	NC08	전기화학	NC0805	부식/표면 처리	0.2	0.2		0.2		0.2	
HE	문화/ 예술	HE03	디자인 일반	HE0304	디자인 공학	0.05	0.05		0.05		0.05	
합계 Herfindahl						1.0	1.0		1.0		1.0	
Berry-Hefindahl												
융합지수												

Step3: 기술기여도를 각각 제곱(기술기여도*기술기여도)하여 값을 구한 뒤 이를 합산하며 이것이 기술 집중도(Herfindahl지수)이다.

대분류		중분류		소분류		기술 기여도	H_소분류		H_중분류		H_대분류	
							기술 기여도 (A)	A*A	기술 기여도 (B)	B*B	기술 기여도 (C)	C*C
ED	전기/ 전자	ED05	전기전자 부품	ED0506	복합부품	0.3	0.3	0.09	0.3	0.09	0.4	0.16
		ED10	디스플레이	ED1008	3D	0.1	0.1	0.01	0.1	0.01		
EE	정보/ 통신	EE10	U컴퓨팅	EE1002	서버 기술	0.25	0.25	0.06	0.35	0.12	0.35	0.12
				EE1099	기타	0.1	0.1	0.001				
NC	화학	NC08	전기화학	NC0805	부식/표면 처리	0.2	0.2	0.04	0.2	0.04	0.2	0.04
HE	문화/ 예술	HE03	디자인 일반	HE0304	디자인 공학	0.05	0.05	0.003	0.05	0.003	0.05	0.003
합계 Herfindahl						1.0	1.0	0.204	1.0	0.263	1.0	0.323
산업별융합지수 Berry-Hefindahl (1-D)												
융합지수												

Step 4: 융합지수(Berry-herfindahl 지수는 1-기술집중도(Herfindahl 지수)로 측정한다.

대분류		중분류		소분류		기술 기여도	H_소분류		H_중분류		H_대분류	
							기술 기여도 (A)	A*A	기술 기여도 (B)	B*B	기술 기여도 (C)	C*C
ED	전기/전자	ED05	전기전자 부품	ED0506	복합부품	0.3	0.3	0.09	0.3	0.09	0.4	0.16
		ED10	디스플레이	ED1008	3D	0.1	0.1	0.01	0.1	0.01		
EE	정보/통신	EE10	U컴퓨팅	EE1002	서버 기술	0.25	0.25	0.06	0.35	0.12	0.35	0.12
				EE1099	기타	0.1	0.1	0.001				
NC	화학	NC08	전기화학	NC0805	부식/표면 처리	0.2	0.2	0.04	0.2	0.04	0.2	0.04
HE	문화/예술	HE03	디자인 일반	HE0304	디자인 공학	0.05	0.05	0.003	0.05	0.003	0.05	0.003
합계 Herfindahl						1.0	1.0	0.204	1.0	0.263	1.0	0.323
산업별융합지수 Berry-Hefindahl (1-D)								0.796		0.737		0.677
융합지수												

Step 5: 총 융합지수는 대, 중, 소 분류로 각각 측정한 것을 합산하여 산출한다.

대분류		중분류		소분류		기술 기여도	H_소분류		H_중분류		H_대분류	
							기술 기여도 (A)	A*A	기술 기여도 (B)	B*B	기술 기여도 (C)	C*C
ED	전기/전자	ED05	전기전자 부품	ED0506	복합부품	0.3	0.3	0.09	0.3	0.09	0.4	0.16
		ED10	디스플레이	ED1008	3D	0.1	0.1	0.01	0.1	0.01		
EE	정보/통신	EE10	U컴퓨팅	EE1002	서버 기술	0.25	0.25	0.06	0.35	0.12	0.35	0.12
				EE1099	기타	0.1	0.1	0.001				
NC	화학	NC08	전기화학	NC0805	부식/표면 처리	0.2	0.2	0.04	0.2	0.04	0.2	0.04
HE	문화/예술	HE03	디자인 일반	HE0304	디자인 공학	0.05	0.05	0.003	0.05	0.003	0.05	0.003
합계 Herfindahl						1.0	1.0	0.204	1.0	0.263	1.0	0.323
산업별융합지수 Berry-Hefindahl (1-D)								0.796		0.737		0.677
융합지수						2.21(0.796+0.737+0.677)						

측정방법 예시

융합지수를 4가지 경우의 사례를 〈표 9.5〉에 정리하였다.

(1) 제품1은 하나의 기술만 적용된 경우, 제품4는 10개의 기술에 각각 10% 기술기여도가 사용된 경우이며, 제품2는 4개의 기술이 적용되었으며 제품 5개의 기술이 적용된 경우다.

(2) 제품1의 융합지수는 1이며 제품4의 융합지수는 2.14로 가장 높고. 이어 제품2가 제품3보다 높다.

- 제품 3은 5개 기술이 각각 20% 적용되어 소분류 융합지수는 4개 기술이 편중되어 적용된 제품 2보다 높지만 5개 기술이 2개 중분류. 1개 대분류에 집중되어 중분류, 소분류 융합지수가 제품 2에 비해 낮아 전체적인 융합지수는 제품2에 비해 낮다.
- 대, 중, 소를 합산하면 이종 기술 간의 융합에 가중치를 줄 수 있다.

〈표 9.5〉 융합지수 계산사례

대분류		중분류		소분류		제품 1	제품 2	제품 3	제품 4
ED	전기/전자	ED04	반도체소자	ED0402	화합물소자	1.00	0.5	0.2	0.1
				ED0403	반도체재료		0.2	0.2	0.1
				ED0407	설계 Tool			0.2	0.1
				ED0409	기타			0.2	0.1
		ED06	가정용기기	ED0603	조명기기		0.1	0.2	0.1
				ED0609	기타				0.1
L	정보/통신	EE09	RFID/USN	EE0901	RFID 기술		0.1		0.1
				EE0903	모바일				0.1
				EE0909	기타				0.1
J	화학	NC08	전기화학	NC0805	부식표면처리		0.1		0.1
합계						1	1	1	1
융합지수			소분류기준			0.00	0.68	0.80	0.90
			중분류기준			0.00	0.48	0.32	0.74
			대분류기준			0.00	0.34	0.00	0.54
			전체			0.00	1.50	1.12	2.14

참고문헌

1. BIR(2012)『2012년 국내 ICT산업동향과 핵심융합기술 개발전략』, Business Information Research
2. 양현봉,박종복(2012)『중소기업 융합활동 실태 및 활성화 방안』산업연구원
3. 중소기업중앙회(2012)『중소기업 융합 실전전략』, (사)중소기업중앙회
4. 중소기업청(2013)『2013년 중소기업 기술개발 시책 설명』, 중소기업청
5. 김덕현 외(2011)『융합경영』, 글로세움
6. 폭스, 마크(2011)『창조경영 트리즈』, 가산출판사
7. 엑센튜어(2011)『알&디 혁신의 기술』, 에이콘
8. 쉴링,멜리사A(2008)『기술경영과 혁신전략』, 한국 맥그로힐
9. 신용하(2011)『기술경영의 이해』, 도서출판 남양문화
10. 용인송담대학교(2012)『중소기업 융복합 지원센터 사업설명회』, 용인송담대학교
11. 용인송담대학교(2012)『중소기업CEO역량강화연수』, 용인송담대학교
12. 한양대학교외(2012)『중소기업 융합전문가 과정』, 한양대학교 외

10장

R&D 융합정책 자금 조달전략

기업의 경영에서 가장 어려운 사항은 자금의 문제다. 사람에게도 가장 중요한 것은 피가 잘 통하게 하는 것인데, 기업에서도 마찬가지도 자금의 원활한 유통이야말로 기업의 생사를 결정짓는 핵심요소다. 중소기업에서 경영자금이야말로 사막의 오아시스처럼 소중한 것이다. 조건이 좋은 정부지원금을 활용할 줄 아는 것, 이것이야말로 중소기업 경영자의 기본이라고 할 수 있다. 그 중에 가장 유리한 돈이 R&D 출연자금이다. R&D 출연자금은 중소기업청, 산업통상자원부, 교육과학기술부, 특허청 등 정부 부처 산하 기관과 산하기관에서 연간 지원되고 있다. 주로 중소기업의 경쟁력 확보에 초점을 맞추어 고부가가치 핵심기술, 글로벌 전략기술, 원천 기술 등을 가진 유망한 중소기업을 발굴해 지원하고 있다. 출연 자금은 조건이 좋기 때문에 따내기가 상대적으로 어려운 것이 사실이다. 때문에 자금의 성격과 특징, 지원대상, 지원조건, 유의점 등을 어느 정도 알고 접근해야 성공 가능성을 높일 수 있다.

정부지원금은 "R&D 지원금"이라고 구분하여 지원한다. R&D 지원금은 신기술, 신제품 및 공정혁신 등에 소요되는 기술개발 비용 때문에 어려움을 겪는 중소기업들을 지원하여 기술경쟁력을 향상시키고 상품화를 하는 데 도움을 주고자 하는 자금으로 정부가 시행하는 다양한 기술과제에 지원하여 선정되면 자금을 확보할 수 있다.

출연은 융자와는 달리 보조금의 성격을 띠는 자금이다. 기업이 필요로 하는 개발 자금 중 일부를 정부가 무상으로 출연해 지원한다. 기술개발의 가능성, 사업타당성, 기술개발 능력 등을 평가해 소요되는 자금을 보조금 형태로 지원해 준다. 출연의 가장 큰 장점은 담보 없이 그냥 준다는 데 있다. 금리나 상환의 부담도 없다. 기업 입장에서는 출연금을 확보해 기술을 개발할 경우 개발의 실패, 사업화 곤란 등 위험부담을 크게 줄일 수 있다.

100% 공짜는 아니고, 중소기업이 필요로 하는 개발 자금의 최고 75%까지 정부가 지원한다. 나머지는 기업이 현물과 현금출자로 분담한다.

출연금을 받게 되면 해당 기업은 연구 기간이 만료된 후 개발 결과에 따라 기술로 명분으로 일정금액의 기술료를 반납해야 한다. 여기에는 정액 기술료와 정율기술료가 있다. 정액기술료는 성공시에 정부출연자금의 일정 부분을 다시 분할해 반납하는 것으로 보통 원금의 10% 정도이다.

중소기업에게 가장 유리한 R&D 융합 지원금

담보도 없이 금리 부담도 없기 때문에 출연자금은 업체 입장에서는 융자보다 관심이 더 갈 수밖에 없다. 그러나 정부의 출연 사업을 잘 모르는 중소업체들이 많은데, 실제로 나에게는 "먼 자금"이라고 생각하기 때문이다. 그러나 출연자금의 성격과 방향, 지원정책을 잘 분석하여 미리 준비를 하게 되면 길은 있기 마련이다. 우선 선정평가의 기준을 잘 살펴보아야 한다. 출연자금은 기술적인 차별성이 뚜렷하고 시장성이 높은 기술을 개발하는 기업이 유리하다. 선정 평가에서 기술 수준이나 기술의 중복성 여부를 특히 따지기 때문이다.

선정기준은 예전과 많이 달라졌다. 예전에는 선정기준이 기술과 사업성(80%)에다 재무제표(20%)를 감안했는데, 그러나 기술성과 사업성을 위주로 평가하는 방식으로 변경되었다.

특히 사업성 평가 기준이 60%로 대폭 올라가 사업화 가능성이 높은 과제를 우대키로 했다. 따라서 핵심 기술이 있거나 차별성, 향후 사업 전망이 밝고, 사업계획서를 잘 기술한다면 선정되기에 무리는 없을 것이다. 그러나 기술성과 사업성이 떨어진다고 해도 기술의 개발 필요성을 객관적으로 잘 표현한다면 가능성은 있다.

특히 출연자금 신청 시 연구소가 있다거나 산학연 공동 연구개발이라면 유리한데, 업체가 주관이 되어 대학과 공동으로 연구를 수행하거나 산업체끼리 아이템을 분담해 수행한다거나, 연구소와 공동으로 진행한다면 가점을 받게 된다.

주의할 점은 자금 활용 과정에서 사후관리를 철저히 해야 한다는 것이다. 융자지원금의 경우는 사후관리 기준이 크게 까다롭지 않으나 출연자금은 사업 기간 내에 엄격하게 관리된다. 자금을 용도 이외의 목적에 사용하다가 관리 기관으로부터 적발되면 지원 사업이 취소될 수도 있다. 따라서 출연자금을 활용할 때는 별도의 통장을 만들어 자금관리와 출납을 투명하게 하고 사업 용도에 맞도록 집행해애 한다.

잘 작성된 사업계획서-R&D 융합자금의 결정적 요인

투명성과 혁신 성과를 제고하기 위해 과제별 성과평가, 정밀 현장 조사가 중요하므로 특히 R&D 융합 사업은 사업계획서를 체계적으로 잘 작성해야 정부의 R&D 출연 지원금을 받을 수 있다.

사업계획서의 핵심 사항

1) 창업자 관련 사항

- 경력: 계획 사업과의 연관성을 심도 있게 검토 분석한다.
- 연령: 가능한 한 50세 전후의 건강한 사람을 선호한다.
- 학력: 계획 사업과 전공 사이의 연관성이 깊고 고학력일수록 유리하다.
- 시책 호응도: 정부기관의 지도와 연수를 받은 실적이 있으면 우대한다.

- 자질과 능력: 소질, 적성, 대회 활동, 연수 실적, 위기 극복 능력을 파악한다.
- 자금 조달 능력: 보유 재산이 있고 자기 자금 조달 가능성이 소요 자금의 50% 이상인 경우 우대한다.

2) 기술성 · 사업성 관련 사항

- 신제품과 상품성: 독창성과 상품성이 높을수록 유리하다.
- 기술 수준: 벤처 평가 우수 기업, 신기술, GD 등 정부기관, ISO인증 등 공인된 기관으로부터 평가가 유리하다.
- 성장성: 시장 규모가 작더라도 성장 잠재력이 높게 평가되면 유리하다.
- 경쟁 관계: 경쟁사의 존재 여부, 경쟁 업체 출현 가능성을 검토한다.
- 수익성: 품질, 가격, 수요 등을 조합 평가한다.
- 원자재 조달: 국내 조달 비중, 자재의 파동과 가격 변동 가능성을 검토한다.

3) 국민 경제 기여도 관련 사항

- 수출 또는 수입 대체 가능성이 높아야 좋은 평가를 받는다.
- 외화 가득률과 고용 창출 가능성이 클수록 우대한다.
- 실업 해소 효과, 국산 자재 비율이 높을수록 우대한다.
- 외화 절약 산업 개발 사업, 에너지 기술 개발 사업 등 지원 대상 업종의 신기술을 개발할 경우 우대한다.

사업계획서의 작성 노하우

이해하기 쉽게 작성한다

사업 목표와 아이템을 보는 평가자에게 쉽게 납득시켜야 하는데, 사업계획에 대한 내용을 보다 명확하게 빨리 이해할 수 있도록 현실적으로 작성해야 한다. 사업 내용이 기업에게는 오랫동안 연구한 결과물이지만, 평가자에게는 아주 비현실적인 계획으로 인식되는 경우가 있을 수 있다. 사업계획서를 검토하는 평가위원은 전문적인 측면에서 기업인만큼의 지식과 경험이 없다는 점을 깊이 인식하고 출발해야 하는 것도 그 때문이다.

평가위원들을 설득하려면

① 목표 사업의 환경에 대한 정확한 분석

② 차별화가 사업의 우수성

③ 최종 달성의 목표 등 명확

다양한 시장 조사를 통해 각종 사업 환경과 조건들을 철저히 준비해야 하는데 지나치게 준비 과정에 매달린 나머지, 목적의식과 목표 달성을 위한 방법론을 등한시하면 선정에서 제외 될 경우가 있다. 사업계획서에 목표 설정은 물론이고 구체적인 경영 전략이 포함되어야 한다.

제품 분석과 기술성 분석에 관하여 기술할 때 가능한 한 전문 용어의 사용을 적게하고 쉬운 용어로 작성하는 것이 좋다. 평가자들이라도 특정 분야에는 비전문가일 수도 있기 때문에, 단순하고도 보편적인 용어와 알기 쉬운 설명으로 구성해야 이해도가 높아진다.

차원 높은 분석 자료를 제시해야 상대방이 강렬한 인상을 받을 수 있다는 착각은 금물이다. 난해하고 복잡한 문서를 싫어하는 것은 어느 누구에게나 보편적인 현상이므로 전문적이고 기술적 것보다는 단순 명쾌한 사진, 그림, 그래프, 통계 자료 등에 더 관심을 갖고 평가한다.

스스로 쉽게 이해하고 쉽게 설명할 수 있어야 쉽게 이해할 수 있다. 널리 알려진 사회적 현실과 소비 현황 등의 예를 들어 기술한다. 목표 제품 자체의 지엽적인 설명에만 매달리지 말고 관련 산업과 동종 업계의 현황을 예시하며 접근하는 것이 필요하다. 공신력 있는 기관의 기술 타당성 검토 보고서, 특허 출원 또는 등록서류 등을 증빙 자료로 첨부하는 것이 보편성을 얻는 지름길이다.

객관적인 자료로 작성한다

가능한 한 객관적인 통계 자료에 기초하여 사업계획서를 작성해야 하는데, 공공 기관이나 전문 기관에서 작성한 증빙 자료를 첨부하고 동종 유사 분야 전문가의 의견 등을 삽입하는 것도 객관성을 획득하는 데 도움이 된다. 성공 예감에 사로잡혀 자신감이 넘치는 사업계획서를 제시할 경우 오히려 부작용을 초래할 수 있다. 실현 가능성이 없다고 판단될 우려를 줄이려면, 통계 자료에 기초하여 매출액과 수익을 예측하는 방법이 객관성을 얻는 지름길이다.

사업계획서 작성 과정에서 직면하는 어려움 중의 하나는 목표 제품과 잠재 시장을 어떻게 예측하느냐 하는 문제다. 시장 예측 자료가 정확하고 객관적이라는 사실을 입증하기 위해 실제 통계 자료와 전문가의 의견을 포함시켜야 하는 이유다.

예컨대 "과거의 경우로 보아 급속한 성장은 물론이고 수익성도 날로 높을 것이다"라고 막연주장한 주장은 설득력이 없다. 널리 입증된 통계 자료와 전문가들의 증언을 제시한 뒤 "한국은행 통계에 따르면 과거 3년간 OO시장이 80% 이상 확대되었다"는 자료를 제시할 때 객관성이 있다.

사업계획서에 사용하는 표현 방법도 객관성을 유지해야 한다. 과장되고 선정적인 표현은 긍정적인 평가보다 저항감을 안겨주므로, 주관적인 시각에서 나열하면 설득력이 없다.

핵심 내용을 부각시킨다

일반 상식을 가진 사람이라면 누구나 작성할 수 있는 평범한 사업계획서는 평가자에게 호감을 얻지 못한다. 또한 많은 내용을 조목조목 열거한 사업계획서도 마찬가지다. 여러 아이템의 우수성을 각각 상세히 서술하고 그 아이템마다 자세한 설명을 추가하면 평가자들의 판단이 흐려진다. 평가자들이 방만한 설명을 읽다가 핵심 내용을 놓칠 가능성이 높기 때문이다.

사업계획서는 나름대로 간단명료하게 구성되어야 한다.

① 가장 먼저 몇 가지 핵심적이고 기본적인 사업 개념을 제시하고

② 세부적인 사항으로 전개하며

③ 최종적으로 정확한 목표치 자료를 명확하게 제시한다.

전략 목표 상품의 특성을 중심으로 설명하되, 부수적인 파생 상품의 내용을 열거하기보다는 주요 목표 상품을 골라 집중적으로 소개한다. 다시 말해 사업의 핵심 내용을 압축시켜야 훌륭한 사업계획서로 인정받게 되는데, 특히 동종 유사 업계의 제품에 비하여 차별성이 뚜렷하게 부각되도록 개성 넘치게 요약하여 작성하는 것도 바람직한 방법이다.

실현 가능성하게 작성한다

사업 계획이 합리적이고 객관적이어야 실현 가능성을 인정받을 수 있다. 사업계획서를 검토하는 평가자들은 기업자보다 객관적으로 판단하기 때문이다. 따라서 사업계획서를 작성하기 전에 체계적인 분석과 검토를 거친 뒤 계획서를 작성한다.

시장 규모가 크고 시장 점유율이 높다 하더라도 이에 어울리는 수익성을 확보하지 못하면 안되므로 목표 시장에 접근하기 위해 필요한 자금의 소요와 조달 방법에 대한 철저한 계획이 없을 경우, 매출 신장이 거꾸로 회사의 경영난을 초래할 가능성이 높다. 따라서 면밀한 자금 계획의 검토가 필요한데, 향후 현금 흐름에 대한 합리적인 계획을 세울 내부 능력이 없다면 외부 전문가의 도움을 받는 것도 좋다.

문제점을 심층 분석한다

장점과 강점만을 강조하지 말고, 추진 중인 목표 사업에 잠재되어 있는 문제점과 향후 우려되는 위험 요소를 심층 분석한 뒤 그 해결책을 제시해야 한다. 사전에 문제점을 드러내지 않는 사업계획은 신뢰성이 부족할 수 있다. 문제점과 보완 대책을 미리 제시하는 방법은 신뢰감을 평가자에게 전달

할 수 있기 때문이다.

프레전테이션을 잘 준비한다

사업계획서가 1차 서류심사에서 통과한 후, 2차 평가에서는 정확하게 기업 정보와 구체적인 사업 내용을 평가한다. 그래서 사업계획서를 대면평가로 발표할 적에는 파워포인트로 작성하여 프리젠테이션을 한다. 일반적으로 20분 분량으로 사업계획서를 요약하고 프리젠터이션을 마련한다.

동일한 내용의 사업계획서일지라도 어떻게 프레전테이션을 하느냐에 따라 그 결과가 현격히 달라질 수 있다. 사업계획서에는 도표와 그래프 등을 효과적으로 작성해야 한다.

우수한 인력을 표시한다

경영진과 인력은 사업 추진의 핵심 요소이므로, 연구원을 포함한 기업의 경영진과 간부들은 기업의 현실을 나타낼 뿐만 아니라 미래를 예측하는 거울이므로 잘 표현한다. 평가자들은 경영진의 자질이나 도덕성을 확인하므로 임금 채불이나 신용불량 등의 사항을 사전에 잘 준비를 해서 문제점이 없도록 한다.

사업계획서에 주요 경영진의 자세한 경력 사항, R&D 연구소의 연구원, 사업과 관련된 노하우를 일목요연하게 기술하며, 필요한 기본적인 성실성의 소유자임을 나타낸다.

평가자는 사업계획서를 통해 경영진의 프로필과 능력을 확인하므로 대표자와 연구소의 인원들의 구성 내역을 간략하게 정리하여 제시한다.

경쟁력을 강조한다

자사의 제품이 동종 유사 업계의 경쟁 제품 · 대체 제품과 비교할 때 어떻게 우위를 점유하고 있으며, 경쟁력을 지속적으로 유지할 수 있는 방법이 무엇인지 설명해야 한다. 평가자는 단일제품과 제품을 구성하는 핵심적인 요소 기술과 파생 상품에 집중하여 분석해 본다. 요소 기술과 파생 상품의 확보는 향후 관련성이 있는 제품군을 형성하고 시장을 다변화하는 데 필수적이기 때문이다.

급격한 시장 확대와 지속적인 매출 증대만이 이상적인 시장을 형성한다고 말할 수 있을 것이다. 직접적인 경쟁이 현실적으로 존재하고 있다면, 그 시장의 규모는 최소한 두세 개의 주요 기업이 안정적인 사업을 추진할 수 있어야 한다.

사업계획서에는

① 성장 시장 진입을 위한 핵심 전략

② 시장 장악을 위한 유통 채널의 확보

③ 시장 환경 변화에 영향을 줄 수 있는 정부 정책의 변화

④ 고객들의 소비 패턴 변화 등 외부 환경에 대한 충분한 검토와 설명이 필요. 주관적이고 애매모호한 수치가 아닌, 외부 기관의 객관적 통계자료를 토대로 목표 시장을 파악하여 작성

⑤ 동종 업계의 시장 규모

⑥ 동종 유사 시장의 세분화 분석

⑦ 시장 내의 경쟁력 분석 등은 평가자가 사업계획서를 심사 평가할 때 요구하는 것이므로 관련 자료와 근거를 제시

사업계획서의 작성 전략

사업계획서를 작성하기 전에 기본 계획과 추진 방향, 작성 순서를 정해 두어야 한다. 사전에 준비할 사항과 기본 순서를 면밀히 검토한 뒤 확정해 두면 내용도 그만큼 충실해진다.

제1단계, 기본 방향 설정

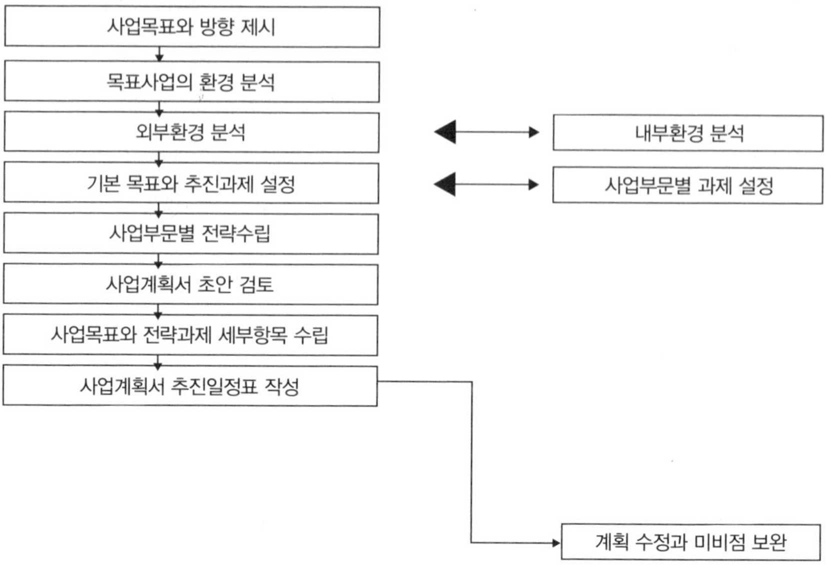

그림 10.1 사업계획서 기본 방향

앞에서 언급한 대로

① 사업 타당성 여부를 검증하기 위해 작성

② 창업 계획을 구체화하기 위한 수단으로서 작성

③ 자기 자본과 운전 자금을 조달하기 위해 작성

④ 인 · 허가를 받기 위해 작성

네 가지 측면에서 작성 목적을 구분한다. 작성 목적이 확정되었을 때 기본 목표와 방향을 설정한다.

제2단계, 요구 양식의 확인

작성 목적과 요청하는 상대방에 따라 서류 작성 지침이나 작성 요령이 각각 다를 수 있고, 소정 양식을 제시하는 곳도 적지 않다, 특히 자금 조달을 위해 작성할 경우 사업계획서를 요청하는 정부의 부서에 따라 다소 차이가 있기 때문에, 소정 양식을 미리 입수하여 면밀히 검토한 후 작성 요령과 고득점 비법 등을 터득하는 것도 중요하다.

제3단계, 작성 계획 수립

좋은 사업계획서를 작성하는 것은 쉬운 일이 아니다. 사업계획서는 일정한 기간 안에 신속히 작성해야 하는 경우가 대부분이다. 특히 자금을 조달하거나 인·허가 등에 필요한 계획서는 가능한 한 빠른 시일 내에 완성해야 할 때가 더 많다.

사업계획서는 연구부서나 또는 회사의 기획 부서원 등이 작성하는데, 기업 내에서 감당하기 어려우면 전문 기관에 의뢰하여 도움을 받을 수도 있다.

〈표 10.1〉 사업계획서 작성 일정표

부문	담당 책임자	업무내용	세부추진 일정	비고
기획		1. 양식 확정, 작성 요령 배포 2. 부문별 기획 자료 수집 3. 기업체 현황 4. 부문별 예산 확정 5. 부문별 합의 조정 6. 편집과 예비 평가		
관리		1. 조직과 인력 계획, 교육 훈련 계획 2. 설비 현황, 시설 투자 계획 3. 판매비와 관리비 계획		
경리		1. 추정 재무제표 2. 자금 계획		
영업		1. 시장 조사 2. 판매 계획		
기술		1. 제품 분석, 기술성 분석 2. 기술 개발 계획		
생산		1. 생산 능력 2. 생산 계획		
자재		1. 원·부자재 조달 계획		

제4단계, 철저한 자료 준비

사업계획서 작성에 필요한 자료와 첨부 서류를 사전에 철저히 준비해야 한다.

앞에서 언급한 바와 같이 자료를 준비하기 전에

① 기본 방향을 설정하고

② 소정 양식과 작성 요령, 고득점 획득 비법 등을 확인하고

③ 작성 계획을 수립하는 등 반드시 3단계의 예비 절차를 거친다. 이렇게 하면 자료 수집에 들어가거나 작성 일정을 재조정하는 등 시간과 인력을 줄일 수 있다.

제5단계, 양식 확정

사업계획서의 구성은 가장 중요한 근본을 만드는 작업 중의 하나이다. 특히 구성 양식은 자료를 일목요연하게 편집할 수 있는 출발점이다. 정부기관이 제시하는 소정 양식이 있다면 특별히 고민할 필요는 없으나, 특정 양식이 없을 경우 사업 특성을 감안하여 목표 사업에 어울리는 양식을 미리 확정해야 한다.

구성 양식은 한눈에 볼 수 있도록 복잡하지 않게 만드는 것이 최선이다. 지나치게 기교를 내세워 멋을 부리면 품위를 잃을 수도 있으므로, 장황하게 글로 설명하기보다는 도표와 그래프를 적절히 배치한다.

제6단계, 작성 전략

어떤 문서를 작성하든 큰 제목과 작은 제목을 구분할 수 있도록 크기를 조정하거나 분류 번호를 사용한다. 제목을 읽고 내용을 충분히 알 수 있을 경우, 본문에서는 설명을 과감히 생략해도 좋다.

① 인력계획

② 기술개발 투자계획

③ 생산능력과 생산실적

④ 시설투자계획

⑤ 판매계획

⑥ 재무계획 등을 제시한다

긴 문장과 난해한 표현을 지양하고 가능한 한 짧은 문장을 사용해야 한다. 여러 명이 작성한 계획서는 일관성을 잃을 우려가 있으므로, 최종에는 한 사람이 일관된 구성으로 다듬어야 한다. 하나의 스타일로 작성되어야 할 뿐만 아니라 일정하고 전문적이어야 한다. 최종 사업계획서 문안을 문장력 있고 〈한글맞춤법〉과 〈띄어쓰기〉에 능통한 전문가가 간단명료하게 매만져야 하는 것도 그 때문이다.

7단계, 체계적인 편집

다양한 크기나 형태의 제목을 사용할지라도 내용과 구조에 일관성이 있어야 한다. 효과적이고 독창적인 그래픽은 사업계획서를 이해하기 좋게 만든다. 내용이 알찬 사업계획서를 일목요연하고 아름답게 표현하려면 편집에도 신경을 써야 한다.

내용이 논리적이며, 충분히 잘 구성된 충실한 사업 계획서로 정성을 들일 필요가 있다. 한눈에 보기 좋게 편집한 계획서는 상대방에게 설명하거나 보충 답변을 할 때 상당한 도움이 된다.

제8단계, 제출 전 평가

훌륭한 사업계획서는 많은 수정 작업을 통해서만 가능하다. 유명한 작가들이 자신의 작품을 발표하기까지 수십 차례의 교정과 교열 등 퇴고 작업을 거친다. "교정"이란 띄어쓰기 요령과 한글맞춤법을 준수하여 다듬는 것이고, "교열"이란 문장을 다듬는 것으로 이해하면 된다. 이렇게 사업계획서도 수정 작업을 거칠 때 정부의 R&D 자금을 받을 수 있는 조건을 갖출 수 있다. 초기의 사업계획서가 많은 수정 보완 작업을 거치지 않고 그대로 제출된다면 문제가 생긴다. 사업계획서를 만들어 정부기관에게 제출할 때도 결코 예외가 될 수 없다.

사업계획서의 제출 이전에 객관적 평가를 내릴 수 있는 사람들과 전문가의 의견을 참조하는 것도 바람직한 방법이다.

① 목적에 따른 기본 방향 설정

② 정책자금 신청 등을 위한 소정 양식 확인

③ 계획서의 체계와 목차 확정

④ 필요한 정보와 자료 수집

⑤ 계획서의 서식 확정

⑥ 부문별 작성 일정과 합의를 위한 회의

⑦ 세부 내용과 일정과 합의를 위한 회의

⑧ 1차 편집된 계획서의 객관적 평가와 의견 수집

⑨ 합의 조정, 수정, 편집, 인쇄(프린트)

사업 타당성 전략

사업 타당성 검토의 의의

목표 사업 시행 전에 성공 가능성을 확인하기 위해

① 경영자의 사업 추진 능력

② 기술성

③ 시장성

④ 경제성

⑤ 위험 요인 등을 분석하고 평가하는 총체적인 사업 타당성 검토가 필요하다.

다시 말해 R&D 융합 자금의 지원을 평가하는 기관과 평가자는

① 사업 주체의 사업 추진 능력

② 제품의 생산 판매에 따르는 각종 기술적인 문제

③ 시장 조사와 수요 예측

④ 손익 추정과 경제성 등에 관한 정보가 합리적이며 실현가능한 계획인

지를 확인하는 것이 절대적이다.

사업 타당성 검토의 핵심

1) 환경에 대한 적응력

지구촌의 모든 생물들처럼 변화하는 환경에 제대로 적응하지 못하면 기업의 존속 유지는 불가능하다. 그런 점에서 기존 제품의 생산을 늘리고 시장을 확장하는 일도 주요하지만, 소비자의 변화 욕구에 대응할 수 있는 신제품을 개발해야 한다. 급변하는 경영 환경을 극복하기 위해서는 새로운 시장을 끊임없이 개척해야 하고 사업 분야를 날로 다각화해야 한다. 그러나 개척과 도전이 반드시 기업에게 유리한 결과로 열매가 맺어지는 것이 아니어서 사전에 면밀한 분석과 검토가 필요하다.

2) 사업의 성공

새롭게 창업하거나 기존 사업가가 새로운 분야에 신규 투자할 경우에는 자본이 필요하다. 이러한 자본은 그에 상응하는 경제적 보상이 전제될 때 정당성을 인정받는다. 잘못된 사업계획서로 R&D 자금을 받는다면 기업체 입장에서나 국가적으로 손실이다.

따라서 창업이나 신규 투자에 성공 가능성에 대한 다각적인 검토와 분석이 필요하다. 분석 결과를 토대로 자본 회수 가능성이 낮은 투자를 회피함으로써 성공 가능성을 높일 수 있기 때문이다.

3) 위험에 대비

사업성 검토를 통해 얻은 정보는 사업 추진 주체의 약점을 보완하고 미래의 위험 상황에 대비하도록 한다. 그 정보를 토대로 검토 분석한 결과 위험이 상존하고 있음이 인정될 경우 사업계획서를 수정해야 한다. 수익성은 어느 정도 인정되나 기술력, 생산 능력, 판매 시장 확보, 자본조달 등의 조건이 경쟁 기업에 비해 취약하다는 분석 정보를 입수했다면 어떻게 보완해야 할 것인지 대책도 마련해야 한다.

사업 아이템의 선정

후보 아이템을 비교 분석하여 아이템의 우선순위를 결정한다. 이때 후보 아이템 상호간의 상대 평가와 후보 아이템에 대한 최고경영자의 적응도 분석을 통해 최적의 아이템을 선택한다. 이처럼 정밀한 사업 타당성 분석을 하기 전의 단계를 예비 사업성 분석이라고 말할 수 있다,

모든 후보 아이템에 관하여 각각 예비 사업성 분석이나 세부 분석을 하는 일은 시간과 비용이 소요된다. 따라서 성공 가능성이 희박한 사업 아이템은 예비선별을 통해 과감히 정리한 뒤, 나머지 사업 아이디어를 비교 평가함으로써 사업 아이템 선정의 우선 순위를 결정한다. 후보 사업 아이템을 상대적으로 평가할 경우 검토 항목으로

① 상품성 평가

② 시장성 평가

③ 수익성 평가

④ 안정성 평가 등을 감안할 수 있다

사업과제명의 전략

1) R&D 과제명 작성 가이드라인

① 과제명은 과제 핵심내용이 명확하고, 쉽고, 간결하며, 과학적 · 기술적으로 표현 가능한 쉬운 용어로 사용하며, 정보공개에도 적합해야 함.

② R&D 과제명은 5개 R&D 속성이 포함되는 것을 원칙으로 하여 작성하되, R&D 목표 · 기술수준, 적용대상은 과제명에 반드시 포함되어야 함.

* 5개 R&D 속성 : R&D 목적, 적용대상, R&D 목표, R&D 목표(기술)수준, R&D 단계

※ 특별한 이유가 있지 않는 한, 5개 R&D 속성 중 R&D 목표(기술)수준은 수치적으로 명확하게 제시하여야 함.

③ 과제명 및 부과제명 작성시, 의도적 모호성은 배제되어야 함.

* 의도적 모호성 : ① 연구비를 쉽게 확보하기 위해 연구범위를 포괄적으로 제시한다든지, ② 과제명에 기술수준이나 목표가 분명하게 드러나면, 연구자간 비교가 쉬워지게 되므로 명확한 기준과 목표 제시를 하지 않는다든지 등.

④ R&D 결과물과 기술적 · 직접적으로 연관성이 적은 용어와 화려한 미사여구(rhetoric) 등은 사용을 삼가*하되, 구체적인 규격이나, 범위 등을 함께 활용 · 작성하는 경우에는, 사용이 가능함.

* 고부가가치, 차세대, 첨단, 녹색, 그린 등.

** 초고속 열차(×)→ 400km/hr 초고속 열차, 저전력(×) → 시간당 10W 전력을 소비하는 등.

⑤ 주제어 중심으로 60자, 20단어 이내로 작성.

2) 과제명 작성 시 지양해야 할 표현과 올바른 표현방법

지양해야 할 표현 ➔ 올바른 표현방법	
①	**미사여구 및 Fancy한 용어는 생략하거나 구체적인 표현(내용)으로 대체**
	• 차세대 ➔ 5세대/ 6세대, 7,000cc급, 전기자동차 등
	• 초경량 ➔ 0.001g의 초경량
	• 고강도 ➔ 인장강도 60,000kpa 등
	• 고부가가치 ➔ 12만 GT급 컨테이너선, 5천 명이 탑승 가능한 크루즈선
	• 저진동 · 저소음 ➔ 1.5mm 진동, 45dB 소음
	• 친환경 ➔ Cr^{6+}이 없는, Cd이 없는(oo유해물질이 제거된/포함되지 않은 등)
	• 저탄소 ➔ CO_2 발생이 20% 감소
	• 신공정 ➔ 기존공정 대비 20% 이상 생산성이 증가된
	• 녹색산업 ➔ 신재생에너지(풍력 등) 산업
	• 정밀화학소재 ➔ (플라스틱) 폴리아세탈수지소재, 폴리실리콘 등(완제품) 도료(방화도료, 선저도료 등) 계면활성제(음이온, 양이온, 중성 등) 등
	• 녹색성장 ➔ 사용 삼가
	• 미래형 ➔ 사용 삼가
	• 감성형 ➔ 사용 삼가
	• 첨단 ➔ 사용 삼가
	• 녹색(그린) ➔ 사용 삼가

지양해야 할 표현 ➔ 올바른 표현방법	
②	정량적 표현으로 대체
	• 고효율 ➔ (자동차 분야) 30km/l (에너지 분야) 300cal/g (에너지관리분야) 에너지 1등급, 에너지 효율 30% 이상 향상 등
	• 고성능 ➔ 150W at 1,800RPM/220V
	• 나노급 ➔ 1.5 나노급, 20 나노
	• 대용량 ➔ 200G 용량
	• 저전압 · 장수명 ➔ 20V, 10,000시간
	• 초미세 ➔ 30 나노미터
	• 초정밀 ➔ 10~5mm 오차 발생
	• 고출력 ➔ 최대출력 1,000마력 엔진
	• 초대형 ➔ 15,000TEU, 10,000명이 탑승 가능한 크루즈선
	• 중온, 고온 ➔ 100℃, 500℃ 등
	• 저가격 ➔ 1,000원/kg
	• 초고속 ➔ 60G bps
	• 초저전력 ➔ 0.1W at 220V, 1hr

3) R&D 과제명 작성 시 올바른 표현방법

①	보완 과제명	**차세대** 차량용 **경량** Al 샤시 개발
		⬇ (차세대 → 생략) (차량용 → 승용차용으로 대체) (경량 → 기존 steel 대비 내구성이 동등한 (oo)kg으로 대체)
☞	보완 과제명	선진국 연비 규정(14.7km/리터)에 대응한 승용차용 기존 steel 대비 내구성이 동등한 경량(ookg) Al 샤시제품 기술개발

②	보완 과제명	**차세대 고부가가치** 선박의 **기자재 기반**기술 개발
		⬇ (차세대 → 생략) (고부가가치 → 15,000TUE급으로 대체) (선박 → 컨테이너선용으로 대체) (기자재 기반 → 구조 · 추진시스템 설계로 대체)
☞	보완 과제명	기존 컨테이너선 규모 대비 연료소모가 15% 이상 감소한 15,000TUE급 컨테이너선용 구조 · 추진 시스템 설계 및 응용 기술개발

③	기존 과제명	Cr(크롬) 도금 대체 **친환경** 컬러 표면개질 공정기술 개발
		⬇ (친환경 → 생략) (표면개질 → 표면처리로 대체)
☞	보완 과제명	해외 선진국의 크롬규제에 대응한 크롬이 없는 자동차용 oo도금 표면처리 컬러 강판 제조공정 기술개발

④	기존 과제명	**차세대 고부가가치** 선박의 **저진동 · 저소음** 기술개발
		⬇ (차세대 → 생략) (고부가가치 선박 → 크루즈선(5,000명 이상 탑승)으로 대체) (저진동 · 저소음 → 저진동(1.5mm) · 저소음(45dB))
☞	보완 과제명	레저 이용자의 수요에 대응한 5,000명 이상 탑승이 가능한 크루즈선 저진동 (1.5mm) · 저소음(45dB) 원천기술개발

⑤	기존 과제명	저탄소 녹색성장을 위한 중온 아스콘 개발과 온실가스 배출저감 연구
		⬇ (저탄소 녹색성장 → 생략) (중온 아스콘 개발과 온실가스 배출저감 연구 → 120~130℃에서, 생산 · 시공이 가능으로 대체) ※ 상온 : **160~170℃**
☞	보완 과제명	120~130℃ 온도에서 CO_2 등 온실가스 배출량을 20% 이상 줄일 수 있는 생산 · 시공 가능 도로포장 기술개발

⑥	기존 과제명	**바이오** 공정부산물 **고도**이용 **녹색**청정기반 공정기술
		⬇ (고도 → 2세대 바이오 에탄올 생산으로 대체) (녹색 → 생략) (청정기반 → 미생물 발효로 대체)
☞	보완 과제명	셀룰로오스 등 농작물 찌꺼기를 원료로 한 석유대체 미생물 발효 2세대 바이오 에탄올 생산 제조공정 기술개발

R&D 정책 자금의 고득점 취득가능 기업

1) 수출기업(수출신용장 또는 수출계약서 보유기업 포함)

2) 벤처기업육성에 관한 특별조치법에 의한 벤처기업

3) 기술혁신형 중소기업(Inno-Biz 등 100여 종 인증)

4) 여성기업기원에 관한 법률에 의한 여성기업

5) 노동자 인수기업 또는 지방 이전 기업

6) 부품, 소재 생산비중 50% 이상인 기업

7) 에너지절약 관련 시설을 구입하는 기업

8) 모범성실 납세기업 및 납세자의 날 국세청장 이상 수상기업

9) 장애인 기업활동촉진법에 의한 장애인 기업

R&D 정책 자금의 고득점 취득전략

1) 특허, 실용신안, 의장, 프로그램 등 산업/지적재산권

2) 정부지원 출연 기술개발사업 성공 판정

3) ISO, KS, JIS, UL, CE 등 국내외 규격인증 마크

4) NET, NEP, EM, GH 등 기술 인증마크

5) 부품소재전문기업 인증

6) 서비스 품질 인증

7) 납세자의 날 표창장

R&D 정책 자금 사업계획서 작성 시 기본요구 제출서류

1) 사업자등록증 사본

2) 공장등록증 사본

3) 법인등기부 등본

4) 최근 3년간 재무제표

5) 국세완납 증명서

6) 금융거래확인서

7) 사업장 및 대표자 개인주택, 토지, 건물 등기부등본

8) 수출확인서

9) 경영진 이력서 및 주주명부

10) 산업 및 지적재산권, 규격표시 인증서 사본

참고문헌

1. 김우명, 무담보 정책자금 길라잡이, 우용출판사, 2009.11

2. 박영서외 2인, 2010 정부지원금 200%활용하기, 지식공작소, 2010, 2

3. 지식경제 기술혁신사업 계획서, 2013

부록 1

중소기업 융복합기술개발 사업 관리지침

제1장 공통사항

1. 목 적

중소기업 융복합기술개발사업(이하 "기술개발사업"이라 한다.) 관리지침(이하 "지침"이라 한다)은 중소기업기술개발 지원사업 운영요령(이하 "요령" 이라 한다) 제49조에 따라 요령 제3조제1항의 사업을 효율적으로 평가 · 관리하기 위하여 필요한 세부사항을 정함을 목적으로 한다.

2. 적용범위

이 지침은 중소기업 융복합기술개발사업의 전반적인 업무에 대하여 적용한다.

3. 용어의 정의

가. 위원회 관련 용어

1) "심의조정위원회"란 기술개발사업의 운영체계 및 제도개선, 평가위원회 평가결과에 대한 조정 · 확정을 위한 위원회를 말한다.
2) "과제기획위원회"란 연구기획관련, 수요조사결과 등을 검토하여 연구회

및 공고 대상과제를 선정하기 위한 위원회를 말한다.

3) "평가위원회"란 기술개발사업 과제의 도출 및 선정, 진도, 최종 등의 평가, 지역센터 선정, 관리 등의 평가, 협약의 변경 · 해약, 문제과제 등의 안건을 심의하기 위한 위원회를 말한다.

4) "전문위원회"란 문제과제와 기술료, 정산금, 환수금 미납 등의 과제에 대한 환수 · 제재 대상 및 범위 등을 심의하는 위원회를 말한다.

나. 추진체계 관련 용어

1) "관리기관"이란 현장조사, 진도점검 등 기술개발사업의 효율적인 관리 · 운영을 위한 기관을 말한다.

2) "전문기관"이란 중소기업청이 기술개발사업에 대한 기획 · 평가 · 관리 등의 업무를 수행하기 위하여 지정한 기관을 말한다.

3) "보증기관"이란 정부출연금과 연계한 기술개발자금(융자)을 R&D경제성평가를 통해 기술평가보증의 형태로 지원하는 기관을 말한다.

4) "센터전담기관"이란 기술개발사업의 과제 발굴 및 기획, 중소기업 융합사업의 저변확대, 정책개발과 권역별 지역센터 선정 및 관리, 지원 등의 업무를 수행하는 기관을 말한다.(이하 "중앙센터"라 한다.)

5) "중소기업융합지원센터"란 해당 지역에 소재한 중소기업의 융합기술개발 · 사업화 과제 기획 및 상담 등을 지원하기 위해 선정된 기관 또는 단체를 말한다.(이하 "지역센터"라 한다.)

6) "주관기관"이란 기술개발사업 과제의 기술개발을 주관하여 수행하는 기관, 단체 또는 기업을 말한다.

7) "공동개발기관"이란 주관기관과 동등한 권한과 의무를 갖고 주관기관과 공동개발을수행하는 기관, 단체 또는 기업을 말한다.

8) "참여기업"이란 기술개발결과의 활용을 목적으로 기술개발 비용의 일부를 부담하고 과제에 참여하는 중소기업을 말한다.

9) "위탁연구기관"이란 협약에서 정하는 바에 따라 주관기관으로부터 기술

개발사업 과제의 일부를 위탁받아 수행하는 기관을 말한다.

10) "수행기관"이란 기술개발사업 과제에 참여하는 모든 기관, 단체 또는 기업을 말한다.

11) "과제책임자"란 기술개발사업 과제의 기술개발 책임자를 말한다.

12) "공동책임자"란 공동개발기관에 소속되어 과제책임자와 함께 과제의 전반적인 업무를 공동으로 운영하고 책임지는 자를 말한다.

13) "중소기업지원 전담조직"이라 함은 요령 제37조 1항에 따라 중소기업청 소관 기술개발사업의 효율적 관리를 위해 공공연구기관에 설치하는 조직으로, 조직명칭에 반드시 "중소기업"이라는 표현을 포함하여야 하며, 중소기업지원 전담조직의 장 1인이 상근하며, 정규직 정원의 3% 이상이 겸직 등으로 배치된 조직을 의미한다. 단 정규직원이 500명인 연구기관일 경우 15인 이상이 겸직 등으로 배치된 조직을 의미한다.

다. 협약 관련 용어

1) "일괄 협약"이란 총 기술개발기간을 대상으로 한꺼번에 체결하는 협약을 말한다.

2) "총 기술개발기간"이란 최초 기술개발 시작일로부터 기술개발 종료일까지의 기간을 말한다.

3) "연차별 기술개발기간"이란 총 기술개발기간이 1년 초과인 경우 총 기술개발기간과 구분되며 연차별 기술개발 시작일로부터 종료일까지의 기간을 말한다.

4) "협약기간"이란 전문기관과 주관기관(공동개발기관 포함)이 협약에 의해 체결한 기간을 말한다.

5) "보증(융자)연계"란 협약대상과제의 총사업비 중 정부출연금과 연계된 민간현금(융자금)에 대해 기술평가보증을 지원하는 것을 말한다.

라. 평가 관련 용어

1) “신청과제”란 과제선정평가를 받기 위하여 주관기관이 사업계획서를 중소기업기술개발종합과제관리시스템(www.smtech.go.kr, 이하 ‘종합관리시스템’이라 한다.)에 입력하여 신청한 과제를 말한다.
2) “과제선정평가”란 접수된 사업계획서를 대상으로 신규 지원대상 과제를 선정하기 위한 모든 평가를 말한다.
   가) “서면평가”란 접수된 사업계획서를 대상으로 기술 분야별 외부전문가로 평가위원회를 구성하여 서면으로 심사하는 평가를 말한다.
   나) “현장조사”란 사업계획서 및 그 부속서류에 근거하여 기술개발사업 신청자격, 기술개발능력, 사업화능력, 과제중복성, 사업비계상 등의 조사를 말한다.
   다) “R&D경제성평가”란 보증연계를 신청한 기관을 대상으로 보증기관이 신청과제에 대한 사업화타당성 평가와 경제성 분석을 통해, 기술평가보증을 결정하는 절차를 말한다.
   라) “대면평가”란 기술 분야별 외부 전문가로 평가위원회를 구성하여 주관기관의 발표 및 질의응답을 통하여 심사하는 평가를 말한다.
3) “진도점검”이란 협약서에 정해진 진도보고일 기준으로 수행과제의 기술개발 실적, 경과 등 진도보고서의 내용 및 사업비 사용내역 등에 대한 검토 및 확인을 하는 것을 말한다.
4) “특별평가”란 문제과제 등을 대상으로 계속수행 여부를 결정하는 평가를 말한다.
5) “최종점검”이란 개발이 완료된 과제의 기술개발 최종 결과물 확인 및 사업비 사용내역 등에 대한 검토 및 정산하는 것을 말한다.
6) “최종평가”란 완료과제에 대한 과제별 또는 기술분야별 평가위원회 개최를 통해 개발과제의 성공 또는 실패여부 등에 대해 최종적인 평가를 하는 것을 말한다.

7) “추천평가”란 지역센터에서 발굴 · 기획된 과제를 센터연계형과제로 연계하기 위해 제출된 결과보고서를 바탕으로 중앙센터에서 추천대상을 선정하는 평가를 말한다.

8) “신규과제”란 과제선정평가에 의해 신규 지원대상으로 선정된 과제를 말한다.

9) “계속과제”란 진도점검을 통해 계속적으로 개발을 추진할 필요성이 있는 과제를 말한다.

10) “완료과제”란 총 개발기간 또는 기술개발이 종료된 과제를 말한다.

11) “조기완료”란 총 기술개발기간 이전 또는 협약기간 종료 이전에 과제 수행이 종료되는 경우를 말한다.

12) “문제과제”란 중단 또는 실패 과제, 규정 위반 또는 협약 위배, 보증사고 또는 대위변제 발생(보증연계 신청시) 등의 사유에 해당하거나 의심되는 과제를 말한다.

13) “종합평점”이란 선정, 최종평가 등의 평가결과를 계량화한 종합점수를 말한다.

마. 지원유형 관련 용어

1) “산연협력과제”란 기술수요조사, 연구용역, 중앙센터 등을 통해 발굴하여 과제기획위원회에서 기획된 지정공모형 과제로 기업과 공공연구기관이 공동으로 개발하는 과제 등을 말한다.

2) “이전기술과제”란 공공연구기관이 보유한 상용화되지 않은 융 · 복합기술을 중소기업에 이전하여 추가개발하는 과제를 말한다.

3) “센터연계형과제”란 중소기업이 지역센터를 통해 신청 · 기획하고 중앙센터가 추천하여 기술개발사업으로 연계되는 과제를 말한다.

바. 기타 관련 용어

1) “기술료”란 기술개발사업의 최종평가 결과 성공인 과제에 대해, 연구개

발결과물을 실시하는 권리를 획득한 대가로 실시권자가 국가, 전문기관 또는 연구개발결과물을 소유한 기관에 지급하는 금액으로서 현금 또는 유가증권 등을 말한다.

2) "연구노트"란 연구자가 연구의 수행시작에서, 연구 성과물의 보고 및 발표 또는 지식재산화에 이르기까지의 과정 및 결과를 기록한 자료를 말한다.

3) "중소기업 융합과제발굴연구회"(이하 "융합과제발굴연구회"라 한다.)란 협회, 조합 등의 기획역량 강화 및 미래 유망 융·복합기술 발굴을 위한 중간조직을 말한다.

4) "중소기업 융합R&D기획 멘토링그룹"(이하 "멘토링 그룹"이라 한다.)이란 융합기술개발을 추진코자하는 중소기업에게 지역센터가 멘토가 되어 개발전략 관련 사전기획을 추진하는 그룹을 말한다.

5) "온라인 구매지원시스템"이란 연구개발 과제 수행에 소요되는 연구장비 및 재료 등 일체의 구매품목에 대한 전자적 거래를 지원하는 시스템을 말한다.

6) "기술개발비 포인트(이하 "포인트"라 함)"란 정부출연금 및 민간부담현금(이하 "사업비 현금"이라 함)에 상응하는 금액으로 주관기관(공동개발기관 포함)에 지급되는 기술개발비(1원⇒1포인트)를 말한다.

7) "통합수탁은행"이란 기술개발사업의 자금을 관리하는 은행으로 주관기관(공동개발기관)의 계좌 및 연구비 카드발급, 포인트 관리 등을 담당한다.

8) "연구시설·장비"라 함은 연구·개발을 위한 유형의 비소모적 자산으로서 분석, 시험, 계측, 기계가공, 제조, 전처리, 영상, 교정, 데이터 처리, 임상의료 등의 용도로 사용되는 기계장치 및 시설을 말한다.

9) "보증(융자)연계실행"이란 보증기관이 금융기관에 보증서를 발급하고, 수행기관이 보증서에 의한 융자금을 통합수탁계좌에 입금하는 행위를 말한다.

4. 추진체계 및 절차

가. 추진체계

〈기술개발사업 추진체계도〉

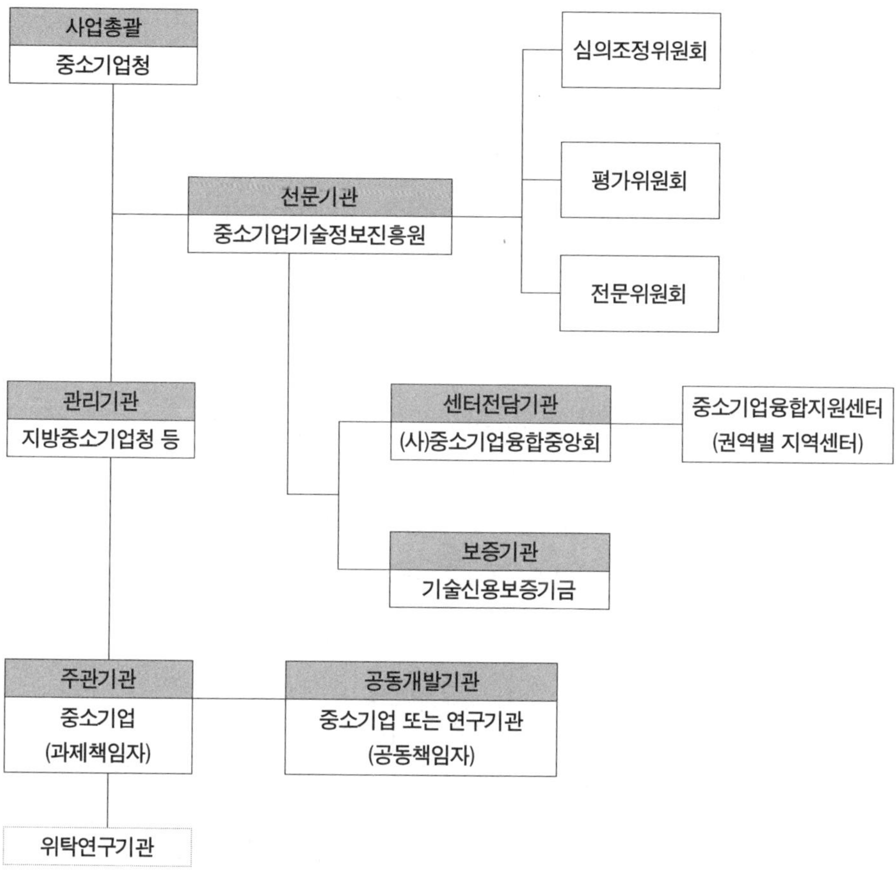

※ 수행기관 : 주관기관, 공동개발기관, 위탁연구기관(필요시)

1) 심의조정위원회

심의조정위원회의 구성 및 기능은 요령 제14조에 따른다.

2) 평가위원단

평가위원단의 구성 · 운영은 요령 제10조에 따른다.

3) 연구장비도입 심사평가단

연구장비도입 심사평가단 구성 · 운영은 요령 제10조에 따른다.

4) 평가위원회

가) 종류 및 심의사항(요령 제11조)

① 과제발굴 및 검증, 공고대상 결정 등 기술개발사업 공고대상 과제 도출을 위한 "과제기획위원회"

② 사업계획 검토 · 확인 및 지원 대상과제 선정을 위한 "평가위원회"

③ 진도점검, 특별평가, 최종평가 대상과제를 평가하는 "평가위원회"

④ 완료과제의 연구결과 활용현황, 파급효과 등을 조사 · 분석하는 "평가위원회"

⑤ 지역센터의 선정, 진도, 결과 및 추천과제 선정 등을 평가하는 "평가위원회"

⑥ 이의신청 및 민원처리 등을 위한 "평가위원회"

⑦ 기타 사업별로 기획 · 평가 · 관리를 위해 중소기업청이 인정한 위원회

나) 구성

① 평가위원회는 다음과 같이 구성함을 원칙으로 한다.

㉮ 평가대상 과제의 기술 분류에 따라 평가위원단의 위원 중 7인 내외로 구성하는 것을 원칙으로 하되 필요시 임시위원을 위촉할 수 있다.

㉯ 위원장은 참석한 평가위원 중에서 호선한다.

㉰ 간사는 전문기관의 연구원으로 하되, 별도로 전문가를 위촉할 수 있다. (단, 지역센터와 관련된 평가위원회는 중앙센터 소속 직원이 간사를 담당한다.)

② 상기 ①의 평가위원 구성시 투자전문가 등 사업성 평가 전문가를 별도로 위촉할 수 있다.

③ 상기 ①의 평가위원 구성 시 다음 각호의 자는 평가위원 위촉에서 제외하는 것을 원칙으로 한다.

㉮ 중소기업청의 공무원 및 전문기관 등에 소속된 자

㉯ 주관기관 및 공동개발기관(위탁연구기관 포함) 등에 소속된 자

㉰ 평가대상과제의 참여연구원인 자

㉱ 불성실·불공정한 평가경력이 있는 자

㉲ 평가위원 자격상실 및 기술개발사업의 참여제한 중인 자

㉳ 그 밖에 평가의 공정성을 해할 염려가 있는 자

④ 평가위원 선정 시에는 기술개발과제의 특성을 고려하여 상기 ③의 평가위원 제외대상을 일부 조정할 수 있으며, 주관기관(공동개발기관 포함)은 평가의 공정성을 위하여 경쟁기관에 소속된 평가위원에 대한 배제를 요청할 수 있다.

다) 평가위원회 개최 시에는 회의내용을 작성·보존하여야 한다.

라) 평가위원은 사업계획서, 최종보고서 등 전문기관 등으로부터 제출받은 평가위원회 관련 문서(전자파일 포함)를 평가가 종료된 후 즉시 반납 및 파기하여 보안을 유지해야 한다.

5) 전문위원회

가) 중소기업청장은 요령 제30조 및 제31조의 제재 및 정부출연금 환수·관리 등에 관한 사항을 심의하기 위하여 전문기관 등에게 전문위원회를 구성·운영토록 할 수 있다.

① 구성 : 평가위원단 위원, 전문기관 담당(사업) 부서장, 회계전문가, 법률전문가 등 7인 내외

② 심의내용

㉮ 문제(중단, 실패 등)과제의 제재 및 환수 관련 사항

㉯ 기술료 미납 또는 기술료 납부 계획서 미제출, 정부출연금 정산 잔액 미납 또는 환수금 미납, 기술개발 종료 후 인지된 사업비 유용

등 평가위원회에서 심의하지 않는 과제의 제재 및 환수 심의

㉰ 정부출연금 환수금 중 현물납부 분의 처리에 관한 사항

㉱ 파산, 경영악화 등의 경우 기술료, 환수금, 정산금의 감면 또는 면제 관련 사항

㉲ 기타 기술개발사업의 관리와 관련하여 전문위원회 심의가 필요하다고 중소기업청이 인정한 사항

③ 개최시기 : 문제과제 발생 후 6개월 이내

나) 전문기관의 장은 관련기관 및 관련자가 요청할 경우 소명기회를 부여할 수 있다.

6) 관리기관

가) 관리기관은 요령 제32조의 기능을 수행한다.

나) 관리기관은 주관기관의 기술개발전담부서가 있는 해당 지방중소기업청과 제주특별자치도가 되는 것을 원칙으로 한다.

다) 중소기업청은 정책목적 달성 및 세부사업별 특성상 필요하다고 인정되는 경우에는 별도의 관리기관을 지정・운영할 수 있다.

7) 전문기관

요령 제33조에 의거하여 기술개발사업의 공정하고 객관적인 평가 및 사후관리 등을 담당하는 전문기관을 중소기업기술정보진흥원으로 한다.

8) 보증기관

가) 중소기업청장은 보증(융자)연계를 효율적으로 추진하기 위하여 보증기관을 지정할 수 있으며, 보증기관은 기술신용보증기금으로 한다.

나) 보증기관은 다음 각호의 기능을 수행한다.

① 사업계획서 내용의 사실여부 등 확인을 위한 현장조사

② 보증연계를 신청한 기관을 대상으로 신청과제에 대한 R&D경제성 평가를 통한 보증 지원여부 결정

③ 과제선정평가를 통해 지원이 확정된 신규과제의 보증(융자)연계

④ 기타 문제과제의 보증(융자)금에 대한 처리 등의 사후관리

9) 센터전담기관(중앙센터)

가) 중소기업청장은 산업융합촉진법 제24조에 의거하여 중소기업 융합 기술 발굴 · 기획 및 저변확대 등 중소기업의 융합 지원을 위한 전담조직인 센터전담기관(중앙센터)을 지정할 수 있으며, 중앙센터는 (사)중소기업융합중앙회로 한다.

나) 중앙센터는 다음 각호의 기능을 수행한다.

① 중소기업 융합 관련 정책연구 및 개발

② 지역센터 선정 · 관리 · 정산 등의 평가

③ 센터연계형 과제 및 산연협력과제 기술제안서(RFP : Request For Proposal) 등 발굴 · 추천

④ 중소기업 융합 R&D 기획 역량제고, 전문가 양성, 정보제공, 교육 등의 인프라 구축 및 운영

10) 중소기업융합지원센터(지역센터)

가) 중소기업청장은 중소기업 융합 과제 발굴 · 기획을 효율적으로 추진하기 위하여 중앙센터로 하여금 지역센터를 지정 · 운영하게 할 수 있다.

나) 지역센터는 다음 각호의 기능을 수행한다.

① 중소기업 융합R&D기획 멘토링그룹 모집 · 구성 · 운영

② 중소기업 융합 과제발굴연구회 선정 · 지원

③ 중소기업을 대상으로한 융합 상담프로그램 운영

④ 기타 융합 교육 등 중소기업 융합 활성화를 위한 사업

다) 지역센터의 자격 및 선정 · 운영 등의 절차는 〈붙임1〉 중소기업융합지원센터 운영방안을 따른다.

11) 주관기관

가) 자격

주관기관은 중소기업기본법 제2조의 규정에 의한 중소기업으로, 한국표준산업분류 중 아래의 제외 업종에 해당하지 않는 기업을 원칙으로 하되, 과제별 자격은 제2장 세부과제별 관리사항을 따른다.

〈기술개발사업 지원제외 업종〉

업종분류	코드번호 (세세분류)	업 종	업종분류	코드번호 (세세분류)	업 종
숙박 및 음식점업	55112	여관업	오락업 및 문화업	91121	골프장운영업
	55113	휴양콘도 운영업		91223	노래연습장운영업
	55119	기타 관광숙박시설 운영업		91291	무도장운영업
	55909	그외 기타 숙박업		91249	기타갬블링 및 베팅업
	56111	한식 음식점업	공공, 수리 및 기타 서비스업	96111	이용업
	56112	중식 음식점업		96112	두발미용업
	56113	일식 음식점업		96113	피부미용업
	56114	서양식 음식점업		96119	기타미용업
	56120	기관구내식당업		96121	욕탕업
	56119	기타 외국식 음식점업		96122	마사지업
	56131	출장 음식 서비스업		96129	기타미용관련서비스업
	56192	피자, 햄버거, 샌드위치 및 유사 음식점업		96912	가정용세탁업
	56193	치킨 전문점		96913	세탁물공급업
	56194	분식 및 김밥 전문점		96921	장례식장 및 장의 관련 서비스업
	56132	이동 음식업		96922	화장, 묘지분양 및 관리업
	56199	그외 기타 음식점업		96991	예식장업
	56211	일반유흥 주점업		96992	점술 및 유사서비스업
	56212	무도유흥 주점업		96993	개인간병인 및 유사서비스업
	56219	기타 주점업		96999	그외 기타 달리 분류되지 않은 개인서비스업
	56191	제과점업			
	56220	비알콜 음료점업			
부동산업 및 임대업	68111	주거용건물임대업			
	68112	비주거용건물임대업			
	68119	기타부동산임대업			
	68121	주거용건물개발 및 공급업			
	68122	비주거용건물개발 및 공급업			
	68129	기타부동산개발 및 공급업			
	68221	부동산 자문 및 중개업			

나) 기능(책임과 의무)

주관기관은 요령 제34조제1항에 따른 책임과 의무를 가진다.

12) 공동개발기관

가) 자격

① 요령 제35조제1항에 따라 주관기관과 공동으로 기술개발을 수행하는 기업, 기관 또는 단체를 말한다.

② 공동개발기관의 기본자격은 아래의 기준을 따르되, 과제별 자격은 제2장 세부과제별 관리사항을 따른다.

㉮ 공동개발기관이 기업인 경우 상기 11) 가)의 주관기관 기준을 따른다.

㉯ 공동개발기관이 기업이 아닌 경우 아래에 해당하는 공공연구기관 및 단체로 기술개발 및 사업관리 역량, 중소기업 지원실적을 보유하고 있는 기관이 됨을 원칙으로 한다.

〈공동개발기관의 범위(중소기업 이외인 경우)〉

▣ 과학기술분야 정부출연연구기관등의설립 · 운영및육성에관한법률에 의한 연구기관
▣ 특정연구기관육성법에 따른 특정연구기관
▣ 산업기술혁신촉진법에 의한 전문생산기술연구소 등의 연구기관
▣ 국가표준기본법 제30조에 따른 시험인증기관
▣ 민법 제32조의 적용 대상이 되는 비영리연구기관 중 시험연구원 등의 연구기관
▣ 공익법인의설립 · 운영에관한법률 제4조에 의한 비영리연구기관
▣ 산업기술연구조합 육성법 제8조에 따른 연구조합
▣ 기타 중소기업청장이 각 사업에서 인정하는 기술 및 품질관련 법인 또는 단체

나) 기능(책임과 의무)

공동개발기관은 주관기관과 별도로 과제에 대한 각각의 고유기술 및 역할을 보유하며, 주관기관과 동등한 책임과 의무를 가진다.

13) 위탁연구기관

가) 자격

요령 제34조제2항에 따라 주관기관으로부터 기술개발사업의 일부를 위탁받아 수행하는 비영리기관을 원칙으로 하며, 필요시 외국의 연구기관 및 기업도 포함할 수 있다.

나) 기능(책임과 의무)

요령 제34조제1항의 주관기관에 준하는 책임과 의무를 가진다.

14) 과제책임자

가) 자격

① 주관기관에 소속되어 기술개발사업을 총괄하여 수행하며 개발경험과 능력을 갖춘 자로 대표자, 이사, 연구소장, 부장급 이상을 원칙으로 하며, 주관기관의 정규 직원으로 근무하는 자이어야 한다.

② 과제책임자는 사망, 이민, 퇴직, 부서이동, 3개월 이상 장기 출장(교육 및 연수 포함) 등의 경우를 제외하고는 변경하지 않는 것을 원칙으로 한다. 이때, 부서이동, 3개월 이상 장기 출장의 경우는 전문기관의 사전 승인을 얻어야 한다.

③ 주관기관 대표자는 과제책임자를 변경하고자 할 경우 전문기관에 변경승인을 요청하여야 하며, 후임 과제책임자는 상기 ①의 자격을 만족하여야 한다. 이때, 참여제한, 의무사항불이행 등 결격사유가 없어야 한다.

④ 중소기업청은 주관기관이 과제책임자 공석 사실이 발생한지 3개월 내에 과제책임자를 선임하지 못할 경우 사업 포기로 보아 중단조치를 취할 수 있다.

나) 기능(권한과 책임)

① 요령 제38조제1항에 따른 권한과 책임을 가진다.

② 과제책임자는 기술개발사업의 진행사항 및 개발내용 등에 대한 연구노트를 성실히 작성하여야 한다.

15) 공동책임자

가) 자격

① 공동개발기관에 소속된 자로 과제책임자와 과제를 공동으로 운영하고 해당 기관의 역할을 총괄한다.

② 공동책임자는 과제책임자와 동등한 자격과 기준을 가진다. 단, 공동개발기관이 기업이 아닌 경우 부서장, 팀장, 선임연구원급 이상을 원칙으로 한다.

나) 기능(권한과 책임)

요령 제38조제1항에 따른 과제책임자에 준하는 권한과 책임을 가진다.

나. 추진절차(공통)

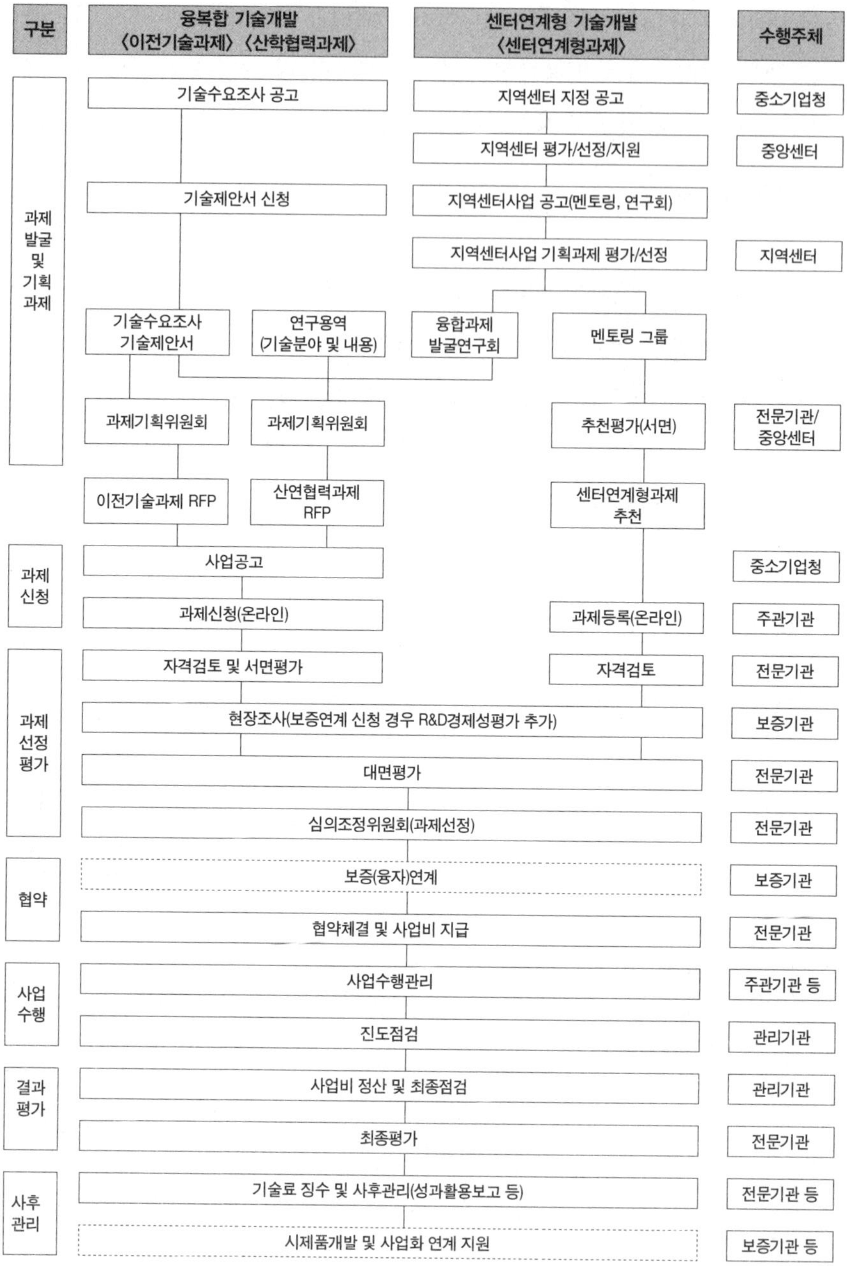

* [점선 박스] 는 보증연계 신청기업만 해당

※ 세부과제별 특성에 따른 추진절차는 제2장 세부과제별 관리사항을 따름

5. 과제발굴(기술수요조사 등)

가. 중소기업청장은 요령 제4조에 의거하여 기술개발사업이 산업환경과 기술변화에 부응하는 공고대상 기술분야(지정공모형)의 발굴을 위하여 기술수요조사, 전문가 활용(연구용역 등), 과제발굴연구회를 전문기관 등으로 하여금 실시하게 할 수 있다.

나. 중소기업청장은 상기 가.의 기술수요조사 등을 실시할 경우 신문 등 대중 매체 또는 전문기관 홈페이지를 통해 공고할 수 있다.

다. 과제발굴의 방법

1) 기술수요조사

가) 중소기업 및 연구기관 등은 공고내용과 부합하고 요령 제4조제3항의 내용을 포함한 복수의 기술제안서를 신청할 수 있다. 단, 복수의 제안을 한 경우 제안한 기술들이 중복으로 판단될 때, 전문기관은 하나의 제안서로 간주한다.

나) 전문기관은 기술수요조사를 통하여 모집된 기술제안서를 기술분야별로 구분하여 과제기획위원회에 상정한다.

2) 전문가 활용(연구용역 등)

전문기관의 장 등은 기술개발사업의 첨단기술분야 발굴 및 선도를 위하여 외부기관 등을 통해 국가주도가 필요한 전략 및 공고대상 기술분야 등을 발굴토록 할 수 있다.

3) 중소기업 융합과제발굴연구회

가) 중앙센터는 지역센터를 통해 융합과제발굴연구회를 운영할 수 있다.

나) 중앙센터의 장은 융합과제발굴연구회를 통해 발굴된 기술제안서를 전문기관의 장에게 보고한다.

다) 전문기관은 상기 2)의 기술제안서를 기술분야별로 구분하여 과제기

획위원회에 상정한다.

라) 융합과제발굴연구회의 운영 등에 대한 세부내용은 〈붙임1〉 중소기업융합지원센터 운영방안을 따른다.

라. 전문기관의 장은 상기 다, 라, 마 등으로 도출된 분야 및 기술제안서에 대하여 과제기획위원회를 개최하여 공고대상 과제의 후보군을 정하며, 기개발 유무 및 중복지원 방지를 위하여 기술제안서(RFP : Request For Proposal)를 인터넷에 공시하여 의견을 수렴할 수 있다. 기술제안서에 대해 수렴된 의견은 전문기관 자체검토 또는 평가위원회에서 검토를 실시하여야 한다.

마. 중소기업청장은 과제기획위원회 및 기술기획위원회 등을 통하여 도출된 기술제안서 및 분야를 공고대상 과제로 정할 수 있다.

바. 중소기업청장은 공고 대상 분야를 정함에 있어서 필요하다고 판단되는 경우에는 관련 전문가 회의를 통하여 기술수요를 발굴할 수 있다.

6. 사업 시행계획의 공고 및 신청 · 접수

가. 공 고

1) 중소기업청장은 신문 등 대중매체 또는 국가연구개발사업 공고전산망, 전문기관 및 종합관리시스템, 중앙센터 및 지역센터 등을 통해 공고한다.

2) 과제별 공고대상

가) '산연협력과제'의 경우에는 상기 5.(기술수요조사 등)에 의해 도출한 기술분야 또는 기술제안서(RFP : Request For Proposal)를 함께 공고한다.

나) '이전기술과제'의 경우에는 기술수요조사를 통해 도출한 공공연구기관의 제안서(기술이전비용 포함)를 함께 공고한다.

다) '센터연계형과제'의 경우에는 특정 기술분야를 제시하지 않으며, 기술개발사업 목적에 맞는 과제를 자유롭게 신청할 수 있다.

라) 중소기업청장은 사업별 또는 기술개발의 시급성 등이 인정되는 분야를 별도로 공고할 수 있다.

3) 공고내용

해당 사업의 공고내용에는 총 지원예산, 신청자격, 지원내용, 지원자격, 평가절차, 평가기준, 기술료징수, 개발기간 등을 포함하여야 한다.

나. 신청·접수

1) '산연협력과제' 및 '이전기술과제' 경우 주관기관은 아래의 절차에 따라 과제를 신청한다.

① 주관기관은 별지 서식에 의한 기술개발 사업계획서를 종합관리시스템에 온라인으로 신청하여야 하며, 중소기업청은 온라인 신청시 주관기관(공동개발기관 포함)에게 신청자격 등을 우선 확인토록 할 수 있다.

② 주관기관은 종합관리시스템으로부터 접수(과제)번호를 부여 받는다.

③ 주관기관은 신청 · 접수시 실질적인 기술개발이 이루어지는 공간이 있는 사업장(연구소, 공장 등)의 주소 등(공동개발기관 현황 포함) 관련 내용을 명기하여야 한다.

④ 전문기관의 장은 접수기간 내에 온라인 접수를 완료하지 못한 경우 신청을 포기한 것으로 처리할 수 있다.

2) '센터연계형과제' 경우 주관기관이 소재하고 있는 해당 지역센터로 신청하되, 신청방법 등 세부사항은 제2장 세부과제별 관리사항를 따른다.

3) 기술개발사업을 신청하는 중소기업은 보증연계 신청여부를 선택하여야 한다. 보증연계를 선택한 경우 중소기업은 기술개발사업 신청 전 보증기관을 방문하여 자율적으로 사전보증상담을 받을 수 있다.

4) 사업계획서 첨부서류 및 근거서류 등은 현장조사시 증빙하여야 한다.

5) 전문기관 등은 과제평가시 필요하다고 인정되는 경우 첨부서류 및 근거서류를 주관기관(공동개발기관 포함)에 요청할 수 있다.

7. 신청자격 등 검토

가. 신청 또는 지원 제외 사항

1) 주관기관 등의 자격 및 개발형태 적합성

이 지침 제2장의 세부과제별 지원목적에 따른 기술개발 형태의 적합성 여부, 주관기관(공동개발기관 포함) 등의 자격 등을 검토하여 해당하지 않는 경우

2) 공고내용과의 적합성

가) 산연협력과제 및 이전기술과제 : 공고된 기술제안서의 목표 및 내용에 적합하지 않는 경우

나) 센터연계형과제 : 기술개발사업의 지원목적에 맞지 않는 경우

3) 기개발/기지원 여부

가) 신청과제가 기개발 또는 기지원된 경우

전문기관은 신청과제의 기개발 또는 기지원 여부를 국가과학기술지식정보서비스(http://rndgate.ntis.go.kr)로 중복성 검토를 실시하고, 중복이 의심되는 과제는 기술개발사업과제 선정평가시 그 여부를 판단하여야 한다. 다만, 기지원된 과제라도 "중단"이나 "실패"로 평가된 과제는 중복성 검토대상에서 제외할 수 있다.

나) 신청과제가 동일기업의 기지원된 과제내용과 유사한 경우

다) 신청기업이 기생산 · 판매중인 제품이거나 동제품의 단순 성능개량 또는 조립인 경우

〈기술개발사업 과제의 중복성 검토기준 · 방법〉

1. 중복성의 판단요소 개발목표, 개발방법 및 개발내용 **2. 중복성의 판단기준** 가. 판단요소가 동일하거나 거의 유사한 경우에는 중복과제로 판단한다. 나. 서로 다른 개발주체간에 개발의 목표 및 내용이 동일하고 개발방법이 유사한 경우와 개발방법이 다르지만 추구하는 목표가 동일한 경우에는 경쟁이나 상호보완의 필요성 등을 고려하여 중복가능 여부를 검토한다. **3. 중복성의 예외** 가. 중소기업청장이 정책적으로 경쟁을 유도하기 위하여 의도적으로 복수의 개발주체를 선정 · 추진하는 과제 나. 신청과제 선정평가 또는 별도의 중복성 심의기구에서 중복성이 없다고 판정한 과제 **4. 중복성 검토방법** 가. 중소기업청장 또는 전문기관의 장은 협약을 맺기 전에 기술개발과제에 대한 중복을 검토하기 위하여 국가과학기술종합정보시스템(www.ntis.go.kr)을 통하여 기술개발과제의 중복성 검토를 실시하여야 한다. 나. 국가과학기술종합정보시스템에서 1차적으로 중복이 의심되는 과제는 기술개발과제 선정평가시 그 중복성 여부를 판단하여야 한다.

4) 의무사항 불이행 여부

주관기관, 공동개발기관, 대표자, 과제책임자 등이 접수마감일 현재 기술료 납부 및 납부계획서 제출, 성과 실적 입력, 정산금 및 환수금 납부 등의 의무사항을 불이행한 경우(과제 선정평가 개시전까지 해소한 경우에는 예외)

5) 참여제한 여부

가) 주관기관, 공동개발기관, 대표자, 과제책임자 등이 접수 마감일 현재 중소기업기술개발사업 또는 국가연구개발사업에 참여제한 중인 경우

나) 최근 1년 이내에 공정거래위원회로부터 공정거래법에 따른 인력부당 유인 · 채용 불공정행위 위반자로 통보받은 경우

6) 채무불이행 및 부실위험 여부

가) 주관기관, 공동개발기관, 대표자 등이 접수마감일 현재 다음 중 하나에 해당하는 경우

※ 이때, 원칙적으로 접수마감일 현재 확정된 전년도 재무제표 및 신용조사 결과를 근거로 판단하되, 전년도 결산이 종료되지 않은 경우 전전년도 재무제표를 근거로 판단

① 기업의 부도, 휴·폐업

② 국세·지방세 체납 및 금융기관 등의 채무불이행이 확인된 경우(다만, 신용회복지원협약에 따라 신용회복지원이 확정된 자 및 채무불이행 금액이 1백만원 이하의 경우에는 현장조사 전까지 증빙서류를 제출하면 예외, 과제선정평가 개시전까지 해소한 경우에는 예외)

③ 부채비율이 1,000%이상인 경우(창업 2년미만인 업체는 예외)

④ 기업이 자본전액잠식 상태에 있는 경우 및 파산·회생절차·개인회생절차의 개시 신청이 이루어진 경우(단, 법원의 인가를 받은 회생계획 또는 변제계획에 따른 채무변제를 정상적으로 이행하고 있는 경우와 창업 2년 미만인 업체는 예외로 한다.)

나) 창업 2년 이상 기업이 현장조사 등에서 재무제표 또는 추정 재무제표를 제출하지 않은 경우

7) 수행과제수 및 과제 참여율

가) 참여연구원으로 동시에 수행할 수 있는 연구개발과제는 최대 5개 이내로 하며, 그 중 과제책임자로서 동시에 수행할 수 있는 연구개발과제는 최대 3개 이내로 한다. 다만, 다음 중 어느 하나에 해당하는 과제는 포함하지 아니한다.

① 사업 신청 마감일로부터 4개월 이내에 종료되는 과제

② 사전조사, 기획·평가연구 또는 시험·검사·분석에 관한 과제

③ 총괄-세부과제 형태의 사업에서 총괄과제(세부과제의 조정 및 관리를 목적으로 하는 과제만 해당)

④ 중소기업과 비영리기관의 공동기술개발 과제로서 국가과학기술위원회가 관계 중앙행정기관의 장과 협의하여 그 금액 등을 별도로 정하는 사업(비영리 법인 소속 연구자의 연구개발과제 수 계산에 대해서만 적용한다)

⑤ 국가과학기술위원회가 관계 중앙행정기관의 장과 협의하여 별도로 정하는 금액 이하의 소규모 연구개발 과제

⑥ 위탁연구개발과제

나) 신청과제뿐만 아니라 기관 고유 사업에 참여하는 비율을 포함하여 과제책임자의 총 과제 수행 참여율이 100%를 초과할 경우 사전 지원제외 대상과제로 처리할 수 있다.

다) 참여연구원의 참여율이 상기 나)에 해당하는 경우에는 해당 연구원을 참여연구원에서 제외할 수 있다. 다만, 정부출연연구기관 및 특정연구기관 등 인건비가 100% 확보되지 않는 기관에 소속된 연구원이 접수마감일 기준 정부출연연구과제 총참여율이 100%에 미달할 경우 신청과제의 참여율을 포함하여 최대 130%까지 계상할 수 있다.

라) 상기 나) 및 다)에도 불구하고 사업 공고시 안내한 접수마감일을 기준으로 잔여기간이 4개월 미만인 과제는 참여율 산정에 포함시키지 않는다.

8) 보증연계 제외 여부(보증연계 신청시)

민간부담금(현금)에 대하여 보증기관의 보증(융자)연계를 선택한 신청과제의 주관기관, 공동개발기관, 대표자(경영실권자 포함) 등이 보증기관의 보증심사일 기준으로 다음 중 하나에 해당하는 경우 보증(융자)연계에서 제외한다.

가) 부도, 휴·폐업, 신용관리정보대상, 파산, 회생절차개시 등의 경우

나) 현재 금융기관 대출금 원금·이자 연체 중 또는 최근 3개월 이내 원금·이자를 10일 이상 계속 연체한 기록을 보유한 경우

다) 최근 1년 이내 자가소유 사업장 또는 대표자소유(배우자소유 포함) 자가주택에 대해 압류, 가압류, 가처분, 경매신청 등 권리침해 중인 경우

라) 국세 또는 지방세를 체납중인 경우

마) 직원 임금, 임차료, 4대 사회보험료 등을 체납하고 있는 경우

바) 기술보증기금, 신용보증기금, 보증재단의 보증사고기업(사고유보기업 포함), 보증채무 이행후 채권 미회수기업(연대보증인 포함)인 경우

사) 보증기관 보증심사기준에 따른 신용도 하락 기업 등 기타 지원 불가 사유에 해당되는 기업인 경우

9) 기타 적용사항

가) 중소기업은 주관기관 또는 공동개발기관으로 당해 연도 기술개발사업의 세부과제별로 1개의 과제만을 신청할 수 있으며, 공공연구기관 경우에는 세부과제별로 다수의 과제를 신청할 수 있다.

사업명	내역사업명	세부과제명
중소기업 융복합기술개발사업	융 · 복합기술개발	산연협력과제
		이전기술과제
	센터연계형기술개발	센터연계형과제

* (신청예시) 한 개의 중소기업이 과제명 “A”와 “B”로 2개 과제를 신청하는 경우

① “A”과제는 산연협력과제, “B”과제는 센터연계형과제인 경우 신청 가능

② “A”과제는 센터연계형과제의 주관기관, “B”과제는 센터연계형과제의 공동개발기관인 경우 신청불가(공동개발기관으로 신청한 경우에도 주관기관과 동일하게 신청한 것으로 간주한다.)

나) 당해 연도 지원과제수의 제한

① 주관기관(공동개발기관 포함)이 기업인 경우 당해 연도에 신청 및 지원이 가능한 과제수는 아래 표와 같다.

현재 수행 중인 계속과제수	신규과제 신청가능 여부	당해 연도 수행가능한 신규과제수
2개	불가	불가
1개	가능	1개
0개	가능	2개

② 다만, 상기 ①에도 불구하고 협약 잔여기간이 접수마감일(센터연계형과제의 경우 추진절차에 따른 과제선정평가에서 최종 지원이 확정된 경우는 과제시작일) 기준 현재 3개월 미만인 경우와 중소기업 R&D기획역량 제고사업과 중소기업 기술개발인력 활용지원사업에 참여하는 경우에는 지원과제수로 계상하지 않는다.

③ 중소기업당 2개 과제 선정이 확정(계속과제 포함)된 이후 다른 신청 과제의 선정평가 절차가 진행 중인 경우, 해당 선정평가 절차를 중지하고 지원대상에서 제외한다. 단, '구매조건부 신제품개발사업' 및 '민관공동투자기술개발사업'에 참여를 희망하는 경우에 한하여 우선 선정된 과제 중 1개를 포기하는 조건으로 상기 사업의 진행이 가능하다.(지원 확정일이 동일한 경우 공고일 기준으로 공고일이 늦은 과제를 제외)

다) 2013년 기술개발사업을 신청하는 기업 중 '08년부터 중소기업기술개발지원사업(중소기업기술촉진법 및 요령에 의해 추진되는 중소기업청 R&D사업을 의미)을 주관기관(공동개발기관 포함)으로 총4회 이상 참여한 기업 경우 7. 다. 우대 및 감점 검토의 기준에 따라 종합평점에 감점을 적용받는다.

라) 2014년 기술개발사업을 신청하는 기업 경우 아래의 기준에 따라 신청을 제한한다.

① '05년부터 중소기업기술개발지원사업에 주관기관, 공동개발기관, 참여기업(산학연협력기술개발사업만 해당)으로 과제를 수행한 중소기업 중 아래의 '선택집중'사업을 총4회 이상 지원받은 경우 기술

개발사업을 신청할 수 없다.

② 상기 ①에도 불구하고 '05년부터 아래의 '저변확대' 사업을 수행하지 않고 '선택집중'사업만을 수행한 경우 기술개발사업을 추가로 1회 더 지원받을 수 있다.

③ '05년부터 2013년 기술개발사업을 포함한 '선택집중'사업을 주관기관으로 수행한 기업은 '저변확대'사업을 신청할 수 없다.

〈중소기업기술개발지원사업 참여횟수 제한〉

1. 2013년 기준

○ 2008년부터 중소기업기술개발지원사업을 총 4회 이상 주관기관(공동개발기관 포함)으로 참여한 기업 경우 재차 신청시 감점제 적용(4회: -1점, 5회 이상:- 2점)

2. 2014년 기준

○ 2005년부터 주관기관, 공동개발기관, 참여기업(산학연사업만 해당)으로 아래의 '저변확대' 사업 총 3회 이상, '선택집중'사업은 총 4회 이상 수행한 경우 사업 신청이 불가하다. (단, '저변확대'사업을 수행한 경험이 없는 기업 경우 '선택집중'사업은 총 5회까지 가능)

○ 2005년부터 '선택집중'사업을 1회 이상 주관기관으로 수행한 경우 '저변확대'사업에 참여할 수 없다.

○ '저변확대'사업 참여가 가능한 기업 경우 제품 · 공정개선기술개발사업은 참여횟수의 제한 없이 참여가 가능하다.

○ '산학연협력기술개발사업' 참여기업은 2013년부터 참여횟수를 계상한다.

〈저변확대 사업〉

제품 · 공정개선*	산학연 (첫걸음, 도약)	창업
참여횟수 : 제한 無	참여횟수 : 총 3회	

〈선택집중 사업〉

기술혁신	융복합	상용화	졸업
참여횟수 : 총 4회			

〈연도별 "저변확대" 및 "선택집중" 사업 현황〉

연도	"저변확대"사업명	"선택집중"사업명
2005	중소기업기술혁신개발사업(일반과제) 중소기업이전기술개발사업(일반과제) 생산현장직무기피요인해소사업(중소기업개발과제)	중소기업기술혁신개발사업(전략과제) 구매조건부신제품개발사업(선도과제) 산학연협력기업부설연구소지원사업(신규설치) 생산현장직무기피요인해소사업(컨소시엄개발과제)
2006	중소기업기술혁신개발사업(일반과제) 중소기업이전기술개발사업(일반과제) 직무기피요인해소사업(중소기업개발 과제)	중소기업기술혁신개발사업(전략과제) 구매조건부신제품개발사업(선도과제) 산학연협력기업부설연구소지원사업(신규설치) 직무기피요인해소사업(컨소시엄개발과제)
2007	중소기업기술혁신개발사업(일반과제) 중소기업서비스연구개발사업(일반과제) 중소기업이전기술개발사업(일반과제) 생산환경혁신개발사업(중소기업기술 개발과제) 생산환경혁신개발사업(보급확산과제) 선도형기술혁신전략과제지원(슈퍼컴퓨터활용과제)	중소기업기술혁신개발사업(전략과제) 구매조건부신제품개발사업(선도과제) 구매조건부신제품개발사업(투자연계과제) 산학연협력기업부설연구소지원사업(신규설치) 생산환경혁신개발사업(컨소시엄기술개발과제) 기업협동형기술개발사업(일반과제) 기업협동형기술개발사업(선도과제) 선도형기술혁신전략과제지원(첨단장비활용과제)
2008	중소기업기술혁신개발사업(일반과제) 중소기업서비스연구개발사업(일반과제) 중소기업이전기술개발사업(일반과제) 생산환경혁신개발사업(일반과제) 생산환경혁신개발사업(보급확산과제) 선도형기술혁신전략과제지원(슈퍼컴퓨터활용과제)	중소기업기술혁신개발사업(전략과제) 중소기업기술혁신개발사업(투자연계과제) 구매조건부신제품개발사업(선도과제) 구매조건부신제품개발사업(투자연계과제) 산학연협력기업부설연구소지원사업(신규설치) 산학연협력기업부설연구소지원사업(업그레이드) 중소기업이전기술개발사업(선도과제) 생산환경혁신개발사업(선도과제) 기업협동형기술개발사업(일반과제) 기업협동형기술개발사업(선도과제) 선도형기술혁신전략과제지원(첨단장비활용과제)

연도	"저변확대"사업명	"선택집중"사업명
2009	중소기업기술혁신개발사업(실용과제) 중소기업서비스연구개발사업(일반과제) 구매조건부신제품개발사업(실용과제) 중소기업이전기술개발사업(실용과제) 생산환경혁신기술개발사업(실용과제) 생산환경혁신개발사업(보급확산과제) 기업협동형기술개발사업(실용과제) 첨단장비황용기술개발사업(슈퍼컴퓨터활용과제) 창업보육기술개발사업(실용과제)	중소기업기술혁신개발사업(선도과제) 중소기업기술혁신개발사업(신기술사업화평가연계) 중소기업기술혁신개발사업(투자연계과제) 구매조건부신제품개발사업(선도과제) 구매조건부신제품개발사업(협력펀드과제) 구매조건부신제품개발사업(투자연계과제) 산학연협력기업부설연구소지원사업(신규설치) 산학연협력기업부설연구소지원사업(업그레이드) 중소기업이전기술개발사업(선도과제) 생산환경혁신개발사업(선도과제) 기업협동형기술개발사업(선도과제) 기업협동형기술개발사업(연계형과제) 첨단장비황용기술개발사업(첨단장비활용과제) 창업보육기술개발사업(선도과제)
2010	중소기업기술혁신개발사업(창업 · 실용과제), 중소기업서비스연구개발사업(서비스유망과제) 중소기업서비스연구개발사업(산업보안과제) 구매조건부신제품개발사업(기업제안과제) 제조현장녹색화기술개발사업(실용과제) 기업협동형기술개발사업(실용과제) 첨단장비황용기술개발사업(슈퍼컴퓨터활용과제) 창업보육기술개발사업(실용과제)	중소기업기술혁신개발사업(미래선도과제) 중소기업기술혁신개발사업(글로벌투자과제) 중소기업기술혁신개발사업(신기술사업화연계) 구매조건부신제품개발사업(수요조사과제) 구매조건부신제품개발사업(협력펀드과제) 산학연협력기업부설연구소지원사업(신규설치) 산학연협력기업부설연구소지원사업(업그레이드) 중소기업이전기술개발사업(지정공모과제) 제조현장녹색화기술개발사업(선도과제) 기업협동형기술개발사업(선도과제) 기업협동형기술개발사업(연계형과제) 첨단장비황용기술개발사업(첨단장비활용과제)

연도	"저변확대"사업명	"선택집중"사업명
2011	중소기업서비스연구개발사업(서비스혁신과제) 중소기업서비스연구개발사업(산업보안과제) 구매조건부신제품개발사업(기업제안과제) 해외수요처연계기술개발사업해외수요처 (기업제안과제) 제조현장녹색화기술개발사업(기업제안과제) 융복합기술개발사업(기업제안과제) 연구장비활용기술개발사업(기업제안과제) 창업성장기술개발사업(창업과제) 창업성장기술개발사업(성장과제)	중소기업기술혁신개발사업 (글로벌강소기업육성과제) 중소기업기술혁신개발사업(투자연계과제) 중소기업기술혁신개발사업(미래선도과제) 중소기업기술혁신개발사업 (R&D기획지원연계과제) 중소기업기술혁신개발사업(농공상융합과제) 구매조건부신제품개발사업(수요조사과제) 구매조건부신제품개발사업해외수요처 (글로벌협력과제) 산학연협력기업부설연구소지원사업(신규설치) 산학연협력기업부설연구소지원사업(업그레이드) 제조현장녹색화기술개발사업(산연협력과제) 융복합기술개발사업(산연협력과제) 융복합기술개발사업(연계형과제) 연구장비활용기술개발사업(연구기관제안과제) 민관공동투자기술개발사업(수요조사과제)
2012	중소기업기술혁신개발사업(서비스연구개발 과제) 구매조건부신제품개발사업(기업제안과제) 해외수요처연계기술개발사업해외수요처 (기업제안과제) 중소기업이전기술개발(기업제안과제) 중소기업이전기술개발(해외기술이전과제) 제조현장녹색화기술개발사업(기업제안과제) 융복합기술개발사업(기업제안과제) 융복합기술개발사업(농공상융합형과제) 연구장비활용기술개발사업(기업제안과제) 창업성장기술개발사업(창업과제) 창업성장기술개발사업(성장과제) 창업성장기술개발사업(재도약과제) 창업성장기술개발사업(건강관리과제) 창업성장기술개발사업(앱과제) 창업성장기술개발사업(1인창조기업과제) 창업성장기술개발사업(투자연계멘토링과제) 창업성장기술개발사업(첫걸음과제)	중소기업기술혁신개발사업 (글로벌강소기업육성과제) 중소기업기술혁신개발사업(투자연계과제) 중소기업기술혁신개발사업(미래선도과제) 중소기업기술혁신개발사업 (R&D기획지원연계과제) 구매조건부신제품개발사업(수요조사과제) 구매조건부신제품개발해외수요처 (글로벌협력과제) 중소기업이전기술개발(산연협력과제) 중소기업이전기술개발(출연연과제) 산학연협력기업부설연구소지원사업(신규설치) 산학연협력기업부설연구소지원사업(업그레이드) 제조현장녹색화기술개발사업(산연협력과제) 제조현장녹색화기술개발사업(출연연과제) 융복합기술개발사업(산연협력과제) 융복합기술개발사업(센터연계형과제) 융복합기술개발사업(사업화연계과제) 융복합기술개발사업(출연연과제) 연구장비활용기술개발사업(연구기관제안과제) 연구장비활용기술개발사업(출연연과제) 민관공동투자기술개발사업(수요조사과제) 민관공동투자기술개발사업(기업제안과제)

연도	"저변확대"사업명	"선택집중"사업명
2013	창업성장기술개발사업(창업기술개발) 창업성장기술개발사업(1인 창조기업 기술개발) 산학연협력기술개발사업(첫걸음기술개발) 산학연협력기술개발사업(도약기술개발) 제품 · 공정개선기술개발사업	중소기업기술혁신개발사업(글로벌전략기술개발) 중소기업기술혁신개발사업(혁신기업기술개발) 중소기업기술혁신개발사업(기업서비스연구개발) 중소기업융복합기술개발사업(산연협력과제) 중소기업융복합기술개발사업(이전기술과제) 중소기업융복합기술개발사업(센터연계형과제) 구매조건부신제품개발사업(수요조사과제) 구매조건부신제품개발사업(기업제안과제) 해외수요처연계기술개발사업(글로벌협력과제) 해외수요처연계기술개발사업(기업제안과제) 민관공동투자기술개발사업(수요조사과제) 민관공동투자기술개발사업(기업제안과제)

마) 경영성과 현장추적조사 결과 3개 과제이상 성과등급이 일정등급 이하일 경우 신청할 수 없다.

바) 전문기관의 장은 기개발 유무 및 중복지원 방지를 위하여 기술개발사업 신청과제의 사업계획서 제목, 개발목표 등을 인터넷에 공시하여 기개발/기지원 등에 대한 의견을 수렴할 수 있으며, 수렴된 의견은 전문기관 자체검토 또는 평가위원회에서 검토를 실시하여야 한다.

사) 수행기관이 기업이 아닌 경우 상기 가)부터 마)까지의 기준을 적용받지 아니한다.

아) 주관기관(공동개발기관 포함)은 기타 상기 외에 공고에 정한 사항을 확인하여야 한다.

나. 검토 결과의 처리

1) 중소기업청장은 상기 가. 1)부터 9)까지의 해당하는 신청자격 등을 검토하여 신청을 제한하거나, 평가 및 지원 대상에서 배제할 수 있다.

2) 신청제한에 해당할 경우 온라인상에서 신청을 차단할 수 있으며, 신청 전에 제한 사유를 해소해야 신청 가능하며, 신청이후 라도 최종협약 이전에

신청제한 사유가 발생 또는 확인되는 경우 평가 · 지원 대상에서 제외할 수 있다.

3) 평가 · 지원제외 사유에 해당하는지 여부는 접수마감일을 기준으로 판단하며, 선정된 이후라도 협약이전에 해당사실이 발생 또는 확인되는 경우에는 선정을 취소할 수 있다.

다. 우대 및 감점 검토

1) 중소기업청장은 접수 마감일 기준으로 주관기관(공동개발기관 포함)이 우대사항에 해당하는지 여부를 확인하여 아래와 같이 우대할 수 있다.

   가) 아래 우대사항에 따라 최대 2점까지 가점을 인정하되, 각호와 관련하여 기술, 경영, 정책 분야별로는 1개씩만 인정

분야	우대사항	가점	적용 과제	확인
① 기술	「중소기업기술혁신 촉진법」 제15조의 규정에 의한 기술혁신형 중소기업(INNO-BIZ)	1점	공통	기술혁신형 중소기업(INNO-BIZ) 인증서
	「벤처기업육성에 관한 특별조치법」 제25조의 규정에 의한 벤처기업		〃	벤처기업 인증서
	「저탄소 녹색성장 기본법」 제32조의 규정에 의한 녹색인증을 획득한 중소기업		〃	관련 인증서
	「뿌리산업 진흥과 첨단화에 관한 법률」 제15조에 의한 '뿌리기술 전문기업'		〃	뿌리기술 전문기업 지정증
② 경영	「중소기업기술혁신 촉진법」 제15조의2의 규정에 의한 경영혁신형 중소기업	1점	〃	경영혁신형 중소기업(MAIN-BIZ) 인증서
	우수 그린비즈 인증기업		〃	우수 그린비즈 인증서
	「중소기업기술혁신 촉진법」 제17조의2에 의한 '품질인증'을 받은 중소기업(싱글 PPM 품질인증기업)		〃	싱글 PPM 품질인증서

분야	우대사항	가점	적용 과제	확인
③ 정책	「중소기업 사업전환 촉진에 관한 특별법」 제8조의 규정에 의한 사업전환계획 승인기업	1점	〃	지방중소기업청에서 확인서 발급
	「중소기업진흥에 관한 법률」 제37조의 규정에 의한 협업사업계획 승인을 받은 주관기업(협업체내 기업을 포함)		〃	중소기업청장이 발행한 중소기업간 협업사업계획 승인서
	「대 · 중소기업 상생협력 촉진에 관한 법률」 제27조에 의한 '수탁 · 위탁거래 우수기업'		〃	우수기업 확인서
	마이스터고등학교 · 특성화고등학교와 산학협약을 체결한 기업		〃	산학협약서
	「지역균형개발 및 지방중소기업 육성에 관한 법률」 제50조제3항의 규정에 의한 '지방중소기업특별지원지역'내에 소재하고 있는 지방중소기업		〃	지자체 및 산단공에서 발급한 산업단지 입주확인서
	「사회적기업 육성법」 제2조에 의한 '사회적기업'		〃	사회적기업 인증서
	직무발명보상 기업		〃	직무발명 보상인증서

* (예시) ① 기술혁신형 기업 및 벤처기업인 경우 1점
② 기술혁신형 기업 및 경영혁신형기업인 경우 2점
③ 기술혁신형 기업 및 경영혁신형기업 및 사업전환승인을 받은 기업인 경우 2점

나) 아래 각호에 해당하는 경우에는 모두 가점 인정

연번	우대사항	가점	적용과제	확인
①	「여성기업지원에 관한 법률」 제2조의 규정에 의한 여성기업	1점	공통	여성이 실질적으로 경영하는 기업으로 「여성기업지원에 관한 법률」 제2조제1호에 해당하는 기업
②	「장애인기업활동 촉진법」 제2조의 규정에 의한 장애인기업	1점	〃	「장애인기업활동 촉진법」 제2조제2호의 각 목을 모두 만족하는 기업
③	경영성과 현장추적조사 결과 3년간 성과등급 평균이 A등급인 경우	3점	〃	전문기관에서 직접 확인 후 점수 부여
④	경영성과 현장추적조사 결과 3년간 성과등급 평균이 B등급인 경우	1점	〃	전문기관에서 직접 확인 후 점수 부여
⑤	농공상 융합형 중소기업	2점	센터연계형과제 (농공상융합 유형)	농림수산식품부 장관 및 중소기업청장이 발행한 농공상 융합형 중소기업 확인서

2) 중소기업청장은 접수 마감일 기준으로 주관기관(공동개발기관 포함)이 아래의 사항에 해당하는지 여부를 확인하여 감점을 부여할 수 있다.

연번	감점 사항	감점	적용과제
①	접수 마감일 기준으로 2년 이내에 중단, 실패로 판정받은 과제의 주관기관 또는 과제책임자가 동일사업에 과제를 신청한 경우	3점	공 통
②	접수 마감일 기준으로 5년 이내에 중소기업 기술개발 지원사업에 5회 이상 주관기관으로 선정되어 수행(협약)한 기관이 재차 중소기업 기술개발 지원사업을 신청한 경우	2점	
③	접수 마감일 기준으로 2년 이내에 과제수행을 포기한 경력이 있는 주관기관 및 과제책임자가 동일사업에 과제를 신청한 경우		
④	(정당한 사유 없이) 경영성과 현장추적조사 불응기업		
⑤	접수 마감일 기준으로 5년 이내에 중소기업 기술개발 지원사업에 4회 주관기관으로 선정되어 수행(협약)한 기관이 재차 중소기업 기술개발 지원사업을 신청한 경우	1점	
⑥	경영성과 현장추적조사 결과 3년간 성과등급 평균이 D등급 이하인 경우		

* 수행기관이 기업이 아닌 경우 감점사항에 대하여 예외로 함

3) 주관기관(공동개발기관 포함)은 가점에 해당하는 사항을 근거서류로 제출하여야 하며, 이를 제출하지 않은 경우 중소기업청은 해당사항이 없는 것으로 판단하여 우대 가점을 부여하지 않는다.

4) 기타 세부과제별 또는 사업 공고시 별도로 정한 사항은 그에 따른다

8. 과제 선정평가

가. 서면평가

1) 전문기관의 장은 이 지침 4. 가. 4) 평가위원회 규정에 따라 기술분야별로 서면평가위원회를 구성 · 운영하되, 필요시 통합 또는 세분하여 운영할 수 있다.

2) 전문기관은 접수된 사업계획서의 충실성, 사업비 구성의 적정성 등을 중심으로 서면평가표에 따라 검토하여야 한다.

3) 서면평가 결과에 따라 다음과 같이 현장조사 추천대상과제를 구분한다.

가) 서면평가 평점은 위원별 점수 중 최고, 최저를 뺀 점수합계의 산술평균점수로 하되, 우대배점을 포함하지 아니한다.

$$\text{서면평가 평점} = \frac{\text{평가점수 합계} - (\text{최고점수} + \text{최저점수})}{\text{평가위원 수} - 2}$$

나) 평가위원 평점이 60점 이상 과제 중 우선순위에 따라 전체 신청과제수의 60%내외에서 현장조사 추천대상으로 할 수 있다.

다) 이 지침 7. 신청자격검토에서 부적격 요건에 해당하는 과제는 현장조사 추천제외로 처리한다.

4) 전문기관은 서면평가 결과를 중소기업청장에게 보고하고, 보증기관 및 주관기관에 통보하여야 한다.

5) 현장조사 추천대상에서 제외된 주관기관은 통보결과에 이의가 있을 경우에 〈붙임3〉의 이의신청 절차 및 처리방법에 따라 전문기관에 이의신

청을 할 수 있다.

6) 전문기관의 장은 과제선정평가 절차의 효율성을 고려하여 서면평가를 생략할 수 있다.

7) 센터연계형과제 경우 서면평가를 중앙센터에서 실시하는 추천평가로 갈음할 수 있으며, 추천평가의 절차는 〈붙임1〉 중소기업융합지원센터 운영방안을 따른다.

8) 서면평가에 참여한 평가위원 등은 평가과정에서 알게 된 일체의 내용에 대해 외부로 공표하거나 타인에게 누설해서는 아니 된다.

나. 현장조사(R&D경제성평가 포함)

1) 현장조사는 현장조사 추천과제(서면평가 통과과제)와 중앙센터의 추천과제를 대상으로 보증기관에서 실시하며, 보증연계를 신청한 과제의 경우 R&D경제성평가를 함께 실시한다.

2) 보증기관은 현장조사(R&D경제성평가 포함)를 주관기관과 공동개발기관 각각에 대해 실시하며, 공동개발기관이 기업이 아닌 경우 주관기관에 대해서만 실시한다. 이 때, 보증기관은 현장조사를 실시한 수행기관별로 현장조사표를 작성하여야 한다.

구분	공동개발기관	현장조사 대상기관
산연협력과제, 이전기술과제	공공연구기관	주관기관
센터연계형과제	중소기업	주관기관, 공동개발기관
	공공연구기관	주관기관

3) 보증기관은 신청자격, 기술개발능력, 사업화능력, 과제중복성, 사업비 계상 등에 관한 심층적 조사를 위해 소속직원 또는 해당분야 기술전문가가 조사대상기관을 대상으로 현장조사(R&D경제성평가 포함)를 실시할 수 있다. 이 때, 조사대상과제와 관련이 있는 수행기관 등에 소속된 자는 현장조사(R&D경제성평가 포함) 위원으로 참여할 수 없다.

4) 과제책임자와 공동책임자는 현장조사(R&D경제성평가 포함)에 반드시

참석함을 원칙으로 한다. 다만, 해외출장 등 불가피한 경우에는 해당기관의 참여연구원이 대리할 수 있다.

5) 보증기관은 현장조사(R&D경제성평가 포함)시 아래의 서류를 확인하여야 한다.
   가) 수행기관 등의 법인등기사항증명서 또는 사업자등록증명원
   나) 수행기관(위탁연구기관)의 참여의사 확인서(해당기업)
   다) 이 지침 7. 다.의 우대배점을 입증하는 서류 등(해당기업)
   라) 수행기관 등의 최근년도 재무제표
   마) 중소기업기본법 시행령 제3조(중소기업의 범위) 해당여부
   바) 보증연계 시 R&D경제성평가(기술평가보증 심사 등)에 필요한 제반 자료
   사) 기타 세부과제별로 확인이 필요한 서류
6) 보증기관은 필요시 과제책임자 및 연구원 등과 온라인, 면담을 통하여 신청받은 사업계획서 및 상기 5)의 서류를 확인할 수 있다.
7) 주관기관은 해당연도 다수의 세부사업에 신청하여 먼저 수행된 현장조사 결과와 변동이 없다고 판단할 경우 현장조사의 생략을 요청할 수 있으며, 보증기관은 해당연도에 기 수행된 현장조사 결과로 대체할 수 있다.
8) 보증기관은 현장조사 및 각 R&D경제성평가 결과(보증연계를 신청한 경우)를 중소기업청장 및 전문기관의 장에게 보고하여야 한다.
9) 현장조사(R&D경제성평가 포함)에 참여한 조사자와 기술전문가 등은 조사(R&D경제성평가 포함)에서 알게 된 일체의 내용에 대해 외부로 공표하거나 타인에게 누설해서는 아니 된다.

다. 대면평가

1) 평가위원회는 기술 분야별로 이 지침 4. 가. 4) 평가위원회 규정에 따라 구성 · 운영하는 것을 원칙으로 하되, 과제별 특성에 따라 통합 또는 세분화 할 수 있다.

2) 전문기관의 장은 현장조사 결과 신청자격 부적합 등의 사유가 발견된 신청과제에 대하여 대편평가 대상에서 제외할 수 있다.

3) 신청과제에 대한 발표는 제출된 사업계획서를 바탕으로 특별한 사유가 없는 한 과제책임자가 함을 원칙으로 한다. 다만, 과제책임자의 출장 등 부득이한 경우에 한하여 대표자 또는 참여연구원이 발표를 대신할 수 있다.(대표자 또는 참여연구원 이외는 발표 불가)

4) 평가위원회는 현장조사결과, 사업계획서 내용, 기관별 역할, 기술융합지수, 과제책임자의 발표내용 등을 종합적으로 검토하여, 대면평가표에 따라 평가하여야 하며, 현금인건비, 기자재 구입 등 사업비의 적정성 등에 대하여 면밀히 검토하여야 한다.

5) 부가세 포함 3천만원이상 연구시설 · 장비의 구입 계획이 있는 경우 아래의 심의 기준에 따라 장비의 중복구축 여부, 구축 목표 및 사양, 향후 활용계획에 대해 그 타당성을 면밀히 검토하여야 한다.

〈고가 연구시설 · 장비 심의 기준〉

심의항목	심의 내용
과제 관련성	• 성공적인 과제수행을 위한 연구시설 · 장비의 필요성 여부
동일기관	• 수행기관 기 보유 연구시설 · 장비로 공정 특성상 불가피하게 추가구매 필요 여부(오염문제, 일괄공정 등) • 동일방식의 측정 장비로 수행기관 내 기 구축장비의 활용 가능 여부 – 장비활용률이 높아 추가 구매의 필요성이 요구되는 경우 타당성 검토 • 공정 특성상 여러 연구시설 · 장비를 순차적으로 사용하는 일괄공정에 필요한 장비 여부 – 일괄공정의 경우 과제특성 및 활용도를 종합적으로 고려하여 판단

6) 평가위원 평점은 위원별 점수 중 최고, 최저를 뺀 점수합계의 산술평균점수로 하되, 우대배점을 포함하지 아니한다.

$$\text{대면평가 평점} = \frac{\text{평가점수 합계} - (\text{최고점수} + \text{최저점수})}{\text{평가위원 수} - 2}$$

7) 전문기관의 장은 이 지침 7. 신청자격 검토 및 대면평가 결과에 따라 대면평가 점수가 60점 이상인 과제를 심의조정위원회에 상정한다.
8) 전문기관의 장은 대면평가 결과 및 우대배점, 감점을 주관기관에 통보하여야 한다.
9) 전문기관의 장은 필요시 심의조정위원회 추천 대상에서 제외된 주관기관으로 하여금 통보결과에 이의가 있을 경우 전문기관에 이의신청토록 할 수 있으며, 이 경우 전문기관의 장은 〈붙임3〉의 이의신청 절차 및 처리방법에 따라 처리한다.
10) 전문기관은 신청과제의 기술분류에 대한 적합성 여부를 검토·확인하고 재분류할 수 있으며, 그 결과를 종합관리시스템에 입력하여야 한다.
11) 대면평가에 참여한 평가위원 등은 평가과정에서 알게 된 일체의 내용에 대해 외부로 공표하거나 타인에게 누설해서는 아니 된다.
12) 전문기관은 대면평가시 주관기관(공동개발기관 포함)이 정당한 이유없이 불참한 경우와 상기 3)의 과제책임자 등이 발표를 하지 않은 경우 해당과제를 심의조정위원회 추천대상에서 제외할 수 있다.

라. 신규과제 선정(심의조정위원회)

1) 전문기관의 장은 요령 제14조에 의거하여 심의조정위원회를 구성·운영한다.
2) 전문기관의 장은 평가결과 및 우대배점과 해당연도 사업규모, 중소기업청의 산업기술정책방향 등을 고려하여 종합평점을 산정 후 우선순위를

결정한다.

종합평점 = 대면평가 평점 + 우대배점 - 감점

3) 산연협력과제 및 이전기술과제의 경우 동일 기술제안서(RFP : Request For Proposal)에 대해 경합인 경우 종합평점이 최고득점인 과제의 선정을 원칙으로 하되, 과제 내용이 다른 경우 예외로 할 수 있다.
4) 전문기관의 장은 종합평점에 따른 우선순위, 지원예산 규모, 주관기관의 과제 수행역량 등을 고려하여 신규과제 및 지원후보과제 등을 심의조정위원회를 거쳐 최종 확정하고, 그 결과를 중소기업청에 보고하고, 관리기관, 보증기관, 중앙센터에 통보하여야 한다.
5) 통보내용에는 개발과제명, 주관기관명, 출연금 규모 등이 포함되어야 한다.
6) 전문기관의 장은 지원후보과제의 경우 필요시 세부사업별 예산범위에서 사업계획서에 대한 보완, 사업비 조정 등의 절차를 거쳐 신규과제로 확정할 수 있다.

마. 선정결과 통보

1) 전문기관은 신규과제 선정결과를 주관기관에 통보하고, 선정된 주관기관에게는 협약과 관련한 안내를 하여야 한다.
2) 주관기관은 전문기관으로부터 통보받은 선정결과를 수행기관(공동개발기관, 위탁연구기관 등)에 통보하여야 한다.
3) 주관기관은 심의조정위원회의 의결에 대해 이의를 제기할 수 없다.

바. 평가결과 공시

전문기관은 신규과제 확정 후 선정과제의 과제번호 및 평가위원회 명단을 종합관리시스템을 통해 공시할 수 있다. 다만, 평가위원을 공개할 경우 「공공기관의개인정보보호에관한법률」에 따라 평가위원의 개인 사생활 침해 등 개인정보가 침해되지 않아야 한다.

9. 사업비 산정기준 및 조정

가. 사업비 산정기준

1) 사업비는 출연금, 수행기관이 부담하는 현금 및 현물을 포함한 금액으로 구성되며, 아래의 기준에 따라 산정한다.

가) 수행기관은 기술개발 수행에 필요한 비용을 각각 산정한다.(공동개발기관은 주관기관과 별도로 사업비를 운영한다.)

나) 주관기관과 공동개발기관의 총사업비 비율은 1:1을 원칙으로 하되, 과제특성 및 기관별 역할분담 내용에 따라 달리할 수 있다. 다만, 주관기관 또는 공동개발기관 중에서 한 기관의 총사업비를 전체 사업비의 30% 이상으로 계상한다.

다) 현물의 경우에는 다음 각호의 범위를 기준으로 산정하되, 현물 인정범위는 수행기관이 보유하고 있는 것을 전제로 사업별 특성에 따라 달리 적용할 수 있다.

① 중소기업 참여연구원이 원소속기관에서 지급받는 인건비

② 수행기관이 보유하고 있는 연구시설 · 장비의 사용료(비영리 연구기관에 한하여 기관에서 공인하는 시험분석결과서를 발행하는 시험분석료는 현금 가능) 등

③ 수행기관이 보유 또는 생산하거나 판매 중인 견품 · 시약 · 재료 · 연구시설 · 장비 등

④ 대학, 국 · 공립 및 연구기관 소속 정규직원의 인건비

2) 중소기업청장은 사업별 특성에 따라 사업비 산정기준을 달리 적용할 수 있다.

나. 비목별 산정기준

1) 직접비

〈인건비〉

가) 인건비는 해당 기술개발과제에 직접 참여하는 내부 · 외부 연구원에게 지급하는 인건비를 말한다.

나) 인건비 기준단가는 수행기관의 급여기준에 따른 실지급액으로 한다. 실지급액은 연봉총액 또는 전년도 연말정산 급여 총액을 기준으로 하며, 1년 미만인 자는 월 평균급여액을 기준으로 한다.

다) 인건비는 기준단가에 참여기간 및 참여율을 적용하여 산정한다. 이 경우 참여율은 100%를 초과할 수 없으며, 다음의 기준을 따른다.

① 국공립연구기관, 정부출연연구기관, 특정연구기관, 전문생산기술연구소 등의 경우에는 기관 고유사업을 포함하여 100%를 초과할 수 없다. 단, 정부출연연구기관 및 특정연구기관 등 인건비가 100% 확보되지 않는 기관에 소속된 연구원이 새로운 연구개발과제에 인건비를 계상할 때에는 이미 수행중인 연구개발과제 참여율을 모두 합산한 결과 130%를 넘지 않는 범위에서 계상한다.

② 과제책임자를 포함한 참여연구원의 참여율은 사업별 특성에 따라 중소기업청이 별도로 인정하는 경우에는 예외로 할 수 있다.

③ 참여과제수는 과제수행에 지장이 없는 범위로 수행기관 내부에서 조정하여야 하며, 참여연구원으로 동시에 수행할 수 있는 과제 수는 최대 5개 이내로 하며, 그 중 과제책임자로서는 최대 3개 이내로 한다. 다만, 다음 중 어느 하나에 해당하는 과제는 포함하지 아니한다.

㉮ 사업 신청 마감일로부터 4개월 이내에 종료되는 과제

㉯ 사전조사, 기획 · 평가연구 또는 시험 · 검사 · 분석에 관한 과제

㉰ 총괄-세부과제 형태의 사업에서 총괄과제(세부과제의 조정 및 관리를 목적으로 하는 과제만 해당)

㉣ 중소기업과 비영리기관의 공동기술개발 과제로서 국가과학기술위원회가 관계 중앙행정기관의 장과 협의하여 그 금액 등을 별도로 정하는 사업(비영리 법인 소속 연구자의 연구개발과제 수 계산에 대해서만 적용한다)

㉤ 국가과학기술위원회가 관계 중앙행정기관의 장과 협의하여 별도로 정하는 금액 이하의 소규모 연구개발 과제

㉥ 위탁연구개발과제

라) 기술개발과제의 인건비 비율은 총 기술개발 사업비의 100%까지 계상할 수 있으며, 평가위원회에서 인정된 경우에 한한다.

마) 주관기관 등 수행기관 대표자의 직계 존비속의 경우 참여연구원으로 등록할 수 없다. 다만, 가업승계 등 불가피한 경우 별지 서식에 따라 신청한 후 평가위원회의 승인을 얻어 등록할 수 있다.

바) 해당연도 인건비의 세부 산정기준은 다음과 같다.

〈기술개발사업 인건비 세부 산정기준〉

<table>
<tr><th>구 분</th><th>산 정 기 준</th></tr>
<tr><td>내부인건비</td><td>
<table>
<tr><th>구 분</th><th>세부 산정기준</th></tr>
<tr><td>연봉제 적용기관</td><td>• 연봉총액/12 × 참여기간 × 참여율</td></tr>
<tr><td>연봉제 비적용기관</td><td>• 전년도 연말정산기준 급여총액/12 × 참여기간 × 참여율</td></tr>
</table>
※ 근무년수가 1년 미만인 자 등 전년도 연말 정산기준 급여총액을 알 수 없는 정규 직원의 인건비는「월 평균급여액 × 참여기간 × 참여율」로 산정하여 적용
※ 4대보험과 퇴직급여충당금의 본인 및 기관 부담금 포함해서 산정 가능
</td></tr>
<tr><td>외부인건비</td><td>
<table>
<tr><th>구 분</th><th>세부 산정기준</th></tr>
<tr><td>외부기관에 소속된 자</td><td>• 원소속기관의 급여기준에 따름</td></tr>
<tr><td>급여총액을 알 수 없는 외부연구원</td><td>• 박사이상 : 3,000천원 × 참여기간 × 참여율
• 박사과정 : 2,500천원 × 참여기간 × 참여율
• 석사과정 : 1,800천원 × 참여기간 × 참여율
• 학사이하 : 1,000천원 × 참여기간 × 참여율</td></tr>
<tr><td>기 타</td><td>• 전년도 연말정산기준 급여총액/12 × 참여기간 × 참여율</td></tr>
</table>
※ 프리랜서의 경우 수행기관과의 과제수행에 따른 계약에 의해 단가를 적용하되, 특별한 사유가 없는 한 수행기관의 급여기준을 상회할 수 없음
※ 4대보험과 퇴직급여충당금의 본인 및 기관 부담금 포함해서 산정 가능
</td></tr>
</table>

사) 수행기관에 소속된 연구원의 인건비(이하 "내부인건비"라 한다.)는 계상은 하되 지급하지 아니한다.(현물계상의 원칙) 다만, 아래의 표에 해당하는 인건비 비중이 높은 과제의 경우에는 기존 인력에 대한 인건비의 현금 계상이 가능하며, 평가위원회에서 인정하는 경우에 한한다.

〈기술개발과제의 대분류가 '지식서비스' 분야인 경우〉

중분류	소분류	중분류	소분류
경영전략/금융/무역서비스	전자금융서비스	디자인서비스	제품 · 환경 · 인테리어디자인 기술
	투자분석/위험관리기법		시각 · 포장디자인 기술
	기술사업화/가치평가기법		디지털 · 멀티미디어디자인 기술
	비즈니스모델링/프로세스관리/시뮬레이션기술		패션 · 텍스타일디자인 기술
	서비스표준화/품질관리		공예디자인 기술
	서비스네트워크/협업지원		기타 디자인서비스 기술
	지식창출/유통/평가기술	인적자원역량개발서비스	지능형 학습지원/관리기술
			감성시스템 및 처리기술
	인사관리/법무/회계서비스		인간-시스템상호작용기술
	전자무역서비스		뇌 인지기반 인간수행능력향상 기술
	기타경영전략/금융/무역서비스 기술		기타인적자원역량개발서비스

중분류	소분류
연구개발/엔지니어링	생산관리/계량분석기법
	생산공정모델링/시뮬레이션
	설계정보통합관리/협업시스템 성능향상기술
	제품품질 관리기술
	시험/검사/분석기법
	지식재산권분석/관리기술
	첨단/친환경소재응용포장(패키징)기술
	사업설비-시설물 조사/설계/예측/평가/관리기술
	기타연구개발/엔지니어링관련 기술

중분류	소분류
유통/물류/마케팅 서비스	지능형기업물류지원기술
	유통물류응용기술
	시장조사/마케팅관리기술
	소비자행동모델링/테스트기법
	지능형 고객관계관리 기술
	기타 유통물류/마케팅 관련 기술
부가가치/사후관리 서비스	재제조서비스/제품 · 서비스 시스템(PSS)
	제품-서비스 유지/운영/사후관리
	문화-의료-환경기반 지식표현/지능형 융합서비스기술
	방송/광고/영화미디어 관련 기술
	기타부가가치/사후관리서비스

〈기술개발과제의 소분류가 S/W 및 설계기술 등에 해당하는 경우〉

대분류	중분류	소분류
기계·소재	정밀생산기계	CAD/CAM 관련 S/W
	에너지/환경기계시스템	에너지/환경기계시스템 관련 S/W
	요소부품	요소부품 관련 S/W
	로봇/자동화기계	로봇 설계기술
		로봇 제어 및 지능화기술
		로봇/자동화기계 관련 S/W
	산업/일반기계	산업/일반기계 S/W
	조선/해양시스템 관련 SW	조선/해양 시스템 관련 S/W
	항공/우주시스템	항공/우주 시스템 관련 S/W
	나노·마이크로 기계시스템	나노·마이크로 기계시스템 관련 S/W
	주조/용접	주조/용접 관련 S/W
	소성가공/분말	소성가공 관련 S/W
	청정생산	환경친화적 제품설계기술
전기전자	반도체소자 및 시스템	설계 Tool
화학	화학공정	공정시스템기술
바이오·의료	바이오공정/기기	바이오엔지니어링기술
	치료기기 및 진단기기	지능형 판독시스템
	의료정보 및 시스템	한의정보 표준시스템
		원격 및 재택 의료기기
		의료정보표준화
		U-EHR(electronic health record)
		병원의료정보 시스템 및 설비
		기타 의료 정보 시스템

대분류	중분류	소분류
정보통신	이동통신	이동통신 서비스
	디지털방송	디지털 방송 서비스
		디지털 방송 콘텐츠
	광대역통합망	서비스 및 제어
	홈네트워크	홈네트워크 응용 및 서비스 기술
	RFID/USN	RFID/USN 서비스
	U-컴퓨팅	U-컴퓨팅 플랫홈 및 응용기술
		서버기술
	소프트웨어	임베디드 SW
		SW 솔루션
		System Integration
		Internet SW
		Internet SW
	디지털 콘텐츠	컴퓨터 그래픽
		가상현실
		콘텐츠 창작 기획
		디지털 콘텐츠 제작 및 유통
		게임 및 u-러닝
	지식정보 보안	정보보안
		물리보안
		융합보안
	ITS/텔레매틱스	ITS 응용서비스
		텔레매틱스 응용서비스
에너지·자원	송·배전 계통	전력계통 감시·운영 기술
		전력계통 계획 기술
		전력시장 운용기술
		수요예측·관리기술
	전력IT	IT기반 고부가 서비스 기술
		지능형 전력망 플랫폼 기술
	원자력	노심해석 기술
		원전 안전평가 기술
		신원전 기술

아) 상기 사) 단서의 기존인력에 대한 인건비를 계상할 경우, 해당인력 1인당 신청 인건비 중에서 현금 산정비율은 50%를 초과할 수 없으며, 기존인력 인건비 총액은 총사업비의 50%를 초과할 수 없다.

자) 주관기관, 공동개발기관이 영리기관인 경우 참여연구원을 신규 채용하는 경우에는 해당 인력 1인당 신청인건비의 100%까지 현금으로 계상할 수 있다. 이때 신규 채용 인력은 동 기술개발과 관련하여 접수마감일로부터 기술개발종료일 이내에 채용된 내국인을 말한다.

차) 정부출연연구기관, 특정연구기관 및 전문생산기술연구소 소속 정규직원과 국가표준기본법 및 민법 또는 다른 법률에 의하여 설립된 산업기술 분야의 비영리 법인의 인건비는 정부지원분 이외의 비율범위 내에서 현금으로 계상한다.

카) 대학, 국 · 공립연구기관 소속 연구원 중 정규직원의 인건비는 현물로 계상하며, 비정규직원은 현금으로 계상할 수 있다.

타) 기술개발사업을 효율적으로 수행하기 위해 중소기업에서 공공연구기관으로 참여연구원을 파견하는 경우 기업은 해당기간 동안 참여연구원의 인건비를 현금으로 계상할 수 있다.(파견기간이 아닌 경우는 현물로 계상)

〈내부인건비 현금계상 기준〉

구 분	계상 비율	인력구분	현금계상 기준
일반 제조업 등	총사업비의 100%이내	기존	계상 불가
		신규	해당인력 인건비의 100%까지
지식 서비스 등		기존	해당인력 인건비의 50%까지 * 다만, 기존인력 인건비 총액(현금+현물)은 총사업비의 50%를 초과할 수 없음
		신규	해당인력 인건비의 100%까지
연구원 파견	총사업비의 50%이내	기존	해당인력 인건비의 100%까지
		신규	해당인력 인건비의 100%까지

〈내부인건비 현금계상 예시〉

<table>
<tr><th>구 분</th><th>총
사업비</th><th>인건비
총액</th><th>인력구분</th><th>인건비 현금</th><th>인건비 현물</th></tr>
<tr><td rowspan="4">일반
제조업
등</td><td rowspan="4">1억원</td><td rowspan="4">1억원
까지</td><td rowspan="2">기존</td><td>계상불가</td><td>계상가능</td></tr>
<tr><td colspan="2">현금계상시 삭감</td></tr>
<tr><td rowspan="2">신규</td><td>계상가능</td><td>계상가능</td></tr>
<tr><td colspan="2">참여율 100%가능, 인건비 현금 전액 계상 가능
* 예) 홍길동이 본 사업 참여율 100%이고 연봉 2천만원 일 경우 : 현금 2천만원까지 가능</td></tr>
<tr><td rowspan="3">지식
서비스
등</td><td rowspan="3">1억원</td><td rowspan="3">1억원
까지</td><td rowspan="2">기존
(5천만원
까지)</td><td>계상가능</td><td>계상가능</td></tr>
<tr><td colspan="2">• 홍길동이 본 사업 참여율 100%이고 연봉 2천만원일 경우
– 현물은 1천만원이상, 현금은 1천만원이하로 책정하여야 하며, 현금이 현물보다 많은 경우 삭감
– 현물 1천만원, 현금 1천만원(O)
– 현물 9백만원, 현금 1천1백만원(X, 현금 2백만원 삭감대상)
–현물 1천1백만원, 현금 9백만원(O)
• 홍길동이 본 사업 참여율이 50%이고 연봉 2천만원일 경우
– 인건비는 1천만원이고(2천*0.5)
– 현물은 5백만원이상, 현금은 5백만원이하로 책정하여야 하며, 현금이 현물보다 많은 경우 삭감</td></tr>
<tr><td>신규</td><td>계상가능</td><td>계상가능</td></tr>
<tr><td rowspan="4">연구원
파견
등</td><td rowspan="4">1억원</td><td rowspan="4">5천만원
까지</td><td rowspan="2">기존</td><td>계상가능</td><td>계상가능</td></tr>
<tr><td colspan="2">• 홍길동이 일반 제조업에 종사하면서 본 사업 참여율 100%, 연봉 2천만원, 파견기간 3개월일 경우
– 파견기간 3개월 동안은 현금으로 500만원 계상
– 나머지 9개월 동안은 현물로 1500만원 계상</td></tr>
<tr><td rowspan="2">신규</td><td>계상가능</td><td>계상가능</td></tr>
<tr><td colspan="2">• 기존인력과 동일</td></tr>
</table>

파) 수행기관에 소속되지 않은 외부연구원의 인건비(이하 "외부인건비" 라 한다.)는 현금으로 계상할 수 있으며, 소속기관의 급여기준에 따라 기술개발기간 동안의 실지급액을 해당과제 참여율에 따라 계상한다. 다만, 평가위원회에서 인정하는 경우에 한하고, 기업, 대학, 국 · 공립연구기관의 정규 직원은 외부인건비로 계상할 수 없다.

〈학생인건비〉

학생인건비는 해당 연구개발과제에 직접 참여하는 학생연구원에게 지급하는 인건비를 말하며, 기업의 경우 계상할 수 없다. 학생인건비의 세부 산정기준은 아래를 따른다.

<table>
<tr><th>세 목</th><th colspan="2">산 정 기 준</th></tr>
<tr><td rowspan="4">학생인건비</td><th>구 분</th><th>세부 산정기준</th></tr>
<tr><td>학생인건비 통합관리 대학</td><td>• 해당 기술개발과제별로 투입되는 인원 총량을 기준으로 계상
• 참여율 100%를 기준으로 국가과학기술위원회가 정한 금액을 해당 과제 참여율에 따라 계상</td></tr>
<tr><td>학생인건비 통합관리 미적용 대학</td><td>• 박사이상 : 3,000천원 × 참여기간 × 참여율
• 박사과정 : 2,500천원 × 참여기간 × 참여율
• 석사과정 : 1,800천원 × 참여기간 × 참여율
• 학사이하 : 1,000천원 × 참여기간 × 참여율</td></tr>
<tr><td colspan="2">※ 학생 연구원의 참여율은 정규수업에 지장이 없는 범위에서 계상</td></tr>
</table>

〈연구장비 · 재료비〉

가) 연구시설 · 장비비

① 해당 기술개발사업에 3개월 이상 사용할 수 있는 기기 · 장비와 부수기자재(해당 연구수행과 관련 없는 개인용 컴퓨터는 제외), 연구시설의 설치 · 구입 · 임차에 관한 경비 및 관련 부대경비로 사용한다. (다만, 연구공간에 대한 것은 제외)

② 기술개발에 필요한 연구시설 · 장비는 수행기관의 기보유 연구시

설 · 장비 및 대학 · 연구기관 또는 지방중소기업청 등의 연구시설 · 장비 등을 우선 활용하는 것을 원칙으로 한다. 이에 따른 수수료 등 관련 부대경비는 현금으로 계상할 수 있다.

③ 외부로부터의 임차 등이 불가능하여 부가세포함 1천만원 이상의 연구시설 · 장비 등을 불가피하게 구입하여야 하는 경우에 별지 서식의 연구시설 · 장비 구입계획서를 작성 제출하여야 한다.

④ 상기 ③의 경우, 연구시설 · 장비비를 계약금, 중도금, 잔금 등으로 구분하여 연차별로 계상할 수 있으며, 연구시설 · 장비 구입시 분할구입이 불가한 경우에는 연차별이 아닌 총 기술개발 기간내 연구시설 · 장비비를 계상할 수 있다.

⑤ 주관기관 등 수행기관이 보유하고 있는 연구시설 · 장비의 사용료는 장부가의 20%이내에서 현물로 계상할 수 있다. 다만, 연구관리 전담부서를 설치한 비영리연구기관인 경우에는 현금 계상이 가능하고 유지보수비 명목으로 (흡수)사용할 수 있다.

⑥ 연구시설 · 장비의 임차비용은 실사용금으로 계상 할 수 있다.

나) 시약 · 재료구입비 및 시험분석료(임상비용 포함), 전산처리 및 관리비

재료비는 현금 계상이 가능하나, 주관기관 등 수행기관에서 보유하고 있거나 생산판매 중인 것은 현물로 산정하되, 수행기관에서 구매한 원가 또는 수행기관이 생산 · 판매가로 책정한 원가로 현물을 산정한다.

다) 시작품 · 시제품 · 시험설비 제작경비

주관기관(공동개발기관 포함)등이 시작품 등을 외주가공 하는 경우에 소요비용을 현금으로 계상할 수 있다. 다만, 주관기관 등에서 직접 제작하는 경우에는 그 소요비용은 재료비, 인건비 등의 비목에 계상하여야 한다.

〈연구활동비〉

가) 연구활동비는 총사업비(위탁연구기관 연구비 포함)의 10% 이내(연도별 수행기관 합산 : 최대 2천만 원 이내)에서 계상함을 원칙으로 하되, 위탁연구개발비는 해당금액의 10% 이내(연도별 최대 2천만원 이내)로 별도 계상할 수 있다.

나) 출장여비

① 연구원의 국내・외 여비는 수행기관 자체기준이 있는 경우 자체기준 단가를 적용하여 산정한다.

② 수행기관 자체기준이 없는 경우 국내・외 여비는 운임, 일비, 숙박비, 식비에 해당하는 실 소요금액으로 산정한다.

다) 수용비 및 수수료

① 과제와 직접 관련 있는 인쇄ㆍ복사ㆍ인화ㆍ슬라이드 제작비, 공공요금ㆍ제세공과금 및 수수료, 사무용품비, 연구환경 유지를 위한 기기ㆍ비품의 구입ㆍ유지비용 등으로 사용한다. 다만, 사무 및 난방용 연료비, 청소비, 차량 보험료, 경상피복비 등은 계상할 수 없다.

② 보증연계를 신청한 경우 R&D경제성 평가수수료 및 보증료를 수행기관(중소기업 경우만 해당)별로 각각 계상할 수 있다.

라) 전문가 활용비 및 기술정보수집비

① 수행과제와 직접 관련 있는 전문가활용, 국내ㆍ외 교육훈련, 기술정보수집비, 도서 등 문헌구입비, 회의비, 세미나 개최비, 학회ㆍ세미나 참가비, 원고료, 통역료, 속기료, 특허정보조사비, 표준정보조사비, 표준화 활동비, 해당과제 수행과 관련된 식대, 디자인 정보조사・개발 및 컨설팅 비용(디자인 연계가 필요한 경우에 한한다) 등으로 해당 기관이 정한 기준 또는 실소요 경비로 사용한다.

② 전문가 활용비는 기술개발을 위해 외부전문가 활용에 소요되는 실제비용을 산정할 수 있다. 다만, 전문가 활용내용을 작성・제출한 경우에 한해 인정되며, 해당기관 소속 전문가를 위한 비용은 계상할

수 없다.

〈연구수당〉(비영리기관만 계상 가능)

과제 수행과 관련된 과제책임자 및 참여연구원의 보상·장려금 지급을 위한 수당으로 비영리기관에 한하여 해당연도 해당 기관 인건비의 20% 이내에서 계상할 수 있다.

〈위탁연구개발비〉

가) 위탁연구개발비는 주관기관이 기술개발비의 일부를 요령 제34조제2항에 따른 〈별표2〉의 외부 연구기관에게 용역을 주어 위탁 수행하는 데 소요되는 경비를 말한다.

나) 위탁연구개발비는 주관기관(공동개발기관 포함)의 직접비(위탁연구개발비 제외)의 40%를 초과할 수 없다.

다) 위탁연구기관은 위탁과제 수행을 위하여 별도의 비용을 부담하지 않으며, 수행기관으로 지급받은 현금으로 직접비, 간접비 비목에 한하여 산정하되, 이 지침 9. 나. 1) 및 2)의 산정기준과 동일한 기준에 따른다.

라) 위탁연구기관 책임자가 대학의 정규직원으로 현물로 책정하여야 될 경우는 참여율만 명기하고 비용은 계상하지 않되, 연구활동비 산정 시 계상된 금액을 활용한다.

마) 대학의 경우 인건비 현금은 전임 학생연구원 및 연구전담인원에 한하여 책정할 수 있으며, 상기 1)의 학생인건비 기준을 따른다.

바) 위탁연구기관 내에 중소기업산학협력센터가 있는 경우 위탁연구개발비 운영관리는 중소기업산학협력센터에서 수행·집행하여야 한다.

2) 간접비

가) 영리기관에 대해서는 간접비 중 연구실안전관리비, 연구보안관리비(보안관제서비스 비용 포함), 연구윤리활동비 및 성과활용지원비만 직접비(미지급 인건비, 연구장비 · 재료비의 현물 및 위탁연구개발비는 제외한다.)의 5% 이내에서 실제 필요한 경비로 계상한다. 다만, 「국가과학기술 경쟁력강화를 위한 이공계지원 특별법」 제18조 및 같은 법 시행령 제17조에 따라 연구개발을 전문으로 하는 연구개발서비스업자로 신고된 기업의 경우에는 그 밖의 용도로도 계상할 수 있다.

나) 간접비 비율이 고시된 비영리법인은 소속분야별 평균 고시율을 넘지 않도록 하며, 직접비(미지급 인건비, 연구장비 · 재료비의 현물 및 위탁연구개발비는 제외한다.)에 고시된 간접비 비율(소속분야의 평균값보다 높은 경우는 소속분야의 평균값)을 곱한 금액 이내에서 계상한다.

다) 간접비 비율이 고시되지 않은 비영리법인은 직접비(미지급 인건비, 연구장비 · 재료비의 현물 및 위탁연구개발비는 제외한다.)의 17% 이내에서 계상한다.

라) 주관기관 또는 공동개발기관 중 기업은 기술개발 핵심자료에 대한 멸실 및 훼손, 기술유출되었을 경우 개발사실 등을 입증할 수 있도록 기술개발 핵심자료 및 최종보고서 등 기술자료임치비를 계상할 수 있다.

마) 비영리기관의 경우 중소기업 지원전담 조직이 별도로 존재 시 기관공통지원 경비 외 과제를 수행하고 있는 조직(본부 및 부서)에서 사용할 수 있는 별도 부서공통지원경비를 계상할 수 있다.(연도별 최대 3백만원 이내)

〈간접비 사용용도〉

1. 인력지원비

① 지원인력 인건비 : 기술개발에 소요되는 지원인력의 인건비

② 행정지원 전담요원 인건비 : 과제책임자의 연구비 정산 등을 직접 지원하기 위한 인력의 인건비(다만, 한 개 또는 다수의 연구실을 묶어 총 연구개발비가 10억원 이상이고, 정산 등 행정업무 부담이 클 경우에만 해당함)

③ 연구개발능률성과급 : 수행기관이 우수한 연구 성과를 낸 연구자 및 우수한 지원인력에게 지급하는 능률성과급

2. 연구지원비

① 기관(부서) 공통지원경비 : 기술개발과제에 소요되는 기관(부서) 공통지원경비

② 사업단 또는 연구단 운영비 : 사업단 또는 연구단 형태로 운영되는 경우, 운영경비 및 비품 구입 경비

③ 연구실 안전관리비 : 기술개발과제 수행과 관련하여 연구실 안전을 위한 안전교육비 등 예방활동과 보험가입 등 연구실 안전환경 조성에 관한 경비 중 「연구실 안전환경 조성에 관한 법률」에 따라 정하는 경비(인건비와 학생인건비 합의 2퍼센트 범위에서 집행, 다만, 독성 및 폭발 위험성 등을 내포하는 특수 고위험 실험분야의 경우에는 인건비와 학생인건비 합의 5퍼센트 범위에서 집행할 수 있다)

④ 연구보안관리비 : 기술개발과제 수행과 관련하여 보안장비 구입, 보안교육 등 연구과제 보안을 위한 필요경비(보안과제서비스 비용 포함)

⑤ 연구윤리활동비: 기술개발과제 수행과 관련하여 연구윤리규정 제정 · 운영, 연구윤리 교육 및 인식 확산 활동 등 연구윤리 확립, 연구부정행위 예방 등과 관련된 경비

⑥ 연구개발준비금 : 정부출연연구기관, 특정연구기관 및 교육과학기술부장관이 별도로 고시하는 비영리 민간 연구기관에 소속된 연구원의 일시적 연구중단(법 제11조의2제1항에 따라 참여제한을 받은 경우 또는 내부 징계로 인한 일시적 연구 중단의 경우는 제외한다), 연구 연가, 박사 후 연수 또는 3개월 이상의 교육훈련(연수 또는 교육훈련 기관에서 비용을 부담하지 않는 경우만 해당한다), 신규채용 직후 처음으로 과제에 참여하기까지의 공백 등으로 인하여 연구개발과제에 참여하지 아니하는 기간 동안의 급여 및 파견 관련 경비

⑦ 대학 연구활동 지원금 : 연구관련 기반시설 및 장비 운영비, 학술정보용 도서 및 전자정보(Web-DB, e-Journal) 구입비, 실험실 운영 지원비, 학술대회 지원비, 논문 게재료 등 대학의 연구활동을 지원하는 경비(직접비에 계상되지 아니하는 경우에만 해당함)

3. 성과활용지원비

① 과학문화활동비 : 기술개발과제의 홍보를 위한 과학홍보물 및 행사 프로그램 등의 제작, 강연, 체험활동, 연구실 개방 및 홍보전문가 양성 등 과학기술문화확산에 관련된 경비

② 지식재산권 출원 · 등록비 :해당 연도에 수행기관에서 수행하는 해당 과제와 직접 관련된 지식재산권의 출원 · 등록에 필요한 모든 비용 또는 기술가치 평가 등 기술이전에 필요한 경비, 연구노트 작성 및 관리에 관한 자체 규정 제정 · 운영, 연구노트 교육 · 인식확산 활동 및 연구노트 활성화 등과 관련된 경비

③ 제품 및 기술인증, 기술자료임치, 기술개발 결산 및 사업화 성과 평가, 회계감사비용 등에 필요한 비용

다. 기술개발사업비의 조정

1) 전문기관은 대면평가시 평가위원회를 통하여 심의조정위원회 추천대상 과제에 대해 전체 사업예산 등을 고려하여 기술개발기간 및 사업비를 조정할 수 있다.
2) 전문기관은 사업비를 신청 사업비 이하로 조정하는 것을 원칙으로 하되, 필요시 평가위원회에 의견에 따라 신청 사업비 이상으로 조정할 수 있다.
3) 전문기관은 평가결과 사업기간이 축소 조정된 경우 신청 사업비를 조정된 사업기간을 고려하여 재조정할 수 있으며, 연차별 조정 사업비는 연차별 신청 사업비를 초과할 수 있다.

라. 정부출연금의 구성 및 지원

1) 기술개발사업비는 정부출연금과 민간부담금으로 구성되며, 정부출연금은 총사업비의 60%이하이고, 민간부담금은 총사업비의 40%이상으로 계상한다.
2) 민간부담금은 현금과 현물로 구성되며, 현금은 총사업비의 20%이상이고, 현물은 총사업비의 20%이하로 계상한다.
3) 보증연계를 신청한 경우 정부출연금은 보증기관의 보증(융자)연계가 실행된 후 지원된다.

마. 민간부담금

1) 민간부담금은 수행기관 등의 현금 및 현물로 구성되며, 주관기관 및 공동개발기관은 일정부분 현금을 의무적으로 부담하여야 한다. 다만, 비영리법인이 공동개발기관으로 참여한 경우 민간현금 부담을 면할 수 있으나, 총사업비의 민간현금 및 부담금의 비율은 반드시 충족하여야 한다.
2) 민간부담금 중 현금은 아래에 따라 부담한다.
   가) 보증연계를 신청한 경우는 보증기관의 보증(융자)금으로 부담한다.
   나) 보증연계를 신청하지 않은 경우에는 수행기업의 자체 예산으로 부

담한다.

3) 민간부담금 중 다음 각호에 해당하는 비용은 현물로 부담하는 것을 원칙으로 한다.(요령 제19조제3항)

가) 중소기업 참여연구원이 원소속기관에서 지급받는 인건비

나) 수행기관이 보유하고 있는 연구시설 · 장비의 사용료(비영리 연구기관에 한하여 기관에서 공인하는 시험분석결과서를 발행하는 시험분석료는 현금 가능) 등

다) 수행기관이 보유 또는 생산하거나 판매 중인 견품 · 시약 · 재료 · 연구시설 · 장비 등

라) 대학, 국 · 공립 연구기관 소속 정규직원의 인건비

4) 민간부담금 중 현금부담은 연차별 또는 협약에서 정하는 바에 따라 부담하여야 하며, 민간부담 현금은 협약 체결시 또는 진도점검(다년도 과제의 경우) 결과 '계속' 판정시 전문기관이 지정한 사업비 계좌에 입금하여야 한다.

5) 사업별 특성에 따라 수행기관 외 기관 등에서 분담하는 비용은 민간부담금으로 구분한다.

10. 협약

가. 협약의 체결

1) 협약준비

가) 보증(융자)연계실행(보증연계를 신청한 과제만 해당)

① 전문기관의 협약안내를 받은 주관기관(공동개발기관 포함)은 보증기관에 보증서 발급을 요청한다.

② 보증기관은 현장조사 시 실시한 R&D경제성평가 등 출연연계 보증평가 결과에 따라 선정과제에 대한 보증(융자)을 실시하고, 융자여부를 전문기관에 통보한다.

나) 주관기관, 공동개발기관, 위탁연구기관 등은 별도 서식 및 첨부서류를 참고하여 협약관련서류를 작성하여야 한다.

다) 해당연도 민간부담 현금(기업자부담금 또는 보증(융자)금)을 준비한다.

라) 이 지침 9. 나. 1) 〈인건비〉 자) 및 타)항의 주관기관 또는 공동개발기관의 신규 연구인력 채용 및 파견연구원 관련 내용은 협약관련 서식 중 신규인력 채용(예정)확인서 및 참여연구원 파견예정서를 종합관리시스템으로 제출하는 것을 원칙으로 한다.

마) 수정 사업계획서 작성

① 과제책임자는 과제선정평가 결과 요구사항을 반영하여 사업계획서를 수정 · 보완하여야 하며, 선정결과를 통보받은 날로부터 7일 이내에 종합관리시스템을 통해 제출하여야 한다.

② 전문기관은 제출된 수정 사업계획서에 대한 검토 및 확인을 하여야 하며, 이를 위해 분야별 전문가를 활용할 수 있다.

2) 협약서류 제출 및 전자협약 체결

가) 주관기관은 작성된 아래의 협약서류 일체를 종합관리시스템에 전자문서 형태로 첨부하여야 한다.(종합관리시스템 이외의 인쇄물 제출 불인정)

나) 전문기관의 장은 주관기관에서 제출한 협약 서류 일체를 점검 · 확인하여야 하며, 선정통보일로부터 1개월 이내에 종합관리시스템을 통해 주관기관 및 공동개발기관의 대표자와 기술개발사업에 대하여 3자간 협약을 체결한다.

다) 주관기관(공동개발기관 포함)은 전문기관과의 협약체결 이전에 전문기관이 지정한 사업비 계좌에 민간부담 현금을 납부하여야 하며, 전문기관은 민간부담금 현금 납부 완료이후에 협약을 체결하여야 한다.

라) 다만, 전문기관의 장은 주관기관(공동개발기관 포함)의 여건을 고려하여 주관기관(공동개발기관 포함)의 민간부담 현금을 협약체결일로부터 1개월 이내에 납부하는 조건으로 협약을 체결 할 수 있다. 이 경우, 전문기관은 주관기관(공동개발기관 포함)이 민간부담 현금을 납부할 때까지 정부출연금 사용을 제한하여야 한다.

마) 주관기관(공동개발기관 포함)은 연구시설 · 장비 구입계획서를 종합관리시스템에 전자문서 형태로 첨부해야 한다.

〈기술개발사업 협약관련 서류 목록〉

연번	서 류 명	작 성 방 법	제출방식
1	기술개발사업 협약서 및 사업비 집행기준	• 전문기관과 주관기관 간에 체결(시스템에서 다운로드 후 수정 없이 바로 첨부)	전자문서 첨부
2	기술개발 사업계획서	• 평가결과 보완내용을 반영한 사업계획서 수정 작성 • 신규채용예정확인서 및 기자재 구입계획서 포함	전자문서 첨부
3	위탁 연구개발 계약서 (해당시)	• 주관기관과 위탁연구기관 간에 체결 • 위탁연구기관이 2개 이상일 경우 각각 작성 • 사업비집행기준 각 협약서 마다 자동 첨부	전자문서 첨부
4	위임장	• 위탁연구기관이 대학, 정부출연기관인 경우 기관장이 아닌 단위부속기관장 명의로 협약 체결 시 제출 ※대학의 경우 산학협력단장이 협약 시 위임장 생략	전자문서 첨부
5	신용상태 · 정보제공 · 거래내역조회 동의서	• 실시간 사업비 거래내역 조회와 사업비관리 계좌출금 금지 동의 • 평가 및 정부출연금 지급전 또는 필요시 주관기관,대표자, 과제책임자 신용상태조회 동의 • 성과분석 등을 위한 기업정보 활용에 대한 동의	시스템 내 입력

연번	서 류 명	작 성 방 법	제출방식
6	기지원/기개발 및 중복지원 여부 확인서	• 협약과제가 국가연구개발사업에 중복지원을 받지 않았으며, 기술개발 관련 제품을 기생산 · 판매중이지 않음을 동의 • 기지원/기개발 및 중복지원이 확인시 협약해약, 정부출연금 환수 · 참여제한 및 민 · 형사상의 책임이 있음을 동의	전자문서 첨부
7	신규채용(예정)확인서 및 연구시설 · 장비구입 계획서	• 해당시 작성	전자문서 첨부
8	기타 사업별 필요서류		

3) 협약기간

가) 협약기간 시작일은 선정 결과 통보시 정한 기간을 원칙으로 한다.

나) 개발기간의 연장 및 보완기간은 그 지연된 개월만큼 협약기간이 연장된 것으로 본다.

나. 협약의 변경

1) 협약의 변경은 주관기관(공동개발기관 포함) 자체변경 사항 및 전문기관 승인사항으로 구분하며, 사업비 비목 및 세목의 변경은 사업비 산정기준, 사용기준, 전용기준 또는 평가위원회에서 인정된 범위를 초과할 수 없다.

2) 전문기관 승인사항의 경우, 주관기관은 대표자 명의의 공문으로 협약 종료일 1개월 전까지 전문기관에 승인요청하여야 한다.

가) 주관기관(공동개발기관 포함) 자체변경 사항

① 다음 각 호에 해당하는 사항은 전문기관의 승인 없이 주관기관이 종합관리시스템을 통해 자체변경할 수 있다. 이 경우 전문기관의 장은 주관기관이 자체 변경한 사항 중 요령 및 지침에 위배되는 사항에 대해 변경을 취소할 수 있다.

㉮ 위탁연구책임자의 변경 : 주관기관이 승인하고, 그 결과를 종합관리시스템에 입력

㉯ 주관기관 등의 주소, 대표자, 기업명칭, 참여연구원(배우자 및 직계존비속의 변경 제외), 참여율의 변경 : 종합관리시스템에서 해당사항을 즉시 수정. 단, 참여연구원의 변경시 전문기관은 참여제한자 여부를 확인 후 참여제한자인 경우 주관기관에 통보하여 변경을 취소하여야 함

㉰ 위탁연구개발비의 비목별 20%이상 변경 : 주관기관의 승인

㉱ 신규인력의 등록 및 변경 : 종합관리시스템에 즉시 수정(단, 변경되는 인력은 접수 마감일로부터 기술개발 종료일이내에 채용된 내국인 이어야 함)

㉲ 신규채용자의 학위, 연봉, 참여자 수 변경 : 최초협약예산(전용가능예산 포함)내에서 참여율, 금액 등을 변경 가능

㉳ 다른 비목 · 세목에서 연구장비 · 재료비로 전용(신규채용 인건비 제외)

㉴ 부가세 포함 1천만원 이상의 동일 연구장비 · 시설의 규격, 금액의 변경이나 유사기종으로 변경

㉵ 연구활동비는 사업비 산정기준을 초과하지 않는 경우에 한하여 최초 협약금액의 10%미만 증액

② 공동개발기관의 경우 주관기관과 동일한 기준에 의해 자체변경을 실시할 수 있으나, 그 내용을 주관기관에 통보하고 종합관리시스템을 통해 자체변경하여야 한다.

나) 전문기관 승인 사항

다음 각 호에 해당하는 변경은 별지 서식에 따라 전문기관의 승인을 득하여야 한다.

① 주관기관, 공동개발기관, 위탁연구기관 등 수행기관 변경(인수합병 등의 요인으로 인해 양도/양수계획서 작성이 불가능한 경우에는 이에 준하는 증빙자료를 제출해야함)

② 상기 가)의 ㉴ 경우에 속하지 않는 부가세 포함 1천만원 이상의 연구

장비 · 시설의 변경(단, 부가세 포함 3천만원이상 고가 연구기자재 및 연구시설의 경우 연구장비도입 심사평가위원회의 평가를 거쳐 변경 승인)

③ 개발내용 및 방법 변경, 개발기간의 연장

단, 개발기간 연장은 불가피한 경우에 1회에 한하여 3개월 이내에서 연장할 수 있다.

④ 신규채용을 위한 인건비 증액

⑤ 파견연구원 변경

⑥ 협약서상의 위탁연구개발비 감액

⑦ 배우자 및 직계 존비속 연구원 변경 및 개발기간외 사업비 지출

⑧ 과제책임자 변경(공동책임자 포함)

과제책임자는 사망, 이민, 퇴직, 부서이동, 3개월 이상의 장기출장(교육 및 연수 포함) 등을 제외하고는 원칙적으로 변경할 수 없다.

⑨ 신규채용 인건비를 제외한 내부인건비와 외부인건비간 전용

⑩ 연구활동비 10%이상 증액

사업비 산정기준을 초과하지 않는 경우에 한하여 최초 협약금액의 20%미만에서 증액이 가능

⑪ 주관기관(공동개발기관 포함) 사업비 계좌 변경

다) 대표자, 과제책임자의 변경시 신용조회에 동의하여야 하며, 전문기관은 신용조회결과가 부적절한 경우 변경을 승인하지 않거나 취소할 수 있다.

라) 전문기관은 주관기관의 사업비 비목 및 세목 변경 요청시 사업비 산정기준 또는 평가위원회에서 인정된 범위를 초과하여 승인할 수 없다.

3) 변경승인 요청시 제출서류

변경 내용	제출 서류	제출방식
공통 제출서류	• 주관기관 요청 공문과 변경승인요청서(서식 참고) • 관련 증빙서류	시스템 입력 또는 전자문서 첨부
과제책임자(공동책임자 포함) 변경	• 이력서 및 경력증명서	
위탁연구기관 변경	• 변경전후 위탁연구기관장 동의서 • 주관기관 동의서	
주관기관/공동개발기관 변경	• 변경전후 대비표 • 공증된 변경전후 기관의 양도 · 양수 계약서 사본 (서식 참고) • 법인등록증 또는 사업자등록증 • 각 기업 동의서 • 대표자 신용상태 조회 동의서	
사업비 변경	• 변경 내역(사유서 포함)	
사업비의 비목변경 사용	• 변경사용 내역(사유서 포함)	
개발내용 및 방법 변경	• 개발내용 및 방법 변경 전후 비교표(사유서 포함)	
연구장비 · 시설 변경	• 연구장비 · 시설 변경전후 비교표, 견적서 및 카탈로그 (사유서 포함) • 연구장비 · 시설 구입계획서	
연차별 개발기간 변경	• 기간변경 사유서	
사업비의 협약기간외 지출	• 지출사유서 및 전후 비교표	
배우자 및 직계 존비속 연구원 변경	• 변경 내역(사유서 포함)	
사업비 계좌 변경	• 변경계좌 사본 • 신용상태 · 정보제공 · 거래내역 조회 동의서	

4) 협약 전 변경

협약 전 변경은 원칙적으로 불허한다. 다만, 과제책임자의 사망 · 퇴직 · 이민, 주관기관의 인수 · 합병 등에 의한 변경 및 정부출연금 축소에 따른 위탁기관 제외 등의 경우는 전문기관의 승인을 얻어 변경할 수 있다.

다. 협약체결의 중지

1) 전문기관은 협약 대상기관이 특별한 사유 없이 요령 제15조제2항 또는 다음의 하나에 해당하는 경우에는 협약 체결을 중지할 수 있다.
   가) 협약 전 과제수행을 포기한 경우
   나) 평가결과 종합의견내용을 반영하지 않은 경우
   다) 사업비 중 민간부담 현금을 입금하지 않은 경우
   라) 정당한 사유 없이 협약기한(1개월) 내에 협약에 필요한 서류를 종합관리시스템에 미입력 또는 제출하지 않은 경우(협약 관련서류 제출 후 전문기관의 서류보완 요청을 이행하지 않은 경우 포함)
   마) 주관기관, 공동개발기관, 대표자, 과제책임자 등이 참여제한, 의무사항 불이행 및 부도, 폐업 등의 경영악화로 사업수행 여건이 되지 않는 경우
   바) 주관기관, 공동개발기관, 대표자가 채무불이행인 경우
   사) 수행 완료하였거나 수행 중인 과제와 관련하여 정산금, 기술료 미납 또는 납부계획서 미제출의 경우
   아) 사업계획을 허위로 작성하여 선정된 경우
   자) 사업의 신청자격에 위배되거나 중복 수행이 확인된 경우
   차) 보증연계 승인이 되었으나, 보증(융자)연계실행을 하지 않은 경우
   카) 이미 수행중인 과제를 포함하여 3개과제 이상을 수행한 경우(세 번째 협약 이후 과제부터 협약 중지)
2) 상기 1) 나)부터 바)까지에 해당하는 자가 협약체결 기한일로부터 10일 이내에 동 사안을 해소한 경우 협약을 체결할 수 있다.
3) 전문기관은 협약이 중지된 과제를 지원제외로 처리하고 관리기관, 보증기관 및 주관기관에 통보한다.

라. 협약의 해약

1) 전문기관은 다음의 하나에 해당하는 때에는 과제수행 도중에 협약을 해약할 수 있다.
   가) 요령 제17조제1항의 협약해약 사유에 해당하는 경우
   나) 민간부담 현금을 미납한 경우
   다) 이미 수행중인 과제를 포함하여 3개과제 이상을 수행한 경우(세 번째 협약 이후 과제부터 협약 해약)

2) 전문기관은 상기 1)에 의해 협약이 해약된 때에는 중단과제로 처리하고, 주관기관 및 보증기관(보증연계를 신청한 경우)에게 해당 내용을 통보하여야 한다.

3) 다만, 전문기관은 주관기관이 해약 통보일로부터 10일 이내에 해당 사유를 해소한 경우 협약 해약을 취소할 수 있다.

11. 정부출연금의 지급

1) 전문기관은 주관기관(공동개발기관 포함)과 체결한 협약 내용에 따라 정부출연금을 주관기관 및 공동개발기관에 각각 지급한다. 다만, 기술개발 착수시기 및 기간 등을 고려하여 정부출연금을 일시 또는 분할하여 지급할 수 있으며, 〈붙임2〉에서 정하는 방법으로 교부할 수 있다.

2) 전문기관은 상기 10. 가. 2) 라)에 따라 민간부담 현금을 1개월 이내에 납부하는 조건으로 협약을 체결한 경우, 정부출연금은 지급하되 민간부담금 납입 확인이후에 정부출연금을 사용할 수 있도록 제한하여야 한다.

3) 전문기관은 정부출연금 지급시 채무불이행, 부도폐업, 의무사항불이행 등을 확인하여야 하며, 상기 10. 라. 1)의 경우 정부출연금을 지급하지 않는다.

4) 전문기관은 다년도 일괄협약과제의 경우 관리기관의 진도점검 결과 '계

속'으로 판정된 과제에 대하여 협약절차에 따른 민간부담 현금 납부여부를 확인한 후 정부출연금을 지급한다.

12. 사업수행 및 관리

가. 중소기업 지원 전담조직 설치·운영

1) 요령 제37조제1항에 따라 중소기업청 소관 기술개발사업을 수행하는 연구기관은 중소기업지원 전담조직을 설치 · 운영할 수 있다.

2) 중소기업지원 전담조직이 있는 경우 기술개발사업의 효율적 관리를 위하여 운영관리는 중소기업지원 전담조직에서 수행할 수 있다.

3) 연구기관은 중소기업지원 전담조직의 체계적인 운영을 위하여 운영규정을 제정할 수 있으며, 아래의 내용을 반영하도록 적극 노력하여야 한다.
   가) 과제책임자(공동책임자 포함) 등 참여연구원의 실적평가 우대 등의 혜택
   나) 과제수행의 연속성을 위해 사업기간 중 과제책임자 변경 금지에 관한 사항
   다) 기술개발사업의 활발한 기술 · 경영정보 교류 등 중소기업 지원을 위한 제반사업 계획 수립 · 시행에 관한 사항

나. 공동개발 수행

1) 중소기업은 기술개발사업의 효율적 수행을 위하여 연구기관에 해당기업의 참여연구원을 파견할 수 있다.
   가) 참여연구원을 파견할 경우 사전에 연구기관의 동의서를 제출하여야 한다.
   나) 연구기관은 해당기업에서 연구원을 파견한 경우 적극적으로 협조하여야 한다.

2) 수행기간 중 주관기관과 공동개발기관은 월 1회 이상의 워크숍을 반드시

가져야 한다.

가) 워크숍에서는 기관별 업무 추진실적 등을 논의하여야 하며, 결과는 연구노트 형식으로 작성하여 최종평가 시 제출하여야 한다. (워크숍을 이행하지 않거나 연구노트를 미제출하는 경우 최종평가 시 감점 부여)

나) 수행기관은 워크숍 추진비용을 사업비 중 연구활동비로 계상할 수 있다.

13. 사업비의 관리 및 사용

가. 사업비의 관리

1) 일반 관리

가) 사업비의 관리는 요령 제21조제7항에 따른 통합수탁은행과 '기술개발비 포인트제'를 통해 관리함을 원칙으로 하며, 세부 내용은 〈붙임2〉에 따른다.

나) 수행기관은 〈붙임2〉의 개발사업비 포인트 및 카드 사용·관리에 따라 개발사업비를 사용하여야 하며, 선량한 관리자의 주의를 다하여 개발사업비를 관리하여야 한다. 다만, 위탁연구개발비는 주관기관에서 계좌이체를 통해 위탁연구기관에 한꺼번에 지급하고 포인트제를 적용하지 아니한다.

다) 수행기관은 사업비 사용실적을 증명할 수 있는 제반증빙 서류와 요령 제26조제6항에 의한 장부를 총 개발기간 종료일 이후 최소 5년 이상 보관하여야 하며, 관리기관 및 전문기관의 요구가 있을 경우 이를 제출하여야 한다.

라) 주관기관은 협약에 따라 위탁연구개발비를 위탁연구기관에 지급하여야 하며, 위탁연구개발비의 관리에 대한 모든 책임을 진다.

마) 관리기관은 실시간 사업비 관리계좌의 거래내역을 조회하고 중대한

문제발생 또는 가능성이 있을 경우 통합수탁은행을 통해 사업비(포인트) 사용을 중지시킬 수 있다.

바) 중소기업청은 요령 제21조제9항에 따라 수행기관의 사업비 사용 및 관리 현황 파악을 위하여 사업비 사용실태점검을 실시할 수 있다.

사) 주관기관(공동개발기관 포함)은 연구장비 · 재료 등을 구매시 요령 제21조제8항에 따라 온라인 구매지원시스템을 이용하여 구매 할 수 있다. 다만, 거래금액(부과세포함) 3천만원 이상의 연구장비 · 재료를 구입할 경우에는 온라인 구매지원시스템을 통하여 구매하여야 한다. 이 경우 전문기관의 장이 부득이하다고 인정하는 경우에는 예외로 할 수 있다.

2) 예금이자

가) 통합수탁은행에 예치된 민간부담 현금에 해당하는 이자 및 개별과제별 관리계좌에서 발생한 이자금액이 1천만원 미만인 경우에는 사업비 원금에 자동 산입하여 연구장비 · 재료비로 사용할 수 있으며, 1천만원 이상인 경우 기술개발에 재투자 또는 중소기업청의 승인을 얻은 용도로 사용함을 원칙으로 한다. 다만, 정부출연연구기관, 국 · 공립연구기관, 대학 및 전문생산기술연구소 등의 기관에서 일괄통장관리로 인하여 이자산정이 어려운 경우에는 해당기관의 이자수입으로 인정한다.

나) 통합수탁은행에서 출연금으로 발생한 예금이자는 기술개발 과제의 지원 등 중소기업청의 승인을 얻은 용도로 사용할 수 있다.

3) 연구시설 · 장비 관리

가) 연구시설 · 장비, 연구시설 및 시작품 등 유형적 발생품 중 부가세 포함 1천만원 이상의 단일 구입품은『중소기업 융복합기술개발사업 구입품』라는 문구가 새겨진 라벨을 부착하여야 한다.

(예시)

중소기업 융복합기술개발사업 구입품			
사업명		규격	
과제번호		취득금액	
품명		취득일자	

나) 부가세포함 3천만원 이상의 구입 연구시설 · 장비에 대해서는 구입 완료 후 1개월 이내에 종합관리시스템(SMTECH) 및 국가과학기술 지식정보서비스(NTIS)에 해당 연구시설 · 장비를 등록 하여야 한다.

4) 증빙서류 관리

수행기관은 사업비 사용 증빙서류 원본에 해당 세부 사업명과 과제번호(예시 참조)가 새겨진 고무인을 60mm x 10mm(중고딕) 크기 형태로 제작하여 대각선으로 날인하여야 한다.

(예시)

○○○○○○개발사업 : S1000XXX 집행영수증

나. 사업비의 사용

1) 사용절차

가) 사업비는 과제책임자(공동책임자 포함)의 발의에 의하여 사용하는 것을 원칙으로 한다.

나) 기술개발사업의 효율적 추진을 위하여 주관기관이 사업비의 일부를 위탁연구기관에 한꺼번에 지급한 경우 소속기관 연구책임자의 발의에 의하여 사용할 수 있다.

다) 수행기관은 〈붙임2〉에 따라 기술개발비 전자금융관리시스템에 비목 및 거래처 등을 기재 후 사업비의 인출, 계좌이체를 수행하여야 한다. 연구비 카드사용 내역은 매월 말에 세부비목 및 사용내역을 등록하여야 하되 승인을 얻지 않은 비목 또는 세목을 초과하는 사용액은 불인정하며, 그 금액은 수행기관에서 부담하여야 한다.

라) 위탁연구기관은 사업비의 인출, 계좌이체, 연구비 카드의 사용 후 매월 말에 세부비목 및 사용내역 등을 기술개발비 전자금융관리시스템에 입력하여야 한다.

2) 사용기준

가) 일반원칙

① 사업비는 협약기간 종료일까지 집행함을 원칙으로 하되, 전문기관의 장이 승인한 경우와 협약기간 중 지출원인행위가 완료된 금액은 예외로 한다. 다만, 최종보고서 제본비, 기술자료임치비 및 회계감사비용의 경우 협약기간 종료 후 사업비사용실적보고서 제출전까지 사용한 비용을 인정할 수 있다.

② 사업비는 기술개발에 직접적인 관련이 있는 것으로 사용되어야 하며, 협약시 사업계획서에 명기되어 있는 경우에도 기술개발과 직접적인 관련성이 없거나 과다책정 등 부적절하게 사용하여서는 아니 된다.

③ 3만원 이상의 사업비를 집행할 때에는 국세청에서 발행하는 전자세금계산서(간이세금계산서는 불인정) 또는 신용카드영수증의 사용을 원칙으로 한다. 다만, 직전년도 매출액 10억원 미만인 개인사업자와 거래하는 경우 거래상대방의 휴폐업여부를 사전에 확인하고 일반세금계산서를 발행하여 사용할 수 있다.

④ 주관기관 또는 공동개발기관 등이 보유하고 있는 견품, 시약 및 재료비, 생산 판매 중인 제품, 연구시설 · 장비 등은 현물로만 사용할 수 있으며, 수행기관 간, 인적 · 물적 구분이 곤란한 계열사 간 또는 대표자가 동일한 기업 간에는 사업비 현금 거래를 하여서는 아니 된다.

⑤ 동 사업비로 집행한 금액과 증빙 영수증의 금액은 일치하여야 한다. 다만, 동 사업비로 구매한 물품이 발주 및 입고 서류로 명확히 구분이 가능한 경우는 예외로 한다.

⑥ 현물의 사용은 해당 수행기관이 확인하는 현물출자 확인서를 작성하여 제출하여야 한다.

⑦ 영리법인의 경우 사용내역 중 관세, 부가가치세 등 사후환급이나 공제 받을 수 있는 금액은 집행금액에서 제외함을 원칙으로 하되, 세무당국이 사후환급이 불가함을 인정하는 경우에는 예외로 한다.

⑧ 연차별 사업비의 사용 잔액은 차년도 사업비의 동일세부 비목으로 이월하여 사용한다. 이때, 이월금은 차년도 사업비에 추가하여 사용한다.

⑨ 주관기관(공동개발기관 포함)은 진도점검을 통해 '계속'판정을 받기 이전에, 해당연도 사업비를 초과하여 자체자금으로 선집행한 금액을 차년도 사업비로 요청할 수 없다.

나) 비목별 사용기준

〈직접비〉

① 인건비 집행내역은 그 증빙을 위하여 참여연구원별로 월별근로소득원천 징수이행상황신고서, 과제별 참여율 현황표 등을 작성 · 관리하여야 하며, 관리기관 및 전문기관의 요구시 제출하여야 한다.(다만, 신규 채용의 경우, 건강보험자격확인서 등 신규채용관련 증빙서류를 제출하여야 함)

② 외부인건비는 종합관리시스템에 등록된 당사자의 지급계좌로 입금하고, 관리기관 요구시 지급관련 증빙서류를 제출하여야 한다.

③ 평가위원회 또는 전문기관의 승인을 얻지 않은 직계 존비속 및 배우자의 인건비 지급은 인정하지 아니한다.

④ 참여연구원 변경 및 참여율을 조정하여 인건비를 사용한 경우, 종합관리시스템에서 수정하여야 하며, 사업계획서의 참여연구원 및 변경 통보된 참여연구원 이외의 자에게 인건비를 집행하는 것은 불인정한다.

⑤ 신규채용 인건비는 당초 계획에 비해 신규채용자의 학위, 연봉, 참

여자 수가 변경된 경우 최초협약예산(전용가능 예산 포함)내에서 참여율, 금액 등을 전문기관 승인없이 변경 사용할 수 있다.

⑥ 기술개발사업과 직접적 관련이 있는 품목에 한하여 사용하며, 연구시설·장비는 종료 3개월 이전까지 구입분에 한하여 인정함을 원칙으로 한다.

⑦ 여비는 해당기관이 정한 여비지급기준에 의하여 집행하며, 해당기관의 품의절차를 거쳐 집행함을 원칙으로 하며, 출장품의서에는 출장기간, 목적, 출장지, 출장인원, 금액산출내역 등을 기재하고 증빙하여야 한다. 다만, 여비 지급기준이 없는 경우에는 실제로 지출되었음을 증빙하여야 한다.

⑧ 강사료, 원고료, 번역료, 통역료 등은 해당기관에서 정한 지급기준에 따라 사용하고 해당 지급기준이 없는 경우에는 실제로 지출되었음을 증빙하여야 한다.

⑨ 학회활동의 경우 해당 기술개발과제와 관련된 국내외 학회 참가비에 한하여 인정한다.

⑩ 회의비는 장소임대료, 음료·다과비 및 참여연구원 식대 등으로 사용할 수 있으며, 회의목적, 일시, 장소, 회의내용 등이 기재된 관련 서류(내부품의서 또는 회의록 등)와 참석자 전원의 서명 날인이 있어야 한다.

⑪ 연구수당은 비영리기관만 계상 가능하고, 최초협약예산을 초과하여 집행할 수 없다. 연구수당 지급은 연구책임자의 기여도 평가를 근거로 하며 수당지급 대상 연구원(과제책임자 포함)의 최대 지급율은 다음과 같다.

수당지급 연구원수	2명	3명	4명	5명 이상
최대 지급율(%)	90	80	70	60

⑫ 위탁연구개발비는 협약시 인정된 범위에서 사용하되, 각 비목별로 이 지침 13. 나. 1) 및 2)의 〈직접비〉, 〈간접비〉의 사용과 동일한 기준에 따라 사용한다.

〈간접비〉

① 간접비는 최초협약예산을 초과하여 집행할 수 없다.

② 간접비는 연구관리 전담부서(중소기업산학협력센터 포함)를 설치한 대학, 정부출연연구기관, 전문생산기술연구소 등에 한하여 기관의 통합 관리 및 사용을 인정한다.

③ 영리기관(기업)인 경우 연구실안전관리비, 연구보안관리비, 연구윤리활동비 및 성과활용지원비(지식재산권 출원등록비, 기업신용평가비, 기술자료임치비, 회계감사비용 등) 용도로만 사용이 가능하다.

④ 수행기관 이외 또는 개인명의(개인사업자 대표자 제외)의 지식재산권 출원·등록비는 불인정한다.

3) 전용기준

가) 일반원칙

연차별 사업비는 협약서상의 비목별 사용계획에 따라 사용함을 원칙으로 하되, 아래의 비목별 기준 및 한도에 따라 전용하여 사용할 수 있다.

나) 비목별 기준 및 한도

① 인건비는 연구장비·재료비를 제외한 다른 비목·세목으로 전용하여 사용할 수 없으며, 신규채용 및 파견인력 인건비의 경우에는 연구장비·재료비로도 전용하여 사용할 수 없다.

② 신규채용 및 파견인력 인건비를 제외한 내부인건비와 외부인건비간은 서로 전용하여 사용할 수 있으나, 전문기관의 승인을 받아야 한다.

③ 연구장비·재료비를 제외한 다른 비목·세목의 경우, 전문기관의 승인을 얻어 인건비 계상한도 내에서 신규채용 인건비로 전용하여

사용할 수 있다.

④ 신규채용을 위한 인건비 증액은 전문기관의 승인을 얻어야 하며, 신규채용 인력 퇴사 및 신규인력 미채용의 경우 인건비 잔액은 반납하여야 한다. 다만, 신규채용이후 신규인력이 퇴사 시 기술개발종료일 이내에 새로운 인력을 신규채용 할 경우 채용이후 비용을 인정할 수 있다.

⑤ 파견인력 변경은 전문기관의 승인을 얻어야 하며, 파견인력 퇴사 및 인력을 파견하지 않은 경우 인건비 잔액은 반납하여야 한다. 다만, 파견인력 퇴사 시 기술개발종료일 이내에 새로운 인력으로 변경하는 경우 파견기간 동안 비용을 인정할 수 있다.

⑥ 신규채용 및 파견을 위한 인건비를 제외한 인건비는 최초 협약금액을 초과하여 집행할 수 없다.

⑦ 연구장비 · 재료비는 다른 용도로 전용하여 사용할 수 없다. 다만, 다른 비목 · 세목에서 연구장비 · 재료비로는 전문기관의 승인없이 전용하여 사용할 수 있다.

⑧ 연구수당 및 간접비는 최초 협약금액을 초과하여 집행할 수 없으며, 신규채용 인건비로는 전문기관의 승인, 연구장비 · 재료비로는 전문기관의 승인없이 전용, 연구활동비로는 아래의 ⑨에 따라 전용할 수 있다.

⑨ 연구활동비는 사업비 산정기준을 초과하지 않는 경우에 한하여 전용가능한 항목에서 최초 협약금액의 20%미만에서 증액이 가능하며, 10%미만은 전문기관의 승인없이 증액, 10 ~20%미만은 전문기관 승인을 통해 증액할 수 있다.

⑩ 위탁연구개발비는 자체전용 또는 전문기관의 승인을 얻어 위에서 정한 전용기준에 따라 다른 비목 · 세목으로 전용하여 사용할 수 있으나, 다른 비목 · 세목으로부터 위탁연구개발비로는 전용하여 사용할 수 없다.

14. 진도보고 및 점검

가. 진도보고

1) 과제책임자는 협약 시 정한 아래의 진도보고일 이전에 종합관리시스템에 진도보고서를 작성하여 제출하여야 하며, 이 때 지식재산권 출원 등의 성과가 있을 경우 이를 함께 보고하여야 한다. 다만, 총 개발기간이 12개월 이하인 사업의 경우에는 진도보고서 제출을 생략한다.
   가) 총 개발기간이 12개월 이하 : 진도보고서 제출 생략
   나) 총 개발기간이 12개월 초과 : 기술개발 1년이 되는 시점의 1개월 전

2) 전문기관은 주관기관이 진도보고서를 30일을 초과하여 제출하지 않는 경우 요령 제17조제1항에 따라 협약을 해약할 수 있다.

나. 진도점검

1) 진도점검
   가) 관리기관은 주관기관의 부도 · 폐업, 사업비의 유용 등의 경우 현장확인을 실시할 수 있으며, 현장 확인시 해당분야 전문가를 현장확인위원으로 동행할 수 있다.
   나) 관리기관은 12개월 초과과제의 경우 제출된 진도보고 결과의 확인을 위하여 주관기관이 요청한 장소(중간 결과물 확인이 가능한 장소를 원칙)에서 현장실태조사를 실시하여야 하며, 필요한 경우 해당분야의 전문가를 평가위원으로 동행할 수 있다.
   다) 관리기관은 진도보고 평가결과를 “계속”, “중단”, “조기완료”, “보류”로 구분하여 평가하며, 중단의 경우 귀책대상 및 사유에 대한 의견을 제시하여야 한다.
   ① 계속 : 계획된 기술개발목표를 성실히 달성하고 기술개발성공 가능성이 인정되며 계속적으로 사업계획을 추진할 필요성이 있는 경우
   ② 중단 : 출연금을 반납하고 포기한 경우 및 기업이 부도, 폐업된 경

우, 기술개발목표 달성정도가 부실한 경우, 기업 경영악화 등으로 인하여 사업성이 불투명한 경우, 사업비의 관리 및 집행정도가 불성실한 경우

③ 조기완료 : 해당 사업의 최종목표가 조기에 완료되어 계속수행의 필요성이 없다고 인정된 경우

④ 보류 : 진도점검 결과 기술적 판단을 위해 전문기관에 평가위원회 개최를 요청한 경우

라) 관리기관은 주관기관(공동개발기관 포함) 등이 부가세포함 3천만원 이상의 연구시설 · 장비를 구입하였을 경우 이를 종합관리시스템(SMTECH) 및 국가과학기술지식정보서비스(NTIS)에 등록 · 활용 현황을 점검하여야 한다.

마) 관리기관은 현장실태조사를 실시하였으나, 기술개발의 달성도 등의 판단이 곤란한 경우에 한하여 전문기관에 평가위원회 개최를 요청할 수 있다.

바) 관리기관은 진도보고 평가결과를 주관기관에 통보하고, 주관기관은 평가결과에 이의가 있을 경우에 〈붙임3〉 이의신청절차 및 처리방법에 따라 관리기관에 이의신청을 할 수 있으며, 관리기관은 동 절차에 따라 처리한다.

사) 진도점검 결과가 조기완료인 과제는 다음의 후속조치에 따라 처리한다.

① 관리기관은 주관기관에 최종보고서 및 사업비 사용실적 보고서를 제출하도록 공지하여야 한다.

② 주관기관은 결과통보일로부터 1개월 이내에 최종보고서를 종합관리시스템에 제출한 후, 최종보고서 7부를 출력하여 전문기관에 제출하여야 한다.

③ 주관기관은 결과통보일로부터 1개월 이내에 해당 연도까지 집행한 사업비 사용 실적을 종합관리시스템을 통해 제출하고, 관리기관의

확인을 받아야 한다. 관리기관은 필요시 관련 근거서류의 제출을 요청할 수 있다. 다만, 관리기관은 효율적 사업비 회계감사를 위하여 회계 법인 등을 지정 · 운영할 수 있으며, 이 경우 주관기관은 관리기관이 지정한 지정회계기관의 회계감사보고서를 제출하여야 한다.

④ 주관기관은 수행기관의 자료를 취합하여 제출하여야 하며, 기술개발비 포인트제도를 적용하고 있는 과제의 경우 위탁연구기관(해당시)의 잔액이 있는 경우 해당 금액을 사업비 정산이전에 통합수탁은행으로 환원하여야 한다.

⑤ 관리기관은 주관기관(공동개발기관 포함)이 제출한 사업비 사용실적에 대해 이 지침 15. 나. 2)에 따라 정산을 각각 실시한다.

⑥ 관리기관은 사업비 정산결과를 종합관리시스템에 등록하고, 전문기관과 주관기관(공동개발기관 포함)에 통보한다.

아) 관리기관은 진도점검 결과(이의신청 처리결과 포함)를 종합하여 전문기관에 통보한다.

2) 평가위원회 심의(전문기관)

가) 전문기관은 관리기관의 평가위원회 개최 요청과제에 대하여 평가위원회를 개최하여 "계속", "중단", "조기완료"로 판정하고, 관리기관 및 주관기관에 통보한다.

나) 평가위원은 과제책임자의 발표, 현장실태, 연구노트 등을 종합적으로 고려하여 평가하여야 한다.

3) 전문기관은 관리기관의 진도보고 평가 및 평가위원회 결과에 따라 아래와 같이 처리한다.

가) "계속"으로 판정된 경우 요령 제18조 및 이 지침 11.에 해당여부 등을 확인하여 잔여사업비를 지급한다. 단, 보증연계과제의 경우 전문기관은 보증기관에 진도점검 결과를 통보하고 보증(융자)연계실행 후 사업비를 지급하도록 한다.

나) "중단", "조기완료"인 경우 사업비를 지급하지 아니한다.

4) 중단과제의 처리

가) 중단으로 판정된 과제의 이의신청은 〈붙임3〉의 기준에 따른다.

나) 중단으로 판정된 과제는 사안에 따라 요령 제30조의 〈별표3〉의 기준에 따라 제재여부 및 제재대상을 구분한다.

5) 조기완료 과제의 처리

가) 전문기관은 평가위원회 평가결과 "조기완료"과제는 상기 나. 1) 사)의 후속조치를 취해야 한다.

나) "조기완료"로 평가된 과제는 성공과제로 구분한다.

15. 사업비 사용실적 보고 및 정산

가. 사업비 사용실적 보고

1) 주관기관(공동개발기관 포함)은 요령 제26조제1항에 따라 협약기간 종료일로부터 2개월 이내에 사업비 사용실적보고서, 공인회계사의 감사보고서를 종합관리시스템을 통하여 제출하고, 관리기관의 요청이 있을 경우 증빙서류도 제출하여야 한다. 다만, 관리기관은 효율적 사업비 회계감사를 위하여 회계 법인 등을 지정・운영할 수 있으며, 이 경우 주관기관은 관리기관이 지정한 지정회계기관의 회계감사보고서를 제출하여야 한다.

2) 주관기관은 공동개발기관(해당시 위탁연구기관도 포함)의 자료를 취합하여 제출하여야 하며, 기술개발비 포인트제도를 적용하고 있는 과제 중 위탁연구기관의 잔액이 있는 경우 해당 금액을 사업비 정산이전에 통합수탁은행으로 환원하여야 한다.

3) 주관기관(공동개발기관 포함)은 다년도 일괄 협약과제의 경우 매 1년 단위의 사업비 사용실적을 비치하여 관리기관의 제시요구에 응하여야 한다.

4) 주관기관(공동개발기관 포함)은 사업비 사용의 적정여부에 대한 확인을 위해 사업비 집행 영수증 또는 공인회계사의 감사보고서를 비치하여 관리기관의 제시요구에 응하여야 한다.

5) 위탁연구기관 등은 관련 서류를 주관기관에 제출하여야 하며, 관리기관이 세부 정산자료를 요청하는 경우 적극적으로 협조하여야 한다.

6) 관리기관의 장은 사업비 사용실적보고서 등의 사업비 정산서류 미제출 과제에 대하여 안내 및 독촉을 하여야 하며, 협약기간 종료일로부터 3개월 이내에 제출하지 아니한 과제는 전문기관에게 중단 또는 실패 등의 조치를 취하도록 할 수 있다.

나. 사업비 사용내역 검토 및 정산

1) 사업비 사용실적 검토

가) 관리기관은 사업비의 집행내용이 불량하다고 판단될 경우나 필요시에는 관련 장부 및 사용내역 증빙서류 등을 제출 받아 정밀 검토할 수 있다.

나) 관리기관은 주관기관(공동개발기관 포함)이 사업계획서에 반영된 부가세포함 3천만원 이상의 연구시설·장비를 동일 목적의 유사기종으로 변경 구입하였으나 동일 목적의 유사기종 여부에 대한 판단이 어려운 경우에 한하여 예외적으로 이의신청 평가위원회를 통해 사업비 집행실적 인정여부를 심의할 수 있다.

다) 사업비 검토결과 사업비 집행이 불량한 경우 중단 또는 실패 등의 조치를 취할 수 있다.

2) 사업비의 정산

가) 관리기관은 현장방문을 통해 주관기관(공동개발기관 포함)이 제출한 사업비 사용실적 등의 적정성 여부를 면밀히 확인·검토하여 하며, 필요시 회계전문가 등 외부전문가로 구성된 전담팀을 구성할 수

있다.

나) 정부출연금 잔액은 개발기간 동안의 현금을 기준으로 천원 미만은 절사하며, 기술개발비 포인트제를 적용하는 경우 통합수탁은행의 포인트 잔액의 지분산정 시 원 미만은 절사한다.

다) 관리기관은 주관기관(공동개발기관 포함) 등으로부터 제출받은 증빙서류를 사업비 정산이 완료된 이후 폐기할 수 있으며, 사업비 잔액 및 불인정 사용액에 대한 정부와 민간지분의 구분은 사업비 사용실적 검토표에 따른다.

라) 관리기관은 사업비 사용실적보고서에 대한 검토 후 사업비 정산결과(포인트 잔액 중 정부지분 및 민간지분, 주관기관 추가 납부금포함)를 주관기관 등에게 통보한다.

마) 관리기관으로부터 사업비 정산결과를 통보받은 주관기관 등은 사업비 사용실적 검토결과에 이의가 있을 경우, 〈붙임3〉의 이의신청 절차 및 처리방법에 따라 관리기관에 이의신청을 할 수 있다.

바) 관리기관은 이의신청 처리 등 사업비 정산절차가 완료된 이후 확정된 사업비 정산결과를 종합관리스템에 등록 및 전문기관과 주관기관(공동개발기관 포함)에 통보하고, 전문기관은 정부출연금 잔액을 해당 주관기관으로부터 회수하여야 한다. 다만, 관리기관은 부도·폐업 등 사업수행이 불가능하다고 판단되는 경우 해당 내용을 전문기관에 통보하고, 통보받은 전문기관은 집행잔액 회수를 위한 조치를 하여야 한다.

사) 주관기관(공동개발기관 포함)은 관리기관으로부터 통보받은 정부출연금 잔액 등 해당 정산금을 통보일로부터 30일 이내에 전문기관 명의의 회수금 관리계좌에 입금하여야 한다. 주관기관(공동개발기관 포함)이 정산금 통보 후 정당한 사유 없이 3개월 이상 납부를 지체하는 경우, 전문기관은 전문위원회 심의를 통하여 해당 미납기관에 채권추심 등 법적조치를 취할 수 있다. 다만, 아)③의 민간추가납부금

이 1천만원을 초과하거나 현저한 경영악화로 일시납부가 어렵다고 전문기관이 인정하는 경우 2년 이내에서 지급이행보증보험증권 등으로 납부하도록 할 수 있다.

아) 기술개발비 포인트제도를 적용하고 있는 과제의 경우 관리기관은 아래와 같은 절차로 사업비 정산결과를 처리한다.

① 사업비 포인트 잔액은 정부지분과 민간지분으로 구분한다.

② 사업비 정산결과 불인정금액이 있는 경우 불인정금액 중 정부지분을 산정하고, 상기 ①의 민간지분으로 우선 차감한다.

③ 상기 절차에 따라 관리기관은 최종적으로 "자동회수금(포인트 중 정부지분)", "민간지분반납처리금(포인트 중 민간지분)", "민간추가납부금"으로 구분하여 전문기관과 주관기관에 통보한다.

④ 민간부담금의 발생이자 산정시점은 관리기관이 주관기관 등의 사업비집행실적 보고서를 접수한 날을 기준으로 한다.

자) 상기 아)의 절차 중 민간지분의 추가납부금 또는 반납처리금이 발생한 경우 다음과 같이 처리한다.

① 주관기관 등은 민간추가납부금이 있는 경우 관리기관으로부터 통보받은 정부출연금 잔액 등 해당 정산금을 통보일로부터 30일 이내에 수행기관명으로 전문기관 명의의 회수금 관리계좌에 입금하여야 한다.

② 전문기관은 전문기관 자동회수금을 전문기관 명의의 회수금 관리계좌로 이체한다.

③ 전문기관은 민간지분반납처리금이 발생한 경우 또는 주관기관 등이 민간추가납부금을 과오납(초과입금, 중복입금 등)한 경우 해당금액을 주관기관 등의 관리계좌로 입금하여야 한다. 다만, 주관기관등의 관리계좌 멸실, 부도, 폐업, 파산, 연락두절로 주관기관 등에게 입금할 수 없는 경우 또는 주관기관이 해당 정산금을 과오납한 후 반환청구가 없이 5년이 지나 소멸시효가 완성된 경우는 해당금액을 국

고에 반납할 수 있다.

차) 관리기관은 수행기관이 부담하기로 한 민간 현물을 집행하지 않거나 부당하게 집행한 경우 다음과 같이 처리할 수 있으며, 총 환수금액(불인정된 현금 포함)은 지급된 연차별 정부출연금을 초과할 수 없다.

① 미집행 또는 부정 집행한 현물은 그 금액만큼 정부출연금을 불인정

예시) 미집행 또는 부정 집행 현물 1천만원 : 현금으로 1천만원 환수

② 중단 및 조기완료시 : 미집행 민간 현물에 대하여 사용한 것으로 인정하되, 부정하게 집행한 경우에 한하여 해당 금액 정부출연금 환수

③ 협약기간 종료 후 : 미집행 및 부정 집행 현물을 모두 정부출연금 환수. 단, 종합과제관리시스템에 주관기관 등의 단순 실수에 의해 미입력되어 있는 경우, 근거 자료를 소명한 경우 인정 가능

3) 관리기관 또는 전문기관은 수행기관의 사업비 사용 실태를 조사하기 위해 현장점검(점검 일정을 사전에 고지하지 않는 불시 현장점검을 포함)을 실시할 수 있다.

4) 「국가연구개발사업의 관리 등에 관한 규정」제14조연구비관리 우수기관 인증기관은 인증기간 동안에 종료되는 과제에 한하여, 위탁정산기관을 통한 사업비 정산을 실시하지 않고 자체정산을 실시 할 수 있다.

다. 비목별 증빙서류 및 불인정 기준

1) 비목별 증빙서류

가) 직접비

① 참여연구원의 현황표(연구원명, 참여기간, 참여율 등)

② 급여대장, 근로소득 원천징수영수증, 계좌이체 증빙서류, 건강보험 등

③ 영수증(카드 매출전표 또는 계좌이체 확인서, 세금계산서(계산서), 거래명세서 등)

④ 관련 문서(품의서, 계약서, 견적서, 보고서, 검수조서, 구매의뢰서, 자산관리대상 등)

⑤ 내부 기준단가에 의한 집행인 경우 내부규정 포함

⑥ 해외거래처 구입 물품인 경우 수입신고필증, 외국환거래계산서 포함

⑦ 기타 관리기관의 장이 추가로 요구하는 서류

나) 간접비

① 카드 매출전표 또는 계좌이체 확인서, 세금계산서(계산서) 등

② 관련문서

③ 기타 관리기관의 장이 추가로 요구하는 서류

2) 사업비 불인정 기준

사업비 불인정 기준은 아래 표와 같다.

〈사업비 비목별 불인정 주요 기준〉

구 분	주요내용
일반기준	1. 과제수행과 직접적인 관련이 없는 항목으로 집행한 경우 2. 집행내역을 보고하지 않은 경우 3. 전문기관으로부터 승인을 받아야 하는 사업비 변경 또는 사용 사항에 대해 승인 절차를 거치지 않고 집행한 경우 4. 사업비 집행내역 확인이 불가능한 경우 5. 협약기간 종료 후 집행한 경우(별도 인정한 경우 제외) 6. 다른 과제나 사업에 전용 또는 관리기관의 장이 인정하지 않는 이용(移用)의 경우 7. 어음으로 결제한 경우 8. 집행증빙이 수기 입금표인 경우(법인세법 시행령 제158조에서 정한 금액 이상의 경우) 9. 동 지침 12. 사업비의 관리 및 사용 기준에 따라 집행되지 않은 경우 10. 기타 관리기관의 장이 사업비 용도에 부적합하다고 인정하는 경우

직접비	1. 참여연구원 변경을 최종 보고하지 않고 지급된 금액 2. 개인별 참여율 및 참여기간을 초과하여 집행한 금액 3. 참여연구원 이외 지원인력 인건비를 집행한 금액 4. 판공비 및 복리후생성 경비가 인건비로 집행된 경우 5. 전문기관 승인이 필요한 경우 승인없이 인건비를 증액하여 집행한 경우 6. 참여연구원의 인건비가 이중으로 지급된 경우 7. 과제수행에 직접적으로 관련 없는 기관 공통운영비성 경비 및 개인용도의 경비 가. 사무 및 난방용 연료비, 청소비, 차량보험료(시험용 차량 제외), 경상피복비 등 나. 연구목적과 무관한 선물 구입비(화환 구입비 등) 다. 학회 활동의 연회비, 종신 학회비 및 개인성 경비 라. 국외출장 시 여행사 상품을 구매하는 등의 개인성 경비 등 8. 관세, 부가가치세 등을 환급 받은 경우 9. 전문기관의 승인이 필요한 일정금액 이상의 연구시설 · 장비비 변경을 승인 없이 집행한 경우 10. 최종연도 협약기간 종료 3개월 전까지 구입완료되지 않은 연구기자재 및 연구시설 구입 금액 11. 여비에 포함되는 숙박비, 식비 등을 출장지 관계기관에서 지급한 경우 수행기관에서 중복하여 집행한 경우 및 출장 계획 없이 집행된 경우 12. 위원회 수당, 자문료, 강사료, 원고료 등 전문가 1인에게 동시에 중복으로 집행된 경우 13. 회의비 집행 시 주관, 공동, 위탁, 참여기관 등 단일 수행기관 내부 직원간의 회식비로 지출된 경우 또는 1인당 1식 3만원을 초과하여 집행한 경우 14. 연구수당을 최초협약예산을 초과하여 집행하거나, 기관에서 일괄 통합하여 참여연구원 이외의 자에게 지급하거나, 연구책임자의 평가근거 없이 집행한 경우 15. 통상적 유흥의 성격으로 구분되는 사업장 및 주류 구입 등에 집행된 경우 16. 참여연구원의 초과근무내역을 확인할 수 없는 단순 식대명목으로 집행된 경우 17. 사업계획서에 명기되어 있지만 동 기술개발과 무관하게 또는 과다하게 집행하는 등 부적절하게 사용한 경우 18. 위탁기관이 위탁과제를 중도에 포기하였음에도 기 집행된 금액을 환수하지 않은 경우 19. 위탁과제에 대한 평가 및 정산을 실시하지 않은 경우 20. 위탁과제기간 이후에 집행된 금액 21. 전문기관 승인이 필요한 경우 승인없이 위탁연구개발비를 변경하여 집행한 경우 22. 기타 관리기관이 사업비 용도에 부적합하다고 인정하는 경우
간접비	1. 최초협약예산을 초과하여 집행한 경우

16. 최종 결과의 보고 및 평가

가. 최종보고서 제출

1) 주관기관은 최종결과를 협약기간 종료일로부터 2개월 이내에 요령 제24조 규정에 의한 최종보고서(공인인증기관의 시험성적서 등 기술개발결과를 객관적으로 증빙할 수 있는 자료 포함)를 종합관리시스템에 제출한 후, 최종보고서 7부를 출력하여 전문기관에 제출하고 보고서의 공개 여부 및 기술개발로 발생된 지식재산권 등의 성과가 있을 경우 함께 보고하여야 한다. 이때 관리기관 및 전문기관이 최종보고서 내용에 대한 수정 또는 보완 요구할 경우 이에 성실히 응하여야 한다.

2) 중소기업청은 기술개발성과 활용을 위하여 최종보고서는 열람토록 할 수 있다. 다만, 주관기관 등은 기술개발성과의 기술자료임치 또는 보안을 위하여 최장 5년 동안 최종보고서의 비공개를 최종보고서 제출시 주관기관장 명의의 공문으로 전문기관에게 요청할 수 있으며, 전문기관은 선정당시 보안과제로 분류된 기술개발결과에 대하여는 별도로 관리하여야 한다.

3) 전문기관은 최종보고서 미제출 과제에 대하여 안내 및 독촉을 하여야 하며, 그럼에도 불구하고 협약기간 종료일로부터 3개월 이내에 제출되지 않은 과제는 실패로 간주할 수 있다.

나. 최종평가

1) 최종보고서 검토

관리기관은 종합관리시스템에 제출된 최종보고서를 바탕으로 최종결과물, 결과물의 사업화 여건 및 가능성 등 현장에서 확인이 필요한 사항을 중심으로 검토한다.

2) 현장실태조사(최종점검)

가) 관리기관은 주관기관이 최종보고서를 제출한 이후 2개월 이내에 주관기관이 요청한 장소(최종 결과물 확인이 가능한 장소를 원칙)에서 현장실태조사를 실시토록 노력하여야 한다.

나) 기술개발내용의 확인을 위한 현장실태조사 위원은 관리기관 소속직원 또는 해당분야 전문가로 구성한다.

다) 관리기관은 현장실태조사를 실시하여 아래의 사항을 전문기관에 통보한다.

① 최종결과물 등 확인결과 및 현장실태조사 결과 의견

② 사업비 사용실태 및 연구시설 · 장비 등록 · 활용에 관한 검토의견, 사업비 정산 등

3) 평가위원회 평가

가) 전문기관은 관리기관의 현장실태조사 결과 통보 이후 2개월 이내에 최종평가를 실시토록 노력하여야 한다.

나) 전문기관은 관리기관의 현장실태조사 결과를 보고받은 과제에 대하여 기술분야별 평가위원회를 개최하여야 한다. 다만, 평가대상 과제수를 고려하여 기술분야를 통합하여 평가위원회를 운영할 수 있다.

다) 평가위원은 현장실태조사 검토의견, 연구노트, 최종보고서 및 증빙자료, 기술료 납부의사 등을 종합적으로 고려하여 별지 서식에 따라 모든 과제에 대하여 서면 또는 대면평가를 실시하여 "성공" 또는 "실패"로 판정한다. 다만, 서면평가 수행시 성공 또는 실패 판정이 어려운 경우에 한하여 "평가보류"로 판정할 수 있다.

라) 서면평가결과 "평가보류"로 판정된 과제 및 이의신청이 제기된 "실패"과제의 경우 과제책임자 발표를 통한 대면평가를 실시한다. 다만, 주관기관 등의 연락두절, 휴 · 폐업, 참석 불응시 서면으로 평가할 수 있다.

마) 상기 라)의 대면평가시 과제책임자는 연구노트 등 기술개발 관련 자료, 시험성적서, 시제품 등 근거자료를 통한 설명 및 시연을 실시하여야 한다.

바) 다만, 현장실태조사 결과 사업비 유용, 휴 · 폐업 등 기술적 내용과 무관한 경우 평가위원회 평가를 생략하고 현장실태조사 의견으로 갈음할 수 있다.

4) 평가결과 확정 및 통보

가) 종합점수 계산

① 평가위원회는 연구노트, 최종보고서, 증빙서류, 현장실태조사 의견, 과제책임자의 발표 또는 시연 등을 전반적으로 고려하여 위원별 최고, 최저를 뺀 점수합계의 산술평균점수로 한다.

② 다만, 공동개발기관이 있는 경우 워크숍(정기모임) 실적을 검토하여 미흡한 경우 최대 5점의 감점을 적용할 수 있다.

$$\text{종합평점} = \frac{\text{평가위원 점수의 합계-(최고점수+최저점수)}}{\text{평가위원 수} - 2} - \text{감점}$$

③ 전문기관은 평가위원회를 개최하지 않고 현장실태조사만을 실시한 경우 실태조사 의견을 따라야 하며, 종합평점은 0점으로 처리한다.

나) 최종평가 결과는 종합평점에 따라 다음과 같이 구분한다. 다만, 실패사유가 사업비 유용, 의무사항 불이행, 협약위반 등 점수산정에 어려움이 있는 경우 종합평점을 산정하지 않을 수 있으며, 실패판정은 평가위원회 의견을 따른다.

① 성공 : 종합평점이 60점 이상

② 실패 : 종합평점이 60점 미만 또는 평가위원의 2/3 이상이 평가지표 중 하나라도 미흡 이하로 평가한 경우

다) 최종 평가위원회는 실패로 판정된 과제에 대해 연구노트, 최종보고서, 발표내용 등을 종합적으로 고려하여 기술개발을 성실히 수행하였는지 여부와 실패의 귀책사유에 대하여 의견을 제시하여야 한다.

라) 실패로 평가된 과제에 대해서는 사안에 따라 이 지침 21. 가.의 제재등급을 기준으로 제재여부 및 제재대상을 구분한다.

마) 실패로 평가된 과제의 이의신청은 〈붙임3〉의 이의신청 절차 및 처리방법을 따른다.

바) 전문기관은 성공으로 평가된 과제에 대해 성공평가 공문과 함께 기술료 납부계획서 제출 안내를 주관기관(공동개발기관 포함) 등에 통보한다.

17. 문제과제 등의 처리

1) 관리기관 또는 전문기관은 사업비 집행실적의 정밀검토, 사업비의 임의집행 및 유용, 정당한 사유 없이 각종 보고서 미제출 등 동 사업 규정 또는 협약 위배의 경우에는 현장정밀실태조사를 실시하고, 현장정밀실태조사 결과 평가위원회 심의가 필요하다고 판단될 경우 평가위원회를 실시할 수 있으며, 이 지침 14. 나.의 진도점검의 절차 및 방법을 준용한다.

2) 현장정밀실태조사 또는 평가위원회 결과 요령 제17조의 협약의 해약사유가 발행한 경우 이 지침 21.에 따라 처리한다.

3) 자체포기과제의 사업비 처리

가) 주관기관 등은 주관기관의 여건 등을 고려하여 사업비 전액을 반납하고 사업수행을 포기하고자 하는 경우에는 주관기관 명의의 공문으로 해당 사유를 명기하여 전문기관에게 제출하여야 한다.

나) 전문기관은 주관기관으로부터 제출받은 포기공문을 접수한 후 정부출연금 전액을 입금받을 전문기관 명의의 회수금 관리계좌를 주관기관 등에게 통보한다.

다) 주관기관 등은 통보받은 전문기관 명의의 회수금 관리계좌에 지급받은 정부출연금 전액을 30일 이내에 입금하여야 한다.

라) 기술개발비 포인트제도를 적용하고 있는 경우 아래와 같이 적용한다.

① 미집행한 사업비(민간부담금에서 발생한 이자 포함)가 정부출연금 미만인 경우 주관기관 등은 지급된 정부출연금과의 차액을 통보받은 전문기관 명의의 회수금 관리계좌로 입금하여야 한다.

② 미집행한 사업비(민감부담금에서 발생한 이자 포함)가 지급된 정부출연금 이상인 경우 전문기관은 민간부담 현금 잔액을 주관기관 등 명의의 관리계좌로 입금하여야 한다.

③ 전문기관은 상기 가) 및 나)의 통합수탁은행에 남아있는 해당과제의 정부출연금을 전문기관 명의의 회수금 관리계좌로 이체하여야 한다.

④ 민간부담금으로부터 발생된 이자는 주관기관이 포기공문을 보낸 날까지 발생한 금액으로 산정한다.

4). 보증연계 과제의 문제발생 시 처리방안

가) 수행기관의 보증사고 또는 대위변제 발생 시 아래의 절차를 따른다.

① "보증사고"라 함은 보증기관의 "보증사고 관리규정"에 의한 정의를 따른다.

② 보증기관은 수행기관의 보증사고가 발생하면 전문기관에 이를 통보하고, 전문기관은 포인트계좌 사용을 중지시킨다.

③ 보증기관은 보증사고사유가 해소되면 전문기관에 이를 통보하고, 전문기관은 중지되었던 수행기관의 포인트계좌 사용을 재개한다.

④ 보증기관은 대위변제가 발생하면 전문기관에 이를 통보하고, 전문기관은 평가위원회를 개최하여 이를 처리한다.

⑤ 수행기관은 보증사고 발생 또는 대위변제로 인한 협약해약시, 정산결과 민간지분반납처리금(보증부융자금)의 처리를 전문기관 및 보

증기관에 위임하여 해당금액을 당해 보증부대출 상환(보증사고로 인한 협약해약) 또는 보증기관의 구상채권에 충당(대위변제로 인한 협약해약)을 하여야 한다.

나) 전문기관은 보증 정상거래 기업이 문제과제로 판정되어 협약해약 시 보증기관에 이를 통보하고, 수행기관은 정산 결과 민간지분반납 처리금(융자금)의 처리를 전문기관에 위임하여 해당 금액을 당해 보증부대출에 상환을 하여야 한다.

18. 기술개발성과물의 귀속

1) 주관기관(공동개발기관 포함)은 사업의 수행과정에서 취득한 기술 등의 확산, 활용성 제고, 지식재산권의 확보 및 관리 등에 필요한 조치를 취하여야 한다.

2) 기술개발사업의 수행결과로 발생하는 연구시설・장비, 시작품 등 유형적 결과물 및 지식재산권, 보고서의 판권, 연구노트 등 무형적 결과물은 수행기관의 공동 소유를 원칙으로 하되, 상호 협의 하에 결정할 수 있다. 다만, 기업이 자체 개발하거나 주도적으로 개발한 결과물은 기업이 소유하며, 주관기관이 기술개발 결과물을 소유할 의사가 없는 경우에는 공동개발기관이 단독으로 결과물을 소유할 수 있다.

3) 상기 나)의 협의에 따라 지식재산권 등 무형적 결과물을 비영리기관에서 단독 소유한 경우 해당기관은 공동개발을 한 중소기업의 사업 활성화를 위해 일정기간 기업에게 실시권을 부여하여야 한다. 다만, 과제별 특성에 따라 실시권의 부여기간 및 형태는 달리할 수 있다.

4) 상기 나.와 다.에도 불구하고 중소기업청은 다음 각호의 어느 하나에 해당하는 경우에 유・무형적 결과물을 국가 또는 전문기관의 소유로 할 수 있다.

가) 국가 안보상 필요한 경우

나) 사업수행결과를 공공의 이익을 목적으로 활용하기 위하여 필요한 경우

다) 기술개발 결과물을 소유하게 될 기관이 국외에 소재한 경우

라) 기타 수행기관이 소유하기에 부적합하다고 인정되는 경우

5) 중소기업청은 상기 라.에 따라 국가가 소유하게 된 기술개발 결과물을 전문기관 등에 위탁하여 관리하게 할 수 있다.

6) 요령 제29조에 따라 기술료를 납부하는 주관기관(공동개발기관 포함)은 다음 각호에 해당하는 경우에는 해당 과제의 수행기업 등과 협의하여 기술개발 결과물을 참여기업 등(국내에 있는 기관을 우선적으로 고려하여야 한다)에 양여할 수 있다. 다만, 기술개발 결과물의 소유기관이 기술개발 결과물에 대한 권리를 포기한 경우에는 해당 개발과제를 수행한 과제책임자에게 무상으로 양여할 수 있다.

가) 상기 나.에 따른 유형적 결과물의 경우에는 기술개발 결과물의 소유기관으로부터 해당 결과물의 가액 중 정부출연금 지분에 상당하는 금액을 기술료 등으로 회수한 경우

나) 상기 나.에 따른 무형적 결과물의 경우에는 기술개발 결과물 소유기관으로부터 기술료의 징수를 완료한 경우

7) 주관기관 등은 사업수행에 따른 결과로서 지식재산권을 출원하거나 등록하는 경우에는 다음 각호의 조치를 취하여야 하며, 관련서류는 전자문서로 제출할 수 있다.

가) 지식재산권을 출원할 경우에는 과제별 고유번호, 지원기관, 과제명 등 정부지원으로 발생하였음을 식별할 수 있는 정보를 기재해야 하며, 과제책임자 또는 참여연구원 개인 명의로 출원이 되지 않도록 해야 한다. 다만, 개인사업자의 경우 대표자 명의로 출원할 수 있다.

나) 국내 또는 국외에서 출원하거나 등록하는 지식재산권의 경우에는 상기 사. 1)에 기재한 사항이 포함된 지식재산권 출원서 또는 등록신

청서 및 그 사실을 증명할 수 있는 서류를 출원 또는 등록 후 6개월 이내에 종합관리시스템에 등록하여야 한다.

다) 국외에서 등록된 지식재산권의 경우에는 등록공보 발간 이후 3개월 이내에 등록공보의 사본을 종합관리시스템에 등록하여야 한다.

7) 위탁연구기관 등은 동 기술개발사업으로 발생된 결과를 논문 및 학회 발표시 주관기관의 동의를 얻어야 하며, 이 때 한글 또는 영문으로 중소기업청의 기술개발사업을 통해 개발된 결과물임을 반드시 표시하여야 한다.

8) 수행기관은 해당 사업 수행과정에서 취득한 유·무형적 결과물에 대한 선량한 관리자의 의무를 다해야 하며, 유·무형적 결과물은 기술료 완납 이전에는 임의로 처분할 수 없다.

9) 협약체결 시 주관기관은 공동개발기관과의 협의를 통해 작성한 지식재산권 상호협의서(자율양식)를 제출해야 하며, 전문기관은 지식재산권 상호협의서의 내용이 관련 규정에 위배된다고 판단될 경우 주관기관 등에 상호협의서의 수정을 요구할 수 있다.

19. 기술개발결과의 활용 및 사후관리

1) 주관기관(공동개발기관 포함)은 요령 제28조 제1항 및 제2항에 의한 기술개발결과 활용현황보고서를 최종평가결과 통보년도부터 5년간 매년 종합관리시스템에 제출하여야 한다. 다만, 과제별 특성에 따라 실시기관 등이 활용현황보고서를 제출할 수 있다.

2) 전문기관은 지원과제의 기술개발결과 성과분석 보고서를 작성하여야 한다.

3) 중소기업청이 전문기관에게 요령 제28조제4항의 경영성과 현장추적조사를 실시하게 할 경우 해당 수행기관은 이에 성실히 응해야 한다.

3) 전문기관은 상기 나.와 다.의 성과분석 및 경영성과 현장추적조사 결과를 중소기업청에 보고하여야 하며, 중소기업청은 성과분석 및 현장추적조사 결과에 따라 5등급의 성과등급을 결정하여 우대 또는 불리하게 대우할 수 있다.

4) 전문기관은 최종보고서를 관련연구기관, 산업계, 학계, 국·공립도서관 등에 배포할 수 있다. 다만, 전문기관은 국가보안유지 및 수행기관의 비공개 요청을 받고 정당한 사유가 인정되는 경우 해당기술개발 결과를 비공개 할 수 있다.

5) 전문기관은 기술개발 결과를 관련연구기관, 산업계, 학계 등에 널리 알리기 위하여 인터넷을 통해 주요기술개발 내용의 검색이 가능하게 하여야 한다.

6) 전문기관은 기술료 면제과제 및 정당한 사유없이 기술료를 미납한 과제에 대하여 기술이전, 무상 공개활용 등의 필요한 조치를 취할 수 있다.

7) 주관기관은 개발과제의 기술보호 및 사후관리를 위해 개발한 핵심 기술자료를 임치기관에 협약기간 종료일로부터 2개월 이내에 임치하여야 한다.

8) 전문기관은 핵심 기술자료의 임치, 주관기관 등의 영업이익 보호 등을 위하여 제3자의 최종보고서 열람요청시 주관기관 등의 동의를 얻어 열람토록 할 수 있다.

20. 기술료 징수 및 관리

1) 주관기관(공동개발기관 포함)은 지원받은 정부출연금의 100분의 10을 기술료로 납부해야 한다. 다만, 공동개발기관이 비영리기관인 경우 요령 제29조제1항에 따라 해당 기술료 납부 의무가 없다.

2) 전문기관은 영리기관이 납부한 기술료의 50%를 공동개발을 수행한 비

영리기관의 성과보상금으로 지급할 수 있다.

3) 기타 기술료 징수 및 사용에 관한 자세한 사항은 별도의 '중소기업기술개발 지원사업 기술료 관리규정'을 따른다.

21. 제재 및 환수 관리

가. 제재 및 환수 결정

1) 중소기업청장은 제재·환수에 대한 심의 및 후속조치를 중소기업기술혁신 촉진법 시행령 제19조제1항 2호 및 3호에 따라 전문기관의 장에게 위임한다.

2) 전문기관은 요령의 각종 이행사항 위배, 중단, 실패 등의 문제과제에 대하여 사안에 따라 전문위원회를 운영하여 요령 제30조 및 제31조의 기준으로 세부적인 제재여부 및 제재대상을 결정하고 필요한 조치를 하여야 하며, 동 조치 이후 요령의 각종 이행사항 위배 또는 협약 위배 등 제재대상으로 되는 새로운 사실 등이 인지될 경우 필요한 조치를 추가적으로 취할 수 있다. 다만, 이 경우 총 제재기간의 기산점은 최초제재 시작일로 소급한다.

3) 전문기관의 장은 전문위원회 개최계획 및 결과를 중소기업청장에게 보고하고, 심의결과를 주관기관의 장에게 통보한다.

4) 주관기관은 전문위원회 결과에 이의가 있을 경우 〈붙임3〉의 이의신청절차 및 처리방법에 따른다. 이때, 전문기관은 전문위원회 결과 이외의 사항(기술개발 평가결과 등)에 대한 이의신청은 반려할 수 있다.

5) 전문기관이 긴급히 조치가 필요하다고 판단할 때에는 정부출연금 회수 및 신규과제 지원제한 등의 선 조치를 취할 수 있다. 다만, 제재등급이 확정될 경우 전문기관장이 선 조치한 제재기간은 참여제한 기간에 소급하여 적용한다.

6) 기 제재 받은 자가 다른 사항 및 다른 과제 또는 상기 1)의 단서로 인하여 제재를 받을 경우 참여제한 기간을 합산하여 5년까지 적용한다.

나. 귀책사유별 처리기준

1) 전문기관은 주관기관 또는 공동개발기관 중에서 어느 한 쪽의 일방적인 사유만으로도 문제과제로 처리할 수 있다.

2) 이 경우 문제의 사유를 판별하여 귀책사유에 따른 대상기관 및 대상자에 대해 요령 제30조에 따라 처리한다.

3) 전문기관은 귀책사유가 없으며, 협약과 이 지침에 따른 수행기관의 의무를 다한 기관에 대해서는 요령 제30조 〈별표3〉의 "기타 중단, 실패 등의 귀책사유가 해당기관에 없을 경우"에 따라 처리한다.

4) 귀책사유가 없는 기관은 문제사유가 발생한 이후에는 사업비를 사용할 수 없으며, 관리기관 또는 전문기관은 이 지침 17. 가.에 따라 문제과제를 처리할 수 있다.

다. 참여제한

1) 전문기관은 요령 제30조에 따라 참여제한 대상과제 중 귀책사유가 인정되는 대상기관과 대상자에 대해서는 국가연구개발사업의 신규 참여를 제한할 수 있다.
2) 수행기관에 대한 참여제한은 과제책임자가 소속된 부설기관(연구소)단위로 참여를 제한할 수 있다.

라. 정부출연금 환수 방법

1) 정부출연금 환수통보를 받은 주관기관 등은 통보일로부터 30일 이내에 해당금액을 전문기관에 납부하여야 한다. 주관기관 등이 환수금 통보일로부터 정당한 사유 없이 30일 이상 납부를 지체하는 경우, 전문기관은

전문위원회 심의를 거치지 않고 해당 미납기관에 채권추심 등 법적조치를 취할 수 있다.

2) 정부출연금 환수는 정부출연금의 범위에서 이에 상당하는 금액을 현금으로 한다. 다만, 기업의 부도, 폐업, 파산 등 재산조사 결과 현금납부가 어렵다고 조사된 경우 유형적 발생품(연구시설 · 장비 및 시작품 등)으로 납부토록 할 수 있다.

3) 유형적 발생품으로 환수할 경우 환수액 산정은 공급가격 기준으로 1천만원 이상이고 잔존가격이 1백만원 이상인 물품으로 한정하며, 잔존가격의 산정은 기업회계기준 등에서 정한 기준에 따른다.

4) 전문기관의 장은 환수금의 환수를 위하여 법무법인 등에 지급명령 및 강제집행 등 관련 법적 절차를 위탁하거나, 채권추심업체에 채권추심을 의뢰할 수 있으며, 관련 비용 지급을 위하여 별도 예산을 확보하여야 한다. 이때, 환수금의 전액 또는 일부를 징수한 경우 환수는 종료된 것으로 본다.

5) 전문기관은 환수 결정 후 주관기관 등의 부도, 폐업, 법정관리 및 이에 준하는 상황이 인정되는 경우 전문위원회 심의를 거쳐 환수금을 면제하거나 환수금 중 일부를 현물로 납부하도록 할 수 있다.

6) 환수 면제 등급으로 분류되어 회수하지 아니한 잔존현물은 해당기업의 연구목적으로만 사용할 수 있으며 전문기관의 승인을 받지 않고 처분 등 기타 목적으로는 사용할 수 없다.

7) 환수금액이 5천만원을 초과하거나 현저한 경영악화로 일시납부가 곤란하다고 전문기관이 인정하는 경우에는 2년 이내에서 지급이행보증보험증권 등으로 납부하도록 할 수 있다.

8) 전문기관은 기술개발사업의 환수금을 효율적으로 관리하기 위하여 별도의 회수금 관리계좌를 설치하여야 한다.

9) 기술개발 포인트 적용과제의 정부출연금 환수방법은 15. 나. 2)의 사업비 정산방법을 준용한다.

마. 행정처분 등

1) 중소기업청장은 중단, 실패 등에 따른 회수 대상액 및 정산잔액, 기술료 등에 대한 납부를 계속 불응하는 기관에 대해서는 타 정책자금의 지원 제한, 해당기관의 공개 및 기타 행정행위에 의한 제재조치를 취할 수 있다.
2) 중소기업청장은 환수된 연구시설 · 장비, 시작품 등의 현물분은 연구수행 실적이 우수한 기관(기업)등에 무상으로 기증하거나 공익을 위하여 사용할 수 있으며, 납부현물의 처리방법 및 납부현물을 기증받을 기관 등은 전문위원회의 심의 및 중소기업청의 승인을 얻어 정할 수 있다.
3) 참여제한 및 회수에 대해 지침에 명시되지 않은 사항의 경우에는 전문위원회 심의에서 정하는 바에 따른다.

22. 성과보상제도 운영

1) 전문기관은 기술개발사업 현장추적조사 결과 등을 통하여 성과가 우수한 기관의 연구원에게 예산범위 내에서 성과보상(최대 5백만원 이내)을 할 수 있다.

2) 상기 가)를 수행하기 위해 전문기관은 수행기관의 지급을 목적으로 전문기관에 교부된 출연금으로 인하여 발생한 이자를 중소기업청의 승인을 통하여 성과보상금으로 활용할 수 있다.

23. 수당지급 기준

가. 운영수당

1) 중소기업청장은 동 사업과 관련하여 평가에 따른 평가위원 수당을 예산의 범위 에서 지급할 수 있다.

2) 평가위원 수당 등 운영수당은 전문기관 및 관리기관의 내부기준을 적용하되 예산사정을 고려하여 조정할 수 있다.

나. 출장여비

평가위원 및 현장실태조사 위원에 대한 출장 여비는 전문기관 등의 여비 지급 기준에 의하여 예산 범위에서 지급한다.

24. 기타사항

1) 전문기관은 동 사업에 대한 지원내용과 개발결과 등을 적극적으로 홍보하여야 한다.

2) 주관기관 및 공동개발기관 등은 동 사업으로 개발 중이거나 개발한 내용을 외부에 발표할 때에는 반드시 중소기업기술개발지원사업으로 수행한 것임을 밝혀야 한다.

3) 중소기업청은 우수기술개발사례를 발굴하여 관련기관 및 관련자에 대해 예산 범위에서 포상할 수 있다.

4) 중소기업청은 보증연계를 받은 과제 중 최종평가 결과 "성공"으로 판정된 과제에 대하여 동 기술개발사업과 연계된 사업화자금 지원사업 등을 통하여 우대할 수 있다.

제2장 세부과제별 관리사항

기술개발사업은 제1장의 공통 관리사항에 따라 운영함을 원칙으로 하되, 아래에서 세부과제별 특성에 따라 별도로 정함이 있는 경우 그 내용을 우선하여 적용한다.

25. 산연협력과제

가. 지원내용

기술수요조사, 연구용역, 중앙센터 등에 의해서 도출된 중소기업형 미래 유망 첨단융합기술분야의 과제에 대해 중소기업과 공공연구기관의 공동기술개발을 지원한다.

나. 신청자격

1) 주관기관 : 중소기업기본법 제2조에 따른 중소기업으로, 기술혁신형 중소기업(Inno-Biz) 또는 벤처기업 또는 기업부설연구소 보유 기업이어야 한다.

2) 공동개발기관 : 기술개발 및 사업관리 역량, 중소기업 지원실적을 보유한 공공연구기관으로, 세부자격은 제1장 공통 관리사항의 공동개발기관 자격(기업이외인 경우)을 따른다.

3) 중소기업은 공동개발기관과 참여기업으로 신청이 불가하다.

4) 필요시 주관기관으로부터 기술개발사업의 일부를 위탁받아 수행하는 비영리기관은 위탁연구기관으로 참여가 가능하다.

다. 지원범위

구 분	내 용
정부출연금 비율	총사업비의 60% 이내
지 원 기 간	최대 2년 이내
지원금액 한도	최고 6억원 이내(년 3억 이내)

라. 지원절차

추 진 절 차	내 용
기술수요조사(전문기관) / 연구용역(전문기관) / 융합과제발굴연구회(중앙센터)	과제발굴
과제기획위원회(전문기관)	기술제안서(RFP) 확정
사업공고(중소기업청)	과제공고
사전보증상담(주관기관 권고사항)	보증여부 사전검토
온라인 과제신청(주관기관)	종합관리시스템 이용(www.smtech.go.kr)
자격검토 및 서면평가(전문기관)	사업계획서 등 검토
현장조사(R&D경제성평가 포함)(보증기관)	기술개발능력 및 보증 한도 검토
현장조사(R&D경제성평가 포함)(보증기관)	과제책임자 발표 등 기술성, 사업성 검토
심의조정위원회(전문기관)	신규과제 선정
보증(융자)연계실행(보증기관 → 주관기관)	보증(융자)금 신청
협약체결(전문기관 ↔ 주관기관, 공동개발기관)	3자 협약 및 사업비 지급

※ ⬚ 은 보증연계 신청한 경우만 해당

마. 중소기업 R&D기획역량 제고사업 연계

1) 요령 제5조제3항에 따라 중소기업 R&D기획역량 제고사업 연계지원평가에서 우수과제로 선정되어 중소기업 융복합기술개발사업으로 연계되는 과제를 말하며, 산연협력과제로 분류한다.

2) 전문기관의 장은 요령 제5조에 따라 연계지원 과제의 주관기관(공동개발기관 포함)으로 하여금 협약에 필요한 수정사업계획서 등을 종합관리시스템에 등록하게 한 후 이 지침에 따라 협약을 실시하여야 한다. 이 경우 수정사업계획서 검토는 중소기업 R&D기획역량 제고사업 연계지원평가 결과로 갈음하여 생략할 수 있다.

3) 전문기관의 장은 중소기업 R&D기획역량 제고사업 연계과제의 경우 주관기관(공동개발기관 포함)의 자격, 사업계획서 양식은 전년도 관련규정을 적용할 수 있다.

26. 이전기술과제

가. 지원내용

1) 공공연구기관이 보유한 상용화 되지 않은 융·복합기술(등록 또는 출원된 특허) 중 기술수요조사를 통해 중소기업에 이전하여 상용화하기 위한 추가 기술개발을 지원한다.

2) 지원대상기술

① 국내 특허 등록기술	② 국내 특허 출원기술

※ 출원 기술은 기술수요조사시 선행기술조사보고서를 제출하여야 하며, 선행기술조사보고서는 아래의 선행기술조사 전문기관에서 발급받은 것으로 관련도 항목에 'X(신규성 또는 진보성이 없음)'가 1개 이상 또는 'Y(다른 문헌과 결합되었을 때, 진보성이 없음)'가 2개 이상 기재되지 않은 경우에 한함

〈이전기술과제 선행기술조사 전문기관 〉

한국특허정보원 02-6915-6114	(주)윕스 042-610-3350	아이피솔루션(주) 02-541-1539

※선행기술조사 전문기관 : 특허법 제58조 규정에 의한 지정기관

나. 신청자격

1) 주관기관 : 중소기업기본법 제2조에 따른 중소기업으로, 기술혁신형 중소기업(Inno-Biz) 또는 벤처기업 또는 기업부설연구소 보유 기업이어야 한다.

2) 공동개발기관 : 기술이전 및 사업화 촉진에 관한 법률 제2조에 따른 공공연구기관

*** 공공연구기관 범위**

– 기술의 이전 및 사업화 촉진에 관한 법률 제2조(정의) 6항

1. 국 · 공립연구기관
2. 「과학기술분야 정부출연연구기관 등의 설립 · 운영 및 육성에 관한 법률」 제8조제1항에 따라 설립된 정부출연연구기관
3. 「특정연구기관 육성법」 제2조를 적용받는 특정연구기관
4. 「고등교육법」 제2조에 따른 학교
5. 그 밖에 「민법」 또는 다른 법률에 따라 설립된 연구개발과 관련된 법인 · 단체로서 기술의 이전 및 사업화를 촉진하기 위하여 대통령령으로 정한 기관

3) 공동개발기관은 선정된 주관기관과 기술이전 계약을 체결하고 해당 중소기업의 사업화 성공을 위해 능동적 기술이전 및 공동기술개발을 통한 적극적인 협조의 책임과 의무를 지닌다.

4) 중소기업은 공동개발기관과 참여기업으로 신청이 불가하다.

5) 필요시 주관기관으로부터 기술개발사업의 일부를 위탁받아 수행하는 비영리기관은 위탁연구기관으로 참여가 가능하다.

다. 지원범위

구 분	내 용
정부출연금 비율	총사업비의 60% 이내
지 원 기 간	최대 2년 이내
지원금액 한도	최고 6억원 이내(년 3억 이내)

라. 지원절차

추 진 절 차	내 용
기술수요조사 (전문기관)	공공연구기관 특허 모집 및 발굴
과제기획위원회 (전문기관)	기술제안서(RFP) 확정
사업공고 (중소기업청)	과제공고
사전보증상담 (주관기관 권고사항)	보증여부 사전검토
온라인 과제신청 (주관기관)	종합관리시스템 이용 (www.smtech.go.kr)
자격검토 및 서면평가 (전문기관)	사업계획서 등 검토
현장조사(R&D경제성평가 포함) (보증기관)	기술개발능력 및 보증한도 검토
대면평가 (전문기관)	과제책임자 발표 등 기술성, 사업성 검토
심의조정위원회 (전문기관)	신규과제 선정
보증(융자)연계실행 (보증기관 → 주관기관)	보증(융자)금 신청
기술이전 계약체결 (주관기관 ↔ 공동개발기관)	기술이전 협약
협약체결 (전문기관 ↔ 주관기관, 공동개발기관)	3자 협약 및 사업비 지급

※ [점선 박스] 은 보증연계 신청한 경우만 해당

마. 기술수요조사 및 검증

1) 기술수요조사

가) 중소기업청은 요령 제4조에 따라 공고대상 기술 발굴을 위해 공공연구기관 등을 대상으로 기술제안을 요청할 수 있다.

나) 공공연구기관 등은 기술수요조사 계획에 따라 동 사업 과제지원을 위한 기술을 발굴하여 중소기업청(또는 전문기관)에게 제출할 수 있으며, 아래에 해당하는 경우 기술제안서 외 부가적인 자료를 제출하여야 한다.

① 특허 출원기술 : 선행기술조사보고서 제출

② 기술수요자 · 기술중개기관이 제안한 경우 : 해당 기술에 대한 정보를 포함한 기술이전계획서 제출

다) 공공연구기관 등은 아래의 사항을 고려하여 동 사업의 목적에 적합한 기술을 발굴하여야 한다.

① 기술이전 과제의 상용화 기술개발로 현저한 경제적 성과를 얻을 수 있고 기존 제품과의 차별성이 뚜렷한 기술

② 상용화되지 않은 기술로써 특허가 등록되었거나 출원된 기술

③ 중소기업이 2년 이내에 상용화 개발을 완료할 수 있는 기술

라) 아래 각호의 기술은 발굴에서 제외한다.

① 기술개발 목표 및 내용 등이 이미 국내에서 개발이 완료된 기술(유사기술 포함)

② 정부로부터 출연 또는 보조금을 받은 기술 및 단순한 기존 제품의 성능을 개선하는 기술

③ 현재 NET 또는 NEP인증 내용과 유사하거나 동일한 기술

마) 전문기관은 공공연구기관 기술이 중소기업과의 연계 활성화를 통해 기술개발에 따른 경제적 성과가 큰 과제가 발굴 될 수 있도록 기술이전세미나를 개최할 수 있다.

2) 기술검증평가

가) 전문기관은 제안기술을 대상으로 과제기획위원회를 개최하여 기술의 적합성 및 지원의 적정성 등을 평가할 수 있다.

나) 과제기획위원회는 평가대상기술의 분야별 평가위원회를 구성하되, 필요시 통합 또는 세분하여 구성할 수 있으며, 아래 각호의 사항을 객관적으로 평가하여야 한다.

① 공공연구기관의 자격요건

② 신청 서류의 적합성

③ 국내 개발완료여부, 정부 기지원과제 및 NET, NEP의 유사성 등 중복성

④ 중소기업의 적용가능여부 및 정부지원의 필요성 등

다) 전문기관은 검증평가결과를 중소기업청에게 보고하고, 기술제안서를 제출한 공공연구기관 등에게 검토결과를 통보해야 한다.

3) 공고대상 선정

가) 중소기업청은 전문기관의 검토결과 지원과제로 적합한 기술에 대해서도 사업목적에 맞지 않을 경우 공고대상에서 제외할 수 있다.

나) 중소기업청은 경제성이 높은 기술의 사장을 방지하기 위해 과제공고 결과 미접수 및 신청 중소기업의 탈락으로 인해 활용되지 못한 기술은 다음 사업공고 시 공고대상에 포함할 수 있다.

바. 협약의 체결

1) 기술이전 계약체결

선정된 주관기관은 공동개발기관과 기술이전계약을 체결하고 협약 시 수정사업계획서 등 협약관련서류 등과 함께 종합관리시스템에 제출하여야 한다.

2) 협약체결의 중지

전문기관은 협약대상기관이 특별한 사유 없이 제1장 공통사항의 10. 다. 또는 아래에 해당하는 경우에는 협약 체결을 중지할 수 있다.

가) 주관기관과 공동개발기관이 기술이전 계약을 체결하지 않는 경우

나) 기술을 이전하는 공공연구기관이 신규과제의 공동개발기관으로 참여하지 않는 경우

27. 센터연계형과제

가. 지원내용

중소기업이 지역센터를 통해 자유롭게 신청한 융·복합기술에 대해 R&D기획 후, 중앙센터의 평가를 통해 추천한 과제를 대상으로 기술개발을 연계·지원하며, 기술유형에 따라 아래와 같이 구분한다.

1) 일반기술 유형 : 중소기업이 산업(기술)간 융·복합분야에서 자유롭게 제안한 과제

2) 농공상융합 유형 : 중소기업 경쟁력 강화 및 농어민 경제 활성화를 위한 고부가가치 그린 바이오 기술개발 과제(3세대 바이오 신기술과제)

나. 신청자격

1) 주관기관 : 중소기업기본법 제2조에 따른 중소기업으로, 기술혁신형 중소기업(Inno-Biz) 또는 벤처기업 또는 기업부설연구소 보유기업이어야 한다.
(단, 농공상융합 유형 기술을 신청한 경우 주관기관의 자격은 중소기업기본법 제2조에 따른 중소기업으로만 한다.)

2) 공동개발기관 : 기본자격은 중소기업기본법 제2조에 따른 중소기업 또는 기술개발 및 사업관리 역량, 중소기업 지원실적을 보유한

공공연구기관으로 세부자격은 아래의 기준을 따른다.

가) 공공연구기관의 자격은 제1장 공통사항의 4. 가. 12)에서 기업이 아닌 경우를 따른다.

나) 농공상융합 유형 기술을 신청한 경우는 '농어업경영체 육성 및 지원에 관한 법률' 제16조, 제19조에 의거 설립된 농어업법인 또는 농림수산식품부 장관 · 중소기업청장이 승인한 농공상융합형 중소기업이어야 한다.

3) 중소기업은 참여기업으로 신청이 불가하다.

4) 필요시 주관기관으로부터 기술개발사업의 일부를 위탁받아 수행하는 비영리기관은 위탁연구기관으로 참여가 가능하다.

5) 중소기업융합지원센터를 통해 기술개발사업을 희망하는 중소기업 경우 R&D 기획단계(기술개발사업 연계 전)에서는 신청 세부자격(기술혁신형 중소기업(Inno-Biz), 벤처기업, 기업부설연구소 보유기업)을 갖추지 아니하여도 지역센터의 기획과제(멘토링 그룹)의 신청은 가능하나, 추천평가 이전에는 상기 신청자격을 반드시 갖추어야 한다.

다. 지원범위

구 분	내 용
정부출연금 비율	총사업비의 60% 이내
지 원 기 간	최대 2년 이내
지원금액 한도	최고 6억원 이내(년 3억 이내)

라. 지원절차

1) 중소기업은 사업공고(중소기업청, 지역센터 등)에 따라 해당 지역에 소재하고 있는 지역센터에 중소기업 융합R&D기획멘토링그룹 사업을 신청할 수 있다.

2) 지역센터는 신청기업의 사업계획서 검토 · 평가를 통해 멘토링그룹을 선

정하고, 해당기업과 협약을 체결할 수 있다.

3) 지역센터와 중소기업은 문헌조사, 전문가 활용 등 멘토링그룹 수행을 통해 멘토링그룹 결과보고서(기술개발사업 사업계획서 등 포함)를 작성하고, 이를 중앙센터에 제출한다. 이 때 중소기업은 기술개발사업을 함께 수행할 공동개발기관을 지정하여야 한다.

4) 중앙센터는 제출된 결과보고서를 바탕으로 추천평가를 실시하고 우수기획과제를 전문기관에 추천할 수 있다.

5) 추천을 받은 중소기업은 종합과제관리시스템에 사업계획서 등을 등록한다.

6) 전문기관과 보증기관은 추천과제를 대상으로 이 지침 제1장 공통사항의 8.과제선정평가에 따라 현장조사(보증연계 신청 시 R&D경제성평가 포함)와 대면평가를 실시하여 신규과제를 선정하고 협약을 통해 지원할 수 있다.

〈지원절차도〉

추 진 절 차	내 용
융합R&D기획멘토링그룹 수행 (지역센터 ↔ 중소기업 등) ※ 멘토링 그룹의 세부내용은 〈붙임1〉 참조	과제 기획 및 발굴
추천평가 (중앙센터)	멘토링 그룹 결과평가 및 추천과제 선정
과제등록 (주관기관)	종합관리시스템 이용 (www.smtech.go.kr)
자격검토 (전문기관)	당해 연도 신청자격 등 검토
현장조사(R&D경제성평가 포함) (보증기관)	기술개발능력 및 보증여부 등 검토
대면평가 (전문기관)	과제책임자 발표 등 기술성, 사업성 검토
심의조정위원회 (전문기관)	신규과제 선정
보증(융자)연계실행 (보증기관 → 주관기관 등)	보증(융자)금 신청
협약체결 (전문기관 ↔ 주관기관, 공동개발기관)	3자 협약 및 사업비 지급

※ [점선 박스] 은 보증연계 신청한 경우만 해당

부 칙

1. 이 지침은 2013년 3월 12일부터 시행한다.

2. 이 지침 시행이전에 처리된 사항은 이 지침에 의하여 처리된 것으로 본다.

3. 이 지침 시행이전 일반/실용과제/기업제안과제/농공상융합형과제/융합기술사업화과제, 선도과제는 각각 이 지침의 센터연계형과제, 산연협력과제로 처리된 것으로 본다.

4. 이 지침 시행 이전에 각호에 해당하는 규정에 따라 협약한 과제는 협약이 종료될 때까지 협약당시 규정을 적용한다.

5. 상기 4.에도 불구하고 이 지침 9. 나. 1) (인건비), 14.(진도보고 및 점검), 15.(사업비 사용실적 보고 및 정산), 16.(최종 결과의 보고 및 평가), 17.(문제과제 등의 처리), 19.(기술개발결과의 활용 및 사후관리)의 보고 및 평가 · 관리에 관한 사항은 이 지침에 따른다.

〈붙임1〉

중소기업융합지원센터 운영방안

1. 목 적

중소기업융합지원센터 운영방안(이하 "운영방안"이라 한다.)은 기술개발사업 센터연계형과제 및 융합 R&D 과제 발굴 · 기획 등을 효율적으로 수행하기 위한 중소기업융합지원센터의 지정 · 평가 · 관리 등에 필요한 세부사항을 정함을 목적으로 한다.

2. 적용범위

이 기준은 중소기업융합지원센터에서 수행하는 사업의 전반적인 업무에 적용하며, 이 기준에 따로 정하지 않은 사항은 중소기업기술개발 지원사업 운영요령(이하 "요령"이라 한다.) 및 중소기업 융복합기술개발사업 관리지침(이하 "지침"이라 한다.)에 따른다.

3. 용어의 정의

1) "지원사업"이란 지역센터가 직접 수행하는 사업으로 중소기업 융합 R&D기획 멘토링그룹과 중소기업 융합과제발굴연구회 등으로 구성되어 있다.

2) "센터장"이란 지역센터로 지정된 기관의 소속으로 사업의 수행 · 관리 · 감독 등 지역센터의 사업을 총괄하여 수행하는 자를 말한다.

3) "융합전문가(카탈라이저)"란 중앙센터가 추진하는 융합전문가양성교육을 이수하고 위촉된 자로 지역센터의 사업에 참여할 수 있는 자격을 갖춘 전문가를 말한다.

4) “대표기관”이란 지역센터가 추진하는 멘토링 그룹 또는 융합과제발굴연구회 등에 참여하여 융합과제 발굴 및 기획 등을 주관하여 수행하는 기관, 단체 또는 기업을 말한다.

5) “참여기관”이란 지역센터가 추진하는 멘토링 그룹에 참여하여 융합과제 발굴 및 기획 등을 대표기관과 공동으로 수행하는 기관, 단체 또는 기업을 말한다.

6) “연구회원”이란 지역센터가 추진하는 융합과제발굴연구회에 참석하여 융합과제 발굴을 수행하는 중소기업과 전문가를 말한다.

7) “기획과제”란 센터연계형과제로 연계하기 위해 지역센터가 선정하여 문헌조사, 전문가 활용 등 R&D기획을 지원하는 과제를 말한다.

8) “협력기관”이란 중소기업 융합 R&D 기획지원의 효율성을 높이기 위해 지역센터와의 제휴를 통해 협력관계를 조성한 기관, 단체를 말한다.

4. 추진절차

구분	추진절차: 지역센터 운영	추진절차: 지원사업 운영	내용
지역센터 선정절차	중소기업융합지원센터 지정공고 및 신청 (중소기업청/신청기관)		권역별로 우수 중소기업 지원기관 모집
	지역센터 선정평가 (중앙센터)		현장조사/대면평가
	심의조정위원회 (전문기관)		지역센터 선정
	협약체결/사업비 지급 (중앙센터 ↔ 지역센터)		연차별 사업비 지급
사업수행 및 과제기획	사업 수행 (지역센터)		지역센터별 지원계획 수립 등
		사업공고 및 신청 (중앙센터/지역센터/기관 등)	(사업) 멘토링 그룹, 융합과제발굴연구회
		선정평가 및 선정 (지역센터)	사업계획서 등 검토 및 평가
		협약체결 (지역센터 ↔ 대표기관 등)	멘토링 그룹 및 융합과제발굴연구회운영 (R&D기획 및 과제 발굴 등)
		사업 수행 (대표기관 등)	
	1. 센터 진도점검 : 연차별 1회 2. 센터 중간평가 : 2차년도 협약체결 (중앙센터)	기회과제 등 진도점검 (지역센터)	
		기획과제 등 결과보고 (대표기관 → 지역센터)	
		사업결과보고서 제출 (지역센터 → 중앙센터)	센터연계형과제 사업계획서 등 제출
		추천평가 (중앙센터)	결과보고서 등 평가
		기술개발사업 연계 (중앙센터 → 전문기관)	※기술개발사업의 지원절차를 따름
	결과보고 및 사업비 정산 (지역센터 → 중앙센터)		센터 운영 및 지원내용 보고
	센터사업 최종평가 (중앙센터)		최종점검/대면평가

5. 지역센터 지정공고 및 신청 · 접수

1) 중소기업청은 신문 등 대중매체 또는 국가연구개발사업 공고전산망, 중앙센터 및 종합관리시스템 등을 통해 공고할 수 있다.

2) 공고내용에는 총 지원예산, 지역센터별 권역, 신청자격, 지원내용, 협약기간 등을 포함하여야 한다.

3) 중소기업 융 · 복합지원을 희망하는 기관은 별지 서식에 의한 중소기업 융합지원센터 지정사업계획서를 중앙센터로 신청한다.

3) 상기 다.의 신청기관은 센터사업을 수행할 조직(사업단, 부서 등)이 공고에서 정한 권역에 소재하고 있어야 한다.

4) 중앙센터는 접수기간 내에 온라인 접수를 완료하지 못한 경우 신청을 포기한 것으로 처리할 수 있다.

5) 신청기관은 사업계획서 첨부서류 등은 현장조사 시 증빙하여야 하며, 중앙센터의 장은 센터선정평가시 필요하다고 인정하는 경우 관련 자료를 신청기관에 요청할 수 있다.

6. 지역센터 신청자격 및 권역

가. 신청자격

1) 지역센터

가) 지역센터는 중소기업 융·복합 기술지원을 희망하는 대학, 연구기관, 중소기업지원기관/단체로 아래 표의 기준을 따른다.

〈지역센터 신청자격의 범위〉

구 분	자격조건
대 학	고등교육법 제2조에 의한 학교 및 기능대학법에 의한 기능대학
연구기관	국 · 공립연구기관, 정부출연연구기관, 전문생산기술연구소, 시험인증기관, 특정연구기관 등 비영리 연구개발법인
중소기업지원 기관/단체	법인으로서 정관 및 운영규정에 중소기업 지원 관련 업무를 포함한 기관 · 단체

나) 중앙센터는 이 지침 7. 신청자격 등 검토를 기준으로 의무사항 불이행, 참여제한 중이거나 채무불이행 및 부실위험이 있는 경우는 지역센터 지원에서 제외할 수 있다.

2) 센터장

가) 센터장은 지역센터에 소속된 정규직원으로 센터사업을 총괄하여 수행하며 중소기업 지원 경험과 능력을 갖춘 자이어야 한다.

나) 중앙센터는 이 지침 7. 신청자격 등 검토를 기준으로 센터장이 의무사항 불이행, 참여제한 중인 경우는 지역센터 지원에서 제외할 수 있다.

나. 지역센터의 권역

중소기업청은 중소기업 융합 기술지원을 효율적으로 추진하기 위하여 중앙센터로 하여금 권역별로 지역센터를 지정·운영할 수 있으며, 권역은

행정구역에 따른 특별시, 광역시, 도를 기준으로 아래 표와 같이 구성한다.

〈지역센터의 권역〉

권역명(해당지역)	
◈ 서울권(서울특별시)	◈ 경기권(경기도)
◈ 인천권(인천광역시)	◈ 강원권(강원도)
◈ 충북권(충청북도)	◈ 대전 · 충남권(대전광역시, 충청남도)
◈ 대구 · 경북권(대구광역시, 경상북도)	◈ 전북권(전라북도)
◈ 부산 · 울산권(부산광역시, 울산광역시)	◈ 광주 · 전남권(광주광역시, 전라남도)
◈ 경남권(경상남도)	◈ 제주권(제주특별자치도)

7. 지역센터 선정평가

가. 현장조사

1) 중앙센터는 신청기관을 대상으로 신청자격, 기관현황, 중소기업 지원 인프라 등에 관한 심층적 조사를 위해 소속직원 또는 해당분야 전문가를 파견하여 현장조사를 실시할 수 있다. 이 때, 조사대상기관과 관련된 자는 현장조사 위원으로 참여할 수 없다.

2) 중앙센터는 현장조사시 아래의 서류를 확인하여야 한다.
   가) 신청기관의 법인등기사항증명서 또는 사업자등록증명원
   나) 신청기관의 최근년도 재무제표(해당시)
   다) 센터장 및 소속직원의 재직증명서 또는 건강보험 등 재직 증빙서류
   라) 연구시설 · 장비 등의 관리대장(해당시)
   마) 기타 센터사업 수행을 위해 확인이 필요한 서류

3) 중앙센터는 필요시 센터장과 센터전담인력 등과 온라인, 면담을 통하여 신청받은 사업계획서 및 상기 2)의 서류를 확인할 수 있다.

4) 현장조사에 참여한 조사자와 기술전문가 등은 조사에서 알게 된 일체의 내용에 대해 외부로 공표하거나 타인에게 누설해서는 아니 된다.

나. 대면평가

1) 평가위원회는 권역별로 이 지침 4. 가. 4) 평가위원회 규정에 따라 구성·운영하는 것을 원칙으로 하되, 신청기관의 수가 적은 권역의 경우 타 권역과 통합하여 운영할 수 있다.

2) 지역센터 사업에 대한 발표는 제출된 사업계획서를 바탕으로 센터장이 함을 원칙으로 한다. 다만, 센터장의 출장 등 부득이한 경우에 한하여 대표자 또는 센터전담인력이 발표를 대신할 수 있다. (대표자 또는 센터전담인력 이외는 발표 불가)

3) 평가위원회는 현장조사결과, 사업계획서 내용, 중소기업 지원 인프라, 센터장의 발표내용 등을 종합적으로 검토하여, 대면평가표에 따라 평가하여야 한다.

4) 평가위원 평점은 위원별 점수 중 최고, 최저를 뺀 점수합계의 산술평균점수로 하되, 우대배점을 포함하지 아니한다.

$$\text{종합평점} = \frac{\text{평가점수 합계} - (\text{최고점수} + \text{최저점수})}{\text{평가위원 수} - 2}$$

5) 중앙센터는 대면평가 결과에 따라 종합평점이 60점 이상인 지역센터를 지역센터 지정대상으로 심의조정위원회에 상정한다.

6) 중앙센터는 대면평가 결과를 신청기관에 통보하여야 한다.

7) 중앙센터는 필요시 심의조정위원회 추천 대상에서 제외된 신청기관으로 하여금 통보결과에 이의가 있을 경우 중앙센터에 이의신청토록 할 수 있으며, 이 경우 중앙센터는 〈붙임3〉의 이의신청 절차 및 처리방법에 따라

처리한다.

8) 대면평가에 참여한 평가위원 등은 평가과정에서 알게 된 일체의 내용에 대해 외부로 공표하거나 타인에게 누설해서는 아니 된다.

9) 중앙센터는 대면평가시 신청기관이 정당한 이유없이 불참한 경우와 상기 3)의 센터장 등이 발표를 하지 않은 경우 해당과제를 심의조정위원회 추천대상에서 제외할 수 있다.

다. 지역센터 선정(심의조정위원회)

1) 전문기관의 장은 요령 제14조에 의거하여 심의조정위원회를 구성 · 운영하며, 종합평점에 따라 지역센터 권역에 따라 지역센터 지정의 우선순위를 정한다.

2) 전문기관의 장은 종합평점에 따른 우선순위, 지원예산 규모, 신청기관의 센터사업 수행역량 등을 고려하여 지역센터 지정기관 및 후보기관 등을 심의조정위워회를 거쳐 최종 확정하고, 그 결과를 중소기업청에 보고하고, 중앙센터에 통보하여야 한다.

3) 통보내용에는 권역별 지역센터 지정기관명, 출연금 규모 등이 포함되어야 한다.

4) 중앙센터는 심의조정위원회 결과 지역센터 후보기관의 경우 필요시(우선순위의 지정기관이 협약해지 등 사업수행이 곤란한 경우) 사업계획서에 대한 보완, 사업비 조정 등의 절차를 거쳐 지역센터로 지정할 수 있다.

5) 중앙센터는 지역센터 선정결과를 신청기관에 통보하고, 선정된 기관에게는 협약과 관련한 안내를 하여야 한다.

6) 신청기관은 심의조정위원회의 의결에 대해 이의를 제기할 수 없다.

8. 사업비 산정기준 및 조정

가. 사업비 산정기준

1) 지역센터의 사업비는 정부출연금과 민간부담금으로 구성하며, 민간부담금은 민간현금과 현물로 구분한다.

2) 지역센터는 중소기업 지원규모 확대를 위해 민간부담금(현금 포함)을 자율적으로 부담할 수 있다.

3) 현물의 경우에는 다음 각호의 범위를 기준으로 산정하되, 현물 인정범위는 수행기관이 보유하고 있는 것을 전제로 한다.
   가) 수행기관이 보유하고 있는 연구기자재 또는 연구시설의 사용료(비영리 연구기관에 한하여 기관에서 공인하는 시험분석결과서를 발행하는 시험분석료는 현금 가능) 등
   나) 수행기관이 보유 또는 생산하거나 판매 중인 견품 · 시약 · 재료 · 연구장비 · 시설 등
   다) 대학, 국 · 공립 및 연구기관 소속 정규직원의 인건비

나. 비목별 산정기준

1) 직접비

인건비를 제외한 직접비는 "멘토링 그룹"과 "융합과제발굴연구회" 사업에 직접 소요되는 경비로 전체 비용은 아래의 표에 따라 계상한다. 산정된 비용은 아래 사업비 산정기준에 따라 비목별로 구분하여 계상한다.

구 분	산정기준
멘토링 그룹	• 단위 그룹당 18백만원 이내
융합과제발굴연구회	• 단위 연구회당 15백만원 이내

※ 중앙센터는 지역센터별로 멘토링 그룹과 융합과제발굴연구회 운영 개수는 지역산업 규모 및 기업체 수에 따라 평가위원회를 통해 달리 정할 수 있다.

〈인건비〉

가) 인건비는 센터사업에 실제 참여하는 자에게 지급되는 비용으로 지역센터에 소속된 자에 대한 내부인건비와 지역센터에 소속되지 아니하나 사업에 참여하는 자에 대한 외부인건비로 구분된다.

나) 지역센터사업의 인건비 비율은 총사업비의 50%까지 계상할 수 있다.

다) 인건비 기준단가는 수행기관의 급여기준에 따른 실지급액으로 한다. 실지급액은 연봉총액 또는 전년도 연말정산 급여 총액을 기준으로 하며, 1년 미만인 자는 월 평균급여액을 기준으로 한다.

라) 인건비는 기준단가에 참여기간 및 참여율을 적용하여 산정한다. 이 경우 참여율은 기관 고유사업을 포함하여 100%를 초과할 수 없다.

마) 해당연도 인건비의 세부 산정기준은 다음과 같다.

〈인건비 세부 산정기준〉

구분	산 정 기 준	
	구 분	**세부 산정기준**
내부인건비	연봉제 적용기관	• 연봉총액/12 × 참여기간 × 참여율
	연봉제 비적용기관	• 전년도 연말정산기준 급여총액/12 × 참여기간 × 참여율
	※ 근무년수가 1년 미만인 자 등 전년도 연말 정산기준 급여총액을 알 수 없는 정규직원의 인건비는 『월 평균급여액 × 참여기간 × 참여율』로 산정하여 적용 ※ 4대보험과 퇴직급여충당금의 본인 및 기관 부담금 포함해서 산정가능	
	구 분	**세부 산정기준**
외부인건비	외부기관에 소속된 자	• 원소속기관의 급여기준에 따름
	급여총액을 알 수 없는 외부연구원	• 박사이상 : 3,000천원 × 참여기간 × 참여율 • 박사과정 : 2,500천원 × 참여기간 × 참여율 • 석사과정 : 1,800천원 × 참여기간 × 참여율 • 학사이하 : 1,000천원 × 참여기간 × 참여율
	기 타	• 전년도 연말정산기준 급여총액/12 × 참여기간 × 참여율
	※ 프리랜서의 경우 수행기관과의 과제수행에 따른 계약에 의해 단가를 적용하되, 특별한 사유가 없는 한 수행기관의 급여기준을 상회할 수 없음 ※ 4대보험과 퇴직급여충당금의 본인 및 기관 부담금 포함해서 산정가능	

바) 내부인건비는 현물 계상을 원칙으로 하되, 지역센터 운영을 위해 전담조직을 구성하여 상근하는 인력(기존인력 및 신규채용 포함)의 인건비에 대해서는 100%까지 현금으로 계상할 수 있다.

사) 상기 바)에도 불구하고 정부출연연구기관, 특정연구기관 및 전문생산기술연구소 소속 정규직원과 국가표준기본법 및 민법 또는 다른 법률에 의하여 설립된 산업기술 분야의 비영리 법인의 인건비는 정부지원분 이외의 비율범위 내에서 현금으로 계상하여야 한다.

아) 상기 바)에도 불구하고 대학, 국・공립연구기관 소속 연구원 중 정규직원의 인건비는 현물로 계상하며, 비정규직원은 현금으로 계상할 수 있다.

자) 외부인건비는 현금으로 계상할 수 있으며, 소속기관의 급여기준에 따라 센터지정기간 동안의 실지급액을 해당과제 참여율에 따라 계상한다. 다만, 평가위원회에서 인정하는 경우에 한하고, 기업, 대학, 국・공립연구기관의 정규 직원은 외부인건비를 계상할 수 없다.

〈연구장비・재료비〉

가) 연구시설・장비비

① 해당 사업에 필요한 기기・장비와 부수기자재(해당 연구수행과 관련 없는 개인용 컴퓨터는 제외), 연구시설의 설치・구입・임차에 관한 경비 및 관련 부대경비로 사용한다. (다만, 연구공간에 대한 것은 제외)

② 연구시설・장비는 지역센터의 기보유 연구시설・장비 및 대학・연구기관 또는 지방중소기업청 등의 연구시설・장비 등을 우선 활용하는 것을 원칙으로 한다. 이에 따른 수수료 등 관련 부대경비는 현금으로 계상할 수 있다.

③ 지역센터가 보유하고 있는 연구시설・장비의 사용료는 장부가의

20%이내에서 현물로 계상할 수 있다. 다만, 연구관리 전담부서를 설치한 비영리연구기관인 경우에는 현금 계상이 가능하고 유지보수비 명목으로 (흡수)사용할 수 있다.

④ 연구시설 · 장비의 임차비용은 실사용금으로 계상 할 수 있다.

나) 시약 · 재료구입비 및 시험분석료(임상비용 포함), 전산처리 및 관리비

연구개발 투입이전의 제품(견품, 시제품 등) 시험 · 분석, 측정 재료비 등의 소요되는 비용으로 현금으로 계상할 수 있다. 단, 지역센터에서 보유하고 있거나 생산판매 중인 것은 지역센터에서 구매한 원가 또는 생산 · 판매가로 책정한 원가 기준으로 현물로 계상한다.

〈연구활동비〉

가) 출장여비

① 사업과 관련된 국내 · 외 여비는 수행기관 자체기준이 있는 경우 자체기준 단가를 적용하여 산정한다.

② 수행기관 자체기준이 없는 경우 국내 · 외 여비는 운임, 일비, 숙박비, 식비에 해당하는 실 소요금액으로 산정한다.

나) 수용비 및 수수료

사업과 직접 관련 있는 인쇄 · 복사 · 인화 · 슬라이드 제작비, 공공요금 · 제세공과금 및 수수료, 사무용품비, 연구환경 유지를 위한 기기 · 비품의 구입 · 유지비용 등으로 사용한다. 다만, 사무 및 난방용 연료비, 청소비, 차량 보험료, 경상피복비 등은 계상할 수 없다.

다) 전문가 활용비 및 기술정보수집비

① 지역센터 사업과 직접 관련 있는 전문가활용(멘토링 그룹, 융합과제발굴연구회 선정을 위한 평가비 포함), 국내 · 외 교육훈련, 기술정보수집비, 도서 등 문헌구입비, 회의비, 세미나 개최비, 학회 · 세미나 참가비, 원고료, 통역료, 속기료, 특허정보조사비, 표준정보조

사비, 표준화 활동비, 해당과제 수행과 관련된 식대, 디자인 정보조사 · 개발 및 컨설팅 비용(디자인 연계가 필요한 경우에 한한다) 등으로 해당 기관이 정한 기준 또는 실소요 경비로 사용한다.

② 전문가 활용비는 R&D기획 및 과제발굴을 위해 외부전문가 활용에 소요되는 실제비용을 산정할 수 있다. 다만, 전문가 활용내용을 작성 · 제출한 경우에 한해 인정되며, 지역센터의 소속 전문가 경우 사업계획서 상의 참여인력(센터장, 지역센터 전담인력, 관련 전문인력 등)을 위한 비용은 계상할 수 없다.

③ 상담 및 컨설팅 운영을 위한 외부기관 소속 전문가 활용은 아래 기준을 초과할 수 없으며, 전문가 활용시 소정의 컨설팅 보고서를 작성 · 제출하여야 한다.

〈등급별 전문가 활용비 지급 기준〉

기준 구분	자격 및 경험기준 (자격취득 후 경력 인정)	학력 및 경험기준 (자격취득 후 경력 인정)	단가(1일 8시간기준)
특급 컨설턴트	• 기사자격을 가진 자로서 10년 이상 해당분야의 업무를 수행한 자 • 산업기사자격을 가진 자로서 13년 이상 해당분야의 업무를 수행한 자 • 기술사 자격증 보유자 • 경영지도사 및 기술지도사 등록증 보유자로서 10년 이상 컨설팅 수행한 자	• 박사학위를 가진 자로서 3년 이상 해당분야의 업무를 수행한 자 • 석사학위를 가진 자로서 9년 이상 해당분야의 업무를 수행한 자, • 학사학위를 가진 자로서 12년 이상 해당분야의 업무를 수행한 자 • 전문대학을 졸업한 자로서 15년 이상 해당분야의 업무를 수행한 자	500,000원

구분 \ 기준	자격 및 경험기준 (자격취득 후 경력 인정)	학력 및 경험기준 (자격취득 후 경력 인정)	단가(1일 8시간기준)
고급 컨설턴트	• 기사자격을 가진 자로서 7년 이상 해당분야의 업무를 수행한 자 • 산업기사자격을 가진 자로서 10년 이상 해당분야의 업무를 수행한 자 • 경영지도사 및 기술지도사 등록증 보유자로서 7년 이상 컨설팅 수행한 자	• 박사학위를 가진 자 • 석사학위를 가진 자로서 6년 이상 해당분야의 업무를 수행한 자 • 학사학위를 가진 자로서 9년 이상 해당분야의 업무를 수행한 자 • 전문대학을 졸업한 자로서 12년 이상 해당분야의 업무를 수행한 자 • 고등학교를 졸업한 자로서 15년 이상 해당분야의 업무를 수행한 자	450,000원
중급 컨설턴트	• 기사자격을 가진 자로서 4년 이상 해당분야의 업무를 수행한 자 • 산업기사자격을 가진 자로서 7년 이상 해당분야의 업무를 수행한 자 • 경영지도사 및 기술지도사 등록증 보유자로서 4년 이상 컨설팅 수행한 자	• 석사학위를 가진 자로서 3년 이상 해당분야의 업무를 수행한 자 • 학사학위를 가진 자로서 6년 이상 해당분야의 업무를 수행한 자 • 전문대학을 졸업한 자로서 9년 이상 해당분야의 업무를 수행한 자 • 고등학교를 졸업한 자로서 12년 이상 해당분야의 업무를 수행한 자	400,000원
초급 컨설턴트	• 해당분야의 기사자격을 가진 자 • 해당분야의 산업기사자격을 가진 자 • 경영지도사 및 기술지도사 등록증 보유자	• 해당분야의 석사학위를 가진 자 • 해당분야의 학사학위를 가진 자 • 해당분야의 전문대학을 졸업한 자 • 고등학교를 졸업한 자로서 3년 이상 해당분야의 업무를 수행한 자	350,000원

2) 간접비

가) 간접비 비율은 직접비(미지급 인건비 등 현물 부문 제외)의 15% 이내에서 아래의 사용용도에 따라 계상한다.

나) 영리기관에 대해서는 간접비 중 성과활용지원비(회계감사비용 등)만 직접비(미지급 인건비 등 현물 부문 제외)의 5% 이내에서 실제 필요한 경비로 계상한다. 다만, 『국가과학기술 경쟁력강화를 위한 이공계지원 특별법』 제18조 및 같은 법 시행령 제17조에 따라 연구개발을 전문으로 하는 연구개발서비스업자로 신고된 기업의 경우에는 그 밖의 용도로도 계상할 수 있다.

다) 융합과제발굴연구회별로 지급할 간접비 경우는 지역센터의 자체 간접비와는 분리하여 별도로 계상할 수 있다.(이 경우 지역센터가 속한 기관의 간접비 통합관리 대상에서 제외할 수 있다.)

〈간접비 사용용도〉

1. 인력지원비
① 지원인력 인건비 : 지역센터사업에 소요되는 지원인력의 인건비
② 연구개발능률성과급 : 수행기관이 우수한 성과를 낸 전담인력에게 지급하는 능률성과급

2. 연구지원비
① 기관(부서) 공통지원경비 지역센터사업에 소요되는 기관(부서) 공통지원경비
② 사업단 또는 연구단 운영비 : 사업단 또는 연구단 형태로 운영되는 경우, 운영경비 및 비품 구입 경비
③ 연구실 안전관리비 :지역센터사업 수행과 관련하여 연구실 안전을 위한 안전교육비 등 예방활동과 보험가입 등 연구실 안전환경 조성에 관한 경비 중 「연구실 안전환경 조성에 관한 법률」에 따라 정하는 경비(인건비의 2퍼센트 범위에서 집행, 다만, 독성 및 폭발 위험성 등을 내표하는 특수 고위험 실험분야의 경우에는 인건비의 5퍼센트 범위에서 집행할 수 있다)
④ 연구보안관리비 :지역센터사업 수행과 관련하여 보안장비 구입, 보안교육 등 연구과제 보안을 위한 필요경비(보안과제서비스 비용 포함)
⑤ 연구윤리활동비: 지역센터사업 수행과 관련하여 연구윤리규정 제정 · 운영, 연구윤리 교육 및 인식확산 활동 등 연구윤리 확립, 연구부정행위 예방 등과 관련된 경비
⑥ 연구개발준비금 : 정부출연연구기관, 특정연구기관 및 교육과학기술부장관이 별도로 고시하는 비영리 민간 연구기관에 소속된 연구원의 일시적 연구중단(법 제11조의2제1항에 따라 참여제한을 받은 경우 또는 내부 징계로 인한 일시적 연구 중단의 경우는 제외한다), 연구 연가, 박사 후 연수 또는 3개월 이상의 교육훈련(연수 또는 교육훈련 기관에서 비용을 부담하지 않는 경우만 해당한다), 신규채용 직후 처음으로 과제에 참여하기까지의 공백 등으로 인하여 연구개발과제에 참여하지 아니하는 기간 동안의 급여 및 파견 관련 경비
⑦ 대학 연구활동 지원금 : 연구관련 기반시설 및 장비 운영비, 학술정보용 도서 및 전자정보(Web-DB, e-Journal) 구입비, 실험실 운영 지원비, 학술대회 지원비, 논문 게재료 등 대학의 연구활동을 지원하는 경비(직접비에 계상되지 아니하는 경우에만 해당함)

3. 성과활용지원비
① 과학문화활동비 :지역센터사업의 홍보를 위한 과학홍보물 및 행사 프로그램 등의 제작, 강연, 체험활동, 연구실 개방 및 홍보전문가 양성 등 과학기술문화확산에 관련된 경비
② 지식재산권 출원 · 등록비 :해당 연도에 수행기관에서 수행하는 지역센터사업과 직접 관련된 지식재산권의 출원 · 등록에 필요한 모든 비용 또는 기술가치 평가 등 기술이전에 필요한 경비, 연구노트 작성 및 관리에 관한 자체 규정 제정 · 운영, 연구노트 교육 · 인식확산 활동 및 연구노트 활성화 등과 관련된 경비
③ 제품 및 기술인증, 기술자료임치, 기술개발 결산 및 사업화 성과 평가, 회계감사비용 등에 필요한 비용

다. 사업비의 조정

1) 중앙센터는 대면평가시 평가위원회를 통하여 전체 사업예산 등을 고려하여 협약기간과 지역센터 사업비를 조정할 수 있다.

2) 중앙센터는 협약기간 또는 지역센터 사업비가 축소 조정된 경우 지역센터당 멘토링 그룹과 융합과제발굴연구회 지원 수를 조정할 수 있다.

9. 협약

가. 협약준비 및 체결

1) 지역센터는 지역센터 선정평가 결과 요구사항을 반영하여 사업계획서를 수정 · 보완하고, 이를 중앙센터 담당자의 확인을 받아야 한다.

2) 지역센터는 서식 및 첨부서류를 참고하여 협약관련 서류를 작성하고 중앙센터의 장에게 제출하여야 한다.

3) 민간부담금 중 현금이 있는 경우는 해당금액을 지역센터 사업비 통장으로 입금하고 통장사본을 협약서류와 함께 제출하여야 한다.

〈협약관련 서류 목록〉

연번	서 류 명	작 성 방 법
1	중소기업융합지원 센터사업 협약서	• 중앙센터와 지역센터간 체결
2	융합지원센터 사업계획서	• 평가결과 보완내용을 반영한 사업계획서 수정 작성(멘토링그룹/연구회 구성 · 운영 및 평가계획 포함 등)
3	위임장(해당기관)	• 대학, 정부출연기관인 경우 기관장이 아닌 단위부속 기관장 명의로 협약체결시 제출
4	기타 필요서류	• 통장사본, 법인인감증명서, 사업자등록증 등

4) 중앙센터의 장은 지역센터에서 제출한 협약 서류 일체를 점검 · 확인하

여야 하며, 선정통보일로부터 1개월 이내에 지역센터의 장과 협약을 체결한다.

5) 협약기간 및 단계협약
   가) 총 협약기간은 2년 이내로 하되, 당해 연도 협약시작일과 기간은 지역센터 지정 결과 통보시 정한 날로 한다.
   나) 중앙센터의 장과 지역센터의 장은 매년 당해 연도 사업(당해 연도 정부출연금, 지원계획 등)에 대한 협약을 체결한다. 다만, 중앙센터의 장은 중간평가 결과 미흡으로 판정된 지역센터의 경우 2차년도 협약을 해약할 수 있다.

6) 중앙센터의 장은 다음 사항에 해당하는 경우, 협약을 체결하지 아니할 수 있다.
   가) 협약 전 지역센터가 사업수행을 포기한 경우
   나) 정당한 사유 없이 협약에 필요한 서류를 제출하지 않은 경우
   다) 지역센터 선정평가 종합의견을 사업계획서에 반영하지 않은 경우
   라) 지역센터 및 센터장이 신청자격 결격사유가 발생하는 경우
   마) 기타 사업수행에 지장을 초래하는 중대한 사유가 발생한 경우 등

7) 상기 6)에 따라 지역센터 지정기관의 협약이 중지되는 경우 권역별 차순위 기관과 협약을 체결하며, 차순위 지역센터가 없는 경우 가장 가까운 권역의 지역센터 또는 후순위 기관과 협약을 체결할 수 있다.

8) 중앙센터는 최종 협약결과를 중소기업청과 전문기관에 보고하여야 한다.

나. 협약의 변경

1) 협약의 변경은 지역센터 자체변경 및 중앙센터 승인사항으로 구분되며, 사업비 비목 및 세목의 변경은 사업비 산정기준, 사용기준, 전용기준 또는 평가위원회에서 인정된 범위를 초과할 수 없다.

2) 중앙센터의 승인사항인 경우는 센터장 명의의 공문으로 협약 종료일 1개월전까지 중앙센터에 승인요청하여야 한다.

3) 지역센터 자체변경 사항

다음 각호에 해당하는 사항은 중앙센터의 승인없이 지역센터가 자체변경할 수 있으며, 이 경우 중앙센터에 보고하여야 한다. 단, 중앙센터는 지역센터의 자체 변경사항 중 요령 및 지침에 위배되는 사항에 대해 변경을 취소할 수 있다.

① 멘토링 그룹 및 융합과제발굴연구회의 대표기관, 참여기관, 연구회원, 과제책임자의 변경(단, 대표기관의 변경은 부도 · 폐업 등 경영악화로 인해 사업수행이 어려운 경우 협약체결 1개월 이내에만 인정한다.)

② 지역센터의 주소, 대표자, 기관명칭, 지역센터 소속직원, 참여율의 변경

③ 연구활동비 최초 협약금액의 10% 증액(사업비 산정기준을 초과하지 않는 경우)

4) 중앙센터 승인사항

다음 각호에 해당하는 변경은 중앙센터의 승인을 득하여야 한다.

① 멘토링 그룹, 융합과제발굴연구회 지원계획(지원개수 포함)의 변경

② 센터장 변경

센터장은 사망, 이민, 퇴직, 부서이동, 3개월 이상의 장기출장(교육 및 연수 포함) 등을 제외하고는 원칙적으로 변경할 수 없다.

③ 신규채용을 위한 인건비 증액

④ 신규채용 인건비를 제외한 내부인건비와 외부인건비간 전용

⑤ 연구활동비 10% 이상 증액

사업비 산정기준에 초과하지 않는 경우에 최초 협약금액의 20%미만에서 가능

〈협약 변경시 제출서류〉

변경 내용	제출 서류
공통 제출서류	• 센터장 요청 공문과 변경승인요청서 • 관련 증빙서류
멘토링그룹 및 연구회 등	• 변경전후 대비표 • 공증된 변경전후 기관의 양도 · 양수 계약서 사본 • 법인등기사항증명서 또는 사업자등록증명원 • 센터 및 대표/참여기관(연구회원) 동의서 • 대표자 신용상태 · 정보제공 조회 동의서
센터장 및 전담인력 변경	• 이력서 및 경력증명서 • 센터장, 전담인력 신용상태조회 · 정보제공 동의서
사업비 변경 등 사업계획서 변경	• 변경 사유서 • 변경 사유 발생 관련 증빙서류

다. 협약의 해약

중앙센터의 장은 아래의 사유로 사업을 계속 수행할 수 없다고 판단되는 경우에는 협약을 해약할 수 있다.

가) 천재지변 등으로 사업의 계속 수행이 불가능한 경우

나) 사업비를 다른 용도로 사용한 경우

다) 사기, 허위계약 등 부정한 방법으로 정부출연금을 교부받은 경우, 또는 제출한 증빙서류가 허위로 판명된 경우

라) 지역센터 또는 멘토링그룹 및 연구회 소속 수행기관 등이 책임과 의무를 준수하지 않거나 중대한 협약위반으로 사업의 계속 수행이 불가능한 경우

마) 중간평가를 통해 센터지정이 취소된 경우

10. 정부출연금의 지급

1) 중앙센터의 장은 지역센터와 체결한 협약내용에 따라 정부출연금을 지역센터에 지급한다.

2) 사업비 지급은 연차별로 분할 지급하되, 사안에 따라 필요시 중앙센터는 지급 비율 및 시기를 조정할 수 있다.

11. 사업비의 관리 및 사용

1) 지역센터와 대표기관의 사업비 관리 및 사용은 운영방안에 기준을 우선적으로 따르되, 운영방안에서 정하지 않은 기준은 요령과 이 지침 13.을 따르되 전문기관의 역할을 중앙센터가 수행한다.(다만, 이 지침 13. 나. 3)전용기준에 있어 연구장비 · 재료비는 연구활동비로 전용할 수 있음을 예외로 하되, 중앙센터의 승인을 통하여야 한다.)

2) 멘토링 그룹의 사업비는 지역센터를 통해 관리하고 센터장의 발의에 의하여 사용함을 원칙으로 하며, 이 지침 13. 나. 및 지역센터가 소속된 기관의 회계기준에 따라 사용하여야 한다.

3) 융합과제발굴연구회의 사업비는 대표기관을 통해 관리하고 과제책임자의 발의에 의하여 사용함을 원칙으로 하며, 이 지침 13. 나. 및 대표기관의 회계기준에 따라 사용하여야 한다.

4) 지역센터와 대표기관, 과제책임자 등은 선량한 관리자의 주의를 다하여 사업비를 관리하여야 한다.

5) 지역센터는 연차별 사업비의 사용 잔액을 차년도 사업비의 동일세부 비목으로 이월하여 사용한다. 이때, 이월금은 차년도 사업비에 추가하여 사용한다.

12. 지역센터 지원사업 세부내용

가. 중소기업 융합R&D기획 멘토링그룹

1) 지원내용

융합기술개발을 희망하는 중소기업에게 지역센터가 멘토가 되어 기술주체(파트너)매칭, 연구과제에 대한 개발방향 및 방법, 기술타당성, 사업성평가 등 개발전략 관련 사전기획을 지원하고, 우수 기획과제는 기술개발사업 센터연계형과제로 연계한다.

2) 지원규모 : 그룹당 18백만원 이내(인건비와 간접비를 제외한 직접비만 해당)

3) 지원기간 : 협약체결일로부터 4개월 이내

4) 신청자격

가) 대표기관

① 중소기업기본법 제2조에 따른 중소기업으로 한다.

② 다만, 센터연계형과제로 연계된 경우 추천평가 시작일을 기준으로 이 지침 센터연계형과제의 주관기관 신청자격을 갖추어야 한다.)

나) 참여기관

① 지역센터 또는 대표기관이 필요시 기관, 단체 또는 기업을 멘토링 그룹의 참여기관을 둘 수 있으며, 자격은 아래의 기준을 따른다.

② 기업인 경우 중소기업기본법 제2조에 따른 중소기업으로 한다.

③ 기업이 아닌 경우는 이 지침 4. 가. 12)에서 기업이 아닌 경우를 따른다.

④ 농공상융합 유형 기술을 신청한 경우에는 '농어업경영체 육성 및 지원에 관한 법률' 제16조, 제19조에 의거 설립된 농어업법인 또는 농림

수산식품부 장관 · 중소기업청장이 승인한 농공상융합형 중소기업을 포함하여야 한다.(단, 참여기관이 농어업법인 또는 농공상융합형 중소기업이 아닌 경우 향후 기술개발사업의 공동개발기관으로 참여는 불가하다.)

⑤ 다만, 센터연계형과제로 연계되고 참여기관이 공동개발기관으로 등록된 경우 추천평가 시작일을 기준으로 이 지침 센터연계형과제의 공동개발기관 신청자격을 갖추어야 한다.

다) 지원제외 사항

① 기술개발 형태의 적합성, 대표기관 등의 신청자격에 부합하지 않는 경우

② 신청과제가 기 개발 또는 기 지원되었거나 신청기관의 기 생산 · 판매 중인 제품이거나 동제품의 단순 성능개발 또는 조립인 경우(이 지침 7. 가. 3)의 기준을 따름)

③ 대표기관, 참여기관, 대표자, 과제책임자가 중소기업기술개발지원사업 또는 국가연구개발사업에 참여제한인 경우

④ 대표기관, 참여기관 등이 접수마감일 기준으로 현재 다음 중 하나에 해당하는 부실위험의 경우(이 경우 접수마감일 기준 확정된 재무재표를 근거로 판단)

㉮ 기업의 부도, 휴 · 폐업

㉯ 부채비율이 1,000% 이상인 경우(창업 2년 미만인 업체는 예외)

㉰ 기업이 자본전액잠식 상태에 있는 경우 또는 파산 · 회생절차 · 개인회생절차의 개시 신청이 이루어진 경우(단, 법원의 인가를 받은 회생계획 또는 변제계획에 따른 채무변제에 따른 채무변제를 정상적으로 이행하고 있는 경우와 창업 2년 미만인 업체는 예외로 한다.)

⑤ 대표기관 또는 참여기관으로 멘토링 그룹을 수행한 기획과제를 동일한 내용으로 재차 신청하는 경우

5) 멘토링 그룹의 구성

가) 지역센터는 선정된 대표기관을 중심으로 지역센터(전담인력 포함), 1개 이상의 참여기관, 외부전문가(융합전문가 포함) 등으로 멘토링 그룹을 구성할 수 있다.

나) 지역센터는 멘토링 그룹을 구성할 때 해당 기술분야, 업종 및 특성 등을 충분하게 고려하여야 한다.

다) 멘토링 그룹의 과제책임자는 대표기관 소속의 참여인력을 원칙으로 하되, 기획과제의 특성에 따라 외부전문가로 할 수 있다.

라) 지역센터는 참여기관, 과제책임자 또는 외부전문가의 사업수행 역량이 부족한 경우 협약체결 1개월 이내에 변경을 할 수 있으며, 이 경우 중앙센터에 보고하여야 한다.

나. 중소기업 융합과제발굴연구회

1) 지원내용

지역별 특화산업을 중심으로 유망 중소기업 융합과제 발굴 등을 목적으로 해당분야 또는 연관 업종의 중소기업, 단체, 대학 및 연구기관 등의 전문가로 구성된 그룹을 지원하고, 연구회에서 발굴된 우수 기획과제는 기술개발사업 산연협력과제의 기술제안서(RFP)로 연계한다.

2) 지원규모 : 연구회당 15백만원 이내(인건비를 제외한 직접비와 간접비만 해당)

3) 지원기간 : 협약체결일로부터 3개월 이내

4) 신청자격

가) 대표기관

융합 과제 발굴에 관심을 가진 중소기업, 대학, 공공연구기관, 단체로 한다.

나) 연구회원

융합 유망과제 발굴에 관심을 가진 전문가(융합전문가 포함) 및 중소기업으로, 전문가인 경우 아래에 준하는 자격을 갖추어야 한다.

〈연구회원의 자격〉

구 분	자 격 내 용
산업계	박사학위 소지자, 석사(학사)학위 소지자로 해당분야 5년(7년) 이상 경력자, 연구소장 및 이사급 이상의 임원
학 계	2년제 대학 이상에서 전임강사 이상의 교수
연구계	박사학위 소지자석사(학사)학위 소지자로 해당분야 5년(7년) 이상 경력자
기 타	공인회계사, 세무사, 기술지도사 등 경영 · 회계 전문가 동일 기술분야 10년 이상 경력자(학력, 자격증 보유 무관)

5) 융합과제발굴연구회의 구성

가) 지역센터와 대표기관은 연구회원과 함께 융합과제발굴연구회를 구성할 수 있다.

나) 융합과제발굴연구회의 과제책임자는 대표기관 소속직원을 원칙으로 한다.

다) 지역센터는 과제책임자 또는 연구회원의 사업수행 역량이 부족한 경우 협약체결 1개월 이내에 변경을 할 수 있으며, 이 경우 중앙센터에 보고하여야 한다.

라) 융합과제발굴연구회는 융합 유망과제 발굴을 위해 기술, 시장, 사업화 등의 조사 · 분석 · 평가시 외부전문가를 활용할 수 있다.

마) 과제책임자의 권한 및 의무

① 융합과제발굴연구회 연구내용 및 결과보고서 작성

② 사업비의 사용 발의 및 집행, 정산

③ 융합과제발굴연구회 활동의 조정 및 감독

④ 기타 중앙센터가 정하는 권한과 의무

13. 지역센터 지원사업 공고 및 신청

가. 공 고

1) 중앙센터와 지역센터는 기술개발사업 공고 및 이 지침에 의거하여 신문 등 대중매체 또는 종합과제관리시스템, 지역센터 홈페이지 등을 통해 공고할 수 있다.

2) 지역센터는 공고기간 외에도 홈페이지 안내, 교육 등을 통해 지원사업에 대한 홍보 · 상담을 실시할 수 있으며, 필요시 지역센터별로 별도의 공고를 시행할 수 있다.

3) 공고내용에는 지원예산, 신청자격, 지원내용, 평가절차 등을 포함하여야 한다.

나. 신 청

1) 대표기관은 상기 가.의 공고내용에 따라 온라인 또는 우편, 방문접수 등을 통하여 지역센터 지원사업을 신청할 수 있다.

2) 지역센터는 과제평가 시 필요하다고 인정되는 경우 대표기관에게 첨부서류 및 근거서류를 요청할 수 있다.

14. 지역센터 지원사업 과제선정평가

1) 지역센터는 신청기관을 대상으로 지역센터가 소속된 기관의 내규에 따라 평가위원회를 구성 · 운영한다. 다만, 평가와 관련된 별도의 내규가 없는 지역센터의 경우 이 지침 4. 가. 4) 평가위원회 규정에 준하여 운영할 수 있다.

2) 평가위원은 개발과제의 융합 정도, 기술개발 가능성, 정부지원의 타당성 등을 고려하여 평가를 실시하고 위원별로 평점을 부여하여 점수합계의 산술평균점수를 종합평점으로 정한다.(단, 평가위원이 5인 이상인 경우

위원별 최고, 최저를 뺀 점수합계의 산술평균점수로 종합평점을 부여한다.)

3) 지역센터는 지원사업 계획 등을 고려하여 종합평점 순으로 지원사업 과제를 우선적으로 선정할 수 있다.

4) 지역센터는 선정된 멘토링 그룹과 융합과제발굴연구회의 사업비를 평가위원회 의견 및 지역센터의 전체 사업비 등을 고려하여 조정할 수 있다.

5) 지역센터는 과제선정평가 결과를 중앙센터에 보고하고, 대표기관에게 통보한다.

15. 지역센터 지원사업 협약

1) 지역센터는 선정된 대표기관을 대상으로 사업운영 계획 및 협약에 관련된 내용을 안내하여야 한다.

2) 지역센터와 대표기관은 평가위원회 의견을 반영하여 운영방안 12.에 따라 지원사업단(멘토링 그룹 또는 융합과제발굴연구회)을 구성하고 이에 따른 협약서 및 관련서류(필요시 지역센터의 별도서식으로 운영)를 작성한다.

3) 참여기관 또는 연구회원의 경우는 참여확인서 등을 대표기관에 제출하고, 대표기관은 협약서류를 취합하여 지역센터로 제출한다.

4) 선정결과통보일로부터 1개월 이내에 센터장과 대표기관의 대표자 간에 협약을 체결하여야 한다.(참여기관 또는 연구회원의 경우 참여확인서로 대체)

5) 융합과제발굴연구회의 경우 지역센터는 협약체결 후 대표기관에게 사업비를 지정계좌(융합과제발굴연구회 수행을 위해 별도의 계좌를 개설하여야 한다.)에 지급한다.

6) 지역센터는 최종협약 결과를 중앙센터에 보고하여야 한다.

7) 협약의 변경사항이 발생한 경우 이 지침의 기준을 벗어나지 않은 범위에서 지역센터와 대표기관의 합의로 변경을 하며, 합의에 의해 변경을 할 수 없는 경우 중앙센터의 해석을 따름을 원칙으로 한다.

8) 센터장은 아래의 사유로 사업을 계속 수행할 수 없다고 판단되는 경우에는 협약을 해약할 수 있다.

가) 천재지변 등으로 사업의 계속 수행이 불가능한 경우

나) 사업비를 다른 용도로 사용한 경우

다) 사기, 허위계약 등 부정한 방법으로 정부출연금을 교부받은 경우, 또는 제출한 증빙서류가 허위로 판명된 경우

라) 센터 또는 멘토링그룹 및 융합과제발굴연구회 소속 수행기관 등이 책임과 의무를 준수하지 않거나 중대한 협약위반으로 사업의 계속 수행이 불가능한 경우

마) 지역센터의 진도점검을 통해 사업수행이 성실하지 않은 경우

9) 지역센터는 상기 아)의 사유로 협약이 해약된 과제가 발생한 경우 잔여 예산을 통하여 후순위 과제를 지원할 수 있다.

16. 지역센터 지원사업 운영

가. 중소기업 융합R&D기획 멘토링그룹 운영

1) 지역센터와 대표기관 등은 기획과제를 아래의 예시를 참고하여 R&D과제 기획을 수행한다.

〈중소기업 융합 R&D기획 멘토링그룹 기획지원의 주요내용(예)〉

목차	세부내용
멘토링 그룹 개요	프로젝트 배경, 목표 및 범위, 수행방법
기업현황	기술사업화 주체, 융합기술개발 역량, 재무현황
시장분석	산업현황 및 환경분석, 시장개요, 시장특성 분석, 시장세분화, 목표시장 정의
융합기술 분석	융합기술 개요, 기술현황과 전망, 기술수명주기 분석, 기술위치 분석, 선행특허기술 분석
경제성 분석	예상 매출액 산출, 예상 원가 산출, 수익성지표 산출, 경제적 파급효과
R&D 전략 수립	SWOT분석, R&D전략수립, 융합기술개발 세부계획

2) 지역센터는 과제 수행의 공정성과 객관성 제고를 위하여 필요하다고 인정되는 경우, 기술, 사장, 사업화 등의 조사 · 분석 · 평가와 기술개발 및 사업화 전략 등의 일부를 해당분야 전문가, 기업 등에 의뢰하여 실시할 수 있다.

3) 지역센터는 기술개발사업 연계를 대비하여 대표기관과 참여기관에게 보증기관의 사전보증상담을 수행하게 할 수 있다.

나. 중소기업 융합과제발굴연구회 운영

1) 융합과제발굴연구회는 해당 특화기술분야의 전문적인 주제를 중심으로 대표기관과 연구회원 간의 토론, 연구, 기술교류, 자료교환 등의 활동을 수행한다.

2) 융합과제발굴연구회는 월 2회 이상의 정기적인 회의(세미나, 워크숍)을 개최함을 원칙으로 하며, 결과는 연구노트 형식으로 작성하여 최종보고서와 함께 제출하여야 한다.

3) 융합과제발굴연구회는 5개 이상의 유망과제를 발굴하여 기술개발사업 산연협력과제의 기술제안서(RFP)를 제출하여야 한다.

4) 지역센터는 융합과제발굴연구회별 간사를 배정하여 운영을 지원할 수 있다.

다. 지역센터는 멘토링 그룹, 융합과제발굴연구회 이외에도 중소기업 융합사업을 지원을 위한 전문가 파견, 교육, 상담프로그램 등을 상시적으로 운영할 수 있다.

라. 지원사업 진도점검

1) 과제책임자는 협약일 기준으로 1/2이 경과한 날로부터 10일 이내에 지역센터에 사업 운영 사항, 과제발굴 및 기획내용 등을 포함하여 진도보고를 하여야 한다.

2) 지역센터는 진도보고 결과를 바탕으로 서면 또는 대면평가로 진도점검을 실시할 수 있다.

3) 지역센터는 진도점검을 통하여 대표기관에게 보완사항을 통보할 수 있으며, 대표기관은 통보받은 의견에 따라 사업을 진행하여야 한다.

4) 지역센터는 진도점검 결과 협약해약 사유 등에 해당하여 사업을 수행할 수 없는 경우 평가위원회를 개최하여 중단여부를 결정할 수 있다.

5) 상기 4)에 의해 중단된 대표기관 및 참여기관, 과제책임자, 연구회원들은 향후 3년간 센터 지원사업에 참여할 수 없으며, 지역센터는 사업비 환수 등의 조치를 취할 수 있다.

6) 지역센터는 진도점검 결과를 중앙센터에 보고한다.

마. 지원사업 결과보고

1) 과제책임자는 협약기간 종료일로부터 10일 이내에 지역센터로 아래의 자료를 포함하여 결과를 제출한다.
   가) 기술개발사업 사업계획서

① 멘토링 그룹 : 기술개발사업 사업계획서 양식 준용
② 융합과제발굴연구회 : 기술개발사업 기술제안서 양식 준용

나) 지원사업 수행내역 결과 관련 자료(컨설팅 자료, 사업성 평가, 연구노트 등)

다) 기술개발사업 수행 시 공동개발기관 명시(멘토링 그룹만 해당)

라) 기술개발사업 보증연계 신청여부(멘토링 그룹만 해당)

마) 회계감사보고서(융합과제발굴연구회만 해당)

바) 기타 중앙센터 및 지역센터가 필요하다고 인정하는 자료 등

2) 지역센터는 상기 가)의 자료를 취합하여 중앙센터에 보고한다.

3) 중앙센터는 멘토링 그룹의 기획과제 결과를 바탕으로 아래의 추천평가를 실시하고, 우수기획과제를 기술개발사업의 연계대상과제로 전문기관에 추천한다.

4) 중앙센터는 융합과제발굴연구회의 기술제안서를 전문기관에 보고하고, 전문기관은 과제기획위원회를 통해 기술개발사업의 기술제안서(RFP)로 선정할 수 있다.

바. 추천평가

1) 중앙센터는 이 지침 4. 가. 4) 평가위원회 규정에 따라 기술분야별로 평가위원회를 구성 · 운영하되, 필요시 통합 또는 세분하여 운영할 수 있다.

2) 중앙센터는 멘토링 그룹의 기획과제 결과를 대상으로 사업계획서의 충실성, 기술성, 사업성 등을 중심으로 평가표에 따라 검토한다.

3) 평가결과에 따라 다음과 같이 연계를 위한 추천대상과제를 구분한다.

가) 추천평가 평점은 위원별 점수 중 최고, 최저를 뺀 점수합계의 산술평균점수로 하되, 우대배점을 포함하지 아니한다.

$$\text{추천평가 평점} = \frac{\text{평가점수 합계} - (\text{최고점수} + \text{최저점수})}{\text{평가위원 수} - 2}$$

나) 평가위원 평점이 60점 이상 과제 중 우선순위에 따라 최종 연계지원 과제수의 2배수 내외에서 연계 추천대상으로 할 수 있다.

다) 이 지침 7. 신청자격검토에서 부적격 요건에 해당하는 과제는 추천 제외로 처리한다.

4) 중앙센터는 추천평가 결과를 중소기업청과 전문기관에 보고하고, 지역 센터 및 대표기관에 통보하여야 한다.

5) 추천대상에서 제외된 대표기관은 통보결과에 이의가 있을 경우에 〈붙임 3〉의 이의신청 절차 및 처리방법에 따라 중앙센터에 이의신청을 할 수 있다.

6) 추천평가에 참여한 평가위원 등은 평가과정에서 알게 된 일체의 내용에 대해 외부로 공표하거나 타인에게 누설해서는 아니 된다.

7) 중앙센터는 기술개발사업 연계 추천대상으로 확정된 대표기관으로 하여금 추천평가위원회의 의견 등을 반영하여 사업계획서를 수정·보완하도록 하고, 대표기관이 이를 종합관리시스템에 등록하도록 안내하여야 한다. 이 때 안내된 기간까지 종합관리시스템에 등록하지 않은 대표기관은 기술개발사업 연계를 포기한 것으로 간주할 수 있다.

8) 전문기관은 종합관리시스템에 등록된 사업계획서를 바탕으로 이 지침의 지원절차에 따라 센터연계형 신규과제를 선정한다.

17. 지역센터 진도점검

1) 센터장은 연차별 협약기간(1차년도)의 1/2이 경과한 시점으로부터 15일 이내에 중앙센터의 장에게 진도보고서를 제출하여야 한다.

2) 진도보고의 내용은 아래와 같다.

가) 사업계획 대비 추진현황 및 향후 추진계획

나) 멘토링 그룹 및 융합과제발굴연구회 구성·운영 현황

다) 지원사업별 추진내역

라) 사업비 사용내역(제출일 기준)

3) 중앙센터는 진도보고서를 바탕으로 현장방문 및 워크숍을 통한 진도점검을 실시할 수 있으며, 진도점검 결과 미흡한 부분에 대하여 지역센터에 보완을 요청할 수 있다.

4) 중앙센터는 필요시 사업비 집행현황 등을 확인하는 별도의 점검이나 센터장 회의를 개최할 수 있다.

5) 중앙센터는 진도보고서를 30일을 초과하여 제출하지 않는 경우 협약을 해약할 수 있으며, 이 경우 해당 지역센터는 향후 3년간 지역센터 및 지원사업(대표기관 등)으로 참여를 제한할 수 있다.

18. 지역센터 중간평가

가. 중간보고

1) 센터장은 연차별 협약기간(1차년도)의 종료일으로부터 1개월 이내에 중앙센터의 장에게 중간보고서 원본 1부와 사본 7부를 제출하여야 한다.

2) 중간보고의 내용은 아래와 같다.

가) 1차년도 지원사업 경과보고 및 수행결과

나) 지원사업 결과 활용방안(기술개발사업 연계를 추천받지 못한 과제의 활용 등)

다) 2차년도 사업 추진계획

라) 중소기업 융합사업 지원을 위한 자체사업 시행결과(해당시)

마) 사업비 사용내역(연차별 협약기간 종료일 기준) 및 이월금 보고

3) 중앙센터는 중간평가를 위해 필요시 지역센터에 관련 서류를 추가로 요청할 수 있다.

4) 중앙센터는 중간보고서를 30일을 초과하여 제출하지 않는 경우 협약을 해약할 수 있다.

나. 중간평가

1) 중앙센터는 중간보고서를 바탕으로 지역센터별 현장실태조사를 실시할 수 있다.

2) 중앙센터는 이 지침 4. 가. 4) 평가위원회 규정에 따라 평가위원회를 구성 · 운영한다.

3) 평가위원은 중간보고서 등 제출자료 및 현장실태조사 의견을 참고하여 지역센터에 대하여 서면 또는 대면평가를 실시하고, 위원별 최고, 최저를 뺀 점수합계의 산술평균점수로 종합평점을 부여한다.

4) 평가결과는 종합평점에 따라 아래와 같이 구분한다.
   가) 우수 : 80점 이상
   나) 보통 : 60점 이상
   다) 미흡 : 60점 미만

5) 중앙센터는 중간평가 결과를 중소기업청에 보고한다.

6) 중앙센터는 중간평가 결과 및 평가의견을 지역센터에 통보한다.

7) 중앙센터는 우수로 평가받은 지역센터에 대하여 우수지역센터 지정 및 해당 지역센터의 전담인력에 대하여 예산범위 내에 성과보상을 할 수 있다.

8) 미흡으로 평가받은 지역센터는 〈붙임3〉의 이의신청 절차 및 처리방법을 따라 평가결과에 대하여 이의신청을 할 수 있다.

9) 중앙센터는 미흡으로 평가받은 지역센터에 대하여 평가위원회를 통하여

협약 해약여부를 결정할 수 있으며, 협약해약이 최종 확정된 경우 해당 지역센터에 대하여 향후 3년간 지역센터 및 지원사업(대표기관 등)의 참여를 제한할 수 있다. 이 경우 중앙센터는 해당 지역센터의 2차년도 사업비를 지급하지 아니하고, 사업비 정산을 통하여 환수금이 있는 경우 해당 금액을 환수하여야 한다.

10) 중앙센터는 중간평가 결과에 따라 2차년도 사업수행이 확정된 지역센터에 대하여 평가의견 및 당해 연도 정부 예산, 지원계획 등에 따라 2차년도 사업계획을 수정 · 보완하여 지역센터와 2차년도 협약을 체결하고, 정부출연금을 지급한다.

19. 지역센터 최종평가

가. 최종보고

1) 센터장은 아래의 내용을 포함한 최종보고서를 작성한다.
   가) 지원사업 경과보고 및 수행결과
   나) 지원사업 결과 활용방안(기술개발사업 연계를 추천받지 못한 과제의 활용 등)
   다) 중소기업 융합사업을 지원하기 위한 자체사업 시행결과(해당시)
   라) 기타 지역센터 및 지원사업 운영과 관련된 내용

2) 지역센터는 사업비 실적보고서 및 공인회계사의 감사보고서를 작성하여야 한다. 중앙센터는 효율적 사업비 회계감사를 위하여 회계 법인 등을 지정 · 운영할 수 있으며, 이 경우 지역센터는 중앙센터가 지정한 회계기관을 통해 회계감사보고서를 작성하여야 한다.

3) 센터장은 협약기간의 종료일으로부터 1개월 이내에 중앙센터의 장에게 최종보고서(원본 1부 및 사본 7부) 및 사업비 사용실적보고서 등을 제출하여야 한다.

4) 중앙센터는 최종평가를 위해 필요시 지역센터에 관련서류를 추가로 요청할 수 있다.

5) 중앙센터는 최종보고서 및 사업비 정산보고서를 30일을 초과하여 제출하지 않는 경우 최종평가를 거치지 않고 결과를 "미흡"으로 처리할 수 있다.

나. 최종점검 및 사업비 정산

1) 중앙센터는 현장방문을 통해 제출된 서류를 바탕으로 사업 수행현황 및 사업비 사용실적을 면밀히 검토할 수 있으며, 필요시 회계전문가와 외부 전문가로 구성된 전담팀을 구성할 수 있다.

2) 중앙센터는 사업비 정산결과(불인정금액 포함)를 지역센터에 통보한다.

3) 사업비 정산결과를 통보받은 지역센터는 〈붙임3〉의 이의신청 절차 및 처리방법에 따라 중앙센터에 이의신청을 할 수 있다.

4) 불인정금액은 중앙센터가 지정한 계좌로 최종평가 이전에 입금을 하여야 한다. 단, 입금액이 1천만원을 초과하거나 현저한 경영악화로 일시납부가 어렵다고 중앙센터가 인정하는 경우 2년 이내에 지급이행보증보험 등으로 납부하도록 할 수 있다.

다. 최종평가

1) 중앙센터는 이 지침 4. 가. 4) 평가위원회 규정에 따라 평가위원회를 구성・운영한다.

2) 평가위원은 최종보고서 등 제출자료 및 최종점검 의견을 참고하여 지역센터에 대하여 서면 또는 대면평가를 실시하고, 위원별 최고, 최저를 뺀 점수합계의 산술평균점수로 종합평점을 부여한다.

3) 평가결과는 종합평점에 따라 아래와 같이 구분한다.

가) 우수 : 80점 이상

나) 보통 : 60점 이상

다) 미흡 : 60점 미만

4) 중앙센터는 최종평가 결과를 중소기업청에 보고하고, 지역센터에 통보한다.

5) 중소기업청장은 우수로 평가받은 지역센터에 대해서는 차년도 해당 권역의 지역센터로 별도의 평가없이 지정할 수 있으며, 중앙센터는 해당 지역센터의 전담인력에 대하여 예산범위 내에 성과보상을 할 수 있다.

6) 미흡으로 평가받은 지역센터는 〈붙임3〉의 이의신청 절차 및 처리방법을 따라 평가결과에 대하여 이의신청을 할 수 있다.

7) 중앙센터는 미흡으로 평가받은 지역센터에 대하여 평가위원회를 통하여 향후 3년간 지역센터 및 지원사업(대표기관 등)의 참여를 제한할 수 있다.

20. 사업성과물의 활용

1) 지원사업 수행으로 취득한 지식재산권 등 유·무형적 결과물은 수행기관의 공동소유를 원칙으로 하되 상호 협의 하에 결정하며, 협의 사항은 서면으로 작성·유지하여야 한다.

2) 센터장은 지식재산권이 기업 단독 소유가 아닐 경우에는 해당 수행기관에게 일정기간 전용실시권을 부여하여야 한다.

3) 개발성과의 간행물 게재, 홍보 및 전시회 출품 등 대외 발표시에는 지역센터와 수행기관간 상호 동의를 얻어야 한다.

21. 기타사항

1) 중앙센터는 동 사업에 대한 지원내용 등을 산업계에 적극적으로 홍보해야한다.

2) 지역센터는 중소기업 융합 R&D기획 및 발굴을 효율적으로 수행하기 위해 기술 및 기업지원의 전문성을 갖춘 기관 또는 단체를 협력기관으로 제휴를 맺어 멘토링 그룹 또는 융합과제발굴연구회, 기술전문가 등으로 활용할 수 있다.

3) 지역센터는 지원사업의 효율적인 추진을 위해 중앙센터가 위촉한 융합전문가를 활용할 수 있다.

4) 지역센터는 동 사업으로 개발 중이거나 개발한 내용 또는 사업화한 내용을 외부에 발표할 때에는 반드시 정부지원사업으로 수행한 것임을 밝혀야한다.

22. 경과조치

이 운영방안 시행 이전에 지역센터(중소기업융합지원센터 지정 · 운영사업 해당)는 협약이 종료될 때까지 협약당시 지침을 사용한다.

〈붙임2〉

기술개발비 포인트 및 카드 사용 · 관리

1. 목적 및 개요

중소기업 기술개발비 포인트제도(이하 "포인트제"라 한다)는 연구목적에 위배되는 자금유용 및 부당사용을 사전에 예방하고 자금 흐름의 투명성 확보를 위해 도입된 실시간 R&D 자금 집행 · 관리 제도로서, 본 지침은 포인트제가 적용되는 사업범위 및 이를 활용한 사업비 집행 원칙 등에 관한 세부 사항 및 기준은 아래의 내용을 따른다.

2. 적용범위 및 용어의 정의

가. 적용범위

중소기업기술개발 지원사업 운영요령 제3조에 규정한 사업 중 다음에 해당하는 사업은 이 지침을 적용한다.

1) 중소기업 융복합기술개발사업

2) 기타 중소기업청장이 중소기업기술개발 지원을 위하여 필요하다고 인정하는 사업

나. 용어의 정의

1) "기술개발비 포인트"란 정부출연금 및 민간부담 현금(이하 "사업비 현금"이라 한다)에 상응하는 금액으로서 주관기관에게 지급되는 기술개발비(1원 ⇒ 1포인트)를 말한다.

2) "전자금융관리시스템"이란 기술개발 과제별로 포인트의 집행, 연구비 카

드, 정산, 환수, 기술료 등을 종합적으로 관리하는 시스템을 말한다.

3) "통합수탁은행"이란 중소기업 기술개발사업의 자금을 관리하는 은행으로서 주관기관의 계좌 및 연구비 카드발급, 포인트 관리 등을 담당한다.

4) "기술개발비 통합계좌"란 전문기관 명의의 실물계좌로서 사업비 현금이 통합되어 관리되는 계좌를 말한다.

5) "기술개발비 포인트계좌"란 지급된 포인트 사용을 위하여 주관기관 명의로 개설한 실물계좌로써 과제 진행 중에는 잔액이 항상 0원인 자금지급 경유계좌를 말한다.

6) "민간부담금 계좌"란 선정된 기업이 협약으로 정한 민간부담 현금을 입금하기 위하여 해당기관별, 연차별로 개설되는 일회성 입금전용 가상계좌를 말한다.

7) "기술료 계좌"란 기술개발 수행 결과 "성공"으로 평가될 경우 기술료 납부를 위하여 주관기관 등으로 발급되는 일회성 입금 전용 가상계좌를 말한다.

8) "회수금 관리계좌"란 기술개발 완료시점의 정산잔액, 정산결과 불인정금액이 발생할 경우에 해당금액을 국고로 회수하기 위하여 주관기관 등으로 발급되는 일회성 입금전용 가상계좌를 말한다.

9) "포인트 환원계좌"란 기술개발비의 사용과정에서 집행내역의 취소, 변경(과다 및 오출금), 카드사용 건 불인정에 따른 사용금액에 대한 포인트로의 복구, 부가세 선 집행액에 따른 사후 포인트로의 복구 등 현금을 기술개발비 포인트로 환원하기 위해 관리기관의 승인을 통해 발행되는 일회성 입금전용 가상계좌를 말한다.

10) "회계책임자"란 기술개발비 포인트 및 카드의 사용 · 관리를 전담하는 자를 말하며, 과제책임자가 겸직함을 원칙으로 한다.

11) “연구비 카드”란 기술개발비 포인트를 사용하기 위하여 선정된 기업에게 발급되고 포인트에 의해 한도가 관리되는 신용카드를 말한다.

12) “전담카드사“란 기술개발비 카드 운영을 위하여 선정된 신용카드 사업자를 말한다.

13) 기타 관련된 용어의 정의는 중소기업기술개발 지원사업 운영요령 및 동 지침 제1장 공통 관리사항에 따른다.

3. 포인트 및 카드 사용 · 관리의 기본원칙

1) 전문기관 명의의 기술개발비 통합계좌에 예치된 자금은 포인트 지급과 동시에 주관기관 등에게 지급된 것으로 간주한다.

2) 기술개발비 포인트 계좌는 주관기관이 신규로 개설함을 원칙으로 한다.

3) 전문기관의 장은 협약체결 이후에 사업비 현금에 상응하는 기술개발비 포인트를 부여한다.

4) 전문기관의 장은 민간부담 현금 납부를 유예하고 협약을 체결한 경우 해당기관 정부출연금에 해당하는 포인트를 부여하되 민간부담 현금 납부 이후에 사용토록 제한하여야 한다.

5) 전문기관의 장은 기술개발 착수시기 및 기간, 진도 점검 등을 고려하여 포인트의 사용 한도를 전체 개발기간의 2분의 1 또는 3분의 1단위로 나누어 부여할 수 있다.

6) 기술개발비 포인트의 사용은 기술개발비 전자금융관리시스템을 통해 주관기관 등이 소요비용의 지급을 요청하면 통합수탁은행이 요청내용을 확인한 후 결제를 대행하는 방식으로 집행함을 원칙으로 한다.

7) 주관기관 등의 사업비 사용은 과제책임자(회계책임자)의 발의를 원칙으로 하며, “중소기업 기술개발비 전자금융관리시스템”(bank.smtech.

go.kr, 이하 "전자금융시스템"이라 한다)에 해당비목, 용도(품목, 수량, 단가), 금액, 거래처 등 상세내역을 반드시 입력하여야 한다.

8) 상기 사.의 경우, 통합수탁은행은 협약 시 정해진 한도 범위 등에 대한 확인절차를 거친 뒤 포인트 차감과 동시에 해당 금액을 주관기관 등의 기술개발비 포인트계좌를 경유하여 지급한다.

9) 기술개발비 포인트는 계좌이체 또는 연구비 카드 결제를 원칙으로 한다. 다만, 사업비 현금의 10% 이내에서 현금을 인출하여 사용할 수 있다.

현금인출범위	사업비 현금의 5% 이하	사업비 현금의 5% 초과 ~ 10% 이하
사용방법	자체사용	관리기관 승인 후 사용

10) 위탁연구기관에 지급하는 기술개발비는 주관기관에서 계좌이체를 통해 일괄지급하고 포인트제를 적용하지 아니한다.

11) 연구비 카드를 사용하는 기관은 당월 지출(카드사 매입) 명세에 대하여 매월 23일 이전에 전자금융시스템에 비목 및 용도 등을 등재하여야 한다. 다만, 전문기관의 장은 주관기관이 해당 내용을 등재하지 아니한 경우 전자금융시스템을 통해 포인트 사용을 정지시킬 수 있다.

12) 관리기관 또는 전문기관은 비정상적 포인트 과다사용, 부적절한 포인트 임의사용, 포인트 임의환원, 세부 내역 입력이 미흡한 경우 등에 대한 조사를 사전에 고지하지 않고 불시 현장점검을 실시할 수 있다.

13) 관리기관 또는 전문기관은 상기 타.의 불시 현장점검 결과 관련 규정에 위배되는 사업비 사용이 적발되었을 경우 포인트 사용을 중지시키고, 관련 규정에 따라 처리하여야 한다.

4. 기술개발비 포인트 계좌 및 연구비 카드 신청 · 발급

1) 기술개발비 포인트 계좌는 통합수탁은행에서 1개 기관당 1개 계좌를 발급한다.

2) 기술개발비 포인트 계좌는 전문기관이 통합수탁은행에 일괄 신청하여 발급할 수 있다.

3) 선정된 과제의 주관기관 등은 기술개발비 포인트 계좌 발급을 위하여 통합 수탁은행이 요청하는 제반서류 제출하고, 전자금융시스템 이용을 위한 인터넷 뱅킹에 등록하여야 한다.

4) 선정된 과제의 주관기관은 민간부담금 현금을 전문기관의 장이 지정한 민간부담금 계좌에 입금하여야 한다.

5) 개설이 완료된 기술개발비 포인트 계좌 및 연구비 카드는 통합수탁은행에서 일괄 배부할 수 있다.

6) 연구비 카드 발급은 수행기관별 2매 이내에서 발급함을 원칙으로 하되, 주관기관 등의 추가요청이 있을 경우에 한하여 추가발급 할 수 있다.

5. 포인트 및 연구비 카드의 사용절차

1) 주관기관 등은 기술개발비 포인트를 중소기업기술개발 지원사업 운영요령 제31조 및 중소기업 기술개발사업 관리지침의 사업비 집행기준에 부합하도록 사용하여야 한다.

2) 기술개발비 포인트의 사용은 다음과 같은 절차를 따른다.

지출 행위	사용 절차
연구비 카드 결제	〈표1 : 연구비 카드 사용 제한 업종〉 ① 룸싸롱/칵테일/맥주홀/스탠드바/극장식당/단란주점/유흥주점/나이트크럽/카바레/기타대인서비스 ② 주류판매(유통)/상품권판매/복권판매/골동품 · 예술품/성인용품판매점 ③ 안마시술소/스포츠마사지/피부미용실/헬스사우나탕/체형관리/온천장/대중목욕탕/주차장/이벤트/예식장/결혼(가례)서비스/혼수전문점/상담실(결혼 등)/장의사/장례식장/묘지(납골공원 등) ④ 방문판매/다단계판매/학습지/회원제 ⑤ 남녀기성복/양품점 ⑥ 실내외골프장/헬스클럽/테니스장/볼링장/스키장/수영장/당구장/노래방/레저타운/놀이동산/카지노/기타레저업소 ⑦ 레포츠(스포츠)클럽/공연장/극장/운동경기관람 ⑧ 비디오방 · 전화방/유선TV(CATV)/전자오락실/PC게임방 ⑨ 종교단체/무속 · 철학관 ⑩ 학교등록금/유치원/초중고교육기관/외국어학원/자동차학원/컴퓨터학원/예체능계학원/기타교육기관
계좌이체	1. 전자금융시스템에 비목, 용도, 이체계좌번호, 금액, 지급 거래처 상호 및 사업자번호 정보 등을 입력한 후 지급요청 2. 통합수탁은행은 계좌의 상태, 요청 비목의 잔액, 비목간의 전용범위 등을 확인한 후 집행 3. 이체가 완료된 항목에 대해서는 세금계산서 등의 증빙서류를 정산 시점 이전까지 증빙 및 제시 할 수 있도록 구비

3) 참여연구원의 인건비를 현금으로 지급할 경우 전자금융시스템에 참여연구원의 실명계좌번호, 지급일자, 지급금액 등을 입력한 후 집행을 요청하여야 한다.

4) 전문기관 또는 관리기관의 장은 주관기관 등이 연구비 카드 결제일까지 승인된 내역에 대한 비목 등의 제반근거를 입력하지 않을 경우 포인트 및 카드 사용을 정지시킬 수 있으며, 사업비 정산 시 해당 금액을 환수토록 한다. 다만, 주관기관 등이 사용정지 원인을 사업비 정산시점까지 해소한 경우는 예외로 한다.

5) 주관기관 등의 과제책임자 및 회계책임자는 기술개발비의 사용내역에 대하여 자체 관리감독을 실시하여 부당사용내역, 오류발생내역, 계좌의 상태 및 한도를 주기적으로 점검하여야 한다.

6) 협약변경에 따른 비목 간 변경이 필요할 경우 종합관리시스템을 통해 전문기관의 사전 승인을 받아야 하며, 전자금융시스템에서 변경내역을 확인한 후 기술개발비 포인트를 집행하여야 한다. 이때, 협약변경 요청 시점부터 전문기관의 승인이 확정되는 시점까지 포인트 집행이 일시 정지될 수 있다.

7) 집행내역에 대한 취소 또는 변경(과다 및 오출금)이 발생한 경우 다음과 같은 진행절차에 따라 기술개발비 포인트를 환원한다.

지출 행위	포인트 환원절차
계좌이체	1. 주관기관 등은 취소 또는 과다 및 오출금된 내역의 포인트 환원을 위해 집행내역 선택 및 반환금액, 반환사유를 전자금융시스템에 입력 2. 관리기관은 주관기관 등이 입력한 내용에 대한 검증 완료 후 포인트 환원계좌를 발급 3. 주관기관 등은 포인트 환원계좌에 현금을 입금하여 해당 금액만큼의 포인트를 환원
연구비 카드 결제	**〈포인트로 카드대금 결제가 이미 진행된 경우〉** 1. 결재 완료 건에 대해 부가세 환원을 수행하지 않았을 경우 - 부가세대금을 포함한 전체금액에 대해 포인트 환원기능을 활용하여 현금을 입금 2. 결재 완료 건에 대해 부가세 환원을 수행한 경우 - 부가세대금을 제외한 공급가액에 대해서만 포인트 환원기능을 활용하여 현금을 입금 **〈포인트로 카드대금 결제가 아직 진행되지 않은 경우〉** 1. 승인된 내역에 대한 가맹점에서의 승인취소 수행 2. 승인취소 처리가 확인된 순간 카드사는 승인 혹은 매입내역 취소처리 3. 전자금융시스템에서 결제대금 대상에서 자동으로 제외

8) 기술개발기간 동안 주관기관 등의 현물부담금 사용내역은 정산 시점 또는 관리기관이나 전문기관이 요청하는 시점에 전자금융시스템으로 집행

내역을 입력하고 증빙서류는 추후 정산을 위하여 자체적으로 보관하여야 한다.

9) 다년도 과제의 경우, 진도점검 결과 “계속”으로 평가되고 정산결과 지급된 정부출연금 포인트의 잔액이 존재할 경우, 해당 금액은 동일 세부비목으로 이월하여 사용한다.

10) 관세, 부가가치세 등 사후 환급이나 공제받는 금액을 기술개발비 포인트로 집행한 경우 주관기관의 장은 해당 금액을 포인트 환원계좌를 이용하여 기술개발비 포인트에 환원하여야 한다.

6. 포인트 및 카드 사용의 정산, 환수 등

1) 주관기관 등이 기술개발비 사용내역 및 증빙자료를 전자금융시스템에 오류 없이 모두 등재하였을 경우 관리기관의 판단에 따라 온라인 정산으로 갈음할 수 있다. 다만, 회계감사보고서 등 정산관련 제반 증빙서류는 관리기관(위탁정산기관 포함) 요청 시 제출하여야 한다.

2) 사업비 정산의 방법 및 절차는 제1장 공통 관리사항에 따른다.

7. 포인트 및 카드 사용절차 요약

추진단계	단계별 수행내용
협약체결 및 카드발급 단계	• 전자금융시스템에 사용자 등록 및 기술개발 과제별 기본사항 입력(협약체결 후 15일 이내) • 기술개발비 카드 발급 신청
기술개발비 사용 단계	• 기술개발비 사용내역 입력 - 포인트 집행은 사용비목, 거래처 등을 입력 후 실시 - 카드사용내역은 사용 후 15일 이내 혹은 해당 월의 결제일 이전에 전자금융시스템에 입력 - 사업비 사용시점에 집행 상세내역 입력(품목, 단가, 수량) - 필요한 경우 데이터 호환을 통한 입력가능
기술개발비 사용내역 확인	• 과제별 기술개발비 사용내역에 대해 자체모니터링 실시 - 부당사용분 반납, 오류 발생분 수정
협약변경 단계	• 협약변경 시 전문기관의 승인을 받은 후 해당사항을 종합관리시스템(www.smtech.go.kr)에 수정 입력 - 과제책임자, 기술개발기간, 비목별 기술개발비 등
포인트 및 카드관리 단계	• 카드분실 및 협약 해약 시 카드사에 즉시 통보 • 포인트 및 카드사용 증빙서류의 보관
증빙 단계	• 기술개발 통합규정 및 각 사업별 지침에 따라 사용실적 보고 • 기술개발비의 사용내용에 대한 외부 또는 자체 회계감사를 시행하고, 그 결과를 과제별로 작성 · 제출
정산 단계	• 기술개발기간 중 발생한 부당사용분 및 기술개발 종료 후 발생한 부당사용분은 전문기관 명의의 회수금 관리계좌로 입금

〈붙임3〉

이의신청 절차 및 처리방법

1. 이의신청의 구분

1) 평가결과에 대한 이의신청

○ 서면평가, 대면평가(사업비 관련 이의신청 제외) 및 진도점검, 특별평가, 추천평가, 중간평가, 최종평가 등 평가결과에 이의가 있는 때

2) 통보결과에 대한 이의신청

○ 정부출연금 회수명령, 정산결과통보, 참여제한통보 등 통보결과에 이의가 있는 때

다. 이의신청 접수 및 처리기관

○ 관리기관 : 진도보고 평가, 정산결과 통보 등

○ 전문기관 : 과제선정평가(서면평가, 대면평가), 진도보고 평가(평가위원회), 특별평가, 최종평가 등 평가위원회 결과, 정부출연금 회수명령, 참여제한 통보 등 전문위원회 결과

○ 중앙센터 : 지역센터 선정 · 중간 · 최종평가, 추천평가 등

2. 이의신청의 절차

1) 주관기관 등은 처분통보를 받은 날로부터 7일 이내(민법의 기간규정 준용), 1회에 한해 통보한 해당기관에 이의신청을 할 수 있다.

2) 이의신청은 이의사유서를 포함한 주관기관장 명의의 공문으로 해당 기관에 신청하여야 하며, 이의사유서는 통보결과의 부당성에 대해 구체적으로 제시하여야 한다.

3. 이의신청의 처리

1) 이의신청을 접수한 해당 기관은 그 적정성을 검토하여 원안확정 통보 또는 재심의 평가위원회에 상정할 수 있다. 다만, 정산관련 이의신청 시 공인회계사 등 전문가로 하여금 재정산을 시행할 수 있다.

2) 서면 및 대면평가 이의신청에 따른 재심의 위원회의 위원 구성은 다음과 같이 정한다.
   - ○ 위원회 구성은 7인 내외로 한다.
   - ○ 과제 평가에 적합한 민간 평가위원으로 구성하되, 당초 평가위원회 참석 위원은 제외한다.

3) 진도점검 및 사업비 정산결과에 대한 이의신청에 따른 평가위원단 구성은 다음과 같이 정한다.
   - ○ 위원회 구성은 3-5인 내외로 한다.
   - ○ 관리기관(중앙센터 포함) 담당자가 참석함을 원칙으로 하되, 그 외 위원회에 타당한 민간 평가위원을 참석시킨다.

4) 재심의 및 평가표 작성
   - ○ 평가위원장은 과제책임자로 하여금 이의신청 사유 및 내용에 대해 충분하게 소명할 수 있도록 배려하여야 한다.
   - ○ 평가위원은 별지 서식에 따라 평가를 한다. 이때 평가위원의 과반수가 "否"로 판정한 경우 평가결과는 "否"로 판정하고 별지 서식만 작성하며, 평가위원의 과반수가 "可"로 판정한 경우 평가결과는 "可"로 판정하고 해당단계의 평가표 등을 추가로 작성한다.

4. 이의신청 결과의 통보

- ○ 해당 기관은 이의신청의 처리결과를 중소기업청장에게 보고하고, 신청기관에게 그 결과를 통보한다.

○ 주관기관 등은 심의조정위원회의 의결에 대한 이의를 제기할 수 없다. 다만, 사업별 특성에 따라 공고시 정한 경우에 예외로 적용할 수 있다.

〈붙임4〉

연구원의 직급 및 보수기준

직급	기업, 기관, 단체 등	국공립연구기관	대 학	기준보수
책임급	○ 전문대학졸업자는 15년 이상, 대학과정 이수자는 12년 이상, 석사학위 소지자는 9년 이상, 박사학위 소지자는 5년 이상 해당분야 경력소지자 ○ 기사자격자는 12년, 기술사는 5년 이상 해당분야 경력소지자	○ 연구관 또는 박사학위 소지자로 근무경력이 10년 이상인 자	○ 조교수 이상	○ 특급기술자(해당기관 실지급액)
선임급	○ 고등학교졸업자는 12년 이상, 전문대학졸업자는 9년 이상, 대학과정 이수자는 6년 이상, 석사학위 소지자는 3년 이상, 박사학위 소지자는 1년 이상 해당분야 경력소지자 ○ 기사자격자는 6년, 기능장은 3년 이상, 경영지도사(기술분야)는 3년 이상, 기술사는 1년 이상 해당분야 경력소지자 ○ 중소기업 대표자	○ 연구관 또는 박사학위 소지자로 근무경력이 1년 이상인 자 ○ 연구사로서 근무경력이 6년 이상인 자	○ 전임강사 이상(겸임교수 제외)	○ 고급기술자(해당기관 실지급액)
연구원급	○ 고등학교 졸업자는 5년 이상, 전문대학 졸업자는 3년 이상, 대학 이상의 과정 이수자는 1년 이상 해당분야 경력소지자 ○ 기능사는 5년, 기사자격자는 1년 이상 해당분야 경력소지자	○ 연구사로서 근무경력이 1년 이상인 자	○ 박사과정 재학생 이상	○ 초급기술자(해당기관 실지급액)
연구보조원	○ 책임급, 선임급, 원급에 해당되지 않는 연구원 중 연구능력이 인정되는 자	○ 기능직	○ 석사과정 재학생 또는 연구수행에서 보조원으로 반드시 필요한 연구요원	○ 고급기능사(해당기관 실지급액)

부록 2

기술분류표

[기술분류 제1호]

산업기술분류표

〈대분류: 기계 · 소재〉

중분류	소분류	중분류	소분류
정밀생산 기계	절삭 가공기계	자동차/ 철도차량	안전도 향상기술
	연삭/연마 가공기계		차량 지능화 기술
	광 에너지 응용 가공기계		철도차량 추진/제어기술
	전기/화학 에너지 응용 가공기계		시스템 통합기술
	수치제어장치		저공해 및 대체에너지 차량기술
	프레스 기계		기타 자동차/철도차량 관련기술
	사출 기계	에너지/환경 기계시스템	공기조화/냉동기계
	CAD/CAM 관련 S/W		보일러/로설비
	기타 정밀생산기계 관련기술		유체기계
자동차/ 철도차량	엔진 및 동력전달장치		수처리 설비
	전기 및 전자장치		폐기물 처리설비
	차체 및 경량화 기술		대기오염 방지 설비
	공조기술		건조/농축 설비
	차량운동성능 및 진동/소음저감 기술		에너지/환경 제어설비
			BS/HA 시스템 기술

중분류	소분류	중분류	소분류
에너지/환경 기계시스템	에너지/환경 기계 시스템 관련 S/W	조선/해양 시스템	주기/보기 및 추진계통부품
	기타 에너지/환경 기계 시스템 관련기술		갑판설비 및 항해통신장치
			선박생산시스템/건조공법
요소부품	체결용 요소부품		해양구조물/설비기술
	전동용 요소부품		해양레저 및 탐사장비
	완충/제동용 요소부품		해양 환경/안전설비
	회전축용 요소부품		조선/해양시스템관련S/W
	배관용 요소부품		기타 조선/해양 시스템 관련기술
	유공압 부품	항공/우주 시스템	고정익/회전익 항공기 기체
	액츄에이터		고정익/회전익 항공기 동력장치
	절삭/연삭공구		고정익/회전익 항공기 기계시스템
	치공구		고정익/회전익 항공기 전기전자시스템
	금형		
	요소부품 관련 S/W		인공위성체/탑재체 시스템
	기타 요소부품		액체 추진제 발사체 시스템
로봇/ 자동화기계	로봇 설계기술		고체 추진제 발사체 시스템
	로봇 제어 및 지능화기술		항공우주 지상설비 시스템
	로봇 비젼 및 생산자동화 기술		항공/우주 시스템 관련 S/W
	기계 자동화 기술		기타 항공/우주 시스템 관련기술
	조립/정밀 이송기술	나노 · 마이크로 기계시스템	나노마이크로 센서
	자동화 관련 계측/센서 기술		초소형 구동장치
	로봇/자동화기계 관련 S/W		초소형 디바이스
	기타 로봇/자동화기계 관련기술		초소형 가공 · 조립 · 측정기술
산업/일반 기계	농업기계		시스템 특성분석 · 신뢰성 평가기술
	인쇄/섬유기계		시스템 집적화 기술
	식품포장기계		시스템 통합화 기술
	건설/광산기계		나노 마이크로기계시스템 관련 S/W
	일반가공기계		기타 나노 마이크로기계시스템 관련기술
	방재소방기계		
	운송하역기계	금속재료	구조재료
	정보산업장비		기능재료
	산업/일반기계관련 S/W		복합재료
	기타 산업/일반기계 관련기술		재료공정기술
조선/해양 시스템	선박소재/구조기술		기계/전자부품소재기술
	선형 개발/성능해석기술		에너지소재기술

중분류	소분류
금속재료	생체재료기술
	금속정제/회수기술
	재료분석/평가기술
	기타 금속재료 관련기술
주조/용접	사형주조
	금형주조
	특수주조
	다이케스팅
	주조/용접재료
	Brazing/Soldering
	아크용접
	특수용접/접합기술
	용접부 분석평가기술
	주조/용접 관련 S/W
	기타 주조/용접 관련기술
표면처리	열처리기술
	도금기술
	박막제조기술
	용사기술
	에칭기술
표면처리	부/방식기술
	침탄/질화기술
	전자부품 표면처리기술
	표면물성 개질기술
	기타 표면처리기술
소성가공/분말	단조기술
	압출기술
	인발기술
	압연기술
	판재성형기술
	분말제조기술
	분말가공기술
	소성가공 관련 S/W
	기타 소성가공/분말 관련기술
청정생산	청정생산 공정설계
	공정개선기술
	공정 및 생산관리기술
	유해 원부재료 대체기술
	환경친화적 제품설계기술
	환경친화제품 제조기술
	자원재활용 기술

〈대분류: 전기 · 전자〉

중분류	소분류
광응용기기	레이저 관련부품 및 발생장치
	레이저 가공기
	결상기기
	광계측 · 제어기기
	광원
	광소재
	광부품
	광소자
	기타 광응용 기기
반도체장비	열처리장비
	노광 · 트랙장비
반도체장비	에칭 장비
	폴리싱(CMP) 장비
	증착장비
	이온주입장비
	세정장비
	패키징장비
	측정/검사 장비
	반도체장비용 핵심부품 및 제조장비
	기타 반도체장비

중분류	소분류
중전기기	발전기/전동기 및 제어
	전력변환기기
	전력용 재료
	변압기류
	개폐기류
	송배전 및 보호/감시장치
	자동화제어기기
	전기로
	전선
	초전도 기술/제품
	전기용접 및 가열
	전원장치
	에너지저장기기
	기타 중전기기
반도체소자 및 시스템	Si 소자
	및 시스템
	MEMS 소자
	Sensor용 소자
	반도체 재료
	SoC
	설계 Tool
	기타 반도체 소자
전기전자 부품	센서 부품
	PCB 부품
	커패시터 부품
	자성재료 부품
	기록매체 부품
	복합 부품
	초고주파 발생소자
	플라즈마 발생용 부품
	기타 전기전자부품
가정용기기 및 전자응용기기	정보가전기기
	음성정보기술 응용기기
	조명기기
	소형가전
	백색가전
가정용기기 및 전자응용기기	가정용 가스기기
	냉 · 난방기기
	자동판매기
	현금자동입출금기
	기타 가정용기기 및 전자응용기기
계측기기	계측센서 및 부품
	화학량 시험/분석 계측기
	물리량 시험/분석 계측기
	환경계측기
	안전감시/진단 계측제어기
	유체 제어계측기
	전자 계측기
	광계측기
	기타 계측기기
영상/음향기기	TV수상기
	방송수신기
	3차원 영상기기
	AV재생 및 기록기기
	화상통신
	카메라 및 캠코더
	전광판
	휴대용 AV기기
	카 오디오
	방송 AV기기
	건축음향 및 응용기기
	스피커
	마이크로폰
	기타 영상/음향기기
전지	전지재료
	제조 및 측정평가 장비
	응용 및 활용기술(HEV등)
	일차전지
	이차전지
	초고용량 커패시터
	기타 전지

중분류	소분류	중분류	소분류
디스플레이	LCD	디스플레이	E-Paper
	PDP		3D
	FED		디스플레이 제조장비
	EL		디스플레이 측정 및 검사장비
	디스플레이 부품 및 소재		기타 디스플레이

〈대분류: 정보통신〉

중분류	소분류	중분류	소분류
이동통신	이동통신 서비스		USN기술
	이동통신 시스템		모바일-RFID
	이동통신 단말기		활용서비스 플랫홈 및 응용SW
	기타 이동통신기기		RFID/USN서비스
디지털 방송	디지털 방송 서비스	U-컴퓨팅	U-컴퓨팅 플랫홈 및 응용기술
	디지털 방송 매체		서버기술
	디지털 방송 콘텐츠		U-컴퓨팅 기기 및 주변기기
	디지털 방송 이동방송	소프트웨어	임베디드 SW
	디지털 방송 통방융합		SW솔루션
	디지털 방송 실감방송		System Integration
	디지털 방송 단말		Internet SW
위성-전파	위성통신 · 방송 전송	디지털 콘텐츠	컴퓨터 그래픽
	위성통신 · 방송 단말		가상현실
	위성항법		콘텐츠 창작 기획
	탑제체 및 관제		디지털 콘텐츠 제작 및 유통
	EMI/EMC		게임 및 u-러닝
	전자파기기	지식정보 보안	정보보안
	전자파 진단 및 방호		물리보안
홈네트워크	홈네트워크 기기		융합보안
	유 · 무선 홈네트워킹 기술	정보통신 모듈 및 부품	이동통신 모듈 및 부품
	지능형 정보가전		위성 · 방송 모듈 및 부품
	홈네트워크 응용 및 서비스 기술		광통신모듈및부품
	홈네트워크 정보보호		멀티미디어 모듈 및 부품
광대역 통합망	서비스 및 제어		안테나 모듈 및 부품
	전달망	ITS/ 텔레매틱스	ITS 단말 및 기기
	가입자망		텔레매틱스 단말 및 기기
RFID/USN	RFID기술		ITS 응용서비스
			텔레매틱스 응용서비스

〈대분류: 화학〉

중분류	소분류	중분류	소분류
정밀화학	의약 중간체/원제	화학제품	제지
	의약제제		인조피혁
	농약 중간체/원제		천연피혁
	농약제제		고무(타이어포함)
	염/안료 및 중간체		기타 화학제품
	계면활성제	대기/폐기물	폐기물처리 및 재활용 기술
	윤활유		대기오염 방지기술
	첨가제		환경설비기술
	도료/코팅제		환경산업 부품소재기술
	접착제/실란트		기타 환경산업기술
	유 · 무기재료 및 촉매 제조기술	수질/토양	수질오염 방지기술
	감광재료		토양오염 방지기술
	화장품/소재		해양오염 방지기술
	전자산업용 정밀화학소재		환경설비 기술
	나노응용기술		환경산업부품 · 소재기술
	기타 합성응용제품		기타 환경산업기술
고분자	중합반응/공정기술	세라믹 재료	시멘트, 콘크리트, 내화물
	재료		원료 및 나노세라믹 분말
	복합재료제조기술		유리, 유약, 법랑
	전기 · 전자정보용 소재기술		도자기, 타일 등
	의료용 소재기술		단결정
	에너지 · 환경산업용 소재기술		세라믹제조공정기술
	특수기능성 소재기술		화학 · 생체 기능재료
	고분자 재활용기술		광 · 전자세라믹스
	고분자가공기술		고강도 · 열 기능재료
	나노소재기술		나노세라믹 복합재료기술
	기타 고분자 재료		기타 세라믹재료
화학공정	석유화학 부산물 응용기술	섬유제조	중합개질
	촉매 응용기술		섬유방사
	공정시스템기술		천연섬유방적
	공정설비기술		사가공기술
	기초유기소재공정기술		제직기술
	기초무기소재공정기술		방사설비
	기타 화학공정		사가공설비

중분류	소분류	중분류	소분류
섬유제조	산업용 섬유제조기술	염색가공	기타 염색가공
	나노섬유제조기술	섬유제품	부직포제조
	제직설비		부직포가공기술
	기타 섬유제조		봉제기술
염색가공	침염기술		의류패션
	날염기술		편직기술
	사염기술		섬유제품설비
	가먼트염색기술		산업용섬유제품
	물리 · 화학적 가공기술		나노섬유제품기술
	염색설비		융합섬유제품
	가공설비		기타 섬유제품기술

〈대분류: 바이오 · 의료〉

중분류	소분류	중분류	소분류
의약바이오	단백질의약품	산업바이오	바이오매스
	치료용항체		바이오농축수산제제
	백신		기타 산업바이오
	효소의약품	바이오 공정/기기	바이오공정기술
	바이오인공장기		바이오전자/정보
	세포 및 조직치료제		바이오엔지니어링기술
	유전자의약품		바이오공정장비기술
	저분자의약품		바이오분석기기
	천연물의약품		기타 바이오공정/기기
	약물전달시스템	치료기기 및 진단기기	중재적 치료기기
	시약/진단제		방사선치료기
	바이오생체재료		수술용 치료기기
	의약바이오기반기술 및 시스템		수술용 로봇
	기타 바이오의약품/소재		한방용 치료기기
산업바이오	바이오화학소재		기타 치료기기
	바이오플라스틱		임상화학 및 생물 분석기기
	미생물 및 효소촉매		한방용 진단기기
	기능성 바이오소재		생체신호 측정/진단기기
	바이오화장품/소재		분자유전진단기기
	기능성 식품소재		초음파진단기기
	바이오환경		X-ray 및 CT

중분류	소분류	중분류	소분류
치료기기 및 진단기기	MRI	기능복원/보조 및 복지기기	이동지원기기
	핵의학 및 분자 영상 진단기기		생활지원기기 및 시스템
	지능형 판독시스템		인지/감각기능 지원기기
	기타 치료 및 진단기기		기타 기능복원/보조 및 복지기기
기능복원/보조 및 복지기기	신체 기능 복원기기	의료정보 및 시스템	한의정보 표준시스템
	임플란트		원격 및 재택 의료기기
	전자기계식 인공장기		의료정보표준화
	생체재료		U - EHR (electronic health record)
	의료용 소재		병원의료정보 시스템 및 설비
	재활훈련기기		기타 의료 정보 및 시스템

〈대분류: 에너지 · 자원〉

중분류	소분류	중분류	소분류
온실가스 처리	CO_2 포집기술	송-배전 계통	전력설비/기기 개발 및 진단 기술
	CO_2 전환기술		전력용 신소재 기술
	CO_2 저장기술		전력전자 기술
	non-CO_2 처리기술		전자계 환경 기술
	기타 온실가스 처리기술		전기안전기술
자원	자원조사 · 탐사	전력IT	IT 기반 고부가 서비스 기술
	석유 · 가스 개발		마이크로 그리드 기술
	광물자원 개발		전력 유비쿼터스 기술
	자원 활용		직류 송 · 배전 기술
수화력발전	고온고압화 발전기술		지능형 전력망 플랫폼 기술
	석탄 청정화/이용 기술	원자력	노심해석 기술
	수화력발전 환경오염방지기술		원전 안전평가 기술
	발전설비/기기개발		방사선 관리 기술
	첨단 발전제어 기술		핵연료 및 부품 소재 기술
	가스터빈 기술		원전계측 · 제어기술
	발전설비 운영 기술		원전 계통 및 핵심기기 기술
송-배전 계통	전력계통 감시 · 운영 기술		원전 운영 및 정비 기술
	전력계통 계획 기술		방사성 폐기물 관리 기술
	대용량 전력수송 · 저장 기술		원전 부지 및 환경 기술
	전력시장 운용 기술		원자력 기반 · 첨단기술
	수요예측 · 관리 기술		신원전 기술
	송 · 변 · 배전 시스템 기술		

중분류	소분류	중분류	소분류
신재생 에너지	태양열	신재생 에너지	해양
	태양광		지열
	바이오연료		수소
	폐기물		연료전지
	소수력		석탄가스화/액화
	풍력		합성연료

〈대분류: 지식서비스〉

중분류	소분류	중분류	소분류
경영전략/금융/무역 서비스	전자금융서비스	디자인 서비스	제품 · 환경 · 인테리어디자인기술
	투자분석/위험관리기법		시각 · 포장디자인기술
	기술사업화/가치평가기법		디자인 · 멀티미디어디자인기술
	비즈니스모델링/프로세스관리/시뮬레이션기술		패션 · 텍스타일디자인기술
	서비스표준화/품질관리		공예디자인기술
	서비스네트워크/협업지원		기타 디자인서비스기술
	지식창출/유통/평가기술	인적자원 역량개발 서비스	지능형 학습지원/관리기술
	인사관리/법무/회계서비스		감성시스템 및 처리기술
	전자무역서비스		인간-시스템상호작용기술
	기타경영전략/금융/무역서비스 기술		뇌 인지기반 인간수행능력향상 기술
연구개발/엔지니어링 서비스	생산관리/계량분석기법		기타인적자원역량개발서비스
	생산공정모델링/시뮬레이션	유통/물류/마케팅 서비스	지능형기업물류지원기술
	설계정보통합관리/협업시스템 성능향상기술		유통물류응용기술
	제품품질 관리기술		시장조사/마케팅관리기술
	시험/검사/분석기법		소비자행동모델링/테스트기법
	지식재산권분석/관리기술		지능형 고객관계관리 기술
	첨단/친환경소재응용포장(패키징) 기술		기타 유통물류/마케팅 관련 기술
	사업설비-시설물 조사/설계/예측/	부가가치/사후관리 서비스	재제조서비스/제품 · 서비스 시스템(PSS)
	평가/관리기술		제품-서비스 유지/운영/사후관리
	기타연구개발/엔지니어링관련기술		문화-의료-환경기반 지식표현/지능형 융합서비스기술
			방송/광고/영화미디어 관련 기술
			기타부가가치/사후관리서비스

[기술분류 제2호]

국가과학기술표준분류

A. 수학

중분류	소분류
A01 대수학	A0101. 선형대수 A0102. 수리논리학/집합론 A0103. 수론 A0104. 군/표현 A0105. 대수기하/가환환 A0106. 결합환 A0107. 리대수/비결합환 A0199. 달리 분류되지 않는 대수학
A02 해석학	A0201. 고전/조화해석 A0202. 복소해석 A0203. 함수해석 A0204. 변분론/비선형해석 A0205. 동력계/상미분방정식 A0206. 편미분방정식 A0207. 대역해석학/다양체위의 해석학 A0299. 달리 분류되지 않는 해석학
A03 위상수학	A0301. 일반위상수학 A0302. 대수적위상수학 A0303. 기하위상수학/미분위상수학 A0304. 리군/위상군 A0399. 달리 분류되지 않는 위상수학
A04 기하학	A0401. 고전/일반기하 A0402. 블록기하/이산기하 A0403. 미분기하 A0404. 복소기하 A0405. 사교기하 A0499. 달리 분류되지 않는 기하학
A05 응용수학	A0501. 연속체역학 A0502. 수치해석 A0503. 수리계획법/최적화이론 A0504. 과학/공학의 수학적 방법론 A0505. 금융수학 A0506. 바이오수학 A0507. 통신수학 A0508. 수리물리 A0509. 보험수학 A0510. 계산수학 A0599. 달리 분류되지 않는 응용수학
A06 이산/정보수학	A0601. 조합수학/그래프이론 A0602. 알고리즘 A0603. 암호론/부호론 A0604. 정보이론 A0699. 달리 분류되지 않는 이산/정보수학
A07 추론/계산	A0701. 모수추론 A0702. 비모수추론 A0703. 베이지안추론 A0704. 통계계산 A0799. 달리 분류되지 않는 추론/계산
A08 모형/자료분석	A0801. 선형모형 A0802. 실험계획 A0803. 다변량통계 A0804. 시계열/공간자료분석 A0805. 생존분석 A0806. 표본조사 A0807. 분포이론 A0899. 달리 분류되지 않는 모형/자료분석
A09 응용통계	A0901. 의학/생물통계 A0902. 경제/경영통계 A0903. 금융/보험통계 A0904. 사회/심리통계

중분류	소분류
A09 응용통계	A0905. 환경통계 A0906. 공업통계 A0999. 달리 분류되지 않는 응용통계
A10 확률/ 확률과정	A1001. 확률론 A1002. 확률과정 A1003. 극단값이론
A10 확률/ 확률과정	A1004. 대기체계이론 A1005. 확률해석학 A1006. 응용확률 A1099. 달리 분류되지 않는 확률/확률과정
A99 기타 수학	A9999. 달리 분류되지 않는 수학

B. 물리학

중분류	소분류
B01 입자/ 장물리	B0101. 소립자/입자현상론 B0102. 장이론/고에너지이론 B0103. 가속기/빔물리 B0104. 입자 데이터 B0199. 달리 분류되지 않는 입자/장물리
B02 통계물리	B0201. 통계역학 B0202. 무질서계 B0203. 비선형 동력학 B0204. 복잡계 B0299. 달리 분류되지 않는 통계물리
B03 원자핵 물리	B0301. 핵구조 B0302. 핵반응/산란 B0303. 강입자 물리 B0304. 중이온 반응 B0305. 원자핵 데이터 B0399. 달리 분류되지 않는 원자핵물리
B04 유체/ 플라즈마	B0401. 플라즈마 물리 B0402. 유체운동/수송론 B0499. 달리 분류되지 않는 유체/플라즈마
B05 광학	B0501. 분광학 B0502. 양자광학 B0503. 레이저광학 B0504. 비선형광학
B05 광학	B0505. 광자학 B0506. 의광학 B0507. 기하/파동 광학 B0508. 디스플레이 광학 B0509. 나노 광학 B0510. X선 광학 B0599. 달리 분류되지 않는 광학
B06 응집물질 물리	B0601. 구조특성 B0602. 전자구조 B0603. 수송특성 B0604. 광학특성 B0605. 표면/경계면/박막 B0606. 나노/중시물리 B0607. 반도체 B0608. 자성/자성체 B0609. 유전체/강유전체 B0610. 초전도 B0611. 초유체/저온물리 B0612. 전도성유기물 B0613. 분자전자학 B0699. 달리 분류되지 않는 응집물질물리
B07 원자/ 분자물리	B0701. 원자물리학 B0702. 분자물리학 B0703. 양자정보 B0799. 달리 분류되지 않는 원자/분자물리

중분류	소분류
B08 천체물리	B0801. 일반상대론/중력 B0802. 고에너지 천체물리 B0803. 우주론 B0804. 고중력 천체 B0899. 달리 분류되지 않는 천체 물리
B09 복합물리	B0901. 생물물리 B0902. 전산물리
B09 복합물리	B0903. 의학물리 B0904. 화학물리 B0905. 음향학 B0999. 달리 분류되지 않는 복합 물리
B99 기타 물리학	B9999. 달리 분류되지 않는 물리학

C. 화학

중분류	소분류
C01 물리화학	C0101. 열역학/통계열역학 C0102. 양자화학/전산화학 C0103. 분광학 C0104. 반응 동력학 C0105. 표면/계면화학 C0106. 고체물리화학 C0107. 생물리화학 C0108. 재료물리화학 C0109. 자기공명학 C0199. 달리 분류되지 않는 물리 화학
C02 유기화학	C0201. 천연물화학 C0202. 유기합성/전합성 C0203. 유기합성방법론 C0204. 이론/물리 유기화학 C0205. 유기초분자화학 C0206. 유기금속시약화학 C0207. 생유기화학 C0208. 의약/조합 화학 C0209. 유기재료화학 C0210. 유화학 C0299. 달리 분류되지 않는 유기 화학
C03 무기화학	C0301. 이론무기화학 C0302. 무기초분자화학 C0303. 유기금속화학 C0304. 생무기화학
C03 무기화학	C0305. 고체무기화학/결정학 C0306. 무기소재화학 C0307. 촉매화학 C0308. 무기의약화학 C0399. 달리 분류되지 않는 무기 화학
C04 분석화학	C0401. 분리분석화학 C0402. 분광분석화학 C0403. 표면분석화학 C0404. 구조분석화학 C0405. 환경분석화학 C0406. 질량분석학 C0407. 화학기기학 C0408. 생분석화학 C0409. 마이크로칩 화학분석 C0499. 달리 분류되지 않는 분석 화학
C05 고분자 화학	C0501. 고분자 합성 C0502. 고분자 구조/물성 C0503. 고분자 물리화학 C0504. 생체 의료용 고분자 C0505. 전기/전자/광특성 고분자 C0506. 기능성 고분자 C0507. 환경친화성 고분자 C0508. 에너지 고분자 C0599. 달리 분류되지 않는 고분 자화학

중분류	소분류
C06 생화학	C0601. 핵산분자 생화학 C0602. 단백질/효소분자 생화학 C0603. 탄수화물분자 생화학 C0604. 지질분자 생화학 C0605. 구조생화학 C0606. 대사분자 생화학 C0607. 신경계분자 생화학 C0608. 단백질체학 C0699. 달리 분류되지 않는 생화학
C07 광화학	C0701. 유기광화학 C0702. 무기광화학 C0703. 생물광화학 C0704. 고분자광화학 C0705. 물리광화학 C0706. 광소재화학 C0707. 태양에너지화학 C0708. 전기광화학 C0799. 달리 분류되지 않는 광화학
C08 전기화학	C0801. 물리전기화학 C0802. 분석전기화학 C0803. 분자전기화학 C0804. 에너지 변환/저장 전기화학 C0805. 부식/표면 처리 C0806. 산업전기화학/전기화학 공정 C0807. 생전기화학 C0808. 전기재료화학 C0899. 달리 분류되지 않는 전기화학
C09 나노화학	C0901. 나노소재화학 C0902. 나노물성화학 C0903. 나노의약화학 C0904. 무기나노화학 C0905. 나노고분자화학 C0906. 나노바이오화학 C0907. 나노광화학 C0908. 나노구조화학 C0999. 달리 분류되지 않는 나노화학
C10 융합화학	C1001. 환경화학 C1002. 화학생물학 C1003. 화학 유전체학 C1004. 화학정보학 C1005. 계산화학 C1006. 화학적 바이오칩 C1007. 고효율 생리활성 검색 C1008. 핵/방사화학 C1099. 달리 분류되지 않는 융합화학
C99 기타화학	C9999. 달리 분류되지 않는 화학

D. 지구과학(지구/대기/해양/천문)

중분류	소분류
D01 지질과학	D0101. 광물학 D0102. 암석학 D0103. 광상/자원지질학 D0104. 구조지질학 D0105. 층서/퇴적/화석/지사학 D0106. 화산/제4기지질학 D0107. 응용지질학/지질공학 D0199. 달리 분류되지 않는 지질과학
D02 지구물리학	D0201. 지열/지구내부물리/지구동력학 D0202. 지진학 D0203. 중력/지자기/측지학 D0204. 지전자기학 D0205. 응용/환경 지구물리학 D0299. 달리 분류되지 않는 지구물리학

중분류	소분류
D03 지구화학	D0301. 지구연대학 D0302. 지하유체지구화학 D0303. 환경지구화학 D0399. 달리 분류되지 않는 지구화학
D04 대기과학	D0401. 대기 관측/분석기술 D0402. 대기물리 D0403. 대기역학 D0404. 대기화학 D0405. 대기 모델링/예보기술 D0406. 응용환경대기과학 D0407. 고층대기 D0408. 대기질감시 D0499. 달리 분류되지 않은 대기과학
D05 기상과학	D0501. 기상관측/분석기술 D0502. 기상원격탐사기술 D0503. 기상예보기술 D0504. 기상조절 D0505. 수치예보 D0506. 농업기상 D0507. 해양기상 D0508. 보건기상 D0509. 산업기상 D0510. 항공기상 D0511. 생명기상 D0599. 달리 분류되지 않는 기상과학
D06 기후학	D0601. 기후시스템 관측/분석기술 D0602. 기후역학 D0603. 기후모델링/예측기술 D0604. 기후변화영향평가/대응기술 D0605. 고기후학 D0606. 응용/환경 기후학 D0607. 자연지리학 D0699. 달리 분류되지 않는 기후학
D07 자연재해 분석/예측	D0701. 기상재해 분석/예측 D0702. 지진발생 분석/예측 D0703. 산사태발생 분석/예측 D0704. 해양재해발생 분석/예측 D0705. 수재해발생 분석/예측 D0706. 황사 분석/예측 D0707. 태풍재해발생 분석/예측 D0708. 집중호우재해발생 분석/예측 D0709. 폭염재해발생 분석/예측 D0710. 가뭄재해발생 분석/예측 D0711. 한파재해발생 분석/예측 D0799. 달리 분류되지 않는 자연재해 분석/예측
D08 해양과학	D0801. 물리해양학 D0802. 화학해양학 D0803. 생물해양학 D0804. 지질해양학 D0805. 고해양학 D0806. 융합해양과학 D0899. 달리 분류되지 않는 해양과학
D09 해양자원	D0901. 해양광물자원 D0902. 해양수자원 D0903. 해양에너지 D0904. 해양탐사/관측기술 D0999. 달리 분류되지 않는 해양자원
D10 해양생명	D1001. 해양생물자원 D1002. 해양생물자원 유전현상규명 D1003. 신소재가공 D1004. 해양생물공정 D1099. 달리 분류되지 않는 해양생명
D11 극지과학	D1101. 빙하학 D1102. 동토학 D1103. 극지환경감시/극지 생지화학 순환

중분류	소분류
D11 극지과학	D1104. 극지 생물자원 탐사/수집/활용 D1105. 극지 광물자원 탐사 D1106. 극지 생태계 모니터링 D1107. 극지 해양 D1108. 극지우주과학 D1109. 극지 저온생물학/적응생리 D1110. 극지 인프라구축 및 활용 D1199. 달리 분류되지 않는 극지 과학
D12 천문학	D1201. 태양 D1202. 행성계/태양계 D1203. 항성천문학/항성대기 D1204. 성간물질 D1205. 우리은하 D1206. 외부은하/관측우주론 D1207. 고에너지천문 D1208. 천체역학/위치천문학/측성학 D1209. 고천문학 D1210. 이론천문학 D1211. 천체생물학/천체화학 D1299. 달리 분류되지 않는 천문학
D13 우주과학	D1301. 우주플라스마 D1302. 자기권/전리권 D1303. 초고층대기 D1304. 우주환경 D1305. 우주인 D1306. 달탐사 D1307. 행성탐사 D1308. 우주상대성 관측 D1309. 끈이론 D1310. 암흑물질/암흑에너지 D1399. 달리 분류되지 않는 우주 과학
D14 천문우주 관측기술	D1401. 광학천문기기 D1402. 적외선천문기기 D1403. 우주전파기기 D1404. 고에너지복사 관측기기 D1405. 우주입자 관측기기 D1406. 중력파 관측기기 D1407. 우주환경 관측기기 D1408. 우주측지 관측기술 D1409. 지구접근천체 탐색기술 D1499. 달리 분류되지 않는 천문우주 관측기술
D99 기타 지구과학	D9999. 달리 분류되지 않는 지구과학

E. 생명과학

중분류	소분류
E01 분자세포 생물학	E0101. 신호전달 E0102. 세포구조/운동 E0103. 세포분화/사멸 E0104. 막 생물학 E0105. 유전자 발현조절 E0199. 달리 분류되지 않는 분자세포 생물학
E02 유전학/유전공학	E0201. 분자유전학 E0202. 세포유전학 E0203. 집단/인류유전학 E0204. 유전체학 E0205. 형질전환 생물모델 E0206. 유전자 치료 E0299. 달리 분류되지 않는 유전학/유전공학

중분류	소분류
E03 발생/신경생물학	E0301. 배아발생/기관형성 E0302. 내분비생물학 E0303. 생식생물학 E0304. 신경 생화학/생리학 E0305. 신경질환생물학 E0306. 줄기세포생물학 E0399. 달리 분류되지 않는 발생/신경생물학
E04 면역학/생리학	E0401. 면역계 발생/기능 E0402. 선천성 면역 E0403. 세포성/체액성 면역 E0404. 세포생리학 E0405. 전기생리학 E0499. 달리 분류되지 않는 면역학/생리학
E05 분류/생태/환경생물학	E0501. 계통분류학 E0502. 진화학 E0503. 생태학 E0504. 환경생물학 E0505. 행동생물학 E0506. 생물자원/다양성 E0599. 달리 분류되지 않는 분류/생태/환경생물학
E06 생화학/구조생물학	E0601. 단백질 구조와 기능 E0602. 핵산 생화학 E0603. 단백질체학 E0604. 당생물학 E0605. 지질생화학 E0606. 구조생물학 E0699. 달리 분류되지 않는 생화학/구조생물학
E07 융합바이오	E0701. 바이오칩 E0702. 바이오센서 E0703. 나노바이오소재 E0704. 바이오이미징 E0705. 시스템생물학 E0706. 생물정보학
E07 융합바이오	E0799. 달리 분류되지 않는 융합바이오
E08 생물공학	E0801. 발효공학 E0802. 생물분리/정제 E0803. 탄수화물공학 E0804. 효소공학 E0805. 생물공정 E0806. 대사공학 E0807. 세포/조직공학 E0808. 생물청정기술 E0899. 달리 분류되지 않는 생물공학
E09 산업바이오	E0901. 바이오화학소재 E0902. 바이오플라스틱 E0903. 미생물/효소촉매 E0904. 기능성 바이오소재 E0905. 바이오화장품/소재 E0906. 기능성 식품소재 E0907. 바이오환경 E0908. 바이오농축수산제제 E0999. 달리 분류되지 않는 산업바이오
E10 바이오공정/기기	E1001. 바이오공정기술 E1002. 바이오전자/정보 E1003. 바이오엔지니어링기술 E1004. 바이오공정기기 E1005. 바이오분석기기 E1099. 달리 분류되지 않는 바이오공정/기기
E11 생물위해성·	E1101. 생물위해성평가 E1102. 생물위해성관리 E1103. 환경영향평가 E1104. 생물재해관리기술 E1199. 달리 분류되지 않는 생물위해성
E99 기타 생명과학	E9999. 달리 분류되지 않는 생명과학

F. 농림수산식품

중분류	소분류
F01 식량작물 과학	F0101. 식량작물 유전자원 F0102. 식량작물 유전/육종 F0103. 식량작물 생리/생태 F0104. 식량작물 재배/생산 F0105. 식량작물 생명공학 F0106. 식량작물 품질/수확 후 관리 F0107. 공예/사료/약용작물 F0199. 달리 분류되지 않는 식량작물과학
F02 원예작물 과학	F0201. 원예작물 유전자원 F0202. 원예작물 유전/육종 F0203. 원예작물 시설/재배 F0204. 원예작물 채종/종묘 F0205. 원예작물 화훼장식 F0206. 원예작물 생명공학 F0207. 원예작물 품질관리 F0299. 달리 분류되지 않는 원예작물과학
F03 농생물학	F0301. 식물미생물 분류/동정/생태 F0302. 식물미생물 생리/유전 F0303. 식물미생물 생명공학 F0304. 작물보호(식물병리/해충방제) F0305. 곤충 분류/동정/생태 F0306. 곤충 자원/병리 F0307. 곤충 생명공학 F0399. 달리 분류되지 않는 농생물학
F04 농화학	F0401. 생물/화학농약 F0402. 잡초 F0403. 토양/비료 F0404. 천연물화학 F0405. 유해물질/안전성 관리 F0499. 달리 분류되지 않는 농화학
F05 농업생태 환경	F0501. 식물검역 F0502. 형질전환식물 안전성 관리 F0503. 농업 생태계 관리
F05 농업생태 환경	F0504. 농업 환경정화 F0505. 기후변화 대응 F0506. 바이오매스/활용 F0507. 농업자원 활용 F0599. 달리 분류되지 않는 농업생태환경
F06 동물자원 과학	F0601. 동물 유전자원 F0602. 동물 유전/육종 F0603. 동물 생명공학 F0604. 동물 번식생리 F0605. 동물 영양생리 F0606. 동물 사료/조사료 F0607. 동물 소재공학 F0608. 동물 시설/환경 F0699. 달리 분류되지 않는 동물자원과학
F07 수의과학	F0701. 수의 전염병 F0702. 수의 공중보건 F0703. 수의 병리 F0704. 수의 미생물/기생생물 F0705. 수의 약리/독성 F0706. 수의 생리/생화학 F0707. 수의 해부/조직 F0708. 임상수의 F0709. 실험동물 F0710. 동물 질병예방 F0799. 달리 분류되지 않는 수의과학
F08 농업기계학	F0801. 농업 생산 기계 F0802. 농업 동력/에너지 F0803. 농축산물 가공/품질 계측 F0804. 농업생산 자동화 F0805. 농업생산 시설/환경 F0806. 생물공정/정보처리 F0899. 달리 분류되지 않는 농업기계학

중분류	소분류
F09 농업토목학	F0901. 농업 시설 F0902. 농지 공학 F0903. 농업 수리/관개배수 F0904. 농촌 환경 공학 F0905. 농촌 계획 공학 F0999. 달리 분류되지 않는 농업 토목학
F10 산림자원학	F1001. 임목 유전/육종/수목분류 F1002. 조림/육림 F1003. 종자/육묘/생리 F1004. 산림환경/생태/복원 F1005. 산림보호 F1006. 야생동물 생태/보전관리 F1007. 산림공학/수문학 F1008. 산림측정/경영/수확 F1009. 산림휴양/경제/정책 F1099. 달리 분류되지 않는 산림 자원학
F11 조경학	F1101. 조경 계획 F1102. 조경 설계 F1103. 조경 식물/생태/복원 F1104. 조경 시공/재료 F1105. 조경관리학 F1106. 조경정보학 F1199. 달리 분류되지 않는 조경학
F12 임산공학	F1201. 목재 조직/분류 F1202. 목재 물리/목구조/목재역학 F1203. 목재 절삭/목공 F1204. 목재 건조/보존 F1205. 목재 화학 F1206. 목질 복합재료 F1207. 펄프/종이 F1208. 임산 미생물/버섯 F1209. 임산 에너지 F1299. 달리 분류되지 않는 임산 공학
F13 수산양식	F1301. 수산생물 유전/육종 F1302. 수산생물 생리/번식 F1303. 수산생물 사육/생산

중분류	소분류
F13 수산양식	F1304. 수산생물 병리 F1305. 수산바이오 자원 활용 F1306. 양식사료 F1307. 양식시설/자재 F1399. 달리 분류되지 않는 수산 양식
F14 수산자원/ 어장환경	F1401. 수산자원 생물 F1402. 수산자원 변동 F1403. 수산자원 생태 F1404. 수산자원 평가/관리 F1405. 수산자원 예측 F1406. 어장 환경 분석/평가 F1407. 어장 환경 복원/처리 F1408. 어장 환경 보전/관리 F1409. 연안 생태/기후변화 F1410. 적조구제/방제 F1411. 양식생물/독성평가 F1499. 달리 분류되지 않는 수산 자원/어장환경
F15 어업생산/ 이용가공	F1501. 어구/어법 F1502. 어업기기/어선 F1503. 어군행동/어장 F1504. 인공어초/자원조성 F1505. 수산물 가공/공정 F1506. 수산물 저장/포장 F1507. 수산물 성분/독성 F1508. 수산물 기능성 식품 F1599. 달리 분류되지 않는 어업 생산/이용가공
F16 농수축산물 위생/ 품질관리	F1601. 농산물 위생/품질관리 F1602. 축산물 위생/품질관리 F1603. 수산물 위생/품질관리 F1604. 잔류농약/중금속독성 F1605. 미생물 독소 F1699. 달리 분류되지 않는 농수 축산물 위생/품질관리
F17 식품과학	F1701. 식품화학 F1702. 식품미생물학 F1703. 식품발효학

중분류	소분류
F17 식품과학	F1704. 식품가공학 F1705. 식품저장/유통/포장 F1706. 식품공정공학 F1707. 식품기기분석/관능검사 F1708. 식품위생/품질관리 F1709. 효소/생물전환 반응 F1799. 달리 분류되지 않는 식품과학
F18 식품 영양과학	F1801. 기능성식품 F1802. 영양유전체학 F1803. 영양대사조절 F1804. 맞춤형 영양식품 F1805. 식품의 영양기능성평가 F1806. 식품영양정보 구축/활용 F1807. 식품영양정책 F1899. 달리 분류되지 않는 식품영양과학
F19 식품조리/외식/식생활개선	F1901. 식품조리과학 F1902. 식품조리법 개발/표준화 F1903. 식품(식재료)구매/조리 F1904. 급식/외식상품개발
F19 식품조리/외식/식생활개선	F1905. 외식 운영관리 F1906. 식품산업통계 F1907. 식품산업 마케팅 F1908. 식품문화콘텐츠 F1909. 지역식품개발/활용 F1910. 지역사회 식생활개선 F1999. 달리 분류되지 않는 식품조리/외식/식생활개선
F20 농림수산식품 경영/정보 등	F2001. 농림수산식품 경영/경제 F2002. 농림수산식품 유통 F2003. 농림수산식품 정보 F2004. 농업 금융/보험 F2005. 농촌 사회/문화 F2006. 농어업/농어촌 정책 F2099. 달리 분류되지 않는 농림수산식품 경영/정보 등
F99 기타농림수산식품	F9999. 달리 분류되지 않는 농림수산식품

G. 보건의료

중분류	소분류
G01 의생명과학	G0101. 생리학 G0102. 생물리학 G0103. 생화학 G0104. 분자세포생물학 G0105. 미생물/기생생물학 G0106. 면역학 G0107. 해부/조직/발생학 G0108. 약리학 G0109. 기초병리학 G0110. 유전학 G0111. 오믹스학 G0112. 생물정보학 G0199. 달리 분류되지 않는 의생명과학
G02 임상의학	G0201. 심장/혈관학 G0202. 소화기학 G0203. 호흡기학 G0204. 내분비학 G0205. 혈액/종양학 G0206. 비뇨기/신장학 G0207. 감염학 G0208. 신경과학 G0209. 정신의학 G0210. 근골격학 G0211. 생식기학 G0212. 피부/감각기학 G0213. 소아/산부인과학 G0214. 진단병리학

중분류	소분류
G02 임상의학	G0215. 진단검사의학
	G0216. 영상의학
	G0217. 마취과학
	G0218. 알레르기/임상면역학
	G0219. 수면의학
	G0220. 예방의학
	G0221. 응급의학
	G0222. 법의학
	G0223. 가정의학
	G0224. 산업의학
	G0299. 달리 분류되지 않는 임상의학
G03 의약품/의약품개발	G0301. 의약품 합성/탐색
	G0302. 의약품 모델링
	G0303. 약효검색
	G0304. 체내동태/약물 대사연구
	G0305. 임상약리
	G0306. 의약품 제형개발/생산기술
	G0307. 의약품 성분분석
	G0308. 의약품 기준/시험방법 평가
	G0309. 약물전달시스템
	G0310. 단백질의약품
	G0311. 효소의약품
	G0312. 유전자의약품
	G0313. 저분자의약품
	G0314. 천연물의약품
	G0315. 치료용항체
	G0316. 백신
	G0317. 세포/조직치료제
	G0318. 시약/진단제
	G0319. 바이오생체재료
	G0320. 바이오인공장기
	G0321. 기능성화장품 개발
	G0399. 달리 분류되지 않는 의약품/의약품개발
G04 치료/진단기기	G0401. 생체신호 측정/진단기기
	G0402. 임상화학/생물 분석기기
	G0403. 지능형 판독시스템
	G0404. 중재적 치료기기
중분류	소분류
G04 치료/진단기기	G0405. 방사선 치료기기
	G0406. 수술용 치료기기
	G0407. 수술용 로봇
	G0408. 분자유전 진단기기
	G0409. 초음파 진단기기
	G0410. X-ray/CT
	G0411. MRI
	G0412. 핵의학/분자영상 진단기기
	G0499. 달리 분류되지 않는 치료/진단기기
G05 기능복원/보조/복지기기	G0501. 신체기능 복원기기
	G0502. 임플란트
	G0503. 전자기계식 인공장기
	G0504. 생체재료
	G0505. 의료용 소재
	G0506. 재활훈련기기
	G0507. 이동지원기기
	G0508. 생활지원기기/시스템
	G0509. 인지/감각기능 지원기기
	G0599. 달리 분류되지 않는 기능복원/보조/복지기기
G06 의료정보/시스템	G0601. 의료정보 표준화
	G0602. 의료정보 보안
	G0603. 병원의료정보시스템/설비
	G0604. 원격/재택의료
	G0605. 의학지식표현
	G0606. u-Health 서비스 관련기술(u-EHR)
	G0699. 달리 분류되지 않는 의료정보/시스템
G07 한의과학	G0701. 한의기초과학
	G0702. 한의임상과학
	G0703. 한약/한약제제개발
	G0704. 한방용 치료기기
	G0705. 한방용 진단기기
	G0706. 한의정보표준화시스템
	G0799. 달리 분류되지 않는 한의과학

중분류	소분류
G08 보건학	G0801. 만성병역학 G0802. 감염병역학 G0803. 분자/유전체역학 G0804. 보건통계 G0805. 보건정보관리 G0806. 노인 및 가족보건 G0807. 보건영양/영양역학 G0808. 산업보건 G0809. 환경관련 질환평가/관리 G0810. 보건정책 G0811. 보건경제/경영/사회 G0812. 건강증진/보건교육 G0899. 달리 분류되지 않는 보건학
G09 간호과학	G0901. 임상간호 중재 G0902. 지역사회/보건간호 중재 G0903. 간호관리 G0904. 간호진단 지표 평가기술 G0905. 간호기기 개발기술 G0906. 간호정보표준화/보안 G0999. 달리 분류되지 않는 간호과학
G10 치의과학	G1001. 치의학 G1002. 구강생물학 G1003. 구강병리학 G1004. 구강보건학/예방치과학 G1005. 치과생체재료학 G1006. 구강종양학 G1007. 치과교정학 G1008. 구강내과학/구강악안면방사선학 G1009. 구강악안면외과/성형재건외과학 G1010. 치과수복학 G1011. 치주과학 G1012. 치과의료기기 G1099. 달리 분류되지 않는 치의과학

중분류	소분류
G11 식품안전관리	G1101. 식품안전성평가 G1102. 식품기준규격관리 G1103. 식품미생물/식중독관리 G1104. 식품농약/항생물질관리 등 오염물질관리 G1105. 식품중금속 G1106. 식품 유해물질관리 G1107. 식품용기포장/살균소독제관리 G1108. 식품첨가물관리 G1109. 식품위해성 평가관리 G1110. 장애개선 기능성식품개발 G1111. 영양기능식품 안전성평가 G1112. 바이오식품관리 G1199. 달리 분류되지 않는 식품안전관리
G12 영양관리	G1201. 영양기능식품 기준규격관리 G1202. 영양기능식품 표시개선/정보관리 G1203. 영양조사/평가/모니터링 G1204. 영양성분 데이터베이스 G1205. 생애주기영양관리 G1206. 임상영양 G1207. 지역사회영양관리 G1208. 단체급식 관리/급식경영 G1209. 영양교육/상담 G1210. 식생활 교육/교육매체 개발 G1211. 영양지원정책 G1299. 달리 분류되지 않는 영양관리
G13 의약품 안전관리	G1301. 의약품기준규격관리 및 품질/안전성 평가 G1302. 항생항암의약품관리 G1303. 기관계용의약품관리 G1304. 마약 신경계 의약품관리 G1305. 생물학적 동등성/품질동등성평가 G1306. 의약외품/화장품 평가관리

중분류	소분류
G13 의약품 안전관리	G1307. 생약기준규격관리/안전성평가
	G1308. 한약재 생리활성성분 분류/효능/규격평가
	G1309. 생물의약품 국가표준품 확립관리
	G1310. 백신 안전관리
	G1311. 혈액제제 안전관리
	G1312. 유전자재조합의약품 안전관리
	G1313. 세포치료제 안전관리
	G1314. 유전자치료제 안전관리
	G1315. 인체조직이식제 안전관리
	G1316. 생물진단의약품 평가관리
	G1399. 달리 분류되지 않는 의약품안전관리
G14 의료기기안전관리	G1401. 의료기기 기준규격
	G1402. 의료기기 평가기술 개발
	G1403. 의료기기 성능/유효성 평가
	G1404. 첨단융합기술의료기기 평가
	G1405. 의료용 방사선 품질/안전관리
	G1499. 달리 분류되지 않는 의료기기안전관리

중분류	소분류
G15 독성/안전성관리 기반기술	G1501. 일반독성
	G1502. 생식독성
	G1503. 유전독성
	G1504. 면역독성
	G1505. 내분비계장애평가
	G1506. 독성평가기술
	G1507. 안전성 약리
	G1508. 독성위해평가/위해관리
	G1509. 독성유전체기반
	G1510. 약물유전체기반
	G1511. 약동약력학기반
	G1512. 분자생물학적 안전성/유효성평가
	G1513. 독성정보학기술
	G1514. 임상평가기술
	G1515. 바이오메디기반기술
	G1516. 질환모델동물활용기반기술
	G1517. 대사체기술응용 안전성평가
	G1518. 나노물질 독성평가
	G1519. 독성병리
	G1520. 실험동물품질관리
	G1599. 달리 분류되지 않는 독성/안전성관리 기반기술
G99 기타 보건의료	G9999. 달리 분류되지 않는 보건의료

H. 기계

중분류	소분류
H01 측정표준/시험평가기술	H0101. 물리/기계 측정표준
	H0102. 전자기 측정표준
	H0103. 광응용 측정표준
	H0104. 삶의 질 측정표준
	H0105. 융합기술 측정표준

중분류	소분류
H01 측정표준/시험평가기술	H0106. 교정/시험평가
	H0107. 인증 표준물질
	H0108. 참조표준
	H0109. 신뢰성/비파괴평가
	H0199. 달리 분류되지 않는 측정표준/시험평가기술

중분류	소분류
H02 생산기반 기술	H0201. 생산관리기술
	H0202. 품질관리기술
	H0203. 물류시스템
	H0204. 산업정보화기술
	H0205. 인간공학기술
	H0206. 경제성공학기술
	H0207. 예측/시뮬레이션기술
	H0208. 컴퓨터통합생산시스템
	H0209. 최적화기술
	H0210. 설계방법기술
	H0299. 달리 분류되지 않는 생산기반기술
H03 요소부품	H0301. 체결용 요소부품
	H0302. 전동용 요소부품
	H0303. 완충/제동용 요소부품
	H0304. 회전축용 요소부품
	H0305. 배관용 요소부품
	H0306. 유공압 부품
	H0307. 액츄에이터
	H0308. 절삭/연삭공구
	H0309. 치공구
	H0310. 금형
	H0311. 요소부품 관련 S/W
	H0399. 달리 분류되지 않는 요소부품
H04 정밀생산 기계	H0401. 절삭 가공기계
	H0402. 연삭/연마 가공기계
	H0403. 광에너지 응용 가공기계
	H0404. 전기/화학에너지 응용 가공기계
	H0405. 수치제어장치
	H0406. 프레스기계
	H0407. 사출기계
	H0408. CAD/CAM 관련 S/W
	H0499. 달리 분류되지 않는 정밀생산기계
H05 로봇/ 자동화 기계	H0501. 로봇 설계기술
	H0502. 로봇 제어/지능화기술
	H0503. 로봇 비전/생산자동화기술

중분류	소분류
H05 로봇/ 자동화 기계	H0504. 기계자동화기술
	H0505. 조립/정밀 이송기술
	H0506. 자동화 관련 계측/센서기술
	H0507. 로봇/자동화기계 관련 S/W
	H0599. 달리 분류되지 않는 로봇/자동화기계
H06 나노/마이크로기계시스템	H0601. 나노마이크로센서
	H0602. 초소형 구동장치
	H0603. 초소형 디바이스
	H0604. 초소형 가공/조립/측정기술
	H0605. 시스템 특성분석/신뢰성 평가기술
	H0606. 시스템 집적화기술
	H0607. 시스템 통합화기술
	H0608. 나노 마이크로 기계시스템 관련 S/W
	H0699. 달리 분류되지 않는 나노/마이크로 기계시스템
H07 에너지/ 환경기계시스템	H0701. 공기조화/냉동기계
	H0702. 보일러/로설비
	H0703. 유체기계
	H0704. 수처리설비
	H0705. 대기오염방지설비
	H0706. 건조/농축설비
	H0707. 에너지/환경 제어설비
	H0708. 지능형빌딩시스템(IBS)/가정자동화(HA) 시스템기술
	H0709. 에너지/환경 기계시스템 관련 S/W
	H0799. 달리 분류되지 않는 에너지/환경기계시스템
H08 산업/일반 기계	H0801. 인쇄/섬유기계
	H0802. 식품포장기계
	H0803. 건설/광산기계
	H0804. 일반가공기계
	H0805. 방재소방기계
	H0806. 운송하역기계
	H0807. 정보산업장비

중분류	소분류
H08 산업/일반기계	H0808. 산업/일반기계 관련 S/W
	H0899. 달리 분류되지 않는 산업/일반기계
H09 자동차/철도차량	H0901. 엔진/동력전달장치
	H0902. 전기/전자장치
	H0903. 차체/경량화기술
	H0904. 공조기술
	H0905. 차량운동성능 및 진동/소음저감기술
	H0906. 안전도향상기술
	H0907. 차량지능화기술
	H0908. 철도차량 추진/제어기술
	H0909. 시스템제어/통합기술
	H0910. 저공해/대체에너지 차량기술
	H0999. 달리 분류되지 않는 자동차/철도차량
H10 조선/해양시스템	H1001. 선박소재/구조기술
	H1002. 선형개발/성능해석기술
	H1003. 주기/보기 및 추진계통부품
	H1004. 갑판설비/항해통신장치
	H1005. 선박생산시스템/건조공법
	H1006. 해양구조물/설비기술
	H1007. 해양레저/탐사장비
	H1008. 해양환경/안전설비
	H1009. 조선/해양시스템 관련 S/W
	H1099. 달리 분류되지 않는 조선/해양시스템
H11 항공시스템	H1101. 고정익/회전익 항공기 기체
	H1102. 고정익/회전익 항공기 동력장치
	H1103. 고정익/회전익 항공기 기계시스템
	H1104. 고정익/회전익 항공기 전기전자시스템
	H1105. 항공 지상설비 시스템
	H1106. 항공시스템 관련 S/W
	H1199. 달리 분류되지 않는 항공시스템
H12 우주발사체	H1201. 우주발사체/탑재체 시스템
	H1202. 액체 추진체 발사체 시스템
	H1203. 고체 추진제 발사체 시스템
	H1204. 우주발사체 유도/자세제어기술
	H1205. 우주발사체 구조체
	H1206. 우주발사체 관제시설
	H1207. 우주발사체 관련 S/W
	H1208. 우주발사체 지상설비시스템
	H1299. 달리 분류되지 않는 우주발사체
H13 인공위성	H1301. 인공위성체/탑재체 시스템
	H1302. 인공위성 추진기관
	H1303. 인공위성 전력계
	H1304. 인공위성 궤도/자세제어기술
	H1305. 인공위성 구조/열제어 기술
	H1306. 인공위성 수신/관제/원격탐사/추적/감시기술
	H1307. 인공위성 관련 S/W
	H1308. 인공위성 지상설비시스템
	H1399. 달리 분류되지 않는 인공위성
H14 재난안전장비	H1401. 위험설비 안전진단/평가기술
	H1402. 산업시설 안전검사/시험평가/인증기술
	H1403. 수방장비
	H1404. 방재용 중장비
	H1405. 소방시설/장비시스템 기술
	H1406. 소방대상물 화재안전성 평가 기술
	H1407. 재난피해조사 장비
	H1408. 위험감지/모니터링 장비
	H1499. 달리 분류되지 않는 재난안전장비
H15 국방플랫폼	H1501. 화포추진
	H1502. 공기흡입추진
	H1503. 로켓추진

중분류	소분류
H15 국방 플랫폼	H1504. 전기추진 H1505. 수중추진 H1506. 동력전달 H1507. 추력방향조종 H1508. 공기흡입/연소 H1509. 열구조설계/해석 H1510. 군용 지상체 H1511. 군용 선체 H1512. 군용 항공기체 H1513. 군용 우주체 H1514. 구조설계/해석 H1515. 군용 발사체 H1516. 제작/공정 H1517. 스텔스/생존성 H1518. 인간시스템 H1599. 달리 분류되지 않는 국방 플랫폼
H99 기타 기계	H9999. 달리 분류되지 않는 기계

I. 재료

중분류	소분류
I01 금속재료	I0101. 구조재료 I0102. 기능재료 I0103. 복합재료 I0104. 금속재료공정기술 I0105. 기계/전자부품소재기술 I0106. 에너지소재기술 I0107. 생체재료기술 I0108. 금속정제/회수기술 I0109. 재료분석/평가기술 I0199. 달리 분류되지 않는 금속 재료
I02 세라믹재료	I0201. 구조재료 I0202. 시멘트/콘크리트/내화물 I0203. 원료/나노세라믹 분말 I0204. 유리/유약/법랑 I0205. 도자기/타일 등 I0206. 단결정 I0207. 세라믹제조공정기술 I0208. 화학/생체 기능재료 I0209. 광/전자세라믹스 I0210. 고강도/열 기능재료 I0211. 나노세라믹 복합재료기술 I0299. 달리 분류되지 않는 세라믹 재료
I03 고분자재료	I0301. 구조재료 I0302. 중합반응/공정기술 I0303. 개질기술 I0304. 복합재료제조기술 I0305. 전기/전자정보용 소재기술 I0306. 의료용 소재기술 I0307. 에너지/환경산업용 소재기술 I0308. 특수기능성 소재기술 I0309. 고분자 재활용기술 I0310. 고분자 가공기술 I0311. 나노소재기술 I0399. 달리 분류되지 않는 고분자 재료
I04 주조/용접/접합	I0401. 사형주조 I0402. 금형주조 I0403. 특수주조 I0404. 다이캐스팅 I0405. 주조/용접재료 I0406. Brazing/Soldering I0407. 아크용접 I0408. 특수용접/접합기술 I0409. 용접부 분석평가기술 I0410. 주조/용접 관련 S/W I0499. 달리 분류되지 않는 주조/용접/접합

중분류	소분류
I05 소성가공/ 분말	I0501. 단조기술 I0502. 압출기술 I0503. 인발기술 I0504. 압연기술 I0505. 판재성형기술 I0506. 분말제조기술 I0507. 분말가공기술 I0508. 소성가공 관련 S/W I0599. 달리 분류되지 않는 소성가공/분말
I06 열/표면 처리	I0601. 열처리기술 I0602. 도금기술 I0603. 박막제조기술 I0604. 용사기술 I0605. 에칭기술 I0606. 부/방식기술 I0607. 침탄/질화기술 I0608. 전자부품 표면처리기술 I0609. 표면물성 개질기술 I0699. 달리 분류되지 않는 열/표면처리
I07 분석/물성 평가기술	I0701. 재료성분 분석기술 I0702. 재료구조/조직 분석기술 I0703. 물리적 특성평가 기술 I0704. 화학적 특성평가 기술 I0705. 기계적 특성평가 기술 I0706. 손상진단 기술 I0707. 내구성평가/수명예측 기술 I0799. 달리 분류되지 않는 분석/물성평가기술
I08 국방소재	I0801. 장갑재 I0802. 대장갑재 I0803. 고강도구조재료 I0804. 경량구조재료 I0805. 내열/단열재료 I0806. 스텔스재료 I0807. 전자재료/소자 I0808. 나노재료/공정 I0809. 특수기능소재 I0810. 재료특성 예측/분석 I0899. 달리 분류되지 않는 국방소재
I99 기타 재료	I9999. 달리 분류되지 않는 재료

J. 화공

중분류	소분류
J01 화학공정	J0101. 촉매/반응기술 J0102. 분리/정제기술 J0103. 공정시스템기술 J0104. 공정설비기술 J0105. 기초유기소재 공정기술 J0106. 기초무기소재 공정기술 J0107. 석유화학 부산물 응용기술 J0199. 달리 분류되지 않는 화학공정
J02 나노화학공정기술	J0201. 나노소재 합성기술 J0202. 나노소재 가공기술 J0203. 나노소재 제조기술 J0204. 나노복합재 제조기술 J0205. 나노공정시스템 기술 J0299. 달리 분류되지 않는 나노화학공정기술
J03 고분자 공정기술	J0301. 고분자 중합공정기술 J0302. 고분자 입자제조기술 J0303. 고분자 가공/성형기술 J0304. 고분자 박막/코팅 제조기술 J0305. 유변공정기술 J0306. 복합재료 제조공정기술 J0399. 달리 분류되지 않는 고분자 공정기술

중분류	소분류
J04 생물화학 공정기술	J0401. 발효공정기술 J0402. 대사공학기술 J0403. 효소생물 공정기술 J0404. 생물분리정제 공정기술 J0405. 생물환경 공정기술 J0406. 나노생물 융합 공정기술 J0407. 분자생물 공정기술 J0499. 달리 분류되지 않는 생물 화학 공정기술
J05 정밀화학	J0501. 의약 중간체/원제 J0502. 의약제제 J0503. 농약 중간체/원제 J0504. 농약제제 J0505. 염/안료 및 중간체 J0506. 계면활성제 J0507. 윤활유 J0508. 첨가제 J0509. 도료/코팅제 J0510. 접착제/실란트 J0511. 유/무기재료 및 촉매 J0512. 감광재료 J0513. 화장품 J0514. 전자산업용 정밀화학소재 J0515. 나노응용기술 J0599. 달리 분류되지 않는 정밀 화학
J06 화학제품	J0601. 제지 J0602. 인조피혁 J0603. 천연피혁 J0604. 고무(타이어 포함) J0699. 달리 분류되지 않는 화학 제품
J07 섬유제조	J0701. 중합개질 J0702. 섬유방사 J0703. 천연섬유방적 J0704. 사가공기술 J0705. 제직기술 J0706. 방사설비 J0707. 사가공설비

중분류	소분류
J07 섬유제조	J0708. 산업용 섬유제조기술 J0709. 나노섬유제조기술 J0710. 제직설비 J0799. 달리 분류되지 않는 섬유 제조
J08 염색가공	J0801. 침염기술 J0802. 날염기술 J0803. 사염기술 J0804. 가먼트염색기술 J0805. 물리/화학적 가공기술 J0806. 염색설비 J0807. 가공설비 J0899. 달리 분류되지 않는 염색 가공
J09 섬유제품	J0901. 부직포제조 J0902. 부직포가공기술 J0903. 봉제기술 J0904. 의류패션 J0905. 편직기술 J0906. 섬유제품설비 J0907. 산업용섬유제품 J0908. 나노섬유제품기술 J0909. 융합섬유제품 J0999. 달리 분류되지 않는 섬유 제품
J10 화학공정 안전기술	J1001. 화학공정 안전관리/정보화 기술 J1002. 유해화학물질 물성해석기술 J1003. 위험성평가기술 J1004. 위험설비/시설 진단기술 J1005. 사고원인/인적오류 분석 기술 J1006. 피해예측/손실방지기술 J1007. 비상대응기술 J1099. 달리 분류되지 않는 화학 공정 안전기술
J11 무기화생방/ 화력탄약	J1101. 화생방위협분석 J1102. 화생방탐식/식별 J1103. 화생방보호

중분류	소분류	중분류	소분류
J11 무기화생방/ 화력탄약	J1104. 연막차폐 J1105. 화생검증/폐기 J1106. 의료조치 J1107. 물리적환경 J1108. 탄약 J1109. 화약 J1110. 부식제/비마찰 J1111. 무기효과분석 J1112. 추진제/연료 J1113. 탄소섬유탄	J11 무기화생방/ 화력탄약	J1114. 고섬광발사탄 J1115. 고에너지레이저 J1116. HPM J1117. EMP J1118. 초저주파 음파 J1119. 입자무기 J1120. 전원/전력 공급 J1199. 달리 분류되지 않는 무기화생방/화력탄약
		J99 기타화공	J9999. 달리 분류되지 않는 화공

K. 전기/전자

중분류	소분류	중분류	소분류
K01 광응용기기	K0101. 레이저 관련부품/발생장치 K0102. 레이저 가공기 K0103. 결상기기 K0104. 광계측/제어기기 K0105. 광원 K0106. 광소재 K0107. 광부품 K0108. 광소자 K0199. 달리 분류되지 않는 광응용기기	K03 중전기기	K0301. 발전기/전동기 및 제어 K0302. 전력변환기기 K0303. 전력용재료 K0304. 변압기류 K0305. 개폐기류 K0306. 송배전 설비 K0307. 보호/감시장치 K0308. 자동화제어기기 K0309. 전기로 K0310. 전선/케이블류 K0311. 초전도 기술/제품 K0312. 전기용접/가열 K0313. 전원장치 K0314. 에너지저장기기 K0399. 달리 분류되지 않는 중전기기
K02 반도체장비	K0201. 열처리장비 K0202. 노광/트랙장비 K0203. 에칭장비 K0204. 폴리싱(CMP) 장비 K0205. 증착장비 K0206. 이온주입장비 K0207. 세정장비 K0208. 패키징장비 K0209. 측정/검사장비 K0210. 반도체장비용 핵심부품/제조장비 K0299. 달리 분류되지 않는 반도체장비	K04 반도체소자 /시스템	K0401. Si 소자 K0402. 화합물소자 K0403. MEMS 소자 K0404. Sensor용 소자 K0405. 반도체 재료 K0406. SoC K0407. 설계 Tool K0499. 달리 분류되지 않는 반도체소자/시스템

중분류	소분류
K05 전기전자부품	K0501. 센서부품
	K0502. PCB 부품
	K0503. 커패시터/부품
	K0504. 자성재료/부품
	K0505. 기록매체 부품
	K0506. 복합 부품
	K0507. 초고주파 발생소자
	K0508. 플라즈마 발생용 부품
	K0599. 달리 분류되지 않는 전기전자부품
K06 가정용 기기/전자 응용기기	K0601. 정보가전기기
	K0602. 음성정보기술 응용기기
	K0603. 조명기기
	K0604. 소형가전
	K0605. 백색가전
	K0606. 가정용 가스기기
	K0607. 냉/난방기기
	K0608. 자동판매기
	K0609. 현금자동입출금기
	K0699. 달리 분류되지 않는 가정용기기/전자응용기기
K07 계측기기	K0701. 계측센서/부품
	K0702. 화학량 시험/분석 계측기
	K0703. 물리량 시험/분석 계측기
	K0704. 환경계측기
	K0705. 안전감시/진단 계측제어기
	K0706. 유체 제어계측기
	K0707. 전자 계측기
	K0708. 광 계측기
	K0799. 달리 분류되지 않는 계측기기
K08 영상/음향기기	K0801. TV 수상기
	K0802. 방송수신기
	K0803. 3차원 영상기기
	K0804. AV재생/기록기기
	K0805. 화상통신
	K0806. 카메라/캠코더
	K0807. 전광판
	K0808. 휴대용 AV 기기
K08 영상/음향기기	K0809. 카 오디오
	K0810. 방송 AV기기
	K0811. 건축음향/응용기기
	K0812. 스피커
	K0813. 마이크로폰
	K0899. 달리 분류되지 않는 영상/음향기기
K09 전지	K0901. 전지재료
	K0902. 제조/측정평가 장비
	K0903. 응용/활용기술(HEV 등)
	K0904. 일차전지
	K0905. 이차전지
	K0906. 초고용량 커패시터
	K0999. 달리 분류되지 않는 전지
K10 디스플레이	K1001. TFT
	K1002. LCD
	K1003. PDP
	K1004. FED
	K1005. EL/OLED
	K1006. 디스플레이 부품/소재
	K1007. E-Paper
	K1008. 3D
	K1009. 디스플레이 제조장비
	K1010. 디스플레이 측정/검사장비
	K1099. 달리 분류되지 않는 디스플레이
K11 무기센서 및 제어	K1101. 레이더센서
	K1102. SAR센서
	K1103. 전자광학센서
	K1104. 음향센서
	K1105. 특수센서
	K1106. 신호처리
	K1107. 위협/전파탐지
	K1108. 전자파 공격
	K1109. 전자파 보호
	K1110. 전자파 환경
	K1111. 유도조종
	K1112. 구동
	K1113. 항법

중분류	소분류
K11 무기센서 및 제어	K1114. 무인자동화 K1115. 플랫폼전자 K1116. 사격통제 K1117. MEMS K1199. 달리 분류되지 않는 무기 센서 및 제어

중분류	소분류
K99 기타 전기/ 전자	K9999. 달리 분류되지 않는 전기/ 전자

L. 정보/통신

중분류	소분류
L01 정보이론	L0101. 컴퓨터 이론 L0102. 알고리즘 L0103. 컴파일러 L0104. 프로그래밍 언어/자연어 처리 L0105. 데이터베이스 L0106. 소프트웨어 공학 L0107. 오퍼레이팅 시스템 L0108. 인공지능 L0109. Human Computer Interface L0110. Cloud computing/Grid computing L0111. 실시간 시스템 L0112. 정보검색 L0199. 달리 분류되지 않는 정보 이론
L02 소프트 웨어	L0201. 임베디드 S/W L0202. S/W 솔루션 L0203. System Integration L0204. 인터넷 S/W L0299. 달리 분류되지 않는 소프트웨어
L03 정보보호	L0301. 공통 보안기술 L0302. 네트워크 시스템 보안 L0303. 서비스/응용보안 L0304. 산업보안/융합보안 L0399. 달리 분류되지 않는 정보 보호

중분류	소분류
L04 광대역 통합망	L0401. 네트워크 구조설계/운영지원 L0402. 서비스/제어 L0403. 전달망 L0404. 가입자망 L0499. 달리 분류되지 않는 광대역 통합망
L05 위성/전파	L0501. 위성통신/방송 전송 L0502. 위성통신/방송 단말 L0503. 위성항법 L0504. 위성통신 네트워크 L0505. 탑재체/관제 L0506. EMI/EMC L0507. 전자파기기 L0508. 전자파 진단/방호 L0599. 달리 분류되지 않는 위성/ 전파
L06 이동통신	L0601. 이동통신 서비스 L0602. 이동통신 시스템 L0603. 이동통신 단말기 L0699. 달리 분류되지 않는 이동 통신
L07 디지털방송	L0701. 디지털방송 서비스 L0702. 디지털방송 매체 L0703. 디지털방송 이동방송 L0704. 디지털방송 통방융합 L0705. 디지털방송 실감방송 L0706. 디지털방송 단말 L0799. 달리 분류되지 않는 디지털방송

중분류	소분류
L08 홈 네트워크	L0801. 홈네트워크 기기 L0802. 유/무선 홈네트워킹 기술 L0803. 지능형 정보가전 L0804. 홈네트워크 응용/서비스기술 L0899. 달리 분류되지 않는 홈네트워크
L09 RFID/ USN	L0901. RFID 기술 L0902. USN 기술 L0903. 모바일-RFID L0904. 활용서비스 플랫폼 및 응용 S/W L0905. RFID/USN 서비스 L0999. 달리 분류되지 않는 RFID/USN
L10 U-컴퓨팅	L1001. U-컴퓨팅 플랫폼/응용기술 L1002. 서버기술 L1003. U-컴퓨팅 기기/주변기기 L1099. 달리 분류되지 않는 U-컴퓨팅
L11 정보통신 모듈/부품	L1101. 이동통신 모듈/부품 L1102. 위성/방송 모듈/부품 L1103. 광통신모듈/부품 L1104. 멀티미디어 모듈/부품 L1105. 안테나 모듈/부품 L1199. 달리 분류되지 않는 정보통신 모듈/부품
L12 ITS/텔레 매틱스	L1201. ITS 단말/기기 L1202. 텔레매틱스 단말/기기 L1203. ITS 응용서비스

중분류	소분류
L12 ITS/텔레 매틱스	L1204. 텔레매틱스 응용서비스 L1299. 달리 분류되지 않는 ITS/텔레매틱스
L13 재난정보 관리	L1301. 재난정보관리체계 L1302. 재난취약요소 진단 정보관리기술 L1303. 비상재난통신망 구축기술 L1304. 예경보 발령/전달체계 L1305. 재난상황대응 의사결정시스템 L1306. 재난지리정보기술 L1399. 달리 분류되지 않는 재난정보관리
L14 국방정보 통신	L1401. 정보시스템 L1402. 정보처리/전술데이터 처리 L1403. HCI/시현 L1404. 정보공격 L1405. 정보보호 L1406. 통신망 L1407. 통신단말기 L1408. 데이터링크 L1409. M&S L1410. 전술위성 L1499. 달리 분류되지 않는 국방정보통신
L99 기타 정보/ 통신	L9999. 달리 분류되지 않는 정보/통신

M. 에너지/자원

중분류	소분류
M01 온실가스 처리	M0101. CO_2 포집기술 M0102. CO_2 전환기술 M0103. CO_2 저장기술 M0104. non-CO_2 처리기술 M0199. 달리 분류되지 않는 온실가스 처리
M02 자원탐사/ 개발/활용	M0201. 자원조사/탐사 M0202. 석유/가스 개발 M0203. 광물자원 개발 M0204. 자원 활용 M0299. 달리 분류되지 않는 자원탐사/개발/활용

중분류	소분류	중분류	소분류
M03 수화력 발전	M0301. 고온고압화 발전기술 M0302. 석탄/석유 청정화/이용기술 M0303. 수화력발전 환경오염방지 기술 M0304. 발전설비/기기개발 M0305. 첨단 발전제어기술 M0306. 가스터빈 기술 M0307. 발전설비 운영기술 M0399. 달리 분류되지 않는 수화력발전	M05 전력IT	M0501. IT기반 고부가 서비스 기술 M0502. 마이크로 그리드 기술 M0503. 전력 유비쿼터스 기술 M0504. 직류 송/배전 기술 M0505. 지능형 전력망 플랫폼 기술 M0599. 달리 분류되지 않는 전력 IT
		M06 신재생 에너지	M0601. 태양광 M0602. 태양열 M0603. 바이오연료 M0604. 폐기물 M0605. 소수력 M0606. 풍력 M0607. 해양 M0608. 지열 M0609. 수소 M0610. 연료전지 M0611. 석탄가스화/액화 M0612. 합성연료 M0699. 달리 분류되지 않는 신재생에너지
M04 송-배전 계통	M0401. 전력계통 감시/운영기술 M0402. 전력계통 계획기술 M0403. 대용량 전력수송/저장기술 M0404. 전력시장 운용기술 M0405. 수요예측/관리기술 M0406. 송/변/배전 시스템 기술 M0407. 전력설비/기기 개발/진단 기술 M0408. 전력용 신소재 기술 M0409. 전력전자기술 M0410. 전자계 환경기술 M0411. 전기안전기술 M0499. 달리 분류되지 않는 송-배전계통	M99 기타 에너지/자원	M9999. 달리 분류되지 않는 에너지/자원

N. 원자력

중분류	소분류	중분류	소분류
N01 원자로 노심기술	N0101. 핵자료 기술 N0102. 노심 핵설계 기술 N0103. 노심 열유체 기술 N0104. 노물리 실험 기술 N0199. 달리 분류되지 않는 원자로 노심 기술	N02 원자로 계통/ 핵심 기기 기술	N0205. 건전성 평가/고온 구조해석 기술 N0206. 계통 설계 검증/성능 평가 기술 N0207. 유지보수/운전기기 연계 기술 N0299. 달리 분류되지 않는 원자로 계통/핵심기기 기술
N02 원자로 계통/ 핵심 기기 기술	N0201. 유체계통 설계기술 N0202. 열유동 전산해석 기술 N0203. 핵심기기 설계기술 N0204. 원자로계통 구조설계/해석 기술	N03 원자력 계측/제어기술	N0301. 센서/검출기 기술 N0302. 계측/제어 시스템 기술 N0303. 감시/보호시스템 기술

중분류	소분류
N03 원자력 계측/제어기술	N0304. 인간공학기술
	N0305. 원격조작/제어기술
	N0306. 원전 시뮬레이션 기술
	N0399. 달리 분류되지 않는 원자력 계측/제어 기술
N04 원자력 안전기술	N0401. 설계기준사고 열수력 안전성 실증/평가기술
	N0402. 중대사고 해석/실증기술
	N0403. 원전재료 열화 손상대처 및 기기/구조건전성 평가기술
	N0404. 확률론적 안전성평가/위험도 정보활용기술
	N0405. 원자력 안전규제 기술
	N0406. 운전 안전성 평가기술
	N0407. 방사선 방호/환경방사선 관리기술
	N0408. 안전조치/방재기술
	N0499. 달리 분류되지 않는 원자력 안전기술
N05 핵연료/원자력소재	N0501. 핵연료 설계/성능평가기술
	N0502. 핵연료 제조기술
	N0503. 원자력재료 개발기술
	N0504. 원자력재료 성능 검증/평가기술
	N0599. 달리 분류되지 않는 핵연료/원자력소재
N06 핵연료주기/방사성 폐기물 관리기술	N0601. 정련/변환기술
	N0602. 방사화학/악티나이드 화학기술
	N0603. 사용후핵연료 수송/저장기술
	N0604. 사용후핵연료 관리기술
	N0605. 방사성폐기물 처분/관리기술
	N0606. 원자력시설 제염/해체 및 환경복원기술
	N0699. 달리 분류되지 않는 핵연료주기/방사성 폐기물 관리기술
N07 방사선기술	N0701. 방사성 동위원소/화합물 생산기술
	N0702. 방사선 농생물/식품공학 이용기술
	N0703. 방사선 공업/환경 이용기술
	N0704. 방사선 의학/의공학 기술
	N0705. 방사선 계측/선량평가기술
	N0706. 중성자 응용 기술
	N0707. 방사선 이용 보안검색기술
	N0799. 달리 분류되지 않는 방사선기술
N08 원자력기반/첨단기술	N0801. 양자공학/레이저 응용기술
	N0802. 연구용 원자로 이용기술
	N0803. 양성자 가속기 기술
	N0804. 전자선 가속기 기술
	N0805. 중입자 가속기 기술
	N0899. 달리 분류되지 않는 원자력기반/첨단기술
N09 원전건설/운영기술	N0901. 건설기술
	N0902. 운전기술
	N0903. 정비기술
	N0904. 수명연장기술
	N0905. 제작기술
	N0906. 품질보증기술
	N0907. 환경영향평가 및 부지안전성 조사/평가기술
	N0999. 달리 분류되지 않는 원전건설/운영기술
N10 핵융합	N1001. 핵융합 노심기술
	N1002. 핵융합로 통합설계기술
	N1003. 동력변환 계통기술
	N1004. 핵융합 부품소재기술
	N1005. 핵융합로 핵심기기 기술
	N1006. 연료주기기술
	N1007. 안전성/환경영향평가기술
	N1008. 운영 및 유지/보수 기술
	N1099. 달리 분류되지 않는 핵융합
N99 기타 원자력	N9999. 달리 분류되지 않는 원자력

O. 환경

중분류	소분류	중분류	소분류
O01 대기질 관리	O0101. 대기오염 방지기술 O0102. 미세먼지오염 개선기술 O0103. 오존/스모그오염 개선 기술 O0104. 실내/유해대기오염물질 관리기술 O0199. 달리 분류되지 않는 대기질관리	O06 해양환경	O0601. 해양오염방지기술 O0602. 해양환경보전기술O0603. 해양생태계관리기술 O0604. 해양위해성평가기술 O0605. 기후변화대응기술 O0699. 달리 분류되지 않는 해양환경
O02 물관리	O0201. 수질오염 방지기술 O0202. 정수장 효율향상/고도처리기술 O0203. 관망 최적 관리기술 O0204. 양질의 상수원수 확보/유지관리기술 O0205. 하/폐수 고도처리/핵심요소기술 O0206. 친환경 방류수 처리/관리 기술 O0299. 달리 분류되지 않는 물관리	O07 폐기물 관리/ 자원순환	O0701. 폐기물 감량/관리기술 O0702. 폐기물 자원화기술 O0703. 유해폐기물 처리/처분기술 O0799. 달리 분류되지 않는 폐기물 관리/자원순환
		O08 위해성 평가/ 관리	O0801. 위해성 관리/요소기술 O0802. 인체 위해성 평가기술 O0803. 생태 위해성 평가기술 O0899. 달리 분류되지 않는 위해성 평가/관리
O03 토양/지하수 복원/관리	O0301. 사전예방기술 O0302. 오염조사기술 O0303. 오염정화기술 O0304. 사후관리기술 O0399. 달리 분류되지 않는 토양/지하수 복원/관리	O09 환경보건	O0901. 환경보건 모니터링기술 O0902. 환경독성 평가기술 O0903. 노출평가기술 O0904. 환경유해물질 관련 건강영향평가 O0905. 환경역학 관련기술 O0906. 환경보건관리 인프라기술 O0907. 기후변화 환경보건 대응기술 O0908. 미래환경보건 문제예측/대응기술 O0999. 달리 분류되지 않는 환경보건
O04 생태계 복원/관리	O0401. 훼손된 자연생태계 복원기술 O0402. 생태환경 이용/관리기술 O0499. 달리 분류되지 않는 생태계 복원/관리		
O05 소음/진동 관리	O0501. 소음/진동 배출특성 및 음질평가 관리기술 O0502. 소음/진동 방지/저감기술 O0503. 차음/방진성능 향상기술 O0599. 달리 분류되지 않는 소음/진동관리	O10 환경예측/ 감시/평가	O1001. 국제환경협약/예측/평가기술 O1002. 환경경영/정보화기술 O1003. 환경재해 예측/저감기술 O1099. 달리 분류되지 않는 환경예측/감시/평가

중분류	소분류
O11 친환경 소재/제품	O1101. 환경오염 유발물질 대체 물질(소재) 개발 O1102. 오염물질 제거효율향상 소재/제품 개발 O1199. 달리 분류되지 않는 친환경 소재/제품
O12 친환경 공정	O1201. 배출량 저감 최적화기술 O1202. 유해물질 제거/유용물질 회수 공정기술 O1299. 달리 분류되지 않는 친환경 공정
O13 측정분석장비/장치	O1301. 고정밀 센서기술 O1302. 측정분석 장비기술 O1303. 원격 모니터링 기술 O1399. 달리 분류되지 않는 측정분석장비/장치
O14 청정생산/설비	O1401. 청정생산 공정설계 O1402. 공정개선기술 O1403. 공정/생산관리기술
O14 청정생산/설비	O1404. 유해 원부재료 대체기술 O1405. 환경친화적 제품설계기술 O1406. 환경친화제품 제조기술 O1407. 환경설비기술 O1408. 환경산업 부품소재기술 O1499. 달리 분류되지 않는 청정생산/설비
O15 작업환경 기술	O1501. 작업환경 관리기술 O1502. 작업환경 유해요인 측정기술 O1503. 작업환경 유해요인 위해성평가기술 O1504. 산업독성학 O1505. 산업인간공학 O1599. 달리 분류되지 않는 작업환경기술
O99 기타환경	O9999. 달리 분류되지 않는 환경

P. 건설/교통

중분류	소분류
P01 국토정책/계획	P0101. 국토정책 P0102. 국토계획 P0103. 교통계획 P0104. 도시계획 P0199. 달리 분류되지 않는 국토정책/계획
P02 국토공간 개발기술	P0201. 국토지능화/공간정보 P0202. 지능형 생태도시 P0203. 대공간 지상건축물 P0204. 지하대공간 P0205. 해저공간 P0206. 인공섬/준설 매립기술 P0207. 경관관리 P0299. 달리 분류되지 않는 국토공간개발기술
P03 시설물 설계/해석 기술	P0301. 설계 표준화기술 P0302. 설계 정보화기술 P0303. 도로 P0304. 교량 P0305. 플랜트 P0306. 지반구조/터널 P0307. 건축 P0308. 철도 P0309. 항만 P0399. 달리 분류되지 않는 시설물 설계/해석기술
P04 건설시공/재료	P0401. 토목시공기술 P0402. 건축시공기술 P0403. 플랜트시공기술 P0404. 건설시공관리기술

중분류	소분류
P04 건설시공/재료	P0405. 시공 자동화기술
	P0406. 건설구조재료
	P0407. 건설마감재료
	P0408. 친환경/재생건설재료
	P0409. 생애주기가치평가
	P0410. 극한 시공기술
	P0411. 건설안전 관리기술
	P0499. 달리 분류되지 않는 건설시공/재료
P05 도로교통기술	P0501. 교통환경 조사/분석기술
	P0502. 자동차기반기술
	P0503. 교통시설기반기술
	P0504. 교통운영관리기술
	P0505. 교통안전기술
	P0506. 교통환경 개선기술
	P0599. 달리 분류되지 않는 도로교통기술
P06 철도교통기술	P0601. 철도시스템 엔지니어링
	P0602. 궤도토목기술
	P0603. 전철/전력기술
	P0604. 철도신호통신기술
	P0605. 철도시스템 안전방재
	P0606. 철도시스템 유지관리기술
	P0607. 철도역사 시설물/역무 자동화기술
	P0608. 철도차량기술
	P0699. 달리 분류되지 않는 철도교통기술
P07 항공교통기술	P0701. 항공안전기술
	P0702. 항공기 운영기술
	P0703. 공항시스템 기술
	P0704. 항행시스템 기술
	P0799. 달리 분류되지 않는 항공교통기술
P08 해양안전/교통기술	P0801. 선박운항 안전기술
	P0802. 해상교통 관제기술
	P0803. 인적안전기술
	P0804. 항만/항로 설계기술
P08 해양안전/교통기술	P0805. 해양안전 방재기술
	P0899. 달리 분류되지 않는 해양안전/교통기술
P09 수공시스템기술	P0901. 수리/수문 조사/해석기술
	P0902. 수자원계획기술
	P0903. 수자원 통합관리기술
	P0904. 해안/항만/해양개발기술
	P0905. 수리구조물설계기술
	P0906. 하천설계기술
	P0907. 생태수리/수문기술
	P0999. 달리 분류되지 않는 수공시스템기술
P10 물류기술	P1001. 물류운송기술
	P1002. 보관기술
	P1003. 하역기술
	P1004. 물류정보화기술
	P1005. 물류시스템 운용기술
	P1006. 교통수단별 물류운용기술
	P1007. 물류 표준화기술
	P1099. 달리 분류되지 않는 물류기술
P11 시설물 안전/유지관리 기술	P1101. 시설물점검/진단기술
	P1102. 구조물 보수/보강기술
	P1103. 시설물 해체/복구기술
	P1104. 시설물 소방안전관리기술
	P1105. 자연재해 저감기술
	P1199. 달리 분류되지 않는 시설물안전/유지관리 기술
P12 건설 환경 설비 기술	P1201. 상/하수도 시스템 설계/시공/관리기술
	P1202. 건축/도시환경 시스템 정보화기술
	P1203. 건축환경/설비기술
	P1204. 친환경건축물 설계/시공/관리기술
	P1205. 친환경 토목시설물 설계/시공/관리기술

중분류	소분류
P12 건설 환경 설비 기술	P1206. 건물일체형 신재생에너지 설비 설계/시공/관리기술 P1207. 시설물 소음진동 제어/관리기술 P1299. 달리 분류되지 않는 건설 환경설비기술
P99 기타 건설/교통	P9999. 달리 분류되지 않는 건설/교통

HA. 역사/고고학

중분류	소분류
HA01 역사일반	HA0101. 사학이론/사학사 HA0102. 사상사 HA0103. 정치사 HA0104. 경제사 HA0105. 사회사 HA0106. 문화사 HA0107. 국제관계사 HA0108. 군사사 HA0109. 여성사 HA0110. 비교사 HA0111. 도시사 HA0112. 역사교육 HA0199. 달리 분류되지 않는 역사일반
HA02 한국사	HA0201. 한국고대사 HA0202. 고려시대사 HA0203. 조선전기사 HA0204. 조선후기사 HA0205. 한국근대사 HA0206. 한국현대사 HA0207. 한국지역사 HA0299. 달리 분류되지 않는 한국사
HA03 동양사	HA0301. 중국고대사 HA0302. 중국중세사1(위진수당) HA0303. 중국중세사2(송요금원) HA0304. 중국근세사(명청) HA0305. 중국근대사 HA0306. 중국현대사 HA0307. 일본고대사 HA0308. 일본중세사 HA0309. 일본근세사 HA0310. 일본근현대사 HA0311. 동남아시아사(인도사 등) HA0312. 서아시아/중앙아시아사(중동사 등) HA0399. 달리 분류되지 않는 동양사
HA04 서양사	HA0401. 서양사학사 HA0402. 서양사상사 HA0403. 서양고대사 HA0404. 서양중세사 HA0405. 서양근대사 HA0406. 서양현대사 HA0407. 미국사 HA0408. 영국사 HA0409. 프랑스사 HA0410. 독일사 HA0411. 러시아사 HA0412. 이베로/라틴아메리카사 HA0413. 기타 유럽사 HA0499. 달리 분류되지 않는 서양사
HA05 고고학	HA0501. 고고학이론 HA0502. 한국선사고고학 HA0503. 한국역사고고학 HA0504. 동양고고학 HA0505. 서양고고학 HA0599. 달리 분류되지 않는 고고학

중분류	소분류	중분류	소분류
HA06 미술사	HA0601. 미술사이론 HA0602. 한국미술사 HA0603. 동양미술사 HA0604. 서양미술사 HA0699. 달리 분류되지 않는 미술사	HA07 민속	HA0701. 사회민속 HA0702. 신앙민속 HA0703. 구전민속 HA0704. 예술민속 HA0705. 물질민속 HA0799. 달리 분류되지 않는 민속
		HA99 기타 역사/고고학	HA9999. 달리 분류되지 않는 역사/고고학

HB. 철학/종교

중분류	소분류	중분류	소분류
HB01 철학일반	HB0101. 철학방법론 HB0102. 형이상학 HB0103. 인식론 HB0104. 논리학/논리철학 HB0105. 도덕철학 HB0106. 철학적 인간학 HB0107. 철학사 HB0108. 정치/사회철학 HB0109. 언어철학 HB0110. 심리철학 HB0111. 과학/기술철학 HB0112. 문화철학 HB0113. 여성철학 HB0114. 역사철학 HB0115. 동서비교철학 HB0199. 달리 분류되지 않는 철학일반	HB03 동양철학	HB0303. 도가철학 HB0304. 인도철학 HB0305. 일본철학 HB0306. 불교철학 HB0307. 이슬람철학 HB0399. 달리 분류되지 않는 동양철학
HB02 한국철학	HB0201. 한국불교철학 HB0202. 한국유가철학 HB0203. 한국도가철학 HB0204. 한국근대철학 HB0205. 한국현대철학 HB0299. 달리 분류되지 않는 한국철학	HB04 서양철학	HB0401. 서양고대철학 HB0402. 서양중세철학 HB0403. 영국근대철학 HB0404. 프랑스근대철학 HB0405. 독일근대철학 HB0406. 영미현대철학 HB0407. 유럽현대철학(현상학/해석학 등) HB0408. 분석철학 HB0499. 달리 분류되지 않는 서양철학
HB03 동양철학	HB0301. 동양철학사 HB0302. 유가철학	HB05 미학/ 예술학	HB0501. 동양미학 HB0402. 서양미학 HB0403. 현대미학 HB0504. 응용미학 HB0505. 비교미학 HB0506. 미학사 HB0507. 예술과학 HB0508. 예술철학

중분류	소분류
HB05 미학/예술학	HB0509. 예술사
	HB0510. 예술비평
	HB0599. 달리 분류되지 않는 미학/예술학
HB06 종교일반	HB0601. 비교종교학
	HB0602. 종교현상학
	HB0603. 종교철학
	HB0604. 종교심리학
	HB0605. 종교사회학
	HB0606. 종교인류학
	HB0607. 종교교육학
	HB0608. 종교윤리학
	HB0609. 신화/의례
	HB0699. 달리 분류되지 않는 종교일반
HB07 한국종교	HB0701. 한국종교일반
	HB0702. 한국종교사
	HB0703. 무속/민속종교
	HB0704. 한국신종교
	HB0799. 달리 분류되지 않는 한국종교
HB08 동양종교	HB0801. 인도종교
	HB0802. 중국종교

중분류	소분류
HB08 동양종교	HB0803. 일본종교
	HB0804. 동남아종교
	HB0805. 중앙아시아종교
	HB0806. 불교
	HB0807. 유교
	HB0808. 도교
	HB0809. 샤머니즘
	HB0899. 달리 분류되지 않는 동양종교
HB09 서양종교/기타 지역종교	HB0901. 유대교
	HB0902. 기독교신학
	HB0903. 가톨릭신학
	HB0904. 이슬람교
	HB0905. 기타지역종교(아프리카, 오세아니아 등)
	HB0999. 달리 분류되지 않는 서양종교 및 기타지역종교
HB10 윤리	HB1001. 규범윤리
	HB1002. 응용윤리
	HB1099. 달리 분류되지 않는 윤리
HB99 기타 철학/종교	HB9999. 달리 분류되지 않는 철학/종교

HC. 언어

중분류	소분류
HC01 언어 일반	HC0101. 언어이론/언어학사
	HC0102. 음성학(언어일반)
	HC0103. 음운론(언어일반)
	HC0104. 형태론(언어일반)
	HC0105. 통사론(언어일반)
	HC0106. 의미론(언어일반)
	HC0107. 화용론(언어일반)
	HC0108. 기호
	HC0109. 텍스트언어
	HC0110. 코퍼스
	HC0111. 사전
	HC0112. 역사/비교언어

중분류	소분류
HC01 언어 일반	HC0113. 사회언어
	HC0114. 인지언어
	HC0115. 응용언어
	HC0116. 전산언어
	HC0117. 심리언어
	HC0118. 대조언어
	HC0119. 언어인식
	HC0120. 언어습득
	HC0121. 언어교육
	HC0199. 달리 분류되지 않는 언어일반

중분류	소분류
HC02 국어	HC0201. 음성학(국어)
	HC0202. 음운론(국어)
	HC0203. 형태론(국어)
	HC0204. 통사론(국어)
	HC0205. 어휘론(국어)
	HC0206. 화용론(국어)
	HC0207. 의미론(국어)
	HC0208. 국어사/국어학사
	HC0209. 문자(국어)
	HC0210. 방언(국어)
	HC0211. 계통론(국어)
	HC0212. 텍스트언어(국어)
	HC0213. 국어정책
	HC0214. 국어사전
	HC0215. 응용국어
	HC0216. 국어정보학
	HC0217. 국어교육
	HC0299. 달리 분류되지 않는 국어
HC03 중국어	HC0301. 음성/음운론(중국어)
	HC0302. 성운학(중국어)
	HC0303. 어휘학(중국어)
	HC0304. 의미론(중국어)
	HC0305. 통사론(중국어)
	HC0306. 고문자(중국어)
	HC0307. 일반문자(중국어)
	HC0308. 응용언어(중국어)
	HC0309. 중국어사
	HC0310. 중국어교육
	HC0399. 달리 분류되지 않는 중국어
HC04 일본어	HC0401. 음성/음운론(일본어)
	HC0402. 형태론(일본어)
	HC0403. 통사론(일본어)
	HC0404. 의미론(일본어)
	HC0405. 화용론(일본어)
	HC0406. 어휘론(일본어)
	HC0407. 표현론(일본어)
	HC0408. 응용언어(일본어)
	HC0409. 일본어사

중분류	소분류
HC04 일본어	HC0410. 한일대조언어
	HC0411. 일본어교육
	HC0499. 달리 분류되지 않는 일본어
HC05 영어	HC0501. 음성/음운론(영어)
	HC0502. 형태론(영어)
	HC0503. 통사론(영어)
	HC0504. 의미론(영어)
	HC0505. 화용론(영어)
	HC0506. 고대/중세영어
	HC0507. 영어사
	HC0508. 응용언어(영어)
	HC0509. 영어교육
	HC0599. 달리 분류되지 않는 영어
HC06 프랑스어	HC0601. 음성/음운론(프랑스어)
	HC0602. 형태론(프랑스어)
	HC0603. 통사론(프랑스어)
	HC0604. 의미론(프랑스어)
	HC0605. 화용론(프랑스어)
	HC0606. 프랑스어 발달사
	HC0607. 기호(프랑스어)
	HC0608. 텍스트언어(프랑스)
	HC0609. 응용언어(프랑스어)
	HC0610. 프랑스어교육
	HC0699. 달리 분류되지 않는 프랑스어
HC07 독일어	HC0701. 음성/음운론(독일어)
	HC0702. 형태론(독일어)
	HC0703. 조어론(독일어)
	HC0704. 통사론(독일어)
	HC0705. 의미론(독일어)
	HC0706. 화용론(독일어)
	HC0707. 비교문법(독일어)
	HC0708. 독일어사
	HC0709. 텍스트언어(독일어)
	HC0710. 응용언어(독일어)
	HC0711. 독어교육
	HC0799. 달리 분류되지 않는 독일어

중분류	소분류
HC08 스페인어	HC0801. 음성/음운론(스페인어) HC0802. 형태론(스페인어) HC0803. 통사론(스페인어) HC0804. 의미론(스페인어) HC0805. 화용론(스페인어) HC0806. 응용언어(스페인어) HC0807. 스페인어교육 HC0899. 달리 분류되지 않는 스페인어
HC09 러시아어	HC0901. 음성/음운론(러시아어) HC0902. 형태론(러시아어) HC0903. 통사론(러시아어) HC0904. 어휘론(러시아어) HC0905. 의미론(러시아어) HC0906. 화용론(러시아어) HC0907. 비교역사문법(러시아어) HC0908. 응용언어(러시아어) HC0909. 러시아어교육 HC0999. 달리 분류되지 않는 러시아어
HC10 동서양 고전어	HC1001. 고대그리스어 HC1002. 고대라틴어 HC1003. 산스크리스트어 HC1099. 달리 분류되지 않는 동서양고전어
HC11 기타 동서양어	HC1101. 북한어 HC1102. 인도어 HC1103. 아랍어 HC1104. 마인어 HC1105. 태국어 HC1106. 베트남어 HC1107. 몽골어 HC1108. 이탈리아어 HC1109. 폴란드어 HC1110. 루마니아어 HC1111. 체코어 HC1112. 유고어 HC1113. 헝가리어 HC1114. 스웨덴어 HC1115. 네덜란드어 HC1116. 아프리카어 HC1199. 달리 분류되지 않는 기타 동서양어
HC12 통역번역	HC1201. 통역 HC1202. 번역 HC1299. 달리 분류되지 않는 통역번역
HC99 기타언어	HC9999. 달리 분류되지 않는 언어

HD. 문학

중분류	소분류
HD01 문학일반	HD0101. 문학이론/문학사 HD0102. 문예창작 HD0103. 작가 HD0104. 비교문학 HD0105. 운문 HD0106. 산문 HD0107. 소설 HD0108. 평론 HD0109. 희곡 HD0110. 구비문학 HD0111. 아동문학 HD0112. 영상문학 HD0113. 번역문학 HD0114. 문학과 성/젠더 HD0115. 문학교육 HD0199. 달리 분류되지 않는 문학일반
HD02 국문학	HD0201. 국문학사 HD0202. 고전산문

중분류	소분류
HD02 국문학	HD0203. 고전시가
	HD0204. 고전비평
	HD0205. 구비문학(국문학)
	HD0206. 현대소설(국문학)
	HD0207. 현대시(국문학)
	HD0208. 현대희곡(국문학)
	HD0209. 비교문학(국문학)
	HD0210. 문학비평(국문학)
	HD0211. 국문학과 성/젠더
	HD0212. 문화론(국문학)
	HD0213. 작문
	HD0299. 달리 분류되지 않는 국문학
HD03 한문학	HD0301. 한시
	HD0302. 한문산문
	HD0303. 한문소설
	HD0304. 한문비평
	HD0305. 한국경학
	HD0306. 한자학어학
	HD0307. 한국서예학
	HD0308. 한문교육
	HD0399. 달리 분류되지 않는 한문학
HD04 중문학	HD0401. 중국산문
	HD0402. 중국시
	HD0403. 중국희곡
	HD0405. 중국고전문학
	HD0406. 중국소설
	HD0407. 사곡
	HD0408. 중국현대문학
	HD0409. 문학비평(중문학)
	HD0410. 비교문학(중문학)
	HD0411. 경학(중문학)
	HD0412. 중국문화
	HD0413. 중국서지학
	HD0414. 중국서예학
	HD0499. 달리 분류되지 않는 중문학
HD05 일본문학	HD0501. 일본극문학
	HD0502. 일본문학비평
	HD0503. 일본비교문학
	HD0504. 일본고전산문
	HD0505. 일본고전운문
	HD0506. 일본근현대산문문학
	HD0507. 일본근현대시가문학
	HD0508. 일본문화
	HD0599. 달리 분류되지 않는 일본문학
HD06 영문학	HD0601. 현대영미시
	HD0602. 현대영미소설
	HD0603. 현대영미희곡
	HD0604. 영미문학비평
	HD0605. 비교영문학
	HD0606. 중세영문학
	HD0607. 셰익스피어
	HD0608. 르네상스 영문학
	HD0609. 17/18세기 영문학
	HD0610. 17/18세기 미국문학
	HD0611. 19세기 영문학
	HD0612. 19세기 미국문학
	HD0613. 영문학과 성/젠더
	HD0699. 달리 분류되지 않는 영문학
HD07 프랑스문학	HD0701. 소설(프랑스문학)
	HD0702. 희곡(프랑스문학)
	HD0703. 시(프랑스문학)
	HD0704. 비평(프랑스문학)
	HD0705. 비교문학(프랑스문학)
	HD0706. 프랑스문화
	HD0799. 달리 분류되지 않는 프랑스문학
HD08 독일문학	HD0801. 소설(독일문학)
	HD0802. 희곡(독일문학)
	HD0803. 시(독일문학)
	HD0804. 문예학(독일문학)
	HD0805. 독일문학사

중분류	소분류
HD08 독일문학	HD0806. 문학비평(독일문학) HD0807. 비교문학(독일문학) HD0808. 구비문학(독일문학) HD0809. 독일문화 HD0899. 달리 분류되지 않는 독일문학
HD09 스페인문학	HD0901. 스페인중남미 시 HD0902. 스페인중남미 소설 HD0903. 스페인중남미 희곡 HD0904. 스페인중남미 문학비평 HD0905. 스페인중남미 비교문학 HD0999. 달리 분류되지 않는 스페인문학
HD10 러시아문학	HD1001. 시(러시아문학) HD1002. 소설(러시아문학) HD1003. 희곡(러시아문학) HD1004. 평론(러시아문학) HD1005. 러시아문학사(러시아문학) HD1006. 비교문학(러시아문학) HD1007. 러시아문학이론 HD1099. 달리 분류되지 않는 러시아문학

중분류	소분류
HD11 동서양 고전문학	HD1101. 그리스고전문학 HD1102. 라틴고전문학 HD1103. 고대인도문학 HD1199. 달리 분류되지 않는 동서양 고전문학
HD12 기타 동서양문학	HD1201. 북한문학 HD1202. 인도문학 HD1203. 아랍문학 HD1204. 마인문학 HD1205. 태국문학 HD1206. 베트남문학 HD1207. 몽골문학 HD1208. 이탈리아어문학 HD1209. 폴란드어문학 HD1210. 루마니아문학 HD1211. 체코문학 HD1212. 유고문학 HD1213. 헝가리문학 HD1214. 네덜란드문학 HD1215. 스웨덴문학 HD1216. 아프리카문학 HD1299. 달리 분류되지 않는 기타 동서양문학
HD99 기타문학	HD9999. 달리 분류되지 않는 문학

HE. 문화/예술/체육

중분류	소분류
HE01 음악	HE0101. 한국음악 HE0102. 서양음악 HE0103. 음악사(한국/서양) HE0104. 종족음악/세계음악 HE0105. 음악미학/철학 HE0106. 실용음악(대중/종교/광고/영화/무용음악 등) HE0107. 음악심리/치료 HE0108. 음악교육 HE0199. 달리 분류되지 않는 음악

중분류	소분류
HE02 미술	HE0201. 미술이론 HE0202. 미술비평 HE0203. 미술재료학 HE0204. 미술복원학 HE0205. 종교미술 HE0206. 비교미술 HE0207. 한국화 HE0208. 동양화 HE0209. 서양화 HE0210. 판화

중분류	소분류
HE02 미술	HE0211. 조소 HE0212. 공예 HE0213. 서예 HE0214. 미술교육 HE0299. 달리 분류되지 않는 미술
HE03 디자인 일반	HE0301. 디자인 이론 HE0302. 디자인 조형 HE0303. 디자인 경영 HE0304. 디자인 공학 HE0305. 디자인 평가 HE0399. 달리 분류되지 않는 디자인 일반
HE04 제품디자인	HE0401. 가정용제품디자인 HE0402. 산업용제품/기기디자인 HE0403. 환경/공공시스템디자인 HE0499. 달리 분류되지 않는 제품디자인
HE05 시각디자인	HE0501. 멀티미디어디자인 HE0502. 비쥬얼커뮤니케이션 HE0503. 사진 HE0599. 달리 분류되지 않는 시각디자인
HE06 환경디자인	HE0601. 디스플레이/전시디자인 HE0602. 실내/공간디자인 HE0603. 공공디자인 HE0699. 달리 분류되지 않는 환경디자인
HE07 섬유디자인	HE0701. 직물디자인 HE0702. 편성물(Knit)디자인 HE0703. 서피스(Surface) 디자인 HE0799. 달리 분류되지 않는 섬유디자인
HE08 의상디자인	HE0801. 패션정보 HE0802. 패션디자인 HE0803. 코스튬디자인 HE0804. 한국전통복식디자인 HE0805. 패션일러스트레이션 HE0899. 달리 분류되지 않는 의상디자인

중분류	소분류
HE09 연극	HE0901. 연극이론/비평 HE0902. 연극사 HE0903. 연기 HE0904. 연극연출 HE0905. 희곡/극작 HE0906. 무대미술/기술/효과 HE0907. 연극치료 HE0908. TV/뮤지컬/이벤트 HE0909. 연극교육 HE0999. 달리 분류되지 않는 연극
HE10 영화	HE1001. 영화이론/비평 HE1002. 영화사 HE1003. 영화/드라마 제작 및 관련기술 HE1004. 영상매체/매체기술 HE1005. 영화산업/정책 HE1006. 인접미디어(TV/CF/뮤직비디오) HE1007. 영화작가/대본 HE1008. 영화감독/연기 HE1009. 애니메이션 영화 HE1010. 영화교육 HE1099. 달리 분류되지 않는 영화
HE11 무용	HE1101. 무용이론/비평 HE1102. 무용철학/미학/무용사 HE1103. 무용보/움직임 분석 HE1104. 무용심리학(무용치료 포함) HE1105. 무용사회학/인류학 HE1106. 무용교육(안무/연출 포함) HE1199. 달리 분류되지 않는 무용
HE12 체육 인문사회	HE1201. 체육철학/체육사 HE1202. 스포츠심리학 HE1203. 스포츠사회학 HE1204. 스포츠경영학 HE1205. 스포츠산업 HE1206. 특수/장애인체육 HE1207. 여가/레크리에이션 HE1208. 체육교육 HE1299. 달리 분류되지 않는 체육인문사회

중분류	소분류
HE13 스포츠과학	HE1301. 운동생리학/운동처방 HE1302. 운동영양학/운동생화학 HE1303. 운동역학 HE1304. 스포츠의학 HE1305. 스포츠측정/분석 HE1306. 스포츠환경/시설 HE1307. 스포츠종목 경기력향상 HE1399. 달리 분류되지 않는 스포츠과학
HE14 콘텐츠	HE1401. 콘텐츠 창작/기획 HE1402. 콘텐츠 유통 HE1403. 저작권 보호/공정이용 HE1404. 디지털 영상 HE1405. 디지털 음악/음향처리 HE1406. 캐릭터/만화/애니메이션 HE1407. 게임 HE1408. 모바일/뉴미디어 콘텐츠 HE1409. e-book, U-러닝 HE1410. 스토리텔링 HE1411. 문화디자인 HE1412. 문화복지 HE1413. 가상현실/가상세계
HE14 콘텐츠	HE1414. 감성인지 HE1415. 첨단공연/전시 HE1416. 문화원형 디지털화 HE1417. 에듀테인먼트 HE1418. 융합형 콘텐츠 HE1499. 달리 분류되지 않는 콘텐츠
HE15 문화재	HE1501. 문화재정책 HE1502. 건축문화재 HE1503. 동산문화재(박물관 등) HE1504. 무형문화재 HE1505. 역사유적 HE1507. 자연문화재 HE1508. 민속문화재 HE1509. 매장문화재 HE1510. 근대문화재 HE1511. 역사문화환경 HE1599. 달리 분류되지 않은 문화재
HE99 기타 문화/예술/체육	HE9999. 달리 분류되지 않는 문화/예술/체육

SA. 법

중분류	소분류
SA01 법학일반	SA0101. 법철학 SA0102. 법사상 SA0103. 법정책 SA0104. 비교법 SA0105. 법학교육 SA0106. 법정보 SA0107. 법사학 SA0108. 법경제 SA0109. 법정치 SA0110. 법사회 SA0111. 법여성 SA0112. 법해석 SA0113. 입법
SA01 법학일반	SA0114. 법과학 SA0199. 달리 분류되지 않는 법학일반
SA02 헌법/행정법	SA0201. 헌법 SA0202. 헌법재판 SA0203. 행정법 SA0204. 행정소송법 SA0205. 지방자치법 SA0206. 통일관계법(헌법/행정법) SA0207. 인권법 SA0299. 달리 분류되지 않는 헌법/행정법

중분류	소분류
SA03 형사법	SA0301. 형법 SA0302. 형사정책 SA0303. 형사소송법 SA0399. 달리 분류되지 않는 형사법
SA04 민사법	SA0401. 민법 SA0402. 물권법 SA0403. 채권법 SA0404. 친족법 SA0405. 상속법 SA0406. 민사소송법 SA0407. 신용거래법(민사법) SA0408. 전자거래법(민사법) SA0409. 국제사법(민사법) SA0410. 국제거래법(민사법) SA0499. 달리 분류되지 않는 민사법
SA05 상사법	SA0501. 상법 SA0502. 상행위 SA0503. 신용거래법(상사법) SA0504. 전자거래법(상사법) SA0505. 유가증권/어음수표법 SA0506. 해상/해상운송/보험법 SA0507. 국제사법(상사법) SA0508. 국제거래법(상사법) SA0599. 달리 분류되지 않는 상사법

중분류	소분류
SA06 국제법	SA0601. 국제법 SA0602. 해양법 SA0603. 국제경제법 SA0604. 국제환경법 SA0605. 국제인권법 SA0606. 통일관계법(국제법) SA0699. 달리 분류되지 않는 국제법
SA07 분야별 전문법	SA0701. 경제법 SA0702. 조세법 SA0703. 노동법 SA0704. 사회보장/사회법 SA0705. 교육법 SA0706. 환경법 SA0707. 교통법 SA0708. 항공/우주법 SA0709. 의료/보건법 SA0710. 중재법 SA0711. 지적재산권법 SA0712. 토지/부동산/주택/농지법 SA0713. 소비자보호법 SA0714. 문화/미디어/엔터테인먼트/스포츠법 SA0799. 달리 분류되지 않는 분야별 전문법
SA99 기타 법	SA9999. 달리 분류되지 않는 법

SB. 정치/행정

중분류	소분류
SB01 정치이론/사상	SB0101. 정치이론/방법론 SB0102. 서양정치사상사 SB0103. 동양정치사상사 SB0104. 한국정치사상사 SB0105. 정치철학 SB0199. 달리 분류되지 않는 정치이론/사상
SB02 비교정치	SB0201. 지방정치 SB0202. 정치과정

중분류	소분류
SB02 비교정치	SB0203. 정치제도 SB0204. 비교정부 SB0205. 정치사회 SB0206. 정치문화 SB0207. IT정치 SB0299. 달리 분류되지 않는 비교정치
SB03 정치경제	SB0301. 비교정치경제 SB0302. 정치경제사

중분류	소분류
SB03 정치경제	SB0303. 국제정치경제 SB0399. 달리 분류되지 않는 정치경제
SB04 지역정치	SB0401. 북미 지역정치 SB0402. 중남미 지역정치 SB0403. 유럽 지역정치 SB0404. 동북아 지역정치 SB0405. 동남아 지역정치 SB0406. 중동 지역정치 SB0407. 아프리카 지역정치 SB0499. 달리 분류되지 않는 지역정치
SB05 한국정치	SB0501. 한국정치사(고대/근대) SB0502. 한국정치사(해방이후) SB0503. 한국정치과정 SB0504. 한국정부 SB0505. 지방정치 SB0506. 북한정치 SB0507. 남북한 관계 SB0599. 달리 분류되지 않는 한국정치
SB06 국제정치	SB0601. 국제정치이론 SB0602. 국제협력 SB0603. 국제체제 및 국제질서 SB0604. 국제법 및 국제기구 SB0605. 지역 국제정치 SB0606. 전쟁/평화 SB0607. 외교사 SB0608. 외교정책 SB0699. 달리 분류되지 않는 국제정치
SB07 행정이론/방법론	SB0701. 행정이론/행정사 SB0702. 행정철학/윤리 SB0703. 행정조사/연구방법론 SB0704. 비교행정 SB0799. 달리 분류되지 않는 행정이론/방법론
SB08 행정관리	SB0801. 공공조직/관리 SB0802. 인사행정 SB0803. 전자정부 SB0804. 행정통제/개혁 SB0805. 비정부조직 SB0899. 달리 분류되지 않는 행정관리
SB09 재무행정	SB0901. 재무행정 SB0902. 정부회계 SB0903. 공기업 SB0904. 준정부기관 SB0999. 달리 분류되지 않는 재무행정
SB10 자치행정	SB1001. 광역/기초자치 SB1002. 도시관리 SB1003. 정부간관계/협상 SB1099. 달리 분류되지 않는 자치행정
SB11 공공정책	SB1101. 정책이론 SB1102. 정책결정/집행 SB1103. 정책분석/평가 SB1199. 달리 분류되지 않는 공공정책
SB12 분야별/유형별 행정/정책	SB1201. 규제 SB1202. 복지 SB1203. 노동 SB1204. 문화관광 SB1205. 보건/의료 SB1206. 산업/통상 SB1207. 과학기술 SB1208. 정보통신/방송 SB1209. 환경/자원 SB1210. 교육/학술 SB1211. 농림수산 SB1212. 소방/방재 SB1213. 경찰/경호 SB1214. 국방/안보/북한 SB1299. 달리 분류되지 않는 분야/유형별 행정/정책
SB99 기타 정치/행정	SB9999. 달리 분류되지 않는 정치/행정

SC. 경제/경영

중분류	소분류
SC01 경제일반	SC0101. 경제철학/윤리/사상 SC0102. 경제사 SC0103. 경제정책 SC0104. 계량경제/경제통계 SC0105. 정치경제학 SC0106. 경제체제론 SC0107. 수리경제 SC0199. 달리 분류되지 않는 경제 일반
SC02 거시경제	SC0201. 경제성장 SC0202. 경제발전/개발경제 SC0203. 경제변동/예측 SC0204. 금융(화폐)경제 SC0299. 달리 분류되지 않는 거시 경제
SC03 미시경제	SC0301. 소비자경제 SC0302. 노동/인력경제 SC0303. 산업조직론 SC0399. 달리 분류되지 않는 미시 경제
SC04 재정/공공경제	SC0401. 공공경제 SC0402. 후생경제 SC0403. 재정학 SC0499. 달리 분류되지 않는 재정/공공경제
SC05 국제경제	SC0501. 국제무역이론 SC0502. 국제금융/외환 SC0503. 경제통합/국제경제기구 SC0504. 국제통상 SC0505. 해외투자 SC0599. 달리 분류되지 않는 국제 경제
SC06 분야별 경제	SC0601. 법경제 SC0602. 에너지/자원경제 SC0603. 환경경제 SC0604. 문화경제 SC0605. 산업/서비스경제
SC06 분야별 경제	SC0606. 교통경제 SC0607. 기술/디지털경제 SC0608. 농업경제 SC0609. 보건/의료경제 SC0610. 지역경제 SC0611. 북한경제 SC0699. 달리 분류되지 않는 분야별 경제
SC07 경영전략/윤리	SC0701. 경영전략/혁신 SC0702. 창업/벤처기업 SC0703. 중소기업경영 SC0704. 기술경영 SC0705. 기업경영윤리/철학 SC0706. 경영사 SC0799. 달리 분류되지 않는 경영전략/윤리
SC08 인사/조직관리	SC0801. 인사관리 SC0802. 인적자원개발 SC0803. 노사관계 SC0804. 조직개발/관리 SC0805. 조직행동 SC0899. 달리 분류되지 않는 인사/조직관리
SC09 생산관리	SC0901. 생산전략/계획 SC0902. 제품/서비스설계 SC0903. 공급사슬관리 SC0904. 품질관리 SC0905. 재고관리 SC0999. 달리 분류되지 않는 생산 관리
SC10 마케팅	SC1001. 마케팅전략 SC1002. 서비스마케팅 SC1003. 소비자행동 SC1004. 제품관리/신제품개발 SC1005. 광고/프로모션 SC1006. 물류/유통관리 SC1007. 콜센터/텔레마케팅 SC1099. 달리 분류되지 않는 마케팅

중분류	소분류	중분류	소분류
SC11 경영정보/e-비즈니스	SC1101. 정보기술관리 및 전략 SC1102. 정보시스템개발 SC1103. DB/지식경영 SC1104. 정보통신경영 SC1105. e-비즈니스/전자상거래 SC1106. 지능형정보기술 SC1107. 엔터프라이즈시스템 SC1108. 정보시스템보안 SC1199. 달리 분류되지 않는 경영정보/e-비즈니스	SC14 회계	SC1401. 재무회계 SC1402. 원가/관리회계 SC1403. 세무회계 SC1404. 회계감사 SC1405. 회계정보시스템 SC1406. 정부/비영리회계 SC1499. 달리 분류되지 않는 회계
		SC15 국제경영	SC1501. 국제재무 SC1502. 국제마케팅 SC1503. 국제경영전략 SC1599. 달리 분류되지 않는 국제경영
SC12 경영과학	SC1201. 최적화 SC1202. 수리/확률통계모형 SC1203. 시뮬레이션 SC1204. 데이터마이닝/CRM SC1205. 서비스경영 SC1299. 달리 분류되지 않는 경영과학	SC16 무역	SC1601. 무역실무/경영 SC1602. 무역계약/관습 SC1603. 국제결제 SC1604. 상사중재 SC1605. 국제운송/물류 SC1606. 국제상품/관세 SC1607. 전자무역 SC1699. 달리 분류되지 않는 무역
SC13 재무관리	SC1301. 금융기관 SC1302. 기업재무 SC1303. 투자/위험관리 SC1304. 보험 SC1399. 달리 분류되지 않는 재무관리	SC99 기타 경제/경영	SC9999. 달리 분류되지 않는 경제/경영

SD. 사회/인류/복지/여성

중분류	소분류	중분류	소분류
SD01 사회일반	SD0101. 사회사상/사회이론 SD0102. 비교사회학 SD0103. 사회조사/통계/방법 SD0199. 달리 분류되지 않는 사회일반	SD02 사회구조/문제	SD0208. 종교/신앙 SD0209. 의료/보건 SD0210. 도시/농촌/지역사회 SD0299. 달리 분류되지 않는 사회구조/문제
SD02 사회구조/문제	SD0201. 가족/성 SD0202. 인구/노인 SD0203. 일탈/범죄 SD0204. 사회계층/계급 SD0205. 빈곤 SD0206. 인권 SD0207. 환경/재난	SD03 사회변동	SD0301. 사회발전/변동 SD0302. 미래사회 SD0303. 시민/사회운동 SD0304. 사회사/역사사회 SD0399. 달리 분류되지 않는 사회변동

중분류	소분류
SD04 사회제도	SD0401. 조직/사회집단 SD0402. 정치사회 SD0403. 경제사회 SD0404. 과학기술사회 SD0405. 교육/지식사회 SD0406. 군대사회 SD0407. 노동/직업사회 SD0408. 법사회 SD0409. 산업사회 SD0410. 문화/스포츠/여가사회 SD0411. 영상/예술사회 SD0412. 정보/미디어사회 SD0499. 달리 분류되지 않는 사회제도
SD05 문화/인류	SD0501. 체질인류학 SD0502. 언어/심리/인지인류학 SD0503. 정치/법인류학 SD0504. 환경/생태인류학 SD0505. 경제/경영인류학 SD0506. 도시/산업인류학 SD0507. 예술/영상인류학 SD0508. 정보/과학기술인류학 SD0509. 교육인류학 SD0510. 문화사/역사인류학 SD0511. 가족/친족/혼인 SD0512. 여성(인류) SD0513. 종교/의례/신화 SD0514. 문화이론 SD0515. 이주/다문화 SD0516. 인종/민족 SD0517. 물질문화 SD0518. 문화변동 SD0519. 문화/언어공동체 SD0599. 달리 분류되지 않는 문화/인류학
SD06 지역연구	SD0601. 북한사회 SD0602. 국제비교연구 SD0603. 국제사회
SD06 지역연구	SD0604. 해외지역 SD0699. 달리 분류되지 않는 지역사회
SD07 사회복지 정책/행정	SD0701. 사회복지철학/사상/윤리 SD0702. 사회복지발달사 SD0703. 사회복지행정/정책/제도 SD0704. 사회복지프로그램개발/평가 SD0705. 사회보장 SD0706. 비교사회복지 SD0799. 달리 분류되지 않는 사회복지정책/행정
SD08 사회복지 서비스/임상	SD0801. 영유아복지 SD0802. 아동복지 SD0803. 청소년복지 SD0804. 가족복지 SD0805. 여성복지 SD0806. 노인복지 SD0807. 장애인복지 SD0808. 학교사회복지 SD0809. 교정복지 SD0810. 의료사회복지 SD0811. 정신보건사회복지 SD0812. 지역사회복지 SD0813. 산업복지 SD0814. 군사회복지 SD0815. 자원봉사 SD0899. 달리 분류되지 않는 사회복지서비스/임상
SD09 여성/젠더	SD0901. 여성주의 이론/방법론 SD0902. 여성과 문학/종교/심리 SD0903. 섹슈얼리티/몸/성역할 SD0904. 여성과 일 SD0905. 여성과 가족 SD0906. 여성과 역사 SD0907. 여성과 정치/경제/사회제도 SD0908. 여성과 문화/예술/미디어 SD0909. 여성주의 지역연구

중분류	소분류	중분류	소분류
SD09 여성/젠더	SD0910. 여성운동/인권 SD0911. 여성정책/복지 SD0912. 여성주의 공간/생태/환경 SD0913. 여성과 과학 SD0999. 달리 분류되지 않는 여성/젠더	SD99 기타 사회/인류/복지/여성	SD9999. 달리 분류되지 않는 사회/인류/복지/여성

SE. 생활

중분류	소분류	중분류	소분류
SE01 가정자원 경영	SE0101. 가정철학/윤리 SE0102. 가정생활문화 SE0103. 가정경영이론/정책 SE0104. 가사노동/여가관리/생활시간 SE0105. 가족기업/공공가정관리 SE0199. 달리 분류되지 않는 가정자원경영	SE04 소비자	SE0401. 소비자이론/정책 SE0402. 소비자행태 SE0403. 소비자정보/소비자교육 SE0404. 소비문화/트렌드 SE0405. 가계경제/재무 SE0499. 달리 분류되지 않는 소비자
SE02 가족	SE0201. 가족정책 SE0202. 가족관계 SE0203. 가족생활사 SE0204. 가족상담/가족문제 SE0205. 가족생활교육 SE0206. 가족발달/노년학 SE0299. 달리 분류되지 않는 가족	SE05 의류	SE0501. 의류설계 및 구성 SE0502. 의류관리 SE0503. 의류환경 SE0504. 패션문화사 SE0505. 복식미학 SE0506. 패션마케팅 SE0507. 패션소비자행동 SE0599. 달리 분류되지 않는 의류
SE03 아동/청소년	SE0301. 아동/청소년정책 SE0302. 영유아보육 SE0303. 아동/청소년 발달 SE0304. 아동/청소년 상담/치료 SE0305. 청소년 활동/문화 SE0306. 부모교육 SE0399. 달리 분류되지 않는 아동/청소년	SE06 주거	SE0601. 주거이론/정책 SE0602. 주거/단지계획 및 디자인 SE0603. 주거환경/친환경주거 SE0604. 주거관리/평가 SE0605. 주거사회/문화 SE0699. 달리 분류되지 않는 주거
		SE99 기타 생활	SE9999. 달리 분류되지 않는 생활

SF. 지리/지역/관광

중분류	소분류
SF01 도시/지역개발	SF0101. 국토/지역개발/계획 SF0102. 도시개발/계획(테크노폴리스) SF0103. 농촌/낙후지역개발 SF0104. 지역경제 SF0105. 교통/물류 SF0106. 토지이용 SF0107. 공원녹지/경관관리 SF0108. 환경계획/평가 SF0109. 지역에너지 SF0110. 지역사회 SF0199. 달리 분류되지 않는 도시/지역개발
SF02 지적/지리정보	SF0201. 지적학이론/지적사 SF0202. 지적행정/법 SF0203. 지적측량/정보 SF0204. 계량지리/방법론 SF0205. 지역/지리정보 SF0206. 지도학/지리정보시스템 SF0299. 달리 분류되지 않는 지적/지리정보
SF03 인문지리	SF0301. 인구지리 SF0302. 정치지리 SF0303. 경제지리 SF0304. 사회지리 SF0305. 문화지리 SF0306. 도시지리 SF0307. 촌락지리 SF0308. 교통지리 SF0309. 역사지리 SF0310. 관광지리 SF0311. 풍수지리 SF0312. 사진지리 SF0313. 지리학사 SF0399. 달리 분류되지 않는 인문지리
SF04 자연지리	SF0401. 지형학 SF0402. 기후학 SF0403. 수문학 SF0404. 토양지리 SF0405. 생물지리 SF0406. 환경지리 SF0407. 생태지리 SF0408. 해양지리 SF0409. 지형경관론 SF0410. 한국지형지 SF0411. 경관생태론 SF0499. 달리 분류되지 않는 자연지리
SF05 지역/지리비교	SF0501. 아시아 SF0502. 아메리카 SF0503. 유럽 SF0504. 아프리카 SF0505. 오세아니아 SF0506. 극지 SF0507. 해양 SF0599. 달리 분류되지 않는 지역/지리비교
SF06 부동산	SF0601. 부동산경제/부동산금융 SF0602. 부동산분석/감정평가 SF0603. 부동산정책/부동산조세 SF0604. 부동산개발/관리 SF0605. 부동산중개 SF0699. 달리 분류되지 않는 부동산
SF07 관광	SF0701. 관광정책 SF0702. 호텔/외식경영 SF0703. 항공사/여행사경영 SF0704. 관광행동/관광마케팅/서비스 SF0705. 관광자원/리조트/테마파크/상품개발 SF0706. 관광콘텐츠/정보

중분류	소분류
SF07 관광	SF0707. 관광문화/교육 SF0708. 컨벤션/카지노/크루즈 SF0709. 문화관광/축제/이벤트 SF0710. 녹색/환경/생태관광 SF0799. 달리 분류되지 않는 관광

중분류	소분류
SF99 기타 지리/ 지역/관광	SF9999. 달리 분류되지 않는 지리/지역/관광

SG. 심리

중분류	소분류
SG01 심리학 일반	SG0101. 심리학사 SG0102. 심리학 연구방법 SG0199. 달리 분류되지 않는 심리학 일반
SG02 실험심리	SG0201. 생물심리 SG0202. 학습심리 SG0203. 지각심리 SG0204. 인지심리 SG0205. 공학심리 SG0206. 언어심리 SG0299. 달리 분류되지 않는 실험심리
SG03 사회심리	SG0301. 사회심리 SG0302. 성격심리 SG0303. 사회문제 SG0304. 문화심리 SG0305. 법정심리 SG0306. 범죄심리 SG0307. 군사심리 SG0308. 재난심리 SG0399. 달리 분류되지 않는 사회심리
SG04 산업/ 조직/소비 자심리	SG0401. 조직심리 SG0402. 산업심리 SG0403. 소비자심리 SG0404. 광고심리 SG0405. 인사/심리 SG0499. 달리 분류되지 않는 산업/조직/소비자심리

중분류	소분류
SG05 발달심리	SG0501. 아동심리 SG0502. 청년심리 SG0503. 성인/노인심리 SG0504. 여성심리 SG0505. 가족심리 SG0599. 달리 분류되지 않는 발달 심리
SG06 상담심리	SG0601. 개인상담 SG0602. 집단상담 SG0603. 부부 및 가족상담 SG0604. 진로 및 학업상담 SG0605. 아동 및 청소년상담 SG0606. 학교심리 SG0699. 달리 분류되지 않는 상담 심리
SG07 임상심리	SG0701. 인지장애 SG0702. 정서장애 SG0703. 성격장애 SG0704. 발달장애 SG0705. 노년기장애 SG0706. 정신장애예방 SG0707. 건강심리 SG0708. 중독 SG0799. 달리 분류되지 않는 임상 심리
SG99 기타 심리	SG9999. 달리 분류되지 않는 심리

SH. 교육

중분류	소분류
SH01 교육일반	SH0101. 교육철학/사상 SH0102. 비교교육 SH0103. 교육사학 SH0104. 교육법학 SH0105. 교육과정 SH0106. 교수이론/교육방법/교수법 SH0107. 교육공학 SH0108. 교육평가 SH0109. 교육심리 SH0110. 교육행정/경영 SH0111. 교육사회학 SH0112. 교육인류학 SH0113. 교육상담 SH0114. 교육재정/경제 SH0199. 달리 분류되지 않는 교육일반
SH02 학교교육	SH0201. 유아교육 SH0202. 초등교육 SH0203. 중등교육 SH0204. 고등교육 SH0205. 특수교육 SH0299. 달리 분류되지 않는 학교교육
SH03 평생교육	SH0301. 평생학습/교육 SH0302. 진로/직업교육 SH0303. 교사교육 SH0304. 성인교육 SH0399. 달리 분류되지 않는 평생교육
SH04 어문학 교과교육	SH0401. 국어 SH0402. 작문 SH0403. 영어
SH04 어문학 교과교육	SH0404. 한국어 SH0405. 외국어 SH0499. 달리 분류되지 않는 어문학교과교육
SH05 사회과 교과교육	SH0501. 일반사회 SH0502. 역사 SH0503. 지리 SH0504. 윤리 SH0599. 달리 분류되지 않는 사회과교육
SH06 자연과학 교과교육	SH0601. 수학 SH0602. 물리 SH0603. 지구과학 SH0604. 화학 SH0605. 생물 SH0699. 달리 분류되지 않는 자연과학 교과교육
SH07 실업 교과교육	SH0701. 기술/실업 SH0702. 환경 SH0703. 가정 SH0704. 컴퓨터 SH0799. 달리 분류되지 않는 실업교과교육
SH08 예술/체육 교과교육	SH0801. 음악 SH0802. 미술 SH0803. 체육 SH0899. 달리 분류되지 않는 예술/체육 교과교육
SH99 기타 교육	SH9999. 달리 분류되지 않는 교육

SI. 미디어/커뮤니케이션/문헌정보

중분류	소분류
SI01 커뮤니케이션 일반	SI0101. 커뮤니케이션 이론 SI0102. 언론/미디어정책 SI0103. 언론사상 SI0104. 언론사 SI0105. 정치 커뮤니케이션 SI0106. 매스 커뮤니케이션 SI0107. 휴먼 커뮤니케이션 SI0108. 비판 커뮤니케이션 SI0109. 인터넷 커뮤니케이션 SI0110. 인간 커뮤니케이션 SI0111. 국제 커뮤니케이션 SI0112. 설득커뮤니케이션 SI0199. 달리 분류되지 않는 커뮤니케이션일반
SI02 미디어/수용자	SI0201. 방송 SI0202. 신문 SI0203. 영상 SI0204. 인터넷 SI0205. 뉴미디어 SI0206. 미디어산업 SI0207. 미디어문화 SI0208. 수용자연구 SI0209. 미디어경영 SI0299. 달리 분류되지 않는 미디어/수용자
SI03 광고/홍보	SI0301. 광고이론 SI0302. 광고기획관리 SI0303. 광고표현 SI0304. 광고효과 SI0305. 광고산업 및 정책 SI0306. 홍보이론 SI0307. 홍보기획관리 SI0308. 홍보효과 SI0309. 홍보산업 및 정책 SI0310. 광고홍보 이벤트/SP SI0399. 달리 분류되지 않는 광고/홍보
SI04 도서관/정보/이용자	SI0401. 도서/도서관사 SI0402. 도서관/정보정책 SI0403. 독서지도/정보문해 SI0404. 출판/저작권 SI0405. 도서관/정보센터 경영/평가 SI0406. 도서관/정보서비스 SI0407. 지식관리 SI0408. 정보원/정보매체/장서관리 SI0409. 정보행위/이용자연구 SI0499. 달리 분류되지 않는 도서관/정보/이용자
SI05 정보조직/검색/시스템	SI0501. 분류/편목 SI0502. 색인/시소러스/온톨로지 SI0503. 데이터/메타데이터 의미관리 SI0504. 서지/용어/인용분석 SI0505. 검색모형/기법 SI0506. 자동분류/클러스터링 SI0507. 시스템분석/설계 SI0508. 데이터 모델링/인포메이션 아키텍쳐 SI0509. 데이터베이스 설계/구축 SI0599. 달리 분류되지 않는 정보조직/검색/시스템
SI06 서지학	SI0601. 형태/체계서지학 SI0602. 교감학 SI0603. 고전자료조직 SI0604. 고문서관리 SI0605. 금석자료 SI0699. 달리 분류되지 않는 서지학
SI07 기록관리	SI0701. 기록법제 SI0702. 전자기록관리 SI0703. 민간기록관리 SI0704. 선별평가 SI0705. 기록서비스 SI0799. 달리 분류되지 않는 기록관리
SI99 기타 미디어/커뮤니케이션/문헌정보	SI9999. 달리 분류되지 않는 미디어/커뮤니케이션/문헌정보

OA. 뇌과학

중분류	소분류
OA01 뇌신경생물	OA0101. 신경발생 및 분화 OA0102. 신경재생 및 사멸 OA0103. 시냅스 및 신경신호전달 OA0104. 뇌고위기능의 분자/유전 신경생물 OA0105. 시스템통합조절 신경생물 OA0199. 달리 분류되지 않는 뇌신경생물
OA02 뇌인지	OA0201. 뇌인지 기초 OA0202. 시스템신경과학 OA0203. 행동신경과학 OA0204. 뇌인지 기능매핑 OA0299. 달리 분류되지 않는 뇌인지
OA03 뇌의약	OA0301. 만성퇴행성 뇌질환 OA0302. 급성뇌손상 질환 OA0303. 정신성 및 중독성 뇌질환 OA0304. 감각이상성 뇌질환 OA0305. 기타 뇌질환 OA0399. 달리 분류되지 않는 뇌의약
OA04 뇌공학	OA0401. 뇌신호의 측정 및 분석 OA0402. 뇌기능의 계산모델 OA0403. 뇌기반 지능시스템 OA0404. 뇌모방 소자 OA0405. 뇌-기계 인터페이스 OA0499. 달리 분류되지 않는 뇌공학
OA99 기타 뇌과학	OA9999. 달리 분류되지 않는 뇌과학

OB. 인지/감성과학

중분류	소분류
OB01 인지과학	OB0101. 감각/지각/주의 정보처리 OB0102. 운동조절 정보처리 OB0103. 학습/기억 정보처리 OB0104. 언어 정보처리 OB0105. 고등사고 정보처리 OB0106. 인지신경 정보처리 OB0107. 응용 인지과학 OB0199. 달리 분류되지 않는 인지과학
OB02 감성과학	OB0201. 감성측성/평가/이론 OB0202. 감성심리/생리 OB0203. 감성디자인/콘텐츠 OB0204. 감성융합 OB0205. 감성의류/산업/환경 OB0299. 달리 분류되지 않는 감성과학
OB99 기타 인지/감성과학	OB9999. 달리 분류되지 않는 인지/감성과학

OC. 과학기술과 인문사회

중분류	소분류
OC01 과학기술사	OC0101. 한국과학기술사 OC0102. 동양과학기술사 OC0103. 서양과학기술사 OC0104. 물리과학사 OC0105. 생명과학사
OC01 과학기술사	OC0106. 지구과학사 OC0107. 공학 및 기술사 OC0108. 의사학 OC0199. 달리 분류되지 않는 과학기술사

중분류	소분류
OC02 과학기술 철학	OC0201. 물리과학철학 OC0202. 생명과학철학 OC0203. 인지과학철학 OC0204. 기술철학 OC0205. 의철학 OC0206. 과학/공학윤리 OC0299. 달리 분류되지 않는 과학기술철학
OC03 과학기술 정책/사회	OC0301. 과학기술과 사회 OC0302. 과학기술과 문화 OC0303. 과학기술과 여성 OC0304. 과학기술과 커뮤니케이션 OC0305. 과학기술과 정책 OC0306. 과학기술과 정치
OC03 과학기술 정책/사회	OC0307. 과학기술과 경제/경영 OC0308. 과학기술인류학 OC0399. 달리 분류되지 않는 과학기술정책/사회
OC04 생명/의료윤리	OC0401. 생명윤리 OC0402. 환경생태윤리 OC0403. 연구윤리 OC0404. 의료윤리 OC0499. 달리 분류되지 않는 생명/의료윤리
OC99 기타 과학기술과 인문사회	OC9999. 달리 분류되지 않는 과학기술과 인문사회

[기술분류 제3호]

미래유망 신기술(6T) 분류

□ IT 분야 세부기술 분류표

구분 (중분류)	코드값	기술명 (소분류)	분류기준
핵심부품	010111	테라비트급 광통신 부품기술	초광대역 광전송용 광증폭기 핵심소재 및 소자 · 모듈 기술, 광 ADM · 광 회선 분배기 · 광 패킷 라우터 등의 광 네트워크 노드용 광신호처리소자 및 모듈 기술(Tunable LD, 고속 광스위치 등), 광 가입자용 저가격 광통신 소자 및 모듈 기술 등
	010112	집적회로 기술	메모리 IC(고속D램, Fe램, Flash Memory, SET메모리 등)설계 · 재료 · 공정기술, 비메모리 반도체(MPU, DSP, ASIC, SoC 등)설계 · 공정기술, 시스템 IC · 화합물반도체 기술 등, CAD를 통한 회로설계 기술, 신 반도체 공정을 위한 Lithography · E-beam 등 장비 기술, 프로세서 · 디지털 통신 · 디지털 방송 등 시스템 설계기술
	010113	차세대 디스플레이 기술	- 유기발광디스플레이(OLED) 기술 : 유기발광 재료분야 기술, Active-Matrix OLED 패널분야 기술, 구동회로가 일체화된 system-on-display(SOD) 분야 기술 등 - 전계방출디스플레이(FED) 기술 : 대면적 전계 에미터 분야 기술, 진공 패키징 분야 기술, 저전압 형광체 재료분야 기술 등 - 3D 기술

구분 (중분류)	코드값	기술명 (소분류)	분류기준
핵심부품	010114	고밀도 정보저장장치 기술	- 광 저장장치: 경량 헤드 및 매체의 핵심기술 (설계, 제작) - 자기 저장장치: 고밀도 하이브리드형 저장장치 헤드 및 매체기술 - 기타 저장장치: 차세대 고밀도 저장매체 및 헤드기술 (신개념 저장장치 기술) - 표준화 기술: 국제표준화에 대처한 원천성 핵심기술
	010115	기타 정보통신 부품기술	기존 디스플레이(PDP, LCD, CRT 등) 기술, 기존 저장장치(HDD, CD-ROM, DVD 등) 기술 등, 디지털/위성 방송용 부품기술, 디지털 가전부품 기술, 모터 · 커넥터 · PCB 등 기타 정보통신 부품기술 등
차세대 네트워크 기반	010211	4세대 이동통신	PHY 기술(고속 전송 및 품질 확보), 다중 안테나 · AMC · MUD · coding 기술, 무선 MAC 기술 및 IP 기술, Mobility · Qos 및 Security 해결기술 등
	010212	대용량 광전송 시스템기술	DWDM, 40Gbps OTDM, WDM over IP, Optical Fiber amplifier 등 네트워크 관련 기술, 새로운 Fiber 및 LD · PD · All optical ADM · switch등 부품기술, ATM-PON · E-PON · WR-PON 등 차세대 가입자 망을 위한 기술
	010213	고속인터넷 네트워킹기술	유 · 무선 통합 네트워크 기술, 유 · 무선 인터넷 통합 멀티서비스 기술, 개방형 네트워크 기술, IP 및 IPv6 관련 무선 및 이동통신 분야의 Mobility, QoS 및 Security 분야 기술, 고속 라우터 기반기술 등
	010214	기타 네트워크기술	기존 통신망(전력, 전화, xDSL, 케이블 등) 기술, 셀룰러 및 PCS 이동통신 네트워크 기술, 고정 네트워크(LAN, WLL 등) 기술, 기타 네트워크 기술
정보처리 시스템 및 S/W	010311	멀티미디어 단말기 및 운영체계기술	이동전화 단말 · 인터넷 정보가전 단말 · 무선인터넷 단말(PDA 등) 기술 등, 유 · 무선 통신 인터페이스 기술, 저전력 · 고성능 단말 설계 기술, 동영상 복원 및 화면 출력 기술, 내장형 실시간 운영체계 기술
	010312	정보보안 및 암호기술	정보인증 · 보안기술, Secure Networking 인프라 및 서비스 기술, 초고속 유무선통합 네트워크 보안기술, IT-BT 응용 정보보호 서비스 기술 등
	010313	전자상거래 기술	B2C · B2B 기술, 차세대 e-비즈니스인 U-비즈니스 기술, 글로벌 비즈니스 기술 · 협업 비즈니스 기술, 모바일 비즈니스 기술, 디지털 비즈니스 기술, 지능형 비즈니스 기술 등
	010314	신호처리 기술(영상 · 음성 처리 · 인식 · 합성)	생체인식기술, 대화형 휴먼 인터페이스 기술, 언어 및 지식 처리 기술, 다국어 자동 번역 기술, 언어 정보 인식 기술, 영상 정보 인식 기술, 내용 기반 영상정보 검색기술, 영상정보 서비스 응용 기술, 바이오 정보 분석 기술 · 바이오 신호전달망 상호작용 예측 기술, 바이오 정보검색 기술, 바이오 정보 통합관리 기술 등

구분 (중분류)	코드값	기술명 (소분류)	분류기준
정보처리 시스템 및 S/W	010315	정보검색 및 DB기술	웹 · DB · XML 통합 정보 기술, 웹 마이닝 및 정보 클러스터링 정보구조화 기술, 분산 검색기술, 텍스터 마이닝 기반 지능형 정보검색 기술, 통합정보의 검색 인터페이스 기술, 사용자 프로파일링 및 맞춤정보 서비스 기술 등
	010316	기타 정보 처리시스템 및 S/W 기술	전통 가전기술, 기존 컴퓨터 · 서버 · 주변장치 기술, 기타 소프트웨어 기술 등
기타 정보 기술	010411	기타 정보 기술	ITS, GIS 기술, 기타 전기전자 요소기술(센서 등), 달리 분류되지 않는 정보통신 기술

□ BT 분야 세부기술 분류표

구분 (중분류)	코드값	기술명 (소분류)	분류기준
기초 · 기반기술	020111	유전체기반 기술	신규 유전체 자원 탐색 및 확보기술, 유전체 서열 고속해독 및 분석기술, 유전체 구조해석기술, 유전자 발현 및 대량생산기술, 화학유전체 기술 등
	020112	단백질체 연구	단백질공학기술, 구조생물학기반기술, 단백질체 구조 및 기능해석기술, 단백질 발현 및 생산기술, 생체내 단백질의 상호네트워크분석기술, 단백질체 고속분석기술, 질병 치료제 및 진단시약 개발을 위한 신규마커의 탐색 등
	020113	생물정보학 기술	유전체 및 단백질체의 대량 DB 구축 및 관리, 바이오 DB의 mining을 통한 유용생물정보 발굴, 단백질의 3차구조 및 약물 상호작용 연구 등
	020114	생명현상 및 기능 연구	노화연구, 유전자발현 조절기술, 극한 환경에서의 생명체 연구, 세포의 증식 · 분화 · 사멸 · 신호전달 연구, 면역 제어 및 세포기능 조절기작 연구, 생체물질의 구조 · 기능연구, 유전정보 및 기능 유전체학을 이용한 질병 유전자 기능연구 등
	020115	뇌신경과학 연구	신경독성 기전 연구, 신경영양인자 및 신경세포재생연구, 뇌신경질환의 역학 연구, 병인기전 연구 및 조기 진단법, 뇌신경질환 치료제 개발 등
	020116	생물공정 기술	대사공학기술, 재조합 미생물을 이용한 단백질, 아미노산 및 대사산물 생산기술, 재조합 동물 세포를 이용한 단백질 생산기술, 고생산성 생물공정 기술, 세포주 개발기술, 단백질 정제기술 등

구분 (중분류)	코드값	기술명 (소분류)	분류기준
기초 · 기반기술	020117	생명공학 산물 안전성 및 유효성 평가기술	유전자재조합 단백질의약품 · 세포치료제 · 유전자치료제의 안전성 · 유효성 평가기술, 바이오식품 · 바이오화장품 · 의료기기 등에 대한 안전성 · 유효성평가기술, 유전자 변형 동식물에 대한 안전성 · 유효성 평가체계 구축 등
	020118	바이오칩 개발기술	DNA chip, protein chip, lab-on-a chip 등
	020119	기타기초 · 기반기술	physiomics, Bio-MEMS, 생체모방기술, 달리 분류되지 않는 생명공학 기초 · 기반기술
보건의료 관련응용	020211	바이오신약 개발기술	약물전달기술, 신규 질병표지물질 개발, 변환단백질 치료제(치료용 항체, 면역독소 항암제, 치료용 백신)개발, 신약후보물질 초고속 검색기술 등
	020212	난치성 질환 치료기술	난치성 질환극복을 위한 면역조절기술, 퇴행성 질환의 조기진단 및 치료기술개발, 개인중심의 맞춤치료기술 등
	020213	생체조직 재생기술	세포분화기술, 조직재생유도기술(tissue engineering), 줄기세포 배양, 3차원 세포배양기술 등
	020214	유전자 치료기술	치료 유전자 발굴 및 유전자 전달 벡터개발, 유전자 조절 스위치 개발 및 벡터의 효율 향상, 유전자 치료제 및 DNA 백신 등
	020215	기능성 바이오소재 기반 기술	신기능 바이오 촉매 기술, 유용 천연물 탐색 · 활용 기술, 바이오 의약품 · 소재 개발, 신약 후보물질 활용기술 등
	020216	한방응용 기술	한약재 안전성 확보, 한의학의 생명자원 산업화, 생명공학기술의 한방응용기술 등
	020217	의과학 · 의공학 기술	분자의과학 연구, 의료용 생체공학 기술 등
	020218	식품생명공학기술	기능성 식품개발기술 등
	020219	기타 보건의료 관련 응용기술	의료정보체계 기술, 달리 분류되지 않는 보건의료 생명공학기술 등
농업 · 해양 · 환경 관련 응용	020311	유전자 변형 생물체 개발 기술	농업 · 해양형질전환 동식물, 발생생물공학, 육종기술, 생물체 복제기술, 곤충이용 기반기술, 형질전환 실험동물 모델개발, 형질전환 동식물을 이용한 단백질 생산기술 등
	020312	농업 · 해양 생물자원의 보존 및 이용기술	생물 다양성 활용기술, 국가 생물다양성 조사 · 보전, 농업 · 해양 생물자원 확보 및 유전체 분석 · 활용기술, 분자표지를 이용한 작물 및 가축의 분자육종 체계 확립, 해양자원을 이용한 신의약 · 신소재 탐색 개발 및 활용기술 등

구분 (중분류)	코드값	기술명 (소분류)	분류기준
농업 · 해양 · 환경 관련 응용	020313	동식물 병해충 제어기술	병충해 관련 유전자 및 단백질 분석기술, 병충해 감염 조기 진단 chip 개발 등
	020314	환경 생명공학기술	환경 친화형 생물소재 개발, Bioremediation 등
	020315	기타 농업 · 해양 · 환경 응용기술	실험동물 이용 기술, 고유 식품 개발, 달리 분류되지 않는 농업 해양 관련 생명공학기술

□ NT 분야 세부기술 분류표

구분 (중분류)	코드값	기술명 (소분류)	분류기준
나노소자 및 시스템	030111	나노전자 소자기술	터널링 자성저항을 이용한 RAM 기술개발, nano-CMOS 구조설계 · 모사 · 제작 및 대체소재 개발, 자성 TMR 및 TMR 소자집적, 단전자 트랜지스터 개발 등
	030112	나노정보 저장기술	나노미터 크기에서 새로운 물리화학적 현상을 발생/감지할 수 있는 기초과학 기술, 소형화된 전자 혹은 자기소자를 제작할 수 있는 나노공정 기술, 나노소자의 작은 신호증폭에 의한 나노센싱 기술 등
	030113	가변 파장 광소자 기술	반도체 나노결정립 형성 및 제어, 자기조립 기술, 나노패터닝 기술, 다층구조 형성기술, 유무기 하이브리드 기술, 소자 제조 기술 등
	030114	나노 photonics기술	양자우물과 광자결정 결합에 의한 신기능 · 고성능 LED · LD 구현, 광자결정구조를 활용한 고성능 도파로 및 광병렬회로 구현, 광통신용 광자결정 ADD/DROP 필터, MUX/DEMUX 구현
	030115	기타 나노소자 및 시스템기술	달리 분류되지 않는 나노소자 및 시스템 기술
나노소재	030211	나노소재기술(나노분말소재, 광학용 나노소재, 고기능 시너지 소재, 촉매 · 환경 · 기능소재에 중점)	나노구조화 소재(나노분말, 나노결정립 벌크, 나노구조 박막)의 제조 기술, 나노소재의 성능평가 기술개발(물성 측정 및 해석), 나노소재의 활용기술 개발(소자화, 부품화, 시스템화)
	030212	기타 나노소재기술	달리 분류되지 않는 나노소재 기술

구분 (중분류)	코드값	기술명 (소분류)	분류기준
나노 바이오 보건	030311	나노 바이오 물질 합성 및 분석기술	나노바이오물질 합성 기술개발(분자소자 및 분자기계를 위한 핵심소재), 제한된 공간에서의 바이오 분자의 구동 및 측정기술, 나노바이오 물질의 특성 활용기술 개발 등
	030312	의약 약물전달 시스템	생체적합성 분해성/비분해성 소재 설계 및 합성기술 개발, 생체소재(나노기공소재, 나노입자, 나노섬유) 기술개발, 생체소재의 생체적합성/물리화학적 특성 평가기술 개발, 약물봉입(선택성 부여) 기술개발
	030313	기타 나노바이오보건기술	달리분류되지 않는 나노바이오 보건기술
나노기반 · 공정	030411	원자 · 분자 레벨 물질 조작 기술	주사탐침현미경을 이용한 원자분해능 분석 기술 및 원자수준의 구조물(양자점 · 양자선) 형성기술, 원자나 분자수준의 화학반응 유도기술 및 생물고분자 응용기술, 탄소나노튜브 응용기술 등
	030412	나노 측정기술 (100 nm이하)	파장이 0.1~100nm의 고휘도 전자기파 생성기술, 위치 분해능 100 nm 이하 또는 박막의 깊이 분해능 10nm 이하의 정밀도 확보, SPEM, PEEM, STXM, MCD, HRPES, SRPES 등의 개발 등
	030413	나노모사기술	나노구조물의 first-principles, 분자동력학, 열통계 및 최적화 컴퓨터 모사, 원자 및 마이크로미터 크기의 multi-scale 복합계산 방법 개발, MD를 위한 force field의 DB 구축 및 대용량 계산기법의 개발, 나노구조와 열, 전자기장, 접촉 등 외부 환경과의 상호작용 모사
	030414	계면 혹은 표면의 나노구조화기술	나노결정입 소재의 입게면 제어기술(구조, 화학(성분), 결정성), 나노입자의 표면구조 및 표면화학 제어기술, 나노구조의 열적 안정화 기술 등
	030415	나노 신기능 분자합성기술	신기능성 나노분자의 설계 및 합성기술(광기능성, 전기감응성, 환경감응성, 유기나노튜브, 에너지/물질의 인식/저장/전달용 등), 나노구조물 기능규명 및 nanolink 기술(유기 template 형성 및 분자전선연결, 생체나노분자와 합성나노분자의 연결, 자기조립체) 등
	030416	나노패터팅 공정기술	Pattern fidelity, edge definition 등이 우수한 패터닝 기술개발, 선택적 화학반응을 이용한 극미세 패터닝 기술개발, 화학반응을 통한 고체표면 다층박막 제조기술 개발
	030417	나노화학 공정 기술	나노구조체 제조를 위한 화학반응의 전구체 물질 제조기술, 전기화학반응에 의한 나노박막(패터닝 포함) 제조기술, 나노구조화 반응제어 기술
	030418	기타 나노기반 공정기술	달리 분류되지 않는 나노기반 공정기술

□ ST 분야 세부기술 분류표

구분(중분류)	코드값	기술명(소분류)	분류기준
위성기술	040111	위성설계 및 개발기술	초정밀 및 저궤도 지구 탐사위성 · 정지궤도 기상위성 · 통신위성 · 소형 과학시험위성 설계 및 개발기술, 위성설계 · 조립 · 시험 기술, 위성체 구조물 기술, 위성체 자세제어 기술, 위성체 전력장치 기술, 위성체 통신장치 기술
	040112	위성관제기술	위성지상국 기술, 관제 시스템 기술
	040113	차세대 통신위성 탑재체기술	위성탑재 관측기기 기술, 위성탑재 통신기기 기술, 우주 핵심기반 기술(열제어 등)
	040114	기타 위성기술	탐사위성 기술 등
발사체 기술	040211	로켓추진 기관기술	고체추진기관 기술, 액체 추진기관 기술, 위성 자세제어 추진기 기술
	040212	소형위성 발사체개발기술	발사체 구조기술, 추진기관 시스템 종합기술, 로켓 유동방법 및 자세제어 기술
	040213	발사운용, 통제 및 관제기술	발사 관제장치 기술, 로켓 관제 시스템 기술
	040214	기타 발사체기술	대형 우주발사체 기술 등
항공기 기술	040311	항공기 체계종합 및 비행성능 기반기술	항공기 체계종합기술, 시험평가 기술
	040312	지능형 자율비행 무인비행기 시스템(UAV) 기술	무인기 설계/해석 기술, 무인기 시험평가 기술, 무인기 제작/조립 기술
	040313	다목적 헬리콥터기술개발	헬리콥터 설계/해석 기술, 헬리콥터 시험평가 기술, 헬리콥터 제작/조립 기술
	040314	기타항공기기술	항공 제어장비 기술, 항공 전자보기 · 통신기기 기술, 항공기 엔진 기술, 비행시뮬레이션 기술
기타	040411	기타 우주항공 기술	우주왕복선 기술, 우주정거장 기술, 완제기 시스템 기술, 비행선 기술 등

□ ET 분야 세부기술 분류표

구분 (중분류)	코드값	기술명 (소분류)	분류기준
환경기반	050111	대기오염물질 저감 및 제거기술	배연탈황 · 탈질 및 미세먼지를 배출원에서 고효율로 제거시키는 기술, 이동오염원 오염물질 저감기술, 다이옥신 · 수은 및 기타 중금속과 같은 미량유해물질 제거기술, CO2 · NOx · SOx · VOC 제거 · 처리기술 및 악취제거기술 등
	050112	자연환경 · 오염토양 · 지하수의 정화 · 복원기술	오염토양 · 지하수 정화 및 복원기술(불량매립지 복원기술, 폐광지역 환경복원기술, 유해화합물, 오염지역 정화기술, 자연정화 촉진기술, 오염지하수 확산방지기술), 하천정화 및 호수 부영양화 저감기술, 토양 · 지하수 복원 요소기술(난분해성 유독물질 정화를 위한 혁신기술 · 기기 · 장비 개발), 토양 · 지하수 통합관리기술(GIS를 이용한 토양지하수 오염 통합관리기술) 등
	050113	수질오염 처리 및 재이용기술	질소 · 인 제거기술, 고도처리기술, 하수처리장 자동화를 위한 Fuzzy 이론의 적용 등 전문가 시스템, 산업폐수 고도처리기술, 정수장 · 하수처리장 효율향상기술, 오수 · 분뇨 · 축산폐수 복합처리기술 등
	050114	폐기물 처리 및 활용기술	폐타이어의 재생기술, 폐기물의 자원화 기술, 폐기물 발생 저감 및 매립지 안정화기술, 소각 및 열분해 · 용융기술, 음식물 찌꺼기의 퇴비화 · 사료화를 위한 염분제거기술 등,
	050115	환경관리 · 정보 및 시스템기술	환경데이터 품질관리시스템 · 폐기물 관리시스템 기술 등 환경정보화 기술, 미래형 환경 위해 관리 및 저감을 위한 유해화학물질 및 환경오염물질의 통합관리 시스템 기술, 해양생태계 및 해양환경 DB 구축 등 통합관리 기술
	050116	기타 환경기반기술	달리 분류되지 않는 기타 환경기반기술
에너지	050211	에너지소재 기술	초고온용 구조 및 기능재료 개발 기술, 시너지재료 기술, 연소 및 발전부품 개발 기술, 고기능 미세원료 합성 및 공정제어 기술, 고효율 가공제어 재료 기술, 에너지 변환 및 저장소재 기술
	050212	미활용 에너지 이용기술	고효율 폐열회수기술, 장거리 열수송기술, 열공급기술 등
	050213	고효율 반응분리공정 기술	고효율 분리공정(분리소재 및 촉매개발 포함)기술, 반응분리동시공정기술(반응증류, 반응흡착, 막반응, 반응흡수), 고효율 반응기 설계, 막모듈 설계 및 제작기술, 기상 및 액상 흡착기술, 석유화학물질 및 생물활성물질분리를 위한 액상흡착 및 막분리, (석유)화학공정의 배기가스로부터 유효성분 회수 및 환경유해성분 제거기술, 수소 · CO · 합성가스 · ETBE · 카르복실산 제조 반응분리공정기술

구분 (중분류)	코드값	기술명 (소분류)	분류기준
에너지	050214	연료전지기술	용융탄산염형(MCFC) · 고분자형(PEMFC) · 고체산화물형(SOFC) · 직접메탄올형(DMFC) · 초소형 실리콘(μ-Si FC) 연료전지, 기타 연료전지 기술
	050215	수소생산 이용기술	화석연료로부터 수소제조 기술 고효율화 (기후변화대응을 위한 이산화탄소 집중 분리), 자연에너지/대체전원을 이용한 물분해 수소 생산기술, 저장 · 직접(IC엔진 등)/간접연소 등의 이용 관련기술, 바이오매스로부터 열화학적 수소 생산, 기타 신개념의 수소 제조/저장/이용 기술 등
	050216	바이오에너지 기술	바이오 연료(바이오디젤, 바이오에탄올)생산기반기술 및 공정 개발, 폐수 · 음식 쓰레기 등에서부터 메탄가스 생산(혐기소화) 및 매립지 가스 이용, 바이오 수소 생산공정 개발 등
	050217	에너지저장 이용기술	전기화학적인 에너지저장 원리를 이용하는 차세대 기술, 분자구조가 제어된 에너지저장용 첨단소재 기술, 마이크로미터 이하급 초정밀 제조 기술, 무공해 에너지저장 시스템으로서의 활용 등
	050218	기타 에너지 기술	석유/석탄/가스 에너지 기술, 에너지절약기술, 전기발전기술, 2차전지(리튬전지 등)기술, 태양광/풍력/소수력/지열/해양에너지 발전기술 등 달리 분류되지 않는 기타 에너지기술
청정생산	050311	청정원천공정 기술	미생물전환공정 · 건식세정 · 초임계 활용공정 기술, 청정생산체제구축을 위한 공정진단 및 관리개선 기술, 청정생산을 위한 공정모사 및 제어기술, 환경친화형생산체제구축을 위한 생산공정의 전 과정 평가기술 등
	050312	환경친화형 소재(Eco-material) 개발기술	난분해성 플라스틱 대체 소재 (천연소재포함), 장수명 부품소재개발, 유해 납이 포함되지 않은 납땜 등
	050313	유해성 원부재료 대체기술	염소 · phosgene 등 대체기술, 유해용매 대체기술, 수용성용매 · 페인트 · 무기질시멘트, 산 · 알칼리 대체공정기술 등
	050314	공정내재자원화(Internal Recycle) 기술	멤브레인을 활용하여 폐수중의 염료회수 및 재사용, water pinch 기술을 사용한 공정폐수 재사용, 재사용을 위한 시스템 구축 등
	050315	기타 청정생산기술	달리 분류되지 않는 기타 청정생산기술
해양환경	050411	해양환경 관리기술	해양환경 감시 및 예측기술 · 해역별 종합감시 관리체계 · 해양환경피해 저감기술 · 해양환경 감시장비 제작 및 계측기술 등, 연안오염 감시 및 관리기술 · 첨단기법(원격탐사, 해양부이, 계류)에 의한 입체감시기법 시험개발, 적조방제 및 저감기술 등

구분 (중분류)	코드값	기술명 (소분류)	분류기준
해양환경	050412	연안생태계 복원기술	연안 생태계 보전 및 관리 기술 · 연안역의 친환경적 이용 및 활용기술 · 유해물질(유류포함) 관리 및 방제기술, 해상오염물 제거 및 방제기술 · 연안습지(갯벌) 재생 및 연안생태계 복원 기술 등
	050413	기타 해양 환경기술	달리 분류되지 않는 해양환경 기술

□ CT 분야 세부기술 분류표

구분 (중분류)	코드값	기술명 (소분류)	분류기준
문화 컨텐츠	060111	가상현실 및 인공지능 응용기술	가상 스튜디오 기술, 스마트 스튜디오 기술, 실감 미디어 공간설계 구축 기술, 실시간 지능형 행위 시뮬레이션/애니메이션 기술
	060112	디지털영상 · 음향 및 디자인기술	미디어 아트, 시각화 기술, 문화예술 전시 기술 분야
	060113	디지털 컨텐츠 저작도구	디지털 컨텐츠 유통을 위한 모델 개발, 디지털 미디어 컨텐츠의 워터마킹 기술, Rich Media 컨텐츠 식별체계 및 관리기술
	060114	게임엔진 제작 및 기반기술	무선인터넷 게임용 분산처리 엔진, 지능형 게임 캐릭터 엔진, 동작 애니메이션 처리 엔진, 실시간 랜더링 엔진
	060115	기타 문화컨텐츠 기술	기타 분류되지 않은 문화컨텐츠 기술
생활문화 (사이버 커뮤니케이션 등)	060211	사이버 커뮤니케이션 기술	인터넷 세대 문화 · 윤리 · 가치 체계, 사이버 스페이스 경영에 관한 방향, 사이버 환경에서의 표현의 자유 · 검열 · 사이버 범죄 · 정보불평 등 구조의 과정
	060212	인터엑티브 미디어 기술	텍스트 자동분석을 통한 여론조사, 모바일 커뮤니케이션관련 컨텐츠 구성 및 제공, 인터넷 사이트 실용성(usability)분석 및 평가, 인터액티브 미디어 기술을 이용한 광고와 효과 측정기술
	060213	제품디자인기술	인간중심의 제품디자인 개발, 제품디자인 평가 기술, 디자인에의 감성공학 응용 기술, 제품 안전관련 기술
	060214	기타 생활문화기술	기타 분류되지 않은 생활문화 기술

구분 (중분류)	코드값	기술명 (소분류)	분류기준
문화유산	060311	문화원형 복원기술	문화유적의 탐사발굴에 디지털 기술을 통합 · 연계, 원형추정 및 복원기술에 디지털 기술을 통합 · 연계, 저장 및 관리에 디지털 기술을 통합 · 연계, 유형문화재(벽화, 미술품, 공예품, 석탑, 불상, 건축물, 구원 등) 및 무형문화재(소리, 춤, 기예 등) 디지털 복원기술
	060312	기타 문화 유산기술	디지털 문서보관소 구축, 국가문화자산 디지털화, 가상현실기법을 이용한 사이버 박물관 구축, 디지털 관광상품개발 등 달리 분류되지 않은 문화유산 기반기술

□ 〈기타〉 분야

코드값	분류기준
070000	위의 미래유망신기술(6T) 103개 세분류에 속하지 않는 기타 연구

[기술분류 제4호]

국가기술지도(NTRM) 분류

□ 〈비전 I . 정보–지식–지능화 사회 구현〉 분야 세부기술 분류표

코드값	핵심기술(중분류)	분류기준
010100	광통신 기술	광통신기술과 인터넷 기술을 경제적인 방법으로 통합하여 고품질의 정보전달을 담당하는 차세대 통신망 기술 초고속 광가입자 시대를 열어갈 대용량 광네트워크 시스템용 테라비트급 광통신 부품 관련 기술
010200	초고속 무선 멀티미디어/4G이동통신기술	광대역 위성통신, 초고속 무선LAN, 무선MAN, 무선댁내망, 무선PAN 및 3/4G 이동통신 기술과 이들을 연동, 통합하는 Convergence 기술
010300	이동 멀티미디어 컨텐츠 기술	이동 수신 및 통신이 가능한 휴대용 단말기를 통하여 서비스 되는 멀티미디어 컨텐츠의 생성, 처리, 전송 및 표현 기술
010400	반도체 · 나노 신소자 기술	언제 어디서나 가능한 통신을 위한 저비용, 저전력, 고속, 고밀도 반도체 부품의 혁신적 제조 공정 및 설계 기술(차세대 반도체/광통신/패키징용 소재 기술 포함)
010500	지능네트워크 기술	각종 통신망에 존재하는 다양한 정보들을 기반으로 하여 실생활에 직결된 창조적 통신 서비스를 제공하는 기술

코드값	핵심기술(중분류)	분류기준
010600	착용형 컴퓨터기술	사용자의 편의성을 극대화하기 위한 착용형 컴퓨터의 하드웨어 관련기술
010700	고성능 정보처리 · 저장 장치 기술	정보기기, 컴퓨터, 단말기에 사용되는 비휘발성 기억장치로 자기적, 광학적 방식 또는 새로운 원리나 여러 방식의 융합으로 디지털 정보를 반복적으로 기록 재생하는 장치
010800	유무선 통합 시스템 기술	멀티미디어 무선통신 서비스를 초고속 광통신망에 접속시켜 초고속 광대역 멀티미디어 정보통신 서비스를 제공하는 유무선 통합 시스템용 핵심 시스템 및 부품의 개발
010900	디지털 신호처리 기술	어떤 물체나 인체 등의 음성, 영상, 생체적 특성 등을 자동으로 인식하고 관련 정보를 처리하는 기술
011000	디지털 방송기술	고화질과 실감나는 고음질 방송 서비스 및 언제 어느 채널에서 원하는 방송 또는 정보를 시청할 수 있는 지능형 방송 서비스제공 시스템 기술
011100	전자상거래 시스템 기술	온라인상에서 모든 경제주체들 간에 정보통신 기술과 인터넷을 이용하여 전자적으로 이루어지는 상거래와 그 상거래를 지원하는 기술
011200	전자금융기술	기존 현금 및 수표 등의 지불방식과 은행계좌이체 및 신용카드 결제방식을 컴퓨터 및 통신기술을 이용하여 처리하는 기술
011300	차세대 정보시스템 기술	시스템 컨설팅, 요구분석, 설계, 각 시스템 요소의 개발 및 조달, 시스템 통합 시스템 및 설치, 일정기간의 시스템 운영 및 유지보수
011400	소프트웨어 표준화 및 설계와 재이용 기술	상이한 소프트웨어 상호간의 호환성을 보장하고 제품의 부품과 같이 부품화된 소프트웨어를 조립하여 완성된 소프트웨어를 만들어 내는 기술
011500	정보검색 및 DBMS기술	생성된 정보를 저장, 관리하고 사용자에게 서비스하는 소프트웨어 기술
011600	디지털 정보디자인 기술	미디어 컨텐츠 제작을 위한 다양한 디지털 영상과 음향의 가시화 형식을 디자인하는 기술
011700	정보보호기술	정보통신 시스템의 기밀성, 무결성을 유지하고 시스템의 가용성을 보장하는 기술
011800	영화 · 영상 · 디지털 미디어 표준화기술	게임, 영화, 음악 등의 디지털미디어 및 새로운 형태의 컨텐츠를 제작 · 저장 · 유통 할 수 있도록 하는 기반기술 및 응용기술
011900	디지털 컨텐츠 저작도구	음성, 텍스트, 그래픽 등 다양한 미디어를 동영상을 중심으로 서로 동기화 시키는 저작 도구
012000	게임 엔진제작 및 기반기술	모바일 · 아케이드 등의 게임 엔진개발, 캐릭터 동작제어, 캐릭터 디자인, 네트워크 게임용 서버와 관련한 핵심기술
012100	사이버 커뮤니케이션 기술	디지털 문화 컨텐츠를 뉴미디어를 통하여 상호간의 쌍방향 통신이나 개인화 통신을 가능하게 해주는 기술

코드값	핵심기술(중분류)	분류기준
012200	문화원형 복원기술	실내유물과 석탑, 성벽 등의 실외 구축물에 대한 정밀 3차원 디지털 컨텐츠 제작 및 이와 연계된 복원기술 및 활용기술
012300	인공지능 · 지능로봇 기술	컴퓨터, 모바일 또는 편재형 환경하의 다양한 정보기기 상에 인간의 인식 및 사고 능력을 실현시키는 기술 인공지능 기술을 응용한 가사, 생활지원, 여가지원 등을 위한 서비스 로봇 관련기술
012400	MEMS 기술	극소형 기계, 광학, 전자 요소와 이를 이용한 감지 및 동작을 위한 전자회로의 조합으로 구성된 마이크로시스템의 설계 및 제작기술(생체로봇 기술 포함)
012500	홈 네트워크 기술	가정 내 정보기기들을 상호 또는 외부 인터넷상의 정보기기와 접속시키기 위한 네트워크 기술
012600	가전기기 지능화 기술	의사소통을 위한 미디어의 입출력 및 처리 기능을 갖는 지능형 가전기기나 홈 네트워크를 이용한 가전기기 통합으로 지능형 서비스를 개발하기 위하여 필요한 하드웨어 및 소프트웨어 기술
012700	차세대 디스플레이 기술	man-machine 간의 모든 정보를 표시하는 초박형 디스플레이로서 정보화 사회의 다양한 욕구를 만족시킬 수 있는 기술(차세대 디스플레이용 소재 기술 포함)
012800	생체진단기술	생체 또는 인체에서 감지되는 생체 신호를 여러 가지의 센서로부터 감지하여 무선 또는 유선 통신망을 이용하여 전송하고 처리□분석하여 의학적인 정보를 확보하고 질병의 유무 및 의학적인 판단을 가능하게 하는 기술

□ 〈비전Ⅱ. 건강한 생명사회 지향〉 분야 세부기술 분류표

코드값	핵심기술(중분류)	분류기준
020100	초고속 분석시스템 기술	자동화, Chip technology 및 기타 고성능 분석기기를 기반으로 하여 다수의 화합물을 단시간 내에 저렴한 비용 으로 신속하게 약효를 평가하는 기술
020200	Target 인식 · 타당성 검증기술	신약개발을 위한 대량의 질병관련 유전자 및 단백질 동정기술, Genomics 등의 기술을 통해 새로 발견된 질병관련 target의 기능을 분석하고 in vitro, in vivo model을 통하여 치료제 개발을 위한 target으로서 유효성을 검증 하는 기술
020300	선도물질도출기술	21세기 포스트게놈 시대의 생명 · 정밀화학산업의 국가 경쟁력을 강화할 수 있는 최첨단 핵심기반기술로서 초고속, 저비용의 효율적 시스템으로 독창적인 생물학적 유효화합물의 설계, 대량 확보 및 효능검색을 통한 창의적 신약개발을 지원할 수 있는 핵심 선도물질을 도출하는 기술

코드값	핵심기술(중분류)	분류기준
020400	선도물질 최적화 기술	심혈관계, 중추신경계, 호흡기계, 대사계, 면역계 및 악성종양 치료제의 선도물질을 신약후보물질로 최적화하기 위해, 표적 중심의 분자설계, 라이브러리 제조, 효능평가, 약물동태/안전성 예측 및 physiome 기술을 활용하여 약물유용성 및 안전성/유효성이 우수한 후보물질을 도출하는 기술
020500	후보물질 도출 기술	선도물질 최적화 과정에서 신속하게 우수물질 선정을 위한 모든 약리, 약물동태 및 안전성 평가에 관한 시험 기술 선도물질을 최적화하여 우수 후보물질 도출을 위한 특허권 확보 가능성, 약리, 약물동태, 대량제조 가능성, 물성평가, 유전독성 및 급성독성 평가에 관한 시험 기술
020600	대량생산공정 기술	약효가 있는 물질이 발견되는 시점부터 원료를 확보하기 위한 제 연구과정을 포함하며, 순차적인 규모 확대를 통하여 산업적인 생산체제를 갖추어 가는 일련의 연구과정
020700	제제화 기술	의약품에 적정한 첨가제를 가하여 환자가 복용 할 수 있는 제형(의약품)을 제조하는 기술
020800	약물전달시스템 기술	약물의 부작용을 줄이고, 약물에 대한 환자의 순응도를 높이며, 효능 및 효과를 극대화시켜 필요한 양의 약물을 효율적으로 전달할 수 있도록 제형을 설계하여 약물치료를 최적화하는 기술
020900	안전성 및 약효분석 · 평가기술	신규 개발 의약품의 안전성 및 약효를 평가하는 기술
021000	임상시험기술	인체에서 신규 개발 의약품의 안전성 및 유효성을 평가하는 기술
021100	생체신호처리기술	인체에서 발생되는 생체신호를 측정 · 분석하여 질병의 이상 유무 또는 정도를 분석하는 기술
021200	생체영상처리기술	인체 내부구조를 비 침습적으로 측정하여 2차원 이상의 영상으로 표시하는 기술
021300	바이오 칩/ 센서기술	생체 유기물과 반도체 무기물을 조합하여 기존의 반도체칩 형태로 만들어 생체 분자의 고유한 기능을 이용하고 생체의 기능을 모방한 인위 소자를 개발하는 기술
021400	생체재료기술	인체 내부 장기 또는 사지를 대체 · 보조할 수 있는 시스템 개발 기술
021500	줄기세포 배양기술	치료목적으로 세포를 분리 · 배양하고, 특정 기능을 지니는 세포 및 조직으로 분화시키는 기술
021600	유전자조작 · 전달 기술	치료약으로의 유전자 활용을 위해 세포내에 유전물질을 도입하여 유전자 결함을 보정하거나 세포에 새로운 기능을 부여하는 기술
021700	생체기능 모니터링 기술	인체를 구성하고 있는 조성물 분석과 각종 분비물 분석을 통해 인체 이상 유무를 진단하는 기술
021800	생체정보 생성 · 저장 기술	생물정보학을 기반으로 생명체 연구와 의료행위 등을 통하여 바이오보건정보를 생성하고 분석, 저장하는 기술
021900	생체정보 분석 · 활용 기술	개인의 생물학적인 정보를 토대로 하는 진료서비스 제공을 위하여 바이오보건정보를 분석하고 예측의료시스템을 개발하는 기술

□ 〈비전Ⅲ. 환경/에너지 프론티어 진흥〉 분야 세부기술 분류표

코드값	핵심기술(중분류)	분류기준
030100	대기오염물질 저감 및 제거기술	미세먼지 및 SOx, NOx, VOC 등의 관리를 통하여 오존 및 스모그 문제를 해결하여 맑은 공기질의 확보와 특정유해물질(HAPs) 및 실내공기오염 개선을 통한 안전한 공기질 확보를 위한 기술
030200	수질관리 및 수자원 확보기술	수질오염의 사후처리기술 뿐만 아니라 사전오염예방기술을 포괄하는 기술과 수자원의 안정적 확보를 위한 통합 수자원관리 기술, 지표수/지하수/대체수자원 확보기술
030300	폐기물 저감 및 재활용 기술	종합적 폐기물 관리기술의 개발을 비롯하여 유해물질의 (반)영구적 흡수 · 흡착 · 고정화 재생 등의 물리적 처리기술과 태양에너지, 풍력, 수소 등의 청정에너지 활용기술과 초음파 · 마이크로웨이브 등 무공해에너지를 이용한 유해폐기물 처리기술
030400	환경친화적인 소재 · 제품 및 공정 기술	전주기(LCA)적 관점에서 환경오염부하를 저감시키는 소재 · 제품 및 공정을 개발하는 기술
030500	생태계, 오염토양, 지하수 복원기술	오염물질을 제거하고 정화하는 기술
030600	해양오염 평가 및 저감기술	해양오염의 정도를 측정하고, 이를 줄이기 위한 각종 기술
030700	위해성 관리를 통한 환경보건기술	위해성에 기초한 환경 질의 종합적 평가를 통해 환경관리의 타당성 및 효율성을 확보하고 환경보건(인체건강 및 생태보전) 증진을 꾀하기 위한 기술
030800	자연재해 예측 및 저감기술	지구환경/기후변화 및 자연재해의 위협으로부터 안전한 삶의 터전을 확보하여 국민생활의 안전을 도모하기 위한 기술
030900	기상 조절기술	빈번한 가뭄을 해소하고 수자원을 확보하고 우박과 안개 등의 피해를 방지하기 위한 기술
031000	연료전지기술	연료(가스, 메탄올, 석탄)의 화학에너지를 전기에너지로 직접 변환하는 화학발전장치
031100	수소에너지기술	소에너지시스템 구축에 필요한 요소기술
031200	소형 열병합발전 시스템 기술	전기출력 기준 약 10MW 이하로서 연료는 천연가스 및 디젤유를 주로 사용하여 배열로부터 증기, 온수 및 냉수를 발생시켜 활용하는 기술로서 고효율 에너지 이용 기술
031300	에너지 소재기술	에너지 산업 발전의 한계를 타개하고, 에너지 산업의 고도화 실현을 주도할 원천 · 기반기술로, 에너지 저장 및 변환용 소재, 고온 및 환경/에너지 시스템용 소재 등 고기능성 에너지 신소재 및 부품 개발 기술

코드값	핵심기술(중분류)	분류기준
031400	에너지 절약형 반응 및 분리공정기술	정유, 석유화학, 화학 산업의 에너지 절약 및 폐기물 발생 최소화를 위한 반응공정 효율 향상기술, 고효율 분리공정기술, 반응분리 동시공정기술
031500	미활용에너지 이용 기술	기술적, 경제적, 제도적 장애요인으로 인해 활용되지 못하고 방치되었던 미활용에너지를 냉난방, 급탕열로 이용하기 위해서 필요한 열의 회수, 변환, 수송, 저장 등의 기술
031600	바이오에너지기술	바이오매스의 에너지로의 전환 기술
031700	미래형 · 일체형원자로기술	증기발생기, 가압기 그리고 냉각재 순환펌프 같은 원자로 일차계통의 주요기기들이 하나의 압력용기 내에서 기능하는 원자로 기술
031800	태양에너지기술	태양의 빛을 이용하는 태양광발전기술과 태양의 복사열을 이용하는 태양열 이용기술
031900	2차 전지기술	화학에너지와 전기에너지간의 상호변환이 가역적이어서 충전과 방전을 반복할 수 있는 전지
032000	풍력에너지기술	공기의 유동이 가진 운동에너지의 공기역학적(aerodynamic) 특성을 이용하여 회전자(rotor)를 회전시켜 기계적 에너지로 변환시키고 이 기계적 에너지로 전기를 얻는 기술
032100	고신뢰성 전력시스템 기술	깨끗하고 품질 좋은 전기에너지 공급을 위한 IT, NT, ET 기반 차세대 전력시스템 기술

□ 〈비전Ⅳ. 기반주력산업 가치창출〉 분야 세부기술 분류표

코드값	핵심기술(중분류)	분류기준
040100	차세대 자동차 (지능형 · 하이브리드 · 연료전지 자동차) 기술	비순환에너지(non-renewable energy)의 고갈 및 환경악화에 대한 대응, 그리고 인간의 편리와 안전을 중시하는 새로운 개념의 차세대 자동차에 대한 기술
040200	고부가가치 선박 기술	세계 1위의 조선국 지위를 유지하고 조선 기술 개발의 선도적인 역할을 수행하며 조선 산업의 기술 경쟁력 강화 등을 위하여 필수적인 선박 관련 기술
040300	해양구조물 및 장비기술	해양공간, 해양자원의 개발 및 이용을 위한 해양 구조물 및 관련 해양장비 개발에 관한 기술
040400	한국형 고속전철 및 첨단경전철 기술	승객 및 화물을 신속, 안전, 쾌적하게 이송하기 위한 궤도교통시스템 기술
040500	통합물류 수송시스템 구축 기술	물류 연계 운영 · 관리 기술, 물류 정보화 기술, 물류시설 성능 향상 기술, 항만 적 · 하역시스템 기술
040600	지능형 교통 시스템(ITS) 기술	교통관리최적화, 정보제공, 화물운송 효율화, 차량 및 도로 첨단화 구현을 위한 기술

코드값	핵심기술(중분류)	분류기준
040700	첨단 SOC인프라 건설 기술	장대 · 특수교량, 장대터널, 철도, 공항, 댐, 항만 등 SOC시설 고도화를 위한 설계 · 시공 · 유지관리 기술개발
040800	건설정보화 기술	건설 산업의 생산성 제고를 위한 건설 CALS/EC체계 구축 및 CIC(Computer Integrated Construction), 자동화 기술 개발
040900	인간친화형 고기능 건축 기술	건물 사용자가 각종 정보원에 안정적으로 용이하게 접근할 수 있는 IT기술, 건물의 거동을 상시 관측하고 자기치료가 가능하며 설비기기가 자동제어되는 Smart화 기술
041000	기존건물 수명연장 기술	구조체 보강기술, 설비기기 소형화 및 고효율화, 고기밀 외피재료 개발을 위한 기술
041100	청정해양에너지 개발 기술	조력 · 조류, 파력, 온도차 및 해류 등의 청정 해양에너지를 동력원으로 하여 에너지를 추출 · 활용하는 기술
041200	지능형 생산시스템 기술	감소하는 기능인력의 대체 및 그에 따른 기술정보를 최대한 활용할 수 있는 전형적인 메카트로닉스부품 및 이를 적용한 각종 산업제품의 양산화 생산시스템 및 그 운영기술
041300	청정생산시스템 기술	제품의 환원적 사이클(생산-소비-재생)을 조화시킬 수 있는 그린 메카트로닉스 기술 및 원천 생산기술과 환경보전기술 등을 개발함으로서 Green Factory기술과 청정제품 상품화 기술을 확보
041400	초정밀 가공시스템 기술	반도체, display용 lithography 및 검사장비, 광, 정보, 가전제품용 핵심부품의 제조 등으로 대표되는 초정밀기술 응용 가공장비 및 가공기술
041500	초미세 장비 및 공정 기술	현재의 MEMS기술응용 제품의 상용화에 대응할 수 있는 양산 공정 및 장비의 수요 및 나노기술시장에 실질적으로 대응할 수 있는 나노구조, 부품의 양산 공정 및 장비기술
041600	나노 소재 · 소자 기술	나노기술 및 복합기술 등을 이용하여 기존의 소재들이 갖고 있는 재질의 한계를 뛰어넘는 소재기술
041700	고기능 금속소재 기술	경제성, 재활용성이 우수한 수송기기용 경량금속 소재기술, 수명 및 강도가 현재의 2배 이상인 고강도 구조용 금속소재기술, 경제성 및 가공성이 우수한 경량의 패키징 및 프레임 금속소재기술
041800	고기능 세라믹 소재기술	기존의 전통 세라믹 소재에 복합기능성, 고기능성 및 환경 친화성 등을 부여하여 새로운 미래수요에 대비하기 위한 기술
041900	고기능 고분자 소재 기술	전통소재의 고기능화를 위한 기술과 신소재 응용을 위한 고분자 Alloy 개발 등 특수 소재 개발을 위한 기술
042000	고성능 복합기능 섬유소재 기술	유무기 나노 혼성 기술에 의해 강도 및 성능이 우수하고, 전자파 차폐성, 난연성 등과 같이 첨단산업의 소재로서 필요한 다양한 기능이 동시에 복합된 고성능 복합기능섬유의 제조 및 이의 응용기술

□ 〈비전V. 국가안전 및 위상 제고〉 분야 세부기술 분류표

코드값	핵심기술(중분류)	분류기준
050100	위성체 개발기술	공공성격의 국가전략 분야 임무를 수행하는 지구관측위성과 실용 및 상용위성의 개발을 위한 선행연구나 과학관측을 수행하는 소형 과학위성 개발기술
050200	위성탑재체기술	위성에 탑재하는 고해상도 전자광학카메라 시스템, 고속영상자료 처리 등에 대한 설계, 분석, 부품제작, 조립정렬, 시험 평가, 성능보상 및 보정 기술
050300	저궤도 위성 발사체 개발 기술	시스템종합기술, 추진기관기술, 경량구조체기술, 정밀자세 제어기술, 발사운용기술, 원격측정 · 추적기술
050400	액체추진기관 개발기술	액체 추진제를 사용하는 추진기관의 시스템 설계기술
050500	무인비행체 및 시스템 기술	사람이 탑승 조종하지 않고 임무를 수행하는 비행체 및 동비행체의 무인 비행을 가능하게 하는 기술
050600	차세대 회전익기체계 및 서브 시스템 기술	차세대 회전익기의 개발과 원활한 운용에 필요한 기술
050700	고품질 · 다수확 작물 생산 기술	국민의 고품질 수요 욕구에 부응한 고 영양, 다 기능성 작물품종 및 재배기술
050800	BT활용 고부가 농 · 수 · 축산물 개발기술	각종 생물체의 유전정보를 이용하거나 다양한 유용 외부 유전자를 인위적으로 삽입하여 우리가 원하는 형질을 단시간내에 개량하거나 유용 물질을 대량 생산하는 기술
050900	고기능성 식품의 생산 · 가공 · 보존 기술	국민의 식량 주권확립을 위해 기능성 식품의 생산, 식품의 가공, 신선도 유지를 위한 관련기술을 개발 · 실용화
051000	친환경 수산 증양식 개발 · 응용기술	양식어장의 이용을 환경친화적인 생태보전형 양식으로 신속하게 전환하여 국제 경쟁력 제고를 위해 안정적인 수산물 생산기반을 조성하는 기술
051100	유용 동식물 자원의 보존 및 이용 기술	다양한 농업, 임업, 해양 생물자원의 체계적 탐구와 수집, 보존, 유용성 평가, 유전자 및 생리적 기능 분석 등을 통해 고부가가치의 생명공학소재 및 농림 수산업 작물 및 신품종을 개발할 기초재료를 제공하는 기술

□ 〈기타〉 분야

코드값	분류기준
060000	위의 국가기술지도(NTRM) 99개 핵심기술 분류에 속하지 않는 기타 연구

[기술분류 제5호]

녹색기술 분류

대분류	중분류	기술	코드	기술정의	키워드
예측 기술	기후변화 예측 및 영향평가	기후변화 예측 및 모델링 개발기술	111	기후변화 유발 및 환경인자 관측을 통해 정확성 높은 지구시스템 장기예측 모델링으로 고기후/환경변화규명/추척 및 기후변화예측을 목표로 하는 기술 - 기후변화 모델링 기술, 기후변화 원인규명 기술, 기후변화 관측 및 감시 기술, 기후변화 예측 기술 등	기후변화, 지구시스템 모델, 기후시스템, 지구온난화, 대기 모델링, 해양 모델링, 해빙 모델링, 결합 및 컴퓨터기술, 기후 모델링, 에어로졸 관측, 생태계 감시, 지구관측,탄소추적시스템
	기후변화 예측 및 영향평가	기후변화 영향평가 및 적응기술	112	기후변화가 사회기반시설, 국토 및 인간에 미치는 영향을 평가하고, 대비하기 위한 시스템을 구축하는 기술로서, 기후변화 시나리오에 따른 영향 및 취약성 평가와 이에 대응하기 위한 적응 및 피해완화기술을 포함 - 기후변화 영향 감시기술, 기후변화 영향 및 취약성 평가 기술, 기후변화 적응 기술, 자연재해 예방 및 대응 기술 등	기후변화 영향, 기후변화 적응, 자연재해, 기후영향평가, 취약성 평가, 자연복원, 기후의료사업, 방재, 조기경보
	재생에너지(태양에너지)	실리콘계 태양전지의 고효율저가화기술	211	실리콘계태양전지의 고효율저가화기술 - 결정질 실리콘 태양전지 기술과 비정질 실리콘박막태양전지 기술을 포함 - 태양전지 및 모듈의 제조공정 기술 및 제조 기술 - 부품, 소재 및 장비의 국산화 기술	태양전지, 염료감응형, 태양광, 실리콘, 결정질, 비정질, 유기고분자셀, 집광장치, 박막, 모듈
에너지원기술	재생에너지(태양에너지)	실리콘계 태양전지 기타 기술	212	실리콘계태양전지의 고효율 또는 저가화 기술 외의 기타 기술	

대분류	중분류	기술	코드	기술정의	키워드
에너지원기술	재생에너지(태양에너지)	비실리콘계 태양전지양산 및 핵심원천 기술	213	CIGS화합물 박막태양전지, 유기폴리머, 염료감응형 태양전지 등 실리콘을 사용하지 않는 태양전지/모듈의 양산 및 원천기술 - 고효율화 및 대면적화 기술, 대량양산 및 저가화 소재 기술, 공정 및 장비 기술	태양전지, 염료감응형, 태양광, 유기폴리머, 무기화합물, GaAs, CdTe, CIGs, 고분자화합물, 에너지변환효율
	재생에너지(태양에너지)	비실리콘계 태양전지 기타 기술	214	비실리콘계 태양전지/모듈의 양산 및 원천 기술 외의 기타 기술	
	재생에너지(태양에너지)	태양열기술	215	태양열을 이용하여 유용한 에너지로의 변환에 관련된 제반 기술	태양열냉방, 에너지변환, 열전소자, 집열, 집열판, 집열기, 열화학, 진공관형, 흡수기, 하이브리드, 광원
	재생 에너지	바이오 에너지생산 요소 기술 및 시스템 기술	221	동물, 식물, 또는 파생자원 (바이오매스) 및 해양 바이오매스로부터 열화학적 또는 생물학적 전환기술을 적용하여 화석에너지를 대체할 수 있는 대체에너지원 기술	바이오, 바이오연료, 바이오매스, 바이오가스, 목질계, 해양생물, 해조류, 광합성세균, 당질계, BTL
	재생 에너지	바이오에너지 기타 기술	222	바이오에너지생산요소기술 및 시스템기술 이외의 바이오에너지기술	
	재생 에너지	해양 에너지 기술	223	조력, 조류력, 파력, 온도차, 풍력 등 이산화탄소를 배출하지 않는 해양의 천연 대안에너지를 실용화시키기 위한 관련 기술	해양, 조력, 조류력, 파력, 온도차, 풍력
	재생 에너지	지열기술	224	물, 지하수 및 지하열 등 온도차를 이용하여 냉난방에 활용하는 기술	지열, 온도차, 열교환기
	재생 에너지	수력기술	225	강 또는 하천 등의 물 힘을 활용하여 에너지를 변환하는 제반기술	수중펌프, 러버댐(rubber dam), 차압, 유속, 수차축 변위

대분류	중분류	기술	코드	기술정의	키워드
에너지 원기술	재생 에너지	풍력기술	226	바람의 운동에너지를 블레이드에서 흡수, 회전에너지로 전환하여 전력을 생산하는 발전 기술	풍력센서, 수직축, 수평축, 증속기, 블레이드,제동장치, 해상용풍력, 요베어링, 공력
	원자력/ 핵융합	친환경 핵비확산성 고속로	231	핵비확산성 성격을 지닌 사용후연료를 연소시킬 수 있는 고속로기술로, 원자로/계통의 설계 · 검증 · 건설기술과 금속연료 기술로 구성되며, 고온재료 및 고속로 냉각재 취급기술을 포함	소듐냉각고속로, 장수명핵종 연소, 연료 증식, 독성 감소
	원사력/ 핵융합	순환핵주기 시스템	232	사용후연료를 파이로 건식처리 공정을 통해 초우란(TRU) 원소의 회수 및 고속로에서의 재사용 (Reuse)과 함께 고속로에서 나온 사용후핵연료를 고속로에 재활용 (Recycle) 하는 순환형 핵연료주기시스템 기술	순환핵주기, 파이로, 건식처리, 전해제련, 초우란 원소
	원자력/ 핵융합	고속로 기술 기타 기술	233	친환경 핵비확산성고속로 및 순환핵주기시스템 이외 기타 고속로 기술	
	원자력/ 핵융합	개량형 경수로 설계 및 건설기술	234	핵분열 에너지를 이용하여 전기를 생산하는 설비인 원자력 발전소를 개량하여 안전성 · 경제성 · 환경친화성을 가진 원전을 설계 및 건설, 운영하는 기술	개량형경수로, 신형원전, 상용원전, APR1400, OPR1000, APR+
		개량형 경수로 기타 기술	235	개량형 경수로 설계 및 건설 이외 기타 개량형 경수로 기술	
	원자력/ 핵융합	핵융합로 설계 및 건설 기술	236	중수소-삼중수소의 플라즈마 상태에서 일어나는 핵융합반응 제어를 통해 삼중수소증식 및 안전하고 효과적으로 열에너지 등의 형태로 회수하여 전력 혹은 수소생산 등으로 전환시키는 핵융합로설계 및 건설기술	플라즈마, 핵융합반응, 삼중수소, 중수소, 인공태양
	원자력/ 핵융합	핵융합 기타 기술	237	핵융합로 설계 및 건설 이외 기타 핵융합 기술	

대분류	중분류	기술	코드	기술정의	키워드
에너지 원기술	수소/연료 전지	고효율 수소 제조 기술	241	화석 에너지를 이용하여 수증기와 합성 또는 열분해 하거나, 재생에너지 및 원자력 에너지를 이용하여 물을 전기적, 열화학적, 생물학적 분해 등으로 수소를 생산하는 기술	수소제조, 수소에너지, 화석연료개질법, 물분해, 전기분해
	수소/연료 전지	고효율 수소 저장 기술	242	화석에너지를 이용하여 수증기와 합성 또는 열분해하거나, 재생에너지 및 원자력에너지를 이용하여 물을 전기적, 열화학적, 생물학적분해등 으로 수소를 생산하고, 압축, 액화, 매체(고체)를 이용한 흡착 또는 수소화합물 형태로 안전하고 효율적으로 저장하는 기술	수소저장, 수소에너지, 화석연료개질법, 물분해, 전기분해
	수소/연료 전지	수소제조 및 수소저장 기타 기술	243	고효율 수소제조 및 수소저장 기술 이외의 수소제조저장기술	
	수소/연료 전지	차세대 고효율연료전지 시스템기술	244	연료 (수소, 메탄올, 석탄, 천연가스, 석유, 바이오매스가스, 매립지가스 등)의 화학에너지를 전기화학반응에 의한 전기에너지 직접 변환 발전하고, 이를 통해 높은 발전효율과 공해물질 배출이 적으면서 전기와 열을 동시에 생산하는 기술	연료전지, MEA, 전극전해질접합체, 고체산화물형, 용융탄산염형, 인산형, 고분자전해질형, 직접메탄올형
	수소/연료 전지	연료전지 기타 기술	245	고효율 연료전지시스템기술 이외의 연료전지기술	
고효율 화기술	화석연료 활용성향상 및 고효율화	석탄가스화 복합발전 기술	311	석탄연료를 고온, 고압의 조건하에서 가스화 시켜 일산화탄소 및 수소가 주성분인 가스를 제조 · 정제한 후 가스터빈을 구동하고 가스화기 및 가스터빈의 배가스열로 증기터빈을 구동하는 발전 기술	석탄가스화, 복합발전기술, 중질잔사유, 탄화수소, 합성가스, 가스터빈, 탈황률, CTL(Coal to Liquid), Gasification, IGCC, FT(Fischer-Tropsch) 반응, DME

대분류	중분류	기술	코드	기술정의	키워드
고효율화기술	화석연료 활용성향상 및 고효율화	석탄 액화 및 가스화 기타 기술	312	석탄을 일산화탄소, 수소가 주성분인 가스로 가스화하거나, 직접 또는 간접적인 방식으로 액화하는 기술로 '석탄가스화 복합발전(IGCC)' 기술은 제외	
	화석연료 활용성향상 및 고효율화	가스액화 기술	313	천연가스를 탄소와 수소의 결합을 한 번 분해해, 재결합할 때에 상온 상압으로 액체가 되는 탄소와 수소의 화합물을 합성하여 디젤율, 젯트유 등의 청정액체연료 및 화학물질로 전환할 수 있는 기술	GTL, 합성연료, FT(Fischer-Tropsch) 반응, 가스 액화, 자열개질, 스팀-이산화탄소 개질, 합성유, 슬러리 반응
	전력효율성향상	LED 中 조명용 LED 이외 기술	321	화합물반도체의 특성을 이용하여 전기에너지를 빛에너지(적외선, 가시광선, 자외선)로 전환하는 반도체 소자 기술로 조명용을 제외한 기술	
	전력효율성향상	조명용 LED 기술	322	LED/OLED 반도체 광원을 이용한 조명시스템으로 기존 조명 광원을 대체하기 위한 고효율/저가격/고신뢰성 조명용 LED 핵심원천 및 양산기술, 응용 및 활용기술개발과 이를 구동하기 위한 제어기, 광학 기구물 등	light emitting diode, PNjunction, GaN, AlGaAs, GaAsP, InGaN, GaP, ZnSe, OLED, quantumdot, 조명, LED, 그린IT, 발광다이오드, 백열, 형광등
	전력효율성향상	그린 IT기술	323	고효율 · 친환경 IT기술과 기기개발, IT기술과 기기의 활용 확대 등을 통해 에너지 · 환경문제를 해결하고 녹색성장에 기여하는 기술로, IT 및 IT관련기기들의 열관리 · 저전력화 기술 및 효율성 향상을 위한 제어 기술 등 포함	Green IT, Zigbee, RFID, 저전력, 에너지 절감, 가전기기, 회로, 프로세서, USN
	전력효율성향상	전력IT기술	324	발전, 송전, 배전 등 전력기술에 정보통신기술을 융 · 복합화하여 전력시스템과 중전기기를 디지털화 · 지능화하고 전력서비스를 고부가가치화하는 기술로 부품 및 시스템 기술개발, 지능형 전력감시 · 제어기술 등	스마트그리드, 정보통신, 발전, 송정, 배전, 전력, 디지털화, 지능화, 전력망, 교류전기, 직류전기, 원격검침, AMR, AMI, 송배전, 분산전원

대분류	중분류	기술	코드	기술정의	키워드
고효율 화기술	전력효율 성향상	전기기기 효율성향상 기술	325	전력이용손실을 줄임으로써 에너지절약 효과의 극대화가 가능한 제품 및 프로세스를 구축하는 기술로 산업용 전기기기, 전체 전기기기의 전력효율성향상기술 및 소재개발기술, 초전도활용 전력기기 효율성 향상 기술 등	전력기기, 초전도, 전동기, 한류기, 변압기, 케이블, 절연장치
	전력효율 성향상	고효율 2차 전지 기술	326	전기에너지저장 기술 중 이차전지, 슈퍼커패시터(supercapacitor), 고체형 필름 전지, 레독스 플로우 및 나트륨황 전지, 핵심 전극소재 및 전해질 원천기술, 요소기술 개발 및 제조기술 등 2차전지 고효율화 기술	BMS, PMS, 전해질, 스택, 리튬이온, BOP, 전력저장장지, 전지, 배터리, 집전체, 2차전지, 이차전지, 니켈-카드뮴, 니켈-수소, 양극, 음극, 리튬, Supercapacitor
	전력효율 성향상	에너지저장 中 고효율 2차전지 이외 기술	327	고효율 2차전지 기술을 제외한 전기에너지를 고효율로 저장, 사용함으로써 전력의 품질 개선 및 에너지 효율성 극대화를 이루며 온실가스 배출량을 획기적으로 절감할 수 있는 에너지저장기술	
	수송효율 성향상	고효율 저공해차량기술	331	기존 자동차 및 수송용 차량의 연비를 향상시키고, 새로운 동력원 및 지능화 기술을 활용하여 유해 배출가스를 최소화하고 에너지효율을 극대화하는 기술	자동차, 차량, 무공해,하이브리드, 엔진, 모터,디젤, 수소차,수소엔진, 휘발유, 저공해
	수송효율 성향상	지능형교통, 물류기술	332	교통정보 및 물류정보를 연계 · 수집 · 제공함으로써 지능형 육상, 철도, 해상관련 효율적인 교통 및 물류시스템을 구현하는 기반기술	교통, 물류,u시티, 수송, 운송, 운반, 통신망, 노변장치, ITS

대분류	중분류	기술	코드	기술정의	키워드
고효율화기술	녹색국토	생태공간 조성 및 도시재생 기술	341	훼손된 자연 및 도시환경 재생 · 복원, 효율적인 물순환, 도시생태환경 건전성 개선 등 환경부하의 감축과 에너지관리를 포함하여 인간과 자연이 공생하는 새로운 개념의 공간 조성 복합 기술	생태, 도시, ECO, 순환, U-IT, 공간, 도시재생
	녹색국토	그린시티 기타 기술	342	생태공간 조성 및 도시재생 기술 이외의 그린시티 기술	
	녹색국토	친환경 저에너지 건축 기술	343	고효율 외피시스템, 냉난방/공조/환기시스템, 신재생에너지 설비시스템, 친환경 건축자재, 건물에너지설계/관리시스템 등을 통해 건물에너지소비 및 CO2배출을 최소화하는 그린빌딩, 그린홈 구축기술	건축, 저에너지, 친환경, 자재, 외피, 공조, 주택, 건물, 녹지, 새집증후군, 화장실
	녹색국토	그린홈/그린빌딩 기타 기술	344	친환경 저에너지 건축 기술 이외의 그린홈, 그린빌딩 관련 기술	
	친환경 제조공정 및 소재효율성 향상	Green Process 기술	351	원료 · 소재 · 수송 · 사용 · 재활용 · 폐기 등 제품의 전 과정에 있어서 자원효율성을 극대화함으로써 환경부하를 최소화하고 에너지효율을 향상시키는 소재, 공정, 제품 및 재활용에 대한 친환경 저탄소기반 선순환기술	표면처리, 에너지효율, 제조공정, 재활용에너지, 청정생산공정, 재활용, 재이용
	친환경 제조공정 및 소재효율성 향상	제조공정/소재 효율성 향상 기타 기술	352	Green Process 기술 이외의 제조공정, 소재 효율성 향상관련 기술	
	친환경 제조공정 및 소재효율성 향상	친환경 식물성장 촉진 기술	353	첨단 BT기술 활용 복합 재해 저항성을 지닌 품종과 친환경 작물성장 촉진물질, 작물보호제 및 활용기술 등을 이용한 친환경 농산물 생산을 촉진하는 기술	친환경,식물성장, 작물성장,성장촉진, 작물보호제, 화학비료,생물비료, GM, 유기농산, 인공광원, LED, 생리활성, 발광다이오드, 바이오돔, 천연물질

대분류	중분류	기술	코드	기술정의	키워드
고효율화기술	친환경 제조공정 및 소재효율성 향상	친환경 공정 및 제품 기타 기술	354	친환경 식물성장 촉진기술 이외의 제조공정/소재 효율성향상기술 제조공정/소재 효율성향상 : 환경부하를 경감시키기 위하여 재료표면에 어떤 특정한 기계적, 화학적 목적을 가지고 처리하는 기술과 그 목적 달성을 위한 소재기술	
사후처리기술	대기오염 모니터링 및제어	CO_2 포집, 저장, 처리기술	411	CO_2 대량 배출원에서 발생되는 CO_2를 포집하고, 포집된 CO_2를 이송하여 지중 및 해양에 저장 (누출 등에 대한 장기모니터링) 하거나 반응촉매, 화학소재 및 연료화 등으로 전환처리 (고정화) 하는 기술	CO_2,이산화탄소, 탐사, 수송,포집, CCS, 전환,저장, 이용, 저감, 연소전, 연소후
	대기오염 모니터링 및제어	Non-CO_2 처리기술	412	Non-CO_2 (이산화탄소 제외) 온실가스를 저감하고자 포집, 정제, 활용 및 분해처리기술과 배출을 원천적으로 개선할 수 있는 대체물질 및 대체프로세스를 개발하는 기술	Non-CO2, CH_4, N_2O, PFCS, HFCS, SF6, 불소계, CDM
	대기오염 모니터링 및제어	Non-CO_2 모니터링 기술	413	Non-CO_2 (이산화탄소 제외) 온실가스의 발생현황을 모니터링 및 데이터베이스화 하는 기술	Non-CO_2, CH4, N_2O, PFCS, HFCS, SF6, 불소계, CDM
	수질환경	수계 수질 평가 및 관리기술	421	수환경 시스템 내의 모든 유입 및 유출원에 의한 오염물 배출, 이동경로 및 영향을 평가하고 예측하며, 질 과 양을 모니터링 및 평가하는 등 유기적으로 관리 · 제어하는 기술 - 수계 수질예측 및 평가 기술, 오염원 실시간 탐지 및 모니터링 기술, 수계오염 억제 및 처리기술, 수계 규모의 수질 관리 시스템 및 전략기술	수계, 수질, 지표수, 지하수, 유역, 수환경 시스템, 수생태

대분류	중분류	기술	코드	기술정의	키워드
사후처리기술	수질환경	수처리 中 수계 수질 평가 및 관리 이외 기술	422	수계 수질평가 및 관리기술 외의 수처리 관련 기술	
	수질환경	대체수자원 확보기술	423	기존의 댐, 지하수 등 일반적인 수자원 이외의 수원, 즉 용수절약, 하수재이용, 빗물이용, 해수담수화, 해양심층수개발, 누수방지 등 새로운 개념의 취수방식으로 수자원을 확보하는 기술 - 하수 재이용기술, 해수담수화 기술, 빗물관리기술, 누수방지 및 저감기술	대체수자원, 용수절약, 하수재이용 , 빗물관리, 해수담수화, 해양심층수, 누수방지, 증발법, 역삼투법, 전기투석법, 중수도,인공강우
	수질환경	수자원 확보 기타 기술	424	대체수자원 외의 수자원 확보 기술	
	폐기물	폐기물저감, 재활용, 에너지화 기술	431	폐기물 감량 및 재활용 극대화를 통해 폐기물의 발생을 최소화 하고 폐기물중의 가용자원을 추출하여 활용하며, 가연성 폐기물, 산업 폐가스 등을 열화학적 및 생물학적 방법으로 에너지화, 원료화 하는 기술	폐기물, 슬러지, 바이오가스, 재가공, 에너지, 저감, 재활용, 에너지화
	폐기물	폐기물 자원화 및 에너지화 기타 기술	432	폐기물 저감, 재활용, 에너지화 기술이외의 폐자원 활용 및 에너지화관련 기술	
	환경보건	유해성물질 모니터링 및 환경정화 기술	441	국제협약에서 규제하는 유해성 화학물질을 모니터링하고, 이들이 인체와 생태계에 미치는 영향을 평가 · 예측하고, 환경노출량 측정 · 예측, 노출과정에 대한 모델 정립, 위해성평가 · 관리 등과 폐기물로부터의 유해성물질 노출방지를 위한 관리 · 처리기술	유해성물질, REACH, 화학물질, 환경성 질병, 위해성평가, 모니터링, 환경정화, 발암성물질, 돌연변이유발성 · 생식독성물질, 내분비계장애물질, 농약성분,중금속
	환경보건	유해성물질 모니터링 및 관리 기타 기술	442	유해성물질 모니터링 및 정화 기술이외의 기타 모니터링 및 관리 등 관련기술	

대분류	중분류	기술	코드	기술정의	키워드
무공해 산업 기술	가상현실	가상현실 기술	511	컴퓨터 시뮬레이션으로 창출된 3차원 가상공간으로 사용자의 감각경험을 확장하고 공유함으로써 물리적 에너지, 경비를 경감하는 기술	가상현실, 컴퓨터, 시뮬레이션, 3D, 입체영상, 데이터글로브, 모션캡쳐, 햅틱 인터페이스
녹색기술 관련과제 아님	녹색기술 관련 과제 아님	녹색기술 관련 과제 아님	999	녹색기술관련 과제가 아닌 경우에 선택	

[기술분류 제6호]

2013년 중소기업형 신성장분야 전략기술

대분류	중분류	소분류
녹색기술	에너지생산	풍력
		태양전지/태양광
		수소연료전지
		2차전지
	그린조명	그린조명
	그린도시	그린도시
	친환경생산	친환경생산
	에너지자원	폐기물에너지
		바이오매스에너지
첨단융합	IT융합	차세대 무선통신
		차세대 융합네트워크
		센서네트워크 응용시스템
	로봇응용	로봇응용
	나노융합	나노소재
		나노장비
	바이오	바이오약품
		바이오진단 시스템
		바이오자원/신소재
	의료기기	의료기기
	고부가식품	고부가식품
	차세대 디스플레이	차세대 디스플레이
	콘텐츠/SW	콘텐츠
		소프트웨어

대분류	중분류	소분류
제조기반	제조기반	금형
		용접접합
		열처리
		표면처리
		주조
		소성/가공
	유무기소재 및 공정	금속소재
		세라믹소재
		석유화학 및 정밀화학소재
기타	기타	기계

[기술분류 제7호]

국가핵심기술 목록

※「산업기술의 유출방지 및 보호에 관한 법률」제9조에 따라 지정된 산업기술

□ 지식경제부 고시 제2012-13호(2011년 1월 30일)

분야	국가핵심기술
전기전자 (8개)	60나노급 이하 D램에 해당되는 설계 · 공정 · 소자기술 및 조립 · 검사기술중 3차원 적층형성 기술
	40나노급 이하 D램에 해당되는 조립 · 검사기술
	50나노급 이하 낸드플래시에 해당되는 설계 · 공정 · 소자기술 및 조립 · 검사기술중 3차원 적층형성 기술
	30나노급 이하 낸드플래시에 해당되는 조립 · 검사기술
	7세대급(1870×2200mm)이상 TFT-LCD 패널 설계 · 공정 · 제조(모듈조립 공정기술은 제외 · 구동기술
	30나노급 이하 파운드리에 해당되는 공정 · 소자기술
	AMOLED 패널 설계 · 공정 · 제조(모듈조립공정기술은 제외)기술
	전기자동차用 고에너지밀도(200Wh/Kg이상) · 고온안전성 (섭씨50도 이상) 리튬이차전지 설계기술
자동차 (8개)	하이브리드 자동차 시스템 설계 기술(Control Unit Logic, Battery Monitoring System, Regenerative Braking System에 한함)
	연료전지 자동차 80kW 이상 Stack 시스템 설계기술

분야	국가핵심기술
자동차 (8개)	LPG 자동차 액상분사(LPLi) 시스템 설계기술
	Euro 5 기준 이상의 디젤엔진 배기가스 후처리 장치 설계기술(DPF, SCR에 한함)
	자동차 엔진 · 자동변속기 설계기술(단, 양산 후 2년 이내 기술에 한함)
	복합소재를 이용한 일체성형 철도차량 차체 설계 및 제조 기술
	자기조향 기능을 구비한 틸팅철도차량용 주행장치 설계 및 제조 기술
	최고시속 350km급 동력집중식 고속열차 동력시스템 설계 및 제조기술[AC 유도전동기 · TDCS(Train Diagnostic & Control System) 제어진단 · 주전력변환장치 기술에 한함]
철강 (6개)	FINEX 유동로 조업기술
	항복강도 600MPa 급 이상 철근/형강 제조기술[저탄소강(0.4% C이하)으로 전기로방식에 의해 제조된 것에 한함]
	고가공용 망간(10% Mn 이상) 함유 TWIP강 제조기술
	합금원소 총량 4%이하의 기가급 고강도 철강판재 제조기술
	조선 · 발전소용 100톤이상급(단품기준) 대형 주 · 단강제품 제조기술
	저니켈(3% Ni이하) 고질소(0.4% N이상) 스테인리스강 제조기술
조선 (7개)	고부가가치 선박 및 해양시스템 설계기술
	LNG선 카고탱크 제조기술
	3천톤 이상 선박용 블록탑재 및 육상에서의 선박건조 기술
	500마력 이상 디젤엔진 · 크랭크샤프트 · 직경 5m이상 프로펠러 제조기술
	선박용 통합제어시스템 및 항해 자동화 기술
	조선용 ERP/PLM시스템 및 CAD기반 설계 · 생산지원 프로그램
	선박용 핵심기자재 제조기술(BWMS 제조기술, WHRS 제조기술)
원자력 (4개)	중성자 거울 및 중성자 유도관 개발기술
	연구용원자로 U-Mo 합금핵연료 제조기술
	방사선 이용 기능성 하이드로겔 제조기술
	신형 경수로 원자로출력제어시스템 기술
정보통신 (17개)	휴대이동방송 다중대역 수신 안테나 및 임피던스 매칭 기술(지상파DMB, 위성DMB, DVB-H, MediaFLO, One-Seg, 디지털라디오방송, ATSC-M/H 방송에 한함)
	CR 기반의 Agile Spectrum Sensing 기술
	지능적 개인맞춤 학습관리 및 운영기술
	사용자 제어를 위한 RunTime Hooking 기술
	분산 대용량 게임서버 기술
	객체기반 오디오 콘텐츠 생성기술
	PKI 경량 구현 기술(DTV, IPTV를 비롯한 셋톱박스, 모바일 단말, 유비쿼터스 단말에 한함)
	UWB 시스템에서 중단없이 신호 간섭회피를 위한 DAA(Detection And Avoid) 기술

분야	국가핵심기술
정보통신 (17개)	LTE/LTE_adv 시스템 설계기술
	모바일 Application Processor SoC 설계 · 공정 기술
	스마트기기용 사용자 인터페이스(UI) 기술
	LTE/LTE_adv Baseband Modem 설계기술
	LTE_adv 단말 RFIC 및 PAM 설계기술
	LTE/LTE_adv Femtocell 기지국 설계기술
	기지국 소형화 및 전력을 최소화 하는 PA 설계 기술
	WiBro 단말 Baseband Modem Modem 설계 기술
	LTE/LTE_adv/WiBro/WiBro_adv 계측기기 설계기술
우주 (5개)	1m 이하 해상도 위성카메라용 고속기동 자세제어 탑재 알고리즘 기술
	우주 발사체용 톤 방식의 FTS 수신기 설계 및 제작 기술
	우주 발사체용 20와트급 S-band RF송신기 설계 및 제작 기술
	우주발사체 탑재용 PCM 데이터 처리장치 설계 및 제작 기술
	고상 확산접합 부품성형 기술
생명공학 (3개)	항체 대규모 발효정제 기술(5만 리터급 이상의 동물세포 발현 · 정제 공정기술)
	보툴리눔 독소 생산기술
	산업용 원자현미경

[기술분류 제8호]

연구기자재·연구시설표준분류체계

대분류(7개)	중분류(44개)
A. 광학 전자 영상장비	A.1 망원경 A.2 현미경 A.3 카메라 및 영상기 A.4 광파발생 및 측정장비 A.0 달리 분류되지 않는 광학 전자 영상장비
B. 화합물 전처리 분석장비	B.1 혼합장비 B.2 DNA/단백질 제조장비 B.3 분리정제장비 B.4 분리분석장비 B.5 분광분석장비 B.6 질량분석장비 B.7 바이오분석장비 B.0 달리 분류되지 않는 화합물 전처리 분석장비

대분류(7개)	중분류(44개)
C. 기계가공 · 시험장비	C.1 절삭장비 C.2 성형장비 C.3 자동화 및 이송장비 C.4 섬유기계장비 C.5 반도체장비 C.6 열유체장비 C.7 재료물성시험장비 C.8 신뢰성시험장비 C.0 달리 분류되지 않는 기계가공 시험장비
D. 전기 · 전자장비	D.1 전기 전자 측정장비 D.2 전기 전자 시험장비 D.3 전기 전자 분석장비 D.4 전기 전자 신호발생장비 D.5 전기 전자 교정장비 D.0 달리 분류되지 않는 전기 전자장비
E. 데이터 처리장비	E.1 장비 하드웨어 E.2 장비 소프트웨어 E.0 달리 분류되지 않는 데이터 처리장비
F. 물리적 측정장비	F.1 온도/열/습도/수분 측정장비 F.2 길이/각도/면적/거칠기 측정장비 F.3 시간/주파수/속도/회전수 측정장비 F.4 질량/무게/부피/밀도 측정장비 F.5 힘/토크/압력/진공 측정장비 F.6 음향/소음/진동/충격 측정장비 F.7 유체유량역학 측정장비 F.0 달리 분류되지 않는 물리적 측정장비
G. 임상의료장비	G.1 임상진단영상장비 G.2 생체측정진단장비 G.3 임상진단분석장비 G.4 전문의학용 특수장비 G.0 달리 분류되지 않는 임상의료장비

A. 광학 · 전자 영상장비

A.1 망원경

A.11 광학망원경(Optical Telescope) : 가시광선 대역의 빛을 초점으로 모아 확대된 상을 만들어 보거나 사진을 찍는 데 사용되는 망원경

A.12 전파망원경(Radio Telescope) : 가시광선 대역을 이용하는 광학 망원경과 달리 전파대역의 정보를 이용하고 장파장의 전파를 이용하는 망원경

A.10 달리 분류되지 않는 망원경

A.2 현미경

A.21 광학현미경(Optical Microscope) : 유리렌즈를 사용하며 가시광선을 광원으로 이용하여 칼라로 관찰이 가능한 현미경

A.22 투과전자현미경(Transmission Electron Microscope) : 평광한 전자선을 사용하여 시료를 투과시킨 전자선을 전자렌즈로 확대하여 관찰하는 전자현미경

A.23 주사전자현미경(Scanning Electron Microscope) : 시료 표면을 전자선으로 주사하여 입체 구조를 직접 관찰하는 기능을 가진 전자현미경

A.24 주사형투과전자현미경(Scanning Transmission Electron Microscope) : 투과전자를 검출하여 사상을 얻는 방식의 전자현미경

A.25 주사터널링현미경(Scanning Tunneling Microscope) : 시료 표면에 전자를 쏘아준 후, 전자가 터널링을 일으키는 현상으로부터 시료의 구조를 알아내는 현미경

A.26 원자현미경(Atomic Force Microscope) : 시료와 탐침간에 움직이는 원자간력 (인력 또는 척력)을 검출하여 검출된 신호가 일정해지도록 양쪽의 거리를 제어하면서 시료표면을 주사하여 표면의 3차원형상을 측정하는 현미경

A.20 달리 분류되지 않는 현미경

A.3 카메라 및 영상기

A.31 카메라(디지털 포함)(Camera) : 내장된 메모리에 디지털 영상데이터를 저장한 후 컴퓨터나 텔레비전에서 재생하여 볼 수 있도록 설계된 영상장비

A.32 비디오카메라(Video Camera) : 텔레비전 수상기와는 반대로, 화상을 전기적 신호(비디오신호)로 변환시켜 재현하는 영상장비

A.33 특수카메라(Special Camera) : 수중에서 조작해서 찍을 수 있는 카메라로, 수압에 견디며 침수되지 않게 고안되고, 또 조작이 쉬워 핀트가 확실하게 맞도록 하며, 바닷물등에 부식되지 않는 영상장비

A.34 영사기(Projectors) : 운동을 순간적으로 분석 · 기록한 영화필름의 화상을 연속적으로 영사막에 비추고, 눈의 잔상현상을 이용하여 운동이 연속적으로 이루어지는 것처럼 느끼게 하며 동시에 기록된 음향을 재상하는 영상장비

A.30 달리 분류되지 않는 카메라 및 영상기

A.4 광파발생 및 측정장비

A.41 광도 및 복사 측정장비(Photometry and Radiometry Measuring Equipment) : 보통 2개의 빛의 광도비를 측정하는 것이 많고, 가시광 뿐만 아니라 적외선이나 자외선을 이용하여 빛의 강도와 휘도, 조도, 광속 등의 물리량과, 물체의 측광량을 측정하는 장비

A.42 광학측정장비(Optics Measuring Equipment) : 광학을 이용한 길이 및 각도 분야의 정밀 측정하는 것으로 길이 분야의 평면도 측정에 사용되는 옵티컬 플랫과 평행도를 측정하는데 사용되는 옵티컬 파라렐, 미소시편의 길이, 각도를 측정할 수 있는 2차원 측정기, 윤곽투영기, 정밀 각도를 측정할 수 있는 시준기에 의한 측정장비 등을 포함한 장비

A.40 달리 분류되지 않는 광파발생 및 측정장비

A.0 달리 분류되지 않는 광학 전자 영상장비

B. 화합물 전처리 · 분석장비

B.1 혼합장비

B.11 실험용 혼합기(Mixers) : 실험실에서 시멘트, 물, 골재 등이나 혼화재료를 가하여 혼합할 경우에 혼합이 빠른 시간 내에 골고루 잘 이루어질 수 있도록 제작된 장비

B.12 실험용 교반기(Agitators) : 실험실에서 물질을 혼합시킬 때 자력으로 교반시켜주는 장비

B.13 실험용 진탕기(Shakers) : 실험실에서 실험을 할 때 실험 용기내의 용액이나 물체를 흔들어주어 내부 물체를 혼합 또는 반응을 용이하게 하여 주는 장비

B.10 달리 분류되지 않는 혼합장비

B.2 DNA/단백질 제조장비

B.21 합성장비(Synthesizer) : 세포가 증식할 때 DNA가 분리 · 복제되어서 2개의 복제된 DNA를 만드는 현상을 이용하여 정밀한 온도조절에 의해 DNA의 양을 수백만배 증폭하는 장비

B.22 배양장비(Incubator) : 병원 세균검사실이나 기타 연구소, 실험실에서 각종 미생물 배양이나 세포 등을 배양 할 때 온도, 습도 또는 유동 조건 등을 조절하여 주는 장비

B.23 발효장비(Fermenter) : 미생물 작용으로 유기물을 분해하거나 또는 산화 환원적 변화를 일으키는, 즉 발효 현상을 촉진시키기 위한 장비

B.20 달리 분류되지 않는 DNA/단백질 제조장비

B.3 분리정제장비

B.31 원심분리장치(Centrifuge) : 원심력을 이용하여 성분이나 비중이 다른 물질들을 분리 · 정제 · 농축하는 장비

B.32 증류장치(Distillation Equipment) : 끓는점의 차이를 이용하여 혼합액체를 증류시켜 순수한 성분을 얻는 장비

B.33 결정화장치(Crystallization Equipment) : 재결정을 통해 순도를 높이는 반응장비

B.34 승화장치(Sublimation Equipment) : 고체로부터 기체로의 상변화를 얻는 장비

B.35 추출장치(Extraction Equipment) : 물질(혼합물)의 특정성분만을 녹여서 얻을 수 있는 장비

B.36 투과장치(Permeation Equipment) : 어떤 물질계나 구조에 액체나 기체 등의 확산이 있는 경우에 그 구조가 확산성 물질분자의 통과나 침입을 허용하는 정도를 측정하는 장비

B.37 자동단백질분리기(Automatic Protein Separator) : 단백질 성분을 분리하는 장비

B.30 달리 분류되지 않는 분리정제장비

B.4 분리분석장비

B.41 가스크로마토그래피(Gas Chromatography) : 물질 특유의 농도평형을 이용해서 혼합물을 분리하는 크로마토그래피의 일종으로서 이동상에 기체를 사용하는 장비

B.42 액체크로마토그래피(Liquid Chromatography) : 비휘발성 유기물질의 혼합물을 이루고 있는 각 성분이 두상에 대해 서로 다른 분포도를 갖기 때문에 분리가 되는 원리를 이용하여 액체 및 비휘발 성 유기화합물을 정량 및 정성분석을 하는 장비

B.43 이온크로마토그래피(Ion Chromatography) : 액체시료를 이온교환컬럼에 고압으로 전개시켜 분리되는 각 이온(음이온, 양이온)의 크로마토그램을 작성하여 분석하는 고속액체 크로마토그래피 장비

B.44 겔침투크로마토그래피(Gel Permeation Chromatography) : 고분자에 다리걸침반응(가교반응)을 시켜서 얻은 겔을 운반체(캐리어)로 사용한 크로마토그래피 장비

B.45 박막크로마토그래피(고효율TLC시스템)(Thin Layer Chromatography) : 정지상으로 미세한 흡착제 입자를 얇게 입힌 정지상 판(TLC)을 사용하여 유기물을 분석하는 장비

B.40 달리 분류되지 않는 분리분석장비

B.5 분광분석장비

B.51 핵자기공명분광기(Nuclear Magnetic Resonance Spectrometer) : 핵의 자기 쌍극자모멘트와 외부 자기장 사이의 상호작용(핵자기 공명)을 관찰하여 화합물의 구조, 자기적성질 또는 다른 화학적 성질을 규명하기 위해 이용되는 광학장비

B.52 적외선분광기(Infrared Spectrometer) : 적외선을 그 파장에 따라 분해하여 연구하는 것으로서 분자 진동에 의한 특성적 흡수 스펙트럼이 나타나는 원리를 이용하여 시료를 정량 · 정성 분석하는 장비

B.53 자외선분광기(Ultraviolet Spectrometer) : 어떤 시료 분자가 어느 파장의 빛을 흡수하며, 그 흡광도는 얼마나 되는지 측정하는 장비

B.54 유도결합플라즈마 방출분광기(Inductively Coupled Plasma Emission Spectrometer) : 액체 시료를 고온의 플라즈마 등 불꽃을 이용하여 시료에 있는 원소들을 이온화시켜 방출하는 빛을 측정하여 각 원소의 정성 및 정량을 목적으로 하는 분광분석기기

B.55 원자흡수분광기(Atomic Absorption Spectrometer) : 단색화 장치 및 검출기를 통해 기체상태 원자의 광원으로부터 빛의 흡수량을 조사하여 시료 중에 포함된 원소를 분석하는 장비

B.56 라만분광기(Raman Spectrometer) : 레이저의 포톤중에서 라만포톤을 검출하여 분자들 상호간에 결합세기, 물질의 표면, 조해석 및 반도체의 스트레스 측정, 크리스탈의 장력 조정 등에 폭넓게 활용되는 기기

B.57 발광분광기(Luminescence Spectrometer) : 자외선, 근자외선, 가시광선영역의 스펙트럼을 측정하는 분광광도계가 포함되며, 빛의 양을 전기적 에너지로 바꾸어서 측광하는 장비

B.58 글로우방전분광기(Glow Discharge Spectrometer) : 글로우방전으로 생성된 알곤(Ar) 플라즈마를 이용하여 고체 시료에 포함된 원소들을 이온화시켜 방출되는 각 원소의 스펙트럼을 측정하여 깊이방향 및 벌크 정성 · 정량분석장비

B.50 달리 분류되지 않는 분광분석장비

B.6 질량분석장비

B.61 동위원소비질량분석기(Isotope Ratio Mass Spectrometer) : 동위원소간의 질량 차이를 분석하여 상대비를 측정하는 장비

B.62 유도결합플라즈마질량분석기(Inductively Coupled Plasma Mass Spectrometer) : 아르곤 플라스마로 원소를 이온화시키고, 질량분석기로 이온을 분리하여 시료 중의 원소를 분석하는 장비

B.63 이차이온질량분석기(Secondary Ion Mass Spectrometer) : 운동 에너지가 큰(3~10keV) 원자(Ar, Xe, Cs^+ 등)로 표면을 때릴 때 방출되는 이온을 검출하는 장비

B.64 메트릭스보조레이저탈착이온화질량분석기(Matrix-Assisted Laser Desorption IonizationMass Spectrometer) : 분자량이 비교적 큰 시료와 매트릭스가 혼합된 결정에 순간적으로 레이저를 조사하여 이온화시킨 후, 이온들을 비행시간형 질량분석기를 통과시켜 검출기까지의 도달시간을 측정하여 분자량을 얻는 장비

B.65 가속질량분석기(Accelerator Mass Spectrometer) : 가속된 탄소 입자에 자기장을 걸어줄 때 질량에따라 휘는 정도가 다른 성질을 이용, 동위원소를 분리하여 동위원소비를 구할 수 있으며 ppq 단 위의 정밀도로 반감기가 긴 동위원소를 검출하는 장비

B.66 기체크로마토그래피질량분석기(Gas Chromatography-Mass Spectrometer) : 기체크로마토그래피로 분리하여 용출해 나오는 성분의 질량스펙트럼으로부터 물질의 분자량과 구조에 관한 정보를 얻을 수 있는 장비

B.67 액체크로마토그래피질량분석기(Liquid Chromatography-Mass Spectrometer) : 액체크로마토그래피를 이용하여 성분들을 분리시킨 후, 이 성분들을 질량분석기에 도입시켜 얻어진 질량스펙트럼을 해석함으로써 물질의 화학적 구조, 화학 반응, 분자량 등을 확인할 수 있는 장비

B.68 양성자전이질량분석기(Proton Transfer Reaction Mass Spectrometer) : 양성자 전이 반응을 이용하여 휘발성 유기 화합물(VOCs)에 수소이온을 전이시켜 이온화하여 분자구조의 파괴없이 질량을 분석하는 장비

B.69 퓨리에변환이온싸이클로트론공명질량분석기(Fourier Transform-Ion Cyclotron Resonance Mass Spectrometer) : 이온화 된 시료를 자기장 내로 진입시키면, 전자기장 상호작용에 의해 이온은 회전운동을 하게 되고, 회전운동의 주파수를 측정하여 시료의 분자량을 측정하는 장비

B.60 달리 분류되지 않는 질량분석장비

B.7 바이오분석장비

B.71 혈액가스분석기(Blood Gas Analyzer) : 혈액, 혈장, 혈청내의 가스 (PCO2, PO2), pH를 측정하는 장비

B.72 DNA서열분석기(DNA Sequencing Analyzer) : 염색체에 존재하는 유전자의 염기서열을 자동으로 분석하여 주는 장비

B.73 아미노산분석기(Amino Acid Analyzer) : 다양한 아미노산을 동시에 분석 가능하여, 동일한 컬럼(column)과 버퍼(buffers)로 가수분해와 생리적 아미노산 모두 분석이 가능한 장비

B.74 미생물분석기(Microbiology Analyzer) : 세균의 종류를 확인하는 기구인 세균검정기와 실험실에서 박테리아 콜로니를 계수하는데 사용하는 코로니카운터, 배지, 각종 생화학적 기질, 감수성 검사용 약제 등을 이용하여 각종 미생물을 배양, 동정 및 검정을 위한 미생물자동동정기 등의 장비

B.75 방사성동위원소분석기(Radioisotope Analyzer) : 동위원소가 첨가되어 있는 시료의 방사능을 정량적으로 측정하는 장비

B.70 달리 분류되지 않는 바이오분석장비

B.0 달리 분류되지 않는 화합물 전처리 분석장비

C. 기계가공 · 시험장비

C.1 절삭장비

C.11 선반장비(Lathe and Turning Machine) : 공작물의 양 끝단 또는 한 쪽을 잡고 회전시키면서 공작물의 직각 방향에서 바이트를 이용하여 원하는 형상을 가공하는 장비

C.12 밀링장비(Milling Machine) : 회전하는 주축에 밀링 커터를 부착하고, 공작물을 절삭하는 장비

C.13 드릴링장비(Drilling Machine) : 공기압축기로부터 공급된 압축공기로 드릴 내의 피스톤을 왕복 운동시켜 공구에 압력과 회전을 가하여 공작물에 구멍을 뚫는 장비

C.14 보링장비(Boring Machine) : 보링머신의 주축과 지지대 사이에 설치되어 구멍 내면을 절삭하거나 확대하는데 사용하는 장비

C.15 연삭장비(Grinding Machine) : 원통연삭은 숫돌바퀴의 회전 운동과 공작물의 회전 이송운동으로 원통의 내면, 정면, 측면 등을 연삭하는 장비

C.16 CNC장비(Computerized Numerical Control Machine) : 컴퓨터가 내장된, 수치와 기호로서 구성된 정보를 매개수단으로 하여 기계의 운전을 자동 제어하는 장비

C.10 달리 분류되지 않는 절삭장비

C.2 성형장비

C.21 프레스장비(Press Machine) : 유체, 기체 등 압력을 사용하여 가압력을 얻는 동력 장비

C.22 절곡장비(Bending Machine) : 굽힐 때 사용하는 전용 프레스로 원하는 형상으로 굽힐 수 있는 장비

C.23 압연장비(Rolling Machine) : 소재를 다이 사이에 삽입하고 힘을 가하여 소성 변형으로 수나사의 나사산을 가공하는 장비

C.24 주조장비(Casting Machine) : 금속을 가열하여 용해시킨 다음 주형에 주입하여 일정한 형태의 제품을 만드는데 사용되는 장비

C.25 사출장비(Injection Molding Machine) : 칩 또는 분말 상태의 가소성 물질을 사출 성형기의 실린더 내부에 주입하고 가열 · 용융하여 가압 플런저로 금형 속에 압입하여 형상을 만드는 장비

C.26 용접 및 접합장비(Welding and Joining Machine) : 금속판을 포개어 놓고 위아래에 전극을 대어전류를 통하게 하여 한 부분만을 이어 붙이는 장비

C.20 달리 분류되지 않는 성형장비

C.3 자동화 및 이송장비

C.31 컨베이어(Conveyor) : 수평 운반을 주목적으로 하는 연속 작업의 이송 장비

C.32 리프트장비(Lifting Equipment) : 물건을 들어 운반하기 위한 장비

C.33 농작업장비(Agricultural Machine) : 농작업에 사용되는 농업기계 또는 장비

C.34 자동화장비(Automatic Machine) : 로봇, 생산자동화에 사용되는 자동화 장비

C.30 달리 분류되지 않는 자동화 및 이송장비

C.4 섬유기계장비

C.41 섬유가공장비(Textile processing Machinery) : 권사기, 편직기 등 섬유를 가공하는데 사용되는 장비

C.42 섬유염색및봉재장비(Dyeing and Sewing Machine) : 섬유염색 및 재봉에 이용되는 장비

C.40 달리 분류되지 않는 섬유기계장비

C.5 반도체장비

C.51 리소그래피장비(Lithography) : 포토레지스트를 도포하는 공정으로 시작해 노광, 현상, 에칭, 포토 레지스트 제거에 이르는 일련의 프로세스를 수행하기 위한 장비

C.52 박막형성장비(Thin film process Equipment) : 금속 및 비금속과 같은 재료를 진공 중에서 가열, 증발 시켜서 이를 피착물에 증착시킬 수 있도록 고진공을 유지시키기 위한 장비

C.53 식각세정장비(Etching Equipment) : 회로패턴을 형성시켜 주기 위해 화학물질이나 반응성 GAS를 사용하여 필요 없는 부분을 선택적으로 제거시키는 장비

C.54 이온주입장비(Ion implantation Equipment) : 회로패턴과 연결된 부분에 불순물을 미세한 GAS 입자 형태로 가속하여 웨이퍼의 내부에 침투시킴으로서 전자소자의 특성을 만들어 주는 장비

C.55 조립장비(Assembler) : 인쇄회로기판 조립 및 표면실장 생산라인에서 표면 실장된 전자부품을 납땜하거나 기판 위에 도포된 납땜 페이스트가 녹아 전자부품과 회로를 연결시키는 장비

C.56 검사장비(Tester) : 핀보드를 경유하여 전자부품의 회로에 흐르는 전기량을 측정함으로서, 실장 배선판의 양, 부를 판단하여 인쇄회로기판조립체에 납땜된 전자부품의 납땜 불량을 검사하는 장비

C.50 달리 분류되지 않는 반도체장비

C.6 열유체장비

C.61 가열로 및 오븐(Furnace and Oven) : 챔버안에서 건조나 가열의 목적으로 온도를 조절할 수 있는 장치, 실험실에서 물품을 가열하거나 용해할 목적으로 일정한 공간을 둘러싸고 가열체를 설치한 장비

C.62 건조장비(Drying Equipment) : 화학실험실에서 실험기구를 말리거나 시약과 시료에서 수분이나 용액을 없애는데 쓰는 장비

C.63 열처리장비(Heat treatment Equipment) : 금속재의 열처리 작업에 사용되는 기계류 및 장비

C.64 냉동/냉각장비(Freezing/Cooling Equipment) : 실험에 사용되는 시료나 약품 등을 저온이나 영하의 온도로 보관하기 위한 장비

C.65 환기장치(Ventilator) : 공기를 순환시키기 위해 사용하는 장비

C.66 펌프(Pump) : 전동기나 내연기관 등의 원동기로부터 기계적 에너지를 받아서, 액체에 운동 및 압력에너지를 주어 액체의 위치를 바꾸어 주는 장비

C.67 압축장치(Compressor) : 공기압축기나 압축공기가 소정의 압력을 유지하는 지를 시험하는데 사용하는 장비

C.60 달리 분류되지 않는 열유체장비

C.7 재료물성시험장비

C.71 충격시험기(Impact Testing Machine) : 급가열이나 급냉시 발생하는 열응력으로 인한 재료의 변화를 측정하는 시험장비

C.72 만능시험기(Universal material Testing Machine) : 여러 가지 재료에 대하여 인장시험, 압축시험, 굽힘시험 등 세가지 종류의 시험을 할 수 있는 다용도 재료시험장비

C.73 경도시험기(Hardness Tester) : 물질의 굳기를 검사하는 장비

C.74 피로시험기(Fatigue Testing Machine) : 반복적인 동적하중을 받는 금속재료나 고강도 플라스틱의 내구한도를 시험하기 위하여 반복하중을 주는 재료시험장비

C.75 비파괴검사장비(Non destructive Examination Equipment) : 실험 대상을 파괴하지 않고도 검사 또는 시험할 수 있는 장비

C.70 달리 분류되지 않는 재료물성시험장비

C.8 신뢰성시험장비

C.81 기후환경시험장비(Climate Environment Testing Machine) : 기후환경에 대한 시험 및 분석능력으로 신뢰성을 검증할 수 있는 장비

C.82 진동내구시험장비(Vibration Endurance Testing Machine) : 진동을 발생하고 그 것을 시험기에 전달할 수 있는 구조를 가진 시험기로서, 진동원인 및 내구성평가에 사용되는 장비

C.83 피로내구시험장비(Fatigue Endurance Testing Machine) : 반복적인 동적하중을 받는 물질의 내구한도를 시험하기 위하여 반복하중을 주는 시험장비

C.80 달리 분류되지 않는 신뢰성시험장비

C.0 달리 분류되지 않는 기계가공 시험장비

D. 전기 · 전자장비

D.1 측정장비

D.11 전압/전류/전력 측정장비(Voltage/Current/Power Meter) : 전기량 또는 전기의 상태를 계측할 수 있는 장비

D.12 통신 측정장비(Telecommunication/Transmission Quality Tester) : 전자적인 현상을 이용하거나 계 측하기 위한 장치 및 통신용 계측 장비

D.13 전자파 측정장비(Electro Magnetic Tester) : 전자파는 전하 입자가 가속을 받아서 일어나는 에너지 의 복사로 전계와 자계의 에너지가 진동하면서 퍼져나가는 파동을 광속도의 정속도로 자유공간에 전파되는 전자파를 측정하는 장비

D.14 오실로스코프(Oscilloscope) : 전기진동이나 펄스처럼 시간에 따른 입력전압의 변화를 화면에 출력하는 장비

D.10 달리 분류되지 않는 측정장비

D.2 시험장비

D.21 전기시험장비(Electrical Testing Equipment) : 전기량 또는 전기의 상태를 시험할 수 있는 장비

D.22 전자통신시험장비(Electronic and communication Testing Equipment) : 입력된 음성신호, 영상신호 등의 각종 데이터를 원하는 곳에 적합한 신호로 전달해 주는 장치 시험하는 장비

D.20 달리 분류되지 않는 시험장비

D.3 분석장비

D.31 스펙트럼분석기(Spectrum Analyzer) : 주기적인 순환함수에서 사인 성분들의 상대적인 진폭을 측정하기 위한 수학적 측정장비

D.32 고속푸리에변환분석기(Fast Fourier Transform Analyzer) : 음향신호를 주된 대상으로 신호 파워의 주파수 분포를 측정하여 표시하는 주파수 분석장비

D.33 로직분석기(Logic Analyzer) : 전기 · 전자 장비설계를 위한 로직분석 장비

D.34 네트워크분석기(Network Analyzer) : 하나의 기계 안에 주파수 발생기와 스펙트럼 분석기가 들어 있어서, 입력과 출력의 주파수신호 분포결과를 서로 나눔으로써 S 파라미터를 측정하는 장비

D.30 달리 분류되지 않는 분석장비

D.4 신호발생장비

D.41 무선주파수 발생장치(Radio Frequency Generator) : 고주파 신호를 발생하는 전자장비

D.42 임시제너레이터(Arbitrary Waveform Generator) : 전자 테스트 장비의 전기파형을 생성하는데 사 용되며, 파형에 대한 분석 및 테스트 장비의 검사에 사용되는 장비

D.43 펄스발생기(Pulse Generator) : 내부회로 또는 전자테스트 장비에 펄스를 생성하는데 사용되는 전자장비

D.44 영상음성신호발생기(Audio/video Signal Generator) : 영상 시스템에서 필요로 하는 동기 신호들 을 발생하는 전자장비

D.45 함수발생기(Function Generator) : 전자 테스트장비 또는 소프트웨어 전기파형을 생성하는데 사용되는 전자장비

D.40 달리 분류되지 않는 신호발생장비

D.5 교정장비

D.51 전류교정기(Current Calibrator) : 전류계의 오차를 측정하여 교정하는 장비

D.52 전압교정기(Voltage Calibrator) : 전압계의 오차를 측정하여 교정하는 장비

D.53 주파수교정기(Frequency Calibrator/Reference) : 발전된 불규칙한 전력 주파수를 규정체에 맞추기 위하여 사용되는 장비

D.54 다기능교정기(Multi-function Calibrator) : 전류, 전압, 주파수 등을 측정하면서 오차를 측정하여 교정이 가능한 장비

D.50 달리 분류되지 않는 교정장비

D.0 달리 분류되지 않는 전기 전자장비

E. 데이터 처리장비

E.1 장비 하드웨어

E.11 데이터처리시스템/컴퓨터(Computers) : 수식이나 논리적 언어로 표현된 계산을 수행하거나 작업 통제하는 장비

E.12 컴퓨터서버(Computer Servers) : 주된 정보의 제공이나 작업을 수행하는 컴퓨터 시스템으로, 클라이언트가 요청한 작업이나 정보의 수행결과를 네트워크를 통해 제공하는 장비

E.13 테이터 저장장치(Storage Devices) : 광학적, 전기적 방법으로 영상 신호나 데이터를 저장 또는 판독하는 가능한 소형의 저장매체로 컴퓨터 시스템에 각종정보를 저장시킬 수 있는 장비

E.14 테이터입 출력장비(Data input and output Devices) : 컴퓨터 시스템에 정보를 입력시킬 수 있는 각종 장비

E.10 달리 분류되지 않는 하드웨어

E.2 장비 소프트웨어

E.21 시스템소프트웨어(System Software) : 컴퓨터 시스템의 개별 하드웨어 요소들을 직접 제어, 통합, 관리하는 기능을 갖춘 운영소프트웨어

E.22 응용소프트웨어(Applications Software) : 분석소프트웨어, 시뮬레이션 프로그램 등 연구장비 구동이나 분석 등을 위해 운영체제 위에 실행되는 소프트웨어

E.20 달리 분류되지 않는 소프트웨어

E.0 달리 분류되지 않는 데이터 처리장비

F. 물리적 측정장비

F.1 온도/열/습도/수분 측정장비

F.11 온도 및 열 측정장비(Temperature and Themal Measuring Equipment) : 화학적 또는 물리적 변화가 수반되는 체계의 열량 변화를 측정하는데 사용되며, 일반적으로 열량계는 고체와 액체 시료의 연소열을 측정하는 장비

F.12 습도 및 수분 측정장비(Humidity and Moisture Measuring Equipment) : 대기 중의 수증기 상태를 수량적으로 표시한 습도의 양을 측정하는 장비

F.10 달리 분류되지 않는 온도/열/습도/수분 측정장비

F.2 길이/각도/면적/거칠기 측정장비

F.21 치수 측정장비(Dimension Measuring Equipment) : 길이, 면적, 부피, 각도등을측정하는 장비

F.22 좌표 및 형상 측정장비(Coordinate Measuring Machine) : 사진상의 평면좌표와 형상을 측정하는 장비로, 해석적 사진측량(항공삼각측량, 응용사진측량, 지적측량, 수치사진측량 등)에 기본이 되는 장비

F.23 표면거칠기 측정장비(Surface Roughness Measuring Equipment) : 금속표면의 다듬질 가공 시 표면에 생기는 미세한 요철의 정도인 표면거칠기를 측정하는 장비

F.24 레이저 측정장비(Laser Measuring Equipment) : 레이저의 단색성 지향성 등 여러 가지 특성 중 간섭성을 이용하거나 단색성을 이용하여 길이, 각도, 및 변위(진직도, 직각도, 평면도, 평행도, 두께 등)를 측정하는 장비

F.20 달리 분류되지 않는 길이/각도/면적/거칠기 측정장비

F.3 시간/주파수/속도/회전수 측정장비

F.31 시간 및 주파 측정장비(Time and Frequency Measuring Equipment) : 시간 및 주파를 측정하는 장비

F.32 속도 및 회전수 측정장비(Velocity and Revolution Measuring Equipment) : 속도 및 회전수를 측정하는 장비

F.30 달리 분류되지 않는 시간/주파수/속도/회전수 측정장비

F.4 질량/무게/부피/밀도 측정장비

F.41 질량 및 무게 측정장비(Mass and Weight Measuring Equipment) : 윗접시 저울, 양팔저울 등 물질의 질량 및 무게를 측정하는 장비

F.42 부피 및 밀도 측정장비(Volume and Density Measuring Equipment) : 물질의 부피와 물질 속의 원자나 분자 배열의 소밀도, 합금이나 혼합물 속의 성분비 등을 측정하기 위한 장비

F.40 달리 분류되지 않는 질량/무게/부피/밀도 측정장비

F.5 힘/토크/압력/진공 측정장비

F.51 힘 및 토크 측정장비(Force and Torque Measuring Equipment) : 물체를 체결하거나 풀려고 할때, 회전축이 받는 힘의 크기, 즉 제품의 나사부에서 발생하는 토크의 힘을 측정하는 장비

F.52 압력 및 진공 측정장비(Pressure and Vacuum Measuring Equipment) : 유체나 장비에 걸리는 압력을 높이거나 낮추는 역할을 하거나 진공을 측정하는 장비

F.50 달리 분류되지 않는 힘/토크/압력/진공 측정장비

F.6 음향/소음/진동/충격 측정장비

F.61 음향 및 소음 측정장비(Acoustics and Noise Measuring Equipment) : 음의 높낮이, 크기 및 음원의 위치, 소음 등을 측정할 수 있는 장비

F.62 진동 및 충격 측정장비(Vibration and Shock Measuring Equipment) : 회전체축계의 공진이나 부하 변화 등에 의하여 회전이 미세하게 변화하는 현상인 비틀림 진동을 측정하는 장비

F.60 달리 분류되지 않는 음향/소음/진동/충격 측정장비

F.7 유체유량역학 측정장비

F.71 점도 및 유속 측정장비(Viscosity and Flow Velocity Measuring Equipment) : 유동하는 액체의 내부에 생기는 내부 마찰저항(점성), 유체의 점성률(점도) 크기를 파악하여 그 물질의 점도를 측정하는 장비

F.72 액체/기체유량 측정장비(Liquid/Gas Flow Rate Measuring Equipment) : 투명한 관을 여러 개로 만들고 그 속에 유체를 흘려보내 유속, 압력, 유량 등을 실험하는 장비

F.70 달리 분류되지 않는 유체유량역학 측정장비

F.0 달리 분류되지 않는 물리적 측정장비

G. 임상의료장비

G.1 임상진단영상장비

G.11 임상진단용엑스선장치(Clinical and Diagnostic X-ray Machine) : 고전압으로 하전된 전자가 금속양극에 충돌할 때 발생하는 X-선을 이용하여 내부구조 및 결정구조의 해석에 활용하는 장비

G.12 임상진단용컴퓨터단층촬영장치(Clinical and Diagnostic Computed Tomography / CAT systems) : 일반 촬영으로 나타낼 수 없는 신체의 단층영상을 기록하여 나타내는 장비

G.13 임상진단용자기공명영상장치(Clinical and Diagnostic Magnetic Resonance Imaging) : 자장을 발생하는 커다란 자석통 속에 인체를 들어가게 한 후 고주파를 발생시켜 신체부위에 있는 수소원자핵을 공명시켜 각 조직에서 나오는 신호의 차이를 측정하여 컴퓨터를 통해 재구성하는 영상화장비

G.14 임상진단용혈관조영술(Clinical and Diagnostic Antiography Instrument) : 경동맥 혹은 척추동맥내로 방사성 불투과 물질을 주사한 뒤, 대뇌혈 관계를 방사선 촬영하는 장비

G.15 임상진단용 양전자/단일광자 단층촬영장비(Clinical and Diagnostic Positron Emission Tomography/Single photon Emission Computed Tomography) : 양전자를 방출하는 방사성 의약 품을 대상자에게 정맥주사 혹은 흡인을 통해 투여한 후 단층 촬영함으로써 방사성 의약품의 분포를 영상화하는 장비

G.16 임상진단용초음파(Clinical and Diagnostic Ultrasound) : 진동주파수가 17,000~20,000Hz 이상으로 인체 조직과 피부 세포간에 아주 미세한 진동을 일으켜 열과 역학적 에너지를 만들어 주는 장비

G.17 임상진단용방사선(Clinical and Diagnostic Radioactive Ray) : 방사능을 가진 원자에서 발생하는 빛인 방사선의 신체투과를 통해 세포나 유전자를 변형하는 방식으로 종양을 파괴하는 데 활용되는 장비

G.18 임상진단용가속기(Clinical and Diagnostic Accelerator) : 암진단을 위한 단광자단층 촬영(SPECT) 및 양전자단층촬영(PET)에 사용되는 방사성동위원소 생산과 방사성 의약품개발에 사용되는 장비

G.10 달리 분류되지 않는 임상진단영상장비

G.2 생체측정진단장비

G.21 심혈관측정/진단장비(Cardiovascular Diagnostic Equipment) : 심장초음파, 운동부하검사, 홀터심전도, 혈관탄력도 및 혈관 생리검사용 장비와 디지털 영상촬영 장비

G.22 호흡기측정/진단장비(Respiratory Diagnostic Equipment) : 폐기능검사기구로 이용되고 주로 폐용량 변화를 측정하기 위한 장비

G.23 뇌신경측정/진단장비(Neuro Diagnostic Equipment) : 환자의 머리 부분에 두 개 이상의 전극을 위치시켜 뇌의 전기활동신호를 기록하는 장비

G.20 달리 분류되지 않는 생체측정진단장비

G.3 임상진단분석장비

G.31 혈액검사/분석장비(Hematological Analyzer) : 혈청검사, 혈액중 효수수치를 측정하기 위한 장비

G.32 체액검사/분석장비(Fluid Analyzer) : 체액 중 단백질, 글루코스의 함유량 및 RBC, WBC 수치 등을 측정하기 위한 장비

G.33 소변검사/분석장비(Urinalysis Analyzer) : 요로계의 이상뿐만 아니라 전신적인 내분비/대사질환에 대한 정보를 얻기 위한 소변검사용 장비

G.34 유전자검사/분석장비(Gene Analyzer) : 질병 진단을 위해 특정 유전자(DNA)의 증폭에 사용하는 장비

G.30 달리 분류되지 않는 임상진단분석장비

G.4 전문의학용 특수장비

G.41 치과용검사장비(Dental Examination Equipment) : 치과용 현미경, X-ray 등 치과에서 사용되는 방사선 영상진단장비

G.42 안과용검사장비(Ophthalmic Examination Equipment) : 레이저각막측정기, 각막 CT, 각막두께측정기, 비접촉 안압 측정기 등 안과용 각종 검사장비

G.43 정형외과용검사장비(Orthopedic Examination Equipment) : 골밀도 측정기, 방사선 영상진단장비 등 정형외과에서 사용되는 진단장비

G.44 이비인후과용검사장비(Ear nose throat ENT Examination Equipment) : 청력계기, 외과용 수술현미경, 각종 내시경, 수술기구 등 이빈후과용 진단장비

G.45 비뇨기과용검사장비(Urological Examination Equipment) : 요도방광경, 절제경 등을 포함한 비뇨기과용 진단장비

G.46 수의학검사장비(Veterinary Examination Equipment) : 혈액검사용 혈액화학분석기, 초음파검사, 전산화단층촬영장치 등 신체구조를 단면 영상으로 볼 수 있는 검사장비

G.47 산부인과용검사장비(Obstetrical or Gynecological Examination Equipment) : 유방암검사를 위한 X-ray, 검진대, 초음파 등 산부인과에서 사용되는 검사장비

G.40 달리 분류되지 않는 전문의학용 특수장비

G.0 달리 분류되지 않는 임상의료장비

H. 환경조성 · 사육시설

H.1 환경조성형 시설

H.11 진공/압력 시설(Vacuum and Pressure Facilities) : 유체나 장비에 걸리는 압력을 높이거나 낮추는 역할 및 진공기능을 하는 시설

H.12 고온/난방 시설(High Temperature and Heating Facilities) : 일정공간의 온도를 높이기위해 설치된 시설

H.13 저온/냉동/냉각 시설(Low Temperature, Freezing and Cooling Facilities) : 물체나 기체 등에서 열을 빼앗아 주위보다 낮은 온도로 만들기 위한 시설

H.14 무균/청정 시설(Aseptic and Clean Room) : 일정공간에서 생물, 생물입자 및 비생물 입자를 제어하는 시설

H.15 무향/잔향/진동 시설(Anechoic, Reverberation and Oscillation Chamber) : 소리나 전자기파의 반사를 막기 위해 외부 소음으로부터의 격리를 목적으로 설치된 시설

H.16 항온/항습 시설(Constant Temperature and Humidity Chamber) : 일정공간의 내부를 일정한 온도 또는 습도로 유지하기 위한 목적으로 설치된 시설

H.17 풍동/수조 시설(Wind and Water Tunnel) : 공기나 특정 유체에서 물체의 상태 등을 연구하기 위해 인공적으로 강하고 빠른 공기흐름 또는 파랑, 조류 등을 만드는 시설

H.18 충격/충돌/주행 시험시설(Shock, Crash and Running Test Facilities) : 핵심부품소재의 신뢰성 평가시험, 완성차 및 부품의 충돌안전 평가시험, 차량 주행 성능시험 등을 위한 시험시설

H.10 달리 분류되지 않는 환경조성형 시설

H.2 이동형 시설

H.21 연구용 선박(Research Vessel) : 극지해양연구, 해양생물자원의 채취 및 연구, 해양자원 탐사, 심해저 탐사 등 해양연구수행을 위한 선박

H.22 연구용 항공기(Research Aircraft) : 대류권 탐사, 무인항공기 개발, 환경감시 및 기후변화 감시 등 이동용 관측과 측정을 위한 항공기

H.23 연구용 자동차(Research Vehicle) : 차량의 작동원리 이해, 하이브리드 자동차 연구, 차량 통합제어 플랫폼 개발 등 차세대 자동차 연구개발을 목적으로 구축된 자동차

H.20 달리 분류되지 않는 이동형 시설

H.3 생물 사육시설

H.31 실험동물 사육시설(Experimental Animal Facilities) : 설치류 등 특정 실험동물의 사육을 위하여 외부와 격리된 공간을 조성하여 설치된 시설

H.32 수생생물 사육시설(Aquatic Organisms Facilities) : 어류 등 특정 수생생물의 사육을 위하여 외부와 격리된 공간을 조성하여 설치된 시설

H.30 달리 분류되지 않는 생물 사육시설

H.0 달리 분류되지 않는 환경조성 사육시설